2007年上海市哲学社会科学规划重大项目（2007DTQ001）
上海重点学科建设项目（B406）

美国对华情报解密档案

（1948~1976）

主编：沈志华　杨奎松

第五编　　中国军事

主编：詹　欣

第六编　　中国外交

主编：徐友珍

中国出版集团　东方出版中心

第五编 中国军事

目　录

导　论

詹　欣

本编汇集的文件共计 26 份,时间跨度 20 年,从 1956 年 3 月 23 日至 1976 年 11 月 11 日。除 3 份一般性情报分析以外,其他均属国家情报评估(NIE)和特别国家情报评估 (SNIE)。在这些文件中,关于中国战略武器计划的评估报告共计 20 份,中国军事战略及其常规部队的评估报告仅有 6 份,彰显美国情报部门对中国军事现代化的关注。需要指出的是,上述文件都是关于中国军事方面的专项评估,而涉及中国军事实力的一般性分析,则散见在其他相关情报评估中。[①] 此外,从情报的序列号来看,当前仍有部分国家情报评估没有解密,即使已解密文件也是不完整的。

一、关于中国战略武器计划

关于中国战略武器计划,是美国情报部门关注的重点。其内容涵盖中国的核武器计划、导弹计划、核潜艇计划以及太空计划等方面。

1. 中国核武器计划

朝鲜战争和第一次台海危机后,中国开始重视核武器的发展,并将发展核武器界定为中国重大的国家利益。[②] 1955 年 1 月 15 日,毛泽东主持召开中共中央书记处扩大会议,会议听取了地质部长李四光、副部长刘杰和中科院近代物理研究所所长钱三强的汇报,研究了发展原子能事业问题。会后通过了代号为"02"的核武器研制计划,这标志着中国核武器计划的开始。[③]

本部分所收录的第一份文件是美国国务院情报研究所于 1956 年 3 月对中国核研究与原子能开发的分析报告,该报告显然已注意到苏联政府 1955 年关于"将援助中国和其他东欧国家发展和平利用原子能的研究"的声明,具体而言也就是苏联承诺提供给中国一座核反应堆和回旋加速器,因此认为"中国仍然缺少资金、工业与实验设备和工艺技术,无法独立地开发原子能计划,甚至无法在核科学领域进行重大的研究"。[④] 不过,该文件并非美国情报部门关于中国核能力的第一份文件,早在 1956 年 1 月 5 日的一份国家情报评估中,就已提及"没有证据表明中国拥有核武器,它仅有最初的核研究能力。但是如果苏联提供必要的设

---

① 见本套书第一编"中国综合状况"1-2、1-3、1-4、1-6、1-7 文件等。
② 关于对中国领导人如何决定实施核武器计划的分析可见 John Wilson Lewis and Xue litai, *China Builds the Bomb*, Stanford University Press, 1988. 刘易斯、薛理泰:《中国原子弹的制造》,北京:原子能出版社 1990 年版,第 6～38 页。
③ 李觉:《当代中国的核工业》,北京:中国社会科学出版社 1987 年版,第 11 页;《中国原子弹的制造》,第 42～43 页。
④ Nuclear Research and Atomic Energy Development in Communist China, March 22, 1956. 数据库:Declassified Documents Reference System(以下简称 DDRS)CK3100407128.

备和技术人员,中共可能在短时间内获得使用核武器的能力"。① 从该情报评估的时间来看,美国情报部门对中国核武器计划的关注肯定在1956年以前,也许在苏联决定对中国进行核技术的援助后不久就已开始。

虽然关注由来已久,但从1956～1960年,美国情报部门对中国核武器计划的评估只是寥寥几句,并分散在美国对华情报的综合性评估之中,也没有太多实质性的内容。在这五年的情报评估中,美国基本认为中国的核能力是初级的,肯定不可能依靠自己的能力发展核武器;但是在苏联的援助下,中国可能在短时期内拥有有限的核能力。当然,美国情报部门也清楚地看到,苏联的援助从一开始就是有限度的,认为苏联在提供援助时采取了非常谨慎的步骤,以尽量阻止中国掌握制造核武器的能力。②

随着中国核技术的发展,1960年12月在本编5-2文件中美国情报部门第一次以中国原子能计划为题进行了专项评估。该文件从原子能计划的历史沿革、技术能力、核材料生产、核武器以及苏联的援助等方面进行分析,认为"中国正在原子能领域大力发展自身的能力,从20世纪50年代初期开始,它就致力于培养一批科学家和技术人员,并建立有关核能利用的基本性研究机构"。他们估计"第一台中国制造的反应堆大概在1961年末会达到临界状态;第一个钚反应堆有可能在1962年末建成"。以此为基础,进而预测"中国爆炸第一个核装置的时间,最大可能是在1963年,当然也可能晚到1964年或提前到1962年"。不过他们认为,具体的时间取决于苏联的援助。1960年7月16日,苏联政府照会中国政府,将于7月28日到9月1日,撤走全部在华苏联专家。文件注意到中苏关系恶化的征兆,判定苏联对中国核能计划援助的缩减将极大地阻碍中国成为核大国的进程。③ 但是,美国情报部门当时不知道的情况是,早在1959年6月苏共中央就通知中共中央,因防止核扩散条约的谈判,暂停对中国的核援助,随后便撤走了在华的一部分核武器专家。④ 该文件是美国情报部门专业化分析中国核武器计划的起点,此后这种模式被固定下来,虽历经变化,但是中国核武器计划一直是美国情报部门关注的重点。

美国情报部门判断中国核武器计划的进程是从分析核装料开始的。一般来说,制造原子弹可用两种核装料进行核爆炸,一种方法是通过提高铀同位素铀-235对铀-238的比重生产浓缩铀,另一种方法是用二氧化铀作为反应堆的燃料生产钚。从技术上讲,制取钚要比制取高浓缩铀-235容易些,美国和苏联的第一颗原子弹都使用的是钚。因此他们在评估中国的核装料时,首先认为中国会选择钚作为核装料,尽管看到了大量铀-235存在的证据,仍坚持认为铀-235是为生产钚而准备的。该文件认为,中国在铀资源开发、可能进行的选矿厂和金属铀提炼厂的建设等方面取得了进展,当然也意味着中国计划在生产钚时使用铀。他们估计在1961年末第一座中国制造的反应堆将会达到临界状态,第一

---

① 见本套书第一编1-2文件。
② 见本套书第一编1-2、1-3、1-4、1-6、1-7文件。
③ 见本套书第一编1-7文件。
④ 沈志华:《援助与限制:苏联与中国的核武器研制(1949～1960)》,《历史研究》2004年第3期,第110～131页。

个钚反应堆有可能在1962年末建成;而正在建设的铀-235工厂由于开发工作庞大以及需要建设一个气体扩散厂,因此判定中国在1962年末之前不可能制造出高浓缩的铀-235。

鉴于中苏关系的破裂,美国情报部门在本编5-3文件中对中国核计划进行了重新评估,但仍旧认为钚是中国核武器的首选材料。他们认为在苏联撤走技术人员以前,中国已建造了一座天然铀金属回收工厂,如果该工厂建设顺利的话,到1960年可能已经全部建成,铀金属可能在1961年开始生产。情报部门特别强调铀金属生产是为中国生产钚提供原料的,尽管还没有发现中国建造钚生产设施的证据,但是他们怀疑这样的反应堆是可能存在的。其实,美国情报部门已通过卫星照片看到了在兰州有一座与苏联气体扩散厂极为相似的建筑物,并认为它就是为生产铀-235准备的。不过他们预测,即使中国还另外建造了一组气体扩散厂,在1965年以前也不可能生产出可用于核武器的铀-235。在1962年底本编5-4的另一份文件中,中苏关系的破裂对中国核计划的影响是其重点考虑的因素,认为苏联专家的撤走使铀金属工厂面临困难,而随后的钚生产则更加困难。

事实上,苏联撤走专家确实给中国核计划带来巨大的影响。早在1958年底,由于中国还不具备生产裂变材料的技术基础,因此他们不知道应该设计哪种原子弹,不得不以很高的附加条件为代价,从苏联购买设备,同时建设两条生产线,一条是铀-235生产线,即通过生产铀浓缩获得高浓铀作为装料;另一条是钚生产线,即通过生产反应堆获得钚-239作为装料。苏联停止援建时,铀-235生产线的主要环节——兰州铀浓缩厂已基本建成,设备也比较齐全配套;而钚生产线中的主要环节——生产反应堆工程,则只完成了堆本体的地基开挖和混凝土底板的浇注,后处理厂的工艺线路还有待确定。因此中国为了争取时间,及早获得制造核武器的核装料,1960年4月决定把铀-235生产线作为"一线"工程,作为重点工程全力突击抢建,并加快兰州铀浓缩厂的建设,促其早日投产。而钚生产线则被列为"二线",暂停建设,加紧科研攻关而不上工程,以便集中人力、物力建设"一线"工程。①

直到中国核试验的前一年,美国情报部门对中国核装料选择的判断上仍感十分头疼。关于铀-235,本编5-5文件认为兰州气体扩散厂的主体建筑已接近完成,其附属设施正在建造中。但是当前的建筑只能生产低浓缩铀-235,如果要生产用于核武器的铀-235,其建筑主体必须还得扩大两倍。他们预测即使这种扩建已经开始,到1966年才能获得用于核武器的铀-235,如果考虑到中国所面临的技术困难和所需要的扩建工程,最可能的时间是1968~1969年。关于钚-239,情报部门则认为包头的钚生产反应堆是一个约30兆瓦的小型空气冷却钚生产反应堆,在设计和建造上具有简易性的巨大优势,对石墨减速剂和铀燃料的纯净要求并不太严格。但是钚反应堆的最大缺点是生产能力低,即使包头反应堆全部生产,最多也仅能为一至两个低当量的核武器生产钚。综合上述分析,情报部门认为中国的核武器计划包括铀-235和钚-239,但是包头生产钚-239的数量要少于兰州生产铀-235的数

---

① 《当代中国的核工业》,第42~43页;《中国原子弹的制造》,第104~105页。

量,因此认为中国至少可能还要计划建造其他钚生产设施。尽管当前尚未发现这种设施存在的迹象,但是并不能排除这种可能性。可见美国始终认为钚-239是中国核武器计划的首选装料。

1964年8月本编5-7文件认为中国核试验迫在眉睫,但仍把重点放在侦察中国的钚-239生产设施上,认为包头反应堆是唯一被确认的生产反应堆,其主体工程已基本完成,可能在1963年或1964年投入使用。其实,美国情报部门所认定的包头钚反应堆,确切说是核燃料元件厂,该厂始建于1958年,直到1965年才开始投料试生产。当然他们也怀疑其他钚生产反应堆的存在,并认为如果存在,一定是水冷式生产用反应堆,估计在四川附近。而中国在当时确实还存在着一个反应堆,它就是1959年建于甘肃酒泉的石墨轻水反应堆。由于苏联撕毁合作协定,撤走全部专家,导致反应堆的建设遇到严重的困难,直到1966年才正式建成。① 总的来说,美国情报部门在中国核装料上发生了明显的误判,从而对中国第一次核试验的进程产生了一定的偏差。本编5-7文件在对中国进行核试验前所做的评估中,其前后矛盾,漏洞百出:一方面从对罗布泊核试验场的高空侦察来看,显然中国的核试验已经准备就绪,另一方面从核装料来看,他们所认定的钚对于中国立即进行核试验又显得很不充足。因此,报告在最后不得不把这两种情况都罗列进去,判定核试验在1964年底以前不可能进行。

1964年10月16日中国成功进行第一次核试验后,便开始着手制订下一步的发展方向。1965年2月3日,二机部向中央呈报《关于加快发展核武器问题的报告》,提出了两个目标:一是要加速原子弹武器化,装备部队,形成战斗力;另一个是要尽快突破氢弹技术,向战略武器的高级阶段发展。②

从已有情报评估来看,美国情报分析人员很早就注意到中国在上述两个目标上的进展情况。一般来说,原子弹武器化主要通过运载工具来实现,运载工具可分为轰炸机和导弹。本编5-4文件认为,相对于核导弹,中国获得轰炸机较为容易。他们估计中国当时拥有325架伊尔-28喷气式轻型轰炸机和2架图-16中型喷气式轰炸机。不过,轻型轰炸机不可能执行运载庞大的核武器的任务,而中型轰炸机又很少,因此他们判定中国的运载能力十分有限。在中国成功地进行了核试验以后,本编5-8文件逐渐改变对中国运载能力的看法,预测在未来两年中国将拥有足够的裂变材料进行试验计划,并能够储备至少几枚原子弹,也能够制造出可由2架图-16中型喷气式轰炸机或约12架图-4轰炸机运载的核航弹。实际上,中国从1960年就开始对核航弹的气动外形、弹体结构和引爆控制系统进行研究,到中国第一个核装置试验成功时,航弹结构和总体布局以及引爆控制系统设计都已确定,运载航弹的飞机改装也已完成,在经过一系列从部件到全弹的各种模拟和实物试验后,于1965年5月14日成功地进行核航弹试投,这标志着中国已经拥有可用于实战的核武器。③

---

① 《当代中国的核工业》,第204～206页。
② 《当代中国的核工业》,第59页。
③ 《当代中国的核工业》,第284～287页。

核导弹是由导弹运载的比核航弹更为先进的核武器。美国情报部门关注核弹头与导弹结合也是由来已久。本编5-3文件认为,20世纪60年代前半期中国首先将部署不携带核弹头的短程地对地导弹,而至60年代后半期将在中程导弹上装置核弹头。几个月后,在本编5-4文件又认为,如果中国在1963～1964年进行第一次核试验的话,那么在60年代末以前不能把核弹头配置在导弹系统上,如果核试验在60年代后半期才进行的话,那么这个目标将在70年代初实现。随着情报部门对中国核导弹的日益关注,他们在分析中国导弹的型号上也越来越具体化,本编5-5文件认为中国可能集中在苏联设计的中程弹道导弹系统上,或者是射程为630海里的SS-3导弹,或者是射程为1020海里的SS-4导弹。但是,他们并不认为这些导弹在1967年以前能够完成部署。考虑到生产与导弹相匹配的弹头所涉及的时间和困难,他们也不认为中国在第一次核试验后的三四年里能够开发出这种弹头。1964年中国成功进行核试验后,本编5-8文件仍然认为,中国可能在1967年或1968年才会拥有几枚可以运载核弹头的中程弹道导弹。

从上述情报评估中可以看到,美国低估了中国的核导弹研制能力。实际上中国早在第一颗原子弹研制攻关期间,就着手进行在导弹上配置原子弹头的研究工作了。从1964年4月开始,在第一颗原子弹设计的基础上,结合导弹的具体要求,进行了核弹头设计。同时为此做了大量工艺试验、爆轰试验和环境条件试验。最后为了鉴定研制出来的核弹头在飞行状态下的性能,还进行了原子弹和导弹结合的全当量、全射程飞行核试验。1966年10月27日,也就是中国核试验的两年后,成功进行了导弹核武器试验,这是中国迄今为止所进行的风险最大的第一次也是最后一次试验。因而促使毛泽东宣告:"谁说我们中国人搞不成导弹核武器,现在不是搞出来了吗!"[①]对于这次核试验,美国情报部门立即做出了反应,在11月本编5-10文件中,他们确认了这次核爆炸。至于其意义他们尚不能断定,认为中国也许是出于政治宣传的目的,使用了尚不能完全适用于武器系统的装备;也许使用一枚加装了核弹头的导弹。他们虽然认为其水平与美苏相比尚有相当距离,但也不得不承认中国的核武器已经具备了实战能力。

氢弹的研制,在理论上和制造技术上比原子弹更为复杂。美国情报部门最初由于集中关注中国的原子弹研制,因此并不太重视对其热核武器的分析,在本编5-3、5-4、5-8文件中,他们普遍认为中国在60年代不太可能开发出热核武器。实际上早在1960年12月,二机部部长刘杰就提出考虑到当时核武器研究所正忙于原子弹攻关,氢弹的理论探索工作可由原子能所先行一步。1964年10月,在完成原子弹研制工作后,核武器研究所决定抽出三分之一的理论研究人员,全面开展氢弹的理论研究。1965年8月,二机部向中央呈报了《关于突破氢弹技术的工作安排》:一方面进行理论上的探索,另一方面进行若干次核试验,以求通过试验,检验理论是否正确,提高理论认识。一般来说,热核武器分为两大类型:聚变加强型裂变武器和多级热核武器,从理论上来讲多级热核武器要比聚变加强型裂变武器水

---

① 《当代中国的核工业》,第287～289页;《中国原子弹的制造》,第206页。

平更高,更适于配置在导弹上。1965 年 12 月在讨论 1966~1967 年氢弹科研、生产两年规划时,西北核武器研制基地同意了"突破氢弹,两手准备,以新的理论方案为主"的方针,即一方面按照新的理论方案,以研制由导弹运载的氢弹头作为主攻方向,为此需要相应增加一次新的"热"试验;另一方面继续进行原定的氢航弹方案。①

1966 年 5 月 9 日,中国进行了一次含有热核材料的原子弹试验,其目的主要是解决热核材料的性能问题。美国情报部门则把这次试验看成是中国的第三次核试验,认为效率低,氢弹庞大而笨重,中国在热核技术方面还有许多东西要学。不过,本编 5-10 文件也承认这是中国向热核能力迈出的第一步,因此不排除中国在 70 年代初开发出热核弹头的可能性。1966 年 12 月 28 日,中国又进行了一次核试验,检验了热核爆炸的基本原理,使用了 30 万~50 万吨当量的铀-锂装置,结果表明按照新的理论方案切实可行,先进简便。在本编 5-12 文件中可以看出,美国情报部门也发现了这次核试验所体现的两级设计概念,体现了技术的进步。两次核试验的成功,促使中国决定中止氢航弹的研究试制,集中力量,按照新理论方案进行设计,直接进行全当量的氢弹试验。1967 年 6 月 17 日,中国第一颗氢弹爆炸试验成功。从第一颗原子弹爆炸试验到第一颗氢弹试验成功,中国仅用了两年零八个月,同世界其他国家相比,速度是最快的。美国情报部门对中国取得的成就颇为震惊,从时间上来说,他们没有料到中国会这么快就进行了氢弹试验;从技术上来讲,他们对中国的核能力严重估计不足。

中国在实现原子弹武器化和突破氢弹技术后,决定加速热核弹头的武器化工作。美国情报部门从中国原子弹武器化的经验来看,推断中国迟早要进行热核武器的武器化。然而,由于"文化大革命"的影响,中国的核计划受到了严重干扰和破坏。美国情报部门于是在本编 5-13 文件中指出,革命夺权斗争已经发生在负责核武器和导弹开发的政府部门,聂荣臻也受到了零星的攻击。另一个政治干预迹象是他们发现北京对待第六次核试验带有一种明显"大跃进"式的宣传。因此他们认为,只要这种狂热和无序继续困扰着中国,那么对于尖端武器计划的负面影响就将始终存在。

从 1965 年开始,美国情报部门在分析中国尖端武器计划时发生了一些变化,他们已不再把更多的注意力放在中国的核武器计划上,而是着重分析中国的导弹计划、核潜艇计划以及太空计划。在分析中国核力量时,更多把核武器与导弹、潜艇结合在一起,作为整体的中国战略力量的一部分去研读。

2. 中国导弹计划

美国情报部门是从 1958 年才开始注意到中国导弹计划的。以中国当时的实力,他们认为"由于缺少技术人员,以及其他军事和经济计划对其有限资源的需求,到 1962 年中国肯定不具备自行开发导弹与核武器的能力"。考虑到当时中苏之间的同盟关系,他们判断中国"肯定会向苏联寻求导弹技术,在未来五年,苏联可能提供给中国某些种类的导弹,以

---

① 《当代中国的核工业》,第 276~284 页。

及适合核武器使用但并不携带核弹头的武器"。①这是美国国家情报评估关于中国导弹计划的最早记录,虽然关于中国导弹计划的细节概不清楚,但是认定它一定与苏联的援助相关。

实际上早在 1956 年初,中国就考虑在导弹技术方面获取苏联援助的问题。1 月 12 日彭德怀和陈赓在会见苏联军事总顾问时,就提出请苏联向中国提供火箭制造方面的图纸资料。不过,苏联对此并不热心,只是同意供应两枚 P-1 型教学用导弹样品,接收 50 名中国留学生到苏联学习火箭专业,并派 5 名苏联教授来华教学。②聂荣臻对此"大失所望"。③为加速中国导弹计划,1956 年 10 月聂荣臻召集航空工业委员会会议,提出了"自力更生为主,力争外援和利用资本主义国家已有的科学成果"的发展中国导弹计划的方针。④1957 年 3 月,苏联的态度开始发生转变。3 月 30 日,中苏代表在莫斯科签订了《关于在特种技术方面给予中华人民共和国援助的议定书》。10 月 15 日,中苏又正式签署了《关于生产新式武器和军事技术装备以及在中国建立综合性原子能工业的协定》(简称《国防新技术协定》)。⑤中国导弹计划开始慢慢发展起来。⑥

20 世纪 50 年代末 60 年代初的几份国家情报评估基本延续了 1958 年那份评估的观点。首先,他们认为中国并不具备自主研发导弹的能力,"中国在本评估时段内可能不会研发出本国的导弹项目"。⑦1960 年 12 月中国已经成功发射三枚"P-2"近程地对地导弹,而当年他们却认为"共产党中国仍然不具备自己的导弹或核武器能力","中国的导弹计划还处于早期研发阶段"。⑧直到 1962 年中国已经开始试制中近程地对地导弹时,本编 5-3 文件仍然坚持原有观点,认为中国在"进行导弹研究所利用资源是极为有限的",尽管拥有"世界上顶尖空气动力学家——钱学森",但是"由于缺少能够胜任的年轻人、行政职责的压力、意识形态培训上的要求和缺少第一流的科学设备",因此"这些因素综合起来阻碍了中国在导弹领域重大研究上的成就"。其次,他们相信中国会寻求苏联的援助。在 1959 年的评估中他们再次肯定上一年所做出的判断,认为"苏联可能提供或帮助中国共产党人生产不够精密的导弹。在本评估时期,中国共产党可能有以下一种或多种导弹是苏联设计的,它们是地对空、空对空、空对地、短程地对地导弹"。⑨由于中苏在导弹问题上的高度保密,美国情报部门根本无法了解苏联对中国援助的细节,他们只能大体上判断苏联会援助给中国一些初级的导弹,至于型号、种类,更没有一份国家情报评估能够预测到。

①　见本套书第一编 1-4 文件。
②　周均伦主编:《聂荣臻年谱》,人民出版社 1999 年版,第 588 页;谢光主编:《当代中国的国防科技事业》,上册,当代中国出版社 1992 年版,第 29 页。
③　《聂荣臻回忆录》,解放军出版社 1986 年版,第 805 页。
④　《当代中国的国防科技事业》上册,第 30 页。
⑤　《聂荣臻年谱》,第 623 页。
⑥　沈志华:《援助与限制:苏联与中国的核武器研制(1949～1960)》,第 123～124 页。
⑦　见本套书第一编 1-6 文件。
⑧　见本套书第一编 1-7 文件。
⑨　见本套书第一编 1-6 文件。

20 世纪 50 年代末,中苏关系开始恶化。面对紧迫形势,中国加快导弹技术的自主研发。1959 年 10 月,中央军委在向中共中央的报告中提出,国防工业应以尖端技术为主,目前主要是导弹问题,同时也要注意核弹头问题。1960 年初,在中央军委召开的扩大会议上,又进一步明确了发展国防尖端技术的方针是"两弹为主,导弹第一",并要求军队装备建设的各项工作都要根据这个方针,突出重点,合理安排,集中人力、物力、财力,保证"两弹"研制的需要,以最大的努力在最短的时间内突破国防尖端技术。①

1960 年 7 月 28 日至 9 月 1 日,苏联撤走全部在华专家,停止提供建设急需的设备、关键部件和重要物资。苏联对中国导弹计划援助的限度,美国情报部门很早就察觉到了。本编 5-3、5-4 文件认为"苏联在尖端技术领域的援助要比其他类型的军事援助更加谨慎",并判断"到 20 世纪 60 年代中期苏联的技术援助将会实质上地减少也许还会中止"。不过他们认为"到那时中国核计划与导弹计划可能已经相当的尖端,即使苏联援助全面停止也不可能迫使他们放弃"。与此同时,美国情报分析人员也注意到中国在自主研发导弹的努力。他们发现"即使在苏联帮助的时候,中国仍旧为飞机、潜艇和电子设备的生产寻求发展本国的能力"。因此他们判断"中国在寻求尽可能多的苏联援助的同时,在导弹和核武器领域企图发展独立的能力"。不过"中国全部依靠自己的资源获得弹道导弹生产能力的未来进步可能是非常缓慢的"。

中国导弹②的研制是从仿制液体近程地对地战略导弹开始的,经历了从初级向高级、由液体转向固体的发展过程。③ 本专题所收录文件涵盖了液体近程地对地导弹、液体中近程地对地导弹、液体中程地对地导弹、液体中远程地对地导弹和液体洲际弹道导弹等方面。

(1) 仿制液体近程地对地导弹(代号 1059)。1956 年 10 月 8 日,中国成立导弹研究院(国防部五院)。根据中共中央关于发展导弹的决策,贯彻"自力更生为主,力争外援和利用资本主义国家已有的科学成果"的方针,导弹研究院首先开展了对苏制"P-2"近程地对地导弹的仿制工作。

关于仿制苏联导弹,美国情报部门认为由于中国并不具备自主研发导弹的能力,因此"在导弹领域的努力可能局限在对苏联导弹的大量仿制上"。他们发现"苏联可能同意帮助中国获取一套射程约 1100 海里的地对地导弹和其他种类导弹的作战能力"。考虑到过去苏联军事援助的模式,他们认为"在 20 世纪 60 年代中期以前中国可能获得的一些援助促使他们开发独立的导弹生产能力。中共可能首先试图生产近程 SS-2(350 海里)地对地弹道导弹"。④ 因为这种导弹"生产相对容易,覆盖范围也是中国周边目标"。但是本编 5-3 文件也

① 《当代中国的国防科技事业》上册,第 44~45 页。
② 中国的中近程(medium-short-range,如东风二号)、中程(medium-range)、中远程(intermediate-range)这三个术语所指的射程与西方所用的"medium-range"(中程)、"intermediate-range"(中远程)和"limited-range intercontinental"(有限洲际射程)术语的含意不完全一致。按照美国国防部的分类,东风二号为中程弹道导弹,东风三号为中远程弹道导弹,东风四号为有限射程洲际弹道导弹。
③ 《当代中国的国防科技事业》上册,第 280 页。
④ P-2 型导弹,美国称之为"SS-2"

认为"中国生产苏式近程导弹至少最初在建立生产设施和提供某些精密组件,特别是推进器和电子组件方面将严重依赖于苏联的援助"。关于苏联援助的程度,情报分析人员并不能确定,但是估计"中国在20世纪60年代中期以前是不能达到独立生产能力的"。

当中苏关系恶化时,美国情报部门对这种变化将给中国的导弹计划带来多大影响,认识不足。直到1960年12月,国家情报评估仍然着重分析苏联对中国核武器计划的援助问题,对导弹计划的分析只是只言片语,没有关于中苏恶化对导弹计划影响的内容。① 当中苏关系恶化已经公开化时,情报分析人员在本编5-3文件中才认识到"由于苏联技术援助的撤走和一些重要部件的中止供应,使得正在显现出来的中国生产能力受到严重的阻碍"。不过他们认为"如果给予充分的优先权,这些挫折是能够被克服的。那么中共能够在下一年内部署近程地对地导弹"。事实上中国是在1960年11月和12月,对仿制的近程地对地导弹进行了三次发射试验,都获得了成功。②

(2) 液体中近程地对地导弹(东风二号)。1960年春,中国在仿制苏联P-2型地对地近程弹道导弹取得一定进展的时候,开始考虑未来的发展方向。当时摆在中国面前有两种途径:或者直接研制中程地对地导弹,或者在仿制近程地对地导弹的基础上先研制中近程地对地导弹。考虑到中国还缺乏导弹设计、研制的经验,一些关键技术还未开展预先研究。聂荣臻认为,战略导弹的发展,应先从仿制起步,吃透技术,摸清规律,再进行自行研制,然后逐步提高;赞同战略导弹自行研制的步子迈得小些,先对近程地对地导弹进行改进设计,研制成中近程地对地导弹,摸索独立设计的经验,同时抓紧进行中程、中远程导弹的预先研究,为迈大步奠定技术基础,逐步建立中国自己的导弹技术发展体系。③ 1960年6月30日,聂荣臻就"对P-2进行改进,搞出一个射程1000~1200公里的型号问题"报送中央军委,中央军委批准了这个报告。④

从本编5-3、5-5文件来看,美国情报部门注意到中国在成功进行近程地对地导弹之后,一定会把"在弹道导弹上的努力集中在1020海里的SS-4型或630海里的SS-3型中程弹道导弹系统上",但是他们对中国到底是先研制中近程地对地导弹作为一个过渡,还是直接研制中程地对地导弹弄不清楚。只是猜测,无论是研制哪种系统,"这些导弹在1967年以前不可能进行部署,到那时也不太可能研制出可匹配的核弹头"。1962年他们发现中国已经开始进行导弹试验,但是"零星的和有限的",不过不能判断导弹的类型,干脆认为"中共可能使用苏联设计的射程从150~1100海里的导弹"。而事实上,中国是在1962年3月21日进行了第一发中近程地对地导弹试验,但是导弹起飞数秒钟后即出现较大的摆动和滚动,接着发动机起火,导弹坠毁在发射台附近。关于这次导弹失败,美国情报分析人员1962年6月通过卫星照片侦察到了,他们发现"照片显示在离一座发射台约1500米有一个大弹坑",

---

① 见本套书第一编1-7文件。
② 《聂荣臻年谱》,第745页;《当代中国的国防科技事业》上册,第283页。
③ 《当代中国的国防科技事业》上册,第71页。
④ 《聂荣臻年谱》,第724页。

这"表明是一次巨大的失败"。针对试验中暴露出来的问题,技术人员对总体方案重新进行论证,并做了相应的改进。1964年6～7月中国进行了三次飞行试验以及尔后接连进行的八次飞行试验,均获成功。①

鉴于中国进行的几次导弹飞行试验,本编5-8文件判断"中国正在开发中程弹道导弹,该系统实质上是苏式的,可能是SS-4,也许经过中国的一些改进。中国可能在1967年或1968年拥有几枚可运载裂变弹头的中程弹道导弹"。这种判断实际上是不准确的,虽然按照美国的标准,中国正在开发中程弹道导弹是不争的事实,其实质确实也是苏式的,但是它并不是SS-4,而是以(P-2)SS-2为基础进行的改进,加入了许多中国自主研发的元素,中国称之为"东风二号"。后来在1971年本编5-19文件中,美国情报部门对中国的导弹计划进行阶段性总结时,认为"它最接近于苏联的SS-3"。

1965年2月中央专委决定对中近程地对地导弹进行改进,以增大射程。从1965年11月开始,改型的中近程地对地导弹在西北综合导弹试验基地连续多次进行飞行试验,均获得成功。1966年10月27日,中国用改进型的中近程地对地导弹,运载真实的核弹头,成功地进行了发射试验。至此,中国不仅掌握了导弹核武器,而且走完了中近程地对地导弹研制的全过程。美国情报部门对中国的"两弹结合"试验,颇为震惊,极其罕见地在中国核试验仅仅一周后就提交本编5-12文件。该文件并不长,但着重分析了中国的导弹能力。关于刚刚进行的这次核试验,他们判定"该装置是由一枚弹道导弹所运载的。这种导弹属于或接近中程弹道导弹,可能是从双城子导弹试验靶场发射升空的,跨越约400海里的距离"。虽然他们认为"其水平与美苏相比尚有相当距离,但可以用于近程或者中程的武器。如果这种情况属实,则中国人将于1967年或1968年拥有几枚准备部署的这种武器"。

此后他们在分析中程弹道导弹时,顺理成章地认为中国肯定会尽快地进行部署。在1967年本编5-13文件中,他们预测中国"可携带核弹头的中程弹道导弹的有限部署可能将在未来约六个月内开始。1968年后当核弹头的数量不断增加时,这种部署可能会以更快的速度进行。这些部署将可能威胁美国基地、从日本到菲律宾、南亚和印度北部的重要城市"。但是到了1969年2月本编5-16文件,美国情报分析人员在观察中国的导弹发射场时,却发现部署中程弹道导弹明显地推迟了,他们并不清楚真正的原因,只是猜测也许是技术上的问题,也许是受到"文革"因素的影响。不过他们仍然相信中国正在准备部署中程弹道导弹,现在可能在准备永久性发射场,如果不久将开始的话,中国将在1970年拥有中程弹道导弹作战能力。同年10月,他们在本编5-17文件中仍然对中国尚未进行部署中程弹道导弹迷惑不解。至于原因,他们认为"中国可能等待热核弹头或者使用固体推进剂的已改进的导弹"。但是"如果不想进行部署的话,对于中国人来说投入那么多的时间与精力似乎又不太合理"。因此猜测"中国正在朝着部署方向发展"。直到1969年本编5-19文件,他们才开始发现有关中国中程弹道导弹的新迹象,因此不得不承认"中国会尽快部署中程弹道导弹"

---

① 《当代中国的国防科技事业》上册,第284页。

的观点是错误的。"从 1966 年秋到 1969 年初在中程弹道导弹计划上显然有一个明确的间断期","特别是可以提供临时战略力量的图－16 轰炸机能够携带热核武器以后",显然"中国根本就没有部署中程弹道导弹"。至于为什么间隔三年,中国才开始部署中程弹道导弹,情报分析人员认为可能原因有二:一是中国确实想放弃中程弹道导弹的部署,但是由于中苏关系的持续恶化和苏联入侵捷克斯洛伐克导致他们对中程弹道导弹的重新定位;二是到 1966 年末导弹还没有真正的准备部署或中国决定等待相匹配的热核弹头。

其实,中近程地对地导弹是考虑到对苏联援助导弹的继承,也结合自身的实际情况,在设计中程地对地导弹之前,为获得必要的数据而研制的一种导弹。虽然它特性上高于近程地对地导弹,后来又经过不断地改进,甚至用它进行"两弹结合"试验,但是其设计核心仍是仿制苏联的"P－2",有着"推进剂燃料不好贮存,临时加注很费时间"的缺点。实际上中国在对中近程地对地导弹进行改进的同时,开始准备着手研制中程地对地导弹,因此聂荣臻在 1966 年 12 月 30 日曾指示"东风二号地对地导弹的生产数量要少些,将来东风三号地对地导弹可多生产些"。① 这很能说明当时中国领导人对导弹计划的想法。除了受到"文革"的影响以外,型号的更新换代也许是最重要的因素。

(3) 液体中程地对地导弹(东风三号、CSS－2)。1963 年中国废弃了东风三号的前身东风一号。经过一年多的反复论证,于 1965 年 3 月中央专委批准并下达了研制液体中程地对地导弹的任务。② 中程地对地导弹是中国独立进行研制的液体导弹,采用了与中近程地对地导弹全然不同的设计方案,集中地应用了中国 20 世纪 60 年代前期进行预先研究取得的最新技术成果。它采用更大的推力和更大功率的可贮存燃料,射程 2 800 公里,弹头为尚待完善的热核弹头。③ 1966 年 12 月中国进行了液体中程弹道导弹的首次试验,不过发现发动机出现推力下降的问题。1967 年 1 月的第二次试验仍出现同样的问题。5月,经液体火箭发动机研究所改进设计,提高发动机可靠性后,第三次飞行试验获得圆满成功。④

与前两种型号的导弹相比,情报部门基本上没有察觉到中国的中远程弹道导弹,按照本编 5－16、5－18 文件的理解,中国似乎在完成中程弹道导弹的研制后,下一种型号应该是洲际弹道导弹,因为中国可以"利用一组中程弹道导弹发动机来达到洲际导弹发动机所需推力",所以他们把大部分精力都放在中国的中程弹道导弹和洲际弹道导弹上。直到 1970 年,他们通过卫星照片突然"发现在山西省靠近五寨地区有一个导弹发射基地",这才重新对该地区过去的照片进行分析,判定该发射基地"始建于 1966 年末,发射台在 1968 年中期完成,导弹演习正在进行之中"。由于五寨发射基地与弹着区和田相距"1 300～1 400 海里",因此他们认定这是中国的一处中远程弹道导弹基地,并已进行了 7 次发射。对于 1966 年末至

---

① 《聂荣臻回忆录》,第 1007 页。
② 《当代中国的国防科技事业》上册,第 284～285 页。
③ 《中国原子弹的制造》,第 209 页。
④ 《当代中国的国防科技事业》上册,第 288～289 页。

1967年中在双城子导弹试验基地进行的发射,他们重新判断认为这些导弹可能"从来没有达到过1 000海里",也就"约600～700英里"。他们对地面辅助设施进行重新评估也表明"这种导弹使用低温氧化剂而不是先前估计的可贮存燃料"。因此认为:"中程弹道导弹的一些活动可能就是五寨系统的导弹试验和研究与开发工作。"至于中远程弹道导弹的部署,他们认为:"越来越多的迹象表明中国正在充分地进行战略导弹的部署。""如果重大的导弹部署计划被确定的话,由于其较远的射程和较大的有效荷载,我们认为中国将会把五寨系统置于最优先的位置。但是如果它接近完成的话,永久性的、易受攻击的地区的初始作战能力似乎很可能将在约一年内实现。如果中国选择在发射井上部署系统的话,初始作战能力的实现至少还需要一年的时间。"

在1971年本编5-19文件中,美国情报部门对中远程弹道导弹的评估要比过去详尽得多,除了对其特性进行分析以外,重点预测了部署情况。他们认为这种导弹"使用可贮存推进剂和使用全惯性导航系统,最远射程可能超过1 500海里"。虽然他们并不支持中远程弹道导弹于1969年开始训练发射的观点,但是认为:"到1971年中期中国可能已经准备开始进行中远程弹道导弹的训练发射。如果部队训练确实在那时开始的话,那么现在正在进行初始部署是合理的。"尽管"并没有部署的显著证据",但是他们认为:"在计划的早期阶段,当导弹部署的数量很少时,中国可能隐藏部署计划。"从威慑性的角度来说,他们认为这种导弹"能够影响到约40个人口在10万以上的苏联城市,这包括所有从海参崴向西到斯维尔德洛夫斯克的西伯利亚大铁路沿线的所有城市"。至于美国,"当前中国还不具备打击美国大陆的显著能力",但是可以威慑"美国在远东的军事基地和美国在该地区盟国的重要城市,特别是日本。依照选择的标准,这将增加40～50个额外的目标"。如果再加上印度,"还有16个人口超过10万的城市"。在约100个目标中,他们不能判断中国到底会选择哪些目标,但是认为中国至少需要几百枚1 400海里的导弹。此外,美国情报部门还认为,与易受攻击的发射场相比,中国可能选择在发射井上部署中远程弹道导弹。他们认为中国每年在发射井上部署10～20枚中远程弹道导弹应该不成问题,如果发射井部署在1973年或1974年开始的话,那么中国可能到1976年中期能够建立一个拥有20～30个中远程弹道导弹发射井的部队。

直到1974年,本编5-20文件认为:"中国的中远程弹道导弹系统的部署将继续以稳健、谨慎的速度进行,据估计当前有30～35座发射装置可投入使用。"但是他们发现部署的速度缓慢,他们判定"中国并不打算显著地增加中远程弹道导弹部队的规模"。他们认为中国可能会把更多的精力放在洲际弹道导弹的研发上。

(4)液体中远程地对地导弹(东风四号、CSS-3)。早在1964年夏,为适应新的需要,中国决定尽快研制中远程地对地导弹。当时国防部五院在主持进行研制中远程地对地导弹的技术途径的论证时,提出要通过这个型号的研制,突破多级火箭技术。后经反复论证,决定中远程地对地导弹采用两级火箭方案:第一级以中程地对地导弹(东风三号)为基础,稍加修改;第二级为新设计的火箭。这样,可充分利用中程地对地导弹的技术成果和研制条件,缩短研制周期,节省研制经费。1965年5月,中央专委批准了中远程地对地导弹的研制任务。1969年11月,中国在西北导弹试验基地首次进行中远程地对地导弹飞行试验,由于指令系统发生故障,致使第二级未能点火,两级未分离,导弹在空中自毁。经过改进,1970年1月再次进行飞行试验,获得成功。

美国情报部门最初并未注意到中国的液体中远程地对地导弹,而是把更多的精力放在了中国的洲际弹道导弹上。1970年8月,美国侦察卫星在对中国大陆进行例行监视时,发现在山西靠近五寨地区有一处导弹发射基地,美国情报部门立即对自1967年以来所有大陆地区卫星图片进行重新分析,发现在"一个距离朝鲜边境以北约30英里处,靠近临江有一个导弹发射场,该设施已进入建设的后期阶段"。与此同时,还发现"一处导弹发射井","导弹的运输安装设备与先前在五寨和靠近北京的南苑导弹生产厂看到的极为相似"。不过在本编5-18文件中,可以看到他们对中国为什么选择这个地区作为导弹发射场感到极为困惑,因为该设施离朝鲜边境很近且地形险峻不易施工。但是从射程角度来看,从临江到弹着区和田约2 200海里,他们判断这是一种新型弹道导弹。

在1971年10月本编5-19文件中,美国情报部门开始着重分析这种新型弹道导弹,他们把它归属为"洲际弹道导弹,但是认为它不具备影响到美国大陆的显著能力"。此外,他们发现该导弹发射场更靠近于靖宇,因此在国家情报评估中把它称为"靖宇导弹"。由于他们发现"靖宇发射场在1970年秋处于活跃期",因此判断"到1971年中期在靖宇会进行一次发射"。关于"靖宇导弹",他们倾向于认为是"一枚经改装的两级中远程弹道导弹",其最大射程约"3 000~4 000海里"。从威慑性的角度来看,它只能影响到美国大陆的一部分,而如果它部署在中国北部靠近苏联边境,那么具有一定的威慑性,因此情报分析人员认为这种导弹并不是针对美国的。由于他们发现中国只进行过一次试验,因此"无法评估其初始作战能力或部署的速度和广度"。然而他们预测"如果没有遇到严重困难的情况下开始进行试验计划,初始作战能力将可能在1973年末或1974年初达到。在发射井进行部署,假如在1974年达到初始作战能力的话,到1976年中期可能达到25到40枚导弹的力量"。

实际上,美国情报分析人员对中国液体中远程地对地导弹的分析部分是准确的。这种导弹确实是两级系统,不过,第一级是以中程地对地导弹为基础,第二级是新设计的。1969年中苏爆发边境冲突后,苏联的一些城市立即成为指定目标,1971年中国组建第一个东风四号导弹部队转移到青海(小柴达木和大柴达木)和中国西北的其他基地,更靠近苏联的要害目标。① 此外,由于当时东北试验场(靖宇)尚未完工,中国对液体中远程地对地导弹的前两次试验是在西北综合导弹试验基地进行的,是短射程试验。1970年8月东北试验场建成之后,11月首次进行了长射程飞行试验,但由于出现了与首次短射程试验相似的故障,致使一级火箭预令信号未能发出,二级火箭未能点火,导弹飞行至一级推进剂耗尽关

———————————
① 《中国原子弹的制造》,第210页。

机后，因姿态失稳在空中自毁。在总结经验后，1971 年 11 月 15 日，中远程地对地导弹长射程试验获得成功。[①]

自 1971 年末试验以后，中国在很长时间内没有再进行中远程地对地导弹长射程试验，这一点使得美国情报部门颇为迷惑，他们不知道发生了什么，但是在本编 5－20 文件中，他们认为"中国并没有放弃这项计划，他们以象征性的数量部署该系统"。至于未来，他们预测：如果在 1974 年末或者 1975 年上半年达到初始作战能力的话，中国将具备覆盖可能包括莫斯科在内的苏联欧洲目标的象征性能力。而事实上，由于"文革"的影响，中远程地对地导弹的进一步研制工作几乎陷入停顿状态，直到 1975 年经过调整、整顿，才出现转机。

（5）液体洲际地对地导弹（东风五号、CSS－4）。1965 年 3 月，中央专委决定研制洲际弹道导弹。不久中国组织两个小组就液体燃料的优缺点进行讨论，大多数人认为不可贮存燃料在严重的国际紧张时期是无能为力的。这种导弹在迅速升级的最后较量中因准备时间太长而发射不成，并且不可能长时间保持戒备状态。因此中国设计的洲际地对地导弹采用可贮存液体燃料，与东风三号和东风四号的类似，但不完全相同。[②] 液体洲际弹道导弹是两级导弹，最大射程为 13 000 公里。

美国情报部门对中国洲际弹道导弹的关注由来已久。早在中国尚未具备研制洲际弹道导弹的能力时，本编 5－3 文件就谈到中国在 20 世纪 60 年代不太可能具备独立地研制洲际弹道导弹的能力。这种论调一直持续到 1966 年末，本编 5－10 文件发现中国正在"开发一种更大、更复杂的导弹系统"，因此判断是"一种洲际弹道导弹"。他们认为该导弹"在 1967 年初将能够完成发射装置"，虽然尚未发现其主要部件，"但是有证据表明到 1967 年下半年中国可能开始进行飞行试验。如果是这样的话，如果他们能够制造出导弹以及其他能够进行积极和成功地试验计划所必要的设备，则到 20 世纪 70 年代初就会有几枚携带裂变核弹头的洲际弹道导弹投入使用"。由于当时尚未建有东北试验场，因此情报分析人员"还不能确定中国人将如何进行洲际弹道导弹的全程试验"。1967 年 6 月 17 日随着中国成功进行了第一次氢弹试验，本编 5－12、5－13 文件进一步认为"中国可能将在 1970 年初研制出百万吨级当量的洲际弹道导弹弹头"。不过他们也认为"在 20 世纪 70 年代初准备部署洲际弹道导弹系统"是"一个严格的时间表，应该允许出现较小的困难和推迟"，"如果中国遇到重大的问题，那么洲际弹道导弹的初始作战能力将会推迟"。

但是从本编 5－15、5－16 文件中可以了解到，至 1968 年夏，他们发现"中国在现代武器的开发和生产上所用的时间要远远超过几年前我们根据他们明显的进步而做出的判断"，究其原因，他们认为肯定与"文化大革命的破坏和混乱"相关，"有充分的证据表明不仅仅贯穿于经济的生产和运输出现推迟，而且在涉及指挥和管理尖端武器计划的重要机构内部出现了政治上的混乱"。除此之外，他们认为"中国缺少广泛的科学工业机构"是另外一个因素。

---

① 《当代中国的国防科技事业》上册，第 327 页。
② 《中国原子弹的制造》，第 211 页。

尽管有这样那样的原因,但是美国情报分析人员并不认为"中国的尖端武器计划注定陷入停滞,或者持续性的推迟",只是把时间推迟了几年,认为"1972 年初拥有初始作战能力是可能的;但是根据中国的记录和考虑中国的政治经济形势,很可能将会晚些,也许两至三年"。至于部署,"如果最早到 1972 年达到初始作战能力的话,到 1975 年中国不太可能部署超过约 20 枚的洲际弹道导弹。如果中国尽最大的努力并取得成功的话,他们也许能够达到这个数字的两倍。但是我们认为推迟和遇到困难的可能性会很高,到 1975 年估计中国能够达到约 40 个洲际弹道导弹发射台的水平是不现实的"。

1970 年虽然美国情报部门仍旧没有发现中国洲际弹道导弹试验的迹象,但是"没有改变对洲际弹道导弹开发的早先估计"。[1] 直到 1971 年 9 月 10 日,他们发现"从双城子发射的导弹似乎是针对美国的具备显著能力的洲际弹道导弹",并预测"如果它是洲际弹道导弹的话,那么该系统最早的初始作战能力将是在 1974 年末,也可能还要晚于一至两年实现"。[2] 可是到 1974 年,中国在洲际弹道导弹方面并没有取得突破性的进展,美国情报分析人员认为中国"继续陷入技术上的困境",他们发现"到现在为止四个发射装置,仅有一个——在 1971 年 9 月——似乎完全地成功"。"如果发射井不久将开始使用的话,那么该系统最早可能在 1977 年达到初始作战能力。如果花费很长时间去克服困难,或者新问题的出现,初始作战能力甚至可能将在 1979 年才实现"。[3]

整体而言,美国情报部门过高估计中国洲际弹道导弹的发展速度。中国在 1971 年 9 月 10 日进行了洲际弹道导弹的首次低弹道飞行试验,但二级火箭发动机关机时间稍有提前,弹头未落于预定落点。此后 1972 年 11 月 9 日至 1973 年 4 月 8 日,中国又进行了洲际弹道导弹第二发遥测弹飞行试验,由于质量和可靠性方面的问题,两次发射均未获得成功。直到 1980 年 5 月 18 日中国才成功进行了洲际弹道导弹的全程试验。[4]

3. 中国核潜艇计划

与中国核武器计划和导弹计划相比,中国的核潜艇计划更带有神秘色彩。美国情报部门关注中国核潜艇计划源于中国的常规动力潜艇。1965 年他们发现"中国下水了一艘外表与可发射射程约 350 海里 SS-N-4 弹道导弹的苏联 G 级潜艇极为相似的潜艇",但是尚无证据表明"中国已经计划把导弹部署在潜艇中或苏联在这方面给他们援助",当然"也尚无证据表明中国正在建造任何更多的这种潜艇,部署中国生产的导弹至少还需要几年的时间"。从本编 5-8 文件来看,虽然他们认为中国的潜艇是初级的,但是"中国对开发能够至少对美国构成有限核威胁的导弹潜艇部队极感兴趣"。

关于常规动力潜艇,中国也是从仿制入手的。早在 1953 年,中国先后在江南和武昌两个造船厂装配制造苏联转让的中型常规动力潜艇,1956 年 3 月下水,1957 年 10 月建造成

---

① 见本编 5-18 文件。
② 见本编 5-19 文件。
③ 见本编 5-20 文件。
④ 《当代中国的国防科技事业》上册,第 295～296 页。

功。这是中国成批建造潜艇的开端。1959年2月4日，中苏签订《关于在中国海军舰艇制造方面给予中华人民共和国技术援助的协定》，根据这个协定，中国开始制造苏联转让的改进型中型常规动力潜艇和常规动力弹道导弹潜艇，虽然1960年代初苏联撤走专家，给潜艇制造带来巨大的困难，但是中国决定压缩其他海军装备科研项目，集中力量建造这两型潜艇。第一艘中型常规动力潜艇由江南造船厂于1965年12月建成，后来黄埔、涪陵等造船厂也安排生产，成为中国生产批量最大的一种潜艇。大连造船厂建造的常规动力弹道导弹潜艇于1966年8月建成。① 美国情报部门在1965年2月所发现的那艘潜艇一定是大连造船厂所建造的常规动力弹道导弹潜艇，但是当时并未完工。

与中型常规动力潜艇相比，美国情报部门更关注中国的常规动力弹道导弹潜艇，因为这种潜艇可从水下发射攻击地面固定目标的导弹，这无疑对美国构成了一定的威胁。虽然他们并不了解苏联是否在潜地导弹方面给予了援助，但是本编5-9文件估计，如果中国正在进行研发的话，那么"到1970年可能开发出可配备核弹头的导弹"。不过这种潜艇也有诸如续航力小等缺点，"最多只具备威胁美国西海岸的最低能力"，因此该文件判断"中国可能不会开发这种系统作为远程打击能力，而是把它作为亚洲地区力量的一部分"。此后一直到60年代末，本编5-13、5-15、5-16、5-17文件发现中国的常规动力弹道导弹潜艇"并不活跃"，"除进行训练的例行公事以外"，从不远离母港。同时他们认为"尚无证据表明中国拥有潜地导弹，也没有发现任何这种导弹的试验"，因此推翻了早先"到1970年可能开发出可配备核弹头的导弹"的判断。至于是否还有其他同一级别的潜艇正在建造，美国情报部门尚未发现，但是他们预测"如果中国不久将开始建造的话，到1975年最多将有3～4艘配备射程约350英里导弹的潜艇"。

概而言之，美国情报部门当初在发现中国的常规动力弹道导弹潜艇时，过高估计了中国的实力，甚至预测中国到1970年可能开发出可配备核弹头的导弹。但是随着常规动力弹道导弹潜艇的缓慢进展，他们才发现事实并非如此。本编5-19文件对中国潜艇计划做阶段性分析时，认为"中国没有建造其他的G级潜艇或开始类似于SS-N-4的海上导弹试验，表明这种潜艇根本没有生产，也没有部署"。至于中国唯一的那艘常规动力弹道导弹潜艇，他们发现它"从1968年末开始进行了大范围的整修"。美国情报分析人员判断"中国准备把潜艇作为开发自己研制新型导弹的试验平台"。

至于常规动力弹道导弹潜艇进展缓慢的原因，美国情报部门认为：首先是中国国内政治的因素。"大跃进"所带来的经济上的崩溃以及"文革"的破坏，导致整个中国国防工业陷入停顿，常规动力弹道导弹潜艇的研制也不能幸免。其次是技术上的问题。中国的常规动力弹道导弹潜艇仿制于苏联，由于苏联在60年代初撤走专家，无疑会给中国带来巨大的困难。最后，这种巡航力小、高噪音的柴油动力弹道导弹潜艇对美国构成实际的威胁很小，可能也是中国放弃进一步研制的重要原因。

---

① 《当代中国的国防科技事业》下册，第232页。

因此,美国情报部门判断核潜艇可能是中国的选择。中国早在 1958 年 6 月就着手准备研制核潜艇。经过三年多的努力,在艇总体设计和核动力装置的研究方面都取得了一些初步成绩。由于 60 年代初中国陷入经济困难,科研力量又不足,1963 年 3 月中央专委决定暂停研制,但保留一部分科技骨干,重点对核动力、艇总体等关键项目进行研究,待国民经济有所好转时,再全面展开。60 年代中期,国民经济有所好转。中央专委于 1965 年 3 月 20 日决定将核潜艇工程重新列入国家计划,全面开展研制工作,并要求二机部于 1970 年建成陆上模式反应堆,作为研制潜艇用核动力装置的阶梯。先经陆上模式堆试验验证后,再将为潜艇研制的核动力装置装艇。①

当中国在核技术方面有所突破,并于 1964 年 10 月 16 日成功进行第一次核试验的时候,美国情报部门就开始预测中国研制核潜艇可能性问题。从本编 5-9 文件看,美国情报部门是在 1966 年,也就是中央专委决定核潜艇工程重新上马的第二年,开始关注中国核潜艇计划的。从威慑性角度来讲,他们认为中国会选择核动力潜艇,而非柴油动力潜艇。但是考虑到"核潜艇工程将会从中国核计划上转移一些物力和人力,同时它远比洲际弹道导弹更为昂贵和复杂",因此他们判断中国核潜艇的"开发也更漫长"。作为同样对美国构成极大威胁的尖端武器,他们并不认为中国能够"同时优先开发洲际弹道导弹和核潜艇",而倾向于"洲际弹道导弹作为他们首要的洲际打击能力"。其实美国情报部门在当时低估了中国的决心,1965 年 3 月,中央专委同时决定核潜艇重新上马和研制洲际弹道导弹。

从 1966~1969 年,本编 5-9、5-13、5-15、5-16、5-17 文件注意到了中国对核潜艇研发的动向,但是这些认为即使中国开始设计的话,那么"在 20 世纪 70 年代末以前仍不可能研制出核动力潜艇"。

而事实上,鉴于导弹核潜艇的技术复杂性,为分散难点,缩短研制周期,1965 年 8 月中央专委决定核潜艇研制分两步走:第一步研制鱼雷核潜艇,先解决核动力用于潜艇和反潜鱼雷等重大技术问题;第二步再研制导弹核潜艇,解决潜地导弹及其发射系统等关键技术问题。随后,中央专委又确定,争取第一艘鱼雷核潜艇于 1972 年下水试航,并达到主要战术技术指标,以便作为战斗艇交付海军使用。②

美国情报部门并没有注意到中国研制核潜艇采取的"两步走"方针,他们仍把注意力集中在导弹核潜艇上。但是在 1971 年本编 5-19 文件中,他们发现中国"已经建造了一艘巨大的新型潜艇",该潜艇是"由本国设计的,其外壳特别适合快速潜水的鱼雷攻击型潜艇",从"外壳的外观和构造表明它可能是核动力的"。他们认为:"如果它是核动力的,那么中国在朝向核动力导弹潜艇方面迈出了重要的一步。即使它是柴油动力的,这种设计表明中国有能力开发现代核动力导弹潜艇。"此外他们还发现:"中国已经开发——或正在

① 《当代中国的国防科技事业》上册,第 208 页;《刘华清回忆录》,解放军出版社 2005 年版,第 300 页、316 页。
② 《当代中国的国防科技事业》上册,第 208 页;《刘华清回忆录》,第 316 页。

开发——现代、复杂的造船设施以充分地支持核潜艇计划。"有趣的是，由于这艘潜艇过去从未发现过，也没有相关的情报，美国情报部门把它暂称为"毛级"（Mao-class）。事实上，美国情报部门发现的这艘核潜艇是中国第一艘鱼雷核潜艇，后来一般把它称为"汉级"（Han-class）。该潜艇于1968年开工建造，1974年1~4月，在进行了检验性航行试验后，于8月1日交付海军使用。①

虽然美国情报部门判定中国已制造出鱼雷核潜艇，但从威慑性来说，他们认为中国早晚要研制导弹核潜艇。1971年他们预测中国可能"开发可携带16枚导弹的核动力潜艇。如果第一艘这种型号的潜艇于1971年中期开始建造的话，我们估计中国最早于1976年拥有第一艘导弹核潜艇。如果中国并没有为潜艇装配核反应堆的话，导弹核潜艇最早完工的日期将可能推迟一两年"。至于潜地导弹，他们认为如果中国选择液体导弹的话，那么试验发射的时间可能是在1974年末；如果是固体导弹的话，可能最早将在1975年进行。不过美国情报部门也相信，中国要制造出导弹核潜艇还会遇到许多技术性的困难。首先导弹核潜艇需要某种精确的导航系统，例如海洋深测或卫星导航，但是尚无中国正在进行这样活动的迹象；其次把潜地导弹装配在核潜艇上也面临巨大的困难。1974年本编5-20文件再次预测中国"可能正在建造一两艘核潜艇，第一艘也许在今明两年下水。该系统的导弹可能是两级固体推进剂潜地导弹，其外形与早期美国北极星相似，可能携带射程1 500~2 000海里的核弹头。这种导弹的飞行试验并未开始，可能至少需要三年的时间。因此即使试验发射不久将开始，在1977年中期以前导弹不太可能装配到第一艘导弹核潜艇上。考虑到装配到系统上最少需要六个月，最早的初始作战能力日期可能是1978年。但是由于中国在固体推进剂系统飞行试验缺少经验，初始作战能力可能还会推后"。

其实对于导弹核潜艇，中国为了分散难点，也采取了两步走的设想：第一步，在鱼雷核潜艇的基础上研制导弹核潜艇；第二步，在第一艘导弹核潜艇的基础上，再考虑研制性能更好的第二艘潜艇，其研制重点是突破潜地导弹系统及其应用于潜艇水下发射的关键技术。中国的"夏级"（Xia-class）导弹核潜艇于1970年9月开工建造，直到1981年才下水，1983年8月加入海军，其时间要远远超出美国情报部门所估计。②

综上所述，美国情报部门对中国核潜艇计划的分析不尽如人意。在70年代以前，他们低估了中国研制核潜艇的能力，基本认为中国在70年代末之前不可能研制出核潜艇。当1971年他们发现中国的第一艘鱼雷核潜艇以后，又高估了中国的能力，预测到1976年中国将拥有第一艘导弹核潜艇，而实际上中国是在1981年才下水。

4. 中国太空计划

中国早在20世纪50年代末就致力于人造地球卫星的理论探索和探空火箭的研制工作。1957年苏联成功发射世界上第一颗人造地球卫星后，中国的许多科学家就积极倡导开

---

① 《当代中国的国防科技事业》上册，第347页。
② 《当代中国的国防科技事业》上册，第319页。

发自己的人造地球卫星的研制。1958 年 5 月 17 日,毛泽东在中共八大二次会议上提出"我们也要搞人造地球卫星"。① 聂荣臻随即责成中国科学院和国防部五院负责人,组织有关专家拟定人造地球卫星的发展规划。中国科学院把研制人造地球卫星列为 1958 年的第一项重点任务,并筹建了三个设计院,分别从事人造地球卫星和运载火箭的总体、控制系统、空间物理和卫星探测仪器的研究、设计与试制工作。② 不过由于受到"大跃进"的影响,中国提出了一些不切实际的设想。1959 年 1 月中国科学院根据邓小平关于现在发射人造地球卫星与国力不相称、要调整空间技术研究任务的意见,提出了"以探空火箭练兵,高空物理探测打基础,不断探索卫星发展方面"的发展步骤。1960 年 2 月,中国科学院上海机电设计院自行设计的小型液体火箭 T－7M 发射成功,虽然射程仅 8 公里,但为人造地球卫星工程的研制打下必要的技术基础。

从本编 5-3 文件来看,美国情报部门最早关注中国的太空计划始于 1962 年。由于苏联成功发射人造地球卫星,也许他们也注意到毛泽东的言论,他们发现"中国已经对发射人造地球卫星发生了兴趣",至于是否有这种计划,尚无法判断。鉴于中苏关系的破裂,情报分析人员对苏联能够在太空计划上给予中国实质性的帮助表示怀疑,他们预测"如果没有苏联的帮助,太空发射系统的开发将是极其困难的,并要花费许多年。"因此他们认为"在未来几年里中国仅仅可能制造和发射高层大气探空火箭"。

美国情报部门对中国早期太空计划的分析基本上是正确的,中国确实在太空计划上面临许多困难,首先就是运载火箭问题。虽然中国在 1960 年发射了 T－7M 探空火箭,但那是一个极其原始的火箭,根本不足以把卫星发射升空。1964 年中国成功试射中近程地对地导弹后,研制和发射人造地球卫星才提上了议事日程。1965 年 3 月国防科委提出了《关于开展人造地球卫星研制工作的报告》,5 月中央专委批准将卫星工程研制列入国家计划,并明确工程技术抓总和卫星、运载火箭、测量、跟踪、遥测设备的研制,以及整个工程的组织协调等各项任务的分工。8 月,中央专委原则批准了中国科学院提出的卫星发展规划纲要,并同意第一颗卫星争取在 1970 年左右发射。③

由于运载火箭与弹道导弹有着千丝万缕的联系,美国情报部门判断中国的运载能力是从弹道导弹的分析开始的,所以在中国成功试射中近程地对地导弹之前,并没有特别关注中国的太空计划。美国情报部门再一次对中国太空计划进行评估是在 1967 年的本编5-13 文件中,他们从狂热的"文革"宣传中发现了中国人造地球卫星工程的蛛丝马迹,并预测"中国可能会尽快发射人造地球卫星"。关于运载工具,他们判断中国可能使用"增加级数或加大有效荷载的中程弹道导弹,也可能使用洲际弹道导弹的早期试验工具"。随着中国在导弹技术的提高,在本编 5-16 文件中,他们愈加认为中国发射人造地球卫星迫在眉睫,特别是在 1969 年,中华人民共和国成立 20 周年以及中共九大的召开,把人造地球

---

① 《当代中国的国防科技事业》上册,第 386 页。
② 《聂荣臻年谱》,第 641 页。
③ 《当代中国的国防科技事业》上册,第 104 页。

卫星作为献礼工程是中国在特殊年代的惯例。

但令美国情报人员困惑的是,从运载能力来看中国在1967年成功发射中程地对地导弹,已具备发射人造地球卫星的能力,但是直到1969年10月中国仍然没有进行发射,他们不知道是何原因?① 事实上,中国的人造地球卫星工程受到了"文革"的严重影响,运载火箭的研制工作基本上处于停滞状态,拖延了整个工程的进度,使本来有可能争取在1968年底发射卫星的设想未能实现,这是美国情报部门所没有料到的。②

1970年4月24日中国成功地发射了第一颗人造地球卫星,但所使用的运载火箭并不是美国情报部门所猜测的中程地对地导弹的改型,而是一个串联式三级火箭。第一级和第二级采用中远程地对地导弹使用的液体火箭发动机,第三级采用固体火箭发动机,中国称之为长征一号火箭。美国情报部门实际上低估了中国发射人造地球卫星的能力。当中国成功发射并宣布卫星的高椭圆轨道和有效荷载381磅后,美国情报分析人员才排除了他们原先所估计的中程地对地导弹,在本编5-18文件中认为中国"可能选用的运载火箭是一至两级的五寨导弹③、带有较小第三级的两级洲际弹道导弹,或为太空目的而紧急开发的运载火箭"。中国的第一颗人造地球卫星的总量要比苏联(83.6公斤)、美国(8.2公斤)、法国(38公斤)、日本(9.4公斤)第一颗人造地球卫星的总量总和还要重。其卫星的跟踪手段、信号传递形式、星上的温控系统,也超过了其他国家第一颗卫星的水平,这是美国情报部门所没有估计到的。当然东方红一号卫星带有"文革"时期的强烈烙印,政治意义要远远超过其本身,但是它标志着中国成为世界上第五个能发射人造地球卫星的国家。

当中国成功发射人造地球卫星以后,美国情报部门通过其间谍卫星发现双城子导弹试验靶场"第二座发射台B2的工程也取得快速的进展,它装配了一个约150英尺高的勤务塔,比发射台B1的勤务塔高约30英尺"。本编5-18文件判断:"发射台B2的规模和复杂性表明它是为发射大型太空飞行器而设计的,这也表明中国拥有雄心勃勃的太空计划。"美国情报部门对中国的人造地球卫星计划的细节并不了解,但是通过对发射场的观察,他们判断中国可能尽快再次进行发射。1971年3月3日,中国成功发射实践一号卫星,其总体方案,沿用了东方红一号卫星的技术成果和经验。不过比较起来,其科学目的性是第一颗人造地球卫星无法比拟的,其主要目的是测量高空磁场、宇宙射线等空间环境参数、进行长寿命应用卫星的一些关键技术的试验等。

从中国已进行的两次人造地球卫星发射,美国情报部门判断其运载工具"是同一型号的运载火箭",这种火箭与中国的中远程弹道导弹有着极为相近的关联,可能就是这种导弹的改装。他们通过对"对两颗入轨卫星的小型、已耗尽燃料的助推火箭进行观察",认为"中国的第一枚运载火箭是三级系统"。此外,根据前两次发射,他们认为"中国并没有全部地利用

① 见本编5-17文件。
② 《当代中国的国防科技事业》上册,第106页;《聂荣臻回忆录》,第845页。
③ 指中远程地对地导弹。

运载火箭最大的能力",因为"这种系统能够把有效荷载约1 300磅的物体发射到100海里的低地球轨道"。他们预测中国未来会继续使用这种系统。事实上,这一点也是错误的,中国用长征一号火箭只进行了两次试验,此后被长征二号火箭所取代。

毋庸置疑,与其他国家的太空计划一样,中国早期太空计划也具有浓厚的军事色彩。其运载火箭是以中远程地对地导弹为跳板的,发射场也是在双城子导弹试验靶场,因此美国情报部门在预测未来中国的太空计划时,强调其军事性。"尽管未来几年太空计划的某些方面具有一些纯科学利用的功能,但是我们认为在可预见的未来军事需求仍占据支配地位。一是支持战略导弹部队瞄准和测量数据。另一个是基于情报目的进行侦察。我们认为到20世纪70年代中期中国可能在这些领域获得这些能力。"

值得指出的是,在1971年本编5-19文件中,美国情报分析人员第一次对中国的载人航天进行了评估。众所周知,20世纪60年代和70年代是美苏太空争霸最为激烈的时期,尤其是1969年美国的阿波罗11号成功登月,把太空争霸战推上了一个高潮。因此美国情报部门在预测未来中国太空计划的走向时,不可避免地提及到中国的载人航天。他们发现"自1959年中国人民解放军在北京建立航空医学研究所以来,中国已经开始了对高性能飞机和太空飞行的生物医学方面产生兴趣",但是"尚未发现支持载人航天计划的太空医学计划的存在"。此外,他们认为:"中国已具备技术能力准备和监控轨道飞船的生物试验,但是目前尚无迹象表明中国具备载人航天的能力,不过我们认为他们能够制订这样的计划。"这是迄今为止在已解密的国家情报评估中,第一份有关中国载人航天的评估,虽然只是寥寥数语,但这是美国情报部门对中国载人航天关注的开端。

综观已解密的国家情报评估,美国情报部门对中国太空计划的评估有如下几个特点:首先他们十分强调中国太空计划的军事性。他们最初是以中国的导弹能力来判断中国人造地球卫星发射的,在中国的双城子导弹试验靶场发现正在修建的发射台和发射塔也进一步验证了他们的判断。此后虽然中国发射了几枚科学卫星,但他们仍然认为军事需求是其主要目的。其次他们低估了中国在太空计划的能力。他们错误地认为中国会利用中程地对地导弹的改型,当中国成功发射第一颗人造地球卫星并公布其数据时,他们才认识到中国所使用的运载火箭要远比他们所估计的性能要高。最后有关"文革"对中国太空计划的影响,他们估计不足。虽然以中国掌握弹道导弹的技术能力,他们判断中国很快要发射人造地球卫星,但是直到1970年4月才进行,他们一直迷惑不解。以西方人的思维理解那场"运动"是相当困难的,在中国人还在为是否要在卫星上镶嵌毛泽东像章吵得不可开交时,美国人早已实现了"人类的一大步"。"文革"延误的不仅仅是中国的太空计划,而是整个中国的现代化进程。

二、关于中国军事战略及其常规部队

关于中国军事战略及其常规部队的评估报告,本专题共收录6份,时间自1965年3月至1976年11月。其内容大多从分析中国军事战略入手,然后再分别谈到陆海空三军,最后对其前景提出预测。

朝鲜战争结束后,中国军事建设逐渐走向正轨。尽管遇到"大跃进"、中苏关系恶化以及经济困难等因素的影响,到 20 世纪 60 年代中期,中国在常规军备方面还是取得了稳步的提高。在战略武器方面,中国于 1964 年 10 月 16 日爆炸了第一颗原子弹,已成为"核俱乐部"的一员。

本部分收录的第一份文件即本编 5-21 文件就是在这一背景下产生的,其内容包括对中国的国家战略、武装力量、支持其军事计划的经济能力的评估。文件认为指导中国军事战略的是毛泽东军事思想,其强调自力更生和人民战争的理念。中国把美国视为其主要的敌人,但是对外政策却是非常谨慎和深思熟虑的。"除了挑衅性的演说以外,自朝鲜战争结束以来中国一直避免与美国进行直接的军事冲突。"中国强调向发展中国家所谓的民族解放运动提供政治、宣传和物质上的援助,但是不通过动用军队来提供直接的军事援助。究其原因,文件分析:"这反映了北平对其军事和经济弱点和招致美国打击风险的了解。北平已显示出对美国蓄意打击可能性的敏感,特别对大规模入侵后遭到美国核打击感到担忧。"因此中国发展独立的核力量成为其主要目标。文件还对中国的陆海空三军的实力进行了详细的评估,且认为中国各军种都有着明显的弱点。至于未来,情报预测:"中国将会继续维持大量的军事生产,甚至冒严重的经济困难的风险。然而,除非发生一些严重的倒退,共产党中国的军事实力将会逐渐地增强。"该文件是美国情报部门第一次对中国军事组织进行全面的分析。

1966 年毛泽东发动"文化大革命",中国人民解放军不可避免地卷入其中。如何评判"文革"对中国军事战略的影响成为随后几年美国情报部门对华军事评估的重要课题。在本编 5-22 文件中,他们认为:"不管当前政治危机的结果如何,任何一个中国领导人都可能会继续致力于亚洲的支配地位和世界舞台上的大国地位。"因此,"中国肯定将继续优先改进其军事能力"。尽管文件认为中国的军事战略主要强调防御,但是仍把"在中国边境以外使用武力相威胁和动用武力作为北平未来的重要因素",甚至夸张地预测会在"如印度、缅甸、老挝和泰国等地区"动用军队。事实上这一时期中国人民解放军已明显地将重点放在政治化,而不是专业化,但文件继续把中国描述成一个更加"单一、好斗"的形象,并总结到"迄今为止,政治混乱似乎并没有显著地影响中国的力量和军事生产计划"。

当"文化大革命"在中国继续进行,尚无终结的迹象时,美国情报部门才意识到"文革"远比他们过去所估计卷入中国军事战略的程度要严重得多。在 1968 年本编 5-23 文件中,基本推翻了上一年度的预测,认为:"政治、社会和经济状况已经恶化到使中国人民解放军的战斗力受到严重损害的地步。"尽管报告认为:"情况不会变得如此的糟糕,以至于中国人民解放军不能够维持作为一种战斗力量发挥作用的能力;但它的大部分时间和精力将会继续转移到非军事活动和政治压力上。"至于中国的常规力量,美国情报部门认为:"除了文化大革命所带来的破坏以外","在过去的一年里并没有什么发展,中国军队的部署也没有什么改变,并继续表现出对防御的关注。中国没有为能够提高其在边境之外较远地区凸显中国能力的设备计划予以优先权。中国经济和技术的限制使得常规力量至少在 20 世纪 70 年代之前仍缺乏现代化的装备"。

其实，"文化大革命"对于美国人来说，颇为困惑，他们不知道中国到底发生了什么，因此在判断对中国军事力量的影响时，争论不断，这在 1970 年的本编 5－24 文件中表现得尤为明显。中央情报局和国务院情报研究所认为"由于继续严重卷入非军事活动、军队的训练水平不能正常化"，中国人民解放军的战斗力在下降；而国防情报局和国家安全局却认为"军队的训练在 1968 年已接近正常化水平，备战和效能的下降都是微不足道的"。不过中国人民解放军深深地卷入"文革"却是不争的事实，美国情报部门也承认头两年所卷入的程度比其早先认为的大得多。

除"文革"对中国军事能力影响以外，20 世纪 60 年代末至 70 年代初，中国的外部环境也发生了巨大的变化。1965 年中期美国情报部门认为苏联正在取代美国成为中国对外政策的主要问题。① 到 1966 年后期他们注意到中苏之间因为民族主义和意识形态因素所导致的明显的、尖锐的分裂，可能会发生相当程度的恶化。但是在 1969 年中苏边界冲突之前，美国情报部门认为两国发生军事冲突的可能性非常低，②直到 1969 年 3 月爆发"珍宝岛事件"。在 1970 年本编 5－24 文件中，他们认为："中苏边界冲突以及近几年针对中国军事力量的集结，已经给中国的防御问题增加了额外的困难。虽然中国的反应至今非常谨慎，规模也很有限，但是苏联军队的集结肯定对中国的军事计划产生了重大的影响。"总之，在 70 年代初期，虽然美国情报部门认为中国在对外政策上继续表现出言辞上的敌意，但是他们注意到中国并不愿意使用军事力量威胁或攻击其他国家。中国已从原来的固执己见转向"更加灵活的方式"，包括打算利用苏联对中美和解的恐惧。但是这一时期的国家情报评估否认中美关系有出现重大改善的可能性，它认为"只会有小问题上的小改善"。

1971 年随着中美关系的改善，美国情报部门开始更多地关注中苏关系恶化对中国军事战略的影响。本编 5－25 文件认为"中国对苏联可能的入侵所采取的防御战略是坚持毛的'诱敌深入'和'人民战争'原则"。即"面对苏联巨大的火力、空中支持和机械化机动性，中国不会选择把大量部队部署在容易被切断的靠近边境的地区"，而是"保持他们重要的主力部队，直到入侵者受到当地防御部队和游击队的侵扰而过分扩张和削弱"。该文件注意到了中国的三线建设，发现"中国正在建造许多新工厂——特别是那些与军事相关的工业——在内陆地区和把它们分散在偏远的山谷和峡谷中"，感叹"这也许达到世界上任何地方都不能比拟的程度"。虽然美国情报部门认为中国的军事战略主要关注防御，但是并不排除中国"不想考虑任何进攻性行动的可能性"。该文件还预测了中国大陆可能对台湾，中国可能对韩国、印度等进行攻击的前景。

本编 5－26 是本部分收录的最后一份文件，对毛泽东去世后的中国军事战略进行了详

① NIE 13－9－65：Communist China's Foreign Policy, 5 May 1965, *Tracking the Dragon*.
② NIE 11－12－66：The Outlook for Sino-Soviet Relations, 1 December 1966, *Tracking the Dragon*.

细的分析。该文件认为中国的主要威胁来自于苏联，而把"美国视为一个仅次于苏联的直接军事威胁"，"视为一支正逐渐从亚洲收缩的已削弱的力量，但它仍是一支重要的战略力量和长期的意识形态方面的对手"。因此中国安全战略的主要目标是削弱苏联的力量。美国情报部门认为中国想利用美国在亚洲的地位来平衡苏联的影响，但又担心美国或许不能胜任这个挑战。与本编5-25文件相反，美国情报部门并不认为中国会依靠"诱敌深入"的防御战略抵抗苏联的入侵，或专门运用"阵地防御"抵抗对沿海的攻击，他们认为中国将会根据攻击的性质和位置以及入侵部队的种类综合运用战术。在核战略方面，他们认为中国将继续在"确保其最大利益的情况下不首先使用核武器"，"其目标显然是把冲突限定于常规水平，这样他们可以最大限度地利用他们的人力、地形和综合防御"。总之，这份评估报告把中国描述为：尽管在政治上和心理上是进攻性的，但外表上却是防御性的。

三、关于本专题情报评估报告的评价

本专题所收录的26份文件，时间跨度20年，历经中苏联盟、中美敌对、中苏交恶以及中美缓和时期的风风雨雨。作为最具有权威性的情报评估报告，从一个侧面代表着美国对中国的认知。

作为代表中国军事实力重要指标的国防现代化技术，是美国关注的焦点，这从文件的数量上就能反映出来。从20世纪60年代初开始，美国情报部门每年都对中国的尖端武器计划进行评估，形成了国家情报评估或特别国家情报评估。这些评估报告少则几页，多则数十页，涵盖中国的核武器计划、导弹计划、核潜艇计划、太空计划等方面。按照中国军事现代化的发展顺序，国家情报评估在内容上也呈现着一定的变化。最初的国家情报评估是以中国核武器计划为主，1964年这种评估达到了顶点，他们在中国核试验之前公布了一份特别国家情报评估（尽管这份评估出现重大误判）。随着中国在导弹技术的发展，国家情报评估开始更多地关注中国导弹计划，甚至在特殊时期公布特别国家情报评估（例如，中国在进行"两弹结合"试验后一周公布）。当中国开始研制核潜艇并进行太空探索时，国家情报评估的内容扩大化了，因此从1967年开始评估报告的名称发生了变化，从"中国尖端武器计划"改为"中国战略武器计划"，一词之差，说明国家情报评估在分析中国军事情报上重心的转移。

随着中国军事实力的日益强大，从1965年开始，美国情报部门另设专题，对中国军事战略进行专项分析。从模式上，它不过是50年代末到60年代初本套书第一编"中国综合状况"（例如1-1文件）军事部分的扩展，但从深度来说，这些文件更加从全局方面分析中国的军事战略，也更加关注中国的防御政策，其重要性甚至要高于对中国战略武器的评估。

迄今为止尚未有一个国家能像美国那样，以如此系统、如此专业化的手段对另外一个国家进行如此详细的分析和评估。单纯从中国军事情报来说，大多是由美国的军队情报部门来完成，收集情报的手段也是多种多样。一是间谍卫星和侦察飞机。美国情报部门在收集中国军事情报时大量依赖于高科技，中央情报局下属科技分局在这方面起到了巨大的作用。冷战时期科技分局所掌控的"科罗纳"间谍卫星和U-2间谍飞机，拍摄了大量关于中国核设

施、导弹试验靶场与核潜艇母港的照片,是分析中国尖端武器计划的重要情报来源。如果没有间谍卫星和间谍飞机的话,在中美关系处于敌对、缺乏交流的平台,中国又把其国防工业作为极其保密的部门的情况下,美国很难了解中国的尖端武器计划。二是监听站。冷战时期美国在中国周边地区设立了大量的监听站,每天24小时全天候监听中国的情报。这包括设在巴基斯坦和蒙古的机动监听站,设在台湾、日本和韩国的大型监听站以及潜艇对深海通信电缆的监听,此外还有设在香港的工作站。三是招募间谍,窃取中国机密文件。在国家情报评估中经常引述来自于中国的高层文件,其来源显然来自于间谍的行为。

通过上述手段,美国情报部门基本勾勒了一个中国军事现代化的脉络。从苏联的军事援助到中国的自力更生,从对苏联尖端武器的仿制到自行研制,中国的军事现代化走了一条并不平坦的道路。值得注意的是,美国情报部门在分析中国军事情报时,是把中国作为一个对手或潜在的敌人来对待的,这种思维贯穿于所有情报评估于始终。一方面他们极尽夸大中国的威胁,另一方面他们又站在军事大国的立场,对中国军事力量不屑一顾,这种矛盾的心态在国家情报评估中随处可见。

虽说美国情报部门从全方位基本展示了中国军事现代化的图景,但是在细节方面的失误堪称俯拾皆是:他们错误地认为中国第一颗原子弹是以钚作为燃料,错误地把包头当作钚生产设施所在地,直到他们通过卫星发现罗布泊核试验场已经准备就绪,仍然固执地认为中国的钚燃料并不充足,判定中国在1964年底以前不可能进行核试验;他们错误地认为中近程地对地导弹(东风二号)是对苏联SS-4的仿制,并相信中国会尽快部署,但事实并非如此;他们在很长时间内并没有察觉到中程地对地导弹(东风三号)的存在,直到1970年发现华北发射场(五寨),才认识到中国正在开发中程地对地导弹;同样地,他们过于关注中国的洲际弹道导弹,以至于忽视了中远程地对地导弹(东风四号);他们认为在70年代末以前中国不可能研制出核动力潜艇,而事实上中国采取“两步走”的方针,第一艘核动力潜艇于1974年8月1日就交付海军使用了;而1970年4月24日中国成功发射的第一颗人造地球卫星,所使用的运载火箭并不是他们猜测的中程地对地导弹的改进型,而是一个串联式三级火箭,第一级和第二级采用中远程地对地导弹使用的液体火箭发动机,第三级采用固体火箭发动机……

那么造成这些误判的原因是什么?笔者认为既有主观因素,又有客观因素。在情报评估中,先入为主是误判的主要原因。美国情报分析人员往往习惯于第一印象或第一感觉做出结论,即使这种结论被后来的许多与之相悖的情报证明是错误的,也很难扭转认识上已形成的偏差。仍以美国情报部门对中国核武器计划的评估为例。由于美国和苏联的第一颗原子弹都使用的是钚,因此他们在评估中国的核装料时,首先认为中国会选择钚作为核装料,即使看到大量铀-235的证据,仍坚持认为铀-235是为生产钚而进行准备的。这种先入为主的思维模式导致美国情报部门对中国第一次核试验的评估中出现重大的误判。此外,文化差异也是另外一个因素。例如60年代初,广州附近四个废弃的军用机场突然建造了许多仓库似的房子,尽管进一步的观察并没有发现军事性的活动,但是中央情报局仍然将这几处作为重点侦察目标，并千方百计寻找答案。最后中国的一本名为《人民公社》的书帮他们解开了疑团，原来这些仓库似的建筑是鸡舍。由于中国内政的极为特殊性，"大跃进"、"文革"对中国军事的影响是美国情报分析人员难以理解的，那么情报误判就在所难免了。当然中美关系的敌对导致信息的缺乏是不能忽视的原因，情报分析人员无法了解中国军事情报的更多细节，大多要靠推测，那么其准确性就大打折扣了。正如美国情报专家苏葆立所说："早期缺乏铁一般消息来源并不稀奇。美国与中国当时没有正式的外交关系，贸易制裁将商业来往减少到最低限度，朝鲜战争以后极端的敌视意识形态贯穿着双边关系，台湾方面的信息不被认为准确和可靠，而且中华人民共和国本身组织了非常有效的宣传与新闻管制以便严守有关内部政治和政策讨论的机密。"①而事实上，通过一些照片和其他不足够的线索对一个国家的军事实力进行评估，从一开始就不是一门精确的科学，更何谈对其意图的分析。

美国情报部门投入如此巨大的人力、物力和财力，其目的在于了解中国真实的军事实力，以便为美国决策者提供参考。在所有这些国家情报评估中，"如果是主要决策者具体要求或者针对正在发生的危机所编写的，则它们很可能被兴致勃勃地阅读，而且成为处理危机与决策过程中的重要因素"。例如在中国进行第一次核试验之前，美国情报部门向决策者提供了大量的情报，包括1964年8月26日的特别国家情报评估，尽管该报告在预测中国核装料和进行核试验的时间上面发生了重大的误判，但是并不影响决策者的决断。正是因为特别国家情报评估所提供的信息表明中国即将进行核试验，而美国政府曾经考虑的一些应对中国核试验的手段又都不能完全令人满意，才有决策者"不赞成此时无缘无故地针对中国核设施采取单方面军事行动"的立场，才有国务院发言人事先宣布中国的核试验"可能就在不远的将来"；而"如果这些评估非常专业化和涉及大规模杀伤性武器，则将被仔细阅读，而且将被纳入长期规划过程中"。② 从1960年开始的每一份关于中国军事的国家情报评估，都非常系统地对中国的军事实力、未来发展趋势做一番评估与预测，这些评估报告是决策者判断中国军事力量最重要的依据，也是美国对华政策的主要参考。

从"小米加步枪"到"两弹一星"，中国在国防现代化方面取得了令人注目的成就。无论冷战初期美国把中国当作对手，还是冷战后期把中国当作战略伙伴，对中国军事力量的关注将会有增无减。冷战结束后，随着中国实力的提高，中国这个"潜在的对手"将如何发展一直是美国决策者所认真思考的问题，"中国威胁论"仍旧不绝于耳。重新解读冷战时期美国情报部门对中国军事的评估，有助于我们熟悉美国对华政策的情报评估模式，更加理性地认识过去的中美关系，更加娴熟地处理现在的中美关系，更加有预见性地指导未来的对美方针和政策。

---

① *Tracking the Dragon: National Intelligence Estimates on China during the Era of Mao*, 1948–1976. Washington, D. C. Executive Office of the President, Central Intelligence Agency, Office of the Director, National Intelligence Council, 2004. p. 4.

② 同上，p. 3.

第一部分　中国战略武器计划

5 - 1

国务院情报研究所关于中国原子能计划的报告

（1956 年 3 月 22 日）

IR 7208

机　密

共产党中国的核研究与原子能开发

（1956 年 3 月 22 日）

摘　　要

　　共产党中国仍然缺少资金、工业与实验设备和工艺技术，无法独立地开发原子能计划，甚至无法在核科学领域进行重大的研究。毫无疑问，出于政治声望的目的，北平可能试图进行适当的核研究计划，在国内外培训核科学家和至少建立一座小型实验性原子能设施。苏联已经帮助中国建造一个原子反应堆并许诺为了处理放射性物质赠送一台回旋加速器和一座实验室。

报　　告

　　尽管中共经常谈到核科学与"和平利用"原子能这一问题，但是很少有迹象表明这种活动已经在共产党中国开展起来。1953 年 9 月，中科院近代物理研究所所长钱三强①发表了一篇《新中国国家科学的发展》一文②，宣布"共产党中国物理学的主要任务是为核物理学研究打下必要的基础"。1955 年 12 月，副总理李先念③在讨论农业十二年计划（1955～1967）时，提到为把原子能利用到农业上进行预备性的工作。除了这些主张以外，中共缺少资金、

---

① 钱三强，核物理学家，曾与何泽慧等人合作发现在中子打击下铀核的三分裂和四分裂现象。历任中国科学院原子能研究所所长，中国科学院副院长，第二机械工业部副部长。——编注
② 原注：《人民中国》第 18 期，1953 年 9 月 16 日。
③ 李先念，1954～1980 年任国务院副总理，并长期兼任财政部长。——编注

工业与实验设备以及在原子能领域严格工作所需要的科学技能。

1955年8月，苏联宣布将以"成本价"卖给共产党中国一座功率为6 500千瓦的原子反应堆①并为了处理放射性物质许诺赠送一台回旋加速器和一座实验室。北平并未说明该反应堆将建在何处；然而有迹象表明在共产党中国第一个五年计划（1953～1957）期间，将会把它建在北平附近。北平作为反应堆地址的选择彰显共产党中国渴望使其国家首都成为共产党的橱窗。北平也是主要科学研究机构、中科院的总部，可能也是苏联顾问在大陆居住最集中的地区。从严格的经济角度来说，6 500千瓦核电厂加上相对较少的北平-天津联合电力，将超过25万千瓦。对于核反应堆其他合乎逻辑的选址都是靠近苏联边界的偏远内地，能源资源尚未开发，值得注意的是位于新疆的铀矿据报道已被提取。

1955年1月18日莫斯科宣布，对于苏联援助卫星国的回报将是提供给苏联"相关的原材料"，共产党中国已知有许多铀矿区，特别是靠近苏联边境的新疆北部阿尔泰地区、南满的海城地区、广西东部。新疆有色金属公司和其前身中苏有色及稀有金属公司（1954年末解散）已经积极地开采新疆矿石并船运到苏联。可靠但未经证实的情报提到了在苏联的帮助下新疆原子实验与设备，以及一位名叫布鲁诺·庞德科沃（Bruno Pontecorvo）的意-英核科学家，由于在新疆地区工作经常出现在这些报道里。

在共产党中国的"一五"计划中，除了一般性地提到计划"和平"利用原子能以外，没有具体地提到原子能计划。毫无疑问北平认识到在"一五"计划期间为实现电力的目标，中国必须依靠常规发电。

1955年苏联派遣一个"杰出科学家"代表团访问中国大陆，这些科学家让中国科学家熟知了在日内瓦会议上和平利用原子能的结果。由于这次访问北平夸耀共产党中国在苏联的帮助下，"将在很短的一段时间内掌握世界最先进的原子能科学技术"。

然而由于共产党中国在该领域上的局限，在未来十至二十年间一些重要的科学努力将可能投入到一些其他事务而不是核研究上。但是出于政治声望的目的和紧跟科学技术的发展，共产党中国可能派遣学生到苏联从事核研究，也许会在小型利用原子能的工业研究计划上使用几位在西方受过训练的核物理学家和数学家。

DDRS，CK 3100407128 - CK 3100407130

詹欣译、校

---

① 原注：在同一宣布中，莫斯科表示每一个欧洲盟国（阿尔巴尼亚除外）将得到2 000千瓦的反应堆。1956年1月28日，苏联许诺帮助南斯拉夫建造6 500千瓦～10 000千瓦反应堆。

中情局关于中国原子能计划的评估

（1960 年 12 月 13 日）

NIE 13－2－60

绝 密

中共的原子能计划

（1960 年 12 月 13 日）

问 题

评估中共原子能计划的现状，并预测到 1965 年中期该计划可能取得的进展。

要 点 与 结 论

总论

1. 共产党中国正在原子能领域大力发展自身的能力，从 20 世纪 50 年代初期开始，它就致力于培养一批科学家和技术人员，并建立有关核能利用的基本性研究机构。从 1955 年开始，由于稳定的苏联援助的作用，这方面的总体发展非常迅速。中共通过谈判、签订有关的正式协议，争取到了苏联的援助，并明显地保持了相当的自主权。然而，我们认为苏联在提供援助时采取了非常慎重的步骤，以尽量阻止中国人掌握制造核武器的能力。

组织

2. 目前中共军事原子能计划的管辖权隶属建于 1958 年 2 月的第二机械工业部。该部可能类似于苏联的中型机器制造部。原子能计划中的和平利用部分，包括核科学研究、培训和同位素应用，主要由国务院的科学技术委员会管辖，中科院核能研究所是最重要的研究机构。

技术能力

3. 中共拥有一支受过西方训练的核专家队伍，人虽不多但水平很高。从 20 世纪 50 年代初期以来，他们在核研究方面的努力取得了迅速进展，在研究机构和大学里建立了 20 多个核研究设施。除了有苏联提供的研究反应堆和回旋加速器以外，各种回旋加速器和加速器中的绝大多数都由中国自己制造。作为联合核研究所的成员,中国能够使用设在苏联杜布纳(Dubna)的大型加速器。中国承担了该所 20% 的经费,仅次于苏联。我们认为中国大规模的研究、培训措施都是出于军事原子能计划的需要。中共现在也能理解并利用大量西方公开的核科学研究文献。尽管如此,在本评估所指的时期,缺少训练有素的核科学家和工程师的现状仍会存在。这一缺陷会制约中国人在放射性材料的制造设施方面的设计、控制和运行等工作,如果苏联决定减少或终止它们的技术援助,情况将尤其严重。

铀矿的产出

4. 在 1950～1954 年期间,中共在苏联的帮助下开采了大量的铀资源。1955 年对于铀的需求,也在苏联的援助下得以加强。……①1957 年在中国设计开发的苏联选矿厂可能打算在南部地层进行开采并扩大到新疆地区。

5. 尽管我们尚未有矿石真实情况的情报,但是我们估计共产党中国当前能够生产的矿石相当于每年约 500 吨可回收的铀金属,到 1963 年每年能够生产超过 1 000 吨。我们尚无证据表明中共的铀矿石已供应给苏联,并认为其所有的都留给本国使用。

铀金属

6. ……②有迹象表明铀金属设备建于 1957～1960 年之间。……③因此我们估计中国铀金属厂将在 1960 年末投入使用。

放射性材料

7. 中国人在铀资源开发、选矿厂和铀金属提炼厂的建设等方面取得的进展,当然也意味着他们计划在生产钚时使用铀。尽管在铀-235 的生产中并不需要铀金属,但这些进程的第一阶段可以为铀-235 的分离提供原料。放射性材料生产设施的计划与设计可能最早在 1957 年就已开始。

8. 我们估计第一台中国制造的反应堆大概在 1961 年末会达到临界状态;第一个钚反应堆有可能在 1962 年末建成。④ 由于无法确认铀工厂开工的日期,关于反应堆和化学分离设施的建设也没有直接开始,实际开始生产钚的日期有可能要早一年或晚几年。

9. 可能有一个铀-235 厂已在建设之中。但考虑到开发工作的庞大,以及为建设一个气体扩散厂所需工业方面的支持,中国在 1962 年末之前不可能生产高浓缩的铀-235。

核武器

10. 根据现有的所有材料,我们认为中国爆炸第一个核装置的时间,最大可能是在 1963

---

① 原文此处十四行未解密。——译注
② 原文此处一行未解密。——译注
③ 原文此处七行未解密。——译注
④ 原注:负责情报的空军助理参谋长不同意第 6、8、9 段关于铀金属、放射性材料生产进度的表述。另一种解释是(此处缺两行——译注)钚分离厂在 1960 年末投入运行。详见第 10 段脚注。

年,当然也可能晚到 1964 年或提前到 1962 年,这取决于苏联实际援助的程度。① 如果苏联人提供放射性材料,并帮助设计和组装核装置,那么中国人可以在最近的任何时间制造出一个核爆炸装置。另一种情况则是,如果苏联在核领域的援助由于目前的中苏分歧而减少,其进展将会大大减慢。

11. 尽管一个核装置的爆炸已足以给中共提供政治和宣传上的回报,他们仍肯定会尽快进一步取得实用的核能力。但爆炸核装置后至少需要两年时间,才能制造一个小型的初级核武器。

核能

12. 由于中国核计划显然是以核武器为目的,我们认为他们会优先发展制造反应堆,而不是发展生产核能的反应堆。进一步说,我们认为中国人不会为了取得作为副产品的能源,就发展他们的第一个制造反应堆的设计。我们预计中国人不会在 1960～1965 年期间建设核电站。

苏联援助

13. 苏联的援助一直是中共核能计划中的重要因素。根据双方 1955 年达成的合作协议,苏联向中国提供了一个实验反应堆、回旋加速器、技术援助和培训。1958 年达成了 1958～1962 年期间的中苏科技协定。其他已知苏联援助主要与铀勘探、铀矿石选矿和铀金属设备的设计准备相关。

14. 在放射性材料的生产设施方面,我们还没有获得确切证据说明,苏联帮助进行了设计或建造,或是提供了所需的材料或装备。……②

15. 有证据表明苏联援助可能在缩减,……③其根据是 1960 年中期发生的苏联技术人员大规模撤出中国事件。……④

讨　　论

一、序　　言

16. 有大量证据表明共产党中国为了获得与重要的世界大国相符的科学与军事地位,特别强调原子能的开发。两个重要的相关努力被置于最优先的地位:

---

① 原注:负责情报的空军助理参谋长认为,中国可能在 1962 年爆炸第一个核装置,也可能提前到 1961 年末。由于获取核武器所带来的政治、心理和军事上的巨大好处,中国人会把发展核武器计划置于国家最优先的地位。从可得到的有关铀金属和放射性材料等制造日程的证据分析,他指出在 1959 年,一个铀金属厂已开始为制造反应堆生产燃料元素,该反应堆据信将于 1960 年达到临界状态。第一个核装置可能会使用从这个反应堆生产出来的钚。最后,他认为 1961 年末以后,将会生产出高浓缩的铀- 235 供以后的核装置使用。
② 原文此处十二行未解密。——译注
③ 原文此处一行未解密。——译注
④ 原文此处三行未解密。——译注

（1）开发培训科学家与工程师所需的学校和实验室以及对核科学的理解与运用进行研究。

（2）发展核武器开发与生产所需的科学与工业基地。

17. 大量情报都是关于中国寻求培训人员和研究设施，以及这种努力是如何组织和控制的。有关他们军事原子能计划的情报是非常不足的，然而他们对铀资源大规模的开采和重要共产党官员的声明都强烈地表明他们试图发展独立的核武器能力。……①

二、中共原子能计划的历史和组织

概要

18. 目前中共军事原子能计划的管辖权和整个原子能计划大部分指挥权隶属建于 1958 年 2 月的第二机械工业部。该部可能类似于苏联的中型机器制造部。原子能计划中的和平利用部分，包括核科学研究、培训和同位素应用，主要由国务院的科学技术委员会管辖，中科院核能研究所是最重要的研究机构。

军事原子能计划

19. 中共原子能计划军事方面的组织演变经历了几个发展阶段。早在 1955 年铀矿勘探/开采大队就开始了广泛的活动。……②1956 年……③地质部副部长、第三局副局长刘杰④是负责处理苏联在华原子能顾问的官员，……⑤这表明刘负责这项计划。此外刘是 1956 年 3 月莫斯科会议中国代表团的团长，那次会议的结果是在苏联杜布纳建立由 11 个卫星国组成的联合核研究所。显然他的原子能职责并没有局限在获取铀上。

20. 1956 年 11 月，第三机械工业部建立，负责人是宋任穷将军。⑥ 第三机械工业部始建于 1955 年 4 月，负责机械和发电机制造，但是 1956 年 5 月它的职责由电力部所取代。新第三机械工业部的职能并没有公开。……⑦

21. 1957 年 4 月中国新闻宣布撤销刘杰在地质部和国务院第三办公室的职务，但并没有提及更换他的原因和未来的任命。据猜测刘可能被任命与第三机械工业部相同的职务。

22. 1958 年 2 月，第三机械工业部恢复为第二机械工业部。我们并不认为名称上的变化体现了前第三机械工业部性质和职能的真实改变。这种情况在 1959 年 9 月 18 日中国新

---

① 原文此处九行未解密。——译注
② 原文此处五行未解密。——译注
③ 原文此处一行未解密。——译注
④ 刘杰，历任地质部副部长、第二机械工业部副部长、部长（1960～1966）。——编注
⑤ 原文此处一行未解密。——译注
⑥ 宋任穷，第三机械工业部部长（1956～1958），后改称第二机械工业部，任部长（1958～1960）。——编注
⑦ 原文此处十七行未解密。——译注

闻的宣布得到证实,刘是第二机械工业部副部长,1960年3月他又被任命部长。

23. 当前第二机械工业部的一些机构已被确定。……①1957年12月中共新闻提到的第一局和第七局作为第三机械工业部的机构,在第二机械工业部建立后仍然行使职责。

核研究的组织

24. 发展科学是中共政权在1949年掌权后所提出的政策,并从一开始就强调核研究。新政权在1949年11月建立了中国科学院(15～20个研究所),并重新组建和巩固了中国国民党在北平的中央研究院和原子学研究所的机构与实验室。新的近代物理研究所(后来为物理研究所,接着在1957年初改为原子能研究所)把核研究作为最优先的任务。中国已表明该机构的研究计划在1953年以前并没有开始。1954年3月,他们宣布请求苏联对他们的核计划进行援助,1955年4月中苏签订协议,苏联提供给中国研究性反应堆、回旋加速器和技术援助,并培训中国专家。

25. 核研究与训练的努力在1955～1957年间得到了加强。中国详细地阐明了科学与核政策的目标,调查了本地资源与能力,采取了必要的步骤建立了核研究机构,并在核科学和技术上开展了大量基础性研究项目。1958年中期北平原子能研究所的研究性反应堆和回旋加速器组装完毕后,核能计划进一步地加快。

26. 1956年5月,中国成立国务院科学规划委员会,包括高级科学家、共产党员和军方成员。委员会提出了十二年科学规划(1955～1967),强调在某些广泛的领域,特别是原子能领域进行研究。

27. 自从1956年以来,中国核研究也得到了位于苏联杜布纳的联合核研究所的援助。中国承担了该所20%的经费,仅次于苏联。

28. 当前,核能研究与开发计划受到两个主要机构,科学技术委员会和中国科学院的管辖和指导。科学技术委员会是共产党中国管辖科学研究最强大的组织,1958年科学规划委员会和科学技术委员会合并,它管理中国科学院和其他研究机构的合作与协调。中国科学院是共产党中国研究的主要机构。当然,最重要的核研究是由位于北平两处的原子能研究所来进行的。我们认为第二机械工业部在核研究与培训领域也有着相当大的影响。

29. 超过20个不同的核能研究机构已被确认下来,有显著证据表明中国将继续在其他设施的建立上加强核能研究。中国科学院许多负责物理、化学、数学、地质和电子的研究所据说已从事中共原子能计划的众多方面的研究。

三、技 术 能 力

核研究

30. 自20世纪50年代初期以来共产党中国已稳步地提高其核研究能力。在苏联的各

---

① 原文此处五行未解密。——译注

种援助下，共产党中国主要在原子能研究所的主导下，在全国各地建立了20多个从事核能研究的机构。位于北平郊区西南约20英里的研究所，储存着苏联提供的7.5～10兆瓦研究性反应堆和25兆电子伏的回旋加速器。反应堆用2‰的浓缩铀燃料和重水作慢化剂。这是苏联援助取得很小的成功例证之一，反应堆在1958年达到临界后大约一年半，由于技术的问题，其运行被推迟了。

31. 中国高能物理研究是在苏联杜布纳联合核研究所进行的。高能介子和质子的核反应是使用10 000兆伏同步加速器和680兆伏同步回旋加速器、泡沫室、感光乳剂和切伦科夫计量器进行研究。杜布纳中方首席科学家、联合核研究所副主任王淦昌[1]最近作为新核粒子、反西格玛负超子的发现者之一受到了赞誉。

32. 宇宙射线的理论研究由原子能研究所负责。试验数据在装配有多层磁场云室的云南省落雪山天文台收集。对于宇宙射线强度的观察还有一些设施，包括立方形介子监控器、中子记录器和大型苏联提供的电离室。与宇宙射线理论研究紧密相关的是在原子能研究所从事核物理的一小部分科学家所进行的工作，这与其他国家所进行是相似的。这包括能量等级的计算、壳模型概念的运用、核子相互作用的研究和基本核粒子的特性等。

研究设备

33. 尽管共产党中国从苏联那里得到了大量实验设备，但是他们制造研究方面的科学仪器也取得了一定的成功。他们在位于北平西北约8英里的地方制造了原子能所的两个加速器，主要用来进行理论核物理和低能加速。这些机器是2.5兆伏静电质子加速器和6.75兆伏的范式加速器。其他国产设备包括西南师范学院物理系的1兆伏回旋加速器、天津大学的2兆伏回旋加速器、武汉华中工学院的10兆伏电子感应加速器和清华大学的5兆伏电子感应加速器。

34. 中国已在培训青年核科学家和支持他们在学院及其大学的核研究方面，获取广泛的必备设备能力上取得了一定的进步。在来自国内资源所进行的大量核辐射探测器、高浓缩乳剂、闪烁晶体、光电倍增管和附属电子设备上，也进行了巨大的努力。近来中国在脉冲分析器和微秒测量仪方面的开发也暗示着他们未来可能进行中子飞行时间的研究甚至核武器的开发。到1967年中国人将能够在核物理方面，如当前许多西欧国家一样，更好地提供实验设备。

核化学

35. 科学院的许多研究所都进行核化学的研究。原子能研究所主要参与了苏联所提供反应堆的放射性同位素的生产和用离子交换法进行稳定的同位素分离。据报道该反应堆已经生产约30种的不同的放射性同位素，包括钴-60、钠-24、磷-32和钙-45。同位素在工业上被用来与中国生产的伽马射线设备一起来发现瑕疵；在地质学上，可以发现矿石

---

[1]　王淦昌，核物理学家，西北核武器研究设计院（九院）院长。——编注

的种类和地层的地质构造;在医学上,放射性钴仪器可以治疗肿瘤和癌症;在农业上,可改善农作物的肥料和耕作。除原子能研究所以外,其他研究所也在进行反应堆腐蚀问题、铀和钍化学和稀土元素分离的研究。1957 年据报道共产党中国的科学家已经在实验室里获得了纯铀和钍。

人力与培训

36. 当共产党中国在 1949 年夺取政权时,大约只有 10 名科学家从事核物理研究。自 1949 年以来,就致力于培养一批科学家和技术人员来进行复杂的原子能计划,当然主要来自于能够胜任的、在西方受过训练的科学家。然而,当前受过培训的科学家和技术人员的短缺将在本评估时期仍将存在。这一缺陷将会制约中国人在生产裂变材料的制造设施方面的设计、建造和运行,特别是如果苏联决定减少或终止他们的技术援助,情况将尤其严重。

四、核 材 料 生 产

铀矿

37. 1950 年 3 月,中苏有色及稀有金属有限公司建立,总部设在乌鲁木齐,资源的开发包括在新疆-乌拉尔自治区进行铀矿开采。……①据报道在该地区有铀矿勘探和开采活动。中共公开的文献表明直到 1954 年它作为联合公司解体时已经开始运转。显然苏联参与中国的铀问题将会继续在不同的协议下进行。然而,……②

38. 中国铀矿勘探和开采大队,一些苏联地质学家和技术人员也被安排到这个机构里。……③直到 1957 年初,这些机构附属于地质部的第三局;他们现在隶属于第二机械工业部的第三局。……④

39. 尽管在全中国的许多地方存在着大面积的铀矿沉积,但是有关具体开采的位置却鲜为人知。据信中国正在辽宁省海城地区的两处沉积地进行开采。……⑤

40. ……⑥

41. ……⑦有关中国矿石的等级不得而知,然而估计按照平均标准可允许进行有效的开采活动。……⑧有关我们对中共 1952 年到 1963 年可回收铀金属生产的评估见下表(略)。

42. ……⑨

---

① 原文此处两行未解密。——译注
② 原文此处三行未解密。——译注
③ 原文此处一行未解密。——译注
④ 原文此处二十二行未解密。——译注
⑤ 原文此处二十五行未解密。——译注
⑥ 原文此处八十行未解密。——译注
⑦ 原文此处十行未解密。——译注
⑧ 原文此处七行未解密。——译注
⑨ 原文此处十行未解密。——译注

43. 当前……①苏联在北平设计并帮助建造一座试验性化学浓缩厂。

44. ……②这套试验设备置于最优先地位表明大型选矿厂的建设也处于类似的紧迫性。

铀金属

45. ……③出版关于选矿和铀金属生产问题的苏联科学家现在已出现在长沙矿产冶金学院。

46. 如果建设需要两至三年时间的话,铀金属工厂可能在 1959 年或 1960 年完成。……④根据这个因素,我们估计中国铀金属工厂将在 1960 年末开始运转,可能在长沙地区。

其他核材料

47. 有证据表明中国也能够生产其他如钍、重水、石墨等核能利用方面的材料。这些产品的一部分现在用于出口,但也能转为国内使用。

48. 钍矿层据报道分布在中国的许多地方,但是最多的可能分布在青海柴达木地区、湖南省新化、海南岛和内蒙古靠近包头地区。当前情报并不能允许我们对钍产品做出评估。过去他们拥有进口钍,可能用于非核使用,例如制造汽灯罩。

49. 1959 年 10 月原子能研究所所长钱三强的讲话表明了中国对重水产品发生了兴趣,多种水的重水浓缩分析已经进行,一些油田水的氘物质提供了大部分的线索。中国可能按照苏联把氮肥生产与小型重水生产厂结合在一起的方法,由第二机械工业部为四川化工厂——位于成都附近的大型氮肥厂提供多种设备,其已于 1959 年 10 月试生产。有证据表明在四川盆地有原子能活动。……⑤因此在中国可能正在进行一项小型重水生产计划。

50. 在原子能计划中一些有用的其他原料已被发现在从中国运往苏联的船只上。这些包括大量的铍、锂和氟石等。钼、铌和钽矿石也出口到俄国。

51. ……⑥

52. ……⑦

53. 从 1955～1960 年,共产党中国试图从外界获取原子能计划所需的材料。纯金属包括铀、钍、铍、硼和一些很少知道的稀有金属。

54. 渴望得到的数量首先非常少,有时总共仅有几克,但是上百公斤的金属,如铍、铈、锆在 1960 年的国际贸易已被中国列入清单中。中国关注铀金属的生产,不能满足于来自国内提供的核材料。1960 年代中期以前中国在生产附属核材料方面不能自给自足。

---

① 原文此处两行未解密。——译注
② 原文此处十行未解密。——译注
③ 原文此处十二行未解密。——译注
④ 原文此处十行未解密。——译注
⑤ 原文此处两行未解密。——译注
⑥ 原文此处十五行未解密。——译注
⑦ 原文此处十四行未解密。——译注

裂变材料生产

55. 中国人在铀资源开发、选矿厂和金属铀提炼厂的建设等方面取得的进展,当然也意味着他们计划在生产钚时使用铀。尽管在铀-235的生产中并不需要金属铀,但这些进程的第一阶段可以为铀-235的分离提供原料。放射性材料生产设施的计划与设计可能最早在1957年就已开始。

56. 钚。我们尚无生产性反应堆计划或随后建造的证据。然而这种证据的缺乏并不意味着是决定性的。……①北平研究性反应堆,是一项需要与莫斯科广泛联系的公开计划。

57. 我们对中国掌握钚能力的评估必须根据中国铀金属工厂开工的时间。如果铀工厂运行一年来完善技术和生产足够的钚,以供应一个小型钚生产用反应堆的话,那么反应堆将在1961年末达到临界,1962年末第一批钚将能够生产出来。由于无法确认铀工厂开工的日期,关于反应堆和化学分离设施的建设也没有直接开始,实际开始生产钚的日期有可能要早一年或晚几年。

58. 铀-235。铀-235工厂可能正在建造中。已有材料和裂变材料生产之间的耽搁可能被影响。考虑到气体扩散厂建设所需的开发工作和工业部门的支持,中国在1962年末以前生产高浓缩铀-235是不可能的。

五、核 武 器

59. 尽管我们尚无中国核武器计划的直接证据,但是我们认为该计划是存在的并被中国人予以最优先的地位。我们认为中国肯定考虑他们掌握生产核武器的能力将会加强他们所宣称的大国地位。我们认为中共将会尽快地实施核武器计划,成功主要取决于苏联援助的程度。近来有证据表明苏联对于核武器生产给予中共的技术援助要远比我们以前认为的要多。然而,我们认为苏联在提供援助时采取了非常慎重的步骤,以尽量阻止中国人掌握制造核武器的能力。

60. 根据现有的所有材料,我们认为,中国爆炸第一个核装置的时间,最大可能是在1963年,当然也可能晚到1964年或提前到1962年,这取决于苏联实际援助的程度。② 如果苏联人提供放射性材料,并帮助设计和组装核装置,那么中国人可以在最近的任何时间制造出一个核爆炸装置。另一种情况则是,如果苏联在核领域的援助由于目前的中苏分歧而减少,其进展将会大大减慢。

61. 第一颗核装置爆炸后,中国肯定会尽快进一步取得实用的核能力。但爆炸核装置

---

① 原文此处三行未解密。——译注
② 原注:海军部负责情报的海军行动助理参谋长认为,关于苏联对共产党中国援助的性质和程度的情报并不足以对中共爆炸第一个核装置的时间进行评估。然而他认为如果中共在这个五年评估中的最后阶段之前爆炸一个自己制造的核装置的话,那么到那时该情报对于我们也许有用。由于考虑关于共产党中国裂变材料生产情报的缺乏和已有核研究设施相对初级的状态,他不能接受本报告中有关核武器的时间表。

后至少需要两年时间，才能制造一个小型的初级核武器。

六、核　　能

62. 中共在 1956 年宣布"将建造核电站"，然而这样的发电站并没有包括在"二五"计划中（1958～1962），当前尚无能源计划的证据。由于中国核计划显然是以核武器为目的，我们认为他们会优先发展制造反应堆，而不是发展生产核能的反应堆。进一步说，我们认为中国人不会为了取得作为副产品的能源，就发展他们的第一个制造反应堆的设计。我们预计中国人不会在 1960～1965 年期间建设核电站。

七、苏联对中共原子能计划的援助

63. 苏联的援助一直是中共核能计划中的重要因素，从铀矿勘探与加工到提供研究性反应堆和回旋加速器。这种援助是在正式协议下所取得的，并明显地保持了相当的自主权。

64. ……①许多苏联机构参加援助中国原子能计划，包括来自于中型机器制造部的几个部门，该机构负责苏联军事原子能计划。苏联机构和他们部门参与中国原子能计划见表 13。……②苏联国家原子能利用委员会（GLAVATOM）执行公开的援助计划。……③苏联科学院已提供大量科学研究和训练援助，以及在中国稀有金属的勘探上提供帮助。

65. 早期苏联对于中国原子能计划的参与主要关注铀资源的探测和开发。1950 年成立的中苏有色及稀有金属有限公司已经为最终苏联的使用开发了矿石资源。然而我们没有证据表明中国铀矿曾供应给苏联，至少自 1954 年以来，当公司作为一个联合行动被解散，中国的铀显然仅仅为了国内使用。苏联参与中国矿石计划包括矿区援助和技术指导。自 1957 年后苏联援助铀矿生产计划的程度显著地减少。……④然而苏联参与铀矿勘探将继续处在一个缩小的水准。……⑤

66. 有证据表明苏联援助可能在缩减，……⑥其根据是 1960 年中期发生的苏联技术人员大规模撤出中国事件。……⑦

67. 苏联也通过设计铀选矿和铀金属设备对中国进行援助。……⑧1957 年中期以前其

---

① 原文此处一行未解密。——译注
② 原文此处两行未解密。——译注
③ 原文此处十行未解密。——译注
④ 原文此处五行未解密。——译注
⑤ 原文此处十三行未解密。——译注
⑥ 原文此处一行未解密。——译注
⑦ 原文此处三行未解密。——译注
⑧ 原文此处五行未解密。——译注

主要人员显然很活跃,但是负责矿石加工技术的一小部分人员直到 1958 年 1 月才被发现。……①

68. 和平利用原子能的援助大量由原子能利用委员会和苏联科学院来提供。……②

69. 中苏核能协议签署于 1955 年,并向世界公布。根据该协议,苏联同意:

(1) 提供热容量 7.5～10 兆瓦的实验性重水慢化反应堆、25 兆伏回旋加速器以及反应堆和回旋加速器在建设、组装、调整和运转等方面给予科学技术援助;在科学和实验设备的设计上提供援助。

(2) 在核物理上为反应堆和研究的实施提供给中国裂变材料和其他材料,在苏联培训中国核物理专家,提供苏联专家到中国工作。

70. 由中国科学院院长郭沫若③为首的中国科学代表团在莫斯科谈判的十周后,1958 年 1 月 18 日中苏签订了科学技术协定,时限从 1958～1962 年。有关该协议的具体内容尚不清楚,然而苏联可能对中共原子能计划某些方面提供援助。

71. 苏联专家也对中国容量约 1 000 公升、在 10 个大气压中充满氩和由 12 厘米外层保护的 ASK－1 电离室进行了援助。该电离室是苏联的礼物,可能组装在北平西北的中国原子能研究所,用在该所的宇宙射线研究室上。

附录一

重要的研究机构④

附录二

共产党中国主要的核科学家

National Intelligence Estimates on China During the Era of Mao，1948－1976，pp. 287－312

詹欣译、校

---

① 原文此处八行未解密。——译注
② 原文此处两行未解密。——译注
③ 郭沫若,中国科学院院长。——编注
④ 此及以下附录略去。——译注

中情局关于中国尖端武器能力的评估

（1962 年 4 月 25 日）

NIE 13－2－62

绝　密

中共尖端武器能力

（1962 年 4 月 25 日）

问　　题

针对未来几年导弹与核武器的开发与生产，评估共产党中国的能力。

前　　言

在分析中国尖端武器计划的证据时，我们遇到了许多重要的困难和明显的矛盾。对于我们来说，一些证据清楚地表明导弹与核武器计划的存在，但是我们推断这些计划却又是不充分的，对于各种类似的苏联计划这却是可能的。同样地，我们已经能够对中国的计划以及可能进一步完成的时间进行判断，但是我们不能对这些计划做出可靠的结论，或者预测全面的武器体系可能开始部署的时间。

在这种情况下，我们认为本评估呈现一个相当全面的图景是非常有用的，不仅有证据和遗留下来的尚未解决的重要问题，还有共产党中国尖端武器计划可利用的基础科学和经济资源。这样我们试图建立一个信息库，在以后关于这些问题的评估中，我们能够利用这些情报进行进一步的分析。随着这些中国计划的开展，我们认为这些情报和分析将促使我们进一步提炼本评估中的一些主要的不精确的结论和判断。

结　　论

1. 自 20 世纪 50 年代初以来共产党中国就可能开始了开发核武器的计划，50 年代末也开始了导弹计划。我们认为对于这些计划，中国企图获取独立的开发能力。

2. 然而从一开始中国在这些领域的进展就严重依赖于苏联的援助。对于这些援助的种类和数量的不充分理解是我们评估之中不确定的重要来源。然而我们相信苏联在这些领域的援助要比其他类型的军事援助更加谨慎。到 60 年代中期苏联的技术援助将会实质上地减少也许还会中止。到那时中国核计划与导弹计划可能已经相当的尖端，即使苏联援助全面停止也不可能迫使他们放弃。

3. 中国的进步主要依赖于极为有限的本国资源。基于尖端武器开发上的许多研究领域仍然存在着相当多的困难。在导弹领域的努力可能大量局限于对苏联导弹的仿制。双城子导弹试验中心的规模意味着一个非常庞大的计划，其靶场已投入使用，有迹象表明这项计划进展缓慢。

4. 尽管优先发展重工业和军工厂，但我们认为任何大规模生产尖端武器的尝试对于中国来说都是困难的。有显著迹象表明尽管中国尖端武器计划可能并没有受到不利的影响，但是 1961 年粮食的减产影响到了军事以及国民经济。当前还没有一处中国的导弹生产设施被确认下来，但我们怀疑是否有许多导弹生产正在进行。我们认为当前中国除了从苏联获取的地对空导弹和空对空导弹进行有限部署以外，不具备导弹实战能力。

5. 我们有证据表明中国共产党已经开采并浓缩了大量的铀矿石，并在苏联的帮助下于 1960 年建造了一座铀回收厂。这强烈地表明了生产裂变材料的意图，但是我们尚无共产党中国进行这种生产的证据。假如从 1960 年进行的钚生产计划开始加速并取得成功的话，那么中国共产党将能在 1963 年初爆炸一个全钚的装置。然而考虑到所有这些证据，中国人不太可能按计划完成。我们认为中国第一次核试验将可能推迟到 1963 年以后，也许会更长。①

6. 共产党中国在爆炸第一个核装置后的一年内可能制造出几枚初级的裂变核武器。开发适用于导弹弹头的裂变武器还需要两年多的时间。如果第一次核试验在大约明年进行的话，我们估计到 60 年代的后半期中共将拥有多种裂变武器支持他们众多的军事需求，但是数量有限。

7. 我们认为中国将在某种程度上尽力生产铀-235，但是当前我们尚未有铀-235 生产的证据。最新迹象表明，位于兰州的一处令人怀疑的气体扩散厂并没有完工。如果该工厂确实打算建造气体扩散设备的话，那么在 1965 年以前不太可能生产出用于核武器的铀-235。在生产设施活跃后的一年内中国可能试验一枚全铀-235 或复合的装置。

---

① 原注：(1) 海军负责情报的海军行动局长助理的立场见第 38 段脚注；(2) 负责情报的空军助理参谋长同意中共把核武器的研发放在最为优先的地位；以及如果他们想实现其所追求的国际地位，他们会把尖端武器能力看作为政治和军事上的必需。他也同意中国开发原型核武器的努力不会急剧地减少，以及中共有充足的经济与科技资源支持几项最优先的计划的判断。他认为 20 世纪 60 年代中期苏联大规模撤走技术援助毫无疑问地在某些领域延缓了中国共产党核武器计划的进展。然而，他也认为可利用的充足的技术与工业资源以及把所有这些资源集中在中国原子能计划促使他们能在 1963 年爆炸一个全钚内爆核装置。如果中国在此后约一年爆炸了他们第一个核装置的话，那么在 60 年代末以前他们有能力开发和试验热核装置。这样的装置可能极为笨重并仅仅表现为一种象征性热核能力。即使这种有限的热核能力也能大大有助于中国作为一个大国的存在并产生意义深远的心理影响，特别是在亚洲。

8. 在未来几年内,中国可能开始部署不携带有核弹头的近程地对地导弹。中程导弹的部署几乎可能适用于核弹头;这样的计划可能将放在 60 年代后半期。由于缺少苏联的援助,中国在至少到 60 年代中期以前将不可能制造地对空导弹系统。①

9. 在更尖端的领域——潜艇导弹系统、中远程弹道导弹、洲际弹道导弹、反导系统和热核武器——中国在 60 年代不太可能具备独立的研制能力。②

讨　　论

一、中国共产党的目标

10. 中共领导人决定把中国确立为一个重要的世界大国和至少与苏联平起平坐的共产党集团领袖。他们把远东作为特殊保护区并试图在该地建立霸权。一般来说北平宁愿通过政治和经济竞争等形式,而不是直接使用中国军队来实现其目标。然而,当共产党中国冒很少或不冒风险时,其对公开使用军队扩大控制范围却并不后悔。

11. 北平认为即使是有限尖端武器能力的实现也会大大有助于中国作为一个大国的存在,并带来意义深远的心理影响,特别是在亚洲国家。此外,在共产党支持的军队对抗西方支持军队的一些地方,中共领导人肯定把通过一方或者另一方的干涉看作是一种经常存在的可能性。他们可能推断尖端武器的拥有将会在这些地区支持更为侵略性的中国政策,并趋向于阻止强大的西方。因此,如果他们想实现其所追求的国际地位,可能会把尖端武器能力作为政治和军事上的必需。

二、尖端武器计划的证据

12. 共产党中国试图获得核能力显然把他们弹道导弹领域的努力提前了许多年。自 20 世纪 50 年代初开始以来,共产党中国就把核武器的研发置于最优先的地位。尚无确凿的证据表明中国共产党已经开始开发或制造轰炸机。但我们认为从 50 年代末开始共产党中国已经进行了大规模开发弹道导弹能力的计划。

导弹试验靶场的活动

13. 近来照片已经证实了中国西北的弹道导弹试验中心的存在;其位置早已在过去两至三年里大量证据所证实。有证据表明靶场设施的建设始于 1957 年,肯定在 1958 年进展顺利。

---

① 原注：空军负责情报的助理参谋长认为考虑到战术空军的精确度、系统成本、有效性以及其他考虑,中共部署的 350 海里地对地导弹几乎肯定将依赖于核弹头的有效性。因此他同意在未来的几年内中国可能开始部署不携带核弹头的近程地对地导弹,但是他不同意直到核弹头可使用他们才可能去做。

② 原注：有关空军负责情报的助理参谋长对中共热核武器能力的观点,见第 5 段脚注。

14. 发射场位于双城子东北约 50 海里的乌鲁木齐——兰州铁路支线上。它是一个庞大的配有仪器导航的区域,分散在 30 英里的额济纳高勒河沿岸,包括一个地对地导弹发射场,一个地对空导弹发射场,一个由 185 个建筑物组成的大型主体辅助区,一个维护地对地导弹和地对空导弹综合发射场的小型辅助区,一个大型地对地导弹和地对空导弹组装区,两个水泥结构的贮藏室和许多小房子和辅助区。在主体辅助区西南约 40 海里的地方是一处拥有13 500英尺长混凝土结构的大型新飞机场。靠近飞机场还有两座大型通讯中心。

15. 三个地对地综合发射场已被随意地指定为"A"、"B"、"C"。综合发射场"A"似乎完成并可使用。该发射场拥有两个适用于弹道导弹发射大型混凝土发射台,并铺以环形道路,一个控制中心和可供停车的检验大楼。……①已进行了发射,可能就在最近。……②在综合发射场"B"建造的两个发射台与综合发射场"A"极为相似。发射台的挖掘工作已经完成,但是建设明显地延缓了。综合发射场"C"拥有一个发射台和可供停车的大楼,建造工作显然已接近完成,发射台已能够使用。然而这个综合发射场使用状况尚未被确定。

16. 在这些设施上进行试验的导弹系统的射程并不能从照片上进行判断。发射场面向西部,沿着靶场的仪器也朝向这个方向。朝向西部的沙漠地形允许在中国境内发射射程达到1 100海里的地对地导弹。在综合发射场"A"的配有护墙的发射台和辅助区与位于苏联卡普斯京亚尔(Kapustin Yar)的设施极为相似,其可发射 700 海里或1 100海里的弹道导弹。综合发射场"C"与卡普斯京亚尔的其他苏联发射设施也有一些相似,但是与苏联综合发射场联合的导弹类型并不能被确定。

17. 尽管位于双城子的两个 SA－2 发射场分散得更广,测量区域更大,但是地对空导弹发射场与卡普斯京亚尔的 SA－2 发射设施相似。两处的建设工作已经完成,但是仅有一处装配有雷达和发射台。发射台的一个已全部用砖石覆盖,部分维护已围绕着第二个进行。……③按照苏联模型建造的辅助设备显然也已经完成。

18. 显然双城子机场最初是打算为导弹靶场、战斗机保护和可能进行的空对地和空对空导弹计划提供后勤支持的。……④飞机场显然是打算管制大量飞机的,包括最大型的,但是有限的燃料储备设施并不能与这种规模的设施相匹配。可能的停机坪及其附属建筑物可能是为空对地导弹计划准备的。……⑤这些设施也可能与空对空导弹训练有关。……⑥

19. 双城子导弹靶场的规模意味着一个非常庞大的计划。试验中心的设备足够提供相当大的实际能力来实施广泛的导弹研究与开发计划和一些军队训练。显然房屋至少可容纳 2 万人。……⑦但是一些已完成的设施显然并不是用来发射的。……⑧未完成的后勤设施

---

① 原文此处三行未解密。——译注
② 原文此处三行未解密。——译注
③ 原文此处两行未解密。——译注
④ 原文此处七行未解密。——译注
⑤ 原文此处两行未解密。——译注
⑥ 原文此处两行未解密。——译注
⑦ 原文此处四行未解密。——译注
⑧ 原文此处一行未解密。——译注

也体现了双城子机场的特征。这些事实表明一个最初的地对地导弹、地对空导弹和可能的空对地导弹和空对空导弹发射试验的庞大而雄心的计划已经被削减。

20.　可靠证据表明苏联已同意提供给中共多种导弹,包括地对地、地对空、空对地和空对空等型号的导弹。双城子靶场的活动表明地对地弹道导弹发射已经进行。导弹发射的射程尚未有充分的信心来确定,但是我们的证据表明已进行发射的射程约150海里、300海里、600～700海里和可能的1 100海里。尽管没有直接的证据,但是我们认为地对空导弹的发射也已进行。尚无证据表明已试验空对地或空对空导弹。

21.　有关靶场活动时间和范围的证据是非决定性的。……①已有证据加上我们对靶场设施建造和检验所需的时间进行评估,导致我们认为在靶场进行的导弹试验发射可能始于1959年末或1960年初。已有证据并没有为决定发射的速度提供依据。

22.　至少到20世纪60年代中期苏联可能提供了技术援助,因此早期发射可能涉及到苏联制造的导弹。我们认为靶场将继续建设。当前的活动可能主要是以靶场定位为目的、进行苏制导弹的实际发射和可能的中国仿制品的试验发射。一些协同的作战训练,至少地对空导弹可能已经进行。

三、影响中国共产党尖端武器的研制、生产和部署的因素

苏联援助

23.　影响中国尖端武器计划速度的重要因素是苏联提供援助的种类和数量。这个因素也是在我们评估中相当不确定的来源,因为在核武器与导弹领域我们缺少苏联援助的直接证据,必须大量依赖于其他计划的情报和从两国之间政治关系了解上来推断。

24.　我们认为中国在寻求尽可能多的苏联援助的同时,在导弹和核武器领域企图发展独立的能力。它们在过去,即使在苏联帮助的时候,仍旧为飞机、潜艇和电子设备的生产寻求发展本国的能力。到20世纪60年代中期,苏联在许多军事领域的援助仍以高水准的提供。然而我们认为在核领域,也许还有导弹领域,这种援助将以更加谨慎的手段进行。

25.　20世纪60年代中期从中国撤走的苏联技术人员与科学家已经对中国制造喷气式飞机、轰炸机和潜艇的计划产生负面影响。尽管很少是决定性的,但有证据表明中国的核武器和导弹计划同样也受到了影响,加上从那时以来莫斯科与北平关系的严重恶化,使我们估计苏联在这些领域的援助也会急剧地削减。然而我们认为中国的核武器与导弹研制计划已经足够的尖端,即使苏联援助全部停止也只能迫使计划推迟而不是放弃。

26.　当前中苏关系的状态表明立即恢复到以前苏联援助水准的前景非常黯淡。甚至在两至三年以后,除非北平向莫斯科要求的在共产主义运动的霸权地位低头或者莫斯科自己接受了与中国共同领导为新基础的重建共产主义集团的必然性,否则我们怀疑苏联会明显

---

①　原文此处五行未解密。——译注

地增加其援助。这两种情况显然不太可能。

27. 因此我们认为当苏联将扩大有限的援助并持续这样做的情况下，中国在尖端武器的未来进步将主要利用和进一步开发已从苏联那里得到的情报和设施的自身能力来决定。这种信心由陈毅[①]外长最近公开声明所支持。1962 年 1 月，他告诉中共听众"主要依靠自己的努力，再加上国际援助，中国经济建设和国防的科学技术问题是能够得以解决的"。

中共科学资源

28. 从一开始中共政权在生产部门中就强调科学技术的极其重要性。显然这不仅体现在工业研究与开发设施上，而且也体现在科学院和教育中心上。此外，这种哲学观已经受到严重不足的科学技术人员的影响。中国仅有很少一些受过良好训练并具有经验的科学家，约有2 000人可进行所有领域的研究。在这些人当中，约 600 人是在西方受到博士一级的训练。其他1 000名博士研究生则是最近几年在苏联受到培训返回国内的，但是这群人并没有掌握重要的研究经验。由中国高等学校、研究机构和教育机构雇佣的全部研究与科技人员可能仅有约 4 万人。而相比较日本约 30 万人，苏联约 75 万人。

29. 由于中共政权的政策以及受过培训的人员的短缺，相比较而言它很少进行基础性研究。而是把重点放在工程学的努力上，几乎所有的都用来关注把进口的设备、仪器以及技术适应在中国的制造设施上。对于尖端武器开发的基础研究领域，如物理学、化学、冶金学、计算机设计、电子学和超音速空气动力学，我们认为仍然存在重大的困难。

30. 在苏联的科学技术援助被削减之前，共产党中国在一个构思良好但却不切实际的、预计到 1967 年提高其科技水平的十二年计划中已取得了一定的进步。把能够对于迅速取得经济、军事目标而至关重要的十一个广泛的技术领域作为重点，包括电子学、原子能、喷气式推进、自动控制、精密仪器、合金系统和冶金处理以及重有机化学合成。尽管最初目标现在显然不能达到，但是我们认为它们将会继续取得进展，特别是在像已经取得有限自给自足的原子能、电子等领域。

31. 受过培训的科技人才的短缺不可能在几年内得到显著的改善。近来其他大多数有能力的人才都是在苏联进行培训的，然而从 1957 年开始新派到苏联的一些中国留学生已急剧地减少，如果在 1961 年秋天还有的话一定非常少。大约有2 000名中国学生，其中主要是研究生将被允许留在苏联，在未来两年里完成他们的学业。约四至六年里，中国能够培养大量具有良好的、受过全面技术培训的人才，但是对于他们获取实际经验的阅历还需要许多年。

导弹研究

32. 共产党中国进行导弹研究所利用资源是极为有限的。在导弹设计方面能够胜任的科学家都局限在美国和其他西方国家受过训练的一小群人中，其大多集中在北平的导弹研

---

① 陈毅，政治局委员、外交部长和副总理。——编注

究院。从 1956 年开始该院由钱学森①所领导,他在 1950 年以前在美国导弹计划中扮演着重要的角色,被公认为世界上的顶尖空气动力学家。然而,有证据表明由于缺少能够胜任的年轻人、行政职责的压力、意识形态培训上的要求和缺少第一流的科学设备,这些因素综合起来阻碍了在导弹领域上重大研究上的成就。

33. 考虑到这些严重的局限,我们并不认为中国已经着手进行自己设计导弹的重大计划。他们在导弹领域的努力可能局限在对苏联导弹的大量仿制。中国自己设计、开发和试验复杂的导弹系统的早期发展涉及到苏联的援助要远远超过我们以前所估计的。这将需要与导弹相关的大量科学训练方面的大规模培训与交流计划。尚无证据表明存在这种庞大的计划,然而中国可能在选择的基础上进行相对适度的研究和开发计划。

航空研究

34. 当前中共在航空研究与开发上的努力处于初级阶段。他们的计划主要是尽可能地在最短的时间内为建立飞机制造工业培训必备的工人和工程师。中共受过良好训练的航空科学家严重短缺,航空研究设施也几乎不存在。一个小型的航空研究计划在导弹研究院中进行。建于 1952 年或 1953 年初的北平航空学院,其主要是在航空工程和飞机发动机设计方面对学生进行实际培训,只有少数学生留下来进行尖端理论研究。我们认为中国的飞机制造工业仍将严重依赖于国外研究许多年,在可预见的未来它不太可能制造出配有自行设计机身和发动机的任何军用飞机。

核技术②

35. 中国在原子能领域的努力以及到 20 世纪 60 年代中期苏联援助的程度在 1960 年的评估中已有详细的描述。③ 当前的评估要考虑到苏联援助的撤走、近来中国经济的困难以及一些新的情况等因素。其目的是评估中共某种重要目标实现所需要的时间,包括铀金属工厂、反应堆、相关分离设备的生产和气体扩散厂的生产以及核装置的制造等。

36. 在以前的评估中,我们认为中国已开采并浓缩了充足的铀矿以满足他们原子能计划的需要。有证据表明中国在苏联的帮助下,在 60 年代中期苏联撤走技术人员以前,正在建造一座天然铀金属回收工厂。假如该工厂在当时进展顺利的话,那么到 1960 年末可能全部完成,铀金属的也将在 1961 年初开始生产。

37. 铀金属的生产为中国打算生产钚提供了一个强烈的暗示,我们估计钚是武器制造的首选原料。我们还没有中国建造钚生产设施的证据。最近对某些可疑地区进行侦察的卫星照片也得出否定的结果,在这些侦察地区以外仍存在生产性反应堆是可能的。然而,假如铀金属生产率是每月 30 吨的话——根据我们对苏联早期成就的评估——那么到 1961 年 9 月一个 200 吨反应堆的装载量是能够生产出来的。对于一个初始能量约 200 兆瓦的反应堆

---

① 钱学森,中国物理学家、火箭专家,曾任美国超音速实验室主任和古根罕喷气推进研究中心主任,1955 年回国,任国防部第五研究院院长。——编注
② 原注:空军负责情报的助理参谋长关于中共核武器计划的观点见第 5 段注脚。
③ 原注:NIE 13-2-60 中共原子能计划,1960 年 12 月 13 日。

这个数量是充足的。全部能量反应堆的运行可能在 1962 年初实现。为一个武器试验而准备的充足的钚将在一年后达到。

38. 本时间表是假设反应堆和化学分离厂的建造与铀金属厂的建造同时进行,并在这个过程的任何阶段没有遇到重大困难。进而假设对于装置的组装只需要很少的时间,那么中国可能将在 1963 年初试验一个全钚的装置。[①] 然而我们认为中国不可能按照这些假设来进行的。如果上述这些假设证明是无效的话,中国第一次核试验将会被推迟,也许将在 1963 年以后许多年。

39. 在爆炸第一个核装置后的一年内,中共将可能制造出几枚由中型轰炸机运载的初级裂变武器。此后,中共开发适合导弹运载的更尖端的裂变武器至少需要两年甚至更长的时间。在这些开发中将涉及许多次核试验。因此如果第一次核试验大约将在明年进行的话,我们估计在 20 世纪 60 年代后半期,中共将拥有多种裂变武器以满足他们的许多军事需求,但数量是有限的。

40. 我们认为中国将在一定程度上为他们武器计划所需而努力生产铀-235。1959 年 9 月的空中照片显示在兰州有一座 2 000 英尺的建筑物,其具有一些苏联气体扩散厂的特征,尽管能源供应并不明显。如果气体扩散过程已经进行的话,那么显然,中国将会增加第二座获取用于核武器的铀-235 的生产厂。1962 年 2 月飞越其领空的照片并没有为电力供应或准备建造第二座工厂提供进一步证据。同样的照片也显示了中国在 1960 年运转的水力发电站附近的进展情况。因此如果兰州确实是气体扩散厂的话,那么即使另一处建筑物已经开始建造,中国也不可能在 1965 年以前生产出用于核武器的铀-235。中共在生产设施活跃后的一年内能够试验一枚全铀-235 或合成的装置。我们尚未发现任何其他在共产党中国令人怀疑的铀-235 生产设施的证据。

41. 我们并不认为到 60 年代末中共具备热核武器能力。

经济因素

42. 共产党中国追求工业化和同时渴望成为一个重要的军事大国已产生了不均衡的经济发展。中国强调重工业,在苏联的帮助下建立了飞机、电子、轮船制造和军事工业等。今天这些工业在生产技术和熟练技工方面通常是最尖端的。在产品的出口水平和种类方面,共产党中国的机械工业与 20 世纪 30 年代初期的苏联略微相似,要远远逊于同一时期的日本。然而某些生产军事装备的工业已经接近了 50 年代初苏联类似工业的一般技术水平,在一些方面则落后其他一些工业国家十余年。当中共政权被迫削减经济的重工业部分时,共产党中国相对较低水平的机械技术和经验致使任何试图开发尖端武器生产能力——特别是来自于全部的中国资源——在当时是一个困难的任务。

43. 从中共驻西藏军队所捕获的机密文件表明 1961 年中国国防预算的削减以及急剧

---

① 原注:海军负责情报的海军行动局长助理认为,预测时间表的假设框架在理论上是合理的,但是基本充足的证据却不能导致正确的评估。他认为任何关于共产党中国裂变原料生产的证据或指示上的缺乏和考虑到所知核研究设施的基本状况,他认为有关中共核武器开发计划可信赖的评估并没有被写出来。

减少对军队的物资分配。文件显示在 1960～1961 年冬天军队士气的低落和严重的食品短缺，至少到 1961 年夏才部分得以缓解。文件也指出了维护与补给的可怜状态、装备的迅速老化和高事故率。这些报道提供了决定性的证据表明 1961 年的经济衰退影响到了军事以及经济的其他方面。

44. 尽管中共军队的效率可能被削弱，但是中共尖端武器计划可能并没有受到不利的影响。即使处于经济危机，资源仍可能被用来支持几个最优先的计划——特别是那些处于研究与开发阶段的计划。因此我们怀疑中国在努力开发核武器方面是否受到任何剧烈地削减。同样双城子靶场的导弹试验发射已经明显地在继续进行，尽管该计划并没有达到预计的水准。然而，积累起来证据的最终结果是对任何当前支持部署的弹道导弹生产计划的存在产生了怀疑。

基础工业技能

45. 冶金学。冶金工业是共产党中国最高度发展的领域之一，其飞速的进步也增加了有色金属和矿物质的产出。喷气式发动机制造所使用的高温合金仍需进口。对于导弹引擎的制造，根据导弹系统的技术特征则需要某种特制钢和难熔金属的进口。

46. 电子学。中国在电子工业也取得了飞速的进步，到 20 世纪 60 年代中期从一些小规模企业发展到大规模的拥有 45 个重要工厂的行业。随着苏联的技术援助，中国已按照国外的原型大量生产多种军事电子设备，包括地面雷达、自动控制装置、无线电设备和导航辅助设备等。随着苏联援助的进一步终止，我们怀疑在当前他们是否能为近程、中程弹道导弹的无线电惯性导航系统生产全部的部件。

47. 化学。共产党中国的化学工业已取得飞速的发展，但是仍旧不能满足于需求。它已严重依赖于苏联集团的设备和技术援助，在某些领域随着苏联援助的撤走将会面临严重的困难。中共没有任何人工合成工业，然而可能会生产比较容易的液体火箭燃料和固体推进剂。

48. 机床。共产党中国的机床工业通过生产技术的引进和来自苏联集团机床设计的帮助，在过去的十年里已飞速地增加其产量（从 1950 年的 3 300 台到 1960 年的 40 000～45 000 台）。各类产品是有限的，其主要是针对普通用途的，但是一些专门类型，现代机械仍将被建造。支持一个导弹系统的庞大生产计划所需的专业机床绝对数量并不大。但是这种生产计划的速度将严重依赖于苏联提供援助的数量，特别是提供机床的质量和完整性。当前虽然处境艰难，国内工业仍能为中国相对简易的战术近程导弹系统制造生产所需机床。如果苏联的机床不再能够使用，那么生产更为复杂系统的、更加雄心的计划将会受到严峻的阻碍。

49. 飞机。自 1958 年以来大规模发展的共产党中国的飞机制造业在当前限于生产以早期苏联为模型的喷气式飞机、小型运输机和直升机。尽管自从 1960 年代中期以来情报的缺乏，所有类型的生产率均被认为降到很低。中国依靠进口部件的程度不得而知，但是飞机制造业可能继续依赖于苏联提供的一些重要部件，如喷气式飞机发动机零件或材料。制造喷气式飞机的大部分基本技术对于导弹生产是可适用的。

50. 船舶制造业。共产党中国作为一个潜在的船舶制造国已经显露出来。当前的船舶制造业能够制造15 000容积总吨的商船和装配潜水艇和驱逐舰的船体。造船厂及其相关工业也正在继续扩建之中。在舰艇建造方面,中国依赖苏联的不仅是技术援助,而且还有军火、电子器件和高性能推进设备。海军舰艇的某些新建项目随着苏联援助的撤走而被迫停止。

51. 机动车辆。除中型坦克以外,在共产党中国没有一个车辆是为军事使用的目的而专门设计的。中国能够制造装备和运输导弹系统地面辅助设备所必备的履带车轮式车辆。然而这些需求给本已为经济扩张和地面军备计划累得筋疲力尽的中共机动车辆工业增添了额外的负担。尽管在进口的类型和来源上许多车辆在适应性方面允许有相当的灵活性,但从一些地方进口可能是必要的。

行动、维修和训练

52. 对于大规模部署和进攻性与防御性导弹系统的现场维修所需的技术人力,可能呈现给中共领导人一个与制造导弹及其附属设备的最初问题所面临的同样困难的问题。影响中共军队训练的主要因素是部署计划的规模、技术的进步与导弹系统的复杂性和导弹及其附属设备的来源(例如,它们是否由苏联提供或大部分由中国自己制造)。依靠苏联供应的导弹及其附属设备越多,则依赖于苏联在训练和维修上的援助也就越多。

53. 我们不能对未来几年置于中国导弹计划之上的训练、场所建设和现场维修所需的人力和物力上的局限做出精确的估计。但是我们认为这些需求将是中共在军事力量层次的目标上做出决断的重要因素。中国可能在这个方面由于得到相对适度的苏联援助而大大的减轻。然而除非中苏关系发生转变,否则我们怀疑这种援助是否还会到来。

四、尖端武器的生产与部署

54. 近来所获得的中国军队文件提供了对当前军事能力的一些估计。根据一份文件,武装力量训练总监部部长叶剑英[①]元帅在 1961 年 1 月宣布共产党中国"没有非常规性武器",所指的就是进攻性导弹和原子武器。1961 年 4 月在给中共中央军事委员会的报告中叶剑英元帅特别提及了"我们仍旧没有原子武器和太空飞船"。考虑到已有证据,这些声明支持了我们这样一种观念,即中国在当前并不具备生产尖端武器的能力。

55. 在 1961 年 1 月的声明中,叶剑英元帅还宣布"如果在几年内发生战争(字面上是'三至五年'),我们不得不依赖于当前已有的武器"。这项声明暗示了未来尖端武器的生产和部署计划的存在。但是当前仅有很少关于这些计划状态的证据。没有一个中国的导弹生产设

[①] 叶剑英,1954 年后任人民革命军事委员会副主席、国防委员会副主席、人民解放军武装力量监察部部长、训练总监部代部长。——编注

施被确认下来,除了位于北平的几个地对空导弹发射场以外,没有任何部署的证据。然而有关中国进展的某些推论可以从相关试验靶场的迹象以及有关尖端武器开发与生产的因素推断出来。

56. 显然中国自己的能力是极其有限的,因此先前苏联援助的程度是非常重要的因素。有证据表明苏联可能同意帮助中国获取一套射程约1 100海里的地对地导弹和其他种类导弹的作战能力。考虑到过去苏联军事援助的模式,我们认为在20世纪60年代中期以前中国可能获得的一些援助促使他们开发了独立的导弹生产能力。我们认为中共可能首先试图生产近程(350海里)地对地弹道导弹。生产的相对容易和这种导弹覆盖的范围是中国周边目标正好指出了这一发展方向。在核弹头可使用之前非核弹头适合于近程导弹。

57. 中国生产苏制近程导弹至少最初在建立生产设施和提供某些精密组件特别是推进器和电子组件方面,将主要依赖于苏联的援助。苏联援助的程度并不能确定。我们认为提供一些援助是可能的,但是促使中国在60年代中期以前达到独立生产的能力却是不够的。

58. 由于苏联技术援助的撤走和一些重要部件的中止供应使得正在显现出来的中国生产能力受到严重的阻碍。然而如果给予充分的优先权,这些挫折是能够被克服的。那么中共能够在下一年内部署近程地对地导弹。①

59. 没有核弹头,对于大多数军事目标来说中程导弹(700海里和1 100海里)是不起作用的。因此中共在60年代后半期以前可能不会计划部署大量的中程导弹。这一时期部署的中程导弹可能大部分是对苏联系统的仿制,但是到60年代末可能会有中国自行设计的中程导弹。为了宣传目的以及获取武器系统的经验,中共可能会在初期部署一支没有核弹头的象征性部队。

60. 尚无证据表明苏联提供给中国在中远程弹道导弹和洲际弹道导弹能力发展上以任何援助。没有这些援助,这种系统在开发上所取得的进步都将是自身努力的结果,包括研究和开发、设计、制造以及适合这种系统试验的新试验靶场的建设。洲际弹道导弹系统的全部试验在共产党中国境内不可能全面地进行。

61. 我们尚无证据表明中国在洲际弹道导弹开发计划上已经采取了初步的步骤。考虑到缺乏洲际弹道导弹开发所需求的充足的研究与开发基础、尖端技术和工程学,我们认为中共获得自己设计洲际弹道导弹系统的初始作战能力将需要十多年的时间。与苏联射程约2 500海里的SS-5导弹类似的尖端中远程弹道导弹的部署是一个巨大的任务,也将需要很长的时间。

舰艇导弹

62. 尚无中共开发适合运载核弹头的舰艇发射弹道导弹计划的证据。我们认为在没有苏联的帮助下,开发这种潜艇发射近程弹道导弹的能力将需要约十年的时间。尚无中共对

① 原注:空军负责情报的助理参谋长关于中国部署近程弹道导弹的观点见第8段脚注。

巡航类型导弹感兴趣的证据,但是在同一时期潜艇可能装配这一系统,而水上舰艇会早一些。

防空导弹

63. 当前在没有苏联大量援助的情况下,中国在制造相对复杂的 SA－2 型系统可能会遇到巨大的困难。这种制造在未来几年也不太可能,因此到 1965 年在共产党中国部署的地对空导弹将主要依赖于苏联的援助。我们认为苏联为在靶场地区试验 SA－2 和为在北平有限的部署提供导弹及其附属设备是肯定的。然而靠近北平的三处地点对于该地区的防御是明显不够的,这表明预计部署的计划在完成之前可能已被停止。

64. 当前苏联援助的程度不得而知。如果苏联援助全部停止的话,我们认为中共在未来几年将继续依赖其大量的战斗机部队作为他们主要的防空武器,而不是进行一项本国的 SA－2 研制计划。我们认为花费很多年的时间中共也不可能开发出独立的反导能力。苏联在 1960 年代也不太可能把反导系统提供给其他共产主义集团国家。

65. 在共产党中国尚无部署空对空导弹的确凿证据。然而针对国民党使用的响尾蛇导弹(Sidewinder),①苏联在 1959 年已经提供给共产党中国一些空对空导弹。中国已经得到了无需特殊机载雷达的红外线归航型 AA－2 和苏联的 AA－1 波束制导导弹。AA－2 的生产并不太困难,我们认为当前或至少在下一年内中国可将具备独立的生产能力。然而没有苏联的援助,我们怀疑中国是否能在几年里制造出更加复杂的空对空导弹系统,例如波速制导导弹或自动导航雷达定位导弹。

空对地导弹

66. 我们认为苏联可能同意提供给中共空对地导弹,以及"獾"(BADGER)喷气式中程轰炸机②(可携带射程约 100 海里的苏制空对地导弹)或帮助他们制造"獾"轰炸机。最近武功飞机场的照片显示他们可能在 1959 年得到了两架"獾"轰炸机;我们并不认为自那时起苏联交付给中国任何的"獾"轰炸机。尚无证据表明空对地导弹已提供给中共。我们怀疑他们是否能够在没有苏联大量的援助下花费几年的时间生产出空对地导弹,包括全部的生产设施。此外如果中国具备重要的空对地导弹能力的话,那么还需要另外的运载飞机。除了两架"獾"轰炸机以外,他们仅拥有 10 架过时的"公牛"(BULL)活塞式中程轰炸机。③

太空计划

67. 中国已经表现出对发射地球卫星的兴趣,但是尚无这种计划的证据。尽管苏联可能会不费力地对象征性太空计划提供一些帮助,但是当时他们可能并不愿意在物质上增添中国的声望而冒风险。无论中共何时具备中程导弹的能力,为了宣传的目的,他们可能在开发第二阶段时把一颗小型卫星送入轨道。这种太空发射系统的开发在没有苏联的帮助下将是极其困难的并需要许多年。在未来几年里中国可能将制造和发射高层大气探空火箭。

———————————

① "响尾蛇",美国空对地导弹。——编注
② "獾",苏联图-16 轰炸机。——编注
③ "公牛",苏联图-4 轰炸机。——编注

尖端飞机运载系统

68. 共产党中国的飞机制造业自 1958 年以来大规模发展，当前主要局限在对以苏联为模型的喷气式飞机、小型运输机和直升机进行仿制。在 60 年代中期苏联技术人员撤走之前中共可能已得到了充足的技术援助，在未来几年内他们能够制造"獾"喷气式中程轰炸机（图-16）。"獾"轰炸机的性能要优于过时的"公牛"轰炸机，促使中国为了达到更有效的核运载能力制造少量的"獾"轰炸机。在另一方面，中苏关系也可能会改善到苏联将提供给中国一些其他的"獾"轰炸机的程度。我们怀疑他们是否提供重型轰炸机或在制造方面上的援助。我们也不认为共产党中国针对开发重型轰炸机可能进行一项自行研制计划。

表：苏联导弹的特性①

http://www.foia.cia.gov/nic_china_collection.asp pp. 1 - 18

詹欣译、校

---

① 表略去。——译注

中情局关于中国核武器计划的评估

（1962 年 12 月 14 日）

SNIE 13－6－62

绝　密

共产党中国的核武器计划

（1962 年 12 月 14 日）

问　　题

评定共产党中国获取核武器能力的进展状况并评估这种发展的一些意义。

结　　论

1. 对中国可能进行第一次核试验日期的前期评估是基于大量有关中国计划已取得坚定进步的证据而得出的。当前如果缺乏任何朝向进步的新的积极证据，以及出现了一些困难和推迟的迹象，我们认为该计划已经严重地放慢。当前已有证据并不足以对中国第一次核试验可能的日期做出自信的判断。尽管它可能最早在 1963 年进行，但是我们认为它更可能会在许多年后进行。①

2. 如果中国进行最优先的努力并从其他国家获取重要的导弹部件，他们可能最早在1964 年制造出苏联设计的近程地对地弹道导弹，但是他们在 20 世纪 60 年代后半期以前不可能制造出中程弹道导弹。根据最初核试验的日期，他们在 60 年代末或 70 年代初之前不可能把核弹头装配到弹道导弹系统里。②

3. 我们并不认为核武器能力的获得将导致北平国内政策或外交政策发生重大的改变。对内它试图提高共产党领导层的自信心和激起普通百姓的民族骄傲感；对外它可能增强中国在言语上的攻击性和在亚洲与世界共产主义运动上扮演领导者角色的决心。然而我们并不认为中国有限核能力的获取将显著地改变其甘冒军事风险的意愿或导致公开军事入侵的

---

① 原注：负责情报的空军助理参谋长的代表性观点见讨论部分第 6 段和第 7 段的脚注。
② 原注：负责情报的陆军助理参谋长的代表性观点见讨论部分第 14 段的脚注。

政策。

讨　论

一、当前中国尖端武器计划的状态①

1. 中国的核计划与导弹计划肯定受到 60 年代中期苏联技术援助的撤走和近来由于经济困难导致中国技术发展退步的严重影响。在过去的两年里，工业生产的严重倒退和工业进口的外汇短缺可能夹杂着为获取这些计划所需的高质量机器、设备和器械等所涉及的一些问题。即使在缺少其他证据的情况下，我们也能得出这些因素对中国努力获取尖端武器带来的阻碍性影响的推论。

核武器

2. ……②

3. 然而，有证据表明北平为开发一定规模的原子能计划正在继续活动。仍有持续进行铀矿勘探、开采和浓缩活动的确凿证据。近来的官方声明也反复强调中国下定决心努力开发核武器。此外尽管其工业基础缩减，技术又存在不足，但前面评估报告中所描述准备活动的规模仍能使中国奋力向前开发核武器计划。中国可能在早期推迟了开发全面计划所必须建造的大型工业生产设施的计划，并把稀有资源引导到一个可扩展、也许小一点的计划上来。

4. 对中国可能进行第一次核试验日期的前期评估是基于大量有关中国计划已取得坚定进步的证据而得出的。当前如果缺乏任何朝向进步的新的积极证据，有关对于这一日期的任何估计都会受到这种巨大不确定性的影响。一方面，中共领导层继续拥有充分的理由——恢复业已减少的声望、为取得在共产党集团内部与苏联平等地位而进行努力、促进其外部目标的实现——希望尽快进行核爆炸。另一方面，苏联援助的程度是控制中国计划速度的关键因素，随着当前中苏关系的态势比以往变得更糟，苏联援助的恢复在一段时间里显然是不太可能的。此外中国技术的先进程度也是不确定的因素，尽管我们认为中国至少能够独立地进行有限核武器计划。

5. 我们仍旧不排除中共在 1963～1964 年期间进行首次核爆炸的可能性。然而这种可能性是基于几个公开质疑的前提。有必要假设北平为尽可能在最早的时间进行核爆炸一直把该计划作为最优先的计划，尽管中国面临严峻的经济困难但该计划仍在进行和即使没有苏联的援助中国的技术能力仍被证明是充足的。此外也有必要假设在 1960 年中期苏联技

---

① 原注：本文件简要评论了近来的一些迹象和基本判断。对于本主题的全面评估详见 1962 年 4 月 25 日的 NIE 13－2－62"中共尖端武器能力"和 1960 年 12 月 13 日的 NIE 13－2－60"共产党中国的原子能计划"。

② 原文此处十三行未解密。——译注

术人员撤走时已经接近完成的铀金属工厂,在 1961 年初中国已经投入生产。最后也要假设中国钚生产反应堆和化学分离厂的存在。……①

6. 显然对于我们来说中国在苏联撤走后使铀金属工厂投入运转时可能会遇到推迟和困难。更重要的是,中国在钚生产过程的随后阶段可能经历了更为严重的推迟。(法国在解决化学分离过程中的问题时就经历了严重的推迟。)当前已有证据并不足以对中国第一次核试验可能的日期做出自信的判断。尽管它可能最早在 1963 年进行,但是我们认为它更可能会在许多年后进行。②

7. 在基于一个小规模计划(例如,一个 200 兆瓦反应堆)而进行的第一次核爆炸后开发重要武器能力还将需要相当长的时间。试验后的一年内可能制造出几枚初级裂变武器。制造 30 枚标准裂变武器还需要大约四至五年的时间。如果第一次核试验在 20 世纪 60 年代末进行,那么中国可能拥有大型生产设施和使他们更加迅速地获取重要武器能力的大量熟练工人。即使中国在 1963~1964 年爆炸裂变装置的话,他们在 60 年代末以前不太可能获得热核能力。③

导弹运载能力

8. 正如我们所提出的这些证据那样,自从 60 年代中期苏联撤走技术人员以来,共产党中国在朝向获取可运载核武器的导弹能力的进展方面慢了下来。到那时始建于 1958 年的双城子导弹试验靶场已经发展到为检验导弹设施和靶场仪器以及使中国工作人员适应而进行首次发射的程度。尚无确凿证据表明为研究与开发导弹确定真正飞行试验发射的时间已经开始,但是我们并不认为在 1961 年末之前能够进行。我们认为在 1962 年已开始进行了一些发射,但是发射率大多是零星的和有限的。无论试飞如何进行,他们都可能使用苏联设计的射程为 150~1 100 海里的导弹。

9. ……④我们从这些迹象中推断出中国的计划至少推迟并可能在规模上有所减少。然而这也显示了中国试图完成其主要的试验设施。

10. ……⑤涉及到这些地点的导弹系统显然是苏联根据他们的 AS - 1 空对地导弹进行改造的,其也被用在古巴海岸导弹防御地区。……⑥

11. 尚无确凿的证据表明中国已拥有导弹生产设施或苏联对导弹生产曾予以专门的援

---

① 原文此处一行未解密。——译注
② 原注:空军负责情报的助理参谋长认为中共可能在 1963~1964 年进行第一次核试验。他们把核武器的开发放在最为优先的地位;以及如果他们想实现其所追求的国际地位,他们可能会把尖端武器能力看作为政治和军事上的必需。他也认为充足的经济与科技资源能够支持几项最优先的计划。他认识到 1959~1960 年苏联撤走了的对中国核武器计划的支持,延缓了中国共产党核武器计划的进展。然而,他也认为可利用的充足的技术与工业资源以及把所有这些资源集中在中国原子能计划能够促使钚反应堆运转,与第 2 段的判断相反,并能为 1963~1964 年进行全钚内爆核装置的试验提供充足的裂变物质。
③ 原注:空军负责情报的助理参谋长认为如果中国在下一年爆炸他们第一个装置的话,那么他们有能力到 20 世纪 60 年代末开发和试验热核装置。该装置可能极为笨重,仅体现了象征性的热核能力。即使这种有限的热核能力也能大大有助于中国作为一个大国的存在并产生意义深远的心理影响,特别是在亚洲。
④ 原文此处五行未解密。——译注
⑤ 原文此处五行未解密。——译注
⑥ 原文此处五行未解密。——译注

助。未来几年我们并不认为中国能够独立地拥有工业基础或者具备生产某些弹道导弹系统组件的技术能力。中国的研究与开发可能也不够强大到足以进行自行的导弹设计。这可能意味着中国全部依靠自己的资源获得弹道导弹生产能力的未来进步可能是非常缓慢的。

12. 我们的证据并不足以允许我们对连续的导弹开发的时间做出自信的评估。当前中国似乎并不可能从苏联那里得到导弹。为开发他们自己的进攻性导弹生产能力，我们认为他们将首先试图研制近程地对地弹道导弹。为尽可能早的进行，北平需要把集合技术资源作为最优先的努力并需要从外部获取一些重要的部件。如果这些情况都能解决的话，他们可能最早在1964年研制出苏式SS-1导弹（150海里）和SS-2导弹（350海里）。然而在他们拥有相配套的核弹头之前，不可能部署比象征性数字还要多的这种导弹。

13. 在20世纪60年代后半期以前中国不可能研制出中程弹道导弹。因此他们肯定将使用苏式700海里或1000海里型号的导弹。试验靶场的特征也表明了这种型号的导弹是由苏联提供的。

14. 由于计划中的许多变数，我们不能预知精确的时间，但是迟早中国将会把核弹头结合到弹道导弹系统中。我们认为如果中国在1963～1964年进行第一次核试验的话，那么到60年代末以前中国不能达到这个目标，或者如果核试验直到60年代后半期才进行的话，那么这个目标将在70年代初实现。中国肯定不会采取初级步骤开发潜艇导弹系统、洲际弹道导弹和反导系统。在这些技术较尖端的领域，独立能力的实现即使在苏联的帮助下仍将需要10年或更长的时间。[①]

飞机运载能力

15. 由于获取弹道导弹能力的进展较慢，如果中国在未来几年成功地开发核武器的话，那么他们将不得不依赖于运载这种武器的载人驾驶飞机。中国现在估计拥有325架"小猎犬"（BEAGLE）[②]（伊尔-28）喷气式轻型轰炸机和2架"獾"（图-16）喷气式中型轰炸机。轻型轰炸机不可能携带中国计划早期时代可能所拥有的初级原子武器。中国的飞机制造业明显地局限在制造苏联的喷气式飞机、小型运输机和直升机，但都不是最新的型号。我们认为在中国对喷气式中型轰炸机部队进行军事部署取得重大进步之前，则需要恢复中苏合作。中国不太可能开发远程重型轰炸机或者从苏联那里获得这种飞机。

二、国内可能的影响

16. 共产党中国核装置的爆炸和针对核武器能力随后采取的步骤可能对北平政权国内计

---

① 原注：陆军负责情报的助理参谋长认为有限的中国工业基础、相对较少技术熟练工人都阻碍了未来几年大量生产弹道导弹。然而他认为该评估并没有对共产党中国的技术能力给予充分的考虑，正如双城子导弹试验中心的设施所显示的那样。他认为中心的设施体现出了一个重大的导弹研究与开发计划。这项计划，如果给予充分的优先性并集中一至两个近程或中程导弹系统，一旦拥有核弹头，他们可依靠本国资源掌握少量核弹头的导弹运载能力。

② "小猎犬"，苏联伊尔-28轰炸机。——编注

划的性质产生很少的影响。未来几年北平可能继续把在农业及其辅助工业上的投资作为最优先的政策。在这个优先计划的框架内,北平政权可能仅为有限的尖端武器开发计划分配资源。如果北平政权成功地克服近些年经济恶化,它将可能把大量资源用在这项计划上。由于中国科技的低水平以及少量受过训练的人才,无论如何中国在这个领域的进展将是缓慢的。

17. 共产党中国的第一次试验爆炸和针对核武器能力随后采取的一些步骤将对庞大的人口产生重要而复杂的影响。党政领导层将恢复他们政策"正确性"的信心。北平政权可能将发动一场声势浩大的宣传运动,强调实现了在科学技术赶超西方国家的诺言。尽管一些异议人士对这项开支和食品与生活消费品短缺是否无关提出质疑,但是大多数中国人仍将为民族成就而感到自豪。核技术的成就将帮助政权恢复民众信心(特别是在已深深投入的干部和人群之间),但是国民支持率,正如在工厂和农村日益增加产量的努力所显示的那样,还将依赖于许多其他因素。

三、军 事 意 义

18. 中共军事理论否认核武器具有决定性的军事意义,我们认为在这个方面他们的观点不太可能发生任何突然的或剧烈的改变。依靠非核武器的基本军事战略和主要依赖于庞大军队的情况肯定将持续下去。然而尖端武器的获得将激励改善军事组织和开发适应于核战争的新战略与新战术。它可能也将提高中国军队的士气。

19. 中国可能主要把核武器评价为在没有常规战争的情况下进行施压的一种心理支持。即使在获取这种武器之后,我们认为中国宁愿使用政治压力、有限的边界战争和对当地"解放战争"的间接支持等手段实现他们在亚洲的霸权目标。然而,在北平看来拥有核武器对于削弱邻国对共产党叛乱的抵抗、阻止他们对于美国援助的请求、向他们施压以同意中国的要求等来说,还是有一些帮助的。

20. 尽管北平政权已经公开强调中国在核打击下的生存能力,但它也许对这种可能性抱有真实的恐惧。然而北平通常显现出比苏联更愿意准备采取军事冒险或否认这种风险存在的倾向。我们并不认为中国获取有限核能力将显著地改变其采取军事冒险的意愿。在另一方面,我们认为它也不可能导致公开军事入侵的政策。

四、对外政策意义

21. 如果这种能力具有有限特征的话,即使在可预见的未来共产党中国获取核武器能力也不可能改变大国之间军事实力的真实关系。中国用很多年也不可能成为像美国和苏联那样甚至在远东就能施加影响的核大国。然而中国在爆炸核装置上所取得的功绩将从根本上对许多人和许多政府带来深远的影响,也将改变他们对大国关系是什么或将是什么的认知。当然中共将利用这种能力去寻求他们所宣称的在亚洲卓越成就更多的承认和他们作为世界大国的地位。

22. 核领域的成就有时能够促使共产党中国对其不结盟的亚洲邻居增加政治压力,但是却不可能导致对于他们的任何政策进行重新定位。随着在核领域的一些成功,为树立全面核大国地位和科学领导的形象,北平可能试图混淆首次核试验和全面核武器能力之间的界限。它将对与美国有着军事关系的邻国施加影响,强调这种关系日益的危险性。然而这些举动将是谨慎的,避免在中国的亚洲邻国之间引起恐惧或怨恨,使他们疏远或把他们推向西方。宣传也将可能强调中国的和平目的以及与"侵略成性的美国图谋"和军事基地相比较其核能力防御的性质。这些宣传和施压的目的将是鼓励亚洲国家特别是在中国的近邻之间,产生一种带有中共倾向性的中立主义。

23. 对于美国及其亚洲盟国,在言语上北平可能将变得更具有侵略性,但是仍将不会发展到挑起严重对抗的程度。它将认识到自身的核能力对于消除美国在亚洲的存在是不够的,相反还会鼓励美国在韩国、日本和台湾等地区部署核导弹。北平对台湾的宣传仍将以联合"反美"运动为基础,通过重申"和平解放"原有宣传,充分利用他们对核毁灭的恐慌。然而我们认为除非他们使自己相信美国不可能卷入,否则中共不会在台湾海峡采取任何的军事行动。由于日本对核战争的危险具有强烈的敏感性,我们认为北平将会极为谨慎地对待日本。它可能劝说日本放弃与美同盟,但是又要试图避免对日本施压反而使其考虑获取核武器的这种程度。

24. 共产党中国长期寻求赢得世界的承认,作为大国对于国际协议和组织的成功机能来说其参与是必要的。它将立即夸耀成功的核试验作为大国地位的有力证明,并可能认为世界舆论将会不顾美国对中国全面参与国际组织的反对。北平肯定认为根据自己的条件,即把中华民国排除在外而加入联合国,其力量会得以加强。

25. 北平不断地警告在没有其参加的情况下将不受裁军协议的约束。参加的代价则要求所有谈判国对共产党政权的承认以及美国从台湾"撤军"。作为核大国,北平将希望更加有效地利用裁军问题,为其在台湾的立场和美国从远东撤军获取国际支持。中国似乎不太可能对于严峻的裁军谈判有更有利的处理方法。他们可能把任何涉及军备控制协议的努力都看作是否认他们作为核大国平等地位的企图。

26. 苏联不愿意在获取核能力方面援助中国可能是近来导致中苏分裂的关键因素之一。中国独立获取核武器的时间可能将要延长,也许加深了两个共产党大国关系的紧张。北平肯定加大努力扩大其在国际共产主义运动中的影响,把其在核领域的成就作为不发达国家如果通过不懈的努力和意识形态上纯洁自己也能够做到而广为宣传。苏联由于害怕中国拥有核武器会导致其采取更加冒险的政策,可能在中苏同盟的框架下采取行动限制他们对中国的军事承诺。

http://www.foia.cia.gov/docs/DOC_0000628788 pp. 1－21

詹欣译、校

中情局关于中国尖端武器计划的评估

（1963 年 7 月 24 日）

SNIE 13 - 2 - 63

机 密

共产党中国的尖端武器计划

（1963 年 7 月 24 日）

问　　题

评定共产党中国获取核武器与导弹能力的进展情况,并评估这种发展对中国政策的影响。

致读者的说明

自从我们对共产党中国尖端武器计划进行最新评估以来①,我们已经得到了大量新的情报,主要来自于照片。这些证据使我们认为,中国在苏联的帮助下在 20 世纪 50 年代末已从事比我们早先认为的更具有雄心的尖端武器计划。进而我们认为尽管自从 60 年代以来本质上他们被迫放慢了步伐,但是他们仍将继续进行这项计划。然而由于我们获取情报的困难,我们不能准确地判断中国核计划的现状以及描绘其未来发展趋势。以下有关中国计划在具体日期所可能达到阶段的明确判断应考虑这些警告而进行阅读。

结　　论

1. 北平把开发核武器与导弹置于最优先的地位。最近航空照片已显示出许多发展中的设施,这表明拥有一个把共产党中国有限的科学技术资源从经济的其他部门转移出来的广阔计划。

---

① 原注：NIE 13 - 2 - 62:"共产党中国尖端武器计划"1962 年 4 月 25 日,绝密。

2. 我们已经发现中国的钚生产性反应堆位于包头。这个反应堆在 1962 年初以前不太可能达到临界。如果在那时达到临界的话,基于这个单独的反应堆所得到的钚,第一个核装置将在 1964 年初进行试验。如果中国陷入许多困难,这个日期将可能推迟到 1964 年末或 1965 年。如果反应堆晚于 1962 年初达到临界——或没有达到——爆炸的时间甚至将会进一步推迟。在第一次爆炸后反应堆仅能为每年一至两个初级武器生产足够的原料。中国拥有几架可携带早期设计的笨重武器的轰炸机。

3. 我们认为寻求研制核武器的中国最终计划将包含铀-235 和钚。这样的计划将需要一个比已被确认的反应堆还要多的钚生产设施。既没有照片也没有其他显著的证据表明在中国还有另外一个生产性反应堆的存在。然而另一个反应堆可能的存在是不能被忽视的,也不能忽视其已生产的可能性。因此我们不能排除中国在任何时刻进行第一次爆炸的可能性。

4. 位于兰州的气体扩散厂在最有利的环境下也不可能在 1966 年以前生产用于核武器的铀-235。考虑到所涉及的巨大技术困难和所需的大量其他建筑,这种生产最可能的日期是 1968～1969 年。

5. 北平最初可能集中在基本上是苏联设计的中程弹道导弹系统上,或者是 630 海里的 SS-3 导弹或者是 1 020 海里的 SS-4 导弹。但我们并不认为这些导弹在 1967 年以前将准备部署。由于在生产与导弹相匹配的弹头上所涉及的时间与困难,我们认为中国不太可能在第一次爆炸后的三、四年中开发这种弹头。

6. 核装置的爆炸将提升国内的士气。尽管领导层可能要经历一个危险的过度自信阶段,但我们认为北平可能将进一步集中实施下列政策:(1)强调按照自己方式参加世界裁军会谈和其他国际会议;(2)威慑其邻国并使他们对北平主导下的共产党颠覆态度软化;(3)吹捧中国模式的共产主义,把其作为不发达国家实现工业和科学现代化的最佳途径。为实现这些政策,北平日益增强的信心毫无疑问地将在与其周边的冲突中反映出来。①

讨　　论

一、共产党中国尖端武器计划的前景

(一) 核计划

1. 到 1959 年为止苏联的援助是中国核计划的重要因素,涵盖从参与铀矿的勘探与加工到提供研究性反应堆和回旋加速器,再到对铀-235 分离的重要设施进行建设的援助。然

---

① 原注:国务院情报与研究局代理局长认为,中国领导人将认识到他们的有限能力不能改变大国之间真正的力量平衡,在未来也不能。特别是他们也将认识到他们既不能消除也不能压制美国在亚洲的存在,他们也不可能冒巨大的军事风险。

而由于中苏关系的紧张,这项计划已经中断,到 20 世纪 60 年代中期我们认为苏联已经停止对中国核计划提供技术和设备并撤走苏联核技术人员。这些突然打击严重阻碍了中国核计划。然而苏联并不能动摇其业已进行的计划,例如位于兰州气体扩散厂的建设已顺利地进行。

气体扩散厂

2. 该气体扩散厂与苏联这样的工厂相似。1959 年 9 月的照片显示当前主要建筑物的外表到那时已大部分完成,但是该设施缺少能源的供应。1963 年 3 月和 6 月的照片显示附近一个显然是为气体分散厂提供能源而设计的水电站已取得了一些进展,但是大量的工作仍在继续进行。与此同时一些能源可以利用。两条传输线,其中一条显然已经铺设完成,连接着气体扩散厂和兰州的热电厂。气体扩散厂的变电站已经建造,沿主要建筑物旁边变压器的安装也已经开始,尽管在最近的照片中仅显示 38 组中的 2 组。

3. 位于兰州的建筑已经庞大到足够允许生产可适用于反应堆使用的低浓缩铀-235。然而至少是要比当前主要建筑两倍大的面积才能生产出用于核武器的铀-235。在安全防护墙内部的相邻地区显然是为这种扩充而准备的,有迹象表明该项工作可能已经开始。即使这项工作正在进行,所有贵重的专门分离设备迅速地投入使用,生产用于核武器的铀-235 的最早日期可能是 1966 年。考虑到所涉及的巨大技术困难和所需的大量其他建筑,这种生产最可能的日期是 1968~1969 年。中国极为不可能为铀-235 的大量生产而开发出其他的方法。

钚生产反应堆

4. 近来内蒙古包头地区的照片已经显示出一个经过精心安全准备的装置。该装置包括我们认为的一个约 30 兆瓦的小型空气冷却钚生产反应堆,以及化学分离和金属制造的附属设备。空气冷却反应堆在设计和建造上具有固有的简易性上的巨大优势,对石墨减速剂和铀燃料的纯净要求并不太严格。我们不太了解苏联这种反应堆的工作情况,但是英国和法国为他们最初生产钚建造过这样的反应堆,自 1955 年以来许多有关空气冷却反应堆的非保密的设计和运转数据就可以得到。

5. 空气冷却反应堆的最大缺点是其低生产力。位于包头的反应堆,当其全部生产也仅能为每年一个或最多两个初级低当量武器生产足够的钚。北平可能选择这种反应堆作为在其能力内进行核爆炸和至少获得一个象征性武器能力的最快和最可靠的方法。单独依靠钚的庞大核武器计划将需要比从包头反应堆获取要更多的钚。

6. 我们不能从 1963 年的照片来判断兰州反应堆是否正在运转。如果其运转,我们认为它不能在 1962 年初之前达到临界。达到临界后,在反应堆内部燃料物质放射需要一年的时间,对于放射性燃料的冷冻、钚的化学分离和装置的组装还需 9~12 个月。因此根据从这个单独的反应堆得到的钚,第一个装置试验的时间可能是 1964 年初。然而这个时间表是假设在反应堆临界这项成就上的取得、或在分离和金属制造的过程中、或在核装置的制作上没引起实质上问题的情况下。如果陷入困难这将推迟时间到 1964 年末或 1965 年。如果反应堆在 1962 年初以后达到临界——或没有达到——爆炸的时间甚至将进一步推迟。

7. 我们认为寻求核武器的中国最终计划将包含铀-235 和钚。对于这项计划,包头生产钚的数量将远远少于如果兰州反应堆完成的话所生产的用于核武器的铀-235 的数量。因此,我们认为中国至少可能还要计划建造其他钚生产设施。我们拥有许多照片显示疑似反应堆地点但不能确定是另一座生产性反应堆,也没有重要的间接证据表明这个反应堆的存在。然而另外一座钚生产设施可能在中国的某个地区进行建造,该设施可能已开始生产。在这种情况下,我们不能排除中国在任何时刻进行第一次爆炸的可能性。

(二) 导弹计划

研究与开发设施

8. 导弹与开发设施于 1959 年春在位于北平西南 16 公里的长辛店建立起来。自那时起建设显然以适当的速度发展。其规模表明中国试图进行一项重大的独立导弹计划。当前它包括带有两个巨大装配/检验车间的三座大型静止试验支架,显然这是一个推进剂区域。邻近地区还包括几幢适于研究与开发工作的附属建筑物。这些设施显然至少适合于中程弹道导弹型的地对地弹道导弹的开发,并庞大到足以进行有限导弹生产的程度。照片显示该建筑离设施十分遥远,至少可部分地进行使用。

9. 我们既没有建筑物内部机械与仪器的状况,也没有中国工业为导弹开发计划提供必要原料和部件的能力可比较的证据。电子工业是中国最先进的技术工业,应该至少能够提供导弹部件。在为火箭发动机、高规格的非电子部件等提供特殊合金方面可能会遇到更多的困难。

试验靶场

10. 导弹开发计划第二个重要元素是位于双城子的综合靶场,它包括一个导弹靶场、一个主要飞机场及其相关设施。该综合靶场显然设计允许试验中程弹道导弹射程的地对空导弹和地对地导弹。位于双城子飞机场的设施及其仪器与苏联试验空对空导弹和空对地导弹所使用的飞机场相似。这些设施表明中国已计划空对空导弹和空对地导弹计划,但是当前尚无这些计划状况的证据。综合靶场始建于 1958 年,到 60 年代中期为检验导弹设施及其靶场仪器和训练中国工作人员,靶场进行首次发射是远远足够的。靶场的建设一直在持续地进行。

11. 我们并不了解苏联在双城子综合靶场的发展中所参与的程度。然而综合靶场的设施大体上沿袭了苏联的设计。我们认为到 60 年代中期当苏联技术人员撤离完成时,苏联已提供给中国一些 SA-2、巡航导弹、地对地导弹以及可能的 SS-4(1 020 海里)。

12. 除 1960 年中国可能发射一些近程战术导弹以外,在 1961 年末之前尚未有进行导弹试飞发射的确凿证据。我们认为一些发射已在 1962 年和 1963 年进行(1962 年 6 月的照片显示在离一座发射台约 1 500 米有一个大弹坑表明了一次巨大的失败),但是发射率大多是零星的和非常有限的。尚未发现 SS 弹道导弹部署的证据。

防御导弹

13. 海岸防御巡航导弹的地点近来已被确定在辽东湾的连山,以及可能大连港附近地区。前者可以追溯到 1959 年,后者显然到 1963 年 5 月尚未完成。位于连山的导弹系统显然是苏联根据他们的 AS - 1 的空对地导弹进行改装的,其也被用在古巴海岸导弹防御地区。1963 年 3 月在连山有 50 多个板条箱被卫星拍摄下来,我们认为其装有巡航导弹。对早期照片进行审查表明至少在 1962 年 3 月这些板条箱就出现在连山。1963 年 5 月,仅剩 21 个板条箱。我们认为连山是一个训练和开发基地,而不是军事行动地区。

14. 1963 年 2 月的地面照片显示出在上海可能的"蚊子"级导弹巡逻艇①。"蚊子"(KOMAR)级配备有两枚射程约 10～15 海里且能够携带 500～2 000 吨烈性炸药弹头的巡航导弹。我们并不知道是否苏联提供了这些船只,正如他们曾为阿拉伯联合共和国、印尼和古巴提供的那样,或者是由中国自己制造的。我们尚无中国制造"蚊子"级计划的证据,但是其可能有能力进行研制。

15. 共产党中国至少拥有 10 个苏制 SA - 2 地对空导弹发射场,但并不是所有的都已使用。我们认为中国现在所拥有的地对空导弹都是早期由苏联提供的。虽然证据不足,但是我们认为中国现在不能制造这种类型的导弹,尽管他们可能在未来计划制造它们。

(三) 前景

16. 在首次进行核爆炸后约一年里,中国可能制造出他们的第一枚初级武器,此后每年将制造一至两枚初级裂变武器。直到当前包头反应堆的生产得到其他设施的补充,这才达到其最大生产率。开发导弹弹头所需要的试验计划在未来几年将消耗反应堆所生产的大部分裂变物质。此外,在减少所需求的重量及其尺寸上还会遇到一些技术问题。因此我们认为中国不太可能在第一次核爆炸后的三至四年里开发出导弹的裂变弹头。如果中国只有包头反应堆作为其钚的来源的话,那么还需要更长的时间。

17. 即使在导弹可使用之前,共产党中国拥有一些可运载初期简易的核武器能力。它拥有约 15 架配有大型炸弹舱且具有运载约 20 000 磅炸弹重量能力的图- 4(公牛)活塞式飞机。还拥有 2 架图- 16(獾)喷气式中型轰炸机,如果它们行动的话,能够处理大体积的炸弹,最高可携带约 22 000 磅的炸弹。约 315 架伊尔- 28(小猎犬)喷气式轻型轰炸机不太可能携带巨大的、早期阶段的武器,但是当更复杂的武器被开发后,它们将是有用的。

18. 对现有中国设施的分析和对北平承认需要集中其有限的资源,促使我们认为中国在弹道导弹上的努力首先主要集中 1 020 海里的 SS - 4 型或 630 海里的 SS - 3 型中程弹道导弹系统上。靶场及其设施表明他们打算试验这种型号的导弹。任何一套系统都使中国对这些外部目标予以充足的覆盖。即使中国集中在一个单独的系统,在科技资源上继续予以计划最优先的地位,我们也不认为这些导弹在 1967 年以前将准备部署。到那时也不太可能研

---

① "蚊子",苏联导弹巡逻艇。——编注

制出可匹配的核弹头。

二、中国政策的影响

(一) 国内影响

计划的经济负担

19. 中国拥有相对较少的一流科学家,缺少技术骨干且工业技术不足。尖端武器计划对这些有限的资源来说可能消耗极大。在这方面仅仅是非常小的一部分努力,甚至是间接地,都会促使经济的其他部门如同中国现有的一样落后。与此同时糟糕的中国经济的其他优先工业计划也已滞后。如果中国有限的技术能力不如此大量地投入到核武器计划中,至少一些困难可能是可以减轻的。

成功的回报

20. 核装置的爆炸以及为获取核武器能力随后的一些动向,都将被共产党中国充分利用来提高士气和增强民族主义热情。北平所有形式的具有煽动力的宣传机器都被发动起来赞美共产主义的优点和中国人民在"没有外部帮助下所取得进步"的能力。这使得士气特别在党员、青年人及其受过教育的阶层中间不断地增加。可能大多数农民也会受到些许影响。

21. 尽管中共领导层可能在核试验后由于自己的宣传而变得极其兴奋,并采取了一些可能严重损害其经济的不现实的国内政策,但是它对国内计划的影响可能不会太大。农业扩张的迫切需求太紧迫了,以至于它几乎肯定继续得以强调,正如工业支持农业那样。然而中国领导人将肯定地继续致力于尖端武器的开发与生产,即使这项计划开支的增长速度要比整个国民经济增长得要快。

(二) 军事政策

22. 中共宣传通常贬低核武器在战争中的重要性。苏联在 20 世纪 40 年代末,也就是其在拥有核武器之前也是同样的。当然在苏联成为核大国后彻底地改变了这种观点。北平进行爆炸后并拥有核武器,对于它们重要性的公共观点也将会发生许多变化。这种缓慢发展中的能力将增强共产党中国对其亚洲邻国本已强大的军事优势。然而即使其完成这项计划,我们认为到 50 年代末仍会被关注,在可预见的未来共产党中国不可能达到美国或苏联所取得的尖端武器能力,特别是在远程打击力量上。基于这个原因北平不太可能把决定性的重要因素归因于现代武器。北平政权将可能仍旧主要依赖于其庞大的地面部队,除非确信得到苏联支持,否则它将尽量避免逐渐升级为核战争的敌意行为。考虑到报复的机会,很难想象北平在大致未来十年里可能发生使用核武器的任何情况。

(三) 外交政策

23. 北平保证会在其广泛的宣传中完全地利用其成就。它可能试图混淆一次单一的爆炸与核武器能力之间、具有微不足道的武器能力与作为一个重要的核大国之间的区别。中国也可能合理地使用中程弹道导弹,增加一级或更多级,把卫星发射到轨道上。在中程弹道导弹被使用以及该系统被核武器武装之前还需要一些时间。当然其目的是给人一种比实际上获得要强得多的印象,并使邻国人民相信北平是驾驭未来的潮流,抵抗是徒劳的。与此同时北平也使其他不发达国家的人民相信中国模式的共产主义为成为现代工业、科技和军事大国提供最有效、最快速的途径。

24. 中共核爆炸将增强北平渴望大国地位和获得国际社会认可的动力。北平认为在联合国和其他国际组织中拥有核武器的国家比那些保持其孤立的国家危险性要更少,并坚持除非他们参加谈判否则迈向世界和平和裁军的重大进步将受到严重阻碍的立场。北平已经公开表明在没有其参与的情况下不受任何条约的约束。它要求国际承认、联合国席位或者其他先决条件作为其参与的筹码。无论如何,共产党中国将反对全面核禁试条约。

25. 我们并不认为第一颗核装置的爆炸、甚至获取有限的核武器能力将促使共产党中国在外交政策上产生重大的改变,如中国采取公开军事入侵政策甚至冒巨大的军事风险。中国领导人可能认识到他们的有限能力不能改变大国之间真正的力量平衡,在可预见的未来也不可能。特别是他们也将认识到他们既不能消除也不能压制美国在亚洲的存在,他们也不可能冒巨大的军事风险。

26. 然而,中国将感觉到非常强大,这种情绪毫无疑问会在他们与其周边发生冲突中有所反映。他们可能感觉到美国越来越不愿意干涉亚洲大陆,因此中国政策的声调将变得更加过分自信。[①] 此外,他们拥有核武器将增强他们通过政治压力和间接地支持当地"解放斗争"来实现亚洲霸权的努力。一些策略可能将需要巨大的效力,因此中国的功绩将对邻国政府及其人民带来深远的影响。它将改变后者对力量关系的认识,即使在力量的实际情况上发生很少的变化,他们也可能或多或少的增加压力以满足中国的需要。

27. 前述假设认为共产党中国领导人对他们的核武器和导弹成就予以理性的反应。总而言之我们认为他们会这样。然而,我们不能排除北平领导层过高估计他们的能力并采取一些新的极端对外行为的可能性。

http://www.foia.cia.gov/nic_china_collection.asp pp. 1-11

詹欣译、校

---

① 原注:国务院情报研究所代理所长感觉这段的前两句与第25段矛盾,有关中国对我们意图的评估的明确表述尚无充足的证据。

中情局关于中国核武器能力的评估

（1964 年 7 月 22 日）

绝　密

中共核武器能力

（1964 年 7 月 22 日）

1. 当前有关共产党中国核武器计划的证据仍旧不足以使我们对未来几个月中共核爆炸的可能性做出自信的结论。北平在尖端武器设施上进行了显著的大量投资。我们认为共产党中国的领导者为了在国内外获取军事、心理和政治上的优势，可能会尽早爆炸一枚核装置。我们不能排除中国在任何时刻爆炸他们第一颗核装置的可能性。然而我们没有证据表明中国正在为早期试验进行准备，也不能确定中国为其核装置已生产出必备的裂变材料。

2. 显然中共领导者正在把其有限的科学、技术和经济资源转移到雄心勃勃的尖端武器计划上来，包括开发至少是中程的导弹运载系统。

3. 从去年空中照片……①所获得的情报表明该设施以前并没有发现，或者并不足够的尖端使我们认为其是核武器计划的一部分。最重要的是一个靠近新疆罗布泊、一个靠近青海省库库诺尔②和一个靠近甘肃玉门。我们也获得了有关以前被确认的一些关于中国核武器计划重要设施的新情报，特别是靠近兰州和包头。……③

4. 去年所发现最值得注意的设施是靠近罗布泊的高塔和大型圆圈。这些可能是设计进行核试验或可能的导弹试验。1964 年 7 月 13 日的照片显示在该地区有许多帐篷，一些新的壕沟，离基地约 18 英里的辅助区铺设了 4 000 英尺的飞机起落跑道。这些证据并没有表明在未来的几周或几个月内罗布泊的设施已完成。

5. 靠近库库诺尔的大型综合基地，从它偏远的位置、高度安全的保障、设施明显与共产党中国的经济计划不相符和几个与核能相关的设备来判断，它一定与尖端武器相关。靠近玉门过去三年多正在建设的尚未完成的设施，最近照片显示的特征使我们认为它可能是一个核反应堆，但是它显然在未来几个月内远不足以影响生产能力。

6. 去年靠近兰州气体扩散厂的……④和其他辅助性设施也取得一定的进展。他们显然已经开始建造第二座储藏室。已有工厂仅仅是生产用于核武器的铀－235 所需求的一半。

---

① 原文此处一行未解密。——译注
② 库库诺尔，指青海湖。——编注
③ 原文此处四行未解密。——译注
④ 原文此处一行未解密。——译注

因此该设施不可能促进当前核能力的发展。

7. 另一个建筑也在包头反应堆设施上进行。该设施是评估中共在不久的将来爆炸一枚钚武器或装置能力的关键因素。当前我们倾向于认为该装置已经处于临界，但是在1963年末之前不能达到。达到临界之后可能至少需要两年的时间才能为第一枚装置生产足够的钚。这个分析与核武器计划的所有其他方面提高的证据相一致，表明中共并不具备在未来几个月爆炸核装置的能力。

http://www.foia.cia.gov/docs/DOC pp. 1 - 2

詹欣译、校

中情局关于中国即将进行核试验的评估

（1964 年 8 月 26 日）

SNIE 13－4－64

绝 密

共产党中国即将进行核爆炸的可能性

（1964 年 8 月 26 日）

问　　题

对中国西部一个核试验场建设的最后阶段进行评估表明中共将在未来几个月内爆炸其第一个核装置。

结　　论

根据最新空中照片判断，我们确信先前受到怀疑的中国西部罗布泊的设施就是一个两月后准备投入使用的核试验场。另一方面有足够证据表明，中国人在未来几个月内无法得到核试验所需的足够的裂变物质，因此我们无法对未来几个月内中共进行核试验的可能性进行非常自信的评估。显然在今年年底之前进行这种爆炸的可能性不能排除——试验可能在这一时期进行。但是我们认为它在 1964 年底以前不可能进行。

讨　　论

1. 8 月 6～9 日的空中照片显示，先前被怀疑的、靠近新疆罗布泊的设施几乎肯定是一个核试验场。有关设施的建设包括一个 60 度弧形、直径19 600英尺的断层状设施，中间是高度为 325 英尺的塔状物（首次发现于 1964 年 4 月的照片）。塔形建筑附近有燃料箱和检测仪器正在施工。……①建设速度及其外观表明该试验场将在大约两个月左右后准备投入使

---

① 原文此处两行未解密。——译注

用。其特征表明,该场地同时可为检查和武器效果试验做准备。

2. 对中国裂变物质产量的所有证据进行分析表明——但无法证明——中国在未来几个月内无法得到足够的材料以满足核装置试验的需要。唯一被确认的中国生产用反应堆是位于包头的小型、空气冷却反应堆。在 1963 年 9 月,……①建设工作将继续贯穿整个试验场,包括反应堆外建筑物的一些重要工事。1964 年 3 月的照片显示该试验场的主体工程——包括便道,……②及其他安全补给——显然已经完成。因此我们认为该反应堆可能在 1963 年下半年、更有可能是 1964 年初投入运行。我们估计即使没有遇到太大的困难,在包头的反应堆进行运行之后,核装置准备进行试验至少需要 18 个月,更可能要两年的时间。如果包头的反应堆不早于 1963 年底运行,如果这是中国唯一一个正在运行的生产性反应堆,那么试验的最早时间可能是 1965 年中。

3. 当然,中国可能拥有其他的裂变物质来源。这样的设施可能始于 1957 年苏中援助协议中苏联的援助,可能与兰州气体扩散厂同时。我们认为这可能是较大的水冷式生产性反应堆。有些地方,特别是四川的某些地区可能适合建设这种反应堆,但我们没有照片资料。不清楚 1960 年苏联撤出技术人员之前此种类型的反应堆是否完成。其工作的完成依赖于中国自己的努力,这是一项困难但并非不可能的任务。这种反应堆可能于 1962 年或 1963 年投入运行,这样到今年年底可为核试验提供充足的钚。

4. 另一方面,我们拍摄了有原子能活动的大部分地区的照片表明……,③其中半数地区在地理上适合于做反应堆场地。除包头外,尚未发现有运行中的生产性反应堆或同位素分离工厂。我们认为这类正在运行的设施不太可能——但并非不可能——存在。

5. 中国还有可能已从国外获取裂变物质,例如,……④至于苏联我们不相信它在过去曾向中国提供过相当数量的用于核武器的物质。就当前他们与中国的关系而言,也不大可能向中国人提供裂变物质。

6. 显然在第 1 段中所叙述的试验场已处于准备状态与几乎没有一个准备用于试验的装置是不一致的。从技术上说,在实际试验前几周并不需要组装如此多的仪器。我们无法从现有照片资料中判断出有关设施是否已达此阶段——似乎不太可能,因为许多较大的建筑仍在建造中。但基础工作可能很快完成,最后的准备工作可能在今秋完成。

7. 另一方面,进行如此复杂的正如尖端武器开发那样——特别是对至少一些结果几乎肯定将产生巨大的政治压力——整个计划的不同阶段的发展失衡也不令人奇怪。在过去的许多例证中,北平不能阻止——似乎不得不忍受——在许多重要计划中的不平衡发展。实际上,在他们的尖端武器计划的其他部分我们已看到了这一点。一些设施似乎落后于计划,特别是兰州未完工的气体扩散厂;另外一些则比中国现有能力还要庞大和复杂——例如,靠

---

① 原文此处一行未解密。——译注
② 原文此处一行未解密。——译注
③ 原文此处一行未解密。——译注
④ 原文此处九行未解密。——译注

近库库诺尔的核武器研制基地。

8.至于试验场地本身,罗布泊极为遥远,交通和通讯设施都很落后,我们认为中国人准备这些设施花费了很长一段时间。他们的科技人才有限,不可能不遇到意想不到的困难。我们认为中国人会利用自己的力量不惜一切代价防止试验设施的最后一分钟耽搁,甚至简要地说,尽快使中国成为"核大国"。

9.上述证据和分析尚不足以明确估计在未来几个月内中共进行核爆炸的可能性。显然在今年年底之前进行核爆炸的可能性不能排除——试验可能在这一时期进行。但是我们认为它在1964年底以前不可能进行。①

National Intelligence Estimates on China During the Era of Mao，1948－1976，pp. 365－374

詹欣译、校

---

① 原注：1964 年 10 月的 NIE 13－2－64：共产党中国尖端武器计划将呈现中国计划的所有方面。

中情局关于中国尖端武器计划的评估

（1965 年 1 月 27 日）

NIE 13 - 2 - 65

绝 密

共产党中国的尖端武器计划

（1965 年 1 月 27 日）

问 题

评定共产党中国核武器与导弹计划的当前状态，并在尽可能的范围内评估该计划的未来发展方向及其规模。

说 明

尽管在去年我们获得了大量的新情报，但是在这些情报中仍有严重的漏洞。因此我们不能判断中国计划的当前状态并极其自信地预测其未来发展方向。本报告的一些具体的判断应该根据这些情况来阅读。

结 论

1. 1964 年 10 月 16 日共产党中国的第一次核试验是以铀-235 作为裂变材料，可能产生 19 千吨（KT）当量的内爆裂变装置。我们不能自信地评估其重量或尺寸，但是我们认为它一定相当庞大且笨重。铀-235 最有可能的来源首先是兰州气体扩散厂部分浓缩铀，进而通过电磁过程使其浓缩。然而我们并不能排除铀-235 是苏联的或其他非中国产地的可能性，尽管我们认为这极为不可能。

2. 中国现在根据他们的第一次核试验能够制造出可由 2 架图-16 中型喷气式轰炸机或约 12 架图-4 轰炸机运载的原子弹。……①这种武器在其结构上可能是早期的，可由约 290

---

① 原文此处三行未解密。——译注

架中国空军的轻型喷气式伊尔-28轰炸机运载。

3. 尽管我们尚无证据评估当前生产裂变材料的水平,但是我们认为在未来两年中国将拥有足够的裂变材料进行试验计划,并能够储备至少几枚原子弹。在我们发现的玉门大型反应堆建造完成之前,并不知道在中国是否还存在能够引起裂变材料生产巨大飞跃的在建设施。

4. 有证据使我们认为中共正在开发中程弹道导弹。我们认为该系统实质上是苏联式的,可能是SS-4,也许经过了中国的一些改装。中国可能在1967年或1968年拥有几枚可运载裂变弹头的中程弹道导弹。

5. 中国拥有一艘在外表与可发射350海里弹道导弹的苏联G级潜水艇极为相似的潜艇。我们不知道是否是由中国建造的还是由苏联提供装配部件及其他们所期望的导弹。我们没有中国正在建造更多的这种类型潜艇的证据,装配有中国制造导弹的这种潜艇至少还需要几年的时间。

6. 到20世纪60年代中期苏联已提供给中国一些地对空导弹。我们没有证据证实或否认自从那时起苏联是否已经完成援助,我们也不知道当前在中国有多少这种导弹。中国迫切需求地对空导弹,我们认为他们会继续进行其生产计划。有迹象表明当前中国正在生产多种地对空导弹,既有苏联式的地对空导弹又有中国自行设计的。尚无充分的证据允许做出确凿的判断,但是我们认为在两年或三年里大规模的生产是极不可能的。

7. 近些年中国不太可能开发出可投掷的热核武器,在1970年以前具备洲际能力的可能性也很小。

讨　　论

一、导　　言

1. 1964年10月16日中共在罗布泊的爆炸是北平决定成为一个现代超级大国的辉煌事件。在过去的一年里,不断有关于中国尖端武器计划的情报。我们认为到1959年中国至少已经计划或开始建造他们主要的尖端武器设备,当时他们接受了苏联广泛的援助。我们尚不了解苏联在这些计划中所卷入的具体程度,但是有确凿证据表明他们提供给中国相当多的技术与物质援助。我们认为这些包括一台实验性核反应堆、铀处理设备、一些气体扩散厂设备、导弹试验靶场建设上的援助、几个地对空导弹基地的设备和几枚地对地导弹。尽管我们关注到了早期苏联援助所带来的许多进展,但是仍很难判断通过中国的努力以及大量自由世界有关核开发的公开情报,获得多少进步。

2. 共产党中国肯定比其他国家更多地把大量科学技术资源用在尖端武器的开发上。

尽管这些资源可以增强一些领域的成功,但是依赖于有限的科学、技术和工业基础的强制性的努力仍会遇到无数的困难。因此,中国可能被迫采取美国、苏联、英国和法国经验都没有先例的一些权宜之计,因此对于我们来说很难发现或预测。

二、核 计 划

3. 共产党中国第一次核试验。我们通过对试验碎片样品进行分析,中共第一次核爆炸是一次经过精心准备的科学试验。……①

4. 中国第一次核试验是一个内爆装置。……②我们并不认为中国在这些领域的技术可以和其他国家试验后几年所达到的水平相比。此外中国可能为了减少第一次核试验失败的几率,在设计和尺寸都比较保守。……③

5. 铀-235的来源。我们不能确认中国第一次核试验所用铀-235的来源。它可能从国外获取,但是我们认为最可能的来源是中国。……④然而一些在20世纪50年代中期以前生产的苏联浓缩铀可能会被中国使用。

6. 因此我们不能排除基于纯技术原因苏联来源的可能性。我们认为60年代中期以后苏联为核试验提供铀-235是极不可能的,但是他们可能在中苏关系危机时期之前得到。如果是这样的话,很难解释为什么在第一次试验之前需要四年多的时间。解释为技术上的推迟可能意味着中国在核技术上的开发要远比我们认为的更为迟缓。另一种解释是采取谨慎决定而推迟。中国人知道第一次核试验和随后试验之间的间隔将向世界暴露出中国并不是依靠自己成为核大国的,可能会抑制其使用苏联提供的材料,直到他们快速地使用本国生产的材料进行核试验。因此这些原因将导致当前中国对自己生产能力的认知。此外,中苏争吵下的客观形势与相互指责也表明苏联不可能提供铀-235。一些如苏联官员对这件事情的一些评论也是自相矛盾的和完全非决定性的。然而我们了解到1959年苏联拒绝进一步提供给中国核武器技术是这场争论中的重要事件。中国也在争论中谴责苏联在1959年拒绝提供原子弹样品。考虑到所有这些因素,我们认为苏联不会为中国第一次核试验提供铀-235。

7. 共产党中国在黄河靠近兰州建有一处大型设施。多年来我们对其进行了高质量的空中侦察,但是从这些图片中得出的情报还有许多局限。例如,它不能显示出建筑物内部的情况。该设施配备有包括防空的安全保障。我们认为该设施包括生产铀-235的气体扩散设备。这个设备可能在1957~1959年或1960年间由苏联提供。我们认为当前该设施能够

---

① 原文此处五行未解密。——译注
② 原文此处五行未解密。——译注
③ 原文此处两行未解密。——译注
④ 原文此处十二行未解密。——译注

在一次单向的行动中由气体扩散生产低浓缩铀-235。照片显示已有建筑的生产可能已经开始。……①另一处大型建筑则需要建造另外一个足够大的设施来允许通过普通气体扩散技术生产高浓缩铀。② 该处设施的布局表明计划最初包括这样的建筑,但现在尚未开工。

8. 因此,我们认为在第一次核试验中兰州并不是仅仅通过气体扩散法生产铀-235,一定还有其他方法,可能是电磁分离法。……③我们认为这种生产可能已经开始,中国可能尽快地把必备的裂变材料用在他们的第一个核装置上。

9. 生产浓缩铀-235还有另外一些方法;仅用这两种方法,气体离心分离和电磁技术可足够地进行开发。中国开发第三种方法极不可能。气体离心分离法在自由世界的开发从未超出实验阶段。尚无令人信服的证据表明苏联已生产大量气体离心分离机,他们也不可能给中国人。我们并不认为中国人已经自行掌握了生产大量离心分离机所必备的制造能力和技术。

10. 另一方面电磁技术已被适当的开发,并肯定在中国的理解与能力之内。……④因此我们倾向于认为中国第一次核爆炸所使用的铀-235是通过兰州气体扩散进行低浓缩,再通过电磁分离进行最后的浓缩。

11. 对兰州铀浓缩厂的建筑物、实际布局和已有电厂进行分析表明中国在那里安装了气体扩散和电磁分离设备。也可能在兰州进行部分铀浓缩,然后在另一处进行电磁"加装"。电磁设备尚未被发现,但是我们估计该设施可能安装在其他已知的原子能基地里。在中国的其他地方组装电磁设施也是可能的。

12. 当前浓缩铀-235生产。我们尚无确凿的证据对中国高浓缩铀-235可能的生产水准进行评估。我们通过假设仅仅能够为第一次核试验"加装"足够原料的最小型电磁厂,制订了一个高浓缩铀-235的最小生产能力。这些假设为每日生产0.05公斤铀-235,到1964年总产量40公斤。兰州气体扩散法和电磁法相结合的生产能力可能会比这个最小假设要多。假如兰州铀浓缩厂全部采用气体扩散法以及电磁厂大到足够处理所有的兰州浓缩产品,那么最大日产量可能是1公斤。如果这种生产最早于1963年中开始的话,那么到1964年末总产量将达到540公斤。

13. 钚生产基地。位于包头有一处小型空气冷却反应堆,我们认为其正在生产钚。该反应堆进展的细节,正如在照片中所看到的那样,表明它可能在1963年末或1964年初开始运行,尽管有证据表明该反应堆始于1963年初。我们估计包头反应堆可产生30兆瓦的热能,具备每年生产约10公斤钚的能力。假如他们在1963年初期开始运行并且反应堆在某种意义上缩短必要的时间以获取试验装置的材料,假如中国并没有遇到严重倒

---

① 原文此处两行未解密。——译注
② 原注:在这里和其他地方有关兰州气体扩散的争论,我们假设的技术水准是与我们估计苏联在20世纪50年代中期所达到的相比。
③ 原文此处十行未解密。——译注
④ 原文此处四行未解密。——译注

退的话,那么到 1964 年末我们估计中国将拥有 6～8 公斤钚或为全钚试验装置提供足够的钚。

14. 1959 年位于甘肃省偏远地区靠近玉门正在建造一处大型工业综合基地,1964 年仍在建造中。我们认为该综合基地所建造的是一个大型核反应堆。此外还有证据表明 1962 年有一个小型生产反应堆(100 兆瓦)正在中国西部建造。……①

15. 从前面所述来看,显然我们仍旧无法对当前中国所有裂变材料生产的水准进行评估。……②中国人生产核武器的能力将主要依赖于已有技术和装配设施的水平。

16. 未来的生产。在中国裂变材料生产中能够进行巨大飞跃的唯一可确定的设施是我们认定的靠近玉门正在建设的大型反应堆。中国在兰州建造第二座建筑物的失败表明中国并不能制造出所有错综复杂的设备以连续扩散法生产高浓缩铀- 235。即使中国现在开始建造另一座储藏室,在另一座工厂开始生产之前可能至少需要三年的时间。

17. 未来的试验。我们认为中国可能准备在未来几个月内在罗布泊进行另一次核试验。我们认为这次核试验将是另外一个裂变装置。……③他们可能试验一个全钚装置。

18. 我们认为政治考虑将促使中国尽快爆炸一颗热核装置。中国可能也根据当前试验设计制造出一颗初级、单级的热核装置。……④

19. 核武器开发。我们已经确认在青海省靠近库库诺尔正在建造一个大型研制基地,我们认为这是一个核武器研究、开发和生产设施。该处的建设显然具有高度优先性,并进行复杂的安全防范,该研制基地的设施具有与苏联武器基地相似的特征。该设施显然已接近完成,其中一部分可能已经运行。

20. 如果他们是这样的话,中国现在能够制造出几枚根据第一次试验的效果、可由两架图- 16(獾)中型喷气式轰炸机或大约 12 架图- 4(公牛)运载的核弹。中国肯定首先将把核材料的供应投入到更尖端设计的开发上,但是我们不能排除中国根据试验装置试图制造几枚核武器的可能性。……⑤我们认为如果是一个连续成功的计划,中国可能会开发一个导弹弹头。……⑥在核弹构造中……⑦该弹头可能较早使用。……⑧这种核弹可以由中国空军约 290 架伊尔- 28 轻型喷气式轰炸机运载。

三、导 弹 计 划

21. 中程地对地弹道导弹。我们认为中国正在开发中程地对地弹道导弹。双城子导弹

---

① 原文此处两行未解密。——译注
② 原文此处六行未解密。——译注
③ 原文此处五行未解密。——译注
④ 原文此处十一行未解密。——译注
⑤ 原文此处两行未解密。——译注
⑥ 原文此处两行未解密。——译注
⑦ 原文此处一行未解密。——译注
⑧ 原文此处一行未解密。——译注

试验靶场设计允许试验射程约1 000海里的地对地导弹。有显著证据表明苏联帮助开发了双城子导弹试验靶场,他们可能参与了早期试验活动。我们认为到20世纪60年代中期当苏联撤走技术人员时,苏联已经提供给中国一些苏制导弹——可能是SS－4(1 000海里)。我们认为试验靶场的活动始于1961年,并进行一些苏制导弹试验,他们可能已在1962、1963和1964年进行了进一步的发射。但是我们认为发射次数将是零星的和有限的。

22. 共产党中国导弹研究与开发中心位于北平郊区的长辛店。我们认为该设施在1963年开始进行导弹静力试验。从火箭发动机试验支架的设计和形状来看,该发射场显然适合开发至少中程弹道导弹式的地对地洲际弹道导弹。其显然大到足够进行导弹有限的系列生产。

23. ……①中国已扩大双城子导弹试验靶场两座地对地发射平台的一个,并对一些附属设施进行改建。因此已有数据——双城子导弹试验靶场长度的地理限制、重要的长辛店导弹开发中心、发射设施的修改、活动频率的逐渐加快都强烈地表明中国在1963年的下半年开始对中国生产的中程导弹系统进行飞行试验。

24. 有证据表明中国正在根据苏联SS－4的设计研制导弹。当全部开发后,这种导弹运载有效荷载3 000多磅,最大射程1 000海里。到1967或1968年中国将准备开发几枚中程弹道导弹,尽管该系统在可靠性和准确性有许多问题。如果他们核武器计划连续成功的话,我们估计到1967或1968年可能拥有配备裂变弹头的导弹。

25. 近程弹道导弹。据可靠报道表明中国在20世纪60年代中期以前得到了一些苏联150英里车载导弹,我们还有其他证据表明他们在60年代已经试验或演习了这种导弹。然而,我们认为中国在这个阶段不太可能把他们稀有的科学人才和裂变材料转移到对这种导弹核弹头的开发与生产上来。

26. 地对空导弹。苏联向中国提供了有限的SA－2地对空导弹设备,在60年代中期苏联撤走专家以前中国可能已经为未来本国的发展打下了良好的技术基础。自那时起我们尚无证据证实或否认苏联提供给他们任何地对空导弹。我们不知道中国有多少这种导弹,但是中国显然已谨慎地分配他们的装备。在中国至少有20个地对空基地被确认下来。有一些已经完全被放弃,仅有几个实际上配有这套设备。我们的证据表明中国导弹部队的数量要少于导弹基地的数量,为了拦截国民党空中侦察飞机中国把导弹部队从一个地方转移到另外一个地方。

27. 我们认为北平已经把开发仿制苏联SA－2导弹或经中国改进的导弹的自行生产能力置于优先地位。我们还不能确凿地证实生产地对空导弹的工厂。然而在华北太原有一个大型设施,我们认为可能用于生产地对空导弹所需的固体推进剂。还有一些证据表明在该地区的其他工厂正在生产导弹部件,他们可能生产了许多种类的地对空导弹,既有苏联地对空导弹的替代品又有中国自行研制的导弹,或二者兼而有之。当前证据尚不能做出确凿的

---

① 原文此处一行未解密。——译注

判断,然而我们认为中国极不可能大规模地对这两种进行生产。我们认为在他们的能力内进行大规模生产还需要两三年的时间。

28. 空对地导弹。我们认为当前中共不具备空对地导弹能力。双城子导弹试验靶场飞机场的一些最初设备表明空对地导弹计划曾被考虑过,但是近来这样的计划尚无被证实的迹象,我们认为也不可能进行其他优先的武器计划。

29. 空对空导弹。中共拥有几枚有限的战斗机空对空导弹。我们尚无直接的证据表明苏联已经提供适合运载这种导弹的飞机。我们尚无令人信服的证据表明中国正在生产空对空导弹,但是我们认为中国有能力生产苏联导弹的仿制品或美国红外线响尾蛇导弹。这些美国导弹是1958年台海危机时被中国俘获的。

30. 导弹潜艇。……① 显示中国已经下水了一艘外表与设计可发射射程约350海里SS-N-4弹道导弹的苏联G级潜艇极为相似的潜艇。② 照片显示船体装备始于1962年中期。苏联可能帮助建造,可能提供潜艇的部件和导弹系统。我们尚无证据表明中国已经计划把导弹部署在潜艇中或苏联在这方面给予他们援助。中国目标可能是SS-N-4。我们尚无证据表明中国正在建造任何更多的这种潜艇,任何部队部署这种中国生产的导弹至少还需要几年的时间。中共可能对开发能够至少对美国构成有限核威胁的导弹潜艇部队极为感兴趣。

31. 海岸防御导弹和导弹巡逻艇。我们有确凿证据表明苏联在1959年提供给中国一些射程约35海里、装有烈性炸药弹头的巡航导弹。从那时起中国保持了在辽东半岛连山海岸防御巡航导弹的试验靶场和开发中心的活跃。我们所确认的另一个导弹基地靠近大连。然而我们不能确定它是否投入使用。尽管我们尚无中国制造巡航导弹的证据,但是连山基地表明中国对此感兴趣。他们可能无需太多的困难就能生产这样的导弹系统。

32. 自从1963年以来至少有一至两艘苏联"黄蜂"级(OSA)③和"蚊子"级摩托艇在中国被发现。在苏联这种型号的船只可携带装有烈性炸药、射程约15～20海里的SS-N-2巡航导弹。尽管有许多迹象表明苏联提供或帮助制造了这些船只,但我们认为中国有能力建造这些船只和导弹。

四、长 期 计 划

33. 我们对共产党中国尖端武器计划的了解是粗浅的和不充分的,任何长期的评估一定要比上述更加不确定。下一个十年将是重要的,甚至会根本地改变中国以及国际关系形态。许多高级领导人可能将会退出历史舞台,这意味着北平外交、军事和国内政策是不可预知的。在中国人口增长和粮食供应之间仍存在着巨大的竞争问题,那么中国当局把其科学、

---

① 原文此处一行未解密。——译注
② 原注:苏联G级潜艇据估计最大巡航作战半径不进行补给约4 850海里。
③ "黄蜂",苏联导弹快艇。——编注

技术、工业资源和能源的一部分致力于尖端武器和其他军事计划的开发,将会面临巨大的问题。

34. 中国可能继续进行多种核弹头和导弹系统的试验。然而他们将在裂变材料、无数的技术问题和沉重的经济负担上受到局限。中远程弹道导弹系统(2 000英里)在其射程内并不能给北平利益带来更多的其他目标(除了苏联可能的一些以外),中国可能试图尽快跨越到洲际能力。即使开发工作已经开始,我们认为他们在1970年以前不可能拥有洲际弹道导弹系统。

35. 如果中共不顾其他经济部门的开销,决定对尖端武器计划予以巨大的投资,他们可能在本评估期间还会进行许多武器计划。然而,把所有这些计划强加于成功的结果将是一项艰难的任务,中国可能被迫接受改变和推迟。中国有能力至少优先开发这些计划,例如核武器、中程弹道导弹和地对空导弹计划。

http://www.foia.cia.gov/nic_china_collection.asp pp. 1-13

詹欣译、校

中情局关于中国尖端武器计划的评估

（1966 年 7 月 1 日）

NIE 13 - 2 - 66

绝 密

共产党中国的尖端武器计划

（1966 年 7 月 1 日）

要 点 与 结 论

1. 我们并没放松对北京决心成为一个现代核大国的警惕。共产党中国最近在罗布泊进行了第三次核试验，导弹试验靶场的活动也在加剧。许多关于核材料、导弹、喷气式轰炸机和潜艇的主要计划的建造也正在进行之中。尽管 1960 年苏联撤走援助所导致的破坏和中国大跃进带来的混乱，但这些活动反映了 50 年代中后期在苏联广泛的帮助下这些计划发展的决心。

2. 由于中国的计划仍旧处于早期阶段，仍旧依靠 1960 年以前苏联援助提供的基础进行研制，我们缺少中国在现代武器领域取得进步的独立能力的可信赖证据。除了许多纯技术问题以外，中国人还面临着贫困的严峻现实——巨大的武器开销加剧了这种形势。对于相对较狭小的目标，中国经济和技术资源对于取得进步是足够的，但是中国在未来几年不可能开发和生产所有他们表现出兴趣的武器系统。

3. 本评估所包含的所有判断都假设中国领导人采取理性的手段。但是领导人也可能严重地误判中国的能力，而试图过快、过多地开发。确实在当前北京政治混乱的情况下，有"大跃进"心态再度复苏的迹象。此外，在我们的情报与我们不能全部掌握的中国计划之间存在着许多差距。所有这些慎重考虑都是针对该政权军事思想和军队目标性质的坚定的观点。

4. 我们认为在他们的尖端武器计划中，中国主要强调适合于地区力量的进攻性和防御性武器系统的开发。我们认为在解决开发洲际能力的许多问题之前，中国将发现有必要和值得去解决组织这种力量所面临的困难的、昂贵的科学、技术和经济问题。我们认为这种地区性力量全部具备实战能力之前中国还得需要几年的时间。

5. ……①尽管我们注意到它受到政治和宣传考虑的影响，但是试验表明中国对热核开

---

① 原文此处八行未解密。——译注

发具有强烈的兴趣。

6. 第二枚和第三枚装置肯定是空投的,这表明中国现在能够制造出由极少的中型轰炸机力量运载的核武器。……①可能需要很少的时间开发由中国约 270 架喷气式轻型轰炸机运载的装配了核弹的弹头。

7. 所有中国三次核试验所用的裂变材料都是铀-235。尽管中国裂变材料的产量是有限的,但是我们认为它足够支持一项适度的核计划和储备几枚核武器。中国正在玉门建造一座大型钚生产反应堆,如果不遇到严重的困难,它将在 1967 年开始运转。为了平衡钚产量,中国可能将试图扩大铀-235 生产的设备。

8. 我们认为中国正在开发中程弹道导弹,但是不了解该计划的发展的程度。中国可能早在 1967 或 1968 年就拥有几枚已部署的导弹。然而另外一种情况是,他们正在进行导弹系统的系列开发。除了导弹计划本身可能遇到的问题以外,还可能面临开发核弹头计划的困难。因此我们认为在主要部署计划开始之前至少需要三至四年的时间。

9. 我们认为中国计划制造喷气式中型轰炸机,可能是图-16 的仿制品,作为他们首要核打击力量的一部分。制造最早可能始于 1968 年。中国建造了一艘 G 级潜艇,但是我们尚无关于可适配导弹开发的情报。如果他们正在开发导弹潜艇系统,至少要在 1970 年拥有两或三艘可投入使用的潜艇。

10. 如果我们对北京洲际能力的优先性理解错误的话,那么到 1973～1975 年中国可能开发出洲际弹道导弹。这需要他们在这项计划的工作中有最好的科学精英(我们尚无证据他们具备),准备竭尽全力并在武器系统上努力解决可靠性、准确性和易受攻击性等重大问题。这种成就需要在大量复杂的和昂贵的计划上取得显著的成功,这种估计实质上把所有中国不确定的利益当作他们潜在的科学和工业能力。此外,中国在洲际弹道导弹上的竭尽全力肯定会阻碍其他运载系统的研究。

11. 导弹潜艇是中国实现对美国实施打击的另一种手段,尽管我们认为其选择性要小于洲际弹道导弹。如果中国选择这种手段的话,我们认为他们可能会选择新型核动力潜艇,而不是远程柴油动力潜艇。核动力潜艇将会从核计划上转移一些物力和人力,它比洲际弹道导弹更为昂贵和复杂,开发时间也更漫长。中国尚不具备把远程轰炸机作为威胁美国的手段。

12. 我们认为中国已把开发地对空导弹至于最优先的地位,并在 1967 或 1968 年进行系列生产。假如他们资源有限的话,我们认为中国最初的目标将是防御几个重要的目标以及试图对侦察飞机进行分散防御。我们尚无确凿的中国生产地对空导弹或巡航导弹的情报,但是我们认为中国有能力进行这样的生产。

13. ……②

---

① 原文此处四行未解密。——译注
② 原文此处八行未解密。——译注

讨 论

一、核 计 划

1. 中国第一次核试验。……①

2. ……②

3. 在我们的分析进一步改进之前,针对中国科技水平,我们不能以充分的信心对第三次核试验的重要性做出评估。……③此外,爆炸前试验基地的照片显示中国可能期望比已获得当量更大的爆炸。第三个装置,与第二个装置一样,肯定是由中型轰炸机投掷的,可能在4 000～8 000米上空引爆。

4. ……④

5. ……⑤

6. 铀-235资源。我们认为所有三次核试验使用的铀-235都是在兰州气体扩散厂进行生产,然后在尚不确定地点的电磁分离厂进行最后的浓缩。理论上兰州气体扩散厂自身能够生产足够的浓缩铀来制造核装置。但是由于它太小以至于不能使用普通的级联来控制全部的气体扩散机组,中国可能有必要使用大量的小型级联来处理。在兰州气体扩散厂刚刚建立的时期中国极不可能具备这种技术能力。全部的浓缩铀-235也可能通过使用分批法进行生产,即该厂连续不断地在低浓缩和高浓缩过程中运转。……⑥

7. 理论上,铀-235的浓缩可通过气体扩散法来完成,但是我们尚无中国在该领域具备这种能力的证据。然而我们有中国具备大量电磁同位素分离能力的证据。对于部分浓缩采用气体扩散法和对最终"加装"进行电磁法二者的结合,可能生产出像用在中国设备那样的材料。

8. 我们确信中国在兰州通过气体扩散进行铀浓缩,但是我们很少有关于电磁分离厂位置的证据。它可能也在兰州,有建筑、电站和容纳这些设备的实际布局。或者电磁设备也可能在其他我们尚未确定的某个地方,尽管我们认为这不太可能。

9. 生产核材料的能力。当前,我们认为中国裂变材料的生产包括仅有的兰州铀-235产量和可能来自于我们认为的玉门试验反应堆极少量的钚。铀-235产量只能被估计在某些最小和最大限度之内。……⑦最大能力——根据兰州核工厂全部进行气体扩散,以及全部产量在其他地方的电磁厂进行的评估——将每天生产约1公斤。电磁设备每天加工1公斤

---

① 原文此处十行未解密。——译注
② 原文此处七行未解密。——译注
③ 原文此处五行未解密。——译注
④ 原文此处五行未解密。——译注
⑤ 原文此处五行未解密。——译注
⑥ 原文此处两行未解密。——译注
⑦ 原文此处两行未解密。——译注

肯定会很大。我们尚未确定在兰州或中国其他地方拥有这样的设备。因此我们认为由于已有电磁设备能力的有限，浓缩铀-235的生产很可能少于1公斤。如果这些设备位于兰州核工厂之内，那么工厂的规模、电站的输入、冷却能力以及其他因素显然将导致每天浓缩铀-235的产量约0.2～0.6公斤。

10. 至少从1958年以来，中国在位于甘肃省偏远地区靠近玉门的地方建造了主要的钚生产中心。该基地包括一座大型钚生产反应堆、一座钚化学分离厂，第三处设施我们认为包括一座小型试验反应堆和一座可能的试点化学分离厂。

11. 大概从1964年中期开始运行的最后一个设备，可能负责检查大型钚生产反应堆运行所面临的问题。从其规模来判断，它可能设计为50～150兆瓦（热量的）之间，作为试验运行的副产品能够以每年几公斤到30公斤的速度生产钚。只要小型反应堆主要进行试验工作，那么最高限度不太可能达到。我们认为显然处于建造最后阶段的大型反应堆是一台石墨慢化、水冷钚生产反应堆。该反应堆设计显然体现了苏联的大量影响，其反应堆建筑物的外形与苏联在托木斯克（Tomsk）的一个反应堆极其相似。冷却塔的规模和估计能力表明这座大型反应堆设计运行约1 000兆瓦（热量的）。1966年早期的照片显示出建筑的状况使我们认为，如果中国不遇到巨大的困难，它可能在1967年的上半年开始运转。我们估计该反应堆将具备每年生产约300公斤钚的能力。然而考虑到开始与运转一台新型反应堆所涉及的问题，其生产能力达到这个标准之前可能需要三年左右的时间。在运转的第一年，钚的生产能够达到约100公斤。

12. 我们在中国尚未发现在锂-6同位素中生产高浓缩锂，或者从已有的氚中生产重水的设备。这些方法没有一个需要特殊的设备，因此这些设备可以躲避侦察，特别是如果生产是相对较少的情况下。

13. 其他核设施。我们已经确认在青海省靠近库库诺尔地区正在建造一座大型研制基地，我们认为它是一个核武器研究、开发和生产基地。建设显然处于优先地位，并进行严密的安全保护，该研制基地的一些设施与苏联的核开发与生产基地相似。从外表来看它已基本完工。该基地显然能够处理比正在运转或正在建设的设施更多的裂变材料。

14. 我们不再认为包头的核基地包括钚生产反应堆。我们现在认为它是涉及处理与装配核材料的冶金和化学的研究与开发机构。

15. 未来核武器的开发。依前所述，显然我们并没有确凿的证据对中国技术的水准进行评估，他们所支持计划能有多大或何种武器被优先开发。……①第二个和第三个爆炸装置肯定是空投的，这表明中国能够生产由极少的中型轰炸机运载的核武器，他们现在可能已储备了几枚核武器——如果裂变材料的生产速度处于上述讨论的中等或上等水准的话。

16. ……②几枚由重返式工具运载的导弹弹头，可能重达3 000～3 300磅。因此，如果试

① 原文此处三行未解密。——译注
② 原文此处五行未解密。——译注

验不久将进行的话,那么到 1968 年他们将拥有一些这样的弹头。在中国开始大量生产弹头之前可能还需要一年的时间。具有同样直径配备在炸弹的弹头可能已较早准备,其重达 3 000～3 500磅。这种炸弹可能由约 270 架中国的伊尔-28 轻型喷气式轰炸机运载。

17. ……①

18. ……②

二、导弹与飞机系统

19. 我们仍旧不能以充分的自信对中国导弹和飞机运载系统计划开发的性质、速度或发展的进程进行评估。尽管该计划毫无疑问受到 20 世纪 60 年代中期苏联技术人员撤离的突然打击,但是中国在导弹领域仍然进行艰苦的努力,甚至在苏联立即撤走技术人员的时候。我们有确凿证据表明中程弹道导弹与地对空导弹计划正在进行之中。还有空对空导弹研制的证据,他们正在建造一座工厂,可能是设计生产中型喷气式轰炸机。在他们得到苏联援助的时期,中国显然也对潜艇发射导弹、海岸防御导弹、导弹巡逻艇和战术陆基弹道导弹感兴趣,但是当前我们很少或没有在这些领域活跃的证据。

20. 中程弹道导弹。中国在双城子导弹试验靶场进行了导弹飞行试验。在苏联的帮助下,靶场始建于 50 年代末。……③在 1962 年和 1963 年有了进一步发射的证据,但是我们认为这些发射是零星的和有限的。自 1964 年以来靶场的活动明显加快了。沿发射方向的无线电通信监听显然集中在 300～600 海里的区域。然而我们尚未确定任何沿发射方向的设备。

21. ……④空中照片带给我们一些其他的信息,照片可能是中程弹道导弹试验已经开始。……⑤最后我们仍不能自信地确认在 60 年代中期以前,试验是中国制造的中程弹道导弹而不是由苏联提供的。

22. 试验靶场最近的发展是进行新发射基地的建设。该设施始建于 1965 年秋,当前仍处于早期建设阶段,在 1967 年前不太可能完成。它显然是设计处理比当前正在试验的型号完全不同、更大、更复杂的系统。该设施的建设远不足以使我们对其意义进行全面的评估。但是当前我们可以说它可能是涉及导弹或太空计划开发的重要新发展的最新迹象,也可以证明关于本评估的一些判断是重要的。

23. 中国的弹道导弹研究、开发和可疑的生产设施位于北京郊区。在长辛店发动机的研究与开发可能始于 1958 年;到 1959 年在该地的许多建设已经完成。静力试验支架随后开始建造,到 1962 年 9 月一些导弹发动机的试验也已经开始;然而第三座大型试验发射支

---

① 原文此处五行未解密。——译注
② 原文此处五行未解密。——译注
③ 原文此处两行未解密。——译注
④ 原文此处三行未解密。——译注
⑤ 原文此处四行未解密。——译注

架结构上在 1963 年以前并没有完成,到 1964 年以前不可能全部有效地投入使用。从火箭发动机试验支架的布局和规模看,该设施显然适合开发中程弹道导弹或更大型号导弹的发动机。

24. 显然适于弹体生产的设施位于南苑以东 12 英里的弹体修理和维护厂。在 1959 年到 1963 年末期间,其面积从 864 000 平方英尺扩展到 2 385 000 平方英尺。在这一阶段的后半期,他们建造了一座高 110 英尺的塔和一个高 120 英尺的带有隔间的建筑物,它们显然适用于流体静力和动力试验,也可能进行全弹的垂直校验。我们尚无在该工厂组装设备类型的情报,我们也没有确凿证据表明它是弹道导弹的生产设备。

25. 从上述证据得来唯一确凿的结论是中国把弹道导弹至于优先开发的地位。值得注意的是在 20 世纪 60 年代初混乱与萧条时期,靶场和大型建筑的试验活动仍然持续地进行。但是在这以后,我们在评估当前计划的状况时面临着巨大的困难。坦率地说,已有数据使我们得出三种解释。

26. 如果给予明显的优先权,中国能够充分地开发中程弹道导弹。中国可能在 1962 年末开始进行导弹配件的静力试验,在 1963 年末在靶场进行试验发射。如果自 1964 年以来靶场活动的加快是一项成功试验计划的证据的话,那么在 1967 或 1968 年中国可能拥有几枚中程弹道导弹准备进行部署。

27. 发展的速度可能会减慢,尽管这有些不太可能。1959 年在长辛店已建造完成了一些建筑物,我们不知道早期在这里进行了多少活动。1960～1963 年在工业部门上众所周知的困难,以及其他优先的军事计划,对于中国是否能够在 1962 或 1963 年制造所有的导弹试验部件提出了质疑。在长辛店进行的所有系统静力试验之前,他们是否已在靶场进行偶尔的试验还不能确定。根据这种判断,中国制造导弹的全套系统飞行试验最早在 1964 年末或 1965 年以前不可能开始。如果是这样的话,当前正在开发的导弹不可能在 1970 年以前做好准备。

28. 最后,还有一种不大可能的情况就是靶场的试验活动与计划部署的导弹系统无关。更确切地说是这种活动可能集中在导弹技术问题的研究与探索,主要使用早期苏联提供的设备以及逐渐引进的越来越多的中国部件。中国人可能利用这些经验设计和制造导弹以适应他们自己的规格和要求。

29. 中程弹道导弹助推器的成功开发将为把小型地球卫星发射到轨道提供了必备的主要部件。基于民族荣誉感,为了发射卫星中国可能尽早把他们的武器计划转移到该装备上来。

30. 地对空导弹。在 20 世纪 60 年代中期以前,苏联提供给中国大约 10 套 SA-2 地对空导弹设备,如果进行标准的苏联演习的话,那么它可能拥有 200 多枚导弹。我们认为苏联也为中国未来自主开发提供了一个技术的基础。我们尚无证据表明自那以后苏联是否提供给中国任何其他地对空导弹及其相关设备;但是许多导弹发射场扩大的缺乏得出了否定的答案。我们已经注意到了 30 多个已准备好的发射场,但仅有约半打被认为装配了设备。

31. 地对空导弹发射台的改造工程已在双城子导弹试验靶场两座研究与开发中心之一的训练基地进行,其设备也已经提供。我们认为太原的几个工业生产设备参与了这项计划(特别是固体推进剂的生产);正在呼和浩特建造的设施可能也是固体推进剂工厂。

32. 我们尚无证据表明中国正在开发和部署地对空导弹。这可能是由于缺少充分的优先性。然而考虑到中国防空的严重不足,我们认为中国肯定会努力开发地对空计划,迄今为止该计划缓慢的进展反映了在设计或生产阶段遇到了困难。尽管如此,中国可能生产几枚SA－2型导弹,我们认为在未来12~18个月内中国可能系列地生产全套地对空导弹系统。

33. 空对空导弹。我们认为中国至少拥有有限的几枚热导空对空导弹。1962年苏联可能向中国交付的米格-21飞机至少包括几枚这样的导弹("环礁"AA－2导弹)(ATOLL)。中国在1958年末获得了几枚相似的导弹。双城子导弹试验靶场的飞机场已装备了空对空导弹,1965年可能有所扩大。自1964年以来与飞机场有关的战斗机活动可能涉及空对空导弹试验和/或训练。我们尚无有关中国生产和部署空对空导弹的确凿证据,我们认为中国有能力生产这样的武器。

34. 弹道导弹潜艇。在1962年中期和1964年末之间,中国建造了一艘在外表上与苏联的G级潜艇相似的潜艇。我们认为其许多部件由苏联提供。我们尚无任何这一级别潜艇生产的进一步消息。

35. G级潜艇设计可发射射程350海里的SS－N－4弹道导弹,但是我们不知道是否苏联提供了这种导弹。我们尚无证据表明中国拥有为这种潜艇开发导弹的活跃计划,尽管有不足信的证据表明1959和1960年苏联海军导弹专家在中国,以及在试验靶场的一些尚没有被确认的活动可能涉及这种导弹的试验。如果中国正在进行一项活跃的计划,那么到1970年左右它可能开发出可配备核弹头的导弹。

36. 近程弹道导弹。我们尚无中国开发战术陆基弹道导弹计划的直接证据。我们认为在1960年代中期以前中国已得到了一些射程约150英里的苏制车载导弹,他们在20世纪60年代已进行了试验或训练。尽管近来在双城子导弹试验靶场一个发射基地的建造表明他们对开发近程弹道导弹感兴趣,但是我们尚无这种联系的证据。

37. 空对地导弹。我们认为当前中国尚未拥有空对地导弹。尽管双城子导弹试验靶场飞机场的一些最初设备表明中国曾考虑过空对地导弹计划,但是这种计划近来没有更多被发现的证据。如果他们选择的话,中国无需太大的困难就可生产"狗窝"(Kennel)空对地导弹系统(射程50海里并携带烈性炸药弹头的巡航导弹)。

38. 海岸防御导弹和导弹巡逻艇。20世纪50年代末苏联提供给中国一些射程约35海里并携带烈性炸药弹头的巡航导弹。其中有三个地点已被确认:一个是训练与开发中心,一个是未被使用的海岸基地和一个近来建设海岸基地。我们感觉中国无需太大困难就能够生产巡航导弹,他们对海岸防御的兴趣可能制订了这项计划。

39. 自1963年以来至少有一艘苏制"黄蜂"级和一艘"蚊子"级摩托艇在中国被发现,但是我们尚无证据表明中国能够生产这种型号的舰艇。在苏联这些船只装配有射程约15~20

海里且具有烈性炸药弹头的巡航导弹。我们尚无开发和生产配套导弹的证据，但是我们认为中国有能力生产，中国已拥有一艘改装为发射平台的小型船只。

40. 飞机核运载系统。在苏联专家的撤走导致几年的停顿后，中国已经恢复军用喷气式飞机的制造。他们正在沈阳制造米格-19"农夫"（FARMER）喷气式歼击机和准备在成都制造米格-19或米格-21"鱼窝"（FISHBED）。喷气式歼击机能够被用来运载小型战术核武器，但是我们怀疑在未来的几年中国是否为这个目的使用他们的飞机。

41. 中国轰炸机部队包括苏联提供的约12架陈旧的图-4"公牛"活塞式中型轰炸机、两架图-16"獾"喷气式中型轰炸机和约270架伊尔-28"猎兔犬"喷气式轻型轰炸机。靠近西安的阎良飞机厂的建设已经恢复，我们认为其最初是计划制造图-16，这表明中国打算制造这种飞机。按照当前建设的速度，工厂应该在1966年末或1967年初完成。1968年开始制造，到1969或1970年可能有几架开始部署。有关这种飞机的核能力尚不清楚，但它可携带相对较大的核装置飞行约1 650海里，这为未来的导弹开发提供了一个临时性的武器系统。

三、对于未来的考虑

42. 概要。中国人似乎继续坚持其雄心勃勃的计划。他们不仅研制多种导弹和核武器，而且拥有强大的陆海空部队计划。对于相对较狭小的目标，中国经济和技术资源对于取得进步是足够的，但是中国在未来几年不可能开发和生产所有他们表现出兴趣且进行大量努力的武器系统。毫无疑问，他们会遇到许多技术上的问题，不仅在更加深奥的理论与技术方面，而且在需要提供大量基本材料的一般性工业程序方面。这些尚未解决的问题可能会导致中国军事计划中更多不均衡的进步。

43. 中国将继续以巨大的努力从西方进口对其武器计划有用的材料和设备。此外他们还会从其他开拓性的工作中受益，大部分是公开出版物。然而随着中国的发展，他们将会面临越来越多的困难，特别是由于中国的计划依赖于非常有限的科学、技术与工业基础。但是如果中国调整这些弱点，我们就很难判断其开发和生产各种军事零件需要多少时间。无论如何，中国可能被迫采取美国、苏联、英国和法国经验都没有先例的一些权宜之计，因此我们很难发现或预测。

44. 从未有一个国家在工业严重倒退，几乎达到最低生产的边缘，仍在试图进行如此雄心勃勃的尖端武器计划，中国领导人，尽管他们明确地提出国民经济需求服从于军事计划，但是他们不能忽视粮食生产与人口增长之间严酷的竞争。随着中国达到他们能够大量生产武器系统的阶段，随着他们努力使其更加尖端，他们将发现更富有、更高度开发的国家已经了解到：现代武器工业的进步几乎不变的是急剧增长的成本曲线和需要广泛的科学与工业基础。简而言之，经济中的军事部分与民用部分之间对于资源日益增长的竞争和种种昂贵的武器系统将使得北京面临越来越困难的抉择。

45. 在中国计划的早期阶段，选择的方向仍旧是模糊不清的。我们知道中国最高领导人渴望把中国打扮成一个军事大国,并决定向世界展示尽管苏联背信弃义他们仍旧能够成功,但是这并不意味着他们会以牺牲其他军事计划为代价实现那些不确定军事价值的巨大成就。同样地,中国领导人必须考虑他们所获取早期成果的资源越多,为长期支持现代军事部门所需的科学、工业和普通经济的增长就越少。

46. 影响短期和长期平衡的另一个因素是中国如何把强大的亚洲地区力量作为反对美国的洲际打击能力。中国领导人最终肯定渴望掌握使用核武器威胁美国大陆的能力,但是他们是否竭尽全力以高昂的代价在尽可能短的时间内实现这种能力则是另外一码事。他们可能把声望和心理政治影响所带来的优点,视为胜过具有稳定性和精确性问题以及潜在的易受美国庞大的、更尖端的防御性和进攻型武器攻击的武器系统而付出昂贵代价的缺点。另一方面,中国可能更加关注削弱美国在亚洲的军事存在和在该地区建立中国的影响。

47. 所有这些因素将受到那些被政治和意识形态显著影响的人们和那些在经验和专业上并不具备设计错综复杂的尖端武器力量的司令部里科学、军事和经济设计者的影响。因此他们可能不会——确实可能不会——在同等条件下像美国军事设计者那样做出相同的决定。

48. 领导层可能会严重误判国家的能力并尝试进行更多、更快的发展。确实当前在北京的政治动乱中,有"大跃进"心理再度出现的迹象。几乎同时进行开发的大量防御系统、几个战略攻击系统以及洲际能力,使得国家可能过度使用其资源以至于危及所有计划。

49. 我们不能排除这些过于雄心勃勃的努力,但是我们认为至少在未来几年中国更可能会把他们的主要努力放在开发适合大陆防御和在亚洲地区进行军事行动的某种武器系统上。我们认为他们正在组建地区性核力量,这包括中程弹道导弹、中型轰炸机以及可能的几艘弹道导弹潜艇。

50. 考虑到目标可能的位置以及在选择部署地区上灵活性的需求,中国可能试图开发射程至少1 000英里的导弹。此外导弹射程越远,中国为适应开发小而轻的弹头上所遇到的困难时带来的误差就越大,因为可在其限度内就弹头的重量和大小进行讨价还价。正如第26段所表述的那样,中国最早可能在1967或1968年拥有几枚中程弹道导弹。但是我们怀疑中国是否打算为了几枚中程弹道导弹的心理影响而仅仅进行象征性的部署。他们在导弹与核设施的投资表明这是一个雄心勃勃的武器计划。我们认为该计划包括至少充足的中程弹道导弹部署对亚洲地区重要的军事基地和政治目标进行覆盖。发射台、地点和导弹的数量不仅仅依赖于目标的数量,而且依赖于诸如射程、系统的稳定性和精确性以及弹头产量等因素。我们缺少数据对可能的数量做出实用的估计,但是他们肯定会做出一些如需求生产线设备和技术人力这样的决定。

51. 中国人可能在把制造正在开发的导弹转向大规模生产和部署计划时会遇到重大的困难。在进行这项计划之前,考虑到经济开支以及技术上的考虑,他们希望确定这种导弹是否经过全面检验和是否可信赖。除了导弹本身可能继续出现的问题以外,在核弹头计划上他们也可能推迟和遇到困难。我们认为这些因素的最终结果可能是至少在未来三至四年里中国不会大规模部署携带核弹头的中程弹道导弹。

52. 中国中型轰炸机肯定是图-16的仿制品。尽管已经过时,但是这种轰炸机可以扩大中国核打击能力的范围并具有实用的非核能力。我们认为中国不可能为中远程弹道导弹(1 500～3 000海里)的开发而去投资,特别是如果他们成功地拥有1 000英里中程弹道导弹和他们组建了中型轰炸机部队,因为这种武器不能足够地覆盖新目标。

53. 如果中国试图开发导弹潜艇的早期能力的话,他们肯定将使用G级潜艇作为平台。这艘潜艇最多只具备威胁美国西海岸的最低能力,因此中国可能不会开发这种系统作为远程打击能力,而是作为他们亚洲地区力量的一部分。至少到1970年两至三艘这样的潜艇可能投入使用。

54. 如果明年开始部署地对空导弹的话,它可能大部分是根据苏联的SA-2系统进行仿制。其采用重大的改进或调整可能需要更多的时间。无论如何,地对空导弹系统的大规模部署是一项非常昂贵的任务,如果他们资源有限,未来几年里中国可能做得最多的是防御几个重要目标以及对在其领空进行分散的防御。

55. ……①

56. 长远时期。我们认为中国在继续开发地区性核力量之前不可能竭尽全力开发洲际弹道导弹。如果我们是错误的话,如果中国已经把其最优秀的科技人才投入到洲际弹道导弹的研制上,那么到1973～1975年中国将准备部署第一枚洲际弹道导弹。这些成就需要在许多非常复杂的、昂贵的计划上获得显著的成功,这种估计实质上把所有中国不确定的利益当作他们潜在的科学和工业能力。此外,在洲际弹道导弹的竭尽全力肯定将妨碍其他运载系统的研制。

57. 弹道导弹潜艇是中国可能获取对美国打击能力的另外一种手段。尽管中国可能决定研制远程柴油动力潜艇,但是我们认为中国更可能尝试核动力系统。尽管核潜艇系统在生存方面具有一些优势,但是它会把材料和人才从核计划转移出来,它是比洲际弹道导弹更昂贵、更复杂的计划,开发时间也更漫长。我们认为中国极不可能同时优先开发洲际弹道导弹和核潜艇。对于这两种系统,我们认为中国将选择洲际弹道导弹作为他们首要的洲际打击能力。

58. 我们认为中国可能很少会设计把开发远程轰炸机作为威胁美国的手段。这种武器系统对于美国防御来说是极为昂贵的和易受攻击的。

……②

http://www.foia.cia.gov/doc/DOC_0001093197 pp. 1-17

詹欣译、校

---

① 原文此处七行未解密。——译注
② 原文此处二十行未解密。——译注

中情局关于中国尖端武器计划的评估

(1966 年 11 月 3 日)

SNIE 13-8-66

绝 密

共产党中国尖端武器计划

(1966 年 11 月 3 日)

问　　题

对最近获取的关于共产党中国尖端武器计划的情报进行初步评估。

评　　估

1. 1966 年 10 月 27 日中国人宣布他们已成功地发射了一枚携带核弹头的导弹。我们已经证实有一次核爆炸，……①在罗布泊核试验基地以东约 100 英里处的低空被引爆。我们几乎可以断定，正如中国人所宣布的那样，该装置是由一枚弹道导弹所运载的。这样的导弹属于或接近中程弹道导弹，可能是从双城子导弹试验靶场发射升空的，跨越了约 400 海里的距离。目前我们不能十分肯定这一事件对中国的尖端武器能力意味着什么。中国人进行这次试验也许是出于宣传和政治目的，使用了尚不能完全适用于武器系统的装备。我们认为在某种程度上更有可能的是，他们试验的是一枚加装了弹头的导弹，其水平虽然与美苏相比尚有相当距离，但可以用于近程或者中程的武器。如果这种情况属实，则中国人将于 1967 或 1968 年拥有几枚准备部署的这种武器。

2. 近来我们得到的情报表明，中国人也开始开发一种更大、更复杂的导弹系统。我们认为这是一种洲际弹道导弹，尽管其太空角色不能被忽视。我们认为在 1967 年初发射装置将能够完成。我们尚未发现洲际弹道导弹的主要部件，但是有证据表明中国人到 1967 年下半年可能就会开始进行飞行试验。如果情况如此，如果他们能够制造出导弹以及其他能够进行积极和成功的试验计划所必要的设备，则到 20 世纪 70 年代初就会有几枚携带裂变核

---

① 原文此处一行未解密。——译注

弹头的洲际弹道导弹可投入使用。这类导弹的第一代可能体形庞大,成本高昂,而且以美国和苏联的标准来看缺乏可靠性和精确度。尽管如此,中国人也许至少出于政治和心理需要希望拥有几枚可使用的武器。洲际弹道导弹助推器的开发也将在其试验计划的早期阶段赋予中国人将相当大的有效载荷送入轨道的能力。

3. 洲际弹道导弹不能在中国境内进行全程发射。我们目前还不能确定中国人将如何进行洲际弹道导弹的全程试验。然而系统部件的预备性飞行试验可以在中国境内完成。

4. 同时,中国人可能正在努力研制一种高能热核弹头。中国的第三个试验装置包括一些热核材料,但是其表现出的效率相当低,而且显然庞大而笨重。这表明中国人在热核技术方面尚有许多东西要学。然而,它的确向着获得热核能力方面迈出了第一步。因此我们不能排除中国人能够在1970年代初开始开发出热核弹头的可能性。

http://www.foia.cia.gov/nic_china_collection.asp pp.1-2

詹欣译、校

中情局关于中国进口对其
尖端武器计划的影响的评估

（1967 年 5 月 1 日）

机 密

进口对中共尖端武器计划的贡献①

（1967 年 5 月 1 日）

要 点

从日本和西欧进口关键设备、材料和技术在共产党中国的尖端武器计划中扮演着重要的角色。这些进口可帮助中国克服国内供应的严重短缺和减轻苏联技术援助的撤走所带来的影响。未来几年当自己的研究与开发、工程和工业能力成为支持尖端武器的生产和部署的严重负担时，中国将面临艰巨的困难。因此来自于日本和西欧工业与技术支持的程度将会更加决定中国军事生产计划的速度、范围及其成效。

尽管由于"大跃进"的过度消耗和苏联援助的撤走所带来的经济困难，北京仍然坚定地加快进行现代武器的开发。对于现代武器开发的重要性，中国主要工业的缺陷可分为以下四类：机械——特别是用于特殊目的和精密机械、电子设备、特殊金属和某种关键化学制品。在所有的四类中自 1960 年以来中国领导人已成功地扩大其国内的能力和生产。然而这种进步是非常有限的，仅仅是集中最优秀的人才和设备针对这些最优先的任务而实现的。在这四个领域从日本和西欧进口符合许多重要的需求。

当前共产党中国现代武器系统的开发是根据苏联系统的，因此具备大量的已被证实的研究。中国肯定将依靠自己独立的研发努力向前发展，例如对洲际弹道导弹计划的需求，这意味着研发的复杂性和军费的迅速增加。未来几年共产党中国甚至将主要依赖于日本和西欧以取代本国的努力来扩大其现代工业能力，关键工业设备和技术的进口将不仅仅支持现代武器计划，而且在整体上减轻工业上的人力和设备供应所带来的压力。

图 1 共产党中国从日本和西欧进口机械、设备和科学仪器的价格（1961～1966）②

---

① 原注：本备忘录由中央情报局独立完成。由研究与报告办公室准备并与科技情报办公室协调；评估与结论是情报理事会 1967 年 4 月做出的最佳判断。
② 图略去。——译注

一、工业化的总进程

（一）苏联援助时期

中共领导层从一开始就强调重工业的发展，包括军事生产设施。快速工业化的苏联模式体系被采纳，大规模的国内投资是对从其他共产党国家获取大量材料和技术支持的补充。

在1950～1959年间签订的一系列协议中，苏联同意提供给中国价值30亿美元的300座现代化工厂。这些工厂几乎包括全部的现代化工业设施——钢厂、发电站、机械制造设备、飞机制造和化学设备等。东欧的共产主义国家也同意为中国雄心勃勃的发展计划贡献一部分工业设施。中国只有在花费更多的时间和极其高昂的代价后才能制造出这些设备。实际上，苏联和东欧提供给中国一个"速成的工业化"。中国通过出口其能在国内有效生产的——纺织品、矿石和特制食品——为这种工业化进行偿还。

由于国内生产的增加和其他共产主义国家的援助，共产党中国在第一个五年计划期间（1953～1957）迅速扩大了其工业基地。重要产品生产增加如下：

产　品	单　　位	1952 年	1957 年
粗钢	百万公吨	1.35	5.35
煤	百万公吨	66.5	130.7
石油	百万公吨	0.44	1.46
电能	十亿瓦特小时	7.3	19.3
水泥	百万公吨	2.9	6.9
硫酸	千公吨	190	632

（二）灾难性的"大跃进"和苏联援助的撤走

然而在"大跃进"期间（1958～1960），中共经济政策发生了灾难性的改变。生产速度被加快到难以容忍的程度。人力和原材料都浪费在简单的工业项目如家庭小锅炉。在农业方面，大集体——"公社"被建立起来并迅速导致农业生产和食品分配的瓦解。气候在1958年后对农业也不利。经济计划和统计控制在"让政治领导经济"的口号下作为过时的观念而被抛弃。

苏联当局也很少隐藏他们对"大跃进"经济政策的焦虑。苏联在中国的大量政治经济投资处于危险之中。此外，日益增加的政治与意识形态分歧也导致了两个共产党大国关系的持续恶化。最后到20世纪60年代中期——这也许是共产党中国经济史上最重大的事件——苏联紧急地撤走1 500名苏联工程与技术人员,使所有经济援助实际上地停止。苏联支持的大量计划已经停止。在那时原定300座苏联援助工厂大约只有一半完工。东欧的援助也减少到很小。

在1960~1961年冬天中国经济陷入到了最低潮。工业生产急剧减少,营养不良蔓延各地,不满甚至扩展到了军队。

(三) 重新爬起

尽管“大跃进”的失败,共产党中国仍保留了苏联和东欧国家援助的遗产——工厂、技术和受过训练的工人。到20世纪60年代末、70年代初,中国开始缓慢但是坚定地从最低潮恢复起来,这并没有花费太长的时间。在1966年许多闲置的工业已经开始运转,但是工业生产还不能恢复到1960年的顶峰。农业生产与粮食供给已从1960~1961年最低潮恢复起来,但是自从1957年以来人口增长的速度超过了农业生产。为帮助弥补人均生产的下降,中国从1961年开始每年进口500万~600万吨的粮食。

在恢复期间,中国与共产党国家的贸易急剧地下降,然而与非共产党国家的贸易却在上升,不仅因为大量粮食的购买而且也因为从日本和西欧进口机械与工业原料的不断增加。当中国在苏联的监护下进行工业化时,超过三分之二的中国贸易是与共产党国家之间进行的。从1961年始局势已发生了逆转,现在三分之二的中国贸易是与非共产党国家进行的。

图 2　共产党中国:总贸易额(1957~1966)[①]

(四) 新的威胁“文化大革命”

在1966~1967年共产党中国的经济恢复受到了新的发展——“无产阶级文化大革命”的威胁。这场运动也许是老年毛泽东在那些主要寻求经济改良的人群中重新点燃“持久革命”火花的最后尝试。最初期目标是针对作家、教授、科学家、研究室主管以及其他知识分子和专家,特别是那些受过西方训练和与西方有接触的人。但是据说保护那些最优先的国防工业的专家。这种保护显然是有效的。

1966年12月,毛泽东把革命扩大到工业与农业领域。大部分重要的工厂生产与研究已经中断,但是中断并不是严重的或持久的。进出口活动受到牵制,贸易谈判被推迟。但这些发展可能不会严重地影响中国工业。

“文化大革命”并不是对现代工业的需求也不是在人们渴望生活环境的改善上的一种协调。此时政权似乎促使革命触及经济格外小心。尽管革命显然不会损害尖端武器计划,但是它变得如此猛烈,以至于将严重地削弱了工业与技术的进步。

---

① 　图略去。——译注

二、现代武器系统开发的主要问题

(一) 更新技术的需求

尽管有"大跃进"的破坏和苏联援助的撤走,共产党中国在许多现代武器系统的开发上仍然取得了飞速的进步。中国已爆炸了五个核装置,进行了多种武器计划,从事其他的军事研究与开发活动。中国计划可能大量依赖于1960年以前苏联提供的技术,尽管这些尝试显然已超出了这个水准。中国进步的详细状况不得而知,但是其活动主要集中在核武器、导弹、飞机和海军等领域。

共产党中国在工业生产与技术方面远远落后于世界上的主要工业大国。通过集中工业、科学、技术等资源和从国外购买关键设备与材料,中国在最优先的军事武器的开发方面取得了坚实的进步。然而这种进步是通过抑制国民经济资源和延缓为经济广泛需求普通工业基础的增长而实现的。当然现代工业基础发展的延缓反过来也影响未来武器计划的速度、范围及其效果。

在苏联援助时期,重点是放在基础工业的增长上。然而自1960年以来中国把这种努力从集中在设备扩展到生产更加复杂的商品,例如某种电子元件、特殊金属、塑料、人造纤维和其他化学产品等。关键的机械制造部门的扩大也放在了最优先的位置。开发更加复杂的现代工业的需要毫无疑问由于武器计划不断增加而更加迫切。自从苏联援助撤走后,中国已经开始转向把自由世界国家作为尖端机械、科学设备、重要原料和技术数据的唯一来源。

(二) 技术工人的长期短缺

中国工业技术持续性的主要弱点是在中高层中间缺少受过良好训练的工程与技术人员。中国领导层不得不选择那些可以被援助的和可以忽视的技术工作。当前中国科技研究工作大部分集中在紧迫的实际问题,而不是普通的科学研究,可能集中在军事领域的重要阶段。北京政权能够集合数组研究员和工程师集中解决少量的最优先的问题,但是其在军事计划上的努力却是以牺牲基础工业计划为代价的。

三、对尖端武器重要的工业缺陷

一般来说,共产党中国的主要工业缺陷,对于现代武器发展的重要性来说可分为四类:电子设备、某些关键化学制品、特殊金属和机械——特别是用于特殊目的和精密的机械。

(一) 电子设备

在现代武器系统所有需要引进的设备中,共产党中国处境最好的可能是军事电子设备。

中国从苏联援助而建立起的电子工业所获得的益处远比其他现代工业领域要多。然而从1960年以后新的军事需求开始主要应付中国自己对国外设计的装备进行修改。此外中国现在购买许多种类的西方电子设备，当前中国大部分努力都用在把这些设备满足于中国特殊的军事需求上。

由于早期苏联的援助和自己广泛的研究与开发，中国能够制造大量控制与仪器设备——包括雷达、计算机和陀螺仪——地对地导弹、地对空导弹和近程巡航导弹的导航和控制需要。

当前中国能够制造充足的通讯设备以满足大多数陆海空三军的最低需求。其大部分已部署的地面雷达是国内制造的。然而对于更加复杂的设备发展需求，中国将寻求进口更多的电子和通讯设备，包括原装及其来自日本和西欧的技术数据。电子工业也严重依赖于进口未加工和半成品材料（例如，云母、石英和高纯度铜）和高质量生产机械、试验设备。

（二）化学制品

共产党中国化学工业的技术发展直到1960年仍落后于其他重工业。从那时起在生产基本化学制品、化肥和塑料上取得了显著的进步，自1965年以来中国把石油化工业的发展放在最优先的位置。中国化学制品的产量显然足够满足其大多数尖端武器计划的需要。断断续续的情报表明与武器相关的化学制品和设备的进口在种类和数量上已受到了限制。

中国能够为导弹和火箭生产少量的固体和液体推进剂。在固体推进剂方面，位于太原的军工厂能够生产充足的传统类型双基推进剂以满足试验与开发的目的。在液体推进剂方面，中国能够生产一定数量的酒精、煤油、液体氧和浓硝酸。然而中国仅仅能够生产少量高强度液体推进剂，如液体氢、四氧化二氮、联氨和其他胺类物质。

许多塑料在军事武器方面是很有用的。然而中国的塑料工业相对较年轻和不发达。中国化学家已能成功地生产很多的普通类型的聚合体，但是却不能大量生产适用于军事武器上的专有塑料。1965年中国宣布已掌握生产聚四氟乙烯的国产能力。然而生产是受到局限的，其质量可能也低于西方的水准。聚四氟乙烯在飞机和电子工业上具有一定的战略用途，在铀-235生产的气体扩散过程中作为垫圈极为重要（因为其可抗腐蚀）。

专门类型的合成橡胶对于军事计划是必须的，然而中国仅能生产非常少的橡胶和需进口许多种类。中国仍旧缺少能够大量生产硅树脂橡胶、现代立体橡胶和防油合成橡胶的技术。在20世纪50年代一座5万吨合成橡胶厂在兰州由苏联帮助建造起来，但这座工厂的生产仍然处于非常低的能力。中国合成橡胶工业的扩大将需要进口设备和技术。

（三）特殊金属

对于现代武器计划来说中国在材料上的严重不足之一是缺少独立生产合金、特殊钢材和某种有色金属的能力。中国可能拥有充足的冶金能力和必要的设备,包括真空熔制设备,能够生产少量的超耐热合金、铁芯硅钢和不锈钢,包括对于研究与开发所需的特别类型。然而高级合金钢生产的稳定增加将依赖于能力的扩大,近些年中国已加强了自身的努力,以开发不锈钢生产来支持化学工业的扩大,又能提供诸如在建造核反应堆方面新的军事需求。

中国的冶金业可能拥有充足的能力满足除铬、镍、铜和钴以外用于金属与合金的绝大多数需求。然而扩大生产将需要辊轧能力,如果中国能够满足大部分成品钢的需要——特别是钢板和钢带——来自国内生产。辊轧能力的扩大将需要仪器和全套设备的进口。

中国开采与制作如钛、钨、钽、铍、铌和钼这样的金属能力不得而知。中国钢铁加工的问题和其努力从国外获取某些金属的技术表明它在处理开采制造这些金属更为复杂的问题时遇到了困难。

在不久的将来增加冶金制品的供应、种类和质量的主要需求是:(1)现代精铣;(2)其他冶金学家和技术生产工人;(3)生产更尖端的金属与合金所需的其他设备和技术;(4)某些未加工的矿物质。

(四) 机械

中国的机械制造业在支持中国军事计划方面承载着最繁重的负担。自 1960 年以来这个工业部门一直能够同时支持现代武器系统的开发和最紧迫的国内需求。苏联援助的丧失已迫使机械制造业用其稀有的资源在新设备的制造和设计上开发更大的自给自足生产能力。该产业不得不把其大量生产转向一些诸如飞机制造厂、核反应堆、冶金工厂和炼油厂这样设施所需特殊设备的制造上来。对于中国从国内或自由世界获取大部分仪器和调节装置以及过去从苏联获取的其他的专门部件则需要面对结合的问题。

尽管如此在过去的两至三年里,中国集中机械工业的最好的人才与设备来满足这些需求已取得了进步。中国通过从西方购买如坐标镗床、齿轮制作机床和精密磨床等精密和特殊类型的机械工具以补充他们国内的需求。自 1963 年以来中国进口这样的机械工具已稳步地增加。

从自由世界进口设备不仅可以促使中国填补其能力上的巨大差距,而且提供给中国一个自行设计的原型。像全套机械制造设备的进口将涉及购买现成技术和为中国技术人员提供训练场所,特别是在合同中包括由供应者提供训练的那些情况。

未来几年中国机械制造业的生产可能在数量和种类上都有所增加,也能够更好地支持,如现代喷气式飞机工业。然而喷气式飞机制造的可用资源仍将是短缺的,因为生产线需要许多与导弹制造相同的工程技术、金属、机械加工。因此高水准的竞争可能发生在两个武器计划之间,而不是这个与其他计划之间——例如,潜艇的制造或核能力的开发。

四、武器计划的负担

共产党中国的军事及其与军事相关的计划差不多占中国国民生产总值的10%。其在国民生产总值的分配上比较高——远远高于工业生产的分配——超过了法国与英国。更重要的是中国武器计划所使用的高素质的人力、设备和材料——否则这些稀有资源可能会被用在国民经济部门的建设上。1964年在与访问者的会谈中，周恩来总理承认中国追求核能力已给其经济带来了巨大的负担。

其他国家经验表明在最初的几年军费开支将变得庞大，特别是当共产党中国试图把多种武器系统都投入生产和部署。当前核武器系统的开发是根据苏联的设计，因此大多数基础研究已经被证实。中国能够减轻——但是不能阻止——研究与开发的开支增长，如果他们仅仅是满足于所获得的苏联系统和20世纪50年代的技术。但是中国肯定将进行自己的研究与开发，诸如洲际弹道导弹计划的需求，这意味着研究与开发的开支将迅速增长。

当中国试图把多种武器系统连续地生产并部署的话，全部开支将迅速增长。即使未来几年中国仅生产改进型的苏联系统，在掌握生产技术和仿制特殊部分和部件时也将会面临严重的问题。对于中国来说，研究与开发的生产成本可能要高于美国或者法国，因为这些国家已拥有支持这些生产计划的工业机械、流程和技术。除此之外，中国将不得不应付每年繁重的军事演习和维持部署这些部队的经费。

由于缺少广泛的国外援助，中国在从事最优先的现代武器计划和为国民经济提供充足的资源时，中国的技术人力几乎肯定是缺乏的。在未来几年，中国将继续面临科学、管理和工程技术人员的急剧短缺，将被迫把其努力集中在有限范围内最优先的工业上。

中国大多数最优秀的科技精英将继续是那些在国外受过教育的人，包括在自由世界和苏联。对于这些高级科技精英，中国将严重依赖于在国外受过教育的中国人，大量在中国受到培训并有5至10年经验的研究员现在也达到了其能力的最高水准。由于"文革"中国大学的关闭正在推迟这项计划。

五、日本和西欧援助的重要性

（一）总进口

中国从自由世界进口设备和技术数据对其军事计划来说有着重大的贡献。自1961年以来，中国已经从日本和西欧购买超过价值5亿美元的机器、设备和科学仪器。这个数据并不包括购买运输设备或从国外获得技术数据的总额。以下表格展示了自从1963年以来从日本和西欧进口机器、设备和科学仪器的急剧增长：

（单位：百万美元）

年份	总计	机械与设备*	科学仪器	年份	总计	机械与设备*	科学仪器
1961	20.6	18.6	2.0	1964	54.4	46.7	7.7
1962	13.4	12.6	0.8	1965	156.9	138.2	18.7
1963	16.6	14.3	2.3	1966**	195	170	25

 ＊ 不包括运输设备与成套设备的进口。
 ＊＊ 年评估是根据头六个月的数据。

中国已越来越多地购买如轧钢、特殊用途车床及其他机械工具、科学仪器、计算机和其他电子设备等项目。未来进口的购买清单不仅变得更长，而且包括大量的——直接或间接——与尖端武器计划相关的项目。

包含在中国购买清单的许多战略设备物资因在巴黎统筹委员会的限制内而前景渺茫，北京政权难以购买所需的全部种类和数量的机械。然而，巴黎统筹委员会清单并不包括直接和间接对于中国军事计划非常重要的许多物资，而巴黎统筹委员会所限制的一些物资可通过绕过这些管制而获得。

（二）成套设备

自1963年中期以来，中国从日本和西欧购买的成套设备已取得了相当的进展。这些成套设备的总价值约2亿美元。大多数设备已用在支持国民经济——例如，化学纤维、化肥、塑料。然而这些设备，特别是钢材和其他金属设备，将为中国军事工业基地的建设提供重要的部件。此外，对于国民经济的优先部门来说，购买尖端的西方技术和设备，例如化学制品和石油，也可减轻用在武器计划的稀有研究与开发人员。

当购买涉及新技术的全套设备或装置时，中国通常从厂商获取协议以监督在中国的设备组装，训练中国技术人员使用和保证其继续的运行和维修。在一些方面中国宁愿购买技术而不是设备。例如1965年末中国与许多瑞士柴油机制造商签署协议。

（三）冶金设备

1966年中国设法扩大其钢铁工业生产的产品范围，特别是减少了平滑辊和管钢的进口。自1966年初以来，中国一直与以西德机械制造公司为首的西欧财团谈判购买：连续高速热带材轧机、连续高速冷带材轧机、管子挤压设备和（可能的）行星式齿轮带材轧机。这些预计购买的设备将每年增加230万吨薄板的生产能力。

1965年中国成品钢的进口已接近约1.3亿美元，大约是1963年的两倍，1966年的进口可能会更高。大多数进口物资包括平滑辊和管材——这种类型的钢材将通过谈判采用辊轧设备来生产。

在过去的几年,中国签订了许多合同,"太空时代"金属生产和加工所需的设备进口谈判也已经开始。中国在重要的高温和防腐蚀金属领域的能力由于购买外国设备和技术已得到了根本性的提高。

(四) 机床

通常来说,当前中国的机床发展并不能满足武器制造所需的大尺寸精密机床的生产。因此随着精密机床的需求变得越来越多,中国肯定要依赖于自由世界工业国家的进口。

对于所有用途的高级机床的进口,无论是军用的还是民用的,将主要来自于西德、瑞士、英国、日本以及近来比较多的法国和意大利。关于自由世界供应的日益重要性在下面图表中反映出来,其提供了1964年和1965年来自于自由世界厂商的进口额。

(单位:千美元)

	1964	1965		1964	1965
西 德	2 594	4 359	日 本	614	2 557
瑞 士	1 440	4 308	合 计	6 311	14 816
英 国	1 663	3 592			

从这些国家的购买持续地增加,一直到1966年的2 000万美元。这些购买包括坐标镗床、重型卧式钻孔和铣床机、高速内圆磨床、小口距精密齿轮机床及其他机床。实际上所有从西方购买的机床表面上最终用途是非防御性的,但是可能绝大多数将被直接用在支持军事工业上。

(五) 工业原料

工业原料的进口也促进现代武器的生产。工业原料的总进口一直快速的增长,除化肥进口以外,到1966年达到2 500万美元。对于中国尖端武器计划开发极为重要的某些少量原料已被进口——例如聚四氟乙烯、离子交换树脂、高纯度铜、特种钢、难熔金属(像钛、铍和钽)和原子研究所需的高纯度石墨等。

(六) 技术数据

对共产党中国武器生产计划的突出贡献也来自于国外技术数据的获得。中国通过日本和西欧的公开资源,如图书馆、书店、大学和科学出版社等,不断地收集技术文献情报。中国科技代表团也通过对自由世界的工厂、实验室、大学的访问以及其他直接个人的交往获取技术数据。中国人也直接购买一些技术情报,或在与设备的谈判、购买接触时得到。

（七）对贸易管制的欺骗

当然，最后中国能够通过秘密的渠道获取无价的技术：秘密地违反巴黎统筹委员会和其他管制进行谈判和发货；在设备的最终用途上进行虚假的宣传；使用上的欺骗——每次装船一点点（避免被发现）、隐藏中国最终目的的事实以及伪造出口文件。

（八）未来援助的重要性

未来几年中国将更加严重依赖于日本和西欧以补充自身的努力来支持其现代工业建设。随着武器生产的增加和中国被迫越来越多的依赖自身的研究与开发和工程资源来支持新武器计划的开发，那么其他特殊种类和数量的原料、尖端设备和现代技术将不得不从自由世界那里获得。现代设备和技术的进口不仅支持武器计划，而且减轻作为整体的工业技术人力和设备的供应所带来的压力。因此这种类型进口的稳固增加和对于其他种类的设备与原料进口继续进行谈判都是可能的。除非中国与苏联的关系出现出乎预料地好转或者能够忍受当前"文革"所带来的经济崩溃，否则这种趋势肯定将持续下去。

DDRS，CK3100123959－CK3100123987

詹欣译、校

中情局关于 1966 年中国尖端
武器计划的一些新进展的评估

（1967 年 6 月 30 日）

MH SNIE 13－8－66

绝 密

共产党中国尖端武器计划

（1967 年 6 月 30 日）

1. 自从 1966 年 11 月 3 日 SNIE 13－8－66 公布以来,中国已进行了有关热核反应的两次核试验。第一次是在 1966 年 12 月,体现了自中国宣布其确定百万吨级当量所必需的两级设计概念以来,更加显著的技术进步。……①

2. 6 月 17 日在罗布泊进行的最近一次核试验证实了中国已开发了两级热核装置。……②有确凿证据表明该装置可能由中型喷气式轰炸机在约11 000英尺的上空空投引爆。

3. ……③

4. ……④

5. 尽管中国仍旧有相当多的方法去调整它们装置的重量和尺寸,但是到目前为止所取得的进展和给予热核武器最优先地位,表明到 1970 年中国可能将研制出百万吨级当量的洲际弹道导弹弹头。在 SNIE 13－8－66 中,我们估计到 20 世纪 70 年代初中国将拥有几枚洲际弹道导弹。在这期间,中国将拥有一些可由中型轰炸机携带的百万吨级当量的热核炸弹。

6. 有关中国热核计划的更广泛的意义,将计划在 7 月出版的 NIE 13－8－67"共产党中国战略武器计划"中进行讨论。

http://www.foia.cia.gov/nic_china_collection.asp pp. 1－2

詹欣译、校

---

① 原文此处四行未解密。——译注
② 原文此处两行未解密。——译注
③ 原文此处三行未解密。——译注
④ 原文此处五行未解密。——译注

中情局关于中国战略武器计划的评估

（1967 年 8 月 3 日）

NIE 13 - 8 - 67

绝密

共产党中国的战略武器计划

（1967 年 8 月 3 日）

问　题

评定中国战略武器的政策与计划，并评估到 1970 年代初这些计划的性质、规模及其进展。

结　论

1. 显然中国渴望大国地位，当前其领导人已把最优先开发重大战略能力作为这种地位的基本要素。随着他们对有限资源的精明管理，未来十年中国能够继续为实现这些目标而取得坚实的进步。

2. 然而只要狂热和无序继续影响中国，可能实际取得进步的程度将是令人怀疑的。对尖端武器计划的一些负面影响无论如何是可能存在的；施压去做更多的事情或中央政权的崩溃都可能导致严重的破坏。

3. 中国现在可能拥有几枚可由轰炸机运载的裂变武器，并已展示了制造百万吨级当量热核武器的能力。不久其将拥有钚，可帮助把这种武器缩小到导弹弹头大小，也促使裂变装置向更简单、更轻便的方向发展。未来一至两年，裂变材料的有限性将会使弹头生产受到明显的限制，但是随着玉门的钚生产反应堆达到全面生产，这种情况将在下一年会明显地减轻。

4. 我们认为有限部署可携带核弹头的中程弹道导弹可能将在未来约六个月内开始。1968 年后当核弹头的数量不断增加时，这种部署可能会以更快的速度进行。这些部署将可能威胁美国基地、从日本到菲律宾、南亚和印度北部的重要城市。

5. 我们估计在 20 世纪 70 年代初中国将准备部署洲际弹道导弹系统。很可能将在 1970～1971 年准备部署。然而这是一个严格的时间表，如果中国遇到重大的问题，那么初始作战能力将会推迟。无论如何一旦他们开始,我们肯定会发现已扩大射程的发射,对这些试验的监测可提供其大约一年的初始作战能力的预警。

6. 当前我们尚未有证据估计中国部署的第一代洲际弹道导弹能够有多远或有多快。假如政治与经济稳定的话,到1975年中国可能拥有资源来支持一个中等的且不断增加的洲际弹道导弹部署。1975年以后第一代系统可能得到明显的改善,或基于当前正在内蒙古呼和浩特建立的大型基地的下一代固体燃料导弹系统也可能进行开发。如果中国在洲际弹道导弹固体燃料的开发上取得重大进步的话,它可能会限制第一代系统的部署。

7. 其他战略运载手段很少得到优先地位,但是今年中国可能在已完工的西安飞机制造厂开始制造一些图-16中型轰炸机。

8. 中国当前不太可能大力地进行处于半休眠状态的柴油动力导弹潜水艇计划。1964年下水的G级潜水艇并未装配导弹。而其他导弹潜水艇能够使用可能至少要到1970年。中国已显示出对核动力技术的兴趣,但是即使核潜艇的设计已经开始,到70年代末以前第一艘也不可能交付使用。

9. 基于政治影响,中国可能将会尽快发射地球卫星。今年中国将可能通过使用增加级数或加大有效荷载的中程弹道导弹,也可使用洲际弹道导弹计划的早期试验工具来发射卫星。

讨　　论

1. 总则。我们现在越来越清楚地看到中国战略武器计划的主要轮廓。它包括优先进行的中程弹道导弹、洲际弹道导弹、裂变材料的生产和裂变武器与热核武器的开发。所有这些领域的成果显示了过去一年的显著进步,这些努力也清楚地证实了中国的决心。但是有关我们对未来计划的速度和范围的判断,特别是针对未来五年的生产和部署仍持有许多疑问。尽管在尖端武器计划上还未受到"文革"明显的干预,但是我们怀疑其是否完全不受影响。

2. 我们很少有中国人对尖端武器计划在他们整体战略中所扮演角色的思维方面的证据。当前领导人可能认为,如果成功地开发战略武器,他们的声望将会大大增强,他们在亚洲的领导权和大国的地位将会增强。他们也希望战略能力的拥有将给他们带来巨大的安全感以支持革命运动,特别是在亚洲,它也将减轻以任何理由对中国进行核打击的危险。换句话来说,中国可能认为以核武器攻击美国及其在亚洲目标可以限制美国在亚洲的军事行动,可以将对抗维持在常规武器的层面,因为在这方面中国享有的许多优势。

一、核 计 划

3. 热核装置。北京已进行了六次试验,其中三次是与热核开发有关。……①

---

① 原文此处五行未解密。——译注

4. ……①中国在 1967 年 6 月 17 日爆炸了一个热核装置。……②该装置可能是由图-16 空投的。中国的图-16 中型喷气式轰炸机是在试验的前几周飞到罗布泊试验基地的飞机场的，其中一架已被侦察到……③在这个飞机场有一个武器装载室。空投标记以 CHIC-6 代替 CHIC-3。……④

5. ……⑤

6. 裂变装置。1966 年 10 月 27 日北京宣布爆炸了一颗由弹道导弹运载的核装置。……⑥尚未有确凿的证据表明该导弹飞行的距离，但是我们认为其可能是从双城子导弹试验靶场发射的。在试验前双城子导弹试验靶场建造了一个新的发射台，其位置与其他设施保持了一定的距离，表明对安全的特殊关注。这也许是一个导弹发射区。如果是这样的话，这意味着导弹飞越了约 450 海里落到罗布泊核试验基地的弹着区。我们并不知道所使用导弹的型号，但是经过多年研发的中程弹道导弹是合乎逻辑的选择。

核材料的生产

7. 铀-235。……⑦我们认为直到今天在中国所进行的所有核试验中使用的裂变材料铀-235 都是在兰州铀同位素分离厂生产的。但是现在我们却缺少足够的信心来评估中国正在使用电磁法来"分离"铀-235 产品，其已在兰州气体扩散厂部分地进行浓缩。进一步分析表明中国能够使用三种方法的任何一种：气体扩散法、用离心法进行气体扩散或用电磁离析器进行。

8. ……⑧如果用气体扩散法进行全面生产的话（从某种意义上来说这将需要使用小规模的、紧凑的步骤以牺牲一些生产能力为代价而最大地获取铀浓缩），那么产量的水准将在最小量和二至三倍之间。如果在技术上使用电磁法的话，考虑到在兰州可适用的建筑空间，接近较低的生产率是可能的。高生产率将需要在其他地方的一个相当大的装置中进行最后的铀浓缩。经过仔细研究尚未发现有这样的装置，我们认为它不太可能逃脱我们的注意。……⑨

9. 钚。位于玉门原子能基地的大型钚生产反应堆开始运行于 1967 年初。……⑩我们先前估计中国为了获得运行经验和减少设备故障的发生率，将用一至两年的时间在低于其能力的情况下良好地运行反应堆。……⑪为了提取钚，中国正在准备在玉门建造一座化学分离厂。该工厂将在 1968 年的上半年开始投入使用。在玉门大型化学分离厂开始投入使

---

① 原文此处一行未解密。——译注
② 原文此处一行未解密。——译注
③ 原文此处一行未解密。——译注
④ 原文此处三行未解密。——译注
⑤ 原文此处五行未解密。——译注
⑥ 原文此处七行未解密。——译注
⑦ 原文此处一行未解密。——译注
⑧ 原文此处四行未解密。——译注
⑨ 原文此处五行未解密。——译注
⑩ 原文此处两行未解密。——译注
⑪ 原文此处四行未解密。——译注

用之前,中国很可能已拥有了为试验提供一些钚的试点工厂设施。

10. 其他核材料。对于重水资源这样可能的候选——已获取用在热核武器材料之一的氘——已被确定下来。显然中国已在氮肥厂进行了重水设施选址的一些活动。在吉林省的氮肥厂有一座与苏联重水设施相似的装置。……①

当前核武器的制造

11. 通常中国似乎把热核武器的开发予以最优先的地位。毫无疑问热核试验已给核材料带来巨大的消耗,这个计划的成功强烈地暗示中国最优秀的科学家都已集中到该计划中来。……②

12. ……③中国领导人肯定想尽快地至少拥有几枚核武器。……④因此我们认为其储备的武器数量可能很少。

13. 我们已经确认一处设施可能是中国第一个核储备基地。它位于靠近库库诺尔核武器开发与生产基地以东约13英里处,显然其已几乎完工。我们最近已确认位于乌什塔拉机场以北约10英里的一处建筑物,其可支持罗布泊试验基地。它在建设的初期阶段与库库诺尔设施极为相似表明它也是用来进行核武器储备的。

二、当前运载系统计划的状况

中程弹道导弹计划

14. ……⑤双城子导弹试验靶场加快了导弹发射的步伐,首先在1965年,继而扩大到1966年,并在1967年持续下来。这些迹象,……⑥表明大多试验与中程弹道导弹的开发有关。……⑦

15. ……⑧同样地,我们还不能确定关于导弹性能特征一些重要细节。从我们所看到的射程来判断,中国的中程弹道导弹大约有70英尺长,由公路运输车进行运输,可能拥有无线电惯性导航系统并使用易贮存的推进剂。我们估计中国一直在研制1 000英里的导弹,但是当前我们的证据仅使我们认为已被确认的一些发射显然只飞行了600~1 000海里。

16. 尽管该系统是可用公路运输式的,但是我们认为它仍将可能需要一些长期支持设施的固定地点。考虑到中国薄弱的公路网,中国可能会把它们的位置选在铁路线附近。在双城子导弹试验靶场的发射井尚未有任何建设的迹象。因此至少最初的部署几乎肯定在无防护易受攻击的地区。

---

① 原文此处三行未解密。——译注
② 原文此处五行未解密。——译注
③ 原文此处四行未解密。——译注
④ 原文此处三行未解密。——译注
⑤ 原文此处一行未解密。——译注
⑥ 原文此处一行未解密。——译注
⑦ 原文此处五行未解密。——译注
⑧ 原文此处四行未解密。——译注

17. 尽管靠近北京的长辛店导弹开发中心是主要的研究与开发设施,但它可能为有限部署计划生产足够数量的导弹。位于南苑附近的工厂显然适合制造弹体和其他导弹部件。这两处设施是中国中程弹道导弹生产的最佳候选地。……①尚未有迹象表明中国已经开始在这些设施上进行连续地生产。从我们对苏联导弹生产的经验判断来看,我们认为在任何单独工厂生产大量的导弹将是不可能的。

18. 5月和6月在双城子导弹试验靶场进行导弹发射的频率显然要大于导弹的研发阶段。尽管其他解释是可能的,但有证据表明中国似乎正在至少进行一些军队训练的发射。如果是这种情况的话,发射场的准备可能已经开始。我们仔细研究了1967年超过一半的中国铁路网的照片,并没有发现这样的发射场。由于我们并不知道已部署地点将是什么样,……②我们不能确信是否能够在他们的早期准备阶段发现其第一个部署地点。

洲际弹道导弹计划

19. 有确凿的证据表明中国正在研制洲际弹道导弹系统。能够容纳洲际弹道导弹或太空助推器类型的巨大的新型发射设备(双城子导弹试验靶场的综合发射台B)显然已准备完毕。回顾长辛店导弹开发中心的发展,我们认为中国至少从20世纪60年代初就一直致力于洲际弹道导弹的开发。

20. 在这个阶段我们还不能更多地判定该系统的特征。尽管全新的设计并不能被排除,但是洲际弹道导弹与中程弹道导弹计划有非常近的关联是很可能的。例如,一组中程弹道导弹的发动机可排除对于开发全新助推系统的需求,对于中国来说是合乎逻辑的手段。这枚导弹可能是一个超过100英尺长和直径约10英尺宽的两级飞行器。为了打击美国的主要目标,中国将需要射程约6 000海里的导弹系统。中国的试验设施显然能够处理足够庞大的发动机推进器以达到这个射程。

21. 易贮存的推进剂系统对于已部署的导弹系统来说具有重要的优势。尽管证据不是决定性的,但是我们认为中国可能打算在他们的洲际弹道导弹上使用这种推进剂。中国可能不会掌握复杂的全惯性制导技术,因此他们的第一个洲际弹道导弹系统可能将使用无线电惯性制导。

22. 综合发射台B显然是准备支持飞行试验的。第一次试验将可能是在中国境内进行的射程约几百公里的第一阶段的发射。综合发射台B的方位和沿着试验航向的电站位置表明最终发射将是朝向西南方向的。以这个方向进行的洲际弹道导弹全程发射将会影响印度洋。中国可能希望在影响的区域内准备一些仪器和通讯设备。这样的要求由陆基设备就可满足,但是出于技术和政治的原因,我们认为中国可能更愿意依赖于特殊装备的船只。然而我们尚无证据表明他们已准备提供这样的设备。

---

① 原文此处一行未解密。——译注
② 原文此处两行未解密。——译注

其他运载系统

23. 轰炸机计划。有确凿的证据表明在 20 世纪 50 年代末苏联帮助中国在西安建造了一个工厂制造图 - 16(獾)中型喷气式轰炸机。这座工厂的建设于 60 年代初中断,1963 年末或 1964 年初恢复,现在显然已经完工。如果中国仍旧打算制造图 - 16 的话,该工厂能够在今年末或 1968 年初制造出第一架飞机。

导弹潜艇计划

24. 中国显然仍旧保持着对潜艇发射导弹系统的兴趣,但是有一些证据表明该计划由于这样或那样的原因被推迟了。中国唯一的 G 级潜艇于 1964 年末下水,大约一年后会偶尔地驶向海洋。然而尚未确认这一级别的其他潜艇正在建造,仅有的一艘也从未被发现,除了进行训练的例行公事以外。此外中国正在建造他们的 G 级潜艇的时候,也在进行专用码头的建设,我们认为其是为处理导弹而设计的,该设施已处于半完工状态。

25. 我们没有直接的证据来判断中国设想或他们拥有何种潜艇发射的导弹。我们也没有发现任何这种导弹的试验,但是在长辛店进行的一些导弹发动机静力试验和在双城子进行的飞行试验可能与潜艇导弹系统相关联。当陆基试验仍是未经证实的话,海基试验计划能够长期地避免被发现也是不太可能的。试验全面的潜艇发射弹道导弹系统可能至少还需要一年的海基发射。

26. 太空计划。红卫兵的报纸曾引用中国人民解放军代理参谋长的讲话声称中国将在 1967 年进行太空发射。主要是出于政治原因,中国可能在今年尽快进行太空发射。一种可能性是使用增加级数的中程弹道导弹发射小型卫星。另一种是使用洲际弹道导弹计划的早期试验飞行器发射较重的物体。

三、前 景

27. 当判断中国未来战略武器计划可能的范围和速度时,他们的决心则需要被考虑。但是仅仅决心是不能解决中国所面临的大多数实际问题的。在计划、设计和试验上,中国毫无疑问地受益于苏联援助时期所打下的基础。但是在中程弹道导弹的生产、洲际弹道导弹的试验以及相配套弹头的制造上,中国将主要依赖于他们自己的技术和他们从非共产党国家获得的一切物质。他们将继续通过从接触日本和西欧技术以及从这些地区购买工业设备、尖端仪器和稀有材料上获取明显的收益。但是这仅仅部分地弥补了中国相对有限的技术与工业基础上的不足。我们认为他们可能将在从研究与开发到复杂武器系统部件的工业生产上遇到许多困难。当中国解决了他们的生产问题时,他们仍将面临稀有资源的激烈竞争。

28. 中国军事设计者一定认识到,在可预见的未来中国不可能与美国的核打击能力相竞争。由于第一代系统在进攻性打击下拥有可怜的生存机会以及在美国部署的防御性系统下又极易受攻击,他们可能也认识到这套系统作为威慑的可信度将是不足的。为了集中开发作为威胁和威慑都具有更加可信度的已改良和更精确的系统,北京可能会选择对早期武器进行象征性的部署。然而针对这种情况,北京也可能权衡第一代洲际弹道导弹象征性的部署是否值得去做的判断,因为这可能会增强其在亚洲国家中的优势、增强对美国的威慑作用以及得到重要的政治和心理上的收益。

29. 中国也必须公平处理洲际与地区战略力量之间和地区力量内部的武器系统之间的资源分配。并非把所有的资源都集中在洲际弹道导弹计划上,中国可能认为通过把他们一些有限的资源分配到能够制约大部分亚洲的力量上,能够更快地增强他们整体的军事实力。在地区力量观念内,如果他们能够开发可靠的、可移动的中程弹道导弹或能够携带热核武器的中远程弹道导弹的话,生产更多的图-16轰炸机作为运载武器的想法,对于中国人来说将会失去吸引力。

30. 使局势进一步复杂的是,在中国仍然存在政治经济秩序问题。迄今为止在中国的政治剧变似乎并没有影响战略武器计划;北京政权对核武器与导弹计划予以特殊的关注使其不受影响。但是越来越多的证据表明一些长期的伤害已经影响到了计划的行政部门与机构。

31. 例如根据红卫兵的大字报,革命斗争已经发生在负责核武器和导弹开发的政府部门。国防科工委负责人聂荣臻[1]已经受到了零星的攻击。另一个政治干预迹象是北京对待最近第六次核试验带有一种明显"大跃进"式的宣传。当毫无畏惧地采取鲁莽行径的"革命"的科学家和技术人员被称赞时,那些一步步解决科学问题的无名提倡者却受到了批评。尽管这无疑是部分地宣传……[2],但是它仍给尖端武器计划带来政治压力。因此,尽管这些计划具有特殊的地位,但是保护他们以免产生对伟大进步的不现实要求,以免受到中国不健康的政治气氛影响以及对经济效益和管理控制的侵蚀,对于北京来说越来越困难。

32. 很难判断在开发、生产和部署多种军事硬件上需要多长时间进行调整以应对这些弱点。也许我们已经低估了中国人,他们可能使其大部分计划以最快的进度实现并大量生产和部署多种武器系统。但是更可能的是中国将不得不进行妥协,也许会扩展到一些计划和设置,至少首先是有限的部署。

四、预　　测

33. 显然中国渴望大国地位,当前其领导人认为重要的战略能力是这种地位的基本要素。除非中国出现严重的政治经济混乱,否则我们认为为了这种能力的实现中国一定会利用其资源来取得坚实而重大的进步。同时,我们也要强调由于中国工业、科技和技术工人的弱点,未来十年中国计划将在范围、质量和数量上受到局限。如果中国试图进行更多的开

---

[1]　聂荣臻,中央军委副主席、国防科学技术委员会和国家科学技术委员会主任、副总理、15人专门委员会成员,1958年后全面领导战略武器计划。——编注
[2]　原文此处一行未解密。——译注

发,对于有条不紊的尖端武器计划和国民经济来说,长期的结果可能是极度的分裂。

核计划

34. 至少到 1970 年,中国的裂变材料将局限在玉门反应堆和兰州铀-235 生产工厂的生产上。然而这些数量并非不值得重视,一旦钚设施进行试验,显然……①到 1970 年中国将能够获得稳定的武器储备。……②

35. 如果中国计划进行一项装配热核弹头的洲际弹道导弹部署计划,以及如果他们在解决所涉及的技术问题上已取得了显著进步的话,在未来一至两年我们认为他们的努力将会扩展到铀-235 的能力上。一旦新的铀-235 工厂开始建造,生产铀-235 将需要约三年的时间。

运载系统

36. 中程弹道导弹。正如上面所述,我们认为中国的中程弹道导弹将在 1967 或 1968 年准备部署。然而关于部队训练的证据并不是决定性的,有关部署其他准备的证据也是缺乏的。这导致了很少或根本没有中程弹道导弹部署被计划的可能性。中程弹道导弹计划的主要目的可能是为洲际弹道导弹开发技术。

37. 然而我们认为重大的部署很可能已经在计划之中,并将在未来大约六个月内开始。然而未来一至两年,核弹头的有效性可能限制中程弹道导弹的部署。……③

38. 中程弹道导弹的部署可能设计对从日本延伸到菲律宾、东南亚和印度北部的一个弧形内的目标进行覆盖。中国的目的可能是对在这些地区内的重要军事基地和人口中心进行覆盖,希望通过这种方法来控制亚洲国家对抗任何美国对中国的威胁。他们可能认为这将通过在一些固定的、易受攻击的地方部署 80～100 枚中程弹道导弹来完成。……④除非他们面临经济或政治的崩溃,否则我们认为中国将会继续进行上述的中程弹道导弹部署,尽管按照这种标准来实现部署可能得到 20 世纪 70 年代中期。基于军事和政治上的原因,我们并不预测中程弹道导弹的早期部署是针对苏联的,尽管位于满洲的许多中程弹道导弹有能力打击苏联的目标。

39. 中远程弹道导弹。正如我们认为的那样,如果中国正在研制 1 000 英里的中程弹道导弹和洲际弹道导弹的话,那么对中远程弹道导弹仅仅是最低要求。此外我们还未看到任何这种计划的迹象,因此中国初期不太可能努力开发中远程弹道导弹。

40. 洲际弹道导弹的部署。我们估计到 70 年代初中国将准备部署洲际弹道导弹系统。可能将早在 1970～1971 年就准备完毕。然而这是一个严格的时间表,应该允许出现较小的困难和推迟。我们没有证据表明洲际弹道导弹的飞行试验已经开始。如果中国遇到重大的问题,那么洲际弹道导弹的初始作战能力将会推迟。无论如何一旦他们开始,我们肯定会发

---

① 原文此处一行未解密。——译注
② 原文此处四十行未解密。——译注
③ 原文此处十五行未解密。——译注
④ 原文此处两行未解密。——译注

现已扩展的靶场发射,对这些试验的监测可提供其大约一年的初始作战能力的预警。对于未来的核试验,到1970年中国将拥有一至三枚适合于洲际弹道导弹的热核弹头。

41. 当前我们尚无证据评估中国部署的第一代洲际弹道导弹能够达到什么样的程度。然而考虑到军事计划的需求和资源的压力,我们认为部署将以适度的速度、在低于最大能力的情况下进行。我们认为到1975年可使用的洲际弹道导弹发射台的数量可能将降低到10～25个之间。

42. 有关中程弹道导弹和洲际弹道导弹计划可能范围的其他情报将在下一年仍旧适用。同时,我们拥有的一些线索表明中国已经开始研制下一代系统。对于这些最明显的证据是中国正在内蒙古呼和浩特建造一个大型军事基地,我们认为其是为了试验和制造合成固体燃料火箭发动机。该基地仍在建造之中,其发动机准备进行飞行试验可能至少还需要三年的时间。因此,当前时间尚早还不能辨别出中国正在研制的导弹种类。但是在这个军事基地的大面积静力试验设施表明是一种远程系统。

43. 中型轰炸机。我们认为中国计划在西安制造图-16轰炸机。这种拥有1 650海里作战半径的中型轰炸机要比中程弹道导弹有更远的射程,并可为热核武器提供了一个临时性的运载工具。这也增加了中国军事能力的灵活性。最终为了在将来大型飞机的开发上获得有益的经验,中国可能考虑按照原定计划（20世纪50年代末的某日）制造图-16。在1968年初以前几乎很少有图-16可供使用,但是到1972年约75架被交付给部队。到那时下一代轰炸机可能处于研究与开发的早期阶段,但将最终取代图-16。

44. 如果中国计划使用他们的图-16来轰炸海军船只和其他清晰的雷达目标,他们可能会生产配有空对地导弹的飞机。中国可能具有生产射程约75～100海里的空对地导弹的能力,如果假以时日,可能会配有核弹头。但是考虑到其他计划的压力,1972～1973年以前我们不会看到空对地导弹系统。

45. 导弹潜水艇。我们认为很多年来潜艇发射弹道导弹系统的开发将继续受困于得不到优先权。……①尚无证据表明中国正在建造G级潜水艇。因此其他导弹潜水艇能够使用可能至少要到1970年。中国已显示了对核动力技术的兴趣,但是即使核潜艇的设计已经开始,到70年代末以前第一艘也不可能交付使用。

National Intelligence Estimates on China During the Era of Mao, 1948 - 1976, pp. 487 - 506

詹欣译、校

———————————

① 原文此处两行未解密。——译注

中情局关于中国战略武器计划的评估

（1968 年 4 月 4 日）

MH NIE 13－8－67

绝　密

共产党中国的战略武器计划

（1968 年 4 月 4 日）

说　　明

本备忘录讨论 1967 年 8 月 3 日公布的 NIE 13－8－67"共产党中国的战略武器计划"（绝密）一些重要判断的进展情况。然而由于当前太早还不足以对这些进展的意义进行全面地评估。未来几个月内有很好的机会了解足够的信息，使我们对中国的战略武器计划进行全面的回顾，到那时 NIE 13－8－68 也将开始公布。

评　　估

中国的内部局势

1. 在我们上一个评估中，我们对中国政权是否能够使中国核武器和导弹计划不受"文革"破坏的影响表示怀疑。当前有确凿证据表明混乱与骚动已经扩大到负责管理和实施中国武器开发的重要部门。国防科工委和中科院的高级官员已受到部分的政治攻击，甚至还发生科学研究所负责人自杀的事件。

2. 1968 年 1 月周恩来总理在与国防工业、研究所和学校的代表讲话中，对派系斗争已经影响到军事计划进行谴责。周说工业部门受到派系的严重困扰并发生"冲突已一年半了"。他点名并严厉地批评两个红卫兵小组在七机部（负责导弹）进行派系斗争，并说他们的部门已陷入明显的混乱之中。

3. 我们现在很难估计这些破坏有多严重。一方面工程建设、导弹发射和核试验在"文革"时期仍然进行。另一方面，有……①证据表明其他优先的军事计划的生产已经延期。尽

---

① 原文此处一行未解密。——译注

管我们缺少……①导弹和核武器计划的证据,但是似乎很少有理由怀疑他们已在一定的程度上遭受了经济效益与管理控制侵蚀的影响。

4. 除了指出混乱的政治局势加深了我们对中国战略武器计划的状况和前景进行评估的不确定性以外,我们不能超越这些基本的判断。

洲际弹道导弹计划

5. 到 1967 年初,显然中国已经建成了能够在洲际弹道导弹或者太空助推器上装备导弹的大型发射设施(位于双城子导弹试验靶场的综合发射台 B)。该发射台支持飞行试验已准备就绪是我们估计中国将在 70 年代初、更可能是在 1970～1971 年部署洲际弹道导弹的主要依据。我们认为这是一个严格的时间表,如果中国遇到重大问题,初始作战能力的时间可能会推迟。后来许多事情的发展表明他们确实遇到许多问题或者在基本计划上进行了一些重大的改变。

6. 自 1967 年 7 月以来,中国在综合发射台 B 周围进行了许多其他重要的建设。这包括最初在综合发射台 B 上建设大型竖立架所需的新建筑和为开凿铁路线而进行大型路基的挖掘。尽管中国仍旧可能通过公路把导弹运到竖立架或发射平台上,……②似乎表明中国并未注意到容易运到发射台的方法,……③表明对发射台的一些修改正在进行之中。

7. 对于这些发展可能还有几种解释。在新的基建开始之前可能至少有一些助推火箭从综合发射台 B 成功地发射,在那个阶段中国已经完成他们想做的,现在正向下一个阶段——可能的原型发射基地的建设——迈进。由于中国没有足够的时间(最多六个月)在开发他们第一枚大型助推器系统时实施如此重大的步骤,因此我们倾向于排除这种解释。此外我们认为有大量的机会可发现这些试验的迹象。……④

8. 更可能的一种解释是中国已经改变了他们的洲际弹道导弹计划。还有几种解释是:也许是综合发射台本身计划的过于草率和不完善,也许中国可能认为全部导弹系统并不令人满意,现在开始为新型或改型后的洲际弹道导弹系统建造不同的发射设备。

9. 然而这些假设仅仅是一些推测。但综合发射台 B 建造之前可能需要几个月的时间,足够给出确凿的迹象表明中国的想法以及他们洲际弹道导弹计划的含义。在这一点上我们能够以更充分的信心认为,如果中国并没有准备从综合发射台 B 进行飞行试验的话,而改变了他们的计划,那么会出现水准的下降。原有发射台可能到仲夏准备使用。因此我们估计中国的洲际弹道导弹计划至少已推迟了六个月。特别是考虑到综合发射台的一些其他重要建设,我们认为更合理的评估是该计划将推迟一年左右的时间。NIE 13 - 8 - 67 估计中国洲际弹道导弹的初始作战能力的可能最早日期是 1970 年。我们现在认为可能最早日期应该是在 1971 年。

---

① 原文此处一行未解密。——译注
② 原文此处两行未解密。——译注
③ 原文此处两行未解密。——译注
④ 原文此处两行未解密。——译注

中程弹道导弹计划

10. 在 NIE 13-8-67 中,尽管关于军队训练的证据是非决定性的,有关部署其他准备的证据也是缺乏的,但是我们估计中程弹道导弹的部署可能将在"未来六个月左右"开始。中国研制中程弹道导弹系统已进行了许多年,到 1965 年末我们已开始注意到靶场活动加快的迹象。1966 年 10 月中国已试验了一枚可运载核装置的导弹。尽管该装置是低当量的、显然也是低效率的,但是我们认为如果中国希望,他们能够把其设计用在中程弹道导弹弹头中。1967 年的 5 月和 6 月,……①显然处于发射的集中时期,照片……②显示靶场高度的活跃。这表明中程弹道导弹计划可能已经达到军队训练的阶段。这些是我们根据中程弹道导弹部署的时间进行评估的主要因素。

11. 此后我们继续进行密集的搜寻,……③尽管有许多尚未确定的建设计划,但是我们不能确认这些是否是正在准备的中程导弹导弹发射场。尚未开始部署可能表明第一套系统有着持续性的问题,或者它反映了他们决定对新型、已改进的系统进行部署。他们部署的时间表甚至可能受到对改进弹头需求的影响。我们仍然认为中国试图对中程弹道导弹进行早期的部署,但是考虑到所有这些不确定因素,包括文革的破坏,这种部署所估计的时间应该推迟 6 到 18 个月。

中国的核试验

12. 1967 年 12 月 14 日进行的中国第七次核试验,其目标可能是减少热核武器的尺寸和重量。使用相同核材料的装置(铀-235、铀-238 和氘化锂)用在中国前三次热核试验上。……④关于试验北京官方保持沉默,表明……⑤在罗布泊试验地区……⑥也是失败的。自中国于 1966 年 5 月进行第一次热核试验以来已取得了突飞猛进的进步,尽管近来的失败已经推迟了核计划,但是挫折可能是很小的。

http://www.foia.cia.gov/DOC_0001098752 pp. 1-4

詹欣译、校

---

① 原文此处一行未解密。——译注
② 原文此处一行未解密。——译注
③ 原文此处一行未解密。——译注
④ 原文此处两行未解密。——译注
⑤ 原文此处一行未解密。——译注
⑥ 原文此处一行未解密。——译注

中情局关于中国洲际弹道导弹和
潜射弹道导弹计划的评估

(1968 年 9 月 19 日)

SNIE 13－10－68

绝 密

共产党中国的洲际弹道导弹和潜射弹道导弹计划

(1968 年 9 月 19 日)

问 题

评定中国的洲际弹道导弹和潜射弹道导弹计划并评估到 1975 年这些计划的性质和规模。①

评 估

一、洲际弹道导弹计划

1. 显然到 1967 年初中国已实际完成了双城子导弹试验靶场的必备设施,并开始了洲际弹道导弹试验计划。然而在几个月内,他们又开始在这个设施上进行新的建设。最近的照片证实原来的发射台(发射台 B－1)已经被大范围地改建并显示已增添了一个中央塔。另一个不同式样的发射台(发射台 B－2)正在建造中。然而新的发射台仍将依赖为发射台 B－1而竖立的高架移动起重机,为新发射台而准备的控制室也正在建造。其他一些设施,包括为全面综合发射台供应额外燃料和水的储藏库也正在建设之中。

2. 我们仅能从这一点来推测这些进展的原因。一种可能性是管理的失败,部分由于政治的混乱,在导弹设计者和负责靶场设施建设者之间缺乏合作。或者对导弹系统设计失误的修改而被迫进行变更。所有这些改变也都是可能的,特别是在试验靶场进行的新发射台的建造,反映了导弹设计的重大变更。

---

① 原注:本特别国家情报评估取代 1967 年 8 月 3 日的 SNIE 13－10－67"中国对一些美国行动的反应"的相关部分。它也是对于特殊要求准备的中期评估。关于中国战略武器计划的所有方面将在于 12 月公布的 NIE 13－8－68"共产党中国的战略武器计划"详细进行讨论。

3. 从经验和我们对中国军事计划的一般观察来看，一件事情越来越清晰起来：中国在现代武器的开发和生产上所用的时间要远远超过几年前我们根据他们明显的进步而做出的判断。这些推迟几乎肯定是由于"文革"的破坏和混乱造成的。有充分的证据表明不仅仅贯穿于经济的生产和运输出现延缓，而且在涉及指挥和管理尖端武器计划的重要机构内部出现了政治上的混乱。

4. 除当前混乱时期以外，更基本和持续的问题是中国缺少广泛的科学工业机构。一方面是把经过挑选的负责研究与开发的科技人员组织起来；另一方面是一个仅仅拥有少数经过专门训练的人员和为数不多的高级工厂与机器的国家，来管理复杂的程序和生产大量尖端武器配件。尽管中国紧随其他国家开拓性工作的优势和能够从日本和西欧获取大量有用的数据、材料和设备中受益，但是我们认为在很长时间里仍旧不能弥补这些基本的缺陷。

5. 当然并不是说中国的尖端武器计划注定要陷入停滞，或者持续性的推迟。北京已对开发洲际弹道导弹和热核弹头进行了大量的投资，该计划正在向前迈进。但是它表明在评估未来几年的他们可能发展的速度时要谨慎，特别是对于复杂导弹系统的生产和部署。

6. 当前证据表明发射台 B-1 可能准备在今年末或 1969 年初投入使用，假如试验设备准备好的话，飞行试验就可能开始。无论中国何时开始试验，我们估计达到初始作战能力至少需要三年的时间。① 这个试验时段可与苏联和美国第一代洲际弹道导弹的经历相比较。因此 1972 年初拥有初始作战能力是可能的；但是根据中国的记录和考虑中国的政治经济形势，很可能将会晚些，也许两至三年。

7. 最近的情报并没有使中国洲际弹道导弹系统的特征清楚地显现出来。试验设备显然可控制足够大的推力来运载弹头……②到6 000英里以外。

8. 至于弹头的实用性，包括钚的充足裂变材料对于一个已准备部署导弹系统的适度计划来说是可用的。1967 年 12 月中国最近的一次核试验可能是打算减少热核武器的体积和重量。……③

军队计划

9. 当前我们尚无证据评估中国部署的第一代洲际弹道导弹能够达到什么样的程度。他们的决定和执行情况将依赖于政治军事发展及其经济技术能力。我们认为在头几年中国不可能部署大量的洲际弹道导弹。到头三年末，我们认为部署可能达到 10～20 个洲际弹道导弹发射台之间。因此，假如最早到 1972 年达到初始作战能力的话，到 1975 年中国不太可能部署超过约 20 枚的洲际弹道导弹。如果中国尽最大的努力并取得成功的话，他们也许能够达到这个数字的两倍。但是我们认为推迟和遇到困难的可能性会很高，到 1975 年估计中国能够达到约 40 个洲际弹道导弹发射台的水平是不现实的。尚未有证据来评估中国第一枚洲际弹道导弹的准确性和可靠性，但是我们认为他们要远远地低于当前苏联的性能。

---

① 原注：以中国的情况，我们认为在作战区域部署配有受过训练的人员的两至三枚导弹。

② 原文此处一行未解密。——译注

③ 原文此处四行未解密。——译注

10. 把第一代洲际弹道导弹部署在经过保护的地点或开发第二代系统的重要尝试都将延缓第一个系统的部署。我们认为中国不太可能在 1974 年前部署经过保护的洲际弹道导弹。尽管呼和浩特正在建造一座大型固体推进剂设施,但是中国在 1975 年以前不太可能部署固体推进剂洲际弹道导弹。

11. 中国可能到第一次部署的时候,能够开发出相对简易的外大气层的诱饵,例如气球。尽管有效与复杂的金属箔系统得以开发,但是到 1975 年内大气层的诱饵肯定不可能完成。到那时也不太可能拥有多弹头分导重返大气层运载工具。尽管第一代弹头可能拥有抵御核武器攻击的能力,但是我们仍不能对这个或未来弹头的抵御核武器攻击能力进行一定的评估。

二、导 弹 潜 艇

12. 中国在 1964 年 10 月下水了一艘 G 级潜艇。我们认为这艘潜艇并未进行任何的导弹发射,通常也不活跃。……①如果不久将开始建造的话,到 1975 年最多将有 3～4 艘配备射程约 350 英里导弹的潜艇。但是 G 级潜艇只有当它浮出水面的时候才可能发射,因此中国在远离他们的基地行动时将会遇到巨大的困难。我们认为中国不可能把柴油动力的导弹潜艇作为威胁美国本土的手段。我们估计最早在 70 年代末以前中国不可能研制出核动力潜艇。

http://www.foia.cia.gov/nic_china_collection.asp pp.1-8

詹欣译、校

---

① 原文此处三行未解密。——译注

中情局关于中国战略武器计划的评估

(1969 年 2 月 27 日)

NIE 13 - 8 - 69

绝 密

共产党中国的战略武器计划

(1969 年 2 月 27 日)

问　　题

评定中国的战略武器计划,并评估到 20 世纪 70 年代中期这些计划的性质、规模及其进展。

结　　论

1. 战略武器系统的开发在中国一直被置于最优先的地位。尽管在过去的十年里遇到了经济与政治危机,但是该计划仍然得以继续进行,中国已经进行了许多适当的研究与开发,并建立许多必备的生产设施来支持正在进行中的重要战略武器计划。

2. 正是这些努力,中国已具备了地区性核打击能力,其现在拥有几枚可由两架喷气式中型轰炸机运载的热核武器。中国也储备了一些裂变武器。

3. 随着中国生产喷气式中型轰炸机并朝向开发战略导弹及其相配的热核弹头,在未来几年这种有限的能力将得以适当的增长。今年或者可能在 1970 年开始部署中程弹道导弹,到 1970 年代中期将能达到 80～100 个发射台的力量。

4. 至于洲际弹道导弹,如果中国最早在 1972 年末达到初始作战能力的话,发射装置的数量到 1975 年可能降为 10～25 个之间。如果初始作战能力较晚达到,那么这个数量将相应地减少。

5. 但是未来中国计划的速度、规模和范围毫无疑问仍有许多不确定的因素。通常中国在开发和制造现代武器系统上所用的时间比我们几年前所判断的要多。中国缺少在复杂的现代武器系统上取得快速进步所必需的广泛的技术和经济资源。这种局势还会由于国内政治局势骚乱、混乱和不确定而加剧,甚至一定程度地被延长。

6. 我们没有关于中国领导人是如何调整尖端武器生产与部署和农业与工业部门良好

发展所需的投资之间竞争性优先地位的证据。然而在最低程度上我们认为中国设计者能够认识到,如果他们不能做到的话,中国就不可能与超级大国的核打击能力相竞争。这可能导致他们放弃初期导弹系统的大规模部署,希望从拥有相对较少的导弹和飞机上获得重要的威慑作用和政治影响。

7. 只要中国战略部队维持相对较少且较脆弱,这种情况在超出本评估的时段外仍可能存在,中国肯定会认识到对邻国和超级大国使用核武器将冒中国遭受毁灭性打击的风险。

8. 我们认为基于民族荣誉感,中国将尽快尝试发射卫星。今年他们可能使用经改造过的中程弹道导弹作为发射工具。

讨　　论

一、总　　则

1. 中国致力于开发现代化武器至少要追溯到 1957～1958 年。在苏联技术和原料的援助下,已初具规模的计划显然极具雄心。在那时中国对核领域和战术与战略导弹方面取得迅速进步的期望值是非常高的。但是 1960 年苏联技术人员的突然撤走和大跃进导致 60 年代初经济的混乱与衰退严重影响了尖端武器计划。不过尽管遇到经济政治危机,北京仍坚持把尖端武器计划的开发置于最优先的地位,并逐渐取得了进步。

2. 在核武器、地对空导弹和中程弹道导弹上集中进行研究与开发的许多计划可能出现在 1963～1964 年。1965 年已有报道开始表明中国对洲际弹道导弹的兴趣日益增加。到 1966 年末中国已显示出他们对热核武器设计基本原则的理解。1967 年中程弹道导弹计划被判断可能已达到不久将开始部署的阶段,洲际弹道导弹计划也可能达到将开始进行导弹试验的阶段。

3. 然而后来的许多事件表明中国计划远没有我们认为的那么先进,通常这些计划也不像我们认为的那样进步如此迅速。我们没有得到任何与中程弹道导弹发射场建设相关的活动情报,也没有洲际弹道导弹已经进行飞行试验的证据。因此过去两年的记录使我们对中国努力的速度与趋势以及控制因素提出了一些令人疑惑的和复杂的问题。

4. 主要的问题是没有足够的历史背景来判断中国生产和部署武器系统的技术和工业能力如何体现为尖端技术的。例如现代武器的大部分进展是在研究与开发上,而中国仅拥有较少的训练有素的高级技术人员和为数不多的精密工厂,在进行系列生产和复杂的武器系统部署时将会面临许多延期和挫折。而另一方面中国仿效其他国家开拓性成果的优势和从国外获取大量有价值的数据、原料和设备将帮助其减少完成计划所需的时间。总而言之,证据似乎不断地表明中国实际在开发和部署现代武器系统上所用的时间要远比我们几年前根据他们的进步所判断的要多。

5. 此外由于中国不健康的政治局势,任何显著进步的可能性都会减少。尽管不太可能确定在什么地方遭到损失,但是有显著证据表明"文革"的破坏已经渗入到负责军事科学与技术的组织和负责核武器与导弹开发的政府部门。在1967~1968年随着从……①进口专业设备和原料,其精华的部分在过去都被用在了中国尖端武器计划上,中国的工业生产开始下降。

6. 然而当前一些事件的趋势似乎表明中国正在恢复秩序。但是同时还有一些迹象表明北京仍然坚持可能侵蚀效率的政策,其控制进一步加强。这些政策反映了毛泽东决定"改造"他极为不信任的知识分子,以及通过劝导和"革命"实践使群众的创造力和生产力释放出来的信念。也许毛泽东政策最持久和最具有破坏性的影响将是已遭受三年严重破坏的教育事业。学校学期的缩短、政治和意识形态充斥着课堂的教学内容、招收和进级学生的标准都给中国的教育予以沉重的打击,如果长期持续下去的话,将严重阻碍中国的技术进步五年或十年。

7. 中国已经进行了许多适当的研究与开发,并建立许多必备的生产设施来支持正在进行中的重要战略武器计划。但是政治无序的侵入是破坏性的;当然其最终代价将依赖于重建政治秩序所花费的时间。

8. 即使秩序恢复了,中国整体的经济能力保持一定的限度还会许多年。仅通过减少或忽略农业与普通工业部门大幅度增长所需的投资,它能够支持大规模的战略武器生产和开发计划。我们认为他们整体经济形势有力的事实将衡量武器系统部署的规模和速度。

9. 很少有关于中国人对尖端武器计划在他们整体战略中所扮演角色构想的证据。当前领导人可能认为,如果成功地开发战略武器,他们的声望将会大大增强,他们在亚洲的领导权和大国的地位将会提高。他们也希望战略能力的拥有将给他们带来巨大的安全感以支持革命运动,特别是在亚洲地区,这将减轻以任何理由对中国进行核打击的危险。换句话来说,中国可能认为以核武器攻击美国及其在亚洲目标可以限制美国在亚洲的军事行动,可以将对抗维持在常规武器的层面,因为在这方面中国享有的许多优势。此外随着与莫斯科关系的恶化和苏联继续加强在中苏边境的军事部署,中国可能也会为了抵御苏联考虑他们的战略武器部署。

10. 然而,中国军事设计者一定认识到在可预见的未来中国不可能与超级大国的核打击能力相竞争。他们也可能认识到由于第一代导弹系统在对中国进攻性打击下拥有较少的生存机会,其威慑能力将是有限的。这些情况对于未来的中国战略武器部署提出了几种可能性。为了集中资源和能源以进行提高和改善,这导致优良的武器变得更可靠——作为威胁和威慑,北京可能倾向于仅对第一代系统进行象征性的部署。另一方面,中国可能认为无论技术能力怎样,大量武器的部署将会增强他们的政治优势,特别是在亚洲,以及对美国产生巨大的心理影响。

11. 中国面对的另一个战略选择是公平处理洲际与地区战略力量之间和地区力量内部武器系统之间有限资源的分配。并非把所有的资源都集中在洲际弹道导弹计划上,中国可

---

① 原文此处一行未解密。——译注

能认为通过把他们一些有限的手段分配到能够制约大部分亚洲的力量上，能够更快地增强他们整体的军事实力。在地区力量观念内，如果他们在中程弹道导弹上面临严峻的困难，那么生产更多的图-16轰炸机作为运载武器的想法，对于中国人来说变得更加有吸引力。

12. 总之，中国尖端武器开发的未来不仅依赖于政治与战略问题而且依赖于技术与经济能力。所有这些因素如何影响多种武器计划的不确定性表明在对未来几年计划进展的速度，特别是对于复杂且昂贵的导弹系统的生产和部署进行评估时要慎重。

二、趋势与前景

（一）核计划

13. 核试验与开发。北京最显著的成就可能是在核武器设计领域。中国集中力量开发热核武器并迅速成功地开发由中型轰炸机运载的高当量装置。中国前8次核试验有5次直接与热核武器开发相关。……①

14. ……②

15. ……③

16. 集中于热核武器的开发，如果由导弹或轰炸机运载的轻型裂变武器是他们的目标的话，那么中国还未进行他们所期望的这种类型的试验。但是根据前两次试验的结果中国可能已经储备几枚裂变弹作为应急能力，前两次试验所进行的操作对于中国宣布由导弹运载的第四次试验开发的裂变装置来说也是有用的。……④中国可能试图部署带有热核弹头而非裂变弹头的第一枚中程弹道导弹。或者他们在开发中程弹道导弹已改进的裂变弹头之前等待钚的使用。这种弹头的生产可能不久将开始。……⑤试验后约一年左右弹头可能开始部署。然而这需要全神贯注的努力，中国没有充足的科学精英和设备迅速地开发热核武器和裂变武器。

表一　中国核试验

次　序	日　期	……⑥	运 载 系 统	……⑦
1	1964年10月6日		地面塔	
2	1965年5月14日		空　投	
3	1966年5月9日		空　投	

---

① 原文此处三行未解密。——译注
② 原文此处六行未解密。——译注
③ 原文此处四行未解密。——译注
④ 原文此处三行未解密。——译注
⑤ 原文此处两行未解密。——译注
⑥ 原文此处未解密。——译注
⑦ 原文此处未解密。——译注

续　表

次　序	日　　　期	……①	运 载 系 统	……②
4	1966 年 10 月 27 日		导　弹	
5	1966 年 10 月 27 日		地面塔	
6	1967 年 6 月 17 日		空　投	
7	1967 年 12 月 24 日		空　投	
8	1968 年 12 月 27 日		空　投	

（二）核材料的生产

17. 考虑到初始作战能力的日期和中国运载系统部署的水准,提供裂变材料似乎并不是紧迫重大的问题。当然这不是说中国在这方面没有问题。例如钚的早期利用对于武器开发是有益的。但是随着铀-235 产量的增加和钚的利用,裂变材料的生产可能将与适当的初期部署计划相匹配。

18. 我们仍旧不能确定兰州铀同位素分离厂铀-235 生产的准确过程。……③然而钚的利用和正在进行的铀-235 生产将有助于减轻任何这样的限制。

19. 有确凿证据表明靠近玉门有一个核能基地。我们认为该基地包括一个大型钚反应堆和化学分离设备。……④

20. 我们认为至少在未来几年中国裂变材料的供应将局限在玉门反应堆和兰州铀-235 工厂的生产。在这段时期对于他们的需求将可能是充足的,但从长远来看中国可能寻求扩大这种能力,特别是铀-235 的生产。

表二⑤

（三）运载系统

21. 中程弹道导弹计划。1967 年末中程弹道导弹的部署显然迫在眉睫。尽管缺少详细的情报,但众所周知中国研制中程弹道导弹型导弹已有多年。1965 年我们的情报显示双城子导弹试验靶场的活动已经加快。1966 年 10 月中国宣布他们已爆炸了一颗由导弹运载的核装置。到 1967 年中期一个合理的开发计划似乎发展到可能进行初步军队训练的程度。

---

① 原文此处未解密。——译注
② 原文此处未解密。——译注
③ 原文此处四行未解密。——译注
④ 原文此处三行未解密。——译注
⑤ 表二未解密。——译注

22. 此后我们没有得到有关发射场开始建设的任何情报。中程弹道导弹发射场的准备可能正在进行中，但是我们倾向于认为这种类型的建设在其开始后不久就可投入使用。

23. 我们尚无充分的信心解释这种明显的推迟。导弹本身的技术问题可能是主要因素，但是我们的情报却不能使我们做出确凿的判断。……①

24. "文革"在某些方面减缓这种进步也是可能的。正如以前所指出的那样，对核开发计划进行优先分配正在影响着中程弹道导弹的部署。甚至中国人从未试图部署他们第一枚1 000英里中程弹道导弹的可能性也不能完全地被排除。中程弹道导弹计划的主要目的可能是为洲际弹道导弹开发技术，中国人可能选择等待开发更容易控制的导弹——也许使用固体推进剂——在部署中程弹道导弹之前。

25. 这似乎不太可能，然而有迹象表明中国可能继续进行液体推进剂的中程弹道导弹发射，我们认为他们最终会部署这个系统。我们估计该导弹可能拥有无线电——惯性导航和使用可贮存的推进剂。这个系统可能是公路运输式的，但是也可能部署在有永久附属设备的固定地点。中国薄弱的公路网和中国导弹开发的水准表明最初的部署将可能靠近铁路线的无防护易受攻击的地区。

26. 该系统现在可能已经准备部署。如果最早的作战能力是他们目标的话，那么中国将迟早会在尚未完工的发射场部署导弹。这种方法将会降低系统的可靠性和精确性。此外如果中程弹道导弹不久将开始部署的话，肯定根据第四次核试验配置弹头，这将意味着中国已把裂变材料投入到效率低的弹头的生产上来。

27. 更可能的前景是中国将花费一些时间准备配有充足供应设备的永久场地。中国可能将花费一年左右的时间准备他们的第一个永久性发射设施。因此如果发射场的准备不久将开始的话，中国将在1970年拥有中程弹道导弹作战能力。

28. 我们尚未有确凿的证据来评估可能要部署的中程弹道导弹部队的规模。中国的目标好像仍然是对从日本延伸到菲律宾、东南亚和印度北部的一个弧形内的重要军事基地和人口中心进行覆盖，希望通过这种方法来控制亚洲国家以对抗任何美国对中国的威胁。假如中苏关系仍然紧张的话，我们认为一些中程弹道导弹也是针对苏联的。

29. 然而中国有限的经济、工业和技术基础不太可能支撑快速的中程弹道导弹和其他正在进行的武器的部署。中国可能以牺牲中程弹道导弹力量为代价选择生产大量中型喷气式轰炸机，或者在固体推进剂导弹可使用之前进行有限的中程弹道导弹部署，从位于呼和浩特大型工业综合基地的报道来判断我们认为中国打算这样做。考虑到所有这些因素，我们认为中国可能决定建立大约拥有80～100枚中程弹道导弹的部队。如果在1970年开始的话，那么这项计划可能延伸到70年代中期。

30. 中型轰炸机计划。……②1968年中国在西安飞机制造厂制造了第一架图-16型中

---

① 原文此处两行未解密。——译注
② 原文此处一行未解密。——译注

型喷气式轰炸机。50 年代末苏联帮助中国建造了这座工厂,但是当苏联撤走之后,工程停顿了几年。1964 年工程恢复并于 1967 年初全面完工。飞机制造可能从那时就已开始,尽管这架飞机是苏联轰炸机的仿制品,但是由中国制造的第一批飞机可能已经进行广泛的飞行试验。如果飞行试验计划顺利的话,到 1969 年末已开始把图-16 交付到部队中使用。

31. 当前尚未有确凿的证据来评估中国部署图-16 的数量。尽管最初中国可能把图-16 作为运载核武器的主要手段,但是也可用作其他角色。我们估计大约两年的时间可能达到每月四架或五架的生产水平。然而由于试验的要求和最初生产的问题,在未来一至两年里可能仅有几架飞机被部署。……①

32. 如果中国拥有核装备的空对地导弹,那么图-16 的战略角色作用将会增加。到目前为止尚未有足够的证据表明中国在这个领域的是活跃的。考虑到所涉及导弹与弹头技术上的困难,我们认为中国不可能在本评估时段开发出这样的系统。

33. 导弹潜艇。尽管中国在 1964 年建造并下水了一艘苏式 G 级柴油动力潜艇,但是尚未有确凿的证据——关于导弹开发或其他潜艇的建造——表明中国当前对导弹潜艇部队的早期发展予以更多的注意。我们认为中国不可能把这种具有有限耐久性和高噪音的柴油动力潜艇作为威胁美国大陆的手段,他们也会感觉到这种潜艇力量不能增加足够的地区保障能力。中国已经显示了对核动力潜艇技术的兴趣,但是即使他们已开始设计这样的潜艇,在 70 年代末以前也不可能研制出来。

(四) 洲际弹道导弹计划

34. 有证据表明 1965 年夏末在双城子导弹试验靶场开始建造了一个大型发射设施,但是尚无证据表明这处设施已进行发射。对于推迟的影响还不可能做出明确的判断。然而我们认为中国洲际弹道导弹计划作为最初设想可能已经发生重大的改变。

35. 然而我们仍然认为洲际弹道导弹计划与中程弹道导弹计划有着非常相近的联系,对于中国使用的最合理的手段是利用一组中程弹道导弹发动机来达到洲际弹道导弹发动机所需推力的水平。我们仍然认为这种导弹可能是长约 100 英尺的两级飞行器。……②

36. 有关预测中国何时开始试验发射的问题是困难的,特别是考虑到可能计划的变化。但是我们估计飞行试验可能在今年的某时进行。然而需要指出的是,在中国计划的许多阶段经常出现长期的间断,我们有足够的理由怀疑中国的洲际弹道导弹计划是否能平稳地从一个阶段过渡到另一个阶段。

37. 无论中国何时开始试验——可能至少需要三年才能达到初始作战能力。因此如果飞行试验在今年晚些时候进行的话,最早的初始作战能力将可能在 1972 年末达到。然而这要比苏联或美国部署第一代洲际弹道导弹所需要的时间更多。考虑到中国缺乏经验和有限

---

① 原文此处三行未解密。——译注
② 原文此处一行未解密。——译注

的技术和科学基础，以及中国的政治经济形势，获取初始作战能力可能需要更长的时间。因此初始作战能力可能要晚于 1972 年，也许是两三年后。

38. ……①

39. 当前我们尚无证据来评估中国部署的第一代洲际导弹能够达到何种程度。然而考虑到其他军事计划的需要和资源的压力，我们认为部署将会以适当的速度、在低于最大能力的情况下进行。以适当的速度我们认为如果中国在 1972 年末达到初始作战能力的话，发射装置的数量到 1975 年可能降为 10～25 个之间。如果初始作战能力较晚达到，那么这个数量将相应地减少。

40. ……②这种问题导致中国把第一代系统的部署限制在非常小规模的部队里。

41. 在这种情况下，我们注意到呼和浩特的固体推进剂设施拥有发动机试验设备，表明洲际弹道导弹的火箭发动机可能在这里生产。尽管开发第二代系统的重大尝试肯定会阻碍他们第一代系统的部署，但是中国可能计划在有核防护设施的场所部署固体燃料洲际弹道导弹。中国最早在 1975 年以前不可能部署固体推进剂洲际弹道导弹。

42. 尚未有证据来评估中国第一枚洲际弹道导弹的精确性和可靠性，但是我们认为它可能大大地低于当前苏联的水准。中国可能到第一次部署的时候，能够开发出相对简易的外大气层的诱饵，例如气球。尽管有效和复杂的金属箔系统得以开发，但是到 1975 年内大气层的诱饵几乎肯定不可能完成。到那时也不太可能拥有多弹头分导重返大气层运载工具。尽管第一代弹头可能拥有抵御核武器攻击的能力，但是我们仍不能对这个或未来弹头的抵御核武器攻击能力进行一定的评估。

（五）太空计划

43. 我们认为基于民族荣誉感，中国将尽快发射卫星。中国可能把 1969 年作为这种事件的特殊年份，结合中华人民共和国成立 20 周年和计划中的中共第九次全国代表大会。

44. 为今年太空发射，中国可能已准备好了洲际弹道导弹助推器。但是考虑到中国要先对他们的洲际弹道导弹助推器进行飞行试验，今年发射似乎又不太可能。因此我们认为如果中国今年试图进行卫星发射的话，他们可能使用经改装的中程弹道导弹作为太空助推器。

http://www. foia. cia. gov/nic_china_collection. asp pp. 1－12

詹欣译、校

---

① 原文此处四行未解密。——译注
② 原文此处两行未解密。——译注

中情局关于中国战略武器计划的评估

(1969 年 10 月 30 日)

NIE 13-8/1-69

绝　密

共产党中国的战略武器计划

(1969 年 10 月 30 日)

问　　题

评定中国战略武器计划，并评估到 20 世纪 70 年代中期这些计划的性质、规模及其进展。

结　　论

1. 中国核试验计划继续强调高当量热核武器的开发。中国已经开发出由图-16 中型喷气式轰炸机运载的、或可能配置在洲际弹道导弹的武器化的……①装置。他们在中程弹道导弹级别上部署热核武器可能至少还需要两年，但是现在可能已经拥有了这种导弹的裂变弹头。至少在未来几年，核材料的生产可能保持或者超过试验的需求以及中国可能部署战略导弹与图-16 的数量。

2. 中国最近开始以每两个月约一架的速度生产中型轰炸机(图-16)。我们估计能够达到每月生产四或五架的水平，到 1975 年中期约有 200 架图-16 可投入使用。

3. 有确凿的证据表明中国正在进行中程弹道导弹的部署。我们认为任何重要的部署计划将会涉及到永久性综合发射场的建造，但是我们尚未有证据表明这种建设已经开始。即使一些综合发射场在 1969 年初开始，他们在 70 年代中期以前也不能投入使用。然而有一些推论性的证据表明在当前中国存在几个中程弹道导弹发射场。如果是这样的话，它们可能是针对苏联提供暂时能力的临时性装置。

4. ……②如果在未来几个月内用于试验的飞行器可投入使用的话，那么初始作战能力

---

① 原文此处一行未解密。——译注
② 原文此处一行未解密。——译注

可能到 1972 年末或 1973 年初达到。然而初始作战能力可能会推迟,也许要两至三年。如果初始作战能力最早可能达到的话,发射装置的数量到 1975 年将可能降到 10～25 座之间。如果初始作战能力较晚达到的话,那么这个数量将相应地减少。

5. 位于内蒙古呼和浩特的大型综合基地足够具备处理从近程弹道导弹到中程弹道导弹、甚至到洲际弹道导弹的固体推进剂火箭发动机的设施及其装备。我们缺少证据判断中国如何进行固体推进剂计划,但是当前我们怀疑到 1975 年中国是否能够拥有配备固体燃料发动机的中程弹道导弹或洲际弹道导弹。此外在该领域进行集中的努力可能迫使中国严格地限制液体推进剂导弹的部署。

6. ……①中国人拥有雄心勃勃的太空目标。中国人用该设备达到其全部的潜能可能至少还需要几年的时间,中国人可能首先尝试比较谨慎的太空冒险,也许使用改型后的中程弹道导弹作为发射工具。

7. 一般来说,中国继续把战略武器系统置于最优先的地位。然而仍旧有许多不确定的因素影响着未来计划的速度、规模和范围。与苏联情况,即我们可以通过部署的发展来观察许多项目的进展不同,大多数中国的成就远不能为判断开发、生产和部署包括尖端技术的武器系统的中国技术与工业能力,提供足够的历史背景。……②中国混乱的政治局势和中苏关系日益增长的仇恨也给未来几年的中国武器计划的进程增添了不确定的因素。

讨　　论

一、总　　则

1. 去年的许多进展证实中国渴望成为一个主要的战略大国。这些包括继续进行液体燃料战略导弹、固体推进剂和核武器的开发,以及开始进行中型喷气式轰炸机的生产。对于大部分项目,中国计划将继续沿着以前方案进行。

2. 然而我们对中国尖端武器计划的范围、速度和方向上的认识还有许多不确定的因素。……③

3. 在导弹领域,……④与苏联情况,即我们可以通过部署的发展来观察许多项目的进展不同,大多数中国的成就远不能为判断开发、生产和部署包括尖端技术的武器系统的中国技术与工业能力,提供足够的历史背景。苏联出版了诸如科学成就、军事战略以及理论的一些

---

① 原文此处两行未解密。——译注
② 原文此处三行未解密。——译注
③ 原文此处三行未解密。——译注
④ 原文此处一行未解密。——译注

资料。但在中国却是不存在的。……①因此我们不能确定所试验导弹的重要关键的性能特征,也不能紧跟试验计划的状态。……②

4. 毫无疑问中国已发现其很难应对许多涉及到尖端武器的复杂因素,他们也可能发现当其继续超越 20 世纪 50 年代末苏联帮助的技术限制时,将会越来越困难。而来自于西欧和日本的技术数据和专门材料与设备仅能部分地克服中国有限科学技术资源的障碍,其已经零星地分散到一些计划中。

5. 随着时间的推移和越来越多的武器系统达到了试验和部署阶段,对于高质量、稀有资源的需求,将迫使中国做出日益艰难的决定。他们不得不在多种武器系统上做出抉择。他们也不得不考虑是大量地部署早期武器系统,还是等待作为威胁和威慑显得更加可靠的新一代武器系统。中国也将面临在常规力量和战略力量之间、洲际和地区战略计划之间进行平衡的其他抉择。中国不可能勇敢地面对所有这些问题,也不可能清晰地界定他们军队目标的构成和规模。

6. 的确过去几年的中国政治局势不利于有条不紊的计划。有显著迹象表明"文革"已经侵入到国防科学技术部门的最高层和负责导弹与核技术开发的政府部门中,但是我们还不能确认这种破坏在哪里发生,也不能评估这种损害有多严重。尽管"文革"野蛮的、狂热的一面已经消退,但是未来对尖端武器计划负面政治影响的可能性仍然存在。最后,对于中国发展的任何长期预测都应该考虑一旦毛泽东从政治视野中离开将影响中国的未来这种不确定的因素。

7. 有显著迹象表明针对中国的大规模苏联军队集结和近来边界的尖锐冲突已增大了北京对苏联可能对中国采取一些重大军事行动的关注。什么样的影响尚不能确定,如果有的话,这种日益加深的敌意可能已影响到了中国的尖端武器计划。当然这更多地依赖于在苏联攻击的情况下中国生存率有多高,依赖于他们可能判断最可能的攻击类型。一种极端是中国的恐惧可能刺激他们采取紧急的行动以尽快部署。另一种极端是他们可能推迟部署,至少是那些显然对苏联构成明显刺激的,他们害怕这种部署可能增加苏联采取先发制人的打击。或者中国可能认为他们的最好办法是改善其地面部队的机动性和火力,在尽可能不引人注意的情况下在常规的水平上与苏联发生冲突。但是这些可能性纯属臆测,在这一点我们只能做出非常普通的判断,中苏对抗将可能继续成为中国军事计划与战略的重要因素。

二、趋 势 与 前 景

(一) 核计划

武器试验与开发

8. 中国在 9 月 22 日进行了第一次地下核试验(中国第九次核试验)。对地震数据的初步分

---

① 原文此处两行未解密。——译注
② 原文此处三行未解密。——译注

析表明试验在罗布泊西北 70 英里处进行,其当量约 2.5 万吨。……①试验基本上使用的是钚,对热核武器开发的进一步研究,或对已改善的裂变弹头进行试验都可能是这次试验的目的。

9. 否认有关他们核计划的情报可能推动了中国进行地下试验。同时,中国可能也认识到某些数据通过地下试验更容易的获得。当然北京也通过宣布他们正在考虑和平利用核能来进行一些宣传。然而我们认为部分核禁试条约可能不是中国决定的重要考虑因素。

10. 无论地下核试验的目的是什么,热核技术的开发显然在中国计划中占有优势地位,当前热核计划的目标是减少装置的尺寸与重量。

11. 第九次核试验一周后,中国于 9 月 29 日在罗布泊进行了第十次核试验,即低空大气层试验。……②甚至在中国进行第十次核试验之前,中国已经开发出由图-16 中型喷气式轰炸机运载的或可能配置在洲际弹道导弹的武器化……③装置。中国也可能使用近程轻型喷气式伊尔-28 轰炸机运载这个装置。

12. ……④成功试验后进行储备还得需要一年的时间。

……⑤

13. 因此,如果他们在不远的将来开始部署中程弹道导弹的话,裂变类型的弹头将不得不投入使用。基于这个目的,他们可能使用初期的、效率低的装置(中国第四次核试验)或者更可能是主要用在热核武器试验上的经改良的装置。如果中国决定在不单独进行核试验的情况下使这个设计武器化,这些要素可能体现在武器化的型号上。另一方面,如果最近的地下核试验是在中程弹道导弹上采用改良的裂变弹头而进行一场成功的试验的话,中国为部署开始系列生产可能还将需要大约一年的时间。

14. ……⑥

15. ……⑦

16. 对于中国生产用在热核武器的天然铀、浓缩锂和氚能力的评估,近来尚未发生改变,我们仍旧认为在本评估时段生产这些充足的材料对于中国来说并不是很大的问题。总之,至少在未来几年,核材料的生产可能保持或者超过试验的需求和中国可能部署战略导弹与图-16 的数量。

(二) 运载系统

中型轰炸机力量

17. 当前中国显然更愿意连续生产能够全面运载大型热核武器的图-16 中型喷气式轰

---

① 原文此处两行未解密。——译注
② 原文此处四行未解密。——译注
③ 原文此处一行未解密。——译注
④ 原文此处四行未解密。——译注
⑤ 原文此处一页未解密。——译注
⑥ 原文此处十行未解密。——译注
⑦ 原文此处十行未解密。——译注

炸机。……①自从 1968 年末以来,靠近西安的阎良飞机制造厂已生产出 4 至 5 架图-16 飞机,以平均每两个月一架的速度进行。这个速度可能还会逐渐地增加直到最终达到一个合理的维持生产的水平(约每月 4～5 架)。根据这个情况到 1975 年中国可能拥有 200 架图-16 飞机。

18. 中国制造的第一架中型轰炸机的作战试验可能将在 1969 年末完成。到 70 年代中期可能有 5～10 架达到作战能力。我们认为中国现在已具备携带热核武器的能力,图-16 可不进行空中加油,其作战半径约 1 650 海里,足够覆盖大多数重要的亚洲目标和中国周边的美国基地。如果中国增加空中加油机(1959 年从苏联得到)并继续生产这些产品的仿制品的话,其覆盖范围还会扩大。当前不太可能预测未来中国部署的情况,但是中国飞机场的发展已经足够先进,维持图-16 的生产应该没有问题。例如当前能够支持图-16 军事行动的有超过 20 座飞机场。

19. 如果中国拥有 200～300 英里巡航空对地导弹,那么图-16 在战略角色中的作用将会增加。尚无迹象表明这种项目已被计划或正在进行,考虑到所涉及的技术上的困难,我们认为中国不可能在本评估的阶段开发出这样的系统。

中程弹道导弹计划

20. 自 1960 年代初以来中国一直开发并试验导弹或中程弹道导弹级别的导弹。根据我们过去几年在双城子导弹试验靶场所看到的情况,基本工具显然是使用可贮存的液体推进剂,并可能配备全惯性导航系统的单级导弹。该系统将可以把重达约 3 000 磅重返式飞行器运载到约 900～1 000 英里以外。

21. 自 1967 年以来有许多迹象表明开发阶段几乎完成,部署可能即将开始。最近几个月一些迹象再次表明部署的准备已经开始。……②

22. ……③

23. ……④

24. ……⑤

25. 因此我们仍旧不能对中国中程弹道导弹的初始作战能力做出自信的评估。我们甚至不能排除中国一直进行的系统……⑥可能根本没有部署的可能性。例如中国可能等待热核弹头或者使用固体推进剂的已改进的导弹。但是如果他们不想进行部署的话,对于中国人来说投入那么多的时间与精力似乎又不太合理。我们只能说有迹象表明中国正在朝着部署方向发展。

---

① 原文此处一行未解密。——译注
② 原文此处四行未解密。——译注
③ 原文此处六行未解密。——译注
④ 原文此处六行未解密。——译注
⑤ 原文此处六行未解密。——译注
⑥ 原文此处一行未解密。——译注

26.……①几个军事基地可能已经存在。如果是这样的话，它们可能是在中苏紧张的背景下建造的临时性设施。……②然而对于重大的部署计划，为了不降低系统的精确性和可靠性，中国可能建造配有大型辅助设施的永久性基地。此外，……③和中国薄弱的交通网表明部署将靠近铁路线无防护易受攻击的地点。……④

27. 尚无显著的证据能够评估已部署的中程弹道导弹力量的规模。中国的目的似乎仍然是对亚洲非共产党国家的重要军事和民用目标进行覆盖。除非与苏联的关系发生根本性的改善，否则一部分中国的中程弹道导弹力量将可能针对苏联目标进行部署。

28. 中国有限的经济、工业和技术基础不可能同时支持快速的中程弹道导弹部署、其他将要进行的尖端武器计划和常规陆军军备的不断需求。因此在许多生产之间将不得不进行选择。我们没有理由改变以前的估计，即中国可能首先要建立一个大约拥有80～100枚中程弹道导弹的相对适度的军事力量，该计划能够延续到20世纪70年代中期。

导弹潜艇

29. 中国唯一的G级潜艇近来已进行大量的工作……⑤表明它可能已被改造用做中国自行设计导弹的试验平台。……⑥

30. 我们仍旧认为中国不会把柴油动力潜艇作为威胁美国大陆的工具，他们可能也感觉到这种型号的潜艇不会给他们的地区战略能力增添足够的力量。有许多迹象表明中国对核动力潜艇技术感兴趣，但是即使这种潜艇的设计工作已经开始，最早在20世纪70年代末以前中国也不太可能拥有这种具备实战能力的潜艇。

洲际弹道导弹计划

31. 位于双城子导弹试验靶场的大型发射设施（综合发射设施B）的工作在继续进行中。在此地的建设始于1965年夏末，发射场（发射台B-1）、高架移动起重机和附属设施显然在1967年初完成，并能够支持发射任务。尚无确凿的证据表明该设施已被用来发射，然而在1967年夏他们又开始建造了另一个大型发射场（发射台B-2）。此后又开始对原来发射台B-1进行大量的改造。

32. 全部的综合发射设施在一年里不可能完成。大多数涉及到发射台B-2的工作仍将继续进行，显然该设施比洲际弹道导弹所需求的更大、更复杂。因此我们比以前更加确信该设施主要是为了太空计划，尽管它也可以用来支持洲际弹道导弹计划。⑦

33. 显然发射台B-1仍旧准备迅速地投入使用。但是自今年年初以来一直出现一些情况，8月份的照片显示围绕着它的一些设施仍旧混乱和处于中断之中。显然中国没有非

---

① 原文此处一行未解密。——译注
② 原文此处一行未解密。——译注
③ 原文此处一行未解密。——译注
④ 原文此处六行未解密。——译注
⑤ 原文此处一行未解密。——译注
⑥ 原文此处六行未解密。——译注
⑦ 原注：中国太空计划的进一步讨论见第47～48段。

常紧迫的为发射进行准备。但是如果试验发射工具已投入使用的话，未来几个月内从发射台 B-1 进行飞行试验仍是可能的。

34. 对 1968 年增添在发射台 B-1 上的勤务/中心塔进行进一步的分析表明在这个设施进行试验的发射工具将是一枚两级的、全长约 100 英尺的可贮存液体推进剂系统和直径约 10 英尺的助推火箭。这种型号的发射工具可以将 4 000～5 500 磅的重返工具运载到约 6 500 海里以外的地区。

35. 我们坚持认为无论中国何时开始试验这个发射工具，他们达到初始作战能力至少需要三年的时间。因此如果飞行试验不久将开始的话，可能最早的初始作战能力将在 1972 年末或 1973 年初达到。然而正如我们过去所指出的那样，在未经证实之前如果中国的能力就是这样的话，那么这是一个非常严格的时间表。确实他们导弹计划的记录也不断地表明中国在开发他们的现代武器系统上所花费的时间要远远超过几年前根据他们的计划我们所做出的判断。因此他们的初始作战能力可能会更晚，如果他们遇到重大的困难也许还要晚于二至三年。

36. ……①

37. 由于这种问题和其他军事需求所带来的资源压力，我们认为中国第一枚洲际弹道导弹的部署将会以适当的速度和低于最大的能力下进行。以适当的速度我们认为如果中国在 1972 年末或 1973 年初达到初始作战能力的话，那么到 1975～1976 年洲际弹道导弹发射装置的数量将会降为 10～25 个。如果初始作战能力较晚达到，那么这个数量将相应地减少。

38. ……②

39. ……③

40. 中国可能到第一次部署的时候，能够开发出相对简易的外大气层的诱饵，例如气球。尽管有效和复杂的金属箔系统得以开发，但是到 1975 年内大气层的诱饵肯定不能完成。到那时也不太可能拥有多弹头分导重返大气层运载工具。尽管第一代弹头可能拥有固有的抵御核武器攻击的能力，但是我们仍不能对这个或未来弹头的抵御核武器攻击能力进行一定的评估。

中远程弹道导弹

41. 尚无证据表明中国正在试图开发中远程弹道导弹系统。我们怀疑至少在洲际弹道导弹的开发工作完成之前，他们是否将要进行。

固体推进剂导弹计划

42. 有显著迹象表明中国已进行固体燃料战略导弹的开发。20 世纪 60 年代初的一部中国文献展现出对合成固体推进剂开发的高度兴趣。我们已掌握始于 1964 年并与这门技

---

① 原文此处六行未解密。——译注
② 原文此处八行未解密。——译注
③ 原文此处十行未解密。——译注

术直接相关的重要计划的确凿证据。当然更令人信服证据的是建于1964年的呼和浩特固体推进剂综合基地。在那里的静力试验设备显然是为了处理适合战略导弹的发动机而设计的。

43. ……①

44. ……②

45. ……③

46. 我们也缺少任何证据来评估固体燃料的中程弹道导弹或洲际弹道导弹的初始作战能力。……④在达到初始作战能力之前飞行试验可能需要三年的时间。然而这个时间表是假设在开发过程中没有遇到严重困难的情况下,目前我们怀疑到1975年中国是否能够拥有固体燃料火箭发动机的战略导弹。

太空计划

47. 尽管我们困惑中国为什么不进行地球卫星发射,但是我们仍然认为他们会尽快地这样去做。如果明年他们进行这种尝试的话,中国可能使用经改造过的中程弹道导弹作为助推器并增加一个小型两级火箭。以这种方式改造的中程弹道导弹可以把有效荷载重达几百磅的物体发射到低空地球轨道上。……⑤

48. 发射台B-2设施的规模和复杂性表明中国拥有雄心勃勃的太空目标。考虑到中国的经济与技术发展的水平,该计划也许过于野心了。对发射台B-2的设施和南苑导弹工厂的垂直试验塔进行分析表明中国设想的发射工具和太空……⑥。

http://www.foia.cia.gov/nic_china_collection.asp pp. 1-18

詹欣译、校

---

① 原文此处三行未解密。——译注
② 原文此处四行未解密。——译注
③ 原文此处四行未解密。——译注
④ 原文此处四行未解密。——译注
⑤ 原文此处四行未解密。——译注
⑥ 原文此处八行未解密。——译注

中情局关于中国战略武器计划的评估

（1970 年 8 月 20 日）

MH NIE 13 - 8/1 - 69

绝 密

共产党中国的战略武器计划

（1970 年 8 月 20 日）

说 明

自 NIE 13 - 8/1 - 69 公布以来,中国已经发射了他们的第一颗地球卫星;他们继续进行中程弹道导弹的发射;我们也发现中国可能正在开发潜在的中远程弹道导弹系统。①

本报告的目的是介绍关于上述发展的情况并对它们的重要性做出初步的判断。……②新数据提出了许多诸如关于中国战略导弹计划地位这样的问题。我们把更全面的解决方法推迟到下一个全面的 NIE 13 - 8 文件中,到那时会有更多的数据可供使用。

评 估

1. 简言之,新的发展是:

（1）五寨设施。1970 年……③的照片发现在山西省靠近五寨地区有一处导弹发射设施。通过对以往的照片进行重新研究,低辨析率照片显示该设施始建于 1966 年末,发射台在 1968 年中期已经完成,导弹演习正在进行之中。……④这些导弹的发现……⑤表明从五寨到新疆西部和田地区的导弹发射——1 300～1 400 海里——始于 1968 年末。已有证据表明至少直到今天在这个地区已进行了 7 次发射。

---

① 原注:中程弹道导弹（MRBM）与中远程弹道导弹（IRBM）的区别如下:中程弹道导弹——具备运载射程约600～1 500海里的重返式工具的能力;中远程弹道导弹——具备运载射程约1 500～3 000海里的重返式工具的能力。
② 原文此处四行未解密。——译注
③ 原文此处一行未解密。——译注
④ 原文此处一行未解密。——译注
⑤ 原文此处一行未解密。——译注

（2）……①不幸的是，其他特征——例如是一级还是两级——有关导弹潜在的射程和有效荷载能力的重要特征还没有被确定下来。

（3）五寨军事基地拥有一座与双城子的中程弹道导弹发射台相似的发射台。当前其显然是研发和（或者）训练基地。然而在其临近有相当多的设施正在建设之中，在其以北两英里处的一个工地已具有发射设施早期阶段的一些特征。建设的范围与铁路支线的延伸表明中国计划在五寨建造一个重要的综合发射场。

（4）临江军事基地。五寨军事基地发现后不久，我们对所有追溯到 1967 年关于中国的照片进行集中的审查。这次搜寻又发现了一个距离朝鲜边境以北约 30 英里处，靠近临江的导弹发射场。该设施已进入建设的后期阶段，对较早时期照片进行核查显示该地的施工已经开始……②。

（5）尽管在当前我们不能完全地确定，但是显然这是一处导弹发射井设施。在一个看似硬质地面的中心有一矩形的洞，并在发射井附近有一个圆柱形的物体。1970 年……③的照片上还显示，在附近的附属基地上导弹的运输安装设备与先前在五寨和靠近北京的南苑导弹生产厂看到的极为相似。

（6）双城子的中程弹道导弹活动。与此同时，有持续的迹象表明……④从双城子靶场进行的导弹发射。……⑤发射到中程区域——600～700 海里的距离。……⑥

（7）中国太空计划。1970 年 4 月 24 日中国发射了他们的第一颗地球卫星。它从双城子靶场发射，有显著的迹象表明它是在庞大复杂的综合发射场 B 的 B1 发射台发射升空的。中国宣布卫星的高椭圆轨道和有效荷载 381 磅实际上已排除了这次发射使用的中程弹道导弹型号的助推器。可能选用的运载火箭是一至两级的五寨导弹、带有较小第三级的两级洲际弹道导弹，或为太空目的而紧急开发的运载火箭。

（8）综合发射场第二座发射台（发射台 B - 2）的工程也取得快速的进展。它装配了一个约 150 英尺高的勤务塔，比发射台 B1 的勤务塔高约 30 英尺。发射台 B2 的规模和复杂性表明它是为发射大型太空飞行器而设计的，表明中国拥有雄心勃勃的太空计划。

……⑦

2. 五寨导弹计划的发现是出乎意料的。我们以前估计中国会把他们有限的资源集中在中程弹道导弹和洲际弹道导弹的开发上。……⑧到 1966 年末，尚未发现有超过 600～700海里导弹发射的证据。然而在 1966 年末到 1967 年中这段时间里，一些发射显然直接针对 1 000 海里外和田附近的弹着区。自 20 世纪 60 年代初在中程弹道导弹发射基地（发射台

---

① 原文此处五行未解密。——译注
② 原文此处一行未解密。——译注
③ 原文此处一行未解密。——译注
④ 原文此处一行未解密。——译注
⑤ 原文此处一行未解密。——译注
⑥ 原文此处七行未解密。——译注
⑦ 原文此处两页未解密。——译注
⑧ 原文此处三行未解密。——译注

A-1)所观察的导弹大小……①以及发射到和田的证据导致我们认为中国的中程弹道导弹具有1 000英里射程。……②到1967年末显然这种导弹已准备部署,但是在1968年和1969年尚未发现这样的行动是不容易解释的。

3. 回顾过去,现在看来在双城子发射台A所频繁发射的导弹可能从来没有达到过1 000海里——实际上,其射程限制在约600～700英里。对地面辅助设施的重新评估……③也表明这种导弹使用低温氧化剂而不是先前估计的可贮存燃料。似乎是中程弹道导弹的一些活动可能实际上就是五寨系统的导弹试验和研究与开发工作。

4. 无论如何,在1966年末到1967年中所进行的从双城子到和田的导弹发射可能涉及五寨导弹的早期试验,即使我们从未在双城子发现这种导弹。1968年12月开始的以和田为弹着区的下一次发射,时限与……④相符表明是在五寨进行的导弹发射。把时间进一步往回推,我们可以说在五寨的最初设计工作一定始于60年代初,或者作为单独的计划或者作为洲际弹道导弹开发工作的衍生计划。

5. 无论如何,更强大的五寨导弹看来已更好地与把主要注意力集中在相对大型的热核装置开发的中国核武器计划相结合。……⑤

6. 然而我们没有足够的数据对导弹的能力进行更准确的评估。……⑥因此有关射程和有效荷载能力的评估是极为不确定的。……⑦

7. 中国可能在成功地进行武器试验后约一年半内拥有可重返大气层的热核武器……⑧。一枚单级五寨导弹……⑨射程可能达到1 600～2 000海里;可重返大气层的两级系统射程可达到3 000海里左右。……⑩

8. 从双城子进行的射程约600～700海里的连续发射和一些军事训练进行的迹象提出了中国是否打算部署这种中程弹道导弹系统的问题。军队训练因素增大了有限部署可能在我们没有发现的情况下就已经开始部署的可能性。但是这意味着中国决定把其稀有的资源投资在显然要比五寨导弹射程更短/有效荷载能力更差的中程弹道导弹系统上。

9. 临江军事设施特别令人困惑。根据当前已有证据,对于该设施最佳的解释是它是一处研究与开发或原型设施。但是这提出为什么中国选择离国际边境如此之近和如此困难的地形(发射井位于山脉的顶上,通过几个U型的单一公路才能达到)作为选址的问题。如果他们的目的是在中国境内(从临江到和田弹着区约2 200海里)达到最大发射距离的话,这完

---

① 原文此处一行未解密。——译注
② 原文此处一行未解密。——译注
③ 原文此处一行未解密。——译注
④ 原文此处一行未解密。——译注
⑤ 原文此处四行未解密。——译注
⑥ 原文此处三行未解密。——译注
⑦ 原文此处三行未解密。——译注
⑧ 原文此处一行未解密。——译注
⑨ 原文此处一行未解密。——译注
⑩ 原文此处三行未解密。——译注

全可以通过移动相对较短的距离到更便利的地址来实现。另一方面,在不首先建立原型军事基地和做大量具有非常困难发射技术试验的情况下,中国似乎不可能试验建造一个配备发射井的发射场。临江军事设施初期建设的开始(1967年5月)和随后进展速度的放缓也对其是否是一个部署地点提出了质疑。

10. 总之,迹象似乎越来越多地表明中国正在充分地进行战略导弹的部署。我们甚至肯定中国已部署了几枚中程弹道导弹。然而如果重大的导弹部署计划已被确定的话,由于其较远的射程和较大的有效荷载,我们认为中国将会把五寨系统置于最优先的位置。我们仍旧不了解五寨导弹系统的研发状况。但是如果它接近完成的话,永久性的、无防护易受攻击的地区的初始作战能力很可能将在约一年内实现。如果中国选择在发射井上部署系统的话,初始作战能力的实现至少还需要一年的时间。

11. 当前我们没有理由改变对洲际弹道导弹开发的早先估计。我们仍旧认为从第一次成功地进行助推器发射到获得初始作战能力至少需要三年——也许更长的时间。因此即使中国使用与他们的洲际弹道导弹发射地球卫星相关的系统和进行相对没有困难的计划,最早要到1973年他们才拥有能够打击到美国的导弹,更可能的日期也许是一至两年后。

http://www.foia.cia.gov/nic_china_collection.asp pp.1-9

詹欣译、校

中情局关于中国战略武器计划的评估

（1971 年 10 月 28 日）

NIE 13 - 8 - 71

绝 密

共产党中国的战略攻击武器计划

（1971 年 10 月 28 日）

……①

要 点 与 结 论

中国努力的阶段与方向

1. 在经过 15 年的努力后,中国现在已开始部署战略武器系统。从最初依靠有限的工业、技术和科学基础来勉强维持,到 1960 年后苏联拒绝援助,中国不得不依靠自己进行必备技能的开发、基础设施的建设及其核武器和运载系统的设计与试验。

2. 显然中国在承受把稀有资源与技术转移到专门的防御任务所带来的经济负担和基础经济缓慢发展的风险下,试图获得重要的核大国地位。当前中国在常规计划和战略军事计划上的活动是频繁的。尽管任何对未来中国的预测必须要考虑到分裂和混乱的时期,但是已有战略计划的优先地位在未来仍将持续下去。

3. 中国在军事领域的努力显然受到已有技术和资源的限制。但是我们缺少数据衡量中国努力的水准。根据当前中国军事计划的模式,由于人口增长的威胁已经超过其经济的增长,中国似乎对他们的战略计划试图过多过快的危险非常敏感。当我们强调中国当前成就的广泛性和雄心勃勃的性质时,我们也要强调其相对适当的速度。中国在试验武器系统上一直是深思熟虑的,且不会匆忙地进行昂贵的、大规模的具有有限能力武器系统的部署。毫无疑问大量优先项目及其成本将扰乱中国最高层的内部策略,……②

4. 中国既没有发展战略力量详尽的基本原理,也没有对战略学说进行任何的讨论。显然当前在中国除了毛的“人民战争”理论以外,还有许多理论指导着昂贵的、广泛的战略武器

---

① 原文此处一页未解密。——译注
② 原文此处两行未解密。——译注

计划。北京似乎更愿意试图通过发展大规模的核力量来增强其所宣称的大国地位,阻止苏联和美国对中国使用武力和确保中国在亚洲的领导和支配性的政治地位。

战略导弹

5. 中国现在可能已经部署了一些CSS－1中程弹道导弹,……①该导弹具有约600海里的射程,可能使用不可贮存的液体推进剂。我们估计可能已经部署了约10枚。……②

6. 第二种导弹,CSS－2的射程至少达1 400海里,可能使用可贮存的推进剂。我们认为该系统的开发已非常尖端,可能已达到部署的程度,尽管还有一些不确定性。在射程和反应时间上CSS－2要优于CSS－1,但它不太可能在精确度上有任何显著的改进。……③

7. 中国正在开发另一种液体推进剂导弹。这种显然拥有足够覆盖全部苏联射程的导弹,可能准备在1973年末或1974年初进行部署。该系统,曾名为"靖宇"导弹,是一枚第一级可能结合CSS－2设计和技术的两级火箭。其最大射程并不清楚,但是我们认为……④针对美国大陆的能力是最基本的。

8. 照此下来中国肯定要部署能够全面覆盖美国大陆的洲际弹道导弹。中国最早可能在1974年,但是更可能是在这一两年后准备部署大型液体推进剂洲际弹道导弹。当在太平洋或印度洋进行全程试验时,我们就能够了解更多的系统性能和对其初始作战能力进行更有可靠的评估。

9. 除了上述四种液体推进剂导弹以外,中国已开始开发与生产使用固体推进剂战略导弹的大型的、雄心勃勃的计划。如果飞行试验在一年内开始的话,固体推进剂战略导弹——更可能在中程弹道导弹或中远程弹道导弹级别上——最早可能要在1974年准备部署,考虑到一些涉及的问题也许要在1975年或1976年。

潜艇

10. 中国也对核动力导弹潜艇产生了兴趣,他们正在建造一座能够制造和维护这种潜艇的造船厂。我们判断中国最早在1976年将拥有配备固体或液体推进剂导弹的导弹核潜艇。但是这需要加倍的努力和初期成功克服多方面的支援、训练和军事行动等所带来的问题。因此即使他们现在正在建造,中国第一艘导弹核潜艇在1976年以前也不可能投入使用。

轰炸机

11. 图-16中型轰炸机的制造始于1968年末并已达到每月两架的水平。现在大约有30架这种飞机可投入使用。图-16能够携带6 600磅装载量,其作战半径约1 650海里,但是对于尖端的防空系统来说飞行速度相对较慢且极易受到攻击。毫无疑问许多受过充分训练的图-16机组人员可把热核炸弹投到指定的目标,但是对于现代防空,中国拥有两至三组受过训练的机组人员执行同等的任务至少需要一年的时间,也许会更长。

---

① 原文此处一行未解密。——译注
② 原文此处一行未解密。——译注
③ 原文此处三行未解密。——译注
④ 原文此处一行未解密。——译注

核弹与弹头

12. 为了装备运载系统,中国已经成功地集中开发出热核装置……①,并在该领域储备了核弹与弹头。中国也拥有裂变武器……②。中国可能正在扩大生产裂变材料,尽管在评估这些材料的产量时可能会有大量的错误,但是似乎很清楚中国拥有充足的裂变材料,特别是在1973年后,装备到可能要部署的战略运载系统。

太空

13. 在过去的18个月里中国发射了两颗地球卫星标志着其雄心勃勃太空计划的开始。未来几年我们认为他们将继续发射更庞大、载重量更大,某种程度上是针对目标和测量数据的紧急军事需求的卫星。

预计的力量

14. 我们认为无论哪种战略部队,中国在未来两年的部署都将逐渐地扩大,主要是CSS-2部队的建立和图-16中型轰炸机持续的系列生产。1973年后和未来五年仍有许多是不确定的。但是一件事情是确定的:部队将会特别重视能够袭击到亚洲(包括美国在那里的军事基地)和苏联目标的系统。然而到本时期末,针对美国大陆的能力可能会显现出来。

讨　　论

一、共产党中国的核武器能力

1. 中国正在成为一个重要的核武器生产国。当其核计划采取深思熟虑的步骤,很难把它描述为如周恩来所说是"实验性的"。我们认为中国已储备一些热核武器……③和一些裂变武器。……④

2. 本部分概述核试验计划并评估中国何时开始部署轰炸机和导弹部队。它将讨论核武器的研究与开发及其武器生产设施,并分析中国的核储备系统。最后它将评估到1976年中期中国所拥有的裂变材料数量。

(一) 核武器试验

3. 到1971年中期,中国已进行了11次核试验,其中10次是在或靠近罗布泊试验场进行的大气层核试验。另外一次是在罗布泊西北约75海里处进行的地下核试验。我们对中

---

① 原文此处一行未解密。——译注
② 原文此处一行未解密。——译注
③ 原文此处一行未解密。——译注
④ 原文此处一行未解密。——译注

国大气层核试验所收集的数据和进行的分析,确定了每一次核试验的性质与结果以及核试验计划的范围、步骤和演进的图景。

4. 到目前为止中国努力的主要推力显然还是热核武器的开发。……①

5. ……②

6. ……③

7. ……④

8. ……⑤

9. ……⑥显然中国已成功地通过了核武器开发的两个关键的阶段——对设计理念的成功试验和对设计进行改进以减轻重量与尺寸和增强其功效。为追求其目标,他们以相对迟缓的速度进行试验但在每个连续性的设计上都体现了许多变化。……⑦

(二) 核武器开发

10. 如果这是一个令人满意的试验装置的话,那么下一步将是制造可用于实战的武器——核航弹或核导弹——能够连续地制造。……⑧

11. 另一个关键的未知数是中国选择哪种设计进行核武器化。……⑨

12. 核航弹。……⑩我们估计这些武器早在1965～1966年就已储备,但是当时唯一的运载工具是苏联在1959年提供的12架过时的图-4和2架图-16轰炸机。

13. ……⑪

14. ……⑫

15. 至于早期裂变设计,我们认为如果根据早期试验的一些热核武器,那么中国会储备得很少。……⑬中国可能为了紧急需要根据这种设计能够制造出几枚原子弹,但是估计更多有效的设计将可能被局限在把稀有核材料分配到这种武器上来。

16. ……⑭

17. 核弹头。同样的问题和可能性也存在战略导弹的核弹头上。……⑮

---

① 原文此处四行未解密。——译注
② 原文此处三行未解密。——译注
③ 原文此处四行未解密。——译注
④ 原文此处三行未解密。——译注
⑤ 原文此处五行未解密。——译注
⑥ 原文此处四行未解密。——译注
⑦ 原文此处三行未解密。——译注
⑧ 原文此处五行未解密。——译注
⑨ 原文此处四行未解密。——译注
⑩ 原文此处三行未解密。——译注
⑪ 原文此处五行未解密。——译注
⑫ 原文此处五行未解密。——译注
⑬ 原文此处五行未解密。——译注
⑭ 原文此处四行未解密。——译注
⑮ 原文此处五行未解密。——译注

18. ……①

（三）核武器的控制、储备和后勤

19. 中国如何控制、储存和管理他们战略部队的核武器仍然不太清楚。但是我们认为使用战略核武器的机构应是北平最高当局。……②

20. 有关核武器储存和管理系统的证据——可能从命令和管理上推断出一些事情——仍旧非常有限。我们认为中国拥有一个国家储备机构来容纳他们生产的武器。位于机场的核弹军事储备库当前在中国尚未被确认下来，但是我们不能排除有些核武器可能已被分散到一些拥有轰炸机机场的临时性储备设施的可能性。

21. 专门为储藏导弹弹头而建造的设施尚未被确认下来。随着导弹部队的部署，中国可能在导弹发射场，或为检验与配对弹头的部队，也可能为分散或临时储备提供设施。

22. 我们不知道中国是否一直把核弹头保持在导弹部队的手里，还是保持在中央储备库，仅仅处于危机时才运到作战部队。在无防护易受攻击的导弹发射场部署导弹不可能持续地警戒，中国可能设计出一套后勤系统可从附近的储备库快速地把弹头部署到已经准备好的导弹发射场。在受到保护的发射场的导弹能够以最佳的准备状态维持很长时间，当中国开始进行发射井部署，他们肯定会在发射场或在导弹上装配好核弹头。

（四）核材料生产

23. 在国内中国显然拥有充足的铀矿储备来满足他们的需求。中国似乎已开发出浓缩铀矿和处理铀材料所必需的设备。

铀235 生产

24. 在中国唯一所知的正在运行的气体扩散厂位于兰州。该工厂是根据早期苏联的设计并最初得到了苏联的帮助。我们认为兰州气体扩散厂的全部或部分设备来自于苏联的早期工厂之一，如上涅伊温斯基(Vekh Neyvinsk)小型 A 厂。兰州工厂在 1960 年代初由中国人完成，可能在 1963 年中期开始生产。

25. ……③

26. ……④

27. 尚未有关于兰州工厂自其建立以来任何重大建设的情报。中国可能已开始进行较小的改建以逐渐改进一些设备；但是尽管如此，这些改进将导致在当前生产范围内的最低限度地增加。因此我们并不认为在本评估时期该厂的生产能力能够显著地提高。

---

① 原文此处四行未解密。——译注
② 原文此处三行未解密。——译注
③ 原文此处十行未解密。——译注
④ 原文此处七行未解密。——译注

28. 中国的需求显然促使他们试图扩大铀-235的产量。如果另外一座气体扩散厂在1972年或1973年运行的话,那么表三……①的数据可能包括假定的生产率。由于很少有基于这种新设施产量的计划,这些数据可能会受到大量误差的影响。

钚生产

29. 有显著迹象表明在甘肃省西部靠近玉门有一座原子能综合设施。我们认为其包括一个大型钚生产反应堆和化学分离厂。……②当中国为他们扩展的核计划增加大量裂变物质时,可能在中国的某处还有其他钚生产设施。

30. 我们认为20世纪50年代末中国可能在苏联实质的帮助下在玉门开始建造该综合设施。反应堆可能在1967年开始运行。自50年代中期以来,西方的钚分离过程已全部被描述在公开的文献中,中国可能通过利用这种最优秀的现代技术满足他们化学分离所需。因此我们估计中国可能很容易地处理他们反应堆每年的产量。

31. 至于铀-235,中国可能打算扩大钚的产量。表四③显示了到1976年我们对玉门钚生产的估计。……④

二、共产党中国的战略导弹计划

导言

32. 共产党中国开发与生产核武器的庞大计划与同时在战略导弹领域的雄心勃勃的计划相竞争。中国已开发出射程约600英里的中程弹道导弹并已开始部署。我们认为中国在开发更尖端的射程约1 400英里的导弹并准备部署。我们认为研制射程约2 000英里的另一种导弹的工作正在进行中。据说中国还在开发洲际弹道导弹,其已进入飞行试验阶段。除了这些液体推进器系统以外,中国也在着手进行固体推进剂战略导弹的庞大计划,这种火箭发动机的静力试验可能正在进行中。

33. 共产党中国战略导弹计划始于苏联广泛的援助。虽然正式条约签订于1957年末或1958年初,但是援助实际上在一两年前就已经开始了。我们不了解苏联提供的具体细节,但是到1960年夏天苏联撤走他们的援助时,已经为中国自己的导弹开发计划打下了基础。来自于苏联开发与生产中心的导弹专家于1958年来到中国,靠近北京的长辛店导弹开发、静力试验和生产设施建于1959年。1958年苏联还计划帮助开始建造双城子导弹试验中心。

34. ……⑤苏联已提供给中国SS-1b"飞毛腿A"(Scud A)战术导弹和SS-2"兄弟"(Sibling)近程弹道导弹模型。我们认为苏联也会提供射程约650海里的模型——SS-3"讼棍"(Shyster)或

---

① 原文此表未解密。——译注
② 原文此处三行未解密。——译注
③ 原文此表未解密。——译注
④ 原文此处四行未解密。——译注
⑤ 原文此处一行未解密。——译注

他们正在试验的有关这种射程的其他系统之一的导弹。我们认为苏联提供的大部分弹道导弹源于德国 V-2 系统,使用低温推进剂和无线电导航系统,是过时的或以苏联当时的标准是废弃不用的。20 世纪 60 年代苏联专家撤走后,中国开始依靠自己的努力进行广泛的研究与开发。

(一) 中国第一代中程弹道导弹系统

35. 在对苏联提供的导弹进行几次发射之后,中国大概在 1963 年开始转向试验他们自己研制的苏式中程弹道导弹。这种导弹我们后来称之为 CSS-1。开发计划可能到 1966 年 10 月 27 日的发射达到了顶点,……①显然是由 CSS-1 导弹运载的从双城子发射到约 450 海里以外的罗布泊地区。这次核试验(设定为 CHIC4)表明中国在 CSS-1 上具有高度的信心,这可能也是对该系统试验的最后考验。然而自那次开始中国似乎进行与修改系统相关的其他类型的发射。

CSS-1 技术性能……②

36. ……③该系统类似于 V-2 改进后的早期苏联系统,但不是对已达到作战状态的导弹进行直接的仿制。我们认为它最接近于苏联的 SS-3。

37. CSS-1 使用液体推进剂系统是毫无疑问的,现在有迹象表明该推进剂是不可贮存的,更可能是液态氧和酒精。最初中国可能配备与用在 SS-3 早期型号基本原理相似的无线电惯性导航系统。我们认为这种导航系统可能会被全惯性导航系统所取代。……④

38. ……⑤

39. ……⑥

40. ……⑦

估计 CSS-1 中程弹道导弹的技术性能

结 构	单 级
全 长	72~74 英尺
直 径	5.5 英尺
……⑧	
射 程	约 600 英里

---

① 原文此处两行未解密。——译注
② 原文此处六行未解密。——译注
③ 原文此处六行未解密。——译注
④ 原文此处七行未解密。——译注
⑤ 原文此处五行未解密。——译注
⑥ 原文此处五行未解密。——译注
⑦ 原文此处六行未解密。——译注
⑧ 原文此处未解密。——译注

续　表

弹头种类	核弹头
……①	
推进力	单级,液体推进剂火箭发动机
推进剂	可能是低温液体-液氧和酒精

中程弹道导弹

41. 1966 年 10 月核导弹试验(CHIC4)以后,情报界的普遍观点认为部署将很快开始。当时我们还不了解中远程弹道导弹计划,并认为中国正在把其精英与资源用于在 1970～1972 年能够达到初始作战能力的洲际弹道导弹开发上。……②

42. 然而听起来合乎逻辑,但是我们错了——我们不知道为什么。从 1966 年秋到 1969 年初显然在中程弹道导弹计划上有一个明确的间断期。这段空档促使我们增加了中国根本没有部署该系统的推测——特别是自从能够提供临时战略力量的图-16 轰炸机生产计划显然能够携带中国的热核武器以来。然而在 1969～1970 年期间情况开始发生变化,一些涉及中程弹道导弹活动的迹象又增加了起来。

43. 如果这些活动意味着中国已经开始部署中程弹道导弹的话,仍旧不能说明为什么在开发阶段的完成和部署之间有着明显的两至三年的间断。也不能说明当我们知道中国在更尖端的武器(中国的中远程弹道导弹)上取得显著的进步时,他们是否决定恢复中程弹道导弹活动。一种可能的解释是实际上中国确实想放弃中程弹道导弹的部署,但是由于中苏关系的持续恶化和苏联入侵捷克斯洛伐克导致了在 1968 年他们放弃了这种决定。另一种可能性是到 1966 年末导弹没有真正的准备部署或中国决定等待相匹配的热核弹头。无论如何考虑到一些未知的因素,似乎很明显中程弹道导弹计划的历史提供给我们很少的方针来判断其他中国导弹计划的速度,或对中国战略理念做出广泛的判断。

44. 尽管我们没有发现任何 CSS-1 的部署,但是我们认为中国可能拥有少量的 CSS-1 作战部队。由于其他作为威慑的新建导弹部队的可信度受到了严重地削弱,中国拥有迫切的需求以确保他们的一些导弹在敌人的打击下得以生存。由于我们尚未观察到与 CSS-1 相关的一些迹象,这表明他们打算进行发射井部署,这是确保他们导弹生存的唯一手段,以某些方式来隐藏他们使其不会成为目标。一种方法是在不显眼的地点进行简单地部署,也可能在诸如飞机修理库、隧道或山洞等建筑里隐藏导弹及其附属设备。这些隐藏的努力将会降低系统的可靠性和反应时间,大量地增加作战开支,但这可能是中国愿意付出的代价。

45. 另一种可能性是建造比导弹数量更多的导弹发射场和在发射场中频繁地移动导弹

---

① 原文此处未解密。——译注
② 原文此处五行未解密。——译注

部队。然而即使建造更多的隐蔽处,这种策略将会增加作战和维护的开支,降低部队的作战力和机动性。因此我们认为中国不太可能选择这种方案。

46. 关于中程弹道导弹未来力量的程度将在第六部分进行讨论。

(二) 中国中远程弹道导弹系统

47. 1970 年初,……①中国开始研制第二套导弹系统,现在称之为 CSS - 2 中远程弹道导弹。有迹象表明中国在北京西南约 230 海里的山西省五寨附近为试验 CSS - 2 建造了另一座导弹发射靶场。我们认为五寨发射场可能在 1968 年末就可以充分地进行试验发射。然而在 1968 年前,似乎几次早期的发射都是在双城子进行的。

48. ……②这种导弹开发的时间似乎表明中国能够充分地完成开发计划的核心要素和解决大多数技术难题。确实有一种观点认为 CSS - 2 部队训练早在 1969 年就已经开始了。但大多数观点则认为没有充分证据支持这一点。所有人都认为即使早在 1969 年就有一些训练在进行,但是其他的研发工作仍然在进行中。……③

49. 然而到 1971 年中期中国可能已经准备开始进行 CSS - 2 部队的训练发射。实际上如果部队训练确实在那时开始的话,那么现在正在进行初始部署是合理的。我们没有部署的显著证据,但是正如在讨论 CSS - 1 部署所描述的那样,这意味着中国可能隐藏部署计划,特别是在计划的早期阶段当导弹部署的数量很少时。

50. 总之,根据已有证据我们估计 CSS - 2 可能在无防护易受攻击的地方进行部署。如果它现在没有开始的话,那么可能会在 1972 年初进行。部署计划将在第六部分进行阐述。

CSS - 2 技术性能

51. ……④我们估计它使用可贮存推进剂和使用全惯性导航系统。导弹最远射程可能超过1 500海里。我们对于这种导弹能力的评估是基于部分的推理和使用多种假设进行计算机模拟。……⑤

估计 CSS - 2 中远程弹道导弹的技术性能

结　构	单　级
全　长	约 70 英尺
直　径	约 8 英尺
……⑥	

---

① 原文此处一行未解密。——译注
② 原文此处两行未解密。——译注
③ 原文此处四行未解密。——译注
④ 原文此处三行未解密。——译注
⑤ 原文此处四行未解密。——译注
⑥ 原文此处四行未解密。——译注

(三)中国洲际弹道导弹计划

52. 有迹象表明中国近来已经开始减少这种能够影响到美国的大部分或全部地区的洲际弹道导弹的飞行试验。除了在双城子导弹试验靶场的活动以外,还有一处靠近朝鲜边境位于靖宇地区的新型导弹飞行试验场。在后者这个导弹试验场进行试验的导弹系统,按照严格条件来讲可能也属于洲际弹道导弹,①但是现在我们认为它并不具备影响到美国大陆的显著能力。

53. ……②

双城子的发展

54. 多年来我们一直认为中国正在开发洲际弹道导弹系统,它能够对美国大陆、苏联和其他地区施加适度的影响。他们在双城子导弹试验靶场开始建造了一座巨大的新型发射场,我们认为已掌握了1965～1966年该计划的确凿证据。

55. 在当时我们认为中国可能打算很快地进行洲际弹道导弹的飞行试验,但是现在我们则认为从该大型综合发射场进行的早期发射是CSS-2中远程弹道导弹计划的一部分,而不是直接针对洲际弹道导弹。我们也认为它可能用于中国的两颗地球卫星的发射。

56. 我们拥有一些确凿的证据表明他们在1971年9月10日进行了大型运载火箭初始飞行试验。该证据使我们认为一个多级的、使用可贮存液体推进剂的减程飞行试验导弹能够发射到偏远的中国西部的弹着区。……③

57. 我们不能确认中国是否将在国境内进行其他这种大型导弹的减程发射,还是直接的进行远程试验发射到其边境外的弹着区。然而我们认为他们将会进行一些更多的减程试验。

58. 按照当前的判断我们认为中国现在正在进行初步试验的系统将会用在洲际弹道导弹上。也可能用在卫星发射的运载火箭上,把一个有效荷载达几千磅的物体发射到低卫星轨道。这种发射能够给系统的整体能力提供一些额外的重要数据,如果成功的话,还会给中国带来重要的宣传上的好处。像这种手段对于中国人来说是极具政治吸引力的,能够达到类似于早期苏联洲际弹道导弹努力的效果。确实如果中国不在战略导弹和太空应用上使用这种火箭,那将是令人惊讶的。

靖宇导弹系统

59. 另一个——与之相关的——因素,即对当前中国洲际弹道导弹计划状况进行极为复杂的评估,使我们无法判断在靖宇所进行计划的准确性质。我们认为靖宇发射场在1970年秋是非常活跃的。到1971年中期我们确信在靖宇仅进行了一次发射。……④有迹象表明

---

① 原注:洲际弹道导弹被定义为可运载超过3 000海里的系统。射程3 000海里的导弹能够覆盖苏联全境,但是中国可能需要至少5 000海里射程的洲际弹道导弹,这样可袭击美国大陆的一些目标。射程5 500～6 000海里的系统实际上可以达到美国全境。
② 原文此处五行未解密。——译注
③ 原文此处七行未解密。——译注
④ 原文此处三行未解密。——译注

它是一枚两级导弹并从改进的发射井发射升空——区别于已部署的原有型号。根据对其规模、特殊的混合推进剂、构成因素和重返大气层飞行器的重量推测,这种导弹可能具有广泛的能力。……①

60. ……②

61. ……③

62. ……④

63. ……⑤

64. 总而言之,我们认为靖宇系统是一个经改装的两级 CSS - 2 中远程弹道导弹。尽管我们没有根据其技术特性做出自信的判断,但是我们根据其技术水平和使用过的推进剂,估计该系统可能运载……⑥,最大射程3 000~4 500海里。只有最大射程才能打击到美国大陆的一部分,如果该导弹部署在中国最北边,靠近苏联边境,仅仅会起到作用。因此该系统显然并不是设计针对美国的。……⑦

全程试验的前景

65. 在中国境内进行导弹飞行试验最大射程可能要低于2 500海里。因此当中国具备洲际弹道导弹的全程试验阶段时,将不得不发射到境外弹着区。这种试验对于获取技术数据来确认重返大气层的性能、全面系统的精确性和运行的可靠性是必要的。

66. 我们尚无证据判断中国是否将要选择太平洋或印度洋作为他们远程试验的弹着区。在靖宇进行的发射,为了确保助推火箭不落入外国领土选择印度洋是可取的,但是从双城子或五寨发射就没有这个因素。

67. 近来有迹象表明在不久的将来中国至少拥有一艘导弹远洋测量船。在过去的几年里一艘大型商船显然在广州造船厂被装配为导弹远洋测量船。该船船长超过 400 英尺,排水量约12 000吨。它是在 1970 年 4 月进入船厂的。……⑧到今年年末这艘船将被准备用来支持进入海洋弹着区的导弹试验演习。也发现了一些小船,显然正在转变为导弹远洋测量船的角色。

初始部署的前景

68. 根据美国和苏联的经验,我们估计中国拥有具备打击美国显著能力的洲际弹道导弹(射程至少5 000海里),从第一次飞行试验到准备在军事地点部署最少需要三年的时间。因为中国可能遇到新计划常见开发和管理上的问题,根据我们对 CSS - 1 和 CSS - 2 计划的研究,我们认为达到初始作战能力可能还要接近四年的时间。如果在飞行试验过程中发生

---

① 原文此处三行未解密。——译注
② 原文此处三行未解密。——译注
③ 原文此处四行未解密。——译注
④ 原文此处三行未解密。——译注
⑤ 原文此处四行未解密。——译注
⑥ 原文此处一行未解密。——译注
⑦ 原文此处三行未解密。——译注
⑧ 原文此处七行未解密。——译注

重大的问题,那么实现初始作战能力可能还需要相当长的时间。

69. 1971 年 9 月 10 日从双城子发射的洲际弹道导弹似乎是针对美国的、具备显著能力的最佳选择。如果证明是正确的话,按照上述方针,该系统最早的初始作战能力将是在 1974 年末,也可能还要晚于一至两年实现。

70. 如果从靖宇进行试验的导弹是一枚 CSS-2 两级型的话,它可能准备在 1973 年的某一时刻进行部署。我们根据其相对较早的初始作战能力,估计靖宇计划可能受益于 CSS-2 的发射和前两次卫星发射。在洲际弹道导弹的级别上,似乎不太可能是一个全新的系统,它可能在 1973 年末,或更可能 1974 年末准备部署。如果遇到试验的困难,初始作战能力可能要推迟一至两年,像已有的例证一样,该计划也进展缓慢。

71. 中国正在进行发射井的开发表明他们在几年前就已决定在地下发射井部署战略导弹,似乎最初的洲际弹道导弹将部署在发射井上。显然针对上述讨论的初始作战能力,在飞行试验计划期间发射井的建设就已经开始。建造一个已部署的发射井可能至少需要 18 个月。而在固定的无防护易受攻击的地点建造发射井可能需要至少一年的时间。

72. ……①

(四) 中国的固体推进剂战略导弹计划

73. 早在 20 世纪 60 年代初中国就开始进行组织良好、内容广泛的计划来开发使用固体推进剂的战略导弹。从 1964~1965 年开始中国尽其所能进口在固体推进剂火箭发动机中扮演着重要角色的技术、设备和材料。他们购买适合加工固体复合推进剂中氧化剂物质的尖端磨床、粉碎机和筛选机;在固体推进剂上能够发现瑕疵的大型工业 X 光机和适合制造外壳的精密机床。他们进口大量材料如可直接适用于固体复合推进剂研究的高氯酸铵和聚丁二烯。

74. 毋庸置疑他们能够利用公开的科技文献,特别是来自于美国的、包括广泛论述固体推进剂的文献。自 1960 年以来中国的科技文献反映了国外重要的固体推进剂技术资讯。例如 1964~1965 年出版的一系列论文评论了美国在结构设计上的问题、强调对固体推进剂的分析和讨论影响他们军事上使用的因素。另一篇论文则讨论关于诸如发动机外层制造的灯丝电源绕组的技术。

75. 中国也独立地进行研究工作。在 1963~1966 年间中国科学院应用化学研究所进行了丁二烯聚合物研究,其不仅适用于合成橡胶技术,而且对于火箭发动机开发使用聚丁二烯作为黏结剂和燃料是必备的因素。聚丁二烯是推进剂的黏合剂之一,……②基于相同的目的也可能在中国开发。应化研究所在 1966 年出版的一系列研究报告表明他们正在研究高氯酸铵生产技术。高氯酸铵作为复合固体推进剂的氧化剂具有重要的用途。

---

① 原文此处二十六行未解密。——译注
② 原文此处一行未解密。——译注

76. 这些研究开发与中国在 1966 年中期～1968 年初从日本进口大量高氯酸铵（并不成功地尝试从西欧国家进口）和 1965～1970 年从日本进口聚丁二烯（两次并不成功地试图购买全套生产工厂）较好地结合在一起。

77. 在计划的初期中国肯定为战略导弹固体推进剂的研发建造了必要的设施，我们已经确认在靠近内蒙古呼和浩特有一座大型固体推进剂火箭发动机制造综合基地。我们估计到 1969 年火箭发动机至少呼和浩特进行有限的生产，其静力试验可能已在年中进行。

78. 考虑到开发大型固体推进剂火箭发动机所固有的问题——包括推进剂设计、外层黏合和防止推进剂破裂——我们认为中国在首次飞行试验之前至少需要两三年或许更长的时间进行静力试验和尖端的开发工作。因此如果静力试验在 1969 年开始的话，那么首次飞行试验最早可能在今年进行，尽管 1972 年是更可能的。

79. 单一平面发射台可能被用在首次飞行试验上——这在美国、法国和苏联的计划上有着许多先例。我们认为中国将在发射井上部署固体推进剂系统并建造一座发射设施。即使固体推进剂导弹发射井不同，但他们从液体推进剂导弹发射井得来的经验将是有用的，特别是因为他们不需要排气系统。

80. 解决飞行稳定性、推力控制和导航等问题可能最少需要大约三年的飞行试验，由于对于新计划常见的技术和管理问题，达到初始作战能力可能需要一至两年的时间。如果飞行试验在年内进行的话，固体推进剂战略导弹最早可能在 1974 年准备部署，但是更可能在 1975 或 1976 年。到那时呼和浩特厂能够进行全面系列地生产。

81. 由于当前太早尚不能精确地判断哪种导弹在呼和浩特开发并生产。我们认为中国在继续进行洲际弹道导弹研制之前，将会集中开发陆基中程弹道导弹或中远程弹道导弹以掌握固体推进剂技术。即使洲际弹道导弹已经处于开发的早期阶段，我们认为在 20 世纪 70 年代末以前仍不可能达到初始作战能力。中国可能已经选择开发固体推进剂的潜艇发射弹道导弹，现在这种系统可能正在呼和浩特研制中。如果是这样的话，导弹可能最早在 1975 或 1976 年准备完毕。（详见第四节导弹潜艇计划）固体推进剂导弹可以携带迄今为止中国试验的任何一种热核武器，中国可能选择开发低当量的轻型热核弹头或在固体推进剂导弹上装备的裂变弹头。

82. 呼和浩特的设施可能足以同时支持多种导弹的开发与生产计划。该设施的生产速度依赖于正在开发与生产的系统的数量和种类，但是它可能在任意特定的时间足以支持不仅一种系统的开发与生产计划。

三、中国的轰炸机力量

83. 从 20 世纪 50 年代初期开始，苏联在中国组建空军方面予以重要的帮助，现在其已成为世界第三大空军。苏联提供了超过 2 000 多架飞机，大部分是战斗机和轻型轰炸机，训练中国机务人员，指导在华飞机场和飞机制造厂的建设。作为计划的一部分，他们在 1959

年向中国提供了两架图-16"獾"中型喷气式轰炸机并开始帮助中国建造图-16飞机制造厂。

84．当苏联撤走他们的援助时,该工程停顿了几年。但是在60年代中期中国开始独立地进行研制并在1968年末制造出中国第一架图-16轰炸机。我们估计在1969年中国能够每两个月制造出一架飞机,缓慢地增长达到当前每月制造出两架飞机的水平。到1971年中期能够制造出约40架图-16轰炸机。

(一)　中型轰炸机

85．图-16具有极广的用途,一直被苏联用作轰炸机、空对地导弹的运载工具、空中加油机、电子情报与空中照相侦察机和反舰反潜战飞机。图-16能够携带载重约6 600磅,其作战半径约1 650海里或经一次空中加油达2 300海里。其在短程可拥有最大载重约2万磅的能力。亚洲大多数的重要目标都在无需空中加油的正常载重6 600磅的1 650海里作战半径内。

86．我们估计中国为了战略攻击角色将会组织和训练他们大部分的图-16部队。……①图-16制造计划是个昂贵的计划并显然适合稳定的生产流水作业。对其投资显然可简单地作为远程海军侦察机、反舰武器或常规轰炸机来使用。它也被用来进行热核武器计划的空投试验。

87．由于它对尖端的防空系统相对移动较慢和极易受到攻击,轰炸机在战略上具有严重的弱点。但是随着对机组人员适当的训练和鼓舞,中国希望增加一些飞机,至少有机会能够在这种环境下达到他们的目标。这些包括针对一个单一的目标使用许多轰炸机、使用不引人注目手段结合空中加油以延长飞行距离避免被发现,以及对空对地导弹能力的准备。

88．尚无证据表明当前中国已具备空中加油的能力。然而我们认为一旦轰炸机机组人员在基本行动上熟练掌握并能够准备尝试进行更加复杂的空中加油时,某种空中加油机将会被制造。

89．在中国活跃的计划中,我们尚无空对地导弹相关的证据,尽管苏联可能在20世纪50年代末帮助中国建造了双城子飞机场的空对地辅助设施。理论上如果他们能够进行该计划的话,那么到1972年中国能够把苏联的SS-N-2改造为空对地导弹来使用。但是这种导弹的射程仅有约50海里。开发独自设计的远程空对地导弹可能需要5年的时间,如果遇到飞机稳定性、导弹的控制和精确性等问题将会延长这个时间。

90．……②

91．我们认为中国当前仅有一个图-16飞行团,大约有30架可派遣的飞机。随着更多的图-16投入使用,其他的飞行团可能将会组建并部署在中国40个偏远的、能够起降这种飞机的机场。(在40个飞机场中,大约有三分之二具备可以支持持久性行动的设施)许多部署将在今年年底开始。因此,毫无疑问当前许多飞行员能够驾驶飞机运载热核武器达到指

---

① 原文此处三行未解密。——译注
② 原文此处四行未解密。——译注

定的目标,在中国拥有两个或三个飞行团,其机组人员受到同样、高度地训练并针对现代防空"准备"复杂的任务之前,可能需要至少一年的时间,也许还会更长。

92. 中国显然试图把图-16部队作为包括中程弹道导弹和洲际弹道导弹的地区性战略运载能力的整体一部分。考虑到中国在图-16计划投资的规模,我们认为一个持续性的生产计划已经开始。如果到20世纪70年代中期每月制造两至三架飞机的进度能够持续的话,那么到1976年中期部队将拥有150~225架飞机。

93. 中国现在已储备适合图-16运载的一定大小和重量的裂变弹和热核弹。

(二)轻型轰炸机力量

94. 苏联在20世纪50年代提供给中国大约300架伊尔-28"猎兔犬"轻型喷气式轰炸机。在整个60年代中国已广泛全面修订计划来维持该部队的规模,有迹象表明他们在1969年有限生产了伊尔-28,显示出他们仍然打算使这种飞机继续服役。他们解散和重新部署伊尔-28部队许多次,当前在中国有超过80个飞机场能够起降这种飞机。

95. 我们不知道中国是否打算使用伊尔-28运载核武器。伊尔-28的最大作战半径仅有约570海里,但是在其战略角色中,该飞机能够被用来攻击中国周边的一些目标。伊尔-28也被用来在战术上运载核武器。

96. 伊尔-28能够运载裂变弹甚至热核武器。……①即使中国有许多方法为轻型轰炸机部队生产核武器,但是尚无证据表明他们已储备或正在开发。

97. 尚无证据表明当前中国使轻型轰炸机具有战略攻击角色的意图。伊尔-28的机组人员训练一直强调关于地面支援或针对海上船只与潜艇的军事演习上的常规战术。过去几年已部署的伊尔-28部队,我们认为其主要是用于大陆防御,这种模式近期不会改变。

(三)未来的轰炸机

98. 尚无证据表明中国正在开发任何新型轰炸机。但是他们成功地仿制米格-21和开发自己设计的战斗机以及他们在战略导弹计划上取得的进步,表明他们有能力制订计划设计和生产更为先进的轰炸机。然而考虑到他们所面临的技术问题,例如发动机的构成和机身使用国外金属或合金,中国在20世纪70年代末以前不可能拥有这样的轰炸机。

四、弹道导弹潜艇系统

(一)背景

99. 在1957、1958年中苏技术援助协定中,显然苏联同意帮助中国制订一个计划,建造苏联弹道导弹潜艇并配备的近程液体推进剂导弹。1960年后他们开始独自进行,1964年一

---

① 原文此处六行未解密。——译注

艘导弹潜艇在大连造船厂下水,可能使用苏联的设计和至少一些配件是在中苏关系破裂之前由苏联提供的。该设计是苏联 G 级的,有三个可从海面上发射 SS - N - 4 导弹发射管和常规攻击的鱼雷发射管。它是柴油动力,10 天巡航半径3 000海里。

100. 中国可能打算为他们的 G 级潜艇配备使用可贮存液体推进剂、射程约 300 海里的SS - N - 4 单级弹道导弹,但是我们不知道在中苏破裂之前苏联计划或真正提供了多少援助。苏联可能给中国一些关于 SS - N - 4 的技术数据,但是尚无证据表明提供给任何这样的导弹。

101. 在 1960 年以前苏联显然也帮助中国开始建造适于导弹潜艇停靠、维修和建造的一些设施。1962 年这些设施处于初级阶段,其行动既缓慢又迟缓,表明在中苏破裂之后该设施很少或没有取得进展。

中国有限的进步,1962~1968

102. 从 1962~1968 年中国继续显示出对弹道导弹潜艇计划的兴趣,但是计划的步伐是缓慢的,活动也是零星的。1964 年下水的 G 级潜艇在 1965 年具备了作战能力,但是并没有配备导弹,也仅仅执行例行任务,从不远离母港。1968 年秋它进入大连附近的旅顺港进行大修。

103. 某种程度上这种不活跃性反映了大跃进所带来的经济崩溃。前面所提到的正在开发的 CSS - 1 和 CSS - 2 计划,20 世纪 60 年代初期和中期都处于飞行试验阶段。但是也有迹象表明中国已经考虑了基于 G 级潜艇和 SS - N - 4 导弹的潜艇计划的其他想法。中国没有建造其他的 G 级潜艇或开始类似于 SS - N - 4 的海上导弹试验,这强烈地表明这种潜艇没有生产也没有部署。他们可能认为这种系统几乎不值得花费这么多钱,他们可能推迟建造直到设计出得更好的潜艇。

104. 到 20 世纪 60 年代初中国已经开始了核动力系统的研发,这可能要追溯到 50 年代末。上海船舶研究所所长曾写过一篇关于这个方面的文章,自那时起该所也可能是海洋动力重要的研究与开发基地。据报道,1960 年 4 月周恩来总理在访问仰光时曾说到"中国希望在五年内建造出核潜艇"。

105. ……①在 20 世纪 60 年代中国尽其所能从其他国家获取用于潜艇计划的核研究与导弹开发的设备与硬件。他们已成功地获得如振动试验台、密封旋转泵、高强度钢板和特殊不锈钢钢管等设备。

(二)近来的发展

106. 尚无显著的迹象表明中国已着手进行一项掌握潜艇发射导弹能力的积极计划。但是近来大量详细的证据表明中国打算开发这种能力,尽管它不同于建立在苏联持续援助下的最初理念。

---

① 原文此处七行未解密。——译注

107. G 级潜艇的导弹发射管从 1968 年末开始进行了大范围的修改。这项工作有力地表明中国正在准备把这艘潜艇作为开发自己研制新型导弹的试验平台来使用。关于这一点,值得注意的是由于在导弹发射区拥有足够的空间,G 级潜艇能被很好地改造成试验台。

108. 当前我们有证据表明中国已经建造了一艘巨大的新型潜艇。美国情报部门把它称之为"毛"级,它是一艘由本国设计的,其外壳特别适合快速下潜的鱼雷攻击型潜艇。外壳的外观和构造表明它可能是核动力的。如果它是核动力的,那么中国在朝向核动力导弹潜艇方面迈出了重要的一步。即使它是柴油动力,这种设计表明中国有能力开发现代核动力导弹潜艇。此外,有迹象表明中国已经开发——或正在开发——一座现代、复杂的造船厂以充分地支持核潜艇的建造计划。

(三) 中国的选择

潜艇

109. 我们很少有线索能够指出中国弹道导弹潜艇何时开始具备作战能力或其特征是什么。他们采取手段并不很明显,直到有关这种系统活跃的潜艇建造计划或导弹试验计划被发现和研究。

110. 如果中国不打算制造一个由 G 级潜艇和 SS-N-4 型导弹组成的临时系统的话,对于他们还有其他两个选择。他们可以选择部署一个包括一枚改进型导弹和更尖端潜艇的过渡性系统(但是前几艘潜艇将使用柴油动力而不是核动力)。第一艘这种系统的潜艇可能最早于 1975 年完成。当核电站被开发时,这种方法可以通过试验新型船体设计的适用性来减轻向核动力过渡。

111. 如果中国已经为其潜艇独自开发核动力设备的话,那么他们不太可能选择这个方案。因此他们可能集中开发可携带 16 枚导弹的核动力潜艇。第一艘这种类型的潜艇将于 1971 年中期开始建造,我们估计中国最早于 1976 年拥有第一艘核潜艇。如果中国并没有为潜艇装配核反应堆的话,弹道导弹战略核潜艇最早的完工日期将可能是一两年后。

潜艇导弹的前景

112. 液体推进剂导弹。尚无显著的证据表明中国已开发出潜艇的液体推进剂导弹,但是中国拥有足够的设备,可能已开始其陆基试验的早期阶段。然而我们认为需要一年多时间完成的整体陆基飞行试验计划不可能不被发现。模拟导弹弹出试验可能不被发现,但是从 G 级潜艇或任何新型潜艇的发射将变得越来越明显。海上飞行试验可能至少需要花费两年的时间。即使液体推进剂导弹现在准备进行陆基飞行试验,我们认为潜艇试验发射的时间最早可能是在 1974 年末。

113. 固体推进剂导弹。使用固体推进剂的潜艇导弹易控制,并比使用液体推进剂的导弹储存多。如果中国选择这种方法的话,他们可能在未来一两年内准备进行固体推进剂导弹试验。飞行试验计划可能至少需要三至四年的时间,并会按照液体推进剂潜艇导弹的蓝图进行,由于中国在发射固体推进剂导弹上缺乏经验,因此在陆基方面可能需要更长的时间。总之，固体推进剂潜艇导弹最早将于1975年准备试验点火。

　　中国弹道导弹潜艇可能的初始作战能力

　　114．一旦潜艇建造完毕并能够使用全面试验的导弹，我们估计为了试验综合系统和达到军事行动的准备，对于第一艘特殊级别的潜艇来说，至少需要六个月的时间。因此在上述讨论的选项中，基于更先进的柴油动力潜艇和经改进的导弹的系统最早将于1975年中期达到作战能力。如果中国直接选择使用液体或固体推进剂导弹的弹道导弹战略核潜艇的话，其作战能力最早将于1976年中期实现。

　　115．对多种型号弹道导弹潜艇的初始作战能力数据的评估是与中国建造潜艇和导弹开发能力的证据相一致的。假如中国正在开发重要的技术和装备，那么这些评估也会高出这些证据，例如中国潜艇很少在自己舰队领域以外进行活动。为了准备到20世纪70年代中期派遣弹道导弹潜艇，中国将不得不在较长的时间内训练船员并在海上巡逻。

　　116．此外，一艘弹道导弹潜艇需要某种精确的导航系统。海洋深测和重力测量或卫星导航能够为这种系统提供基本的方法，但是我们尚无证据表明中国已经进行或计划进行这样的活动。有关这种活动证据的缺乏显示出中国要在1975或1976年开始部署弹道导弹潜艇将需要加倍的努力。

　　117．他们也将面临把潜艇、导弹与核弹头融入到一个有效的武器系统上的难题。中国将面临着把导弹装配到潜艇上和采用一个新型发射平台的新问题。简而言之，弹道导弹潜艇所固有的困难将不同于中国在以往所面对的。他们可能为初始系统计划和试验，使用唯一一艘G级潜艇，但是所面临的具体问题仍与他们建造的新型潜艇相关联。尽管我们不能预测他们是否能够很容易地解决问题或者怎样突破瓶颈，但是有显著的证据表明第一艘核动力弹道导弹潜艇在本评估时段之前不能具备作战能力。

五、中国初期的太空计划

　　118．在我们估计他们将进行这种尝试的几年后，1970年4月24日共产党中国通过发射卫星开始了他们的太空计划。我们估计中国可能在1967年以后开始使用CSS-1助推器进行最初的尝试，但我们不知道为什么这项计划直到1970年才开始进行。中国可能决定等待，直到拥有潜在的用在未来多种任务能力的太空助推器（CSS-2的改型）。

　　119．第一颗卫星——根据中国报道重达381磅——广播毛泽东主义的旋律"东方红"，中国新闻舆论对待这件事情的方法表明北京试图利用这件事情进行猛烈的宣传。……①

　　120．中国在首次太空成功后的11个月内进行了第二次卫星发射（1971年3月3日）。……②宣布其重达486磅，已成功入轨。……③

---

① 原文此处五行未解密。——译注
② 原文此处一行未解密。——译注
③ 原文此处十行未解密。——译注

121. ……①

卫星运载火箭

122. 对中国前两次太空发射的有关证据进行分析表明这两次发射使用的是同一型号的卫星运载火箭。把中国所宣称的重量——我们没有理由怀疑它的正确性——投入实际达到的轨道所需要的能量要远远超过基于 CSS-1 中程弹道导弹的火箭。因此中国尽早地发射他们第一颗卫星，有助于开发更有能力、多用途的系统。在回顾所有关于该计划的情报后，我们认为中国已成功地使用 CSS-2 中远程弹道导弹作为开发他们最初的卫星运载火箭的跳板。实际上我们认为在 CSS-2、靖宇导弹和太空发射火箭之间存在着相对较近的技术关系。

123. 通过对两颗入轨卫星的小型、已耗尽燃料的顶部助推火箭进行观察，……②表明中国的第一枚卫星运载火箭是三级系统。尽管关于 CSS-2 精确的技术特性仍有许多不确定因素——例如，特种型号的可贮存液体推进剂——显然足够满足两枚卫星火箭第一级燃料的需求。因此我们认为中国的卫星运载火箭与 CSS-2 中远程弹道导弹极为相近，很可能就是这种导弹的改型。

124. 正如我们在第二部分中国洲际弹道导弹计划中所讨论的那样，CSS-2 也为开发从靖宇导弹综合发射场进行飞行试验的弹道导弹打下了基础。有许多迹象表明后者系统的第二级包含卫星运载火箭的第二级，至少是经过了一定的修改。从发展的哲学角度来讲，中国将最大利用相对较少的航空航天资源，并按照美国和苏联导弹与空间计划的常规模式进行。

125. ……③

126. 根据把前两个卫星发射入轨所需的能量，我们认为这种系统能够把有效荷载约1 300磅的物体发射到 100 海里的低地球轨道。然而，可以想象的是中国并没有全部地利用运载火箭最大的能力，因为其能够把约2 000磅的物体发射到低地球轨道。我们可以从未来的发射中进一步提炼我们对运载火箭的评估。我们认为中国将继续使用该系统，因为其显然对某些实用的任务，包括科学开发试验具有潜在的能力，以及通过多种顶部助推火箭的结合来增强其能力。

卫星任务

127. ……④

128. ……⑤

计划前景

129. 我们认为前两次的卫星发射仅仅是未来十年间中国进行一系列雄心的太空计划的

---

① 原文此处二十八行未解密。——译注
② 原文此处一行未解密。——译注
③ 原文此处九行未解密。——译注
④ 原文此处十行未解密。——译注
⑤ 原文此处十二行未解密。——译注

初始阶段。中国的太空计划可能紧密地依赖于战略导弹、相关硬件以及中国在第一枚卫星运载火箭所使用的如CSS-2中远程弹道导弹这样设备的进步。尽管未来几年太空计划的某些方面具有一些纯科学利用的功能,但是我们认为在可预见的未来军事需求仍可能占据支配地位。一个紧迫的军事需求就是支持战略导弹部队定位和测量数据。另一个是以情报为目的的侦察能力。我们认为到20世纪70年代中期中国可能在这些领域获得这些能力。

载人航天努力的前景

130. 自1959年中国人民解放军在北平建立航空医学研究所以来,中国已经开始对高性能飞机和太空飞行的生物医学方面产生了兴趣。与此同时低压舱实验室也建立了起来。1960年或1961年北京军事医学院成立了一个"太空生物物理学研究所"。……[1]尽管日益增多的证据表明中国对高性能飞机和太空飞行的生物医学方面有着强烈的兴趣,但是尚无证据表明支持载人航天计划的太空医学计划的存在。

131. 我们认为中国具备准备和监控轨道飞船生物试验的技术能力,并且他们会饶有兴趣地去这样做。目前尚无迹象表明中国具备任何载人发射的能力,但是我们认为他们能够制订这样的计划。

六、预计的战略力量

(一)引言

132. 预测共产党中国战略攻击力量的规模、构成和能力,即使临近这段时期都是非常困难的任务,对20世纪70年代中期的评估则极为困难。

133. 我们了解大多数关于中国图-16喷气式中型轰炸机力量——它们的技术特性、生产率、数量、部署地点以及训练的一些情况。但是仍有许多不确定的因素,例如中国何时制造空中加油机、装备核武器部队的比率是多少、军事部队在哪里作为基地、他们的目标和战略是什么,是否中国将开发空对地导弹以具备空对地打击能力?

134. 以导弹为例,我们以一个不确定的基线为出发点。我们认为中国部署了少量的CSS-1,但是我们不能确认部署的部队,仅能估计他们的数量、部署状况、准备状态以及战略部署。我们认为CSS-2已经达到(或将要达到)飞行试验的末期以及部队将要开始训练,但是我们不能确认军事行动地点,系统的初始作战能力也是不确定的。

135. 当我们看到导弹系统进入或可能达到飞行试验阶段时,我们的这种不确定性将会迅速地增加。在靖宇试验的导弹系统可能计划是针对苏联和亚洲目标地区力量的一部分,但是它也具备针对美国大陆的能力。

136. ……[2]

---

① 原文此处十行未解密。——译注
② 原文此处十三行未解密。——译注

137. ……①

138. 当我们着手对中国正在开发的战略攻击系统的部署率进行预测时,特别是对包含在部队内的复合型运载系统进行预测时,我们的不确定性将变得更加复杂。我们不知道中国会选择哪种复合的力量,在一些情况下中国可能根本就没有做出决定。例如,当中国开始部署 CSS-2 的时候我们不知道中国是否还继续部署 CSS-1 来维持已有力量,还是解散已部署的部队。我们不知道复合运载系统是包括受保护的地区和无防护易受攻击地区,还是永久性的作战和训练地区。如果在靖宇试验的导弹开始部署的话,我们不知道对于复合部队的影响,因为我们不知道其能力。

139. 我们对此没有经验。当苏联试验并部署 10 个陆基战略导弹系统、6 个潜艇导弹系统、几个战略轰炸机系统以及多种其他军事系统时,我们会密切地关注。尽管如此,当我们看到苏联新的导弹计划时,我们有足够的信心预测他们可能进行——或者能够进行得有多快——根据他们过去的计划。而在中国我们根本不能观察和衡量其战略导弹的部署,几年来我们仅仅看到一个战略轰炸机计划,中国的潜艇导弹计划只提供很少的线索。简而言之,我们没有看到共产党中国在活动,也很少感觉到生产和部署的约束如何与战略观相结合并体现在已部署的战略攻击部队的现实中。

(二) 战略观

140. 中国的战略观将提供有关他们为战略攻击部队分配资源和制订部署计划的背景。……②

能力

141. 中国已进行的战略攻击计划显然是针对亚洲的地区性核攻击能力的发展:图-16 中型轰炸机、CSS-1 和 CSS-2。CSS-1 能够覆盖所有中国亚洲邻国的重要地区和大多数美国在远东的基地,但是对于苏联的覆盖仅局限在边界地区和苏联的远东部分。图-16 和 CSS-2 能够扩大亚洲的覆盖范围,包括印尼和印度的大部分,但是它们的重要性是迅速地增加了对苏联的覆盖范围,远到西边的乌拉尔地区。③

142. 我们怀疑中国是否满足于地区性核能力,在 20 世纪 70 年代中国建立核力量的终极目标可能是增强其作为世界大国的地位。中国在核武器、导弹和太空能力的持续性发展将会提升世界大多数人们眼里中国作为科学、技术和军事大国的地位,而这种地位可能给中国在不发达世界的政治攻势带来巨大的优势。

143. 中国在制造核武器和运载系统的开发与部署上持续性的投资规模表明为了声望或地位北京计划建立更多象征性的力量,然而这并不是仅仅满足于成为"俱乐部成员"。在

---

① 原文此处十二行未解密。——译注
② 原文此处八行未解密。——译注
③ 原注:中国在部署一枚比 CSS-1 和 CSS-2 射程还远的远程导弹之前,他们并不具备对莫斯科现实的核威胁。理论上如果给图-16 进行补给燃料或执行一个单程任务,其能到达莫斯科,但是在途中将面临2 000海里密集的苏联防空。

本时期末,中国希望达到和美国或苏联势均力敌的成就,最多在遥远的将来,中国希望在未来十年能够达到对两个超级大国进行威慑的程度。尽管在 20 世纪 70 年代中国战略武器部队与美国和苏联比较起来仍旧十分弱小,但是与其亚洲邻居相比则具有压倒性的优势。

必备条件

144. 中国把美国作为主要的威胁,几乎肯定认为这些条件可直接地阻止美国。北京可能认为如果美国克服了所有的限制决定对中国实施第一次打击的话,那么不可能阻止中国反击我们其中的一个亚洲盟国的可能性。中国可能认为具备对美国大陆实施核打击的能力能够增强中国作为世界大国的地位,以及在亚洲提供更多的行动自由。

145. 中国远离美国使其针对我们达到可靠的威慑非常困难,然而其所需求的洲际弹道导弹或弹道导弹潜艇能够影响到美国本土。同时中国严重地依赖于对使用核武器的限制,包括世界舆论的影响,来阻止美国或苏联用这些武器攻击他们。

146. 他们潜在的两个主要对手之一,苏联可能对于中国是最紧迫的。双方在边境持续的军事集结和过去几年莫斯科与北京激烈的辩论,表明意识形态的分歧和领导权的竞争如此强烈以至于中苏关系可能仍旧保持相当的冷淡。20 世纪 50 年代友爱互助的时代至少在不远的将来可能不会再现。在这种政治气候下,中国可能倾向于把苏联而不是美国或任何亚洲国家视为它主要的对手。苏联在地理上的临近和军事大国也将影响中国对威胁的评估。

147. 对于中国来说,苏联战略优势的重大意义是苏联全面的核打击,无论是先发制人的还是报复性的,将对中国造成大范围的破坏和巨大的伤亡。如果没有核能力,中国很少能够影响无论是常规的还是逐步升级为核打击的冲突。

148. 中国现在处于关键的过渡期,可能只有几枚中程弹道导弹被部署,图-16 也相对较少。我们认为中国可能试图把苏联发现、瞄准和摧毁他们部队的机会降低到最小来度过这个时期。我们认为中国可能在隐蔽地点或基地、使用很少有区别特征的地点或战场移动部队来部署中程弹道导弹。当中远程弹道导弹被部署后,中国可能至少在最初采纳这些相同战略的一个。

149. 这种针对苏联的作为威慑的隐蔽性部队的可信度将依赖于苏联确信这种部队的真正存在。尽管在地理位置上苏联收集有关中国计划的情报要比我们处于更有利的位置,但是如果苏联对当前中国能力的评估——应该比我们的评估更高——做出了误判也并不令人惊讶。

150. 中国甚至可能认为相对较少的核力量足够与苏联在常规水平上对峙。即使当前莫斯科的领导人怀疑他们发动的攻击是否保证没有生存者,但中国有能力运载至少一枚……①武器发射到如海参崴(Vladivostok)或哈巴罗夫斯克(Khabarovsk)这样附近的目标。中国可能认为他们已经获得了对苏联实施第一次小规模的威慑行动。

---

① 原文此处一行未解密。——译注

151. 在亚洲其他国家对中国的威胁是有限的。印度缺少导弹与核武器,其相对较多的常规力量构不成对中国的威胁。日本的经济实力和潜在的军事实力使得中国领导人在设计他们的核力量时要比除苏联以外的其他任何亚洲国家都予以更多的注意。如果日本从他们当前的政治反战主义的进程和防御性军事立场转移,那么在实施这样的计划后将面临中国大约五至七年的核威胁。因此在 20 世纪 70 年代中国的核力量将受到日本发展的严重影响。

使用原则

152. 当中国领导人在 20 世纪 50 年代中期决定从事开发和生产核武器与战略导弹运载系统时,他们可能并没有如何使用这些系统的非常清晰的想法。他们也没有发展出比如果中国加入到领先的军事大国行列那么拥有这种武器是重要的这种信念更多的原则。无论如何,我们没办法了解后来与苏联关系的破裂是否导致他们开发的战略平衡出现重大的变化。

153. 有关核理论中国曾经谈到的唯一一件事情就是他们遵守坚定的不首先使用核武器政策。考虑到美国和苏联压倒性的核优势,这可能是一个现实的声明。我们认为中国的理论极不可能对其亚洲邻国使用核武器作准备。考虑到中国在常规力量上的优势,对亚洲邻国实施核打击是没有必要的,必将承担巨大的政治代价,导致其中一个超级大国报复的风险。对美国或苏联发动核打击将招致中国作为工业和军事大国的消亡。

154. 我们也认为北京不太可能对其非核邻国进行赤裸裸的、直接的核讹诈。这样做将违反其宣布的并一直遵守至今的政策。此外,由于苏联或美国对非核国家提供核保护伞可能所做出的反应,这种行为将是复杂的,甚至是危险的。然而中国和亚洲邻国之间的任何对峙,中国的核武器能力将会使其他国家意识到并可能对结果产生一定的影响。

155. 我们不知道如果威慑失败中国将如何进行。他们当前缺少战略导弹预警系统(这样的系统能够对苏联的攻击提供仅仅几分钟的预警)。基于这个原因,中国不能实施预警而在做出反应之前不得不承受战略核打击。他们的国家指挥与控制系统将不得不制订计划,但是我们尚无中国利用这种程序和系统的证据。我们估计——但没有证据——中国将对意外的或未经授权的导弹发射或轰炸机袭击采取严厉的防范。

(三) 未来军队的限制

156. 在过去的十年里中国共产党已进行广泛、多方面的计划来开发和生产配有核弹头的战略攻击系统。他们现在已经进入涉及到新问题与军事开支的部署阶段。他们仍将需要继续保持研发的努力寻求完善的、更尖端的系统。本部分将讨论对有关战略力量部署可能的多种约束:资源的竞争、有关中国科学和工业的科学技术基础、核弹头与运载系统的生产能力、中国训练导弹部队和建造发射场的能力。

资源的竞争

157. 对于尖端武器计划所需要的人力和物力来说,在任何国家都是稀有的和昂贵的,特别是像中国这样科学工业基础在共产党掌权之前极为薄弱的国家。中国已经显示出把其稀有资源大量地和不间断地投入到战略武器计划中的意愿。我们不能量化他们努力的成本,但是显然他们已利用了大部分科学技术人力、尖端设备与机器、技术工人、建筑与运输资源。同时他们已成功地使其尖端武器计划免受过去十年来政治经济动荡的影响。

158. 然而中国对于稀有、高质量资源的需求并没有局限在尖端武器计划上。中国同时也把大量资源提供给他们的常规力量上,扩大工业基础和增加农业产量。所有这些努力在本评估时段之后仍将持续下去,无论给战略攻击部队怎样的优先权,对于资源的需求仍将有其他重要的领域。

159. 我们很少了解北京对于所有涉及战略武器计划的关键问题是如何做出决断的,包括在单独的武器系统之间、作为整体的国防工业和基础经济发展之间分配稀有国家资源优先性的确立。毛泽东可能在所有这些事务上具有最终决定权,强大的军事委员会中扮演着重要的角色。但是除了完整的外表,毫无疑问在军事部门内部、军事机构和负责经济计划与开发的国务院机构之间存在不同的观点。特殊计划的既得利益可能存在于许多研究所和特殊的部门之内。在持续不断的政治运动和混乱中,大量资源分配和国家战略问题是其利用的主要问题,党内团结的正面形象已从1949年进入到"文革"时期公开压迫。

160. ……①

161. 毫无疑问中国继续把战略武器计划置于最优先的地位,特别是正在部署的力量。虽然如此,中国将要部署的力量要比竭尽物质和技术来获得的最大生产率要更缓慢、更慎重,因为他们无需削弱其他领域的努力来试图达到其战略目标。

162. 我们认为本部分预计的战略力量在中国生产和部署的技术与工业能力之内。中国能够做得更多,但是我们不知道能有多少。当前我们能够说得最多的是假设在上述战略领域的努力能够打乱其他计划——常规力量的现代化(特别是面对苏联的威胁)。尽管在中国人的眼里他们主张把一些资源投入到战略武器上,但是全部的工业发展以及养活巨大的、日益增长的人口——仍然是非常重要的。

其他限制

163. 我们已经分析了本评估时期中国设计者可能要面对的有关中国战略力量的多种可能的限制,包括技术与工业因素、核武器的有效性以及像液体和固体导弹、飞机、潜艇这些领域的生产能力。对于这些因素的分析并没有得出过去习惯对中国计划进行量化的任何结论。

164. 当然随着亚洲军事与政治关系的改变,资源需求方之间的平衡可能改变,中国将不得不继续做出艰难的抉择。例如,如果与苏联发生重大冲突的威胁性急剧增加的话,我们认为中国会在牺牲工业和农业发展的情况下进行巨大的努力以支持其战略与常规部队。我们认为中国进行开发战略武器计划,对于战略力量作为国家实力和声望有着足够现实的理解。他们可能接受由于战略攻击力量的雄心计划所强加于对其他领域的消耗,但是他们不

---

① 原文此处五行未解密。——译注

太可能允许这种消耗如此之巨大，以至于其他平等的重要国家计划受到严重的损害。

（四）到 1972 年中期的部署

中程弹道导弹

165．正如第二部分所指出的那样，我们认为中国在 1969 或 1970 年开始部署 CSS‐1 中程弹道导弹。我们估计到 1971 年中期将部署约 10 枚中程弹道导弹。……①

166．……②无论当前 CSS‐1 力量的真实规模如何，由于与即将部署的中远程弹道导弹相比该系统在运行和后勤补给上的限制，其最终数量可能相对较少。此外因为射程的局限，中程弹道导弹也很少能够达到和摧毁被证明是核武器的目标。

167．中程弹道导弹与中远程弹道导弹相比还有其他重要的缺陷。如果中程弹道导弹使用不贮存氧化剂，在高度准备状态下具有较长的反应时间和较短的控制时间。在高度准备状态下对于发射的控制仅有几个小时，甚至可能只有一个小时。另一方面中远程弹道导弹在不确定的时间可以竖立、加注燃料并进行准备，接着在相对较短的时间进行发射——15～30 分钟。当注满推进剂时没有一枚导弹能够被运输或竖立。

168．如果——正如我们估计的那样——CSS‐2 在明年达到初始作战能力的话，中国可能不会对 CSS‐1 进行大量的投资。实际上，一旦 CSS‐2 部署计划正在稳步地进行中，CSS‐1 的部署可能将会停止。基于保守的估计，到 1972 年中期 CSS‐1 部署可能将稳定在约 15 枚左右，但也可能是这个数字的两倍并一直部署到 1973 年。大多数 CSS‐1 可能被部署在针对苏联目标的射程之内。

中远程弹道导弹

169．开发时间。正如我们指出的那样，CSS‐2 的初始作战能力——除非遇到不同寻常的问题或中国决定延缓部署——几乎肯定将在 1972 年的某个时候达到。我们认为 CSS‐2 的飞行试验可能已基本结束。训练结束和部署之间的时段可能很短暂，这样部队可保持其熟练程度，一旦导弹部队执行训练发射任务，我们认为它能立即部署到战斗位置。按照苏联的情况，SS‐9 和 SS‐11 的最初训练发射到在前方进行部署行动需要三至六个月，但是随后执行的训练发射与发射部队执行活动的时间将越来越近。

170．我们估计第一个固定无防护易受攻击发射场的建立需要约一年的时间（依赖于中国努力的强度）。随着基建人员不断获得经验，随后所需时间将会减少。该发射场可能始建于去年，预计今年夏天或秋天完成。如果建设还没有开始的话，那么可能是 1972 年，也就是第一个导弹部队部署之前。

171．部署方式。CSS‐2 最初部署可能采用无防护易受攻击的模式。随后可能在发射井进行部署，但是我们不能确认这是否为原型发射井。

---

① 　原文此处三行未解密。——译注
② 　原文此处两行未解密。——译注

172. 中国在无防护易受攻击的发射场进行 CSS-2 导弹部署有几种选择。他们可能选择配备复杂的永久性附属设施的无防护易受攻击固定发射场;也可能部署在毫无区别特征的无防护易受攻击的发射场,或者他们试图隐藏所有或者部分部队。

173. 隐藏可能通过把一些中远程弹道导弹放在靠近山洞、隧道和储藏库等经过伪装的发射台来实现。然而在危机时期,如果中国想保持导弹处于警戒状态的话,他们可能不得不把它们暴露在外面。如果导弹隐藏起来直到警报的发生,那么竖起、加注燃料和瞄准的反应时间将可能需要约 3 个小时。

174. 中国可能决定对他们部分或者所有 CSS-2 导弹部队进行全面的隐藏是不切实际的。虽然如此,有显著迹象表明他们将建造毫无区别特征的或不引人注意的发射场,而不是建造像苏联第一个战略导弹系统那样复杂、无防护易受攻击的发射场。

175. 力量水准。我们必须考虑到 CSS-2 在无防护易受攻击的发射场或以隐藏的方式达到初始作战能力,有 1～5 座发射台可使用的可能性。无论如何,我们估计到 1972 年中期 CSS2 力量能够达到 5～12 座发射台。

战略轰炸机

176. 到 1971 年中期中国已制造了约 40 架图-16"獾"喷气式中型轰炸机。按照当前的生产速度到 1972 年中期总量将达到 65～75 架。我们不知道中国培训了多少轰炸机机组人员,但是到 1972 年中期他们应该有两或三个团,每一组约有 15 架飞机,其飞行机组能够针对现代防空"准备"执行复杂的任务。

177. 我们很少了解有关中国进行训练的情况。因此我们对中国使用图-16 的战术、训练的强度以及熟练程度更是一无所知。

178. 我们对图-16 轰炸机部队能力理解的另一个重要问题是中国将采用的核武器后勤的概念。由于当前太早我们尚未了解是否中国将在每一个中型轰炸机机场储备核弹,或者为了运载方便把它们集中放在一个地方,只有在危急时刻才拿出来。

179. 图-16 在使用上有许多用途。除了战略核打击角色以外,中国可以使用一些飞机执行远程海上打击和侦察任务、对地面部队的战术和战略侦察、电子对抗措施和反潜战任务。甚至在战略打击部队中国可以使用一些飞机作为空中加油机或提供电子对抗措施来支持军车。然而我们认为至少在本评估时段,大量的图-16 部队将被指派为战略打击任务。然而中国部署、装备、使用他们的图-16,显然未来几年这些飞机将构成中国运载工具的主体。

(五) 到 1976 年中期预计的中国战略武器系统

180. ……①

CSS1 中程弹道导弹

181. 我们不知道在 CSS-2 开始部署以后中国在该领域维持了多长时间小规模 CSS-

---

① 原文此处十九行未解密。——译注

1力量。随着大量 CSS－2 的部署,它们可能在 1974 或 1975 年开始逐步被淘汰。另一方面,考虑到中国已经显示出对保留过时设备的倾向性,我们认为 CSS－1 在本评估时段以后仍将继续存在。

CSS－2 中远程弹道导弹

182. 由于 CSS－2 在许多性能上优于 CSS－1,因此它可能大量地部署并在该领域维持很长时间。由于可贮存液体推进剂的使用可充分提高反应时间,因此它是相对可靠的发射工具。如果 CSS－2 能够运载热核弹头约1 400海里,那么该系统能够满足大部分中国对地区能力的需求。

183. 如果中国尖端武器计划的主要功能是进行威慑的话,那么该导弹能够瞄准有价值的目标,主要是人口中心。从中国边境后退一定的距离(考虑到如安全、运输和地形等因素),CSS－2 能够影响到约 40 个人口 10 万以上的苏联城市。这包括从海参崴(Vladivostok)向西到斯维尔德洛夫斯克(Sverdlovsk)的西伯利亚大铁路沿线的所有城市。当然沿中国边境的所有苏联军事基地也在射程之内。……①

184. 当前中国还不具备打击美国大陆的显著能力,他们可能试图瞄准美国在远东的军事基地和美国在该地区盟国的重要城市,特别是对日本进行威慑。依照选择的标准,这将增加 40 到 50 个额外的目标。亚洲重要的对手印度,有 16 个人口超过 10 万的城市可能是 CSS－2 的目标。

185. 总而言之,在 CSS－2 射程内将有约 100 个重要的目标,但不知道中国可能选择哪些目标。基本上他们可能希望对这些目标进行多重的覆盖,这将需要几百枚1 400海里的导弹。这种规模的力量可能直到本评估时段以后也不可能实现。我们建议仅仅提到一些上限。到 1976 年 CSS－2 的部署可能让位于下一代系统。

186. 正如前面所指出的那样,我们认为 CSS－2 的最初部署将是无防护易受攻击的模式。但是考虑到导弹部队的生存,可能要部署在发射井。除非面临不可预期的问题,否则我们认为仅有几个 CSS－2 导弹发射井将需要试验与发射井的兼容性。然而以我们的判断,有关发射井第一次部署的性质、时间和范围还有许多不确定的因素。

187. 如果中国选择走捷径——并成功的话——那么发射井部署可能在任何时候开始,第一个配有发射井的发射场可能在 1973 年中期以后达到作战能力。然而如果中国选择更谨慎的手段,初始作战能力可能会延缓。

188. 无论如何,我们认为如果发射井开始部署的话,那么中国将停止在无防护易受攻击的发射场进行部署。因为如果配有发射井的发射场数量很少,在核打击下这些发射场的存活仍值得怀疑,因此他们可能将会继续在无防护易受攻击的发射场保留一些力量。

189. 中国有能力每年在发射井部署 10～20 枚中远程弹道导弹,可能也不会对其能力

---

① 原文此处两行未解密。——译注

造成过度的压力来生产导弹或弹头。训练足够的人员也看起来并不是不可克服的问题。我们认为如果在1973或1974年开始进行发射井部署的话,那么到1976年中期中国可能建立一支拥有20~30个CSS-2中远程弹道导弹发射井的部队,此外还有20~40个无防护易受攻击发射场。该部队有能力打击大多数在中远程弹道导弹射程之内的重要目标。如果使用轻一点的弹头促使导弹袭击更多的目标,那么部队的规模将会扩大。保留和改善本质上可靠的导弹系统,比开发新的系统——相对便宜——并且同样有效。相反地,随着下一代中远程弹道导弹系统的出现——无论是固体还是液体——都将趋向于使中国限制CSS-2导弹的部署。

靖宇系统

190. 正如第二部分所指出的那样,有关靖宇导弹还有许多不确定性。我们认为它的主要功能是对苏联进行覆盖,最多只具备影响到美国的最低能力。

191. 由于我们只在1970年11月发现过一次导弹发射,当前尚无法评估其初始作战能力或部署的速度和广度。然而如果在没有遇到严重困难的情况下开始进行试验计划,初始作战能力将可能在1973年末或1974年初达到。在发射井进行部署,假如在1974年达到初始作战能力的话,那么到1976年中期中国有能力获得一支拥有25~40枚导弹的力量。

洲际弹道导弹系统

192. 显然1971年9月中国飞行试验的火箭,如果用作洲际弹道导弹一定能够打到美国的大部分地区。以这枚火箭为基础的洲际弹道导弹可能将在1974年末达到初始作战能力。然而由于开发计划技术的复杂性,初始作战能力更可能是在这一两年后才能实现。

193. 围绕着中国洲际弹道导弹计划的不确定性和未知性,使得对部署速度的预测比CSS-2和靖宇导弹的情况更加不确定。然而我们认为中国在计划的早期岁月能够以每年5~10枚的速度在有发射井的发射场部署洲际弹道导弹。

固体推进剂导弹

194. 中国已经开始进行固体推进剂火箭发动机的静力试验。导弹飞行试验可能在1972年开始。飞行试验最少可能需三年时间才能完成。因此固体推进剂战略导弹最早将在1974年,更可能在1975年或1976年准备部署。

195. 我们认为中国将首先部署中程弹道导弹或洲际弹道导弹级别的固体推进剂导弹。他们对于这些系统开发计划的好坏将影响着20世纪70年代中期力量的结构。在70年代末以前他们不可能部署固体推进剂洲际弹道,即使是正在开发中。但是中国可能会令我们吃惊,为了防范外部攻击可能绕过近程固体推进剂系统,大力开发洲际弹道导弹。

战略轰炸机

196. 我们认为中国将会在本评估时段内以当前或接近当前生产率制造图-16喷气式中型轰炸机。到1976年中期中国的导弹部队仍会很小,图-16部队将提供大量的运载工具、威胁的多样化、通过机动性生存的手段以及可能的空中预警。此外,图-16能够完成多种其他任务,例如海上侦察、电子与空中照相情报和常规轰炸——所有领域中国的能力能够进行改进。

197. 我们尚未看到中国制造自行设计的下一代轰炸机计划的迹象,我们认为中国不太可能建造和试验样机,在1976年以前也可能部署大量的新型轰炸机。

弹道导弹潜艇

198. 我们认为到1976年中期几艘配备弹道导弹的潜艇将具备作战能力。如果中国强调地区能力并决定制造柴油动力潜艇来运载战略导弹的话,那么到1975年中期第一艘或第二艘将服役。

199. 我们认为中国为了具备攻击美国以及苏联的能力,其弹道导弹潜艇很可能是核动力的。如果中国进行配套导弹的开发并获得一些已在核电厂成功使用的方法,那么到1976年中期第一艘现代弹道导弹潜艇将服役。我们认为他们可能花费更长的时间进行新级别的武器系统研究与开发,无论如何在70年代后期以前不会有太多。第四部分对于这些判断的证据和理由已有全面的讨论。

(六) 1973年中期到1976年中期军队结构

200. 我们利用对中国尖端武器计划现状的一般性认识和未来对中国战略力量构成演变的评估,预测了三种到1976年中期可能的综合力量。它们之间的不同来自于技术成就与战略选择的相互影响。例如,洲际弹道导弹的成功可能导致中国决定从其他计划上转移一些资源加快进行部署。而在其他方案中,战略需求可能导致中国在牺牲其他计划缓慢开发或减少部署的情况下重点开发一个系统。

201. 这些预测仅仅是说明性的,如果到1976年中期中国军事力量大多数符合这些情况,会令我们吃惊的。由于有太多的未知因素以至于我们很难预测军队是如何演变的。这些预测仅是提供在未来五年里中国可能采取不同路线的思考方法及其可能完成的最佳判断。

预测A:第一种预测认为地区性力量将被认为是重点——或至少中国不能成功地完成洲际能力的开发——液体推进剂导弹是导弹部队重要的组成因素,在本时段末第一枚固体推进剂导弹投入使用。所有CSS-1导弹以及第一枚CSS-2中远程弹道导弹可能在无防护易受攻击的地区部署,但是我们认为在本评估时段的最后两三年所有导弹将部署在发射井里。

这种预测认为在靖宇试验的导弹能够相当大地提高打击苏联的能力,但是最多仅具备打击美国大陆的最低能力。它也认为到1976年中期弹道导弹潜艇并不能服役,但是到那时图-16可配备空对地导弹而具备现代化。

简而言之,表A所呈现的是一个相对保守的预测,未来的系统可能会沿着当前演进的路线前进。

预测 A　假定的地区性导弹与轰炸机力量

	1973 年中	1974 年中	1975 年中	1976 年中
CSS1	15～30	15～30	15～30	25～5
CSS2	20～40	40～80	60～80	80～100
靖宇系统		0～5	5～10	10～25
固体推进剂中程弹道导弹或中远程弹道导弹				0～10
图-16	75～125	100～150	125～175	150～200

预测 B：第二种预测认为到1976年中期中国战略力量仍将把地区能力作为重点,但是他们在固体推进剂系统取得了飞速的进步,1973年后一部分可能投入使用。因此 CSS－1 力量逐渐减少比预测 A 要更快,CSS－2 在低层次保留允许固体推进剂系统在发射井进行更快的部署。

该预测也认为图-16的发展速度在与第一种预测相同,并在本时段末期配备有空对地导弹。此外,柴油动力或核动力弹道导弹潜艇将服役。如果导弹潜艇是柴油动力的,那么可能是过渡系统。如果它是 G 级将有 3～6 个鱼雷发射管,或如果是核动力将有约 16 个鱼雷发射管。如果中国进步迅速,那么到 1976 年中期可能拥有第一艘配有 16 个发射管的核动力潜艇。

预测 B　假定的地区性液体和固体推进剂导弹、轰炸机和弹道导弹潜艇力量

	1973 年中	1974 年中	1975 年中	1976 年中
CSS1	15～30	15～30	25～5	20～0
CSS2	20～40	30～50	30～50	30～50
靖宇系统		0～5	5～10	10～25
固体推进剂中程弹道导弹或中远程弹道导弹		0～10	20～40	40～80
图-16	75～125	100～150	125～175	150～200
柴油动力弹道导弹潜艇			0～2	0～4
核动力弹道导弹潜艇				0～1

预测 C：第三种预测是基于中国在能够打击美国一定数量目标的洲际弹道导弹上取得快速进步的假设之上的。CSS－2 力量比我们第一种假设数量要少,因为资源投入到洲际弹道导弹在发射井的部署上。CSS－1 作为补充将维持在部队很长的时间。(如预测 A,在本

评估时段之前固体推进剂攻击系统尚未服役。）

靖宇导弹系统作为洲际弹道导弹部队的补充（或部分）与其他两个方案相比要稍微快些。图-16 力量与其他两个方案相同。

如果中国尽早地强调洲际能力，他们不可能部署柴油动力弹道导弹潜艇，而是直接进行核动力系统。到 1976 年中期第一或第二艘将服役，由于资源不再提供给柴油动力潜艇，到 70 年代末期潜艇的增加会越来越快。

预测 C　假定的地区性和洲际力量

	1973 年中	1974 年中	1975 年中	1976 年中
CSS1	15～30	15～30	15～30	15～30
CSS2	20～40	30～50	30～50	30～50
靖宇系统		0～5	10～20	20～40
洲际弹道导弹			0～10	20～30
固体推进剂中程弹道导弹或中远程弹道导弹				0～10
图-16	75～125	100～150	125～175	150～200
配有 16 个发射管的核动力弹道导弹潜艇				0～2

http://www.foia.cia.gov/nic_china_collection.asp pp. 1-44

詹欣译、校

中情局关于中国战略武器计划的评估

(1974 年 7 月 16 日)

NIE 13-8-74

绝　密

中国战略攻击计划
(1974 年 7 月 16 日)

重 要 的 判 断

自 1971 年以来,中国开发和部署核武器计划缓慢了下来,这可能反映了:

——国民经济优先性已经转移到强调农业和基础工业上来,这与自林彪①垮台以来军事对政治领域的影响在不断减弱相一致。

——对战略环境改变的认识来自于下面这些因素的综合:(1)中国已掌握针对苏联适度的但是可靠的核报复能力;(2)与美国关系的改善;(3)由于美苏的缓和导致对苏联的约束。

中国当前拥有一支约有 130 个运载工具的力量——一半是导弹,一半是轰炸机。其核武器储备对于所有导弹可能是充足的,尽管并不是对于所有的轰炸机。这些系统能够打击美国在亚洲的军队和基地以及苏联东部的一些目标,但是不能打击美国大陆。中国军队受困于许多弱点,但是可以通过隐蔽、机动和加强保护等手段达到生存的目的。

中国当前的目标可能是获取对乌拉尔山脉以西的苏联和美国大陆进行袭击的象征性核能力。

——当中国有限射程的洲际弹道导弹在今年末或者在 1975 年投入使用,它将具备打击苏联欧洲部分的象征性能力。……②

——正在开发的能够打击美国大陆的两套导弹系统:(1)全程洲际弹道导弹在 1977 年以前不可能投入使用,如果以当前开发的速度,在 1979 年之前也不可能投入使用;(2)潜艇发射弹道导弹系统最早在 1978 年以前不可能投入使用,很可能在这之后进行。

---

① 林彪,中共中央副主席、国防部长,1971 年 9 月 13 日乘飞机叛逃,在蒙古温都尔汗地区机毁人亡。——编注
② 原文此处两行未解密。——编注

从长远来看,北平几乎肯定将针对美国和苏联部署强大的威慑力量。中国增强其地区威慑能力和增加其对于有限核打击反应的选择能力也是合理的。

假如按照当前的趋势持续下去的话,很可能到 1980 年中国针对一些周边目标,包括苏联一些地区,将可能拥有可携带核武器的 120 枚导弹和超过 100 架的轰炸机,针对美国和苏联而拥有 6 枚洲际弹道导弹和一两艘核导弹潜艇。这些力量将给予中国一些抵御苏联核打击的能力,以及第一次具备打击美国大陆的能力。

如果中国取得了飞速的进步,到 1980 年将拥有 30 枚洲际弹道导弹和 4 艘核导弹潜艇。这样的力量将显著地提高对于美国和苏联的威慑地位。

摘　　要

自 1971 年以来中国的核武器计划已经显著地缓慢下来。当前中国似乎仅仅适当地提高了未来几年的地区性核打击能力,在 20 世纪 70 年代末以前中国不可能部署全程洲际弹道导弹或弹道导弹潜艇。

军队发展政策。减慢的性质表明是受到国家级政策制定的影响,而不是单一计划上的技术问题。从 1971 年开始,与林彪被清洗大体相一致的是军队在政府中的角色和影响受到不断的削弱,中国国民经济优先权已开始转移到农业和基础工业而不是军事订货上。当前中国领导人可能认为把大量的资源用于基础工业以及研究与开发,将比把大量的资源投入到老化的飞机和第一代导弹的生产更能增进持久的中国国家实力。

几年来能够在中国战略能力上产生显著改进的一些计划仍将继续进行,尽管大部分都慢了下来——例如固体推进剂导弹和弹道导弹潜艇的开发计划、核材料生产设施的建设以及飞机机身与发动机的研发工作。另一方面,对于中国核武器地位产生快速但有限改进的一些计划正在减少——例如有限射程(3 000～3 500 海里)的 CSS－X－3 洲际弹道导弹和图－16 轰炸机计划。

核力量计划决定缓慢的发展可能反映出中国对战略环境认知的改变,有下列因素:(1) 中国获得了针对苏联适度的但是可靠的核报复能力;(2) 与美国关系的改善;(3) 由于美苏的缓和导致对苏联的约束。

当前力量。中国的核打击力量在过去的两至三年里已取得了小范围的进展,但是其构成并没有发生变化。当前中国具备环绕中国边界以外 1 650 海里距离使用导弹与轰炸机的核打击能力。大多数这种能力具有战略性,而其中一些在中国境内扮演着战区支援的角色。当前据估计中国拥有:

　　——……①

---

① 原文此处六行未解密。——译注

——……①

——……②

——能够运载核弹、作战半径1 650海里并部署在四个飞机场的约60架图-16喷气式中型轰炸机。

——几架作战半径570海里可装备核武器的伊尔-28喷气式轻型轰炸机。

中国当前的核武器储备对于所有导弹来说可能是充足的，尽管仅是针对一部分轰炸机。

当前已部署的中国导弹具备打击所有在中国边界的美国基地及其盟国的能力，其中大部分也能打击苏联乌拉尔山脉以东的目标。图-16也能影响到相同地区以外的一些地方，尽管它们穿过苏联目标的密集防空是有限的。伊尔-28能够打击靠近中国边界的一些苏联目标，也能影响到朝鲜和台湾，从靠近边界的一些地区能影响到菲律宾吕宋岛北部和几乎南越的一半。

生存力。中国已经试图通过隐蔽、机动和加强保护等手段的结合达到生存的目的。导弹部队部署或者以半机动的方式，从要塞移动到临时性的、不引人注意的据点，或者在固定的无防护易受攻击的地区用隧道来保护导弹和重要的设施。伪装和其他手段被广泛地用来隐蔽这些发射区。有迹象表明许多CSS-2中远程弹道导弹的进一步部署可能是半机动式的。对于中国轰炸机生存的防护与导弹力量的保护不太相同。

……③

中国对他们威慑的看法。中国可能认为他们已经获得针对苏联适度的但却可靠的核报复能力。同时，显然他们也认识到其力量在一些重要的方面仍易受到攻击。

——他们正在北京西北继续进行相控阵雷达的部署，但是在当前却不具备发现敌方弹道导弹路径的有效手段。

——导弹部队充足的、受到保护的战略通讯网络正在建设中，但是作为全国性的系统还没有完成。

——当前导弹部队反应时间是几个小时。中国可能寻求未来的系统给予他们更快的反应时间。

中国一定也知道如果赌注太高的话，其通过核报复的威胁阻止核打击的能力将是很小的。

——对于苏联，中国依赖于苏联对其在西伯利亚和远东的一些城市安全的担忧，也许依赖于苏联对于其在乌拉尔的一些城市受到在中国西部部署的中远程弹道导弹影响的担心。

——对于美国，中国依赖于美国对其在远东的一些基地及其盟国的一些城市安全的担忧。

中国的目标。核武器与导弹开发的规模和种类以及中国建造的生产设施表明北京的最终目标是建立一个与大国相匹配的战略核能力。然而没有理由认为北京正在寻求与美国和苏联的核能力相竞争。考虑到与美国和苏联计划相比，中国的战略计划只是很小的成就。此外中国努力的步伐是缓慢的和谨慎的，其正在进行的计划也反映了中国资源的有限性。

---

① 原文此处六行未解密。——译注
② 原文此处六行未解密。——译注
③ 原文此处二十行未解密。——译注

中国当前的目标可能是获取对乌拉尔山脉以西的苏联和美国大陆进行袭击的象征性核能力。长远来看北京肯定将试图建立一支对美国或者苏联的核打击进行强烈威慑的核运载工具力量。中国将试图提高和扩大其地区与战区核能力,包括增强其地区性威慑和扩大对有限核打击反应的选择。

主要系统的前景。中国也许在1974年末,但是更可能是在1975年获取对乌拉尔山脉以西苏联的目标进行打击的有限能力。到那时他们可能已经建造完成三个CSS-X-3发射井中的两个。1974年末或1975年CSS-X-3的初始作战能力或者需要恢复早期飞行试验,或者中国对在1971年以前非常有限的飞行试验计划能够完成感到满意。导弹可能袭击到莫斯科,……①但它并不能袭击除阿拉斯加一部分和几个包括关岛在内的中太平洋美军基地以外的美国目标。尚无迹象表明中国准备部署未来的CSS-X-3。

中国并不具备直接攻击美国大陆的能力,未来几年似乎也不太可能。正在开发的全程CSS-X-4洲际弹道导弹(7 000海里)最早在1977年以前不能具备作战能力。……②在他们最近一次CSS-X-4试验中,中国试图使用它发射卫星,这意味着当前CSS-X-4计划优先作为大型太空助推器而使用。

其他可直接威胁美国大陆的并正在由中国开发的系统是弹道导弹潜艇。一两艘潜艇可能正在建造之中,第一艘可能在今明两年下水。该系统的导弹可能是两级固体推进剂潜艇发射的弹道导弹,其外形与早期美国北极星(Polary)相似,可能运载射程1 500～2 000海里的核弹头。这种导弹的飞行试验并未开始,可能至少需要三年的时间。因此即使试验发射不久将开始的话,在1977年中期以前导弹不太可能装配到第一艘弹道导弹战略核潜艇上。考虑到全部装配到系统上最少需要六个月,最早的初始作战能力日期可能是1978年。但是由于中国在固体推进剂系统飞行试验上缺少经验,初始作战能力可能还会推后。③

未来力量的前景。在下列设想中,中国的前景可能被预测为:

——如果与过去几年相比,未来几年中国在开发与部署的进展上显露出很少的紧迫性和极慢的速度,那么到1980年他们针对包括苏联一些地方的边界目标,将拥有120枚导弹和超过100架的轰炸机,但是仅有几枚,也许是6枚洲际弹道导弹和一至两艘弹道导弹战略核潜艇能够攻击到美国。

——如果中国在开发洲际系统和第二代地区性系统上取得飞速的进步,并利用其资源加速它们的部署,那么到1980年他们可能具备与上面同样的地区性力量,但在质量上有所提高,将拥有30枚洲际弹道导弹和大约4艘弹道导弹战略核潜艇能够攻击到美国。

第一种设想是到目前为止中国行为的最佳反映,我们现在无法预测任何显著的进步。

---

① 原文此处一行未解密。——译注
② 原文此处三行未解密。——译注
③ 原注:海军部海军情报局局长认为,中国的潜艇发射弹道导弹计划在过去的几年里取得了显著的进步。在中华人民共和国G级潜艇上组装的喷射和发射辅助设施的试验显然已经进行。一些潜艇发射弹道导弹的陆基试验也已进行。(原文此处两行未解密。——译注)如果潜艇发射计划不久开始并平稳地进行,以及弹道导弹战略核潜艇如期今年下水的话,那么潜艇发射弹道导弹/弹道导弹战略核潜艇系统可能在1976年末达到初始作战能力,更可能是在1977年中期。

这意味着到1980年中国将依靠下列力量改善其能力以阻止苏联的核打击：

——扩大并改善的地区性打击力量；

——一至两艘针对远东目标的相对不会受到攻击的弹道导弹战略核潜艇应急打击能力；

——少量部署在发射井能够打击苏联欧洲部分目标的洲际弹道导弹的象征性和无防护易受攻击的能力。

这种洲际打击力量的因素第一次给予中国具备打击美国大陆的能力。这也是具有重大的政治与心理价值的事件。但是中国洲际弹道导弹力量仍然很少和易受攻击，仅有的潜艇发射弹道导弹能够表现出可生存的报复力量，但时间很短。

如果中国在开发洲际系统和第二代地区性导弹系统取得了飞速的进步，那么到1980年中国将具备阻止苏联核打击的显著能力——除非赌注太高，否则中国会相当自信地能够阻止苏联核打击。这种改善的威慑状态将主要依赖于中国已增强的洲际弹道导弹力量——30枚部署在发射井的洲际弹道弹，针对苏联欧洲部分的大量居民区可拥有足够庞大的报复能力。

这些洲际弹道导弹也提高了中国对于美国的威慑态势。此外四艘核潜艇，当危机时期中国可以派一至两艘核导弹潜艇到能够打击美国目标的北太平洋巡逻。①

表 中国战略核运载力量的预测②

一、核力量开发政策

1. 中国计划建立一支核力量，通过对其开发与部署计划的分析表明，其已经历了几个阶段。事后表明其在早期岁月里中国尽可能迅速地开发和部署具备针对周边目标的导弹力量，构成了对美国及其盟国或者潜在敌手进攻威慑性的开始。中国开发的成就大部分来自1960年中苏分裂以前苏联提供的援助。如果按照该援助计划尚未完成的状态和当时中国技术与工业基础的基本性质，这是一项雄心勃勃的事业。但是显然它已取得了成功。当前有显著迹象表明，到1966年末中国已部署了有限的CSS-1中程弹道导弹和一些苏式SS-2型近程弹道导弹。

2. 到1960年代中期，中国已经开始准备他们下一阶段的核力量计划。这一阶段与中苏紧张的急剧上升和中国军事组织处于政治支配阶段时期相一致。显然这一时期的目标是扩大中国较小的地区性威慑和达到对美国和苏联战略性威慑的策略。从1960年代中期开始，中国已扩大了他们的研究开发与生产设施。尽管由于"文革"带来严重的混乱，但是在1960年代下半年仍取得一定的进步，这表明该计划仍处于优先地位，并且在一定程度上不受政治局势的影响。到1970年代初，CSS-1的部署已经扩大，CSS-2中远程弹道导弹已经开发并开始最初的部署，技术上相似的远程CSS-X-3导弹试验（能够发射到乌拉尔山脉以西）已经开始，中国前

---

① 原注：国防情报局局长认为，第三种情况反映其较少的努力也应该被包括进去。第三种情况是集中更多的有限力量和洲际弹道导弹系统将在损害扩大其他预算部门的情况下被放弃。

② 表略去。——译注

两颗地球卫星也成功地发射。大型全程洲际弹道导弹 CSS - X - 4 的飞行试验也在这一时期开始,基础是主要的固体推进剂计划,包括潜艇发射弹道导弹的开发。

3. 中国在洲际核打击能力和已增强的地区性威慑力量上取得进步的情况,在 1971 年以显著的方式开始发生改变。

——1971 年 11 月以后,没有进一步的 CSS - X - 3 洲际弹道导弹试验发射。……① CSS - X - 3 的 3 个发射井建设始于 1969 和 1970 年,以缓慢的速度进行。据我们所知,尚未有其他发射井开始建造。

——在 1971 年 9 月成功地试验后,CSS - X - 4 全程洲际弹道导弹的试验发射在 1972 年进行了一次,1973 年进行了两次。……②

——1971 年后,尚未有其他的 CSS - 2 固定发射场开始建造,尽管固定发射场的设施正在建造中。

——中国开发潜艇发射弹道导弹计划将继续取得稳步、渐进的进展,但是所取得的进展要比期望的要慢,潜艇发射弹道导弹的飞行试验仍旧没有开始。

——中国图-16 战略轰炸机的生产开始从 1971 年的每月约 2 架下降到 1972 年的每月 1 架,到 1973 年暂停生产。

——伊尔-28 轻型轰炸机的生产开始从 1971 年最高每月约 5 架下降到当前每月 2 架的水平。

4. 一年前认为许多计划的缓慢进展可能是一个阶段,在这之后所有或者大部分计划将会迅速地发展。但是这并没有发生,显然 NIE 13 - 8 - 73 所估计的中国战略力量的实力水平并没有实现。该评估认为到 1978 年中期,如果取得适度进步的话,中国可能拥有 140 枚导弹和相同数量的针对包括苏联在内一些边界目标而使用的图-16 轰炸机,以及 15 枚洲际弹道导弹和一至两艘针对美国的弹道导弹战略核潜艇。③ 显然到 1978 年中期,中国的能力除了取得适度的进展以外,可能有所下降。

5. 尽管对于所有的情况可以举出是技术或计划性的原因,来解释计划的终止或有限的进步,但是从整体情况来说计划是受到更全面的、国家级的经济、战略因素的影响。确实从中国经济政策的争论和非战略军事计划发展的迹象表明,1971 年对于国家的整体防御武器政策来说是个转折点。

6. 显然 1971 年这个时间大致与国防部长林彪及其在政治局的军事同党被清洗相吻合,国民经济优先性已转移到农业和基础工业上来,显然是在某种程度上以牺牲军事成就为代价的。1971 年部分关于国防因素的钢铁和电子工业之间的资源分配上存在着争论。国防部长林彪垮台之后,在 1971 年末和 1972 年初召开的国民经济计划会议回顾了过去政策的不足之处。很少了解在那次会议上做出了怎样的决定,但是自那时起强调把农业放在首

---

① 原文此处两行未解密。——译注
② 原文此处八行未解密。——译注
③ 原注:NIE 13 - 8 - 73,中国战略攻击计划,1973 年 6 月 7 日,绝密。

位,工业支持农业所需的长远政策实质上已经开始。

7. 在1972和1973年,工业生产持续以每年8%的速度增长,某些部门——石油、化肥、钢铁和运输——甚至更快速地增长。在同一时期,几个军事计划,除了特别关注的几个战略计划以外,都显而易见地减缓下来。军用飞机的生产和驱逐舰的建造就是例证。当然并不都是所有的计划都慢了下来,确实我们已经注意到常规潜艇和坦克生产的增加。在一些情况下,作为政策决定的技术因素可以被解释为行动的减少。然而,似乎当中国工业的其他部门开始扩大时候——暗示着优先性已经转移的趋势,许多重要的军事计划已经减缓了下来。

8. 1972年末的政策重审导致中国在1973年从西方购买了价值12亿美元的整套工业设备,这是自从苏联停止援助以来中国第一次如此大规模的进口。这些进口的设备显然是补充而不是代替正在进行的国内投资项目。相关武器的进口也有一定的增加,但是并不是相同的规模。因此去年中国进口政策的发展,增加了自1971年末在资源上的相对转变和重点从军事转移到国民工业上来的印象。然而确定是否在普通部队和战略部队之间军事优先性或者资源的改变还不太可能。

9. 在战略武器范畴内,去年的发展似乎表明几年来能够对中国的战略能力产生显著提高的某些计划仍在继续发展,尽管大部分进展较慢。例如,核材料生产和机身与飞机发动机研发的设施建造正在稳固地发展,开发固体推进剂导弹和弹道导弹潜艇计划仍然继续进行。另一方面,在中国核武器方面产生快速但相对有限进步的计划似乎被冷落。这些包括CSS-X-3系统的最初部署和图-16生产计划。

10. 中国并没有迅速地进行飞机制造和导弹部署计划可能归于像技术和经济方面的战略考虑。当前领导人可能认为把大量的资源投入到基础工业以及研究与开发,比把大量资源源源不断地投入到老化的飞机和第一代导弹更能增强中国的国家实力。中国可能已经判断出当他们适度地提高其地区核力量的能力时,他们近期没有希望部署核运载系统和足够建立针对苏联欧洲部分的可信赖的报复能力。他们可能认为未来的系统将提供针对苏联更佳的能力的前景。与美国关系的改善可能加强了中国不快速部署洲际导弹系统的技术与经济理由。此外,中华人民共和国领导人可能也逐渐认识到他们已经掌握了对西伯利亚和中亚目标的报复能力,以及美苏缓和减少了苏联全面攻击中国的选择性。

二、部队与计划的状况和发展方向

近程弹道导弹部队

11. 在过去的一年里,自1965年以来第一次发现在发射场部署的近程弹道导弹部队。该部队被发现在中国中北部地区的穆家岩①,该地点能够覆盖侵略者通过新疆或者从蒙古进入中国的潜在路线。尽管自从1962年以来在中国的几个与导弹相关的军事基地都发现

---

① 音译,现名九间房。——译注

了近程弹道导弹设备,但是其地点并不适宜该系统的军事部署。近来越来越多的迹象表明在60年代初中国已部署了几枚近程弹道导弹。……①

12. 我们不知道中国已经部署了多少枚近程弹道导弹——也许仅有几枚……②,在新一代的导弹投入使用之前任何新的近程弹道导弹部队组建不太可能,尚无证据表明该系统仍在生产中,其他的部署也不太可能。整体力量可能不超过10座发射装置。

估计近程弹道导弹的特性与性能

初始作战能力	1962年(烈性炸药弹头)　1966年(核弹头)
结　构	单　级
推进剂	低　温

CSS-1部队

13. 尽管它是过时、笨重的导弹系统且反应时间缓慢,但显然CSS-1保留在中国库存至少还会有许多年。近来在双城子导弹试验靶场进行了两次发射,是自从1971年12月以来的第一次。它们的目的可能是试验战斗人员的熟练程度和导弹系统的可靠性。CSS-1的生产可能已在1970年结束。已部署的力量——现在有20~30座发射装置——最迟可能到1972年不会增加。

估计CSS-1中程弹道导弹的特性和性能

初始作战能力	1965年
结　构	单　级
全　长	……③
直　径	……④
推进剂	低温,可能是液氧和酒精

……⑤

14. 有迹象表明部分CSS-1部队被重新分派为战区支援的角色。……⑥

CSS-2部队

15. 在过去的一年里,中国CSS-2中远程弹道导弹系统的部署将继续以稳健、谨慎的

---

① 原文此处五行未解密。——译注
② 原文此处两行未解密。——译注
③ 原文此处未解密。——译注
④ 原文此处未解密。——译注
⑤ 原文此处四行表格未解密。——译注
⑥ 原文此处九行未解密。——译注

速度进行。据估计当前有 30～35 座发射装置可投入使用。据了解大约有 5 座发射装置在过去的一年里处于作战状态——大约是计划的平均数。……①

估计 CSS - 2 中远程弹道导弹的特性和性能

初始作战能力	1971 年
结 构	单 级
全 长	……②
直 径	……③
推进剂	可贮存的液体

……④

16. 当前部署速度的缓慢表明中国并不打算显著地增加 CSS - 2 中远程弹道导弹部队的规模。如果中国在一些已确定的地点用 CSS - 2 代替 CSS - 1 并对系统进行半机动化部署的话,CSS - 2 部队可能会进一步扩大。越来越多的迹象表明中国正在寻求 CSS - 2 半机动化的部署,实际上可能已经开始这种形式的部署。……⑤

CSS - X - 3 计划

17. CSS - X - 3 地区性洲际弹道导弹计划仍将是中国战略武器计划的一个重大的谜团。该系统已有超过两年半的时间没有进行飞行试验了。……⑥此外尚无证据表明更多的 CSS - X - 3 发射并已被建造。因此,显然中国并没有放弃这项计划,他们仅以象征性的数量部署该系统。

18. CSS - X - 3 飞行试验计划仅仅包括两次以导弹为角色的火箭发射,从靖宇试验靶场发射约 2 000 海里的射程。……⑦配有小型的第三级,同一时期该火箭也被用来成功地发射了中国的两颗卫星。……⑧

估计 CSS - X - 3 洲际弹道导弹的特性和性能

结 构	两 级
全 长	……⑨
直 径	……⑩
推进剂	可贮存的液体

---

① 原文此处三行未解密。——译注
② 原文此处未解密。——译注
③ 原文此处未解密。——译注
④ 原文此处四行表格未解密。——译注
⑤ 原文此处四行未解密。——译注
⑥ 原文此处三行未解密。——译注
⑦ 原文此处两行未解密。——译注
⑧ 原文此处六行未解密。——译注
⑨ 原文此处未解密。——译注
⑩ 原文此处未解密。——译注

......①

19. 当 CSS-X-3 在 1974 年末或者 1975 年上半年达到初始作战能力的话,据估计中国将具备覆盖可能包括莫斯科在内的苏联欧洲目标的象征性能力。他们可能认为这种能力的建立对于部署大型非试验性导弹是足够的。决定削减计划的原因还不清楚,但是可能包括政治和战略的考虑,以及部署构成对苏联欧洲部分可信赖威胁的 CSS-X-3 所需的开支。

CSS-X-4 计划

20. CSS-X-4,中国第一个真正的洲际弹道导弹级别的系统在过去的一年里继续陷入技术上的困境。到目前为止四个发射装置,仅有一个——在 1971 年 9 月——似乎完全地成功。......②在一段时间之后,1974 年 1 月中旬 CSS-X-4 导弹的发射台演习开始并将继续进行。活动可能仅仅涉及发射装备的检验或者训练。发射——或在国境内或试图发射卫星——在未来几个月可能被列入日程。

CSS-X-4 洲际弹道导弹的特性和性能

结　构	两　级
全　长	......③
直　径	......④
推进剂	可贮存的液体

......⑤

21. 当前仍然太早以至于不能得出关于 CSS-X-4 作为武器运载系统何时达到初始作战能力的结论。去年在五寨试验靶场对于该系统大型研究与开发的发射井仍在持续建造,表明中国保持着对使用 CSS-X-4 作为武器系统的兴趣。这些发射井之中的一个始建于 1968 年,到今年末最终能够准备支持 CSS-X-4 的飞行试验。第二个发射井的建造始于 1971 年中期,也在缓慢地进行。然而尚无证据表明在该领域有 CSS-X-4 发射井的建造。......⑥如果发射井不久将开始使用的话,那么该系统最早可能在 1977 年达到初始作战能力。如果花费很长时间去克服困难,或者新问题的出现,初始作战能力甚至可能将在 1979 年才实现。

22. 如果对该计划的历史进行考察的话,它似乎不太可能平稳、持续地实现早期的初始作战能力。在本评估的时段甚至根本没有进行 CSS-X-4 的部署也是可能的。中国试图

---

① 原文此处四行表格未解密。——译注
② 原文此处六行未解密。——译注
③ 原文此处未解密。——译注
④ 原文此处未解密。——译注
⑤ 原文此处四行表格未解密。——译注
⑥ 原文此处三行未解密。——译注

使用该系统发射卫星的事实……①,意味着当前 CSS - X - 4 计划的优先性是作为大型太空助推器而使用的。在太空角色中该系统的发射显然也提供给作为洲际弹道导弹潜在性能的许多重要数据。一些临时性的目标可能与在五寨进行研究与开发的发射并迟缓相一致——几乎六年的时间——以及用于发射井建造明显的不足。

23. 在太空应用上有许多优先性,可能需要与 CSS - X - 4 一样大的火箭发射荷载能力。这包括收集战略目标数据和其他情报的空中侦察卫星以及军民两用通信卫星。有显著证据表明中国对这种和其他类型卫星的有效荷载颇感兴趣。这些证据包括中国科学家在国际会议上发表的声明、最近几年空间跟踪网的建造……②以及 25 个国内通信卫星计划地面站的建设。

导弹系统的开发与生产

24. 在过去的 15 年里中国在固体和液体推进剂导弹系统的开发试验和生产设施上进行了大量的投资。过去的一年在这些地区的建设仍被予以关注。根据当前这些设施的总数和种类,中国具备支持弹道导弹和空间的生产和试验能力远远大于其显示的能力。

25. 当前中国所有的弹道导弹系统都使用液体推进剂,重大的投资都投入到这种系统设施的需要和开发上。这些设施最初集中在北京地区,然而到 20 世纪 60 年代中后期,大型生产综合基地都建在中国中东部的凤州附近。大型推进剂系统开发设施大约始于 1970 年,建在上海西南的吴兴附近。吴兴基地现在已接近完成,显然是设计开发和进行液体和固体推进剂系统静力试验的。可能至少有两个推进试验设施被发现在安宁和绥阳。

26. 尽管中国并没有进行飞行试验的固体推进剂弹道导弹,但是他们对设施持续性地投资能够开发和生产达到战略级别的多种固体推进剂火箭发动机,这对于未来具有非常重要的意义。第一座综合设施位于内蒙古的呼和浩特,始建于 20 世纪 60 年代的中期并于几年前进行扩建。尽管该设施具有较大的生产能力,但是中国还是于 60 年代末在中国中东部的蓝田附近开始建造另一座比较大的固体推进剂综合设施。这些设施的整体外观,特别是有三四个静力试验台,很像呼和浩特,它也是设计开发生产几种不同类型的火箭发动机,至少包括一些战略级别。……③

27. 自 20 世纪 60 年代末以来,几种战略火箭发动机的静力试验已经在呼和浩特进行。静力试验的速度显然很慢,尚无证据表明任何固体推进剂导弹已进行飞行试验。至少是以美国为标准,这种缓慢的进展反映出一个长期开发的时间表。中国在进程中也可能陷入技术上的困难。无论如何,中国一直在呼和浩特充分地研制大型火箭发动机,表明固体推进剂的潜艇发射弹道导弹的飞行试验和在陆基导弹计划使用的是相似的系统,可能将在不久的将来开始使用。

---

① 原文此处一行未解密。——译注
② 原文此处一行未解密。——译注
③ 原文此处两行未解密。——译注

潜艇发射弹道导弹计划

导弹

28. 中国潜艇发射弹道导弹计划在过去的一年里取得了进步。尽管导弹的飞行试验并没有开始,但是自 1972 年 10 月以来中国 G 级试验平台潜艇的导弹喷射试验或发射辅助设备的装配已在旅顺开始进行。……①

29. ……②

30. 以这些证据为基础,据估计中国第一代潜艇发射弹道导弹将是两级、固体推进剂系统,其外形可相当于美国早期的北极星和法国的 M-1 导弹。……③中国的潜艇发射弹道导弹肯定仅具备针对易受攻击目标的能力。……④

估计中国潜艇发射弹道导弹的特性和性能

结　构	两　级
全　长	……⑤
直　径	……⑥
推进剂	固　体

……⑦

潜艇

31. 中国可能打算把他们的潜艇发射弹道导弹装配到核动力潜艇上。中国已经在葫芦岛设计并建造一艘现代化的攻击型潜艇"汉"级,可能是核动力的。它在 1971 年的出现显示出中国已开发出设计与建造适合于核动力的现代化潜艇船身的技术。然而关于中国成功开发适合于弹道导弹战略核潜艇的可信赖的核推动力系统,现在仍然是不确定的。"汉"级潜艇显然遇到了推进力的困难,导致它返回船坞修理有一年多的时间。如果它确实是核动力的话,需要一段长时期的无故障才能表明是成功的系统。

32. 中国拥有装配弹道导弹战略核潜艇的充足设备。在葫芦岛造船厂的建造车间至少有 5 个,也可能是 11 个适合于装配大直径船体的建造场所,在黄石造船厂有 2 个。……⑧如果第一艘弹道导弹战略核潜艇建造需要三至四年时间的话,那么它将于 1974 年或 1975 年在葫芦岛下水。黄石的建造车间当前并没有完工,中国在 70 年代末不可能下水潜艇。

---

① 原文此处七行未解密。——译注
② 原文此处二十二行未解密。——译注
③ 原文此处六行未解密。——译注
④ 原文此处五行未解密。——译注
⑤ 原文此处未解密。——译注
⑥ 原文此处未解密。——译注
⑦ 原文此处四行表格未解密。——译注
⑧ 原文此处十三行未解密。——译注

系统

33. 当前仍然太早尚无法自信地判断中国的第一枚潜艇发射弹道导弹何时达到初始作战能力。主要因素可能是导弹开发的努力。尚无证据表明潜艇发射弹道导弹的飞行试验已真正的开始,但是这种发射可能迫在眉睫。这种试验一般认为在陆基设施进行要早于从潜艇发射。最初的发射被认为将从设施完善的靶场诸如双城子或五寨进行,特别是考虑到中国在固体推进剂领域缺乏经验。在陆基飞行试验后,G级试验潜艇将可能参加飞行试验计划。

34. 潜艇发射弹道导弹的飞行试验计划即使它相对没有遇到困难,可能也将需要至少3年的时间来完成。因此,如果飞行试验不久将开始的话,在1977年中期以前导弹仍将不可能与第一艘作战的弹道导弹战略核潜艇装配在一起。考虑到导弹与核潜艇全部匹配最少要6个月,那么最早的初始作战能力将可能是1978年。但是考虑到陆基液体推进剂系统相对较长的飞行试验计划和中国在固体推进剂系统飞行试验的缺少经验,初始作战能力可能会更迟。

35. 迄今为止,在中国的海洋学或测地学活动中尚无证据表明有支持弹道导弹潜艇计划显著的努力。然而在过去的三四年里中国航海计划的一些改变已经表明通过对日益扩展的海域获取详细的重力数据和海底特征,已开始进行潜艇活动领域或导弹试验靶场的努力。尚未有一个详细的被测量过的地方——上海的东部和遥远的南中国海——增加在大陆部署的陆基导弹覆盖的目标。

轰炸机部队

图-16战略轰炸机

36. 图-16中型喷气式轰炸机的制造至少在1973年临时性地暂停了。制造的速度从1971年每月两架下降到1972年的每月一架。当前由于太早尚无法判断制造是否还会恢复。如果这种暂停是长期的话,图-16可能是战略武器决定有限投资的牺牲品或者自1971年末以来飞机制造整体削减的一部分。

估计图-16"獾"的性能[①]

荷载(磅)	作战半径(海里)
3 300	1 750
6 600	1 650
10 000	1 550

37. 当前大约有60架图-16飞机在四个基地中使用,中国中北部的武功、共和与靠近北京的大同、沙河。图-16长期用于核试验计划,其整体力量被认为是在中国武器库中能够运载核弹的飞机。在沙河海军航空兵基地有三架图-16显然其具有海军的角色,大概也可以

---

① 原注:当前中国并不具备空中加油能力。图-16可配置飞行加油,但是中国仅有一个空中加油机,尚无证据表明他们正在设计另外一架空中加油机或进行空中加油训练。

运载核武器。

38. 位于大同的 18 架图-16 飞机的主要任务并不清楚。他们可能临时驻扎在那里,等待位于北京西南约 175 海里的新文水飞机场的竣工。该飞机场配有在武功建造的那种飞机储藏隧道和图-16 基地典型的停机设备。这表明具备一个几乎把所有的图-16 飞机最终合并为一个单一的战略核攻击力量的计划,其包括三部分,在武功、共和与文水。

39. 位于大同的图-16 飞机其主要任务是常规轰炸,此外还给常规部队增加了远程因素。然而他们保持战略核轰炸的次要任务。图-16 加入到位于大同已有伊尔-28 团将代替保持分散的部队。……①

40. 图-16 制造的暂停和大约有三分之一力量被分配到常规轰炸部队可能反映了中国对于图-16 核轰炸部队功效看法的改变。尽管中国图-16 部队最初的目的并不清楚,但是当前超过有 50~60 架飞机将会穿过现代防空所保护的几个目标,如苏联的一些地方。当前尚无开发下一代轰炸机或提高图-16 能力的计划的证据,但是未来空对地导弹计划可能会保持这个可能性。

41. 图-16 部队可能仅仅为核打击,比中国第一枚导弹所达到的射程还要远的距离提供临时的能力。图-16 转移到大同,具备常规角色可能始于 1971 年中期,在这时 CSS-2 中远程弹道导弹——在射程和有效荷载可与图-16 相比——已达到了初始作战能力。即使图-16 部队在未来不扩大,中国可能也会选择建造空中加油机或者把已有的一些图-16 改装为空中加油机。中国在 1959 年从苏联那里获得过这样的一架图-16,但是没有制造出一架。空中加油机将使中国扩大已有部队的作战半径和使用更有力的攻击手段。

伊尔-28 轻型轰炸机

42. 伊尔-28 是陈旧的、易受攻击的轰炸机,但是显然中国仍旧认为它是一个重要的武器系统。……②

估计伊尔-28 的特性

荷载(磅)	作战半径(海里)
2 200	570
……③	约 500

43. 至今尚无证据表明作战部队已被训练或赋予了核运载的角色。在中国大约有 100 个飞机场可以让伊尔-28 执行、调防或从最靠近边境的飞机场对苏联重要的地区、南韩的全部、南越和印度的一部分地区执行战略军事行动。飞机有限的活动范围表明它也可被用于在中国境内战区的支援角色。如果它被用于这种角色,使用一个比 1973 年试验的装置当量

---

① 原文此处九行未解密。——译注
② 原文此处十行未解密。——译注
③ 原文此处未解密。——译注

要低的武器将是适当的。

F-9

44．中国当前拥有300架军用F-9战斗轰炸机,几乎所有的都分派给了地面作战部队。F-9可携带有效荷载2 200磅,作战半径约450海里,使用国外燃料。这些能力与可能被用于战区核角色相一致。F-9是当前在中国军事库中使用战术核武器最有可能的飞机。然而尚无确凿证据表明当前这种飞机已具备核能力。……①

核武器计划

核试验与武器的开发

45．自1972年末以来的发展表明,以开发伊尔-28轻型轰炸机运载核武器打击战略目标为目的,中国核武器试验计划在优先性上发生了许多变化。……②

46．……③

47．……④

48．……⑤

未来核武器的实用性

49．中国生产核裂变材料的能力正在扩大。他们正在秦口坡(Chin-K'ou-bo)⑥建造第二座气体扩散厂,该厂可能在1975年全部运转。湟源钚反应堆在建造之前继续进行其冷却系统的试验,并在今年晚些时候开始生产,在苏塘(Tzu-t'ung)⑦的新型核武器制造综合基地现在也已经完成并开始运转。中国一些较老的核机构显然很活跃,一些正在进行适当地扩张。

50．中国生产核材料的能力大致可以与法国相仿,与美国和苏联比较则非常小。直到在四川新生产设施的完成,中国每年铀-235的生产能力将低于苏联的10%,同样每年钚的生产能力也不超过苏联的15%。按照积累量,中国的储备是苏联和美国储备的很小一部分。……⑧

51．未来中国核武器储备的增长将不仅受到裂变材料实用性的支配,而且也受到储备核武器的设计所支配。这种类型武器的持续生产按照当前估计——所有都使用相对大量的铀-235——将减少储备的规模。与此同时,这也留下了日益增多的未曾使用的过剩钚,它能够被用在需要少量的铀-235和更多钚的其他武器上。如果中国继续制造他们当前的武器,用剩余的钚制造全钚裂变武器,他们未来的储备将包括全钚武器。……⑨然而未来储备中

---

① 原文此处四行未解密。——译注
② 原文此处五行未解密。——译注
③ 原文此处十五行未解密。——译注
④ 原文此处十六行未解密。——译注
⑤ 原文此处十三行未解密。——译注
⑥ 音译。——译注
⑦ 音译。——译注
⑧ 原文此处三十行未解密。——译注
⑨ 原文此处一行未解密。——译注

带有少量铀-235 的热核武器的结合,合成裂变武器以及全钚裂变武器显然是有可能的。

52. 中国可能已经潜在地使用了大量的钚裂变武器,也许已包括到 20 世纪 70 年代末他们的储备中。考虑到他们的一般防御状态,他们可能已经为伊尔-28 或 F-9 的战术性运载,或者为到那时可能使用的战术导弹系统储备了低当量裂变武器。他们可能追求核能力的其他武器包括海岸防御导弹、深水炸弹以及可能的原子爆破炸弹。然而,尚无具体的证据表明他们在这些领域试图开发这种能力。

三、中国的核打击能力

力量与能力

53. 当前中国具备对所有中国境外 1 650 海里的地区使用导弹和轰炸机的核打击能力。绝大多数这种能力都有战略定位,其中的一部分赋予战场支援角色,包括在中国境内使用。当前,据估计中国具备下列军事行动能力:

——……①

——……②

——……③

——60 架图-16"獾"喷气式中型轰炸机,作战半径 1 650 海里,部署在四座飞机场。尽管所有的飞机可能运载裂变弹和热核炸弹,但是大约这种力量的 1/3 会把运载常规炸弹作为其主要任务。

——中国超过 400 架的伊尔-28"小猎犬"喷气式轻型轰炸机,作战半径 570 海里,也具备核运载能力。

中国可能拥有足够的核弹头装备其所有的导弹上,但是迄今为止仅有一些图-16 和非常少的伊尔-28 能够真正地装备这些核武器。

54. 当前已部署的中国导弹具备打击中国边境的所有美国及其盟国基地的能力。CSS-1 和 CSS-2 的发射场已经聚集针对南韩和日本、台湾和冲绳、菲律宾以及东南亚。CSS-1 仅覆盖临近地区的一些目标,而 CSS-2 所设置的地点,针对台湾的也能够覆盖韩国和东南亚大部分地区,针对韩国和印度支那的可覆盖台湾。图-16 轰炸机能够覆盖所有的这些地区,也能侦察和打击美国在西太平洋的海军。伊尔-28 能够袭击到韩国和台湾的目标,从最靠近边境的地点,也能覆盖到菲律宾的北部吕宋岛和几乎南越的大部分。

55. 当前中国大部分部署的导弹都能够打击苏联境内的目标。在中国北方和东北的一些 CSS-1 能够袭击苏联,包括重要的基地和居民区,例如海参崴和乌苏里斯克,所有 CSS-2 除了少量部署在中国西南以外都能够袭击到西伯利亚南部的一部分和苏联的远东地区。

---

① 原文此处七行未解密。——译注
② 原文此处七行未解密。——译注
③ 原文此处七行未解密。——译注

图-16具备能够从中国的前线基地最远打击到乌拉尔地区苏联目标的射程，尽管它们穿越密集防空的能力有限。伊尔-28能够打击靠近边境的一些目标。

56. 到1974年末或更可能1975年，中国可能达到最大射程打击苏联目标的象征性能力。到那时中国可能在中部已建成发射井的三分之二，并在那里装配了CSS-X-3。……① CSS-X-3估计有3 000到3 500海里的射程。导弹可能从三分之二的发射井袭击到莫斯科，但导弹并不能打击到除了一小部分阿拉斯加以外的美国任何地方。然而它能影响到中太平洋的几个美军基地，包括关岛。尚无证据表明超过三个发射井正在准备建造。

57. 中国并不具备直接打击美国大陆的能力，至少几年内不太可能实现。在1977年以前CSS-X-4最早不会具备作战能力。弹道导弹战略核潜艇系统最早在1978年以前也不会具备作战能力。中国似乎并不特别紧迫地推行任何一项计划，即使没有技术的困难，这些系统实际的初始作战能力可能至少需要一年或更多的时间，除非开发的速度显著增快。

58. ……②

59. ……③

60. ……④

61. ……⑤

62. ……⑥

63. ……⑦

战略基本部署

64. 中国安全需求的紧迫性几年来发生了剧烈的变化。最初在苏联的援助下，中国的战略计划是基于美国是主要敌人的观念为基础的。在20世纪60年代中期以前这可能或多或少是真的。但是随着中苏关系恶化到苏联军队大规模驻扎在边境并在1969年爆发流血冲突，苏联成为了主要威胁。中国领导人经常通过表示对苏联意图以及他们国际政策本质的关注来澄清事实。

65. 然而直到今天，中国战略部队的部署并没有把苏联的威胁作为压倒一切的事情。这可能部分地反映了这样一个事实，在北京感觉到危险转移之前，可能已经开始对当前已有部署进行部分的建设和其他的准备。中国也害怕对苏联威胁采取明显、广泛的反应在高度紧张时期可能是危险的。自苏联的威胁成为最主要以来的几年，当前尚无部署模式的改变。最近在连横旺(Lien-K'eng-wang)⑧建造的固定导弹发射场，是CSS-2打击苏联和美国驻亚洲军事基地最佳位置。在过去的两年里，其他CSS-2将继续部署在能够打击到美国基地

---

① 原文此处两行未解密。——译注
② 原文此处四行未解密。——译注
③ 原文此处五行未解密。——译注
④ 原文此处六行未解密。——译注
⑤ 原文此处四行未解密。——译注
⑥ 原文此处五行未解密。——译注
⑦ 原文此处三行未解密。——译注
⑧ 音译。——译注

和印度的中国西南部固定发射场。因此显然中国部署计划很少受特定威胁的影响,而更多的是受到围绕中国整个周边开发打击能力的一般性决断的影响。①

66. 中国人已经认识到导弹生存对于核威慑的有效性是至关重要的。他们试图通过隐藏、机动性和用围墙保护等措施的结合来试图达到生存。当前导弹作战部队已经半机动式地部署,从驻地移动到临时性地点,在不引人注意的地区和在固定无防护易受攻击地区以隧道来保护导弹及其重要设施。隐藏与伪装在这些发射场被广泛的使用。隧道对核武器和常规武器的保护还不能被充分的估计。……②

67. 中国对轰炸机部队的生存进行了一些准备。他们拥有分散的飞机场并为四个图-16飞机基地之中的一个建造隧道,另一个基地也正在建设中。然而部队显然并没有作战预警系统或者具备充足的预警系统可在短时间内疏散飞机。关于伊尔-28,中国可能依靠部队的数量和疏散情况来迷惑敌人的目标。

68. 自1971年以来中国没有再建造任何其他的固定导弹发射场。他们可能认为机动性,无论何时都比把他们部署在固定的地点使其遭受敌人众多武器的多重打击更能生存。当前约10个CSS-2固定发射场正在建造中,有迹象表明该系统进一步的部署可能是半机动式的。

69. ……③

70. ……④

71. 北京如何判断苏联能够查明中国所有的导弹发射场并不清楚,中国可能过高地估计了苏联确定导弹发射场的能力。即使这样,他们可能认为他们的一些半机动部队不可能作为目标,一些深深地躲藏在隧道的部队能够在苏联核打击下存活。他们也可能认为苏联不可能依赖于摧毁所有分布广泛的中国轰炸机部队的核运载因素。因此,中国可能认为他们现在已经获得针对苏联适度但是可靠的核报复能力。

72. 但是中国也感觉到他们的威慑力量在许多方面仍有弱点:

——他们没有有效的侦察敌方弹道导弹路径的方法。他们正在北京西北部署的相控阵雷达应该能够提供来自苏联洲际弹道导弹综合发射场的一些攻击的预警。然而,从苏联发射导弹的较短飞行时间将限制预警的时间,而东西伯利亚的苏联导弹综合发射场位于雷达的覆盖以外。

——……⑤

——导弹部队的反应时间从最少一个小时到几个小时,依赖于所设计的系统和准备的

---

① 原注:陆军部负责情报的助理参谋长和空军部负责情报的助理参谋长并不同意第64和65段。他们认为在20世纪60年代中期以前苏联已经取代美国成为中国最主要的战略对手。他们认为在主要关注对苏联进攻进行防御的时期,所有的中程弹道导弹、中远程弹道导弹和图-16飞机的部署都已经开始。当前部署的模式不应该被视为试图同时威胁每一个潜在的对手,而是当针对苏联威胁部署每一个军事运载工具时能够提供适当灵活的一些目标。

② 原文此处十三行未解密。——译注

③ 原文此处十三行未解密。——译注

④ 原文此处十四行未解密。——译注

⑤ 原文此处五行未解密。——译注

情况。

73. 即使有限的核报复能力也体现着面对强大对手的一个重大的进步。然而中国可能判断出如果赌注太高,其通过核打击力量所带来的报复性威胁阻止苏联或美国的核打击能力将会降低。

(1)关于苏联,中国阻止核打击的能力将依赖于苏联对其在西伯利亚和远东几座城市安全的担忧,也许依赖于苏联对于其在乌拉尔的一些城市受到在中国西部部署的中远程弹道导弹影响的担心。中国当前并不具备威胁苏联乌拉尔山脉以西目标的能力,尽管他们不久将获得 CSS-X-3 的象征性能力。

(2)关于美国,中国阻止核打击的能力将依赖于美国对其在远东的几个美军基地和盟国城市安全的担忧。尽管部署 CSS-X-3,中国能够袭击部分阿拉斯加,但是中国在近期没有针对美国大陆的核打击能力的可能性。

74. 中国已经在核打击范围内通过确立在中国领土使用核武器打击敌人目标的能力来增强其选择。这种能力可能既阻止了侵略部队,也对在不冒袭击国外领土目标的政治和军事风险上针对敌人使用战术核武器提供了一种选择。

四、未来的力量

75. 当前计划开发与部署的状态允许我们对未来两年内中国核运载力量的组成和规模进行自信的评估。至少到 1976 年军事力量将包括 40 枚近程和中程弹道导弹,到那一年中国也可能在发射井上部署 50 枚 CSS-2 导弹和几枚 CSS-X-3 导弹。至于轰炸机,中国大部分图-16 和超过 400 架的一小部分伊尔-28 将具备战略攻击的角色。这种类型飞机的总数可能将不会增加得太多,但是部分伊尔-28 改装为运载核武器的飞机可能将缓慢增长,可运载的核武器数量也是一样。

76. 长期前景的评估必须考虑下列情况:

——CSS-X-4 和潜艇发射弹道导弹的洲际系统在其达到初始作战能力之前,在他们的开发计划上还将有重大的技术障碍需要去克服。

——与美国和苏联的计划相比,中国尖端武器计划体现了很小的成就和缓慢的进步。

——由于中国决定调整优先开发权以支持国家经济的基础建设,努力的速度将进一步减慢。

——中国对优先权的判断可能受到对近期战略可行性重新评估的影响,和因他们对美国、苏联和中国之间关系转变认识的加强。

——由于技术人力和资源基本上的不足,中国加速进行其尖端武器计划的能力受到了限制。

——然而,中国尖端武器计划的努力具有雄心勃勃的长期目标,正如为核武器和固体与液体推进剂导弹的开发与制造所建立起来的大型设施那样。

77. 中国所建立的核武器、导弹的开发与生产设施的规模、种类,表明它的最终目标是建立一个与大国相匹配的战略核能力。这是由中国努力的广泛性所表明的,包括平衡战略能力的所有因素及其规模。然而当前没有理由相信北京打算与美国和苏联的力量相竞争。

78. 由于受到上述列举的限制性影响,中国当前的目标可能仍旧是获取打击苏联乌拉尔山脉以西和美国大陆的象征性能力。然而中国在本评估的时段内甚至没有完成有限的任务是可能的。例如,中国可能认为当前的战略环境需要一个针对苏联西部的洲际弹道导弹威胁,而不是一个针对美国的大致能力。在这种情况,他们在继续使用大型洲际弹道导弹推进器作为运载火箭并建造几艘弹道导弹战略核潜艇的同时,可能在部署全程弹道导弹之前进行慎重的考虑。

79. 但是他们过去逐步的进步和更为雄心的长期目标的证据表明中国肯定将朝向核运载工具的方向迈进,因为其规模和生存,将对美国或苏联的核打击具有强大的威慑作用。中国期望寻求改善和扩大其地区与战术核能力以增强其地区威慑与增强对有限核打击反应的选择,这也是合理的。

80. 为了追寻这些目标,尚不清楚中国是否继续全神贯注于液体或固体推进剂导弹,或二者兼而有之;他们是否继续强调适合于地区力量的系统,或者强调开发洲际能力的计划;是否增强力量的生存性,集中适合于半机动式或机动部署的导弹系统,或依赖于保护性的设施。当前研发努力的成功对于这些决定可能将是重要的。

81. 基于这些考虑的指引,对于从 1974 年中期到 1980 年中期两支说明性的混合力量进行预测。

——第一种(预测 A)是继续当前逐步部署的趋势并对洲际弹道导弹和弹道导弹战略核潜艇系统计划进行开发并取得最终的成功。它设想 CSS-X-4 洲际弹道导弹继续缓慢的进步导致北京进一步地部署 CSS-X-3。也假设到 20 世纪 70 年代末中国将在中程弹道导弹和中远程弹道导弹种类上开发和部署固体推进剂陆基系统。

——第二种(预测 B)是当前开发系统的早期成功,以及下一代的系统,部署率较快。它也设想第二代系统的部署将影响 CSS-1 和 CSS-2 部署的水平,中国将不会增加 CSS-X-3 的部署,特别是考虑到 CSS-X-4 能够对苏联和美国的目标进行覆盖的有效性。

两种预测都假设中国将为核运载任务配置了逐渐增多的伊尔-28,以及在本评估阶段没有新的战略轰炸机,尽管图-16 进一步有限地制造。

82. 两种设想,预测 A 被认为在这十年可能更接近于中国力量的增长。它更好地反映了现在中国的成就,以及当前我们无法预测这些成就的任何改变。属于预测 B 所体现的初始作战能力和力量水准,需要更快速的进步和大量资源的投资,仍然在中国的能力范畴之内。两种情况都考虑了中国至少开发一些作战能力打击各种距离的目标,包括苏联和美国的目标明显的优先性。

83. 这些情况的许多变化都是可能的。例如,一种武器系统的成功——或者另一种的失败——可能导致资源分配转移到更成功的系统以加快部署。此外，中国对战略需求理解的变化或者政治经济影响，能够影响整体的战略武器计划的速度和范围。这种影响将不太可能导致另外一个涉及减少中国成就的情况。例如，第78段所指出的那样，中国可能决定针对苏联西部部署洲际弹道导弹，而不是针对美国。

未来力量的意义

84. 针对苏联的能力。如果当前导弹开发与部署的趋势继续下去的话，正如预测 A 所设想的那样，那么到 1980 年中国免于核打击并对苏联的东部地区进行核报复的能力将得到增强，其中程弹道导弹和中远程弹道导弹力量将从 60 枚扩大到 100 枚。随着伊尔-28 加入到核打击力量上来，超过 100 架轰炸机将可能作为战略武器的运载者被使用。第一个潜艇发射弹道导弹部队将能对远东的目标提供紧急打击能力。到 1980 年中国能够威胁苏联欧洲部分目标的并可拥有在发射井发射约 9～18 枚洲际弹道导弹的小型部队，在苏联的第一次打击下生存的前景很小，因此具有有限的威慑价值。然而考虑到所有的因素，中国将提高抵御苏联进行核打击的能力。

85. 如果按照预测 B 所指出的那样，中国在开发洲际系统和第二代地区性导弹系统上取得快速的进步，那么到 1980 年中国将具备抵御苏联核打击的重大能力——除非赌注太高，否则他们感觉有信心能够抵御苏联的核打击。按照这种假设的力量，中国地区性核力量报复核打击的能力也将会得到显著的提高。中国地区性打击能力将增长到 120 枚陆基导弹，没有超过预测 A，但是第二代导弹的三分之一将提高一定的生存和反应时间。轰炸机力量似乎并没有与预测 A 有多大的不同。4 艘弹道导弹战略核潜艇，中国能够维持一至两艘在北太平洋巡逻，但是不会离开太远到达苏联欧洲部分的范围内。这也将明显地增加导弹的数量，能够在苏联的第一次打击下存活并能对苏联在亚洲的目标进行报复。中国也将拥有约 30 枚发射井发射导弹，这个数量大到足够使苏联军事设计者计算的不确定性，对于苏联欧洲部分大量居民区在报复性打击下不能存活。

86. 针对美国的能力。如果按照当前的趋势持续下去的话，到 1980 年中国将拥有几枚——假定是 6 枚——能够打击美国大陆的洲际弹道导弹，有时可能把一艘导弹潜艇处于打击美国西部目标的状态。这种力量将予以中国第一次打击美国大陆的能力。这将具有相当多的政治与心理价值。但是洲际弹道导弹力量很少且易受到攻击，只有潜艇发射弹道导弹具有存活的报复力量，但仅能维持很短的时间。

87. 按照洲际弹道导弹和潜艇发射弹道导弹取得迅速进步的假设，到 1980 年中国将拥有 30 枚洲际弹道导弹，在危机时期能够使一至两艘导弹潜艇在北太平洋巡逻并能打击美国西部的一些目标。特别是潜艇，由于他们潜在的免于核打击的能力，将显著地增强对于美国的威慑地位。

http://www.foia.cia.gov/nic_china_collection.asp pp. 1-40

詹欣译、校

第二部分　中国军事战略与常规部队

5 - 21

中情局关于中国军事组织的评估

（1965 年 3 月 10 日）

NIE 13 - 3 - 65

机　密

共产党中国的军事组织

（1965 年 3 月 10 日）

问　　题

评定共产党中国军队的特征与当前战斗力，并评估影响他们未来能力的趋势。

说　　明

本评估第一次试图对有关共产党中国军事组织的广泛问题进行全面分析。一般来说，中共政权严密的、高效率的安全手段使得中国成为异常困难的情报目标。由于中国的许多计划仍处于开发之中，工厂处于建设阶段，所以对于中国军事生产的性质和范围进行评估就愈加的困难。因此我们不能对有关中共军事开发的性质、范围和前景的许多重要问题进行自信的判断，本文件在阅读时应该考虑这些因素。

结　　论

1. 共产党的影响渗透到人民解放军的所有层面（全部的中国共产党军事组织）。高级政治、军事领导人都是在长期革命中依靠同志友谊的纽带团结在一起的。政委可以把每一个命令传达到连的一级。尽管军队采用征兵制，但都挑选政治上可靠的、并且不断地对其进行政治灌输。

2. 中国共产党继续颂扬强调自力更生、人与政治的作用高于武器和长期的"人民战争"概念的毛泽东军事思想。该思想认为其适用于"民族解放战争",也应用于潜在的与美国的冲突。共产党中国担心大规模入侵后会遭到美国的核打击,但是认为即使在这种情况中国仍能够承受核毁灭,并仍旧以长期的"人民战争"击退入侵者。中国领导人希望这样的前景能够阻止美国。

3. 然而中国领导人却不能从他们当前战略形势的合理性上获得更多的安慰。自1949年掌权以来,他们已经坚定地寻求其军事组织的现代化。他们认为其最重要的事情是首先发展独立的核能力。

4. 共产党中国的军事力量主要来自于中国共产党陆军在数量上的实力,230万军人和庞大的人力后备资源。尽管中共陆军基本上是步兵部队,但其战斗力是强大的。针对现代敌人的公开性战争,其受到装甲设备、重炮、机械化运输和油料短缺的牵制。在多山或丛林地形中,这些不足可能并不重要。1961年许多中国军队在设备上严重不足,兵力也不够。中国可以通过加强实力和对有选择的几个师进行全面的装备来改善这种状况。我们估计有三分之一的作战师已经得到改善,被分布到大多数的中国军区。我们当前缺少情报对陆军设备特定产品的生产速度进行自信的评估,但是共产党中国有生产这种设备的庞大设施。我们认为陆军武器工厂的生产已经超过了1960～1963年的较低水平,它还将继续地增加。

5. 中共空军和海军的战机主要依靠的是1 600架米格-15和米格-17飞机。他们也有约150架米格-19和25～35架米格-21飞机。除了米格-21飞机,其他飞机都是过时的,可能不超过10%飞机拥有机载截击设备。他们可能拥有约12架图-4和2架能够携带大型核武器的图-16中型轰炸机。在役飞机已产生了损耗,中国飞机工业现在仅能接近抑制这种下降的能力。中国过去一直在增加他们的飞机开发与制造中心,有迹象表明他们准备制造米格-19或者米格-21,也许处于早期阶段。我们认为在未来两至三年制造轰炸机的机会很少。

6. 中共海军的主要任务是沿海防御。其主要的作战船只是21艘W级潜艇、4艘"自豪"级导弹驱逐舰、4艘"里加"级护航驱逐舰和14艘巡逻护卫舰。中共海军也有约155艘鱼雷快艇。中共海军针对现代敌人的能力将受到过时的设备及其船员作战熟练可能不合乎标准的限制。我们认为中国会把建造潜艇作为优先选择。我们估计到1966年中期中共海军将包括25艘W级潜艇。

7. 中国把核武器与导弹计划置于优先地位。根据我们尚不充足的证据,我们估计在未来两年中国将能够实施核试验计划和储备约10枚原子弹。在弹道导弹领域,我们认为中国正在开发模仿苏联SS-4的中程弹道导弹(1 000海里)。到1967或1968年中国将拥有几枚可装配有裂变弹头的导弹。中国肯定试图开发针对美国领土的核打击能力。这种决断可能反映中国在不久的将来期待长期开发有限的洲际弹道导弹和建造小型可携带导弹的潜艇舰队的计划上来。即使中国已经开始这样的计划,我们认为在1970年以前不可能对美国构成威胁。

8. 在过去的一两年里,共产党中国的工业已经开始从大跃进的崩溃和苏联在 1960 年撤走大量的援助所导致的严重倒退恢复过来。我们认为中国领导人将会继续维持大量的军事生产,甚至冒严重的经济困难的风险。然而中国的经济不能支持任何以全部的军事工业部门进行最大生产努力的手段,在未来的一年中国将不得不对于优先权做出许多困难的抉择。我们不能预测北平决定生产多种设备的数量,但是有确凿证据表明中国自己本身也没有清楚地看清他们的发展道路。

9. 然而,除非发生一些严重的倒退,共产党中国的军事实力将会逐渐地增强,这种逐渐增强的实力将肯定会增加北平对亚洲邻国的政治优势——无论是中共领导人予以直接的敌意还是在海外派遣军队。

讨　　论

一、国家战略因素

(一)共产党中国战略形势的发展

1. 自 1949 年掌权以来,中共领导人一直矢志不渝地追求创建现代军事组织的目标。为了这个目标,北平政权显然需要稳定的外界援助。在 1950 年中苏同盟期间为接受苏联的援助,北平显然已签署了协议;在朝鲜战争期间它得到了大量的军事补给与设备。

2. 朝鲜战争后,中国开始把他们的军队从革命的志愿军转变为常规征兵的军事组织。随着在 20 世纪 60 年代中期以前苏联提供大量必不可少的建议、武器、工业设备,中国已按照苏联二战模式组建了他们的军队。然而从 60 年代开始,由于大跃进的崩溃和苏联撤走了他们绝大部分的援助①,严重地阻碍其现代化进程。这些挫折加上随后连续两年的饥荒,打乱了军事建设与生产计划。我们有确凿的证据表明整体的军事预算已被削减,短时期内甚至军队营养不良也成了问题。尽管有这些严重的困难,中国仍将继续推行他们的导弹与核武器计划。

3. 自 1962 年以来,局势有所改观。定量供给已恢复到可接受的程度。中国已开始恢复潜艇的制造,在导弹领域也取得了进展,显然准备再次生产喷气式歼击机。最重要的是他们已经爆炸了一个核装置。尽管在可预见的未来尚无迹象表明中国在尖端武器上已接近美国或苏联的实力,但是到目前为止其所获得的,已增强了共产党中国在亚洲的巨大影响,并最终提高了中国对美国战略威慑的可能性。

4. 中国军事现代化计划的速度和范围将大量依赖于其整体的经济增长。除了某些例

---

① 原注:然而苏联军事设备的援助显然并没有一起停止,见第 37 段。

外,中国的经济成就在近些年是令人沮丧的,在中国能够实现快速国民经济增长之前必须克服巨大的经济困难。中国的科学技术能力,尽管已经相当强大,但是应付所有经济与军事的需求还是不够的。

5. 共产党中国关注具体军事需求的一些情况。在这些当中最主要的是与美国在台湾问题上的对峙、美国在亚洲特别是在东南亚的存在,以及在南部与印度的争吵。仍有迹象表明中国与苏联对沿他们共同边界的安全予以越来越多的关注。

（二）中共军事理论与战略

6. 北平继续有力地颂扬毛泽东军事思想。毛泽东的理论形成于核时代以前,并从毛泽东政治思想演变而来,作为革命领袖的经历,强调自力更生,人与政治的作用高于武器和长期的"人民战争"概念。毛的理论考虑中国现役部队的种类和这些部队能够进行最佳战斗的战争类型。当前无论其作为中国防御战略的效力如何,北平使用毛泽东理论在不发达国家推行其革命政策占有巨大的优势,并对偏离革命的马克思、列宁主义的苏联政策与战略进行严厉地批评。

7. 除了挑衅性的演说以外,自朝鲜战争结束以来中国一直避免与美国进行直接的军事冲突。以我们的观点来看,这反映了北平对其军事、经济弱点和招致美国打击风险的了解。北平已显示出对美国蓄意打击可能性的敏感。中国特别对大规模入侵后遭到美国核打击感到担忧。

8. 北平领导人已经声明中国军队不会越过边界输出革命,只有中国遭受攻击时其军队才进行战斗。然而我们认为当他们考虑到对中国领土构成直接威胁时中国会越过边界。此外,他们的国家利益肯定包括维持共产党在北朝鲜和北越的政权。自朝鲜战争以来中国在东北维持一支强大的军队,1961年与平壤签订共同防御协议,显然是军事合作。尽管对于协议内容尚不清楚,但是类似的安全考虑肯定适用于北越的协议上。自1964年中期以来,北平在提高自身的后勤能力并在中国南部建立防空力量的同时,提供给河内一些武器,主要是喷气式飞机和防空设备。

9. 北平在核武器问题上的公开讲话显然与对其尖端武器计划予以优先地位相矛盾。贬低这种针对中国的武器有效性的宣传,其目的是使中国人恢复信心并保持他们的士气进行战斗。这些宣传也声称这种武器不能恐吓中国,也不能有效地阻止其断言在即将来临的岁月里广为流行的冲突类型"解放战争"。

10. 实际上中国领导人肯定认识到核打击对于中国来说是极具破坏性的。此外,中国不愿冒被美国打击的巨大风险也受到他们对苏联核保护伞不确定性的影响。中国领导人可能认为美国要实施打击不仅要关注苏联的反应而且还要考虑在中国大陆进行军事行动的困难。他们可能也认识到美国由于自己的声明和政治压力在使用核武器上受到限制。无论他们对这些理由如何真正的理解,如果发生核打击,他们的战略将试图削减对中国城市和现代工业的破坏,继而依靠空间、时间和大量的人力对入侵的地面部队发动长期的"人民战争"。

11. 然而中国领导人并没有从他们当前战略局势的合理性上获得太多的安慰。他们显然认为最重要的事情是尽可能迅速的开发自己的核能力,即使他们面临经济灾难。我们不知道他们是否已精心制订出一个统一的战略计划使他们的常规能力与未来的核能力结合起来。他们成功爆炸一个核装置已具有明显的心理和政治影响,特别是在亚洲和非洲以及中苏敌对的背景下。它对于中国民族自豪感具有强烈的促进作用并支持中国寻求的大国地位。然而,它的主要动机肯定是针对美国核打击的不测事件,强烈需要实现独立的核威慑。尽管共产党中国不可能在近几年开发出针对美国大陆的核运载能力,但是可以在短时期内开发出针对美军基地和远东盟国的威慑或报复能力。当然中程运载能力也可能瞄准苏联与印度的一些目标。

二、中共的武装力量

(一) 军队及其与政府和政党的关系

12. 政党的影响与势力渗透人民解放军的所有层面。军事政策的源头和权力机构是中共中央军事委员会。由于共同拥有作为游击队员和革命者的长期生涯,高级军事官员与其他中国共产党高级领导人有着紧密的联系。与军事指挥官地位相同的政委可把每一个命令传达到连的一级。行政官员通过单独的驻北平政党指挥系统进行沟通,也对当地的政党机关负责。这个庞大的机构是一个强大的保卫体,以免人民解放军变成独立的力量来反对政权;它也提供持续、潜在的力量以免冲突与混乱控制当局。

13. 随着人民解放军从游击队和革命军转变为在日益增加尖端武器时代的和平常规部队,政治与军事观点和利益之间的分歧不可难免。在1957～1959年期间,人民解放军的某些将领公开反对毛的"大跃进"并强调为了确保苏联继续援助做出让步的可取性。这些问题在1959年毛与国防部长彭德怀[①]和当时他的支持者人民解放军总参谋部长黄克诚将军[②],以及其他一些军队官员的不和显著地凸显出来。彭及其支持者被清洗。自从林彪代替彭以来,几乎没有军政不和的表述。这可能不仅仅是由于彭垮台的教训,而且也是彭亲苏的理论观点在中苏疏远的萌芽时期成为无法容忍的卖国行为。

14. 国防部管理着中国的军队。国防部的主要机构是三总部:总参、总政和总后。包括空军和海军的战斗兵种,由各司令官代表着国防部一级。在和平时期,对于地面部队的军事指挥系统一般通常地可从国防部通过13个军区扩展到战术部队。有时国防部演习指挥野战军和/或师,军区司令部仅仅维持行政与后勤支援的功能。一些指挥由北平的国防部来行使。在战争环境下,国防部指挥权则通过战区司令部、野战部队和/或集团军司

---

① 彭德怀:国防部长,1959年7月被免职,1965年被任命为中共中央西南局的"三线"建设委员会副主任。——编注
② 黄克诚:中国人民解放军总参谋长,1959年7月被免职。——编注

令部来行使。

（二）军队的兵力与构成

15. 我们估计人民解放军兵力约 250 万，其中空军 14.8 万、海军 7.6 万。中国的军事力量主要来自于中共陆军数量上的实力，约 230 万人，及其可作为补充兵员的巨大人力后备资源。中共陆军基本上是一支步兵部队，但战斗力是强大的。自朝鲜战争以来已完成的现代化项目已为武器与设备的部分标准、战术稳定的作战部队、良好的训练及其经过改进的指挥与参谋机构作好准备。中共空军与海军航空兵部队（2 600 架飞机）和中共海军（36 艘主要战舰）抵御现代化敌人的能力受到设备老化和他们的飞行员和船员在作战熟练程度上低标准的限制。然而这些局限并不能抑制中国对其无助的亚洲邻国进行空中与海上力量的行动。

16. 中共军队据估计包括 117 支作战师（106 支步兵、3 支空降部队、5 支装甲部队和 3 支骑兵），23 支作战支援师，20 支边境/国内防御师和 70 支独立作战与作战支援团。这些部队大体上类似二战期间苏联的组织。这种模式是由于他们缺少重型装备以及缺少支持更多现代军队所需的基础设施而强加于中国人的。虽然如此，1961 年在西藏获得的文件表明许多中国军事部门面临严重的设备短缺，人员大量不足。自那时起这些普遍的不足就没有完全得到缓解。

17. 考虑到这个问题，中国已经试图通过挑选任命几个师作为"值勤"或"警戒"部队来解决。这些师装备充足、受训全面并已达到全面的实力。我们估计有三分之一的作战师已经得到改善，已被分布到大多数的中国军区。

18. 1965 年 1 月，北平颁布法令延长人民解放军入伍人员的服役期限。新的服役期：陆军四年；空军、特种部队、公安部队和陆基海军人员五年；海军六年。该法令可能部分地体现了自 1960 年以来中国维持了一支经挑选的、具备所需技术水平的人员，使政权能够提供的日益复杂设备的训练模式。即使这样，在人员上全面的增加可能并不太多。

19. 如果新的服役期适用于所有士兵且征兵标准不变的话，那么到 1966 年中国军队的兵力将会增加 60 万。我们认为任何在人力的增加都只是提高已有部队的实力而不是增加作战部队的数量。北平也用增加的人员为恢复的民兵计划提供骨干、提供更多的边境安全人员和履行在西藏和靠近苏联的少数民族地区的内部安全的职责。

20. 北平近来已经开始恢复和扩大民兵。军队已把更多的军事人员分派到民兵工作上来且在 1964 年加强了训练。北平尽力确保民兵征募是政治可靠的，并在他们的训练计划上进行大量的政治灌输。我们认为民兵的增强其主要目的是加强对人口的政治控制，但是它作为辅助性的防御力量也是很有用的。

21. 我们认为人民解放军能够维持整个中国大陆的内部秩序。1959 年的西藏起义已对这种控制提出了重要的挑战。通过军事与政治策略的结合，北平即使没有全部消灭也已成功地遏制了在西藏和中国西北地区的少数民族叛乱。

22. 防空。战机的支柱是 1 600 架米格-15 和米格-17。还有 150 架米格-19 和 25～35

架米格-21。除了米格-21以外,其他飞机都是过时的,这些飞机可能只有不超过10％拥有机载截击设备,但是这些都分布在沿南部和东部边界的一些部队中。对于他们的战斗机中国拥有有限的空对空弹道导弹。中国的早期预警地面控制拦截雷达在中高度进行覆盖显然包括沿海岸的全部和内陆约500英里。该雷达也对内陆偏远的一些重要地区进行了覆盖。燃料短缺和维护问题已经限制了大量中共空军的战术飞行训练,但是我们认为自1963年以来飞行活动已稳固地增加。有确凿证据表明在役飞机已产生了损耗,中国飞机工业现在仅能达到抑制这种下降的能力。

23. 有证据表明中国已组建了几支精英部队,执行诸如针对侦察飞机飞越领空进行反应的特种任务。这些部队可能最大限度地保持在备件、维修和油料分配上的优先权,但是这些精英部队可能比团要小。

24. 在20世纪60年代中期中苏关系危机以前,苏联提供给中国有限的地对空导弹设备。尽管我们不能确定是否苏联已经全部地停止供应这种设备,但是我们认为任何进一步的供应可能是小规模的。我们已确定了中国至少20处地对空导弹基地;其中一些已完全被放弃,仅有少数实际上配备这些设备。我们的证据表明部队的数量要比导弹基地少,为拦截中国国民党的侦察飞机,他们可能把其部队从一个地方转移到另一个地方。中国对于地对空导弹有着紧迫的需求,我们认为他们正在努力地进行生产计划。有迹象表明中国当前正在生产某种地对空导弹,或苏式地对空导弹或中国自行研制。当前证据尚未完全使我们做出确凿的判断,但是我们认为两三年中进行大规模的生产是极为不可能的。

25. 海岸防御。中共海军的主要任务是进行海岸防御。主要大型战舰都是过时的且数量较少。海军并不具备发动持续的进攻行动的能力。我们认为中国把潜艇的建造作为他们现代海军武器计划的主要因素置于最优先的地位。当前具有作战角色的战舰是21艘W级潜艇、4艘"自豪"级驱逐舰、4艘"里加"级护航驱逐舰和14艘巡逻护卫舰。海军也有约155艘鱼雷快艇。中国至少拥有一至两艘"黄蜂"级和"蚊子"级苏联弹道导弹巡逻艇。我们认为苏联已提供给中国少量的"狗窝"式海岸巡逻防御导弹。自1963年以来,已有日益增多的海军活动。这些增多的活动包括所有类型船只,涉及日常海岸活动以及偶尔的联合舰队行动。全面的海军训练在过去的几年已经得到了提高,将来可能持续下去。

26. 空运和海运。中共的空运和空投能力是非常有限的。轻型和中型军用运输飞机能够空运大约4 400名轻装部队或空投2 800名空降部队约500海里的距离。民用飞机能够增加这种能力的约50％。两栖登陆船与两栖登陆飞机的运输能力是约两个步兵师(28 000人)或一个步兵师和一个炮兵师(20 200人)。在港口之间的军事行动中,商业公司的船只能够运送不超过四个步兵师(49 000人)。此外,在小型船只可利用的情况下,中国能够为运输部队和轻型装备集合大量的帆船。

27. 进攻能力。人民解放军在中国境外的进攻能力主要依赖于可以调动和战斗的具有一般运输和后勤支持的庞大地面部队。中国的中型轰炸机部队局限在约12架螺旋桨驱动的图-4飞机和2架喷气式图-16飞机。当前在中共空军仅有一架能够携带由中国自己制造的庞大核武器的飞机。中国空军进攻的主力是约 270 架伊尔-28 喷气式轻型轰炸机,其可携带 6 600 磅,对 550 英里外的防御目标实施有效的打击。此外战斗机也可扮演地面支援的角色,但是这些飞机被设计为拦截机,在活动范围和有效荷载方面受到严重的限制。中共海军派遣其潜艇执行远程军事行动的能力受到极少进行深水训练和缺乏移动的后勤支援能力的限制。

28. 对于现代敌人的公开战争,人民解放军受到装甲设备、重炮、机械化运输和油料等缺乏的牵制。在多山或丛林地形中,这些不足可能并不重要。如果不面对来自于外部的现代力量的强烈反对,人民解放军能够占领他们的东南亚邻国和韩国。无论如何,中国把大量部队渗透到东南亚边境使其处于有利的地位,在当地他们的存在很容易成为支持"解放战争"的决定因素。

29. 中共沿中印边界发动短暂的、有限的军事行动的能力在 1962 年秋天已充分地表现出来。然而印度的防御正在改善,以及中国在穿越喜马拉雅山时所面临的巨大后勤与支援问题,中国不太可能夺取和控制大部分的印度平原。然而他们可能把其控制扩展到拉达卡(Ladakh)、喜马拉雅王国(the Himalayan)和东北边境特区(the Northeast Frontier Agency)。

30. 中共沿中苏边界发生冲突将处于明显的劣势。通常苏联具有很好的后勤支援,他们优良的装备以及机械化部队将是决定性的因素。

三、支持军事计划的经济能力

31. 共产党中国试图建立强大独立的经济连同现代军事组织一起遭受到由于"大跃进"的崩溃和苏联技术人员撤走所带来的严重倒退的影响。自那时起中国一直试图自力更生地调整其严重的经济混乱。为了得到更新的物资和技术援助,其领导人仍旧不愿意改变他们对苏联的僵硬姿态。由于受到人口增长和食品供应短缺等严重问题的困扰,中国领导人在1963 年以前并不能改变工业衰落的现状,在 1964 年也仅能达到适度的恢复。他们选择在经济部门内集中开发有限的优先项目,主要是军工生产和农业。这些战略部门的投资不能很快地提高生产,我们认为中国要达到接近 1960 年以前工业增长的速度至少还需要几年的时间。

32. 周恩来总理近来承认中国的核武器计划已给中国的预算带来严峻的压力。尽管我们缺少数据来精确地衡量所有中国军事和与军事相关计划的开支,但是我们认为 1964 年的这些开支占国民生产总值的 10%。由于许多军事生产设施开始大规模地生产他们的产品,负担似乎在未来的一年里有所增加。然而正是长远、未来潜在的经济增长,军事开支的影响可能是最为显著的。我们认为根据人力和设备,中国至少有一半的研究与开发资源都参与到直接或间接的军事活动中。这些活动可能吸收了大量的中国杰出科学家与工程师。许多重要的民用计划由于这些能够胜任的人员调离而受到严重的阻碍。

33. 尽管北平明显地把导弹与核武器的开发置于最优先的地位,但是也对其他武器的现代化予以关注。中国通过使用苏联的武器和从苏联卫星国和自由世界国家定购紧缺物资和零件来克服在常规武器计划上的困难,而这些技术困难已阻碍了其发展。控制国防工业的部门在过去的两年中已提升到了部级,表明中国并没有忽视常规武器的开发。这些国防工业控制了中国飞机、电子设备、军需品、武器、装甲车辆和海军舰艇的生产。七机部是最近建立的,由空军将军领导。该部可能集中飞机与导弹的开发。

34. 考虑到中国经济的有限的科学、技术和工业基础,中国不太可能在从事雄心勃勃的尖端武器计划的同时,还得养活庞大的人口,改善国民经济并取得坚实的进步。随着尖端武器开发从研发阶段到大量的系列生产阶段,中国将面临日益增加的技术困难和庞大开支问题。然而,由于共产党中国在能力的展示和它决定在亚洲赢得支配地位,我们认为在军事领域他们会取得稳固,甚至是重大的进步。另一方面,在这个十年中国大量地生产尖端武器的能力仍然得到质疑。

(一) 对外援助

35. 中国对自由世界生产设备和技术的日益接触,连同在科学与工程教育方面的国内进步一起,使得在未来几年中国在广泛基础上取得了军事生产的有限增长。中国可能将继续从自由世界购买机械、装备和工业设备,特别是计划在 1966 年开始的第三个五年计划之后。然而从研发阶段到尖端武器与常规武器的生产阶段的巨大进步将依赖于中国冶金工业的扩大——特别是精密轧钢和电炉能力——为了这些计划的生产阶段所需的高质量钢板、合金钢和有色合金,中国已在军事工业的实用设备上在海外进行了广泛的谈判,但是迄今为止很少有真正的购买和交付发生。自 1960 年以来中国已进口了越来越多的精密机床以弥补他们在这些方面的弱点,他们可能将继续试图进口精密测量与测试设备和专业机床。

36. 然而中国为了军事目的的进口不仅受到少量外汇和信贷的限制,而且也受到出口许可的限制。即使这些情况都缓解了,我们也不相信这些援助能够对当前北平的军事计划带来决定性的影响。

37. 我们认为苏联的军事援助在 1960 年并没有停止,但是至少到 1962 年将会持续大范围地减少。在那段时间一些中国人可能还会接触到苏联专家和苏联军事设备。苏联的动机很难确定,持续性的接触可能部分是履行以前的合同,也可能体现苏联为避免全面的破裂试图稍微保持大门的敞开,也可能是苏联及时了解中国军事的发展。

(二) 军事工业

38. 陆地军事装备。中国大约有 30 座生产陆地军事装备的主要工厂以及至少比较多的炸药和配件工厂。这些工厂包括在共产党掌权以前创办的,其中大多数已经扩大和重新装备,而包括坦克和大炮的新建工厂在苏联的援助下也已经建立起来。三个主要的工厂显然涉及装甲车辆的生产,包括苏联援建的包头工厂,1958 或 1959 年已开始生产 T－54 坦克。由于原材料的短缺、国民经济的混乱和苏联专家与技术人员的撤走缺乏可替代的技术人员，所有工厂的活动在1960～1963年期间都减少了。我们缺少情报对当前具体产品的生产速度做出任何自信的评估，但是我们认为这些工厂当前活动的水平已经超过1960～1963年的水平。共产党中国具有许多尚未使用过的能力，并能够进一步增加全程步兵武器，以及大炮、坦克和军火的生产。

39. 化学军需品。我们认为共产党中国正在生产少量的第一次世界大战时期的化学制剂并可能掌握了制造神经制剂的能力。中国可能也有包含毒制剂的弹壳破碎试验计划。

40. 石油工业。油料供应的限制体现了中共军事组织的问题。在和平时期它限制了训练，如果发生战争，它变得至关重要。由于国内原油的不断增加和炼油设备的进口，中国的油料供应在未来几年可能将有所增加，尽管专门油料产品的进口可能仍是必须的。我们认为中国将继续主要从苏联进口所有航空燃油，可能还有喷气式飞机的燃料和航空润滑剂。这三种产品构成1964年整个中国进口油料70万公吨的大部分。中国并不具备生产高质量航空燃油的能力，但是能够生产喷气式飞机燃料。然而在获得其他润滑剂之前，喷气式飞机燃料的生产将是在牺牲其他诸如动力汽油和煤油的生产情况下进行的。

41. 飞机。据我们所知共产党中国制造的仅有的几架飞机是几个小型多用途运输机和一些直升机。米格-17飞机的制造、喷气式轰炸机和/或运输机的准备制造由于苏联技术人员的撤走而在1960年被迫停止。几架米格-19可能已经被装配，但是与此同时这样的活动肯定也停止了。

42. 在1964年下半年，飞机照片显示超过比我们以前估计要多得多的50架米格-19飞机加入到了中共空军。我们不知道这些飞机是何时和如何得到的。我们认为最可能的解释是自1959或1960年以来它们就已经在中国了，也许在板条箱里没有被发现。然而我们不能排除1960年后苏联提供的可能性。飞机照片显示这些飞机并不是在中国生产的或者用苏联部件组装的。

43. 自1962年以来，中国继续增加他们飞机的开发与制造中心，这些设施现在已接近生产能力。所需最紧迫的军用飞机显然是战斗机的替代物，以及未来可能运载核武器的工具。有迹象表明中国正在准备制造米格-19和米格-21，也许现正处于制造的早期阶段。由于米格-21能够比米格-19提供更显著的现代化防御系统，中国可能打算制造米格-21。我们认为在未来两至三年里开始制造轰炸机的机会不会太多。

44. 舰艇建造。在苏联配件的帮助下，到1960年中国已制造了W级潜艇、"里加"级护航驱逐舰、"喀琅施塔得"级潜艇驱逐舰和T-43扫雷艇。苏联援助的撤离中断了这项计划。越来越多的照片显示了1962年中国潜艇建造计划的恢复以及随后6艘新型W级潜艇的建造。我们认为这个恢复的计划意味着中国制造潜艇能力的提高，但是我们不知道他们是否仍旧需要进口某种材料和零件。中国的造船厂能够在30个月内建造并交付一艘W级潜艇。我们估计到1966年中期中共海军作战类别中将包括25艘W级潜艇。

45. 照片也显露了在大连的苏联G级弹道导弹潜艇。尽管关于这艘潜艇由来的情报并不是决定性的,但是我们认为它在中国建造并得到了苏联的援助,也可能还有一些苏联提供的零件。近来我们至少已看到一艘"黄蜂"级和一艘"蚊子"级导弹巡逻艇。我们认为中国有能力建造这种船只和导弹。

46. 预计将在 1967 年完成的新式内港正在上海西北约 60 英里的无锡建造,它将增强中国设计现代化舰船和潜艇的能力。如果为推进装置建造类似的研究和开发机构,那么中国将在 1970 年代初期设计和建造多种现代化船只。

47. 军事电子。共产党中国的军事电子工业显然与其他复杂的国防工业相比,在苏联撤走他们的援助之前已取得了更多的进步,因此它并没有像其他部门那样遭到严重的破坏。电子工业已为维持已有雷达系统所需的零件和材料,为支持大量地面、海上和空中的甚高频与微波雷达的国内生产提供充足的技术。工业的活力在雷达的开发中是最明显的,到 1964 年末部署在中国防空网的据估计总共 1 100 座雷达的大部分由中国人建造。大量陈旧的苏联和日本雷达则被取代。

48. 共产党中国仍旧缺少广泛现代设备基础来满足战略与战术的通讯需求。中国在组建充足的通讯基地和防空设施,或者提供所有部队所需的尖端电子和通讯设备之前还需要很多年。

49. 核武器和弹道导弹的制造。我们尚无充足的证据来评估中国高度浓缩铀和钚的生产水平。不充足的证据使我们认为中国第一次核试验最可能所使用的铀-235 是在兰州通过气体扩散进行浓缩,然后或在兰州或在一个未确定地点通过电磁过程进一步进行浓缩。我们通过假定一个能够为第一次核试验"填充"足够的原料的最小型电磁工厂,来确定高度浓缩铀的最小生产能力。这些假定估计铀-235 的日产量为 0.05 公斤,到 1964 年末积累的产量为 40 公斤,其中 25 公斤可能用在中国第一次核试验的制造上。每年约 18 公斤的生产率是最少的,其生产可能会相当多。如果气体扩散设备占据了兰州工厂的全部,以及在中国的电磁设备能够"填充"所有兰州浓缩产品的产量,那么高度浓缩铀-235 的每日最高产量能够达到 1 公斤那么多。如果这样的生产在 1963 年中期开始进行的话,到 1964 年中期总共积累的产量可能有 540 公斤,每年能生产 365 公斤。我们认为这种生产速度是极为不可能的。

50. 我们关于钚生产的情报稍微好些。我们认为在包头的小型反应堆现在以每年约 10 公斤的速度生产钚。如果它早在我们认为的 1963 年开始的话,到 1964 年末中国能够拥有 6 至 8 公斤的钚。1959 年中国在甘肃省偏远地区靠近玉门市建立了一个大型工业综合基地,1964 年仍在建造中。我们认为在这个综合基地中正在建造的一个项目就是大型核反应堆。此外,有证据表明 1962 年在中国西部正在建造一座小型生产反应堆(100 兆瓦)。这种能力的反应堆可能每年生产约 15～30 公斤的钚。

51. 这种不确定的评估转变为可能的装置或武器显然是极具猜测性的。铀-235 生产的最低估计将是仅仅为一个装置提供原料,类似于中国第一次核试验。我们认为这也许太低了。最高的估计,我们认为同样不太可能为 20 个装置或武器提供原料。钚生产的最低估计将是每年生产 1～2 个全钚装置，最高估计为 6～7 个。如果铀－235 和钚用在复合装置中，那么数量将会上升，最低估计中国能够依赖他们的技术能力每年生产 5 个核装置或核武器。使用最佳的外形和尖端的技术，核装置或核武器的数量能够达到每年 40 个。这些数字没有一个可自信地被估计。我们估计在未来两年，中国将能够完成试验计划和储备约 10 枚核弹。对未来两年后的任何评估可以想象是不太准确的。

52. 有证据促使我们认为中共正在开发中程弹道导弹。我们认为该系统本质上是苏联设计的，可能是 SS－4，也许中国做了一些改动。到 1967 或 1968 年中国可能拥有几枚准备部署并配有裂变弹头的中程弹道导弹。

四、前　　景

53. 除非遇到严重的粮食减产、其他一些国内经济倒退或者直接损害中国的极为糟糕的国际环境等情况，否则我们认为北平将继续改善他们军队的装备。然而中国的经济将不能支持任何以全部的军事工业部门进行最大生产的方法，在未来的一年中国将不得不对于优先权做出许多困难的抉择。我们不能预测北平决定生产多种设备的数量，但是有确凿证据表明中国自己本身也没有清楚地看清他们的发展道路。我们认为尽管不断增加成本，中国领导人仍将在以牺牲大众消费水平为代价维持稳定的军事生产。除非人口增长被关注到或者其他中国基础经济问题上取得重大的突破，否则中共政权将仍会冒严重的经济困难，甚至可能引起公众的不满。

54. 中共领导层对于其大部分历史而表现的军事——政治凝聚力，肯定将随着时间的消逝而开始消散，特别是当毛离开政治舞台。当前最高领导层关心人民解放军的政治清廉和不久前接替当前"长征"干部的新一代领导人，这可能部分地反映了北平对这种前景的认识。如果政权的长期紧张证明是属实的话，对于领导层将要面临的经济增长、资源分配以及上述提及的优先性等日益增加的问题不能以十年前的经验把它们融合在一起，而由新的一批"后英雄"时代官员、管理人员以及党的干部体现了中国社会多个部门互相冲突的需求。然而，我们认为这些因素不会根本地削弱中国的军事实力，也不会影响人民解放军对北平领导层决定的响应。

55. 本评估所设想的共产党中国军事实力的逐渐增长肯定将增强北平对于其亚洲邻国的政治优势——无论共产党领导人是否真正予以直接的敌意还是在海外派兵。北平能够把这种优势转变为在亚洲切实结果的程度将主要由中苏对抗的进程、美国与共产党对峙的进程以及亚洲领导者对于他们国家所面对的具体局势而关注美国的意图和能力来决定。

56. 我们认为北平政权已充分现实地认识到在尖端武器方面中国不可能达到美国和苏联的实力。当前中国肯定不会考虑在可预见的未来部署上百枚洲际弹道导弹、建立一支核动力潜艇舰队或部署反弹道导弹系统。然而除此之外，如果能够实现的话，中国领导人确实希望能够实现上述目标，这对于美国来说具有危险的意义。尽管我们没有确凿的证据，但是中共肯定将决定开发针对美国领土的核打击能力。这个决定可能反映在不久的将来寻求开发有限的洲际弹道导弹和建造一支小型可携带导弹的潜艇部队的计划上。这种开发也对苏联构成了威胁。即使中国已经开始研制洲际弹道导弹,我们并不认为在1970年以前他们能够具备作战系统。由于其射程的限制,我们并不认为在1964年秋天下水的G级潜艇意味着其建造计划的开始,并对美国构成了显著威胁,我们认为在70年代之前中国不可能开发出这种潜艇。

附录一

共产党中国的重要军事设施①

附录二

中共的兵种

http://www.foia.cia.gov/nic_china_collection.asp pp.1-18

詹欣译、校

---

① 此及以下附件略去。——译注

中情局关于中国的军事政策、
常规和防空部队的评估

（1967 年 4 月 6 日）

NIE 13－3－67

绝　密

共产党中国的军事政策、常规和防空部队

（1967 年 4 月 6 日）

问　　题

评定共产党中国总军事政策并评估到 1969 年中国共产党常规和防空部队的实力和能力。

结　　论

1. 不管当前政治危机的结果如何，任何一个中国领导人都可能会继续致力于亚洲的支配地位和世界舞台上的大国地位。它可能会继续受到与美国以及苏联发生冲突危险的困扰。因此中国肯定将继续优先改进其军事能力。

2. 尽管在中国边境以外使用武力相威胁和动用武力是构成北京未来观点的重要组成部分，但是中国的军事战略主要强调防御。可能除了他们的核弹/导弹活动以外，我们没有看见意味着更有前瞻性的策略的综合计划、兵力发展或部署，以及学说方面的讨论。至少在短期内，中国可能把优先发展核武器计划视为主要威慑，尽管北京在该领域的成功带来了巨大的威望和政治影响，尤其是在亚洲。

3. 在我们看来，中国的武装力量能够为大陆提供可靠的防御以及在周边地区发起重大的军事进攻。迄今为止，政治混乱似乎并没有显著地影响中国的力量和军事生产计划。

4. 在广泛的现代化政策下，北京正在努力完成下列计划和目标：

（1）陆军。火力的改善，主要靠提供新型坦克和重炮。军队的组织机构和数量保持不变：在质量和战斗力不均衡的 118 个作战师里大约有 240 万人。

（2）空军。战斗机（米格-19）总量的增长，更优质雷达的增加，以及生产 SA－2 导弹的

准备,可能作为重要目标区域防御系统的一部分。可能将会继续生产米格-19(每月20-25架)和米格-21。

(3) 海军。5 艘 R 级潜艇已经开始生产,到 1970 年可能生产约十几艘。导弹巡逻艇的生产计划始于 1968 年,估计以每年 10 艘的生产速度进行。通过在南中国海部署巡逻艇和鱼雷艇以及扩大造船和海岸永久性军事基地,中国南海舰队正在得到加强。

5. 然而,中国经济和技术能力的限制和需求使得常规军事力量至少在 20 世纪 70 年代初缺乏现代化装备。中国陆军的机动性不会有多大的改善;防空系统仍然无法应付重大的空袭;战斗机至少落后于美国和苏联一代。海军力量仍然主要局限于海上巡逻和护航。

6. 当前常规力量的现代化加上适度生产和部署尖端武器系统,在我们看来,已给紧缩的经济施加了更大的压力。因此中国将面对在民用与军用需求之间、军事部门内部之间分配稀缺经济资源这一日益难解的问题。这些问题的解决可能是军队内部和国家决策高层持续争论的一个原因。

讨　论

1. 在一年多的时间里,中国已经陷入了巨大的政治危机。中国人民解放军已经被卷入,尤其在近期;其领导人已经动摇,现在与将来的军事政策可能已经处在争论之中。情况仍很不确定,不管其结果如何,中国人民解放军作为一个重要机构一定会受到影响。中国可能在一段时间里处于过渡阶段。

(一) 影响军事政策的因素

2. 从外部来看,毛的中国追求在亚洲的支配地位,世界大国地位以及世界革命力量的领导地位。这些抱负已经把中国带入了在亚洲与美国直接冲突的局面,致使北京把美国视为决心包围和颠覆中国革命的主要敌人。同样的抱负也导致了中苏分裂以及苏联在军事、科技和经济方面援助的终结。

3. 在这种情况下,中国的军事政策首先必须保护中国大陆,然而除此之外,还需要发展实现北京在外部世界抱负的军事力量。迄今为止,这种解决方案看来要依靠一种奇特的军事学说的混合,这种学说来自于日益消退的革命往事和对核时代现实的一些评价。

4. 由于物质资源有限和几近孤立的状况使得其力量失效,中国的防御理论继续强调自力更生的优点,人的作用高于武器和人民战争的战略。他们大陆防御的基本战略仍然是依靠群众、空间、时间和优越的意识形态。但是中国也认识到了物质手段的重要性,即使其不是最重要的。因此对武装部队的资助计划一直处于优先地位,而对核武器发展的资助处于最优先地位。

5. 总体上,中国没有在国土之外组建武装力量或发展庞大的能力或理论学说。所生产的许多常规武器装备(如米格-19、雷达和鱼雷快艇)最适合于空中和海上防御。一个战略性的石油储藏区域系统已经建立起来,主要是用来支持战时国内的军队和人民的军事行动。提高中国在其国土之外远距离投放军事力量的装备计划似乎并没有处于优先地位。也没有采取较多的措施去提高空中和海上补给能力,显然也没有做出重大努力去提高陆军部队的运输能力。

6. 可随时作战的军事力量的部署也反映出与防御有关。主要的陆军武装力量驻扎在台湾对面和临近朝鲜的地区,大部分的陆军部署在中国海岸线以内150英里的纵深防御带。大部分的海军被部署用于防御北部和中部沿海地区,他们可能认识到了这些地区尤其容易遭到美国强大的海军和两栖武装力量的攻击。防空力量主要用来防御沿海地区。

7. 虽然我们不能确定中国如何看待他们的新兴核能力,但其也适合总体防御战略。如果中国在可预见的将来不能改变其战略攻击能力的巨大不平衡性,那么这类武器的发展大概主要用来防止核攻击,希望把战争局限在最有利于中国的限度内。在任何情况下中国肯定会通过对威望的考虑、通过核武器的获得给他们总体的政治地位产生巨大影响的判断、通过建立一种支持他们输出革命计划要求的更加有利的军事地位来激励自己。

8. 毛的革命学说灌输要重视敌人和避免与优势力量进行直接冲突;这种基本的告诫今天仍然指导着中国的军事政策。在我们看来这种姿态也反映了北京继续意识到自己的军事和经济弱点、挑起一次重大攻击的风险以及尽管有一些勇敢的雄辩,仍认识到了核攻击不仅可能而且会对中国造成巨大的破坏。

9. 这并不能说北京的军事和政治战略是被动的。使用武力相威胁和动用武力是北京未来的重要组成部分,有几种情况可能会诉诸军事行动。如果遭到攻击或者认为大陆的安全受到了威胁,他们肯定会进行战斗。不管什么原因,如果北越或北朝鲜共产党政权可能要倒台的话,这可能被北京看作是一个威胁,因此会导致武装力量干预。但是鉴于越南的特殊情况,我们不能确定在没有大规模入侵的情况下,在何种程度上中国可能会感到有必要动用他们自己的武装力量。在其他地区,如印度、缅甸、老挝和泰国,中国也可能会动用军队,如果他们认为有必要去保护中国或者争取重大的利益。

10. 未来政策问题和展望。从广义上说,中国的战略学说和政策实际反映了目前战略环境上确凿的事实、现役部队的种类以及这些部队能够进行最佳战斗的战争形式。至于未来,中国似乎还没有结合他们的常规和未来的核能力设计出一套连续的战略观。目前军事计划的某些方面表明缺少协调性和阶段性。一些计划,尤其是在尖端武器领域,由于政治原因和很少涉及实际的军事和经济方面的考虑而艰难地向前发展。也可能是中国低估了建立现代军事体制的代价和复杂性。

11. 一旦毛泽东去世,大范围的经济和战略问题可能会被重新审查。中国对大国地位的抱负已产生长期根本的政策问题。可能最关键的问题是如何在军用计划和民用计划之间分配资源。次要的问题是如何在常规和尖端武器计划之间以及在军队各个部门之间分配资源。这些问题无法同一些潜在的引起分歧的和重大的外交政策问题分离开来,如中苏关系、对美国的应有的姿态或者支持中国周边的"解放斗争"。在这些问题上,中国人民解放军领导内部可能观点不一致,这被政治动荡的中国赋予了额外的重要意义。

12. 中国人民解放军的政治地位。没有人可以确切地说出这些政治动乱何时开始以及如何结束,或者对于军事在国家政治中的角色、军事政策和武装部队的能力它们意味着什么。目前似乎在致力于稳定和统一。然而无法排除的是动乱可能再次变得严重。如果这样的话,经济和中央权力机构可能会陷入混乱,中国的军事计划,尤其在尖端武器领域,肯定会遭到严重延迟或者甚至完全中断。

13. 然而,除了这样一个失败之外,中国的总体环境似乎在决策过程中偏爱军事这一重大的角色。1月中国人民解放军正式接受命令去干预政治斗争,表面上是去保护革命,实际上是夺权。结果,中国人民解放军现在看来被认为是一个日益重要的角色,不仅在各省而且在国家政治中发挥着管理和控制作用。事实上,去年的事件已经使党和其他传统的控制因素陷于混乱,中国社会中产生了如此紧张的局势,以至于很难看到任何一个领导人——毛泽东或其他人——如何能够降低严重依靠武装部队进行内部控制。

14. 尽管增强了政治影响,我们仍不能确信中国人民解放军在提高其共同地位中的凝聚力。党派之争在高层指挥部已经出现并清洗了重要的军事人员。专业与政治灌输的对抗这一老问题可能已经导致了总参谋长罗瑞卿[①]的倒台。但也可能的是较广范围内的问题正在争论之中:例如,越南战争可能已经引发了与美国发生战争的可能性、在越南问题上和美国冲突的适当战略以及和苏联"联合行动"的可行性的争论。

15. 在各省,各个司令官对"文化大革命"的反应是模糊的。一些军事人员可能在军队内部反对"文化大革命",其他的人可能不愿意看到中国人民解放军卷入政治斗争之中。无论如何,许多司令官被迫依靠他们自己的判断。大体上,军队看起来维持了自己的纪律性,它在"文化大革命"中的大多数行为表明它主要关注的是稳定。

16. 经济问题。即使政治稳定和政府团结,中国在某种程度上不得不应对一些令人烦恼的经济问题。中国的军事以及与军事相关的计划的经济负担是很重的,而且肯定会越来越繁重。虽然进行统计的数据大多不充分,但是我们认为这些计划的费用可能占中国国内生产总值的10%。比这更重要的概括性统计是这样一个事实,武器计划使用高素质的人力和物资并吸收了高比例的中国现代化投资。长时期把稀缺资源集中在武器计划上可能会削弱中国解决自己基本经济问题的能力。

17. 在20世纪60年代中期大跃进失败和苏联技术援助撤走之后,军事设备主要项目的生产速度可能放慢或几乎停止。另一方面,苏联撤走之后研发成本可能增加了,并随着研发计划的扩大以及实际进行的测试计划继续攀升。武器装备的实际费用,1961~1962年期间已经下降到远低于1960年前的水平,可能在1963年再次攀升并从那以后上升得非常迅速。因此军事的总开支现在可能一直很高。

———————————

① 罗瑞卿:中国人民解放军总参谋长。——编注

18. 中国现在处于这样一个时刻,如果它继续当前的计划和继续进行武器的部署,它就得面对进一步可能陡然增长的开支。不仅新的武器装备费用将会有所增加,而且因为这种更加尖端的武器装备在军队中投入使用,维护的费用将会以较高的速度增长。如以雷达生产为例,在1956~1966年之间换代和维护占总费用的比例已经从四分之一上升到了一半。对操作更加现代化装备的技术条件和人员培训将有更加严格的标准,这也会导致费用的上升。

19. 科技能力。中国至少正在研究与常规军事技术相关的诸多方面,以及如导弹和核武器等更加尖端的武器。如果给予这个项目足够的优先权与时间,中国科技人员能够满足任何一种常规尖端武器生产研发的需要。然而中国缺少科学、技术和培训人员的基础来同时发展所有的武器以及进行批量生产,这至少到20世纪70年代初是事实。

20. 1960年以来,当中国被苏联切断必须的技术支持时,中国已通过进口一些实质上有助于他们军事计划的物资来弥补他们的一些技术弱点。中国一直在加量购买这样一些物资,如特种钢、耐热金属、专用车床和其他机器设备、科学工具和其他电子设备。1963年以来中国对成套设备的购买也大大增加了。其中一些设备为中国军事工业基础的形成提供了重要的支持。而且,为具有优先权的民用部门购买的西方尖端技术和设备将解决中国军事计划中的科技人员稀缺的问题。

21. 展望。虽然中国的政治局势混乱和不稳定,但是我们在短期内看不到重点发展军事的基本政策的变化。如果我们现在能判定军事计划的话,军事费用肯定会超过总体经济增长。这并不意味着军事计划的发展可能会停止,但是意味着在没有迅速遇到更加严重的经济困难的情况下它们不可能有大的发展。

22. 当前我们无法自信地预测中国将来支持哪一个计划,也无法预测北京各个项目的设备都决定生产多少。很可能中国自己也没有看清发展的道路。调整军事计划的进程可能是缓慢和费力的,它本身也是军队和国家决策高层持续争论的一个原因。

23. 在接下来的几年里,我们无法预知中国战略中任何基本的变化,它可能仍然会保持原有的防御性政策。在这种战略环境里,显然可以理解他们以适当的速度继续发展常规武装力量现代化计划和为政治目的部署适当数量的战略导弹作为威慑的优先计划。总而言之,我们认为中国将遵循这一方针,尤其是如果北京出现一个更加温和的领导人。

24. 然而,我们已经注意到了某些生产设施的规模和性质的反常,这表明中国很可能有更加雄心勃勃的目标。如果中国在未来几年里尝试追寻一个更加雄心勃勃的方针,我们认为他们会冒长期严重的经济后果和军事计划本身可能崩溃的危险。

(二) 常规部队和防空部队的展望

25. 中国人民解放军的组织机构或它的组成部分——中国共产党陆军、海军和空军——没有发生任何重大的变化。中共中央军事委员会控制之下的国防部拥有高级军事权力。国防部的主要参谋机构有三个总部构成:总参谋部、总政治部和总后勤部。大多作战兵种和部门,如空军、海军、装甲兵、炮兵和辅助性的组织机构都在国防部设立独立的司令部。然而,陆军没有独立的司令部,显然是被国防部特有的参谋机构或通过 13 个军区直接控制。

中国共产党的陆军

26. 当中国正在给予核威慑的发展最高优先权,中国共产党军事组织的主要力量将会依靠它的强大陆军和几乎无穷无尽的人力储备许多年。陆军的组织、部署和规模保持相当的稳定。陆军数量达到了大约 240 万人。我们确信拥有约 118 个作战师。我们也认为有约 21 个独立的军团、许多作战支援师团和后勤支援师团。这些部队装备的力量和水平可能有非常大的差异。然而如果不是遭到一个现代化的外部强国的强烈反对,中国会以常规武装进攻的方式入侵他们的东南亚邻国或朝鲜。此外,中国处于一种极其有利的地位,可以穿越南部边界干预当地的事务,在那里中国的军事存在和援助可能是支持"解放斗争"的决定性因素。

27. 中国共产党的陆军是一支征募军,但是仅仅有一小部分适龄人员服兵役,这种体制能够拥有较高的选择性。即使这样,中国共产党的陆军也很难发现或培养技术人员。1965 年颁布的服役期限延长的法令应该有助于提高技术训练和实践的水平。我们认为服役期的延长主要针对这个目的。尚未有确凿的证据表明这种延长会导致中国共产党陆军的主要部队数量的增加,尽管显然会充实现役部队。

28. 如果中国的陆军与现代化敌方进行公开战争的话,其人力将会被严重的缺陷所抵销。一般而言,整个陆军所使用的大部分重型军事装备,按美国和苏联的标准都是过时的。陆军也缺少现代战争中基本的机械化部队。而且按西方标准,中国步兵师在装甲兵和炮兵方面是较弱的。

29. 中国已经指定了某些"值勤"或"警戒"师。有迹象表明许多师的火力和训练活动已经增加。我们既不能确定有多少师参加,也不能确定他们选择的基础是什么。但是也许拥有把所选部队培养成一支具有更高水平的军事效力部队的计划。

30. 常规武器。中国在小型武器和弹药的生产上是自给自足的,并正在向自给自足生产重型陆军武器的目标前进。包头坦克制造厂 1963 年后重新开始生产,我们估计现在每年生产约 500 辆中型坦克。中国共产党陆军的一些炮兵部队里各种口径的武器(包括 85/100 毫米野战炮、122 和 152 毫米榴弹炮和 160 毫米迫击炮)在过去的几年里已经显示出了稳定的增长,这表明他们拥有一个相当大的大炮生产计划。然而,卡车产量较低,且没有生产各种装甲武器计划的迹象。尽管取得了一些进步,但是我们仍认为在 20 世纪 70 年代中期以前中国不可能完成他们当前的现代化计划。虽然这可能导致机动性和火力的大大改善,但是中国武器装备的技术水平那时仍大大落后于美国和苏联。

31. 战术导弹。1966 年的一些活动,可以理解为中国对近程弹道导弹产生了兴趣。然而现在没有这种导弹的部队发射、部署及连续生产的迹象。中国至少已经试验了一个相当轻量级的核装置,并可能有能力生产这种用于战术部署的武器。接下来的几年里有限供应的裂变物质可能用于战略武器计划上。由于缺少战术导弹核弹头，中国会使用化学或烈性炸药核弹头；然而自从其他更加常规和精确的运输方式用在运送这些类型的军需品上，中国极不可能为这样一个目的使用导弹。如果中国的军事理论确实需要战术导弹的部署以及如果他们正在建设导弹试验场，那么中国可能在 1967 年末或 1968 年初开始部署。然而，我们认为这不太可能，我们估计战术弹道导弹的部署将会推迟一些年，直到有更多的可裂变物质的供应。没有迹象表明中国在发展反坦克导弹或大型火箭炮。

32. 空中支援。中国没有独立的战术空军司令部，并且我们没有关于中国人民解放军在近距离支援任务中使用飞机的情报。目前任何战术攻击和地面支援任务主要落在了中国空军和海军航空兵中约 270 架过时的伊尔-28 身上，尽管几个战斗机大队看来拥有地面攻击的任务。

33. 中国具有非常有限的空降突击能力。中国有三个空降师，都隶属于中国共产党空军，但是我们很少了解他们的训练、装备、实力或中国使用这些军队的军事理论。使用中国空降部队的主要局限是因为中国空军运输编队的规模小和可利用的飞机的特性。可投入使用的轻型和中型军事运输机能够空运 4 400 人的轻装备部队或空投 2 800 人的空降步兵部队到大约 500 海里远的地方。民用飞机能够增加这种能力大约 50%。现在中国生产的唯一的运输机是仅能运送 10～12 个旅客的单引擎安-2。我们尚无他们准备生产重型运输机的证据。更加尖端的运输机是中国正以每年六到七架的速度在外国市场上购买的。另外，1966年底四架安-12/"幼狐"的获得增加了中国共产党的军事空运能力。这些飞机是中国从库存挑选出的飞机。在未来的几年里，从苏联购买更多的这种飞机将会大大增加中国共产党的空运能力。

防空部队

34. 防空的全部责任授权给了中国共产党空军的防空司令部。防空司令部控制着九个防空区。司令部有广泛的空中监视和控制网，包括大约 650 个雷达站、大约 2 300 架飞机的战斗部队（包括一些海军航空兵）、高射炮以及有限数量的地对空导弹。

35. 随着本国生产雷达的部署，预警和地面控制拦截能力有了相当大的提高。雷达网现在能够对在中、高空飞行的飞机提供预警，……①低空的范围是无关紧要的。雷达覆盖了通往中国的整个东部和南部地区以及几乎整个西部地区的路径。北部边界大部分仍然是不设防的，虽然雷达覆盖了通往那个方向的国内所有重要目标区域的道路。空中监视网期望进一步扩展和改善。电子工业是中国工业中最尖端的部门之一。现有类型的雷达的生产几乎完全是自给自足的，并积极地进行新型、更加尖端装备的研制。

36. ……②为了在有限的范围内更加有效地控制防空机构，中国有时针对特殊的情况，改进他们的防空控制系统。这些措施仅提供了最低限度和短期的改善。虽然中国的防空系

---

① 原文此处一行未解密。——译注
② 原文此处一行未解密。——译注

统能够对付其领空上的小规模袭击,但是我们认为如果对大陆进行大规模联合空袭的话,这些局限性……①将会导致防空系统几乎完全崩溃。在未来几年将会有所改善,……②然而中国在未来几年开发一个能够对付较大规模空袭的系统,代价太高、技术太尖端且所需条件太多。

37. 中国战斗机部队由大约1 800架陈旧的米格-15和米格-17、500多架米格-19和25～35架米格-21组成。战斗机能力的一个主要改善来自于沈阳米格-19的恢复生产,估计是以每个月20～25架的速度进行生产。因此,自1965年以来米格-19的力量已经增至原来的三倍。我们认为米格-19的生产将以这种速度继续进行,至少到更加现代化的战斗机投入使用之前。

38. 在这种背景下,我们认为成都飞机制造厂应该准备生产米格-21。如果我们在这个判断上是正确的,1968年将有少量的米格-21进入军队服役,并且到1969年数量会有所增加。中国声称正在研制一种米格-19的改进型。即使是这样,他们决定大量生产的这种飞机在几年内也是无法投入使用,我们仍然认为米格-19和米格-21将是中国共产党空军进入1970年代的主力。

39. 可能不到10%的战斗机力量配有空中拦截装备,但是这些飞机散布在南部和东部周围的部队中。苏式AA-2型空对空导弹据信可以使用,中国可能正在进行有限数量的生产。

40. 除了战斗机力量,防空系统还包括一个防御系统,这包括19或20个空军高射炮师和至少6个装有轻型炮的陆军高射炮师。自1965年初以来,中国已经把它的一些高射炮力量转移到了毗邻北越的一些南部省份和北越内部。

41. 除了常规、管状炮的部署,中国还有有限的地对空导弹力量。中国已经建立了约35个发射场,但是至少有13个后来被放弃了。在保留的22个发射场中,仅仅有12个被认为曾经被使用过。地对空导弹部队的行政隶属是未知的,但是他们可能在军事上隶属于各个防空司令部,并和常规高射炮部队以同样的方式活动。

42. 中国正在致力于地对空导弹的研发。双城子导弹试验靶场的地对空导弹的研发设施自1964年以来已经改造了几次。1966年建立了一个新的地对空导弹部队训练场,扩充了技术训练设施,并且太原的一个即将完成的固体燃料厂足以支持地对空导弹的连续生产。还有迹象表明中国正在生产一些导弹来补充1960年中苏关系恶化前苏联供应的少量的导弹。

43. 然而我们不能确定这种活动是否预示着一项主要的部署计划。中国已经从北越的经历中了解到由大量集中高射炮支持的地对空导弹仅能防御相对有限的区域。他们也已看到美国有能力有效地反击苏联的SA-2导弹系统。因此关于地对空导弹部署的决定体现了

---

① 原文此处一行未解密。——译注
② 原文此处一行未解密。——译注

中国军事计划设计者面临着两难的困境：是否以较大的代价去建设和部署一个最多仅能部分地满足需要并与其他具有优先权的计划争夺资源的武器系统。

44. 中国无疑会继续致力于研发地对空导弹，并可能希望改进 SA－2 导弹系统。同时我们认为中国很可能将开始一个把 SA－2 导弹部署在几个关键目标区的重点防御计划。我们不知道在防御的初期阶段中国会选择哪些或多少目标，但是与尖端武器计划相关的设施可能是候选。这可能至少包括大约 20 个地区，如果中国按照苏联的做法，那么即使有限的部署也需要 80～100 个营和约 2 000～3 000 枚导弹。我们估计部署如此规模的 SA－2 导弹力量将会花费中国四至五年的时间。

海军

45. 中国共产党海军力量增长非常迅速，但仍主要是一支海上巡逻和护航部队。它由 11 艘主力舰、34 艘潜艇、约 525 艘小型战舰和各种各样的两栖、补给和后勤船只组成。司令部位于北京，军事力量分布在三支主要舰队上。

46. 正在进行中的几项计划促使中国海军力量逐步发展。中国共产党鱼雷攻击潜艇力量以每年 2～3 艘的速度继续扩大。W 级潜艇的建造已经停止，中国正集中于 R 级潜艇的建造。已经建造了 5 艘 R 级潜艇，我们认为到 1970 年总数约 10 余艘将被建造。中国……①至少有一艘潜艇维修供应船服役，在潜艇活动区域以外为中国共产党海军提供支持。

47. 另一个重要的计划是建造各种类型的海上巡逻艇。自 1965 年以来，大约 100 艘本国设计的快速巡逻艇已经增添到舰队中。1966 年开始了一个"黄蜂"/"蚊子"导弹艇的建造计划，估计以每年大约 10 艘的速度进行生产。……②我们认为中国正在为这些舰艇生产导弹。这些可活动几百英里的舰艇可以把它们的军事行动扩展到东京湾和黄海。

48. 仍然没有迹象表明中国计划发展或进一步部署陆基巡航导弹进行沿海防御。有三个确定的地点：一个用于研发和训练，一个作战术使用，一个暂停不用。

49. 中国三支舰队中最弱的南海舰队正在被加强。大量的快速巡逻和鱼雷艇，包括本国设计的水翼艇，已经在南海舰队出现。中国南部的造船和海岸永久性军事基地也得到了相当大的扩展和改进。1965 年中国在广州开始生产本国设计的护航驱逐舰（"江南"级），现在在造船能力上次于上海，位居第二。

50. 中国共产党海军两栖船只和登陆艇的运输能力大约是两个步兵师（28 000 人）或者一个步兵和一个炮兵师（20 200 人），但是我们没有观察到参与两栖军事训练的部队。在港口对港口的军事行动中商船队的船只能够运送大约 4 个步兵师（达到 49 000 人）。另外，在军事行动中可以使用较小的船只和舰艇，中国能够自由使用上千只的舢板船运输部队和轻型装备。中国还没有建造任何的坦克登陆艇、中型登陆艇或大型运输船，但是他们正在建造大

---

① 原文此处一行未解密。——译注
② 原文此处一行未解密。——译注

量的大型登陆艇和海军补给船。

51. 我们认为中国共产党海军的扩展和现代化计划将会继续,并且在靠近中国海岸进行军事行动的能力将会显著地提高。然而,中国缺少远离领海的军事训练和经验,并且至今也没有显示出采取这种军事行动的兴趣。一旦开始,到他们能够熟练地开展重大军事行动将需要几年的时间。

展　　望

52. 当前展望是随着未来几年现代化进程的发展,中共常规部队和防空部队的能力会逐步而全面地增长。所有的武装和军队都可能在这种增长中受益。至今我们还没有看到政治混乱影响战斗力或妨碍军事生产计划的迹象。但是现在中国人民解放军正在承担越来越多的非战斗任务,如果这种趋势长期持续的话,肯定会影响中国军队的战斗力。

附录一

中国共产党的兵种①

附录二

军　事　工　业

National Intelligence Estimates on China During the Era of Mao，1948 – 1976，pp. 340 –353

李祥春译、詹欣校

---

① 此及以下附录略去。——译注

中情局关于中国常规和防空部队的评估

（1968 年 8 月 1 日）

NIE 13-3-68

机 密

共产党中国的常规部队和防空部队

（1968 年 8 月 1 日）

问　　题

评定中共的政治混乱对军事组织的影响并评估常规部队和防空部队的能力。

结　　论

1. 中共的陆军力量（集中于中国人民解放军）已经深深陷入已经折磨中国两年半的政治混乱之中。中国人民解放军已经承担了警察和公安部门的重大责任，并在经济和政府中获得了广泛的管理和控制职能。

2. 中国人民解放军也已经遭到了严重的清洗，尤其是在高层。迄今为止，边防军已经在很大程度上逃脱了清洗。中国人民解放军本身被各种标准分割了，并遭到了"文化大革命"的政治打击。到目前为止，中国人民解放军一直遵从国家政治领导人的指示，但是它通常是以温和的力量出现，与政府行政当局和其他主要关系秩序、稳定和国家安全的部门结成了松散的联盟。

3. 政治党派之争、社会秩序的全面恶化和强加在中国人民解放军身上的许多额外义务已经在战备、士气和纪律上大大降低了中国的军事能力。但是在中国的重大利益遭到威胁的情况下，"文化大革命"的消极影响可能会相当迅速地得以克服。军队、设备和指挥结构保持完整、防御性的部署大部分并没有被削弱。因此中国人民解放军能够为大陆提供牢固的防御，并能在北越和北朝鲜的共产党政权的生存受到威胁的时候采取有效的军事行动。

4. 可以想象，政治、社会和经济状况已经恶化到使中国人民解放军的战斗力受到严重损害的地步。从另一面说，连续缓和的趋势能够使它在相当短的时间内恢复全部的效力。总而言之，我们认为情况不会变得如此的糟糕，以至于中国人民解放军不能够维持作为一种战斗力量发挥作用的能力；可是它的大部分时间和精力将会继续转移到非军事活动和政治压力上。至少在明年，中国人民解放军的权力和威信可能会增强。北京将要依靠中国人民解放军作为唯一有效的控制工具，军队可能在目前政治重组过程中扮演着重要的角色。

5. 除了"文化大革命"所带来的破坏以外，极其重要的中国常规部队和防空部队在过去的一年里并没有什么发展。中国军队的部署没有什么改变，并继续表现出对防御的关注。中国没有为能够提高其在边境之外较远地区凸显中国能力的设备计划予以优先权。中国经济和技术的限制使得常规力量至少在进入 20 世纪 70 年代之前仍缺乏现代化的装备。

6. 然而，中国常规部队和防空部队的现代化计划正在一个相当广泛的领域内遵循着下列指导方针逐渐地向前推进：

（1）陆军。中国战斗部队在质量和实力上有相当大的差异，但是随着更多的中型坦克和大炮的增加，他们的火力正在增强。似乎中国力求达到的装备水平在 1975 年以前不可能配备到整个陆军。中国战斗部队的数量没有显著的增加，虽然为了应付军队承担的扩大的民事责任，人员可能有一些增加。

（2）空军。米格-19 数量的日益增加、性能更好的雷达的增加和地对空导弹的缓慢部署计划正在改善着中国的防空。我们仍旧认为中国将会生产一种新型的战斗机，在机会均等的条件下，他们将会生产米格-21。如果中国不打算生产这种飞机，在一种比米格-19 更加尖端的战斗机投入使用之前，将需要四或五年的时间。中国空军和海军航空兵在战术攻击和空中支援能力上没有什么重大改变。

（3）海军。R 级潜艇和导弹巡逻艇的生产仍在继续，但是比预期的速度要慢。其他类型的巡逻艇和鱼雷艇正以相当大的数量进行生产，沿海巡航导弹防御系统似乎正在加速部署。

讨　　论

一、中国人民解放军和文化大革命

中国人民解放军的政治和政府角色

1. 在过去的一两年里，中国人民解放军在中国是作为唯一保持凝聚力的力量出现的，拥有全国范围内的指挥和控制系统。当"文化大革命"期间党和政府机构的权威下降的时候，中国人民解放军被用来维持秩序和保持稳定。在这个过程中，它在经济和政府中获得了广泛的管理和控制职能。在许多地区，它很大程度上取代了警察和公安部门。它管理中国的大部分交通网，在主要的工厂里起监督作用。它被分配了新任务，在学校、工厂和农村公社进行宣传。

2. 中国人民解放军也深深卷入了政治之中。当"文化大革命"几乎拆散了所有党的机构的时候,各省建立了军事管理委员会以接管党中央的职能。此后北京试图建立一种新的权力结构——革命委员会——开始慢慢取代军事委员会。理论上,革命委员会是"革命群众"、更具革命性党的老干部和中国人民解放军的"三方联合"。事实上,军事官员支配了这些新组织中的大多数。自 1967 年秋委员会建立以来,已宣告了进入军事统治时期。24 个主要行政区(总数 29 个之中)已经建立了革命委员会,军人占据了主席和 11 个委员会的第一副主席职位;他们是其他 4 个委员会的主席和 6 个委员会的第一副主席。即使是在那些军人没有占据主席职位的委员会里,这些新政府组织的效力也主要依靠当地的军队。军队在市和县政府里的地位也是显著的。

3. 在革命的各个时期,"文化大革命"的曲折与变化已经导致了对中国人民解放军指示的模糊和不确定。有时它被命令去"支持左派而不是任何派系"。其他时候则被指派去恢复秩序和维持纪律。中国人民解放军对这些指示的反应是混乱的。通常它尽力去保持中立。然而,在一些地区它明确和公开地支持保守派。而且,随着中国人民解放军掌握了越来越多的地方权利,它本身也遭到了激进组织的攻击。有时北京从外边派部队到危机地区,显然是因为北京觉得这些部队在支持左派反对当地的保守派方面更加可靠。也有一些证据表明在一些地区野战部队反对派别斗争。显然军队之间曾经发生了一些冲突,虽然看起来规模小、时间短。

4. 中国人民解放军以各种标准被分割了,并遭到了清洗和"文化大革命"的政治打击。随着其权力和影响的增长,它发现自己严重卷入了地方政治和高层斗争之中。到目前为止,中国人民解放军一直遵循国家政治统治者的指示。它通常是以温和的力量出现,与政府行政当局和其他主要关系秩序、稳定和国家安全的部门结成了松散的联盟。

中国人民解放军的清洗

5. 当然,中国人民解放军从开始就是一支政治军队。但是近些年它变得日益专业化,许多军官——尽管受到党派束缚——主要关心发展它的军事能力和纪律。但是一旦"文化大革命"成为一个事实,就不可避免地影响到中国人民解放军。因为军队是最有权力和凝聚力的机构,所以它是政治派别争取的最重要的对象。而且,它的高级军官是政治人物,凭借个人资历和信念试图争当各种各样的民众领导。虽然"文化大革命"的早期阶段就成了党派斗争的舞台,但是革命的日益剧烈和政治混乱的出现已经把斗争带进了中国人民解放军内部。起初,林彪作为毛的继承人的出现和 1966 年 8 月中国人民解放军不参与"文化大革命"特别声明,毛和林的举动好像中国人民解放军能够坚守他们的阵地。然而,中国人民解放军逐渐遭到了攻击。尤其是毛夫人[①],似乎日益强烈地试图控制中国人民解放军,甚至支持反对重要人物的运动。

6. 我们认为军队的分裂和相关的政策是一个因素,尽管可能是次要的,但它让毛发起了文化大革命。例如,中国的经济问题和技术弱点已经长期为军事优先权和资源分配的不

---

① 毛夫人,即江青,中央文化革命小组第一副组长、代理组长。——编注

协调奠定了坚实的基础,尤其是毛的灾难性的"大跃进"运动和他处理的中苏关系使问题变得更加严重。越南战争也一定引发了与美国发生战争的可能性、如果发生对抗所要采取适当的战略以及和苏联采取"共同行动"对抗美国的争论。似乎非常清楚的是政治与军事专业化的长期争论也是摩擦和冲突的另一个来源。

7. 在"文化大革命"的早期阶段,一些军事领导人由于与毛的政策发生分歧可能已被清洗。然而,中国人民解放军后来的清洗可能更多的是派系斗争发展的结果。无论涉及什么样的政策争论和政治斗争,中国人民解放军已经遭受了一场严重的清洗,尤其是在高层。

8. 大约有一半的中高层军事领导人已经或可能被清洗。共产党军事委员会、军事政策的主要负责部门,已经失去了其成员的几乎一半,并进行了重组。国防部八位副部长中的三位已经被解职。负责协调战斗行动的总参谋部已经失去了两位参谋长,其他十个主要官员中至少有五位也已下台。总政治部——党通过它执行政治控制和监督中国人民解放军——在中央已经停止发挥作用。装甲兵部队、铁道兵部队和炮兵部队的司令也遭到了清洗。空军、海军和铁道兵部队的政委也已下台。中央一级的损失大约一半是军事专业人员,另一半是政治专家。取代被清洗人员的范围已经确定,大部分似乎来自于中国人民解放军的专业部队。

9. 军区和军分区也付出了沉重的代价。但是这一级别的损失大部分是政治官员。目前所知,野战军、边防师和较低级别的战斗部队至少到目前为止在很大程度上逃过了清洗。许多司令员在遭到好战的红卫兵攻击后得以幸存下来,有些则在过去的几个月里已经得到了北京的正式支持。但是有确凿证据表明一些野战部队的行为并没有取悦于中央的领导。

10. 1967 年夏发生了一场危机。中国人民解放军受到了特别猛烈的攻击,但是这种情况突然中断并接着受到了批判。围绕着这种转变的一些事件表明中国解放军许多领导人抵制了对他们的政治攻击,毛和激进派已经敏锐地意识到他们逼迫中国人民解放军太过火了。无论如何,1967 年夏之后对中国人民解放军的苛刻路线被抛弃了,几个与之相关的激进分子遭到了清洗。

军事组织的重要性

11. 国家级军事组织的清洗与重组以及高层政治领导人的忧心忡忡已经严重妨碍了政策指导和总体的军事计划。严重耗尽领导人行动所带来的紧张和压力无助于复杂军事问题的缜密思考。常规的参谋和管理职能肯定也已经受到了影响。尽管有 1967 年夏的事件,但这种不确定、怀疑和恐惧的气氛肯定将持续存在。

12. 即使正规的军事指挥机构完好无缺,中国人民解放军的士气和纪律也一定遭到了削弱。军事力量不可避免地受到了"文化大革命"总体上带给中国社会的破坏和分裂的影响。中国人民解放军的所有士兵,通过他们扩大控制和维持治安的职责,已经有足够的机会去观察他们国家继续进行的更加清晰的斗争形式。有报告说军队已经厌烦了连续不断的政治灌输,所遇到的障碍使他们感到沮丧,他们被迫采取军事行动去处理内乱。对许多高级官员的政治攻击和中国人民解放军内部派系之争所导致的紧张与对抗状态只会使问题变得更加严重。

13. 强加在中国人民解放军身上的许多额外任务已经导致中国人民解放军战备能力的下降。在过去的大约一年里,中国人民解放军 30% 或 40% 的时间可能被与"文化大革命"有关的活动以某种方式占用了。陆军承担了这些新任务。海军和空军虽然也卷入了,但显然他们的正常活动没有受到严重干扰。一旦中国人民解放军不再执行额外任务和允许恢复其正常的活动,战备方面所造成的损害能够迅速地得以恢复。如果北京的行政和管理机构处于一种令人沮丧的状态,那么主要的问题是中央权力机构仍不能放弃中国人民解放军的新角色。

14. 有许多迹象表明,这些已给军事生产和研究造成了相当大的损害。"文化大革命"已经影响到了国防科学技术委员会和所有的六个负责军事生产的部门。许多军事项目的生产速度无法详细地估计,但是有足够的证据表明几乎所有的军事生产都有一定程度的减少。1967 年米格-19 喷气式战斗机的产量下降了大约三分之一,这肯定是由于"文化大革命"导致的经济混乱所致,建造海军舰艇的速度也慢了下来。

二、军事发展的影响力

概要

15. 在过去的一年里,除了"文化大革命"导致的混乱之外,极其重要的中国常规部队和防空部队没有取得什么发展。军队的部署没有什么改变,并继续表现出对防御的关注。作为越南战争的结果,中国南部地区在防空准备方面继续拥有优先权,海军力量也继续得到加强。然而沿中国南部边界的陆军力量却没有得到重大加强。对于苏联沿中苏边界和在蒙古集结军队,中国没有明显的军事反应。去年冬天,由于普韦布洛事件(Pueblo)导致朝鲜局势紧张期间,我们没有观察到有关中国的任何军事反应。

16. 总体上,中国没有专门为在国外采取军事行动而组建武装力量或发展大规模的军事能力。中国没有为能够提高其在边境之外较远地区凸显中国能力的设备计划予以优先权,正在生产的许多常规装备最适合防空和海上防御。

人员和征兵

17. 1967 年北京暂停征兵和复员,但是到 1968 年初又都恢复了。与此同时北京在 1965 年延长服役期之后,显然减少了两年的服役期。现在步兵的服役期是两年,陆军的其他兵种、海军和空军是三年,海军航空兵是四年。我们不知道是什么推动了这种政策的变化。其中的一个目的可能是为了控制包括一些令人烦恼的待业青年在内的大多数人民,以及加强教育和训练。为了加强军队的纪律,也打算使用更多的有经验的民兵。在两个危机时期——"大跃进"之后的食物短缺时期和近来派系争斗时期——民兵被证明是难以驾驭的。

18. 我们认为北京不可能打算大量增加作战部队的数量。然而,人力的一些增加可能试图帮助中国人民解放军履行更多的民事责任。新的征兵政策将把训练新近招募大量人员的额外任务加在已经不堪重负的中国人民解放军身上。技术熟练程度也会遭到损害,但是如果中国人民解放军能够通过选择性的保留政策保持有经验的干部,这在很大程度上可以被克服的。

军事生产

19. 日益明显的是,中国在军事发展和生产上所花费的时间,似乎比以苏联或西方经验为基础预测的时间更长。我们也发现对中国可能生产的装备数量的预测往往太高。中国的生产问题部分是由于"文化大革命"的破坏,但是更基本的因素是中国缺少经过高水平训练的科技人员,缺少管理复杂生产过程以及可能的应对经济紧缩的经验。当然也有例外。……①

中国共产党陆军

20. 中国共产党陆军,人数大约 230 万人,包括约 118 个作战师。中国新闻媒体披露了有关军队在"文化大革命"中的活动,对其他来源的持续利用也增强了我们对本评估的信心。仅有几个事件表明对一个师的存在持有实质性的怀疑。我们的情报不足以确定许多部队的实力和装备水平。但是我们确切知道它们的实力和质量有相当大的差异。

21. 中国共产党陆军的现代化进程正在逐步地推进。旧的装备正在被更新,更多的大炮和装甲武器正在提供给部队。尽管我们无法详细地评估这个计划,但是似乎中国想要达到的装备水平,以现在的获取速度在 1975 年以前整个中国共产党陆军是无法实现的。即使到那时,中国共产党陆军的火力和机动性也远远低于现在西方或苏联的水平,以常规战斗力量应对于现代化的敌方,中国将面临严重的缺陷。

22. 中国的主战坦克是 T-59(仿苏式 T-54),我们估计每年生产大约 400～500 辆。我们没有看到生产或使用自助炮的迹象。有确凿证据表明一些步兵师的炮兵部队正在引进 85 毫米野战炮来改善自己。……②

23. 有迹象表明中国的导弹计划包括研制比中程弹道导弹还要小的导弹。我们无法确定中国人的想法,但是我们倾向于怀疑这种活动是否预示着战术弹道导弹的初步部署。③在没有核弹头的情况下中国不可能会部署这样一个系统,并且我们认为裂变材料的有限供应将会用于战略武器计划。因此我们估计中国能够部署一个战术弹道导弹系统之前还需要几年的时间。

防空和空军

24. 中国防空系统继续展现改进的态势。空中监视网已经得到改善,并扩大到了一些新的地区。地对空导弹设施的扩充正以相当缓慢的速度进行,但是米格-19 的产量正在增

---

① 原文此处两行未解密。——译注
② 原文此处三行未解密。——译注
③ 原注:其中一个可能性是这个活动与"G"级潜艇导弹有关,这种可能性将在随后的 NIE 13-8-68"共产党中国的战略武器计划"中进行分析。

加。在中国东部和南部边界及沿海地区的军队部署这些战斗机,已经提高了这些地区的防空能力。防空系统已经能够对中国领空的单独入侵积极地做出反应,尤其是在中国南部,对抗这些入侵已经取得了相当大的成功。防空管制和通讯设施也在改善,但仍然是严重不足。尽管取得了这些进步,但中国还是不能应付重大的空袭,至少在未来几年里做不到。

25. 我们曾预测中国大约在两年里开始生产米格-21,但是他们仍然没有开始生产。四川成都的机身工厂和飞机引擎工厂是生产米格-21的首选地。尽管中国明显地关注改善其防空,并且米格-21会为此做出重大贡献,但是他们可能已经遇到了困难。例如,米格-21的引擎技术比米格-19战斗机更难以解决。或者由于经济或其他原因生产可能被推迟。

26. 显然中国面临两种选择:尝试生产米格-21或开发基本上是自行设计的战斗机。在这两种选择中,生产米格-21可能是较容易和更迅速的途径。因此我们认为在均等的条件下他们将会生产米格-21战斗机。如果中国不打算生产这种飞机,那么比米格-19更加尖端的战斗机投入使用至少还需要4到5年的时间。

27. 中国计划生产的图-16中型轰炸机出现了与生产米格-21类似的问题。我们完全相信苏联在20世纪50年代末给中国提供了生产图-16轰炸机的设备和技术帮助。1960年苏联撤回他们的援助之后,中国继续进行生产。然而我们不知道他们可能生产何种飞机或何时开始生产。考虑到能够投入使用的中型轰炸机,我们认为在未来的几年里大概仍然有均等的机会生产图-16轰炸机。实际上如果他们继续生产图-16轰炸机并且第一支部队即将形成的话,有足够的飞机组成一个常规部队之前还需要几年的时间。因此,中国可能考虑把图-16轰炸机主要用于核武器的运输。

28. 中国目前可能大约有15个地对空导弹营。我们估计1968年将会部署大约10个新的地对空导弹营,到1970年末会增加到35～40个。中国的地对空导弹是仿制苏式SA-2系统的,但是中国对雷达设备进行了改进,减少了电子对抗手段对系统的攻击。反侦察机构继续控制着中国的地对空导弹部署,但是在未来几年里将会慢慢转移到战略防御部队。

29. 中国共产党空军的战术打击和空中支援能力显然没有重大的改变。它仍然依靠分配给海军和空军的老旧的伊尔-28轻型轰炸机和拥有具有地面攻击能力的米格-15/米格-17的飞行团。虽然从苏联购买的14架安-12运输机提供了一些帮助,但是中国仍然只有极其有限的空运和空降突击能力。

海军

30. 中国海军的组成、部署和训练都表明中国共产党海军的首要任务是继续进行沿海防御。海军建设计划和训练中的某些倾向表明中国想逐渐增加他们的力量以及扩展他们的外部海上防线。其前景是相当缓慢地进步。

31. R级潜艇的建造继续进行,但是1966年速度开始放慢,直到1969年不会有另外的潜艇下水。潜艇部队正在装备舰艇声纳。正在大量地生产几种类型的沿海巡逻艇。导弹巡逻艇计划正在继续进行,但是要比我们预期的速度慢得多。中国显然计划开始用"幼鲑"

(Samlet)或"冥河"(Styx)系统更广泛地部署沿海巡航导弹防御系统。"幼鲑"由于其较远的射程被认为是最可能部署的。

三、军事能力和政策

能力

32. 正如上面所表明的那样,"文化大革命"已经在战备、士气和纪律方面大大降低了中国的军事能力。但是部队和装备在很大程度上是完整的,防御性部署在很大程度上未受损害。因此,在中国的重大利益遭到威胁的情况下,"文化大革命"的消极影响能够相当迅速地得以克服。中国人民解放军能够在中国大陆受到外部威胁的情况下提供牢固的防御。我们认为他们在北越和北朝鲜的共产党政权的生存受到威胁的时候也能够采取有效的军事行动。

33. 与此同时,地方局势也大大削弱了中国人民解放军在特殊地区的力量。在西藏,例如当中国军队如1962年和1965年中印危机中一样强大之前,北京不得不终止漫长的派系之争。在台湾对面的福建省以及中国东南亚边境的云南省和广西省,中国人民解放军都陷入了严重的政治斗争。照目前的情况,在这些地区采取军事行动之前,北京必须动用其他的军队履行作战部队已放弃的管理和控制职责,以确保运输线畅通无阻。只要政治动乱持续存在,中央政府可能比过去更不情愿考虑在这些地区使用陆军。

34. 中国军事力量的改进或是进一步下降在很大程度上取决于"文化大革命"的进程。局势会不可避免地恶化到中国人民解放军战斗力受到严重损害的程度。从另一面说,稳定的现代化趋势能够使中国人民解放军在相当短的时间里恢复全部的效力。局势不可能变得如此糟糕以至于中国人民解放军无法作为一种战斗力量发挥作用,但是它的大部分时间和精力可能会继续转移到非军事活动和政治压力上。

军事政策的总趋势

35. 尽管政治混乱,但是军事部门肯定会在资源分配中享有较高的优先权,并且战略导弹和核武器会继续享有最强烈的发言权。这使得常规部队和防空部队的装备只能是一般的但是逐步的改善。然而,随着现代化进程的继续推进,中国将要面临陡然升高的经济代价,并且他们尝试新式武器的研发将会进一步耗尽稀缺的科技资源。中国对经过高水平训练的专家的需求已经严重地被大学两年停止招生所破坏,"文化大革命"显然削弱了北京军事抱负的经济基础。随着经济灵活性的减少,资源分配的决策变得日益困难,并构成了高层摩擦的另一个来源。

36. 政治的不确定性排除了有关做出军事政策决策的判断。尽管毛在军队中可能有支持者,但是他现在不敢通过试图进行基本的变革或开创一个肯定将遭到抵制的政策向军队挑战。不知道他是否愿意这样做。无论如何,高层领导的争执和统治者依靠中国人民解放军治理国家,近期可能会阻止任何重大的组织性变革或优先权的转变。

中国人民解放军未来的政治任务

37. 中国的未来和中国人民解放军的未来很大程度上取决于中国人民解放军相关的权力地位和它对国家政策的形成施加影响的能力。至少在明年,中国人民解放军的权力和威信可能会增加。北京将要依靠中国人民解放军作为唯一有效的控制工具,并且军队可能在目前的政治重组过程中起重要的作用。如果它选择这样做的话,则处于一个在地方和中央扩展其权利的立场,并且它可能设法缓和"文化大革命"和恢复国家秩序。

38. 如果中国人民解放军的地位将要得到加强,毛主义者可能会被迫再次攻击他们。如果毛试图"变革"中国人民解放军的组织和内部工作,或对军事政策进行激进的革新,危机也会产生。在这种情况下,中国人民解放军的力量可能会严重地下降。如果中央证明不能或不愿意恢复秩序,中国人民解放军的政治立场将会制度化,军队将会有效地控制中国。在这种情况下,中国人民解放军可能及时地齐心协力去恢复它的军事力量。

附录

军队的地位和走向①

http://www.foia.cia.gov/nic_china_collection.asp pp. 1 - 12

李祥春译、詹欣校

---

① 附录略去。——译注

中情局关于中国常规和防空部队的评估

（1970 年 6 月 11 日）

NIE 13 - 3 - 70

机 密

共产党中国的常规部队和防空部队

（1970 年 6 月 11 日）

问　　题

评定中国共产党常规部队和防空部队的力量、能力与部署,特别是关于国内政治发展和中苏关系紧张所带来的影响。

结　　论

1. 共产党中国致力于增强和现代化其武装力量已有 20 年的时间。北京继续将其大部分资源分派于军事目的,这已经取得了令人信服的成果。然而与此同时,这种努力也受到混乱的经济与政治政策、毛的军事理论与建设现代化、专业化军事力量的需要之间的矛盾所困扰。

2. "文化大革命"带来的动乱妨碍了军事训练,并降低了中国武装力量的战斗力和备战能力。但是所降低的程度和持续的程度目前还在争论之中,中央情报局和美国情报研究局认为由于继续严重卷入非军事活动,军队的训练水平仍不能正常化,中国人民解放军从这些任务中解脱出来的进展速度仍将很慢。另一方面,国防情报局和国家安全局认为军队的训练在 1968 年接近了正常化水平,备战和效能的下降都是微不足道的。有关这些问题将在第 12 到 17 段进行讨论。

3. 中苏关系恶化的过程,首先使中国失去了广泛的军事援助,进而在近几年导致了针对中国的军事力量的集结,已经给中国的防御问题增加了额外的困难。虽然中国的反应至今非常谨慎,规模也很有限,但是苏联军队的集结肯定对中国的军事计划产生了重大的影响。

4. 尽管存在这些问题,中国人民解放军仍能够为大陆提供稳固的防御。它的主要力量在于陆军的规模（大约250万人）和步兵部队的作战潜力。虽然中国的军事态势基本上是防御性的，但是如果没有遭到外部现代化强国的反对，其军事力量可以击败东南亚和朝鲜半岛的邻国；就像在印度支那所展示的那样，北京能够跨越其南部边界提供给叛乱分子重要的援助。

5. 然而针对现代化强国的常规战争——中国人民解放军的每个部分都有着致命的弱点。陆军据信严重缺乏现代化运输设备和重型武器；防空系统可能缺乏足够的通讯设备和数据处理能力，且无法应付大规模、复杂的空袭；虽然中国海军力量正在增长，但仍是一支沿海防御力量。

6. 正如所估计的那样，多年来，当前和预计的生产计划无法提供所需的足够数量的各种武器与装备，以弥补物质缺乏和提高中国人民解放军的现代化作战水平。但是中国正在坚定不移地——肯定将会在任何一个未来领导人的领导下继续进行努力——遵循以下方针进行广泛的现代化计划：

（1）陆军。尽管陆军缺乏火力和机动性，似乎在现代化进程也比所预期的要慢，但中国作战部队的火力正在增加。中国已装备了一些小型武器，地面部队正在接收更多的坦克和大炮。

（2）空军。中国防空的所有部队显然已经得到了改善。指挥和控制能力可能已经提高，更多更好的雷达正在加速部署，米格－19的生产可能已经从文化大革命中恢复。然而地对空导弹的部署一直进展缓慢，我们仍不能确定中国米格－21的生产计划。有迹象表明中国已经生产了在米格－19基础上自行设计的飞机。

（3）海军。海军造船计划显然在1969年已经从"文化大革命"中完全恢复，目前造船厂的扩大表明其正在筹划新的计划。重点强调生产大型、远程和能够扩大巡逻能力的船只。R级潜艇的建造现在大约是每年两艘，中国已经开始建造驱逐舰。旧的驱逐舰被改为运输巡航导弹。

讨　　论

1. 20年前中国人民解放军轻装进入朝鲜，第一次也是仅有的一次同装备精良的现代化军队作战。尽管大部分中国领导人对他们军队的足智多谋和忍耐力表示满意，但至少一些人已经认识到了中国的安全和充当大国角色的主张需要努力增强和改进其武装力量。这种努力在战争中期就已经开始，一直持续到现在。

2. 中国人民解放军在一些领域已经取得了重大进步，当前它是一支庞大的、具有潜在防御能力的组织，有能力在临近的东南亚和朝鲜地区组织大规模的攻击性军事行动。然而，显著的事实是中国人民解放军总体的进步是有限的和不平衡的，其大部分时间和精力都已经被政治和经济职能所占用。

3. 从广义上说，作为一支专业化、现代化的力量，中国人民解放军受到了中国工业和技术基础薄弱的限制。然而除此之外，毛泽东倾向于给军队的政治角色和任务予以优先权，通过人民战争战略防御的理念以及对苏联领导角色进行挑战的后果严重影响了中国人民解放军的发展。

4. 当毛在1958年发动的"大跃进"运动致使中国工业生产崩溃时，中国人民解放军的现代化进程第一次遭受到了重大干扰。1960年苏联撤走军事和经济援助更加剧了这些困难。

5. 也是在大约十年前，林彪在党和政府中掌握了军队的领导权，开始了一场"整顿"中国人民解放军政治和意识形态的运动。军事生产计划从未放弃对资源的强烈需求，但是毛的建军思想的复兴可能已导致了一些优先权的转移和改变，这反而帮助解释了今天可以看到的中国军事建设中一些异常现象。无论如何，军队政治化的努力在20世纪60年代中晚期得到加强，到林彪正式被认定为毛的继承人时达到顶峰，中国人民解放军在"文化大革命"中扮演了重要角色。

一、中国人民解放军和"文化大革命"

卷入的程度

6. 中国人民解放军卷入1966年"文化大革命"带来的政治和社会动乱仍将继续，并且日益明显的是大约前两年所卷入的程度比我们早先认为的要大。随着党和政府机构权力的下降，中国人民解放军首先被用来维持日常秩序和稳定，然后充当派系之争的调解者和仲裁者角色，最后充当控制整个中国政府机构、商业、工业企业和学校的所谓革命委员会的领导。在这个过程中，中国人民解放军获得了广泛的管理、安全和宣传职能，它几乎深入到了中国社会的每个方面。

7. 在过去的几年里，由于当时的政治问题或动乱，中国34个军中至少有15个的主力部队离开了他们在本国的驻地。在许多情况下，这些调动实际上是轮换的，并没有形成一个真正的部队换防。这些部队的大多数呆在他们新的驻地，至少一些被广泛分散去执行政治和管理任务。中国人民解放军其他许多部队也有类似的使用，驻扎在接近本国军事驻地较近的地方。从1967年到现在大约有60%的中国陆军被确认曾经参与了这些非军事活动。实际的总数可能会更大。

8. 中国人民解放军既是"文化大革命"的受害者又是其工具。中国人民解放军高层的清洗在早期阶段尤其严重。一些受到清洗的人显然赞同遵循常规和专业化路线建设中国的武装力量，与毛的高度政治化的军事建设理念相冲突。在发展中国经济和军事力量的优先权和计划上也有分歧，毛的灾难性的"大跃进"运动和他处理中苏关系的破坏性影响使情况更加恶化。其他的中国人民解放军领导人似乎由于派系冲突而遭到清洗，而不是由于过去的政策分歧。

9. 无论如何,大约一半的高层军事领导人遭到了清洗。军事委员会、负责军事计划的最高官方机构,已经失去了其几乎一半成员的支持并经历了重组。负责协调战斗行动的总参谋部遭受了同样的损失。装甲兵部队、铁道兵部队和炮兵部队的司令和空军、海军和铁道兵部队的政委也遭到了清洗。高层受害者名单基本上被军事专业人员和政治专业人员平均分配。

10. 军区和军分区也付出了沉重的代价。但是这些地区的受害者大部分是政治官员。一些明显的例外是清洗和派系冲突被局限在军一级及其之下的部队。

11. 然而,尽管中国人民解放军受到了冲击,但它仍然呈现为一支强大的政治力量。1969年4月第九次共产党代表大会选出的25位政治局委员和候补委员中,有9位是中国人民解放军的成员。在控制整个中国主要行政区的所有的革命委员会中,军事官员现在是高层领导或掌握了权力。军队在市和县政府中也占主导地位。另外,中国人民解放军仍然是北京可以利用的全国范围内唯一有效的控制工具;因此,中国人民解放军在目前缓慢进行的政治重组和政党重建中即使不占主导地位,也起了很重要的作用。中国人民解放军在地方以及可能也在全国处于扩大自己权力的强势地位。尽管提高了政治地位,但所有的证据表明地区司令要对属于国家当局的军事事务做出迅速响应。

对训练和士气的影响

12. 训练。如上所示,大量的陆军已经被确认参与了非军事活动。当然关键的问题是积极参与和即将参与这些活动的部队的人员数量,以及这些人员和没有参与的人员参加有目的的军事训练的范围。有关这点的证据是既不清楚也不固定,属于广义的解释。这些解释是判断有关中国人民解放军目前的战斗准备和效力的重要参考。

13. 基本的问题是有关中国人民解放军训练的资料一直很有限。尤其是我们不能按照大量陆军的活动确定正常训练模式的范围和性质。这个缺陷在某种程度上适用于所有的部队,但更严重的是陆军。

14. 已有证据的主要部分如下:

(1) 进入香港的个人的陈述和来自大陆的能够提供中国人民解放军活动图片的信件。

(2) 大量连续的中国新闻和广播报道,详述了中国陆军和个人参与宣传与政治工作,参与整个政府、经济和学校系统的管理工作。

15. 逻辑上,苏联日益增长的威胁至少在1969年已经使中国人民解放军从文化大革命使命中迅速撤离,让中国人民解放军集中做战斗准备。国防情报局和国家安全局认为1968年训练恢复的证据表明这确实已经发生,并且范围可能相当大。此外国防情报局和国家安全局没有发现有关中国人民解放军参与非军事活动的宣传、军队参与的实际数量以及花费在这些活动上的时间的有说服力的证据。

16. 所有美国情报委员会的成员都认为中国空军和海军的训练可能处于正常水准(按美国和苏联的标准略低)。但是新闻媒体连续和持续地报道陆军参与管理和宣传工作,让中央情报局和美国情报研究局认为陆军训练水平仍然远低于正常水准。

17. 由于程度不同,他们无法在现有证据的基础上以任何一种有意义的方式进行量化。因此,国防情报局和国家安全局强调以训练恢复为标志;中央情报局和美国情报研究局则强调以陆军继续参与非军事活动为标志。

18. 士气。士气和纪律一定受到了"文化大革命"带给整个中国社会的混乱和分裂的负面影响。中国人民解放军领导人一度按各种标准被分割了,其人员遭受了派系之争的损害。对许多高级官员的政治攻击增加了总体的问题。在一定程度上士气可能会继续受到损害。虽然有时间去恢复对国家级军事人员的清洗所带来的严重损害,但是中国人民解放军军区级的司令官可能仍然能在紧张和不稳定的政治环境采取行动。高层地方领导人在很大程度上仍然主宰着国内政治。由于这些情况我们认为总的政策方针和军事计划仍然面临不确定性和延迟。[①]

二、当前的中国人民解放军

力量部署和防御措施

19. 从一开始,中国共产党的军事政策首先是为大陆提供防御。至少在近些年北京才把美国视为其主要敌人。庞大的陆军力量的部署主要针对台湾和临近的朝鲜半岛,并致力于在中国东部建设防空区和发展沿海水域防御能力,所有这些都反映了对美国军事潜力的担心。

20. 美国干涉南越并在 1965 年轰炸北越,促使北京强调发展沿南部边界的防空力量和增强广州南部的海军力量。但是在中国南部的陆军力量并没有得到显著的增强,各种报告显示中国正忙于在临近北越、老挝和次要一点的缅甸的边界附近改善和扩建铁路和公路网以及建设军事储备设施。

21. 我们不能确定是什么促成了该建设活动。一些铁路和公路的建设可以解释为经济发展和在偏远地区和秩序混乱的地区巩固政治的需要。这种活动也反映了中国普遍关注防御外国的侵略,尽管北京可能在这个地区会遇到重大的困难。然而,一些铁路确实通向了老挝和缅甸的边界——以老挝为例,铁路建设继续穿过边界。当然,这些道路的确增强了中国支持叛乱和运送自己的部队进入东南亚的能力。

22. 大约自 1965 年以来,苏联一直在中苏边界增强自己的军事力量。1969 年春,沿乌苏里江发生了严重的边界冲突,在接下来的几个月有了进一步的边界冲突,并且莫斯科发起了心理战,提高了苏联要大规模进攻中国的迹象。因此,北京现在至少把苏联视为和美国同

---

① 原注:国防情报局局长唐纳·本耐特将军注意到两年前发生的一些重要军事官员的清洗,其重要的军事职位显然现在已被忠于中央政府的、精干的官员所填补。在这种情况下,他认为中国人民解放军的官员不再会在以"文革"为特征的反常压力和不确定性进行行动。尽管政府关注内政问题,但是在第二部分所描述的国防计划表明中国的军事计划是适时的、有目的的和缺少深度的。

国家安全局局长诺·盖劳、陆军部负责情报的助理参谋部长约瑟夫·麦克里斯琴将军、海军负责情报的助理参谋长威廉·哈奇将军和空军负责情报的助理参谋长爱德华·罗斯维奇将军也同意该脚注。

等的敌人。事实上,中国可能现在把苏联视为更加迫近和直接的敌人。

23. 尽管北京清楚地意识到了此后不久苏联开始集结部队,但是中国在1968年的军事反应至少还是谨慎的,规模也很有限。1968年他们开始沿着北部边界扩大和改善他们的防空预警系统,但并不是应急的。靠近苏联边界的陆军主力并没有什么重大的活动。事实上两支军队的主力从满洲调离去处理与"文化大革命"相关的事务,新疆和内蒙古的广大地区继续驻扎着非常薄弱的常规军事力量,尽管这些地区的力量有所增强。

24. 尽管1969年的事件明显增加了北京的担忧,但是中国的军事反应显然继续是谨慎的,且本质上主要是防御性的。1969年内蒙古划分给了沈阳、北京和兰州军区,这种改变可以牢固地指挥和控制北部边界地区。这个地区的雷达部署也已经增加了。据报道说训练水平已有增加,尤其是在空军和海军部队,这肯定与中苏紧张的局势有关。随着这些军事上的准备,北京已经开始了刺耳的"备战"运动,包括努力增加工农业产量和疏散人口及小型工厂——政权所有的长期目标。这项运动也包括全国范围内的防空洞建设和紧急使用的食物储存计划。

25. 除了纯军事方面,这些活动也明显服务于国家的经济和社会目标以及帮助统一经过长期内乱的国家。如果必须的话,它们也服务于中国对苏联的战争准备。

26. 其他的防御措施。中国已拥有一个在地下部署一些军事及与军事相关设施的长期计划。现在正在建设的一些海军基地得到了地下设施的帮助,据报道其中的一些设施保护潜艇和小舰艇的停泊地。目前一些正在建设的机场能够为中国的部分喷气式战斗机提供地下飞机库。

27. 挖建防空洞的一般模式是根据被动防御空军和海军炮击,特别是考虑到中国积极防御这种进攻的弱点而进行的。据报道在中国东部建设的巨大的土堆式建筑物的逻辑缘由还不清楚。这些设施的一个合理解释是就是它们被计划用于防御重要的战略和政治中心。这种功能适合沿海岸线广泛地进行防空洞和地道建设,这里的地形适合这类防御。但运用大土墩防御现代化、机动性的入侵者的战术效用是个公开的问题,我们也不能确信我们能理解这种建设背后深藏的原因。然而北京的一些重要措施表明中国东部地区损失了肥沃的田地。

人员和征兵

28. 1969年北京四年里第三次改变中国人民解放军新兵的服役期限。陆军、空军和海军的服役期分别增加到了三年、四年和五年。服役期的重新延长可能反映了提高部队技术人员水平的需要。

29. 1966年中国人民解放军明显控制着公安部队,1967年接管了准军事的生产建设兵团。此后在这些部队中,尤其是位于边界地区的准军事的生产建设兵团开始了大量的军事训练。在过去的几年里在一些民兵部队也进行了一些额外的但是非常基础的训练。但是我们怀疑这种训练是否足以使这些部队成为中国人民解放军前线的有效助手,他们确实构成了一支有组织有准备的力量,能够沿苏联边界用于防御和延缓敌方的行动。

军事装备计划

30. 中国科学、技术、管理和工业能力的有限性和过去十年里毛的政治和经济政策的破坏性影响,在常规军事装备生产计划中一目了然。在设计和发展方面,核武器系统的高度优先权似乎已经吸收了大部分精英。毋庸讳言,中国在常规武器的自行设计方面很少有创新。因而他们的大多数军事装备的生产都是基于 1960 年以前从苏联得到的装备和生产技术。

31. 尽管军事计划在资源利用上继续享有高度的优先权,但我们没有了解如何解决研发资源的问题。有显著迹象表明"文化大革命"时期在国防科技委员会有所发展的派系和政治争论带来的负面影响,还需要额外的时间去克服。无论如何,科技教育中断了四年,尚未有这些教育在合理的基础上或较广的范围内恢复的迹象。

32. 军事生产,即使设计和其他技术问题已经解决,但在许多情况下,从北京的观点和其能力来看仍低于我们所设想的水平。这部分归因于十年前的"大跃进"和最近的"文化大革命"所造成的经济破坏。例如,据说战斗机生产在 1967~1968 年间严重地下降了,大量情报表明同一时期海军造船量也下降了。虽然没有直接的证据,一些其他种类的军事生产也可能由于文化大革命而下降了。

33. "文化大革命"所造成的不寻常的破坏,现在在很大程度上已经得到克服;事实上1970 年的军事生产在整体上与 1966 年一样高。然而,我们还没有看到终结长期不均衡的军事采购模式。这些模式不能完全由经济破坏来解释,我们可能受到了优先权的迷惑,正如我们所相信的那样,资源和工厂设施是非常珍贵的。例如,中国陆军由国内生产供应坦克,但是已有情报表明陆军仅得到装甲兵部队所需要的非常少量的其他类型的车辆和辅助装备。中国生产卡车,但是陆军极其缺乏运输车辆。尚未看到中国努力生产极其需要的中型运输机,不仅是由于国内经济原因,而且是为了支援空中和地面军事行动。似乎当中国面临苏联从陆路入侵这个主要威胁的时候,仍继续以相当快的速度建造巡逻船。总之,我们不能确定一个稳定的、统一的权力部门正在提供连续和持续的指令以指导中国的军事生产计划。[①]

中国共产党陆军

34. 中国主要的军事力量仍然在于陆军的规模和步兵部队的作战潜力。根据现有资料我们不能有信心地估计中国共产党陆军的力量,但是大约有 250 万人并上下浮动 15%可能是精确的。这种力量在过去的十年里没有什么大的变化。陆军的总体部署也基本未变,大量的陆军部队仍部署在从满洲南部沿海岸线向南扩展到越南边界约 150 英里宽的范围内。

---

① 原注:国防情报局局长唐纳·本耐特将军认为由于情报界承认缺少关于中国战略观以及北平对威胁评估的情报,中国军事采购模式所引述的几个例证就折射了所有部门的缺乏,这是轻率的。中国强调空军和沿海防御武器显然与它的战略形势一致。

　　国家安全局局长诺·盖劳、陆军部负责情报的助理参谋部长约瑟夫·麦克里斯琴将军、海军负责情报的助理参谋长威廉·哈奇将军和空军负责情报的助理参谋长爱德华·罗斯维奇将军也同意该脚注。

35. 考虑到其重要性,中国共产党陆军可能在现代化过程中没有取得预期的进步。对沈阳军区陆军设施的空中照片进行详细研究表明,直到最近一次飞越领空这些部队的人员和装备变化很大。更重要的是沈阳军区的大部分部队显然严重缺乏机动性和火力——尤其是重炮、卡车和其他运输车辆、装甲车及装甲兵支援车辆——按美国或苏联的标准。即使按照我们对中国的评估为标准,他们也严重缺乏机动性以及存在火力上的缺陷。更重要的是我们不相信这些装备项目的生产率在很大程度上弥补了这些缺陷。因此它们最可能继续存在。另外,我们认为由于他们的战略定位,沈阳军队至少应该需要新的或额外的装备;因此中国其他地方的军队也可能同样普遍缺乏装备。

36. 此外,陆军卷入内部事务引发了关于其司令员迅速集合部队和有效协调他们活动能力的严重问题。这个因素和装备缺乏使得中国陆军不像我们以前断定的那样是一支有所准备和有效的力量,它不能像我们认为的那样参与反对现代化敌方的常规作战。虽然军事训练在过去的一年里已经取得了进步,但是中国似乎仍然可能遇到了相当大的困难,难以迅速把大量部队投放到突然受到威胁的边界地区,或即使是在他们自己的军区基地有效地集中和调遣陆军。①

37. 中国似乎没有致力于为陆军研制更加吸引人的装备进行投资。尽管中国可能需要开发战术弹道导弹的技能和技术,但是没有情报表明中国正在致力于这样一种系统的研制。中国不可能在 20 世纪 70 年代中期以前部署战术导弹,如果他们现在确实计划开发这样一种系统的话。即使明显存在一个小型的化学战研究计划,也没有迹象表明中国已经在化学或生物战计划上投入了重要的资源。军事训练强调化学战的防御方面。

空军和防空部队

38. 中国所有的防空部队在过去的 18 个月里显然已经得到了改善,1969 年训练活动可能有所增加。雷达生产显然没有受到文化大革命的损害,更多更好的雷达已经加速部署,扩充和填补了高、中空的探测能力,尤其是沿中国的南部边界。米格 - 19 的生产可能已经从文化大革命中恢复了,去年大量的飞机已经增添到作战部队。虽然地对空导弹在 1970 年可能有所增加,但是其总体部署速度还是非常缓慢。

39. 尽管有这些改善,防空系统仍然只具备有限的探测低空入侵的能力。也还可能受到通讯和数据处理严重不足的影响。如果使用电子对抗措施进行大规模的空袭,这种缺陷将会严重降低空中情况报告和战斗机控制能力。随着空袭次数的增加,这个系统会迅速地

---

① 原注：国防情报局局长唐纳・本耐特将军并不认为当前中国人民解放军卷入内部事务过多以致于明显地降低其军事有效性,如前面第 15 段所述的那样。因此,中国人民解放军的非军事行动没有考虑到装配的显著障碍以及大规模地面部队的协调。

对沈阳的照片进行分析表明中国的步兵师按照西方的标准和他们的要求,可能在摩托化运输方面面临严重的不足。而在实际的训练中,这些不足由于民用运输旅的部署和陆军独立摩托化运输团的能力而减少到一定的程度。

空中运输的不足限制了中国在偏远的地方进行快速军事集结的能力。但是在这些中国最可能集结大量部队的地方——铁路和高速公路网对于这些集结的快速完成是足够的。

国家安全局局长诺・盖劳,陆军部负责情报的助理参谋长约瑟夫・麦克里斯琴将军、海军负责情报的助理参谋长威廉・哈奇将军和空军负责情报的助理参谋长爱德华・罗斯维奇将军也同意该脚注。

变得饱和并因此失效。此外中国可能仅有少量的米格-19 具有全天候能力,具有这种能力的中国喷气式战斗机可能不到总量的 15%。中国 1 000 架米格-19 具有低音速能力,但是仅有少量从苏联得到的米格-21 是唯一在超音速飞行中与其他飞机交战具有显著能力的飞机。

40. 此外,我们越来越不确定中国是否计划生产米格-21,但是我们注意到了中国现在已经用了 8 年时间去研究、仿制和改进苏联提供给他们的米格-21。因此,显然中国在仿制这种飞机的时候遇到了极大的困难(显然是最可能的),或他们已经决定绕开米格-21,开发他们自己设计的更加先进的截击机。如果是后者的话,这种飞机可能至少五年内不能批量生产。

41. 有许多迹象表明在米格-19 基础上自行设计的飞机已经在中国生产。我们无法预知这种飞机能否用作截击机或执行地面攻击任务,或者可能两者都可能。无论如何,即使这种飞机已经投产,我们认为到其大量使用还需要几年的时间。

42. 我们现在认为苏联设计的图-16 喷气式中型轰炸机可能在 1968 年开始在阎良飞机制造厂进行生产。到现在可能已经生产了大约 10 架。并且生产率逐步提高,到 1971 年末达到了每月生产大约 4～5 架的水平。这种飞机初始作战部署已经开始。中国可能会把图-16 作为运输核武器的主要工具。

43. 虽然很少了解中国高射炮部署的理论,但是他们已经拥有一支庞大的高射炮力量,并受益于北越的作战经验。这支力量看起来主要部署在中国东部,从北朝鲜的边界沿着海岸线向南延伸到东南亚的一些国家。这种部署可能用于防御和保护经由选择的目标区免于受到攻击。中国高射炮部队由于其他武器的部署和持续的训练将可能会增加战斗力。

44. 地对空导弹的部署比我们预期的更加缓慢,现在在该领域大约有 25 枚。在 1966～1969 年间平均每年部署大约 4 枚,部署的模式是为少数重要的战略目标提供更好的防御。然而,SA-2 导弹力量在未来的一段时间不能大大增加中国的总体防空能力。地对空导弹和高射炮如果一起使用将会使防空武器系统的效能得到最大发挥。

45. 中国共产党空军的战术攻击和空中支援能力许多年来没有重大的改变,伊尔-28 仍然是唯一的喷气式轰炸机,中国拥有约 300 架,他们不多的地面攻击战斗机师装备有米格-15/米格-17/伊尔-10。从苏联购买运输机只是略微改善了中国的空运和空降突击能力,未来几年的改善可能几乎完全依靠这些购买。中国可能仅具备有限的在支援进攻行动中部署电子对抗措施的能力。

海军

46. 中国共产党海军的构成、部署和军事行动都表明他们的主要使命仍是沿海防御。虽然海军力量一直在增长,但是海军现在仅能够防御小规模的水上力量对沿海的入侵。按照现代的标准,它的反潜作战能力是很低的,局限在靠近海军基地的一些地区,这里水上船只容易投入使用。事实上中国并没有为改善海军航空兵力量和建造能够改进中国非常有限的远洋两栖能力的船只提供优先权。

47. 毋庸讳言,海军造船计划可能在 1969 年从"文化大革命"中完全恢复了。沿海巡逻艇,包括导弹艇正在加速建造。R 级潜艇的建造现在平均每年大约两艘,并且另外一个造船厂已经开始建造潜艇。多年前从苏联接收的过时的驱逐舰正被改为运输巡航导弹,中国也已经开始生产新级别的驱逐舰,这可能是基于苏联科特林级(Kotlin)驱逐舰进行修改设计的。特别是考虑到过时的驱逐舰的转化,我们认为这些新的舰艇也可能会装备巡航导弹。显然现在更加强调能够进行扩大巡航的大型、远程船只的计划。另外,目前造船厂的扩大暗示中国可能正在设计另一个海军计划。

48. 中国沿海防御巡航导弹计划进展非常缓慢。20 世纪 60 年代初在渤海湾入口的对面建造了两个"幼鲑"导弹发射场。尚未发现其他的发射场,也没有迹象表明这种武器已经部署在能观察到的任何一个沿海防御地点。因此,中国可能一直致力于开发另一种系统,目前他们可能正在生产"冥河"巡航导弹的改造型。

三、展　　望

备战和能力

49. 如上所示,"文化大革命"在备战、土气和纪律方面降低了中国的军事能力。我们认为在 1968 年中期一些常规训练的恢复,可能就是为了克服这些缺陷。如果北京在未来几个月的缓和情绪将持续的话,这种进展将会继续。但是中国人民解放军,尤其是陆军从非军事活动中摆脱出来的过程将会是艰难和缓慢的,特别是因为北京继续被政治问题所困扰,在重建党组织和完成其他组织改革方面仅取得了非常缓慢的进展。去年中国和苏联之间高度紧张的局势似乎已给北京带来了警觉,但是还不足以使中国领导人实施紧急行动来改善军队的备战。因此,尽管事情似乎正朝向中国人民解放军回到更加正常的状态发展,但是,至少陆军人员的大部分时间和精力在未来几年里可能继续被非军事活动和政治压力所占用。

50. 多年来,预计的生产计划无法提供所需各种类型的武器及装备以减轻严重的物质缺乏和提高中国人民解放军的现代化作战水准。随着现代化进程的推进,中国将会面临陡然升高的经济代价。不仅装备的费用增加,而且更多的装备到达战场,军事行动和维护的费用也将会上升。此外,虽然工业生产似乎从"文化大革命"造成的破坏中恢复过来了,但是有力的扩展和增长的前景并不明显。随着中国试着推进自行武器的研发,将会进一步耗尽稀缺的科技资源。至少到 1975 年,陆军将会持续缺乏火力和机动性。到那时中国也不能构建出能够应付重大空袭的防空系统。海军建造计划,尽管他们将来能够提供更多更好的船只,但是也不能很快地改变这个事实,海军现在仅具备防御小规模的水上力量对沿海入侵的能力,以及在临近的海军基地进行反潜作战的能力。

51. 尽管存在重大的弱点和不足,但是中国人民解放军具有相当强的防御能力。这些力量加上中国庞大的人口和领土使得攻击中国的地面战争成为最可怕的选择,即使是对大国而言。中国人民解放军能够轻松地应对可能发生的中印边界冲突或中国国民党反攻大陆。当然中国如果没有面临外部现代化强国的反对,他们能够使用常规的进攻颠覆他们的东南亚邻国或韩国,此外正如在印度支那所证明的那样,以及在中国南部的后勤准备,北京在跨越南部边界去干涉叛乱和不稳定的局势时处于极为有利的地位。

政策、理论和战略

52. 中国军事计划和力量部署继续反映了对防御压倒一切的关注。即使他们的新兴核力量被视为是对任何潜在敌人的一种威慑,也适合这种常规的防御姿态,毛的军事理论灌输尊重敌人及需要避免与优势兵力发生直接的冲突;这种基本的谨慎方针将继续指导着中国的军事政策。

53. 然而,中国政局不稳和中苏局势的紧张使得对北京军事政策的未来决策做出判断更加复杂。有一点似乎是肯定的,军事部门在资源分配中将会继续维持高度的优先权。但是,正如我们上面指出的那样,中国壮大和改进其常规部队和防空部队的装备,还有一段很长的路要走,只能通过可能的大范围的需求逐步改善。作为拥有最高优先权的战略导弹和核武器计划的竞争增加了问题的难度。

54. 虽然毛承认需要现代化装备和发展军事技术,但他明显对中国人民解放军的政治化和把它作为引起中国整个社会所追求的意识形态的改造的模范和工具更加感兴趣。另一方面,军事专业人员可能更加关注于纠正中国的军事弱点以及处理中国紧迫的实际问题。有迹象表明中国人民解放军已经增强了其影响国家政策的地位,但其代表愿意——或敢于——实施这种影响的程度还不太清楚。大概所有的人都能有信心地说建设和训练一支现代化、专业化军队的政策和计划,但只要毛在,这仍将是困难的。

55. 中苏对抗为中国人民解放军提供了强有力的论点。它也会导致北京修改军事优先权——例如,可能会更多关注改善陆军的装备和火力,但是海军计划可能会被缩减。如果北京看到美国在亚洲警惕的姿态,这种转变的机会可能会增加。但是这仅仅是猜测,北京同样可能会陷入自己内部的问题,因此无法清楚地看到其设计新政策的思路。

56. 北京面临苏联在边界集结部队所表现出的克制和谨慎可能反映了它不去发动可能激怒或警告苏联的大规模的军事活动。中国没有在边界部署重要的陆军部队的一个更重要的原因简单地说可能是对困难的认知;中国不打算把他们的军队靠近边界,苏联部队在这里拥有较短的通讯线路并能够最大发挥他们火力和机动性的优越性。如果苏联穿过边界进行试探,中国将可能利用当地的力量做出反应,但不会轻易派遣大规模的援军去前线。如果苏联试图进行大规模的入侵,中国的战略显然会采取不断地攻击和延缓敌人,甚至在选择的战略区努力进行防御。然而,如果需要的话中国大体上仍然会放弃领土,在中国纵深发动毛的人民战争。

57. 然而,应该强调的是中国的担忧和准备不仅仅针对苏联。军事力量,尤其是空军,已经在南部边界地区得以加强,并且也在那里和沿中国的海岸线构筑了防御体系。北京的宣传告诉中国人民不仅准备应对苏联的进攻而且也要准备应对美国的进攻。

附录

军队的地位和走向①

National Intelligence Estimates on China During the Era of Mao，1948 - 1976，pp. 340 -353

李祥春译、詹欣校

---

① 附录略去。——译注

中情局关于到 1977 年中国军事政策的评估

(1972 年 7 月 20 日)

NIE 13－3－72

绝 密

中国军事政策与常规部队

(1972 年 7 月 20 日)

说　　明

本文件是第一份体现军事评估模式扩大化的关于中国战区力量的评估。……①然而我们对中国军事事务了解的乐观态度受到了关于 1971 年最高军事领导层清洗的状况及其意义并不明朗这一事实的影响。大清洗显然改变了毛泽东继承人的前景，它至少已导致暂时地返回文化大革命以前"党指挥枪"的模式。它已对军事士气、军事优先性以及军事政策产生了重要的影响。

问　　题

评定共产党中国的一般军事政策并评估到 1977 年中共常规部队和防空部队的力量和能力。

结　　论

政策与战略

1. 中国的军事政策受到北京渴望恢复在亚洲的主导地位、赢得作为一个重要的世界大国的承认以及对抵御大国侵袭或入侵的严重关切等因素的强烈影响。这些因素综合起来已促使中国保持了一支重要的军事组织，并承受其多用途部队的现代化和开发独立的战略核

_____

① 原文此处八行未解密。——译注

力量的繁重开支。然而毛坚持主张自力更生的基本政策和中国有限的技术与工业基础,使得人民解放军的现代化进程将是长期的。

2. 毛主要关注的是中国革命的进步和在这个高于一切的目标下现代军事力量所取得的长期发展。毛积极进行次要防御、对政治目标优先性的纯军事上的考虑和继续革命——如像"文革"那样——已经对军事专业化、战争准备和士气甚至军事生产计划构成了影响。在革命中扮演着"先锋队角色"的人民解放军,已经深深地陷入到政治漩涡之中,并受到不可避免的奖赏与惩罚。1971年林彪及其高层军事领导层的清洗仅仅是最新的例证,最引人注目的可能是人民解放军持续地卷入国家政策的重要问题。

3. 对于动用军队中华人民共和国的政策一直是很谨慎的。它限制在中国边界以外动用作战部队,除非北京已经看到对中国领土或重要的中国利益构成真实而迫在眉睫的威胁时。在20世纪60年代,中苏关系日益增加的敌对特征从根本上改变了中国的战略问题。尽管中国谨慎地不显示出任何弱点,但是他们尽力控制与两个超级大国中的任何一个进行直接军事对抗的风险,也许正如所料到的那样,他们的军事姿态仍旧保持基本的防御性。

4. 中国对苏联可能的入侵所采取的防御战略是坚持毛的"诱敌深入"和"人民战争"原则。面对苏联巨大的火力、空中支援和机械化机动性,中国不会选择把大量部队部署在容易被切断的靠近边界的地区。中国的战略似乎是保持他们重要的主力部队,直到入侵者受到当地防御部队和游击队的侵扰而过分扩张和削弱。与北部边界地区相比,中国的沿海地区是重要的人口和工业集中区,在这些地区中国准备为前线防御部署空军和海军力量。如果任何敌人部队登陆,它会立刻遇到当地防御和主力部队的抵抗。

5. 北京的防御观和中国对受到空袭弱点的了解另一个例证是在被动防御方面进行巨大的努力。中国正在建造许多新工厂——特别是那些与军事相关的工业——在内陆地区和把它们分散在偏远的山谷和峡谷中。这也许达到世界上任何地方都不能比拟的程度,中国正在建造民防设施,从简易的散兵战壕和掩体到在一些大城市中配有复杂的维持生命设备的大型隧道。当前在中国约75座飞机场中已有的或正在建设中的大型隧道能够掩蔽中国绝大多数战斗机力量,其他建造的或正在建造的地下设施能够隐蔽海军所有的潜艇和导弹舰艇。

6. 虽然中国战略主要关注的是防御,但是这并不是说北京不想考虑任何进攻性行动的可能性。无论如何,针对超级大国防御而开发的军事力量不可避免地对较小的敌人具有相当大的进攻性能力。例如如果仅仅受到当地军事力量的抵抗,中国能够征服所有东南亚国家。如果北京决定占领台湾,则需要对其军队进行重大的重新部署,以及广泛的两栖和空降训练。一旦这些准备完毕,中国肯定能在没有美国干涉的情况下占领台湾。如果中国参与对南韩的重要攻击,尽管我们认为不太可能,他们能够有效地在狭窄的半岛部署35个师。在南亚,喜马拉雅山脉和西藏高原广阔的区域严重限制了中国的进攻能力。漫长而困难的补给线阻止中国维持任何一支能够在喜马拉雅山麓以外进入印度的进攻部队。但是在这些偶然因素中,北京受到必须为其他地区提供防御,特别是针对苏联,以及内部安全需求的限制。

军队

7. 中国与美国和苏联相比较,最大的弱点是在战略武器领域,北京已把其优先权分派在雄心勃勃且昂贵的计划上,目的就是针对核打击提供给中国有效的威慑力。在战略计划之后,空军和海军的现代化也需要更多的资源,陆军现代化在优先权方面似乎得到的不多。

8. 即使如此,地面部队仍占有优势地位。军队的规模(300万,中国陆军是世界上最大的地面部队)、中国士兵的坚韧与纪律、其配备的小型武器的质量都是令人印象深刻的。然而中国陆军以美国和苏联的标准,只有相对较少的装甲部队,仅装配了一些大炮。地面部队的战术空中支援是有限的,机动车辆和运输机的短缺限制了机动性和后勤支援。在非核战争对于任何入侵者中国军队将是最强大的部队。在这种情况下,它能够利用其巨大的人力储备、进行大规模游击战的能力和利用中国的地形和领土在长期战争中获取优势的能力。相反,中国陆军针对现代力量的进攻,试图使其远离边界以外将会遇到巨大的困难。运输、后勤、火力和空中支援等弱点都将变得至关重要。

9. 虽然其总数约4 000架作战飞机在世界上排列第三,但是其装备远远低于美国或苏联的标准。防空是其部队的主要任务,中国53个空军师有37个被委派给这个角色。由于其依赖于相对过时的飞机、非常适中的地对空导弹部署、有限的空中监视能力、自动数据控制设备的缺乏,中国的防空系统将面临这些严重的弱点。

10. 中国的地面攻击战斗机部队包括米格-15/17喷气式飞机和日益增加的(当前约185架)F-9战斗轰炸机(由中国设计的但比类似米格-19要稍微大些的飞机)。中国大约540架轰炸机的四分之三都是过时的伊尔-28。中国也部署了约43架图-16喷气式中型轰炸机,但是我们认为北京打算主要使用图-16作为中国周边核打击力量的一部分。

11. 中国已对海军计划进行了大量的投资,这种努力已初见成效。当前舰队包括53艘攻击型潜艇、16艘护航驱逐舰(其中8艘配备了巡航导弹)、约55艘导弹巡逻艇以及几百艘摩托炮艇和鱼雷艇。海岸巡逻船明显准备扮演防御角色;大型船只和潜艇进一步增强了中国的防御力量,但是它们却没有冒险进行进入深海的行动。中国海军仅具备有限的防空能力,其反潜能力也是初级的。中国仅具备有限潜在的海上补给能力,没有两栖造船计划,也没有进行大规模的两栖训练。

前　　景

12. 北京对于动用部队的谨慎态度似乎将继续持续一段时间,部分是因为中国看不到冒险与强大的超级大国进行军事冲突所带来的任何优势,部分是因为毛理论继续坚持革命不能受到外部力量所鼓舞。我们不能排除当中国常规与战略力量已经增长和出现在民族主义情感上牺牲毛主义为代价发展壮大的情况,这种动用部队的一般性防御和谨慎的政策会发生改变。

13. 我们不能预见把中国发展为一个主要军事大国在基本推动力方面有任何减缓因素。然而正如在过去,现代化的进步与发展军事专业化似乎与毛泽东主义者的政治与意识形态目标相抵触。此外,由于中国有限的技术基础,人民解放军的现代化进程必然会被延长,在关于战略力量与常规力量之间、近期结果和长期发展之间的平衡上,其过程毋庸置疑地需要许多妥协。当中国可能尽力实现军事现代化时,他们比美国或苏联更接近于他们能力的极限。

14. 因此未来五年的前景是根据正在进行的计划,按照当前的路线取得持续性改善。建立强大军事组织的这种持续性努力似乎不可能继续在人民解放军中产生任何重大的突破和进展。然而,它促使北京逐渐地在国际舞台上以较少地关注中国军事上的弱点和缺点的姿态进行活动。

15. 中国陆军正在获得更新、更好的装备——包括已改进的轻型和中型炮、轻型两栖坦克和中型坦克、装甲运兵车、更现代化的通讯设备以及不断增加的卡车——将逐渐地改善他们的火力和机动性。在更大、更复杂的范围里进行训练以及在这个过程中可能发生的一些其他变化——例如更加关注武装和训练准军事力量——将会增强中国无穷人力资源的军事有效性。当这些改进并不能充分地使北京在中国境外针对一流的对手筹划更多的部队时,人民解放军应该比当前的情况,特别是在北部和西北部边界,更加有效地和在更前线的地方与入侵者进行争夺。简而言之,中国陆军业已强大的防御能力将会增强,动用这种力量的可能性对于任何潜在的对手来说将变得是一个越来越不吸引人的话题。

16. 空军和防空部队的前景是在规模上稳步增长的同时在质量上以更适度的速度进行改进。北京可能决定逐渐停止米格-19而制造米格-21,中国制造的米格-21显然还没有服役,但是我们估计在不久的将来这迟早会进行。这种飞机的使用将标志着拦截能力重大改进的开始,特别是米格-21可能装备空对空导弹和全天候行动的设备。仿制米格-21自行设计的歼A歼击机当前正在测试,可能到20世纪70年代中期进行部署。

17. 地对空导弹的部署可能比去年要快,中国型号SA-2的部署在本评估时段作为低空武器进行补充。雷达覆盖面将会改进和扩大,新的通讯设备将会提高中国防空系统的指挥和管制。然而除了这些改进与提高,中国将继续容易受到配备最新设备和技术的飞机的大规模袭击。

18. 新型的F-9战斗轰炸机体现着中国地面攻击能力的显著改善,并可能进行大量的部署。北京可能迟早会认为制造和部署过时的伊尔-28喷气式轻型轰炸机所需开支将不再适合,这种制造应该停止。尽管中国可能主要把图-16轰炸机作为战略武器的运载者,但是它可能也具备侦察和其他非战略的角色。

19. 中国的海军计划显然证实了其成为重要海军大国的雄心。攻击型潜艇、驱逐舰、护卫驱逐舰和导弹巡逻艇的制造可能会继续稳定地增加。有迹象表明当前中国已拥有一艘核动力攻击潜艇。如果是这样的话,在本评估的时段可能会有更多的潜艇服役。然而,中国海军作战经验的水准并没有与新舰艇和技术的进步保持一致。如果学习作为深水海军进行作战所面临错综复杂的局面，那么这种情况可能将贯穿本评估时段。尽管有显著迹象表明中国将开始在外国水域派遣他们一些新舰艇"到外国港口进行正式访问"，但是他们在远离中国的水域展示其海军存在还不太可能。

20. 中国的核计划已把开发高当量的战略攻击型热核武器置于最优先的地位。但是中国对于战术核武器也有着明显的需求，中国于 1972 年 1 月进行的第 13 次核试验可能是满足这种需求的一个步骤。……①因此我们认为当前太早还不能得出中国已经开发出可由战斗机运载核武器的证据。然而，我们认为中国可能在本评估时段将获取战术核能力。原子弹是早期能力的最佳选择。此后到本评估时期末中国可能将部署战术核导弹或火箭。

National Intelligence Estimates on China During the Era of Mao，1948－1976

詹欣译、校

---

① 原文此处六行未解密。——译注

中情局关于中国的防御政策和武装力量的评估

（1976 年 11 月 11 日）

NIE 13－76

机　密

中华人民共和国的防御政策和武装力量

（1976 年 11 月 11 日）

范　　围

本文件分析了 20 世纪 70 年代中国的防御政策、战略和武装力量，并对 80 年代初的情况做出了一些概括性的预测。各个附录具体描述了经济与技术、中国人民解放军在政治与继承人问题上的卷入、武装力量的趋势、军队的常规和核战斗力量以及国防。

摘 要 和 结 论

1. 北京把美国视为一个仅次于苏联的直接军事威胁。中国也把美国视为一支正逐渐从亚洲收缩的已削弱的力量，但它仍是一支重要的战略力量和长期的意识形态方面的对手。

——从对中国有利的观点来看，主要的危险是美国缺少积极地追逐国家利益的政治意愿并允许自己在常规和战略武器方面处于劣势地位，以不利的条件与苏联妥协，让中国独自面对苏联。

2. 在战略或战术层次上，中国将继续在确保其最大利益的情况下不首先使用核武器。中国的目标显然是把冲突限定于常规水平，这样他们可以最大限度地利用他们的人力、地形和综合防御。

——中国可能希望他们广为分散和被动的防御措施能够帮助他们经受住战略核攻击，保存足够的力量去阻止或最终击退敌人的入侵。

——在战场上，中国不会首先使用核力量抵抗入侵的部队，但显然会把其作为报复性的力量来看待。

3. 与上一份 NIE（13－3－72）文件相反，我们认为中国不会依靠"诱敌深入"的防御战略抵抗苏联的入侵,或专门运用"阵地防御"抵抗对沿海的攻击。

——从力量发展和部署上判断,我们现在认为他们将会根据攻击的性质和位置以及入侵部队的种类综合运用战术。

——目前的人力(430万)、武器、装备和训练水平表明中共部队现在处于高度戒备状态。

4. 中国人民解放军没有在核战争环境下成功地进行组织、装备和训练方面的军事活动。

——然而,中国战略和战术核战争的最低能力可以对核攻击提供适当的威慑。

——如果威慑失败,中国的核战争能力将无法与苏联抗衡,且无法阻止苏联的入侵。

5. 相反,中国人民解放军能够最好地组织、装备和训练进行抗击苏联的非核防御战。在苏联到达北京和华北平原之前,将会有均等的机会使其攻击陷入僵局。任何占领中国广大地区的尝试将是不可行的。

6. 中国不会越过中苏边界进行大规模的进攻性军事行动。

——因此北京不可能首先进行这些军事行动。

——对于台湾,中国人民解放军在20世纪80年代以前并不具备在不遭受难以接受的损失的情况下,进行一场成功的非核入侵的能力。

——如果中国要干涉朝鲜半岛,他们会在不进行核战争的情况下运用足够的力量去打败目前在那里的部队。

——对于印度,中国人民解放军在西藏的部队适合用于抵抗性的军事行动和抗击印度入侵的惩罚性的行动。

——中华人民共和国可能会夺取和占领南沙群岛,甚至反击诸如越南、菲律宾和中华民国可能进行的反攻。

7. 中国人民解放军一直是党的政策的工具和其政策的制定者。

——中国整体的军事形势并没有因为一些将军关注于继承权问题而被削弱。

——……①

8. 北京对叛乱分子的物资支援是适度的、连续的,并主要局限于位于东南亚的少数组织,作为潜在的施压点和作为阻止苏联和限制越南参与这个地区叛乱的一种手段。

9. 中国对外军事援助可能仍保持数量少、种类有限、在本质上较初级。

10. 在未来五年里,经济和技术原因显然阻止了任何常规和核战斗能力的显著提高。

——中国人民解放军要发展成与今日美国或苏联相匹敌的战斗力量至少还需要10~20多年的时间,并需要获得比中国现在所拥有的更加昂贵和先进的技术。

——中国将继续在武器选择方面具有高度的选择性,他们在军事武器方面不可能创造技术"奇迹"。

11. 武装力量的现代化将仍然是不平衡和缓慢的。

——陆军处于一种比以前更好的状态,并且仍是国防的中坚力量。

---

① 原文此处六行未解密。——译注

——海军仍主要是一支有效的沿海防御力量。然而在未来五年里,它将在远离海岸更远的区域进行军事行动。

——空军仍是一支具有一定地面攻击能力的有限防空力量,但是在未来五年里,其整体能力将会提高。

12. 大量准军事计划没有什么改变。

13. 中国具有小规模的导弹和轰炸机核力量。

——可能打击到莫斯科的有限射程的洲际弹道导弹已具备作战能力。

——更加先进的导弹,如潜射弹道导弹系统和第一个能够打击到美国的洲际弹道导弹,正在开发之中,但在几年内还无法投入使用。

14. 正如我们认为的那样,一个"温和的"领导层正在从继承过程中显现出来,即使会有一些减少中苏关系摩擦的尝试,但这些领导将会继续增强他们对抗苏联的军事姿态。他们将会努力创建洲际核力量。

15. 一些正在发展的趋势和防御政策具有持久性的特点,因此会从后毛泽东时代的过渡时期进入 80 年代初期。

——苏联仍是主要的威胁。

——除了追求独立,中国不会和其他国家结盟。

——北京更喜欢使用政治和外交手段达到自己的目的,而不是军事施压。

——中国人民解放军继续作为一支巨大的军事力量——但是一支比现在更有军事能力的力量。它仍将会卷入大量的政治和经济事务。

——虽然中华人民共和国会在 20 世纪 80 年代初开始部署少量的洲际弹道导弹和潜射弹道导弹,但它不能与超级大国成功地进行核交易。

——中国在战略核武器方面与美国和苏联的巨大差距,将会继续严重地限制中国针对敌人首先发起攻击的任何灵活性战略的发展。

——中国没有对美国构成直接的威胁。但它是美国在亚洲的部队和盟国的潜在威胁。

16. 总而言之,我们看到一支巨大的常规力量在逐渐地走向现代化,并得到了大量的准军事组织的支持——在少量核力量的掩盖之下,发展一支洲际力量。

评　　估

一、中国的政治-军事战略

(一) 影响战略的因素

1. 为了把中国置于世界一流国家之列这一基本目标,中华人民共和国已把成为一个大国的努力予以巨大的优先权。更加特别的是,这种努力受中国的国家利益、感受到的威胁、经济与技术局限性和中国人民解放军在内政中的相互作用的因素影响。同时这些因素也体现了中华人民共和国的国家战略和支援军事力量的发展。

2. 中国的既定目标是把这个国家变成一个强大的社会主义国家,保护这个国家免受社会帝国主义(苏联)和帝国主义(美国)的凌辱,以及改善群众的物质和文化生活,把马列主义、毛泽东思想作为指导这个国家行为的理论基础。实现这些目标的具体实践通常是困难的,并且往往导致方法上和优先权上的争论。

国家利益

3. 为了实现其国家目标,中国有几个广义的国家利益和利害关系。从国内来说,中国领导人主要希望确保中国大陆的安全和领土完整,其次是收复台湾和其他声明属于中国的领土。领导人也希望维护毛的思想的纯洁性。同时,他们希望在科技方面赶上工业强国并发展现代经济。

4. 在外交关系中,他们想维护中国在世界舞台上的强国地位。北京希望最终取代美国和其他西方国家在亚洲的影响,抵制苏联、日本、越南和印度在这个地区影响的扩大,同时在东南亚获得巨大的影响。理论上说,领导人也希望通过在共产主义运动中有选择地维持其重要的发言权和增强中国在世界各地,尤其是第三世界的影响,巩固中国重要的大国地位。

5. 在这两种考虑之中,国内因素更重要。自执政以来在北京享有最高优先权的是保护中国政府,对可能的入侵构成威慑,如果失败的话,要具有成功防御进攻的能力。但是北京对作为一个大国实现全面的地位与承认也表现了很大的兴趣。中国作为一个传统意义上的"中央王国",它理所当然地应该得到邻国的尊重,这已经使其增添了现代民族主义色彩。民族主义通过两个因素得到加强:西方国家和日本在 19 世纪末开始的对中国的剥削所造成的报复意识,以及中国的革命和北京后来致力于现代化建设,为全世界的发展中国家提供一个合适样板的救世主意识。

6. 在对所有目标的理解和接受与改变的准备中,中国坚持保留一些基本的信念与理想。在他们的评价体系中,独立、自主、节俭和努力工作的优点有很高的价值;更重要的是中国在追赶西方和现代化过程中希望避免失去他们的文化认同。

威胁、危险和机会

7. 北京对中国面临威胁的认知是各种各样的,并具有不同的等级。北京认为,迄今中国面临的最大威胁是来自于超级大国——首先是苏联。意识形态的分歧、国家利益的冲突、种族的仇视和苏联一贯的外交政策已经使得北京和莫斯科之间出现了持续的紧张局势。苏联在沿中国北部边界的军事集结,其亚洲集体安全计划和试图影响日本的外交政策,以及在蒙古、越南和印度已有的影响,已经使中国领导人相信中国正在受到苏联的"包围"。虽然他们声称苏联的目光集中在欧洲和中东,但是他们还是害怕最终会遭到苏联的攻击。

8. 北京把美国视为一个仅次于苏联的直接军事威胁。也把美国视为一支正逐渐从亚洲收缩的已削弱的力量,但它仍是一支重要的战略力量和意识形态方面长期的对手。中国估计美国由于苏联的进攻而在国际事务中处于防御地位,认为华盛顿应该集中应付其首要敌人——苏联。在这个层面上，中国和美国在与苏联的斗争中拥有共同的利益。从对中国有利的观点来看，主要的危险是美国缺少积极地追逐国家利益的政治意愿并允许自己在常规和战略武器方面处于劣势地位，以不利的条件与苏联妥协，让中国独自面对苏联。因此，北京试图加剧两个超级大国之间的紧张局势。

9. 虽然中国的精力主要集中于超级大国，但它也意识到了东北亚的一些危险形势。亚洲其他唯一的大国——日本是中国的一个潜在敌手。在过去的 85 年里，两次痛苦的战争让北京有理由担心日本最终会重整军备，尤其是核武器。为了减少这种可能性，中国正尝试通过政治和经济手段增加与日本的利益联系。这样做的同时，中国也从日本的经济和技术实力中获利。

10. 在朝鲜半岛，呈现的是一个不同类型的安全问题。为了保护他们的东北部边界，中国不能忽视平壤-北京的关系。然而，北京希望避免中国与三个主要地区性大国的冲突：苏联、日本和美国——并谨慎对待北朝鲜试图用武力统一朝鲜半岛的尝试。南朝鲜核能力的获得……①将进一步使中国在这个地区政策的决策复杂化。

11. 台湾问题是中华人民共和国未结束的内战。台湾与大陆的统一仍是一个重要的目标，但是中国较少直接关注其对该岛主权声明的国际认可。虽然最近中国多次谈到最终以武力收复台湾的可能性，但是这些谈话主要是为了使北京在以后的谈判中增加砝码。这也流露出北京日益增长的对通过谈判实现统一的潜在可能性的悲观情绪。无论如何，有迹象表明台北即将获得初步的核装置，……②这可能把北京拖入军事行动并作为中美关系中一个潜在的危机爆发点。

12. 在亚洲的其他地方，苏联的影响加剧了北京对来自于周边国家的较小威胁的担心。在印度呈现出比日本更加直接的威胁，而很少是潜在的威胁。中国尤其担心南部边界地区与苏联结盟的有核国家。尽管最近在新德里进行了协调，把外交关系提高到了大使级水平，但中印边界仍然存在潜在的争端，北京怀疑印度的冷淡态度不久是否会明显地减弱。而且，苏联对印度洋的渗透已经表明，苏联的战略已经部分地进入了印度洋沿岸。因此，北京预见到了苏联在海上对中华人民共和国的进一步包围。

13. 在东南亚，中国把越南看作最强大、最稳定的国家和一个潜在的扩张主义者，它造成了令他们苦恼的安全问题。河内是北京渴望成为对这个地区有绝对影响的障碍——中越长期的种族摩擦和双方在南中国海一些岛屿上的敌对声明，使这个问题变得更加严重。即使河内没有对莫斯科的暧昧感情，这些摩擦也会存在，但是现在这种关系扩大了。苏联在越南获得海军基地权——一个不太可能的事情——会大大增加北京对苏联包围的恐惧。

14. 如果面临潜在的敌人和缺少长久的同盟，北京理所当然特别担忧可能爆发的世界大战及其对中国国家利益的影响。虽然在战争不可避免这一问题上，中国比多数国家更加

---

① 原文此处一行未解密。——译注
② 原文此处一行未解密。——译注

悲观,但似乎中国高层领导人肯定在夸大不久的将来爆发战争的可能性。即使中国声称最大的危险是超级大国之间的冲突,他们也确实担心苏联对中国的直接的军事袭击。为了减少中国必须单独应对这种进攻的可能性和提高目前的威慑水平,北京尝试把美国的利益卷入中国的安全之中。中国似乎认为,美国和苏联之间的冲突最终也会把中国卷入进来;然而北京担心如果超级大国之间保持核平衡,战争首先会通过常规的方式进行,这样莫斯科会比美国具有明显的优势。

经济和技术限制

15. 作为一个发展中国家,中国继续面临复杂的经济问题。有限的经济继续把艰难的贸易强加于决策者身上。高素质的人才和技术资源的匮乏需要继续尽力使国家资源适应不同的需要和优先权。

16. 中国的政策显然并不是集中于武器的现代化,而是赞同长远的可持续的经济发展,目的是为了在随后的日子里支持更加有效的武装力量。我们认为中国的经济,即使出现大范围的农业失败和长期的政治混乱,也将会允许军事组织逐渐现代化,然而,这必须依赖工业增长率,因此中国期望能以适度的速度进行工业化。因此,中国将继续在武器选择方面具有较高的选择性。

17. 中国显然没有成为他们所希望的自给自足的国家。在已利用 20 世纪 50 年代和 60 年代初从苏联得到的大多数技术之后,他们也转而向西方寻求得到更多的技术,以增强他们的经济和军事生产基础。只要中国继续集中于应用而不是基础研究,他们在军事武器方面不可能创造技术上的"奇迹"。

中国人民解放军和政治

18. 军队的政治角色目前正在变化,自 1971 年以来,军队逐渐但很明显地退出了政治舞台并重申党的政治首要性原则。但是在决策中军队的声音仍然非常响亮。

19. 中国国内领导人之间的分歧不可能使军队在毛去世后进一步退出政治舞台。尽管中国继续把精力集中于一些政治事务,但是其总体的军事地位不可能受到很大影响。如果发生类似于文化大革命那样规模的动乱,中国人民解放军,作为安全的最终守护者,肯定会干预。因此,一些作战部队可能暂时会受到影响。

20. ……①在未来五年里,中国人民解放军领导人的观点对中国外交政策的影响程度是未知的。一些军事领导人显然继续认为美国是抗衡苏联和提供所需要的技术之源,但是其他人可能认为中国的最大利益应该是减少对苏联敌对的外交政策。

21. 北京对叛乱分子的物资支援是适度的,并主要局限于位于东南亚的少数组织。中国可能继续把这种援助作为潜在的施压点和阻止苏联和限制越南参与这个地区叛乱的一种手段。

22. 与超级大国相比,中国对外军事援助可能仍保持数量少、种类有限、在本质上较初

---

① 　原文此处两行未解密。——译注

级。在未来五年里,中国的军事援助在性质、方向和规模上,我们看不到有什么重大的变化。中国不会成为第三世界国家主要的武器供应者,更不用说能够挑战超级大国主宰的武器供应。然而,中国给第三世界国家提供了一种选择,并冒最小的经济和军事风险把外交援助作为增强其威望和影响的手段。

(二)中国战略纵览

国家战略

23. 中国的国家战略大多是关于保护中国的安全和维持其生活方式。中国和其周边三个主要强国之间过去和现在的相互作用,在不同的时期——日本是从 20 世纪 30 年代中期到 40 年代中期、美国是从 20 世纪 50 年代初期到 60 年代末、苏联是从 20 世纪 60 年代末开始——对于作为国家实体的中国的基本安全和生存构成了主要威胁。在这 40 余年中,中国的中心任务是在军事上处于一种劣势的情况下阻止或抗击外部敌人的威胁。目前中华人民共和国国家安全的实质是现在和将来如何最好地保卫中国,免受军事上处于优势的苏联的威胁。

24. 作为一种国家战略,中国正在通过各种可能的方式增强他们自己的大国地位,同时也尝试减少他们的主要敌人。这种战略的最终目的是削弱苏联的力量,以致苏联不再是维护中国安全和福祉的威胁。

25. 然而由于资源有限,中国当前的国家战略仅仅是一个有限的目标。因此中国已经设法建立一种国家防御态势,它不仅可以阻止进攻,而且可以用于平衡经济发展。为了减少风险,这种战略在观念上可能是继续进行军事防御,但实质上是政治上和心理上的进攻。

26. 为了实现这种目标,中国正在实施它所追寻的一系列政策:

——改进与这些国家和组织的政治关系(例如,美国、日本、北约和东欧),它们可潜在地对抗苏联扩张主义和帮助缓和激进的反华政策及苏联的观念。在这种关系中,第三世界也在抵制苏联的影响中扮演了一定的角色。(中国关于特别国家和地区的一些持续的目标出现在所附的地图上,但没有描述任何优先次序,仅阐述了北京全球观的一些政治-军事和经济方面。)

——掩盖内部分歧,以限制被外部挑拨离间的人利用的机会。

——发展经济计划,以增加中华人民共和国的工业实力、技术增长和军事能力。

——建立能够有效应付常规和核战争的军事体制。

27. 总而言之,中国现在正尝试通过把他们的政治、经济和军事政策紧密地结合起来,最大限度地增强他们的战略地位,以此他们能够从"相对较弱"的位置转到"相对较强"的位置。这样一种战略满足了中国在当前避免军事冲突的最大愿望,以拖延时间去准备未来以更加有效的方式对付超级大国。

军事战略

28. 为支持国家战略,中国的军事战略强调威慑和战争能力:

——对可能的敌人进行威慑,使进攻中国的损失如此惨重从而避免战争。

——如果威慑失败的话,战争能力尽可能多地保卫中国的领土。

为了达到这些军事战略目标,毛的军事观念持续正确的领导、军事大国的重要性和中国人民解放军现代化的必要性之间是基本一致的。然而,在涉及到他们的外交政策和战略的具体问题上也存在明显的分歧。

29. ……① 我们确信可以找到一些最有争议的问题。包括:

——对潜在的敌人挑起的威胁以及每个威胁所需的防御类型进行的评估;

——中国人民解放军组成部分的评价和规模;

——威慑性核力量的规模和类型,以及中国进行核战争的能力;

——在现代战争中准军事力量与常规军事力量的作用;

——中国人民解放军现代化的资源计划和优先利用的速度,包括在各个部门中的配置;

——中国人民解放军卷入政治和经济活动的程度。

30. 由于毛的去世,这些问题可能变得更加重要和有争议性。很难想象,目前中国的任何领导人,在没有中国人民解放军的关键人物的支持下,能够巩固他的地位。这些支持可能需要巨大的让步和中国人民解放军发展方向的重大改变。然而,我们目前在多种竞争的观点里所接受的折衷方案中,确信察觉到了一些重大的变化。

威慑

31. 在没有直接冲突的情况下,中国目前把威慑作为影响主要敌人过程的不可或缺的一部分。他们的方式包括直接的和间接的:军事层面,为了加强对诉诸战争的侵略者进行惩罚,他们发展更多的武装力量;间接方面,他们运用政治和心理手段来促进军事威慑。

32. 对于中华人民共和国来说两种方法的平衡是必须的。直接的军事手段是必要的,但代价高昂。较隐蔽的和更合适的间接手段是有吸引力的,因为它以较低的代价和冒较少的军事挑衅的危险产生了额外的威慑手段,即使它不能保证可以获得成功。

33. 总的来说,中国的军事威慑是不可忽视的,但是根据战争的性质,其效果迥异。例如,对于地面的入侵,由于其庞大的常规部队(纵深防御的良好准备和部署),辽阔的地理疆域,大量具有高度组织性的人口和长期战争的动员能力,中国已经具备了高水平的威慑能力。事实上,即使对超级大国而言,对中国的常规地面进攻也是一件可怕的事情。此外常规部队的现代化继续稳定地增加这种强大的威慑力。

34. 中国具有对其常规力量进行补充的适度的核能力。其目标是阻止对中国进行核讹诈、防止核打击或入侵中国。此外核力量提供了有限的核保护伞。中国可能觉得,这种核力量可能使得超级大国不愿意干预局部的危机,因为他们害怕与中国发生地面冲突或升级到核战争。

35. 中国的核力量尤其关注苏联和美国,以及美国在亚洲的盟国。虽然这种力量在未

---

① 原文此处三行未解密。——译注

来很长一段时间内极大地劣于美国和苏联,但其威慑力会显著增加,尤其在美国人看来,可能是在 20 世纪 80 年代初,当中国全程洲际弹道导弹和潜射弹道导弹投入使用的时候。这种增加的能力,需要他们十分谨慎地把握导致与中国发生军事冲突的可能性。

36. 中国通过隐蔽行动和部署发射场,已经增强了他们的洲际弹道导弹和潜射弹道导弹的威慑力。这种措施不仅增强了打击后生存的可能性,而且降低了潜在袭击者发现并打击全部武装力量的信心。

37. 中国通过政治和心理手段也获得了一些额外的威慑。北京最瞩目的成就是改善了与美国的关系,因此增加了苏联武力进攻中国的代价和风险。其他防御事务上的政治手段还没有获益,但是如果中国的政治-军事评估得以实现的话,那么威慑的收效将会非常大。

38. 例如,在武器控制和裁军领域,中国人希望美国和苏联通过各种建议和政治宣传限制武力的使用和灵活性。这些包括:

——宣传以试图破坏相互均衡裁军和限制战略武器会谈的谈判,他们害怕这会给苏联提供进攻中国的军事灵活性。

——建议超级大国像中国一样,发誓不首先使用核武器,从海外基地撤回核武器,支持各种各样的无核区,并参与世界范围的核裁军会议。

——提倡采用所有国家同意的 12 英里领海和在这个权限内的海峡控制权;支持马来西亚、新加坡和印度尼西亚控制马六甲海峡。这些措施将会限制美国和苏联海军的自由活动。

作战战略

39. 概要。中国作战战略主要集中于对付对大陆的入侵、核攻击或二者兼之。根据中国以往党代表大会上的正式声明与公告,高层领导人在不同程度上预测战争,并采取几种形式。其可能是大规模的或小规模的、核战争或常规战争、突袭战或非突袭战。一些中国领导人甚至预测敌人为了造成饥荒、内乱和政治崩溃,可能诉诸化学战和生物战。

40. 常规力量。我们认为中国目前的军事战略主要需要:

——中国的全面防御,主要用于阻止苏联的地面进攻,其次是沿海防御。

——利用来自其他地区的主要预备队和部队作为援军或插入受威胁的地区,以及利用作为替补的民兵。

——通过综合使用主力部队、地方部队和游击队保持其灵活性。

——根据需要实施各种战术,包括进攻性和防御性的运动战、阵地战和游击战。

41. 更特别的是北部最初的防御是由轻型武装和广为分散的边防部队组成。如果发生地面入侵,他们可提供有关先头部队方位的早期预警和情报。在第一防御带,联合防御部队——可能在沿海防御区——已经建成,并且地方防御部队配有重炮。主要地面机动部队位于这些联合防御部队的后方,以阻止进攻及调运到最危险的地区。空军基本上是给联合防御部队和机动部队提供援助。另外,北海舰队在渤海湾阻止敌人进入华北。

42. 中国的军事战略也强调沿海岸线阻击所有的威胁。防御第一线是海军,尤其是潜艇,海上舰艇和防空战斗机支持附近的海岸线。当地的地面部队防御力量操纵着沿海防御基地和沿海岸线据点的大炮。位于沿海基地之后的主力部队作为机动力量并用于反击入侵者,确保滩头阵地安全。

43. 与上一份 NIE(13-3-72)文件相反,我们认为中国不会依靠"诱敌深入"的战略抗击苏联可能的入侵,或专门利用"阵地防御"抗击对沿海地区的入侵。然而,通过对部队的发展和地面、空中以及海上力量的部署进行分析,我们相信中国将更多依赖进攻的性质和位置及入侵部队的类型,综合运用各种战术。

44. 核力量。我们认为中国将继续在确保其最大利益的情况下不会首先使用战略或战术核武器。中国的目标显然是把冲突限定在常规水平上,这样他们可以最大限度地利用他们的人力优势、地形和综合防御。

45. 在战略层面上,中国核战争战略十分有限。例如,苏联的战略进攻让中国除了在敌人城市进行有限的报复性攻击之外没有别的选择。中国可能希望他们广为分散和被动的防御措施能够帮助他们安然度过战略核攻击,并保存足够的力量去阻止或最终击退随后的入侵。事实上,中国的军事战略在很大程度上仍以在中国领土上应对入侵者为主。

46. 在战场层面,中国不会首先使用核力量抵抗入侵的部队,但显然可能使用这种部队进行报复。……①

47. 然而,由于导弹系统的不精确性和比较笨重,在抗击侵略者时它们仅能提供相对有限的初级力量。相反,中国的轰炸机比导弹更加精确,但是在尖端的防空环境中,它们的效能将会下降。不过中国把使用导弹和轰炸机看作是提供的一些手段——在缺少战略层面的情况下——对敌人使用战术核系统做出反应。

48. 民防。常规战略和核战略共有的部分是民防。除了增强人民的士气以外,防空洞和地下掩体的大量建设还满足了两个目的。它们似乎能在轰炸期间给个人提供一些保护,并能在城市的地面防御战中提供与侵略者作战的场所。

49. 总而言之,我们看到一支庞大的常规部队正在缓慢地现代化,并得到了大量准军事组织的支持——在少量核力量的掩盖之下,发展一支洲际力量。中国在战略核武器方面与美国和苏联的巨大差距,将会继续严重地限制中国针对敌人首先发起攻击的任何灵活性战略的发展。中国没有给美国造成直接的威胁,但它是美国在亚洲的部队和盟国的潜在威胁。

二、中国的武装力量

(一) 军事力量

50. 除了外部威胁和经济及技术限制外,中国已经维持了足以阻止敌人的庞大的常规力量,保持了一支非常稳定的准军事力量,同时创建了一支小规模的核力量。武装力量的现代化将继续会是不平衡和缓慢的。这显然有其自身的动力,尽管存在政治和经济的变化。

---

① 原文此处六行未解密。——译注

51. 在常规力量范围内,中国的陆军仍是国防的中坚力量。它大约有350万人,主要是步兵部队。大约40%是地方部队。这些部队包括几个庞大和装备精良的卫戍师,但是他们在很大程度上是轻型装备,并在自己的军区组织防御。主力部队通常是重型装备,能在本国的任何地方采取军事行动。他们正在逐渐地增加他们的火力和机动性,但是步兵师的大规模机械化仍有待发展。

52. 海军和空军力量较小,分别有大约30万和40万人。海军仍主要是一支有效的沿海防御力量。然而,在未来五年里,它将在远离海岸更远的区域进行军事行动。这些扩展行动在20世纪80年代初会变得很平常。空军除了作为一支具有一定地面攻击能力的有限防空力量之外没有什么发展。但是在未来的五年里,其总体力量将会提高。

53. 除了这些部队以外,中国还有大约1 300万人的潜在准军事力量,他们中的大多数是民兵。在这中间,来自于民兵组织和生产建设兵团的大约700万人的轻装部队构成了事实上的预备队和最初的部队动员基地。

54. 在尖端力量范围内,中国拥有小规模的导弹和轰炸机力量。这种力量对攻击提供适度的威慑,并针对苏联的几座城市和包括几个美国盟国的亚洲国家实施打击社会财富的战略。它也能被用作非战略核力量。有详尽的证据表明中国试图发展战术核力量。

55. 正在使用的有限射程的洲际弹道导弹,能够攻击到莫斯科。更加尖端的导弹,例如能够袭击到美国本土的潜射弹道导弹和洲际弹道导弹正在开发中,但是几年内还不能使用。

(二)作战能力

56. 中国防御大陆免受大国进攻的能力是充足的,中国人民解放军完全能够防御较弱国家的进攻。

——最终能使超级大国的常规地面入侵陷入僵局。然而,由于缺乏火力、机动性和后勤支援,中国向国外投放的军事力量仍然是有限的。

——中国能够动员大部分的轻型武装游击队。由于可利用的主要作战武器和装备有限,战争开始之后使用重型装备的常规武装部队将会很少。

——海军拥有有效的沿海防御能力,但是它不能成功地对抗超级大国在公海的冲突。除非得到苏联或美国的援助,它才能够有效地进行军事抵抗和封锁附近小国的军事行动。

——空军能够防御对中国的空袭,并为对抗亚洲敌人的地面或海上军事行动提供空中支援。但抵挡苏联或美国,空中军事行动的成功率较小。

57. 中国的战略核能力显然无法与苏联和美国相匹敌。而且,中国人民解放军仅有初步的战区核能力,且没有在核战争环境下成功地进行组织、装备和训练方面的军事活动。

58. 总之,在未来五年里,经济和技术原因显然阻止了常规和核战争能力任何显著的提高。然而,能够袭击美国本土的洲际弹道导弹或潜射弹道导弹的军事部署能给美国和苏联的核攻击提供额外的威慑。中国的军事能力将会变得更加强大。然而苏联曾经的威胁和有限的两栖运输能力,约束和限制了北京投放部队的选择。

三、变化的可能性

59. 中国处于毛泽东以后的过渡时代。毛去世前后的事件已经增强了我们的判断，一个"温和的"领导层，为了社会稳定和经济发展实施注重实效的政策，正在从继承过程中显现出来。最初，文官和军队领导组成的松散集团似乎开始掌权。一些争论无疑将会继续存在，并有进一步冲突的可能性。破坏中央权威的混乱时代在中国历史上是特有的，最近对"左派"的清洗只是较小的和可控制的动荡。无论如何，政治被证明是第一位的，从长远来看，我们预料一个独立的领导人将会出现，在统治顶峰时比毛的权威小，但能采取政策平衡党、政府和军队统治集团的利益。

60. 如果一个大体上注重实效的领导巩固了统治，我们预料中国会继续把苏联视为他们最严重的潜在威胁。然而，也很有可能会尝试减少中苏关系之间的摩擦。如果那样的话，即使紧张局势有所缓和，防御政策的含意仍是中国会继续增强他们的对抗苏联的军事姿态。中国新的领导人不敢放松警惕，而是保持北部地面部队的优势和推进建立洲际核力量。然而，他们现在没有受到苏联的军事威胁过多的限制，中国能够在其他地方更加自由地使用军事力量去应付新的突发事件。

61. 然而，我们并不认为一个注重实效的政权会采取扩张主义政策（除了民族统一主义者的声明）。它会集中于创造一个经济健康发展的稳定环境。例如，为了利用更加传统的经济观念促进生产，中国愿意牺牲一些意识形态方面的价值观，比如大力使用物质刺激。随着技术管理部门管理经济，为巩固防御体制的发展，一个牢固的经济体系将被建立起来。

62. 中国未来防御政策的方向，在很大程度上是由领导人内部的意识形态分歧决定的。我们认为中国任何新领导人的防御政策，将对国家利益、技术的利用、经济的增长、军事力量的产生及与外部世界的关系之间的相互作用更加敏感。由于这个原因，实用主义、中国民族主义的力量和强度——而不是意识形态——将会是变革的主要刺激因素。

四、80年代初的防御政策

63. 我们认为一些正在发展的趋势和防御政策具有持久性的特点，因此会从后毛泽东时代的过渡时期进入20世纪80年代初期。

——国家安全将继续是中国主要的当务之急。苏联仍是主要的威胁。然而，中华人民共和国除了追求独立之外，不会和其他国家结盟。

——中国人民解放军继续作为一支巨大的军事力量——但是一支比现在更有军事能力的力量，它仍将会卷入大量的政治和经济事务。

——中国的军事力量将会继续受到超级大国的限制。虽然中华人民共和国会在80年代初开始部署少量的洲际弹道导弹和潜射弹道导弹，但它不能与超级大国成功地进行核交易。然而中国会继续提升常规进攻的风险和代价，以此减少这种进攻的可能性。

——对于弱小的亚洲国家，中华人民共和国拥有决定性的军事优势。但是，中国更愿意使用政治和外交手段，而不是军事施压来达到目的。然而它也准备诉诸武力以支持其领土声明。

附录一

中华人民共和国的经济和技术[①]

附录二

中国人民解放军和政治

附录三

中华人民共和国的武装力量和趋势

附录四

中国人民解放军的战斗能力

附录五

民　防

http://www.foia.cia.gov/nic_china_collection.asp pp. 1 - 22

李祥春译、詹欣校

[①]　此及以下附录略去。——译注

第六编 中国外交

目　　录

导　论

徐友珍

本编辑录的文件共 16 件,除 1 件为美国驻香港总领事的电报,1 件为美国联邦调查局有关美国共产党领导人与毛泽东会谈的情报外,其余的是国务院情报研究所、国务院情报和研究署及中央情报局的情报报告。这些文件形成时间自 1953 年 7 月至 1970 年 11 月,基本上涵盖了 20 世纪 50~60 年代中美关系全面敌对的整个时期。其内容涉及美国对中国不同时期外交政策的评估与预测,主要议题包括中国外交政策的目标与动机、影响因素及特色;中国对外部世界特别是美国和苏联的认知与政策;中国在世界各地特别是远东地区的意图与能力;中国在一些重大问题如联合国席位问题上的立场;中国的重大外交实践,如民间外交〔《国务院情报研究所关于中国"人民外交"的情报报告》(1957 年 2 月 7日)〕和新华社对外使命〔《中央情报局关于新华社对外使命的特别报告》(1964 年 2 月 7日)〕,以及中国的重大外交动向〔《国务院情报和研究署关于周恩来访印的情报报告》(1960 年 5 月 20 日)、《国务院情报和研究署关于中国外交政策走向的情报报告》(1960 年7 月 28 日)、《中央情报局关于陈毅记者招待会的情报备忘录》(1965 年 10 月 1 日)和《中央情报局关于法国对中国政策评估的特别报告》(1963 年 9 月 6 日)〕等等。此外,《中央情报局关于中国外交环境的特别报告》(1964 年 12 月 31 日)和《中央情报局关于中国及其当前问题的情报手册》(1966 年 1 月 1 日)则对中国外交环境进行了或细致入微、或综观全面的情报分析。由于 20 世纪 50~60 年代中美两国处于全面隔绝和敌对状态,因此,这些文件有助于我们了解这一特殊时期对中国外交事务最为敏感的美国情报界到底是如何评估中国外交的,其对中国外交的实情和核心问题的认识以及预测到底达到了一种什么样的程度,存在什么样的优势和误区。

为了更好地定位美国对华外交情报评估文件的价值,下面拟从三个方面进行阐述:一是根据中国外交的变迁与美国对华情报评估之间的互动关系,对美国对华情报评估进行动态展现;二是以重大议题为线索,对美国对中国外交的情报评估尽可能做全方位的揭示;三是在前述基础上尝试对美国对华情报评估的基本特性及其存在的主要误区进行一定的定性分析。

一、中国外交的变迁与美国对华情报评估的反应

根据国内学者的相关研究,中共中央大致是从 1948 年底开始考虑新中国的外交,此后大约三个月的时间,新中国外交原则便确定下来了。这就是众所周知的三原则:"另起炉灶"、"打扫干净屋子再请客"和"一边倒"。"从产生的指导思想和要解决的主要问题来看,这

三项原则都表现出一种强烈的革命性。"①作为这样一种革命外交的逻辑结果,维护民族独立和领土主权完整、捍卫新生的革命政权成为中国外交政策的优先目标。正是在这样一种革命外交方针的指导之下,新中国自建国伊始,就在国际冷战的国际政治斗争中公开地站在了苏联一边,不仅与苏联结成互助同盟,而且承担起了援朝抗美和援越抗法的国际主义的斗争任务。这种情况直到 1953 年斯大林去世,苏联领导人开始致力于缓和国际局势,朝鲜停战谈判迅速达成妥协之后,才逐渐发生改变。1953 年 6 月 15 日,中共中央明确提出了党在过渡时期的总路线和总任务。这就是:"要在一个相当长的时期内,逐步实现国家的社会主义工业化,并逐步实现国家对农业、手工业和资本主义工商业的社会主义改造。"②换言之,中国自此之后逐渐开始将工作重心转向国内问题,因而外交政策上也很快做出了相应调整,逐步转向了灵活与务实。

本编收入的 6-1、6-2 文件形成于 1953 年 7 月中国内外政策开始重大转轨之际。这两份文件对新中国建国初期的外交政策和此一时期的政策转轨有基本的认识和预测。

1953 年 7 月 16 日 6-1 文件主要依据新中国"公开声明和实际的外交行动",在对新中国过去四年中的行为进行仔细研究的基础上进行了预测。该文件断言:中国"目前最为紧迫的看来是国家安全"。因而其对外政策的主要目标似乎是:巩固和完善他们同苏联的联盟;在周边地区促进和建立可以作为缓冲的友好国家;尽一切可能削弱日本和美国之间协调一致的关系,干预美国对驻日军事基地的利用,阻止日本的军备重整,削弱日本政府;做好准备最终收复可以作为对方进攻基地的失地(主要是台湾)。同时该文件也指出:"在已经巩固其政治权力并实际消除了叛乱的威胁之后,他们投入到大力增加生产以尽快为其军事力量建立工业基础的活动。这似乎是他们目前最主要的目标。即使这本身不是一个对外政策目标,中共在这方面成功与否势必对其对外政策造成重大影响。这些影响将会牵动其对外政策策略,而且从长远来说,甚至会使他们改变上述战略目标。"③应该说这些判断基本准确,特别是最后一点甚至还具有相当的预见性。

1953 年 7 月 31 日 6-2 文件从追溯中国联合国席位问题的历史及中国在该问题上表现出来的矛盾现象入手,渐次分析了苏联和中国在新中国获得联合国席位问题上的一些基本考虑,其中也反映出美国情报部门对新中国建国初期外交政策的基本评估与预测。如该文件认为:尽管从新中国建国伊始,中苏就积极致力于争取中国在联合国的席位,但事实上联合国席位并不是它们优先考虑的政策目标。它们更加紧迫的目标在于:解放台湾、清除西方在华影响力、在亚洲建立一个共产党集团以及朝鲜战争。这些优先目标妨碍了共产党方面采取一致行动获取联合国席位。但是随着朝鲜战争的结束,斯大林逝世后苏联奉行的对外缓和战略,以及参加朝鲜战争后中国在中苏关系中地位的提升,中国开始改变 1949～1950

---

①　牛军:《新中国外交的形成及主要特征》,《历史研究》1995 年第 5 期,第 24、28～29 页。
②　廖盖隆、庄浦明主编:《中华人民共和国编年史》,郑州:河南人民出版社 2000 年版,第 67 页。
③　Foreign Service Despatch(from AMCONGEN, Hong Kong to The Department of State):Chinese Communist Foreign Policy Objectives,July 16,1953,CIA Murphy Papers, Box 32.

年间在东南亚号召公开起义时所采取的"武装斗争"战略,转而在很多地区已经更强调"和平"、"共存",以及常规的外交关系,虽然在印度支那还没有发生这种让位。"尽管北平不太可能放弃与越南胡志明政权的联系,但目前在东南亚其他地区对'武装斗争'的降调,使得北平更有可能与许多亚洲国家开始一种更为正常的外交关系而不是像 1949~1950 年那样公开号召在整个亚洲进行武装叛乱。"①这一预见显然与后来的事态发展基本符合。

随着斯大林逝世后苏联外交的转轨,朝鲜战争的结束和中国第一个五年计划的推行,中国需要和平的国际环境,希望通过大国之间的协调合作实现国际形势的缓和。1953 年 12 月 31 日,周恩来在同印度代表会谈时提出了国家之间和平共处的五项原则,即互相尊重主权和领土完整,互不侵犯,互不干涉内政,平等互利,和平共处。1954 年 4 月 29 日中国和印度签订的《关于中国西藏地方和印度之间的通商和交通协定》的序言中载入了和平共处五项原则。② 1954 年 6 月周恩来访印,不仅促成了中印两国总理发表联合声明,表明双方希望推进和平和合作的愿望以及和平共处的五项原则应适用于亚洲及世界其他国家的关系的立场,而且在 6 月 27 日于新德里召开的记者招待会上,周恩来总理表达了革命不能输出,不得干涉别国内政的思想,受到印度和其他亚洲国家舆论的好评,中印关系得到发展。③ 在 1954 年 4~7 月召开的日内瓦会议上,中国的积极态度和多方努力,终于促成了印度支那停战协定的签署,从而缓和了印度支那紧张局势。通过此次会议,中国和老挝、柬埔寨两个近邻的关系有了良好的开端;中英宣布互换代办,两国关系有所突破;中、法代表直接商谈,为双方相互了解提供了机会;中美两国代表也就双方公民回国的问题进行了接触。在 1955 年 4 月 18~22 日的亚非会议上,周恩来总理针对亚非国家间由于复杂的历史原因造成的彼此隔膜和大多数亚非国家对共产主义的疑惧态度,提出了求同存异、平等协商的原则,得到了与会各国的支持,为亚非会议的成功作出了重大贡献,也树立了新中国灵活、务实、爱好和平的国际新形象。在与西方国家缺乏正式外交关系的情况下,中国也广泛开展形式多样的民间外交。1955 年 8 月 1 日,中美大使级会谈在日内瓦举行,尽管会谈本身并没有取得任何实质性的结果,但"中美之间毕竟有了直接的接触,'在没有正式外交途径的情况下打通了一条表达意见的通道'"。④ 由于奉行和平外交,中国消除了周边国家的疑惧,改变了在国际上的孤立地位和"好战"的形象。

体现美国情报部门对 1954 年中国外交政策变动做出反应的代表性文件是本编 6-4 文件。这份由国务院情报研究所远东研究司准备的长达 280 页的情报报告,非常详尽地收集了中国与世界 78 个国家进行民间交往和举办国际会议、庆典的资料。该报告从到访、出访以及中国与这些国家达成的协议三大方面,逐一展示了中国与这些国家的交往和参与国际活动的信息,并在此基础上综合分析了"人民外交"的目标、进展及成效,代表团的性质、开支及政治取向

① Office of Intelligence Research, Department of State, Intelligence Report: Communist Attitudes toward Chinese Communist Membership in the UN, July 31, 1953.
② 廖盖隆、庄浦明主编:《中华人民共和国编年史》,郑州:河南人民出版社 2000 年版,第 86 页。
③ 何理主编:《中华人民共和国史》,北京:中国档案出版社,1995 年版,第 75 页。
④ 陶文钊主编:《中美关系史(1949~1972)》,上海:上海人民出版社 1999 年版,第 282 页。

等。报告认为：从 1950 年开始，为了促进本国公民个人以及半官方代表与其他国家之间的互访，中共投入了巨大的精力与资源；它们从朝鲜战争期间的小规模开始，已得到迅速发展，尤其在过去的三年中，这些交流因无数对等的国事访问而得到进一步增强，其中涉及交流各方的总理、外交部长和其他一些高官。这些交流已不断地将一些非共产党人士和反共名流卷入其间；这些访问者或者以科学家、教育工作者和技术人员的身份，或者作为剧团、体育代表团、贸易促进会和其他社会组织的成员，或者作为各种各样的半官方组织的代表，单个或结伴出访。"虽然他们声称的目的是文化技术交流，但他们已被用来推进北平的国际目标，不论是在共产党国家还是在非共产党国家，尤其是在那些与之没有外交联系的国家"。共产党中国的"人民外交"运动卓有成效，特别体现在同亚洲国家的交流，宣传中国共产党政权的国内"成就"，塑造"北平和平"意图与"理智"行为的形象，以及打破中国的国际孤立等诸多方面。[①]

但是中国灵活、务实的外交并未持续多久。进入 1958 年，在"大跃进"与人民公社运动使中国国内政治和社会生活急剧左转的同时，对外政策亦出现了一系列重大变化。中国发动第二次台海危机，对美国在远东的政策提出了新的挑战；中苏因为长波电台、联合舰队及"大跃进"、人民公社、炮击金门及对美、对印政策等发生了一连串的误解、分歧和猜忌，导致中苏同盟根基动摇。[②] 1959 年的大饥荒、西藏叛乱与中印边界冲突相互交织，印度支那地区亦因老挝局势动荡而趋于紧张，特别是美国明显在加强对这一地区的直接干涉，中国内外环境开始恶化。

在中国国内外政策急剧变动之际，从 1959 年底到 1961 年上半年，中国领导层一度尝试改善开始恶化的周边环境及对外关系。为争取缓和与改善中苏关系，中共中央尽管并没有放弃与苏联共产党之间意识形态的正面斗争，但是明确提出，要争取"达到新的基础上的团结"，甚至要"赖着"跟赫鲁晓夫"搞团结"，"赖着不分裂"。因此，虽然两党之间的意识形态争论日趋激烈，但直到 1961 年，中苏两国国家关系仍旧保持友好。在经过 1959 年 8 月边界军事冲突后，为缓和中印关系和解决中印边界问题，中国领导人决定争取谈判解决中印边界冲突，并在 1960 年 1 月中央政治局常委会期间确认了和平解决中印边界问题的方针，还明确提出了"互谅互让"的办法，即"我们做点让步，印度也做点让步"，从而达成妥协。会议还决定派周恩来访问印度。与此同时，中国领导人还制订了尽快和有步骤地通过谈判解决边界问题的基本方针。在印度支那地区，针对此时越南劳动党领导人开始改变 1954 年日内瓦会议后执行的"加强北方建设，争取和平统一"的战略方针，越来越明确地支持越南南方的武装斗争的新形势，中共中央既基于一贯的无产阶级国际主义原则，支持越南劳动党开展武装斗争的决定，又不希望越南劳动党放弃政治解决的途径，甚至不希望越南南方的战争规模太大，导致美国大规模的军事介入，危及中国的安全利益。鉴于美国在老挝的军事介入对中国安全利益构成了更直接的威胁，中国坚持和平解决老挝问题的立场，并积极努力，为最终签

[①] Intelligence Report: Communist China's "People's Diplomacy, January 1955-through 1956", Prepared by Division of Research for Far East, February 7, 1957.

[②] 参见沈志华主编：《中苏关系史纲(1917～1991)》，北京：新华出版社 2007 年版，第八章和第九章。

署《关于老挝中立宣言》及相关的议定书发挥了重要的作用。即使在认为美国正在开始加强对印度支那的干涉之时,中国领导人仍尝试打破中美关系的僵局。在 1960 年初的政治局常委会议期间确定的处理对美关系的"谈而不速,谈而不破"的基本方针使中国对美政策表现出一定的弹性。① 但是"中国对外政策纠'左'努力未能实现。1963 年以后愈演愈烈的中苏论战加剧了中国对外政策指导思想的'左'倾。在关于时代、世界形势、战争与和平、世界革命、和平共处、核战争、裁军以及民族独立运动与和平运动等等当时对中国外交具有指导意义的理论问题上,中国领导人的思想表现出越来越片面和绝对化"。②

本编 6-6 文件对周恩来 1960 年 4 月中旬到 5 月中旬对南亚、东南亚的访问进行了评估。该文件注意到周恩来对缅甸、印度、尼泊尔、柬埔寨和北越的访问是"周在三年多的时间里第一次对这一地区进行访问。他的主要任务是应印度总理尼赫鲁的邀请,前去同他讨论中印边界纠纷问题"。文件认为周恩来将其他一些非共产主义国家纳入行程是"一种友好姿态","或许是希望借此修复北平在亚洲的形象"。文件认为:"尽管周在其他国家取得了一些成功,突显了他个人作为一位理性政治家的风范和共产党中国作为一个希望与邻国建立睦邻关系的国家形象,但他在印度的使命的失败使其行程的所有其他成就黯然失色。"由于"尼赫鲁以前所未有的严苛对待周,在印度边界问题上拒绝任何妥协方案,并公开申斥北平对印度的行动",这次访问的直接影响是"使中印争端更趋僵化"。③

本编 6-7 文件评估了中国这一时期的一些外交现象。它观察到中国外交言论和行动之间的不一致,并感到迷惑不解。文件认为:"自 1959 年秋以来,中共在言辞方面的极端好斗和在具体外交行动上的相对克制形成了一个有趣的、但不能完全加以解释的对立现象。"④文件并推断:"看来到 1959 年底,北平外交政策的困难和它对苏联政策的顾虑促使中共对其对外政策的前提进行了基本的重新评估。"⑤对于此时已不断加深的中苏分歧,文件认为:"中苏外交政策上的分歧已完全解决,这一点很值得怀疑,但看来双方似已达成部分的谅解,有可能是在 6 月份的布加勒斯特会议上达成谅解的(尽管《人民日报》关于布加勒斯特会议公报的社论并未就公报本身加以讨论,而是对 1957 年 12 月的莫斯科宣言进行了讨论,表明其真正关心的问题决不是布加勒斯特会议公报而是别的东西;也尽管布加勒斯特之后,一系列苏联的重要声明仍继续对北平的观点进行攻击)。此次谅解中的一个因素是苏联更为好斗的姿态(这不能完全归结为北平的压力)。"⑥

---

① 参见牛军:《中国外交的革命化进程》,杨奎松主编:《冷战时期的中国对外关系》,北京:北京大学出版社,2006 年版,第 122～128 页。

② 陶文钊主编:《中美关系史(1949～1972)》,上海:上海人民出版社,1999 年版第 461 页。

③ Intelligence Report: Chou En Lai's Setback in India Overshadows Remainder of His Tour in South and Southeast Asia, Prepared by Bureau of Intelligence and Research, May 20, 1960.

④ Bureau of Intelligence and Research, Intelligence Report: Possible Trends in Chinese Communist Foreign Policy, July 28, 1960.

⑤ 同上。

⑥ 同上。

　　以上评估对"中苏外交政策的分歧已经解决"表示置疑，并敏锐地察觉到了此时中苏关系所出现的部分谅解迹象，认为此次谅解的主要因素是苏联更加好斗的态度，这些判断都是符合实情的，但是认为中苏有可能是在6月份的布加勒斯特会议上达成和解的这一判断不准确，表明国务院情报和研究署对中苏关系的内情并不十分清楚。事实上，为了还击中共代表1960年6月9日在北京举行的世界工联理事会第十一次会议上首次对外界"公开中苏两党的分歧"，1960年6月24～26日在布加勒斯特举行的社会主义国家共产党和工人党代表会议和51国共产党和工人党代表会议（通称布加勒斯特会议）上，苏共代表有预谋地组织了对中共代表团的围攻。中苏两党在会上发生了尖锐的意见冲突。尽管中共代表迫于压力，不得不在6月24日在反映赫鲁晓夫观点的会议公报上签字，但又于26日发表并散发了一个书面声明，"首次在国际会议上点名批判赫鲁晓夫"。会议结束后，6月28日《人民日报》在发表布加勒斯特会议公报的同时，全文刊登了1957年的莫斯科宣言，"以示公报观点与宣言之间的距离"，赫鲁晓夫对此做出强硬反应。7月16日，苏联政府照会中国政府，单方面决定召回在中国工作的全部苏联专家，并不顾中国政府请求重新考虑的意愿，坚持将所有专家从中国撤出，"率先将中苏两党之间的意识形态分歧扩大到国家关系之中"。面临中苏两党两国关系可能走向分裂的严峻现实，当时在国内外面临巨大压力的中国政府选择了缓和方式。中共中央制订了"坚持原则、后发制人；坚持斗争、留有余地；坚持团结、反对分裂"的对苏方针，以挽救两党两国关系。"意识形态上也开始显示出一种妥协、让步的色彩"。① 所以从1960年9月10日中共中央致函苏共中央，就解决中苏分歧提出五点建议，直到12月1日莫斯科81国共产党和工人党会议期间，尽管中苏两党在很多问题上仍然争论不休，但是由于中方争取团结、对苏缓和、灵活应变的立场，中苏两党终于在莫斯科会议上达成了妥协，从而避免了国际共运的过早分裂。②

　　尚需进一步指出的是，本编6-7文件还预测："如果中苏之间最终达成重大和解，那么苏联仍有可能加大对北平欲采取的任何行动的支持，并且北平和莫斯科可能会寻求更多的机会去压制它们之间的争论，通过具体行动，集团的力量将阻止西方在'革命'形势下或涉及其阵营成员的核心利益的情况下采取有效行动。"③对于1960年7月至1961年12月这一特定时期而言，这一预见是对的，事实的确如此。"经过1959年夏到1961年上半年的冲突和莫斯科会议前后的妥协，中苏关系从形式上看有所缓和。"④"1960年夏季以来逐渐显露的中苏关系和解的迹象，以莫斯科会议为转折点，至1961年后期止，上升为中苏两党两国关系的主色调。"⑤但从长远来看，这一判断又是不准确的。实际上，中苏关系暂时缓和是中国在面

---

①　沈志华主编：《中苏关系史纲（1917～1991）》，北京：新华出版社2007年版，第277～285页。
②　同上书，第286～293页。
③　Bureau of Intelligence and Research, Intelligence Report: Possible Trends in Chinese Communist Foreign Policy, July 28, 1960.
④　牛军：《中国外交的革命化进程》，杨奎松主编：《冷战时期的中国对外关系》，北京：北京大学出版社，2006年版，第130页。
⑤　沈志华主编：《中苏关系史纲（1917～1991）》，北京：新华出版社2007年版，第293页。

临重大国内外压力的情况下被迫做出的选择,中苏深层的意识形态问题并未解决,只是暂时为更加紧迫的国家利益让步。到 1961 年后期,随着中国国内经济状况的好转和苏联在苏阿关系问题上对阿尔巴尼亚劳动党的尖锐批评引起中国领导人的强烈不满,中苏关系再度恶化。而 1962 年发生的新疆中国边民外逃苏联的伊塔事件、古巴导弹危机和中印边界战争,都不同程度地影响了中共中央对中苏关系性质的认识,"特别是毛泽东把党内出现的反省政策失误时显露出来的否定'大跃进'、人民公社、总路线的倾向,当作是呼应赫鲁晓夫对中共国内政策的批评,进而重新检讨与苏联的关系问题",而此时国际左派队伍的形成又使中国领导人对国际工运的形势作出了乐观估计。因此,"毛泽东最终调整了对苏方针的基调,改以妥协、让步、缓和关系为主为主动进攻、做针锋相对的斗争为主,开始与苏共进行意识形态的大论战",①这场论战持续到 1963 年初。尽管随后双方就停止论战、高层协商进行了接触,但 1963 年 7 月 5 日开始的中苏两党会谈因为双方互相攻击和此间进行的美英苏莫斯科核试禁会谈而归于失败。25 日,苏联在未通知中国的情况下,与美英共同签署了部分禁止核试验的条约,引起了中国的强烈反应。9 月 6 日,中国开始发表批判苏联的系列文章,苏联也对中国展开全面攻击。"中苏两党会谈失败不仅是中苏关系全面破裂的标志,它与几乎同时发生的美苏共同签署核禁试条约结合在一起,预示着中国将面对美苏联手反华的困难局面。"②

这一时期中苏关系变幻不定、扑朔迷离,给美国对华外交情报评估带来了很大的困扰。本编 6-7 文件也不得不坦言:"以上有关中苏和解性质的假设不可避免地带有猜测性。"③对于中苏关系会何去何从,仍然感到难以把握,实际上对两种可能性都加以预测。但总体上讲,该文件的基调是"不论中苏是和解还是继续分歧",中国对西方,特别是对美政策都会更趋强硬。"在这个阵营政策转向好斗,而且这种好斗性的限度甚至连中苏自己也不甚清楚的时候,非常可能的情况是前面提到的中共言行不一的现象将因为行动上的好斗而非言论上的缓和来进一步减少。"④应该说这一预见和 1962 年以后中国外交的再次转向基本吻合。

继 1964 年 8 月初美国挑起"北部湾事件",开始轰炸越南北方境内的目标之后,1965 年 3 月初,美军又发动所谓"雷鸣行动",开始持续轰炸越南北方。以此为契机,美地面部队开始直接在南越与越南人民武装力量作战,美国海空军亦加强了对中国领海、领空的侵扰活动,严重危及中国南部边境的安全。全力以赴地支持越南抗美救国战争成为中国维护国家安全的重要措施。"大约是从 1965 年春季起,中国领导人开始反对越美和谈,大规模援越抗美",但"为防止因误解而导致与美国的直接战争",也试图利用外交途径,"向美国转达中国对美国在越南扩大战争的严重关切"。⑤

① 沈志华主编:《中苏关系史纲(1917~1991)》,北京:新华出版社 2007 年版,第 296 页。详情参见第 296~339 页。
② 陶文钊主编:《中美关系史(1949~1972)》,上海:上海人民出版社 1999 年版,第 445~449 页。
③ Bureau of Intelligence and Research, Intelligence Report: Possible Trends in Chinese Communist Foreign Policy, July 28, 1960.
④ 同上。
⑤ 陶文钊主编:《中美关系史(1949~1972)》,上海:上海人民出版社 1999 年版,第 449~453 页。

对于中国抗美援越行动,美国情报部门是从中苏论战、中美对抗的角度来进行评估的。在它们看来,这一行动承载着远比维护国家安全更为重大的使命。本编6-12文件认为中国"视在越南的斗争为一个可以用来向所有心存疑虑者证实中共路线正确性的机会,借此不仅可以证明美国是'纸老虎',而且将使中国在世界事务中取得重大突破:在共产主义分歧中的中国路线将会被证明是正确的,苏联领导国际共运的要求将受到质疑;美国对抗越南游击战争的能力将遭到世人的怀疑,其威信也将严重受损;中共的傲慢和好斗性将会不断增加;其攫取共产主义运动和第三世界领导权的努力将会取得重大进展"。因此,对中国领导人来说,"现阶段的争夺比控制南越所下的赌注更大"。同时该文件也肯定地认为:"北平急于避免越南战争升级为一场更大的中美战争",但是"如果中共领导人认为他们至关重要的直接安全受到美国行动的威胁,他们将准备冒与美国发生更大军事冲突的风险。中共也几乎肯定地觉得南越的战事发展越来越对他们有利。因此,他们几乎肯定会不失时机地鼓励越共和北越顶住美国的轰炸坚守阵地,继续维持或者增强对南越的压力。同时,他们将不遗余力地促使美国国内外要求其停止轰炸和撤出越南的压力达到最大限度"。

这一时期中国的安全形势恶化,并不仅仅是指在南面受到来自美国的威胁,它还包括在北面来自苏联的压力。中苏关系破裂后,"边界问题实际上已经成为中苏敌对升级的表现形式和双方斗争的手段,特别是成为苏联向中国施加政治和军事压力的特殊手段"。1964年2～8月中苏两国在北京举行的边界谈判破裂后,苏联决定向中苏边境地区增兵,致使双方存在争议的边界地段逐步发展为引起军事冲突的热点。中国一方面积极备战,准备应对苏联发动战争,"但主要是由于在南面面临美国的压力,在中苏边界谈判结束后,中国在处理边界问题上总的说来是谨慎的和有节制的,对边界争论采取了冻结的态度"。1964年10月14日赫鲁晓夫突然倒台,中国领导人立即决定利用这一机会,尝试改善中苏关系,但是没有奏效。1965年3月1～5日,苏共中央不顾中共中央的一再反对,坚持在莫斯科召开了各国共产党和工人党会议,23日《人民日报》和红旗杂志编辑部联合发表题为《评莫斯科三月会议》的社论,通过谴责苏共中央继续执行赫鲁晓夫的修正主义路线,实际上公开宣布与苏联新领导人决裂。《人民日报》和《红旗》杂志又于6月发表题为《把反对赫鲁晓夫修正主义的斗争进行到底》的编辑部文章,首次提出了"反帝必反修"。[①] 中国对外政策"两个拳头打人"的局面从此形成。

由于美国将越南战争逐步升级,从南面构成了对中国的新的现实威胁,苏联在中苏、中蒙边界大量增兵,从北面构成了对中国的威胁,中国外交工作的重心也由建国初的"一边倒"和依靠社会主义国家"一条线"转变为面向亚非拉新独立国家的"一大片"政策。中国在国际斗争中坚持反对霸权主义和强权政治,主张大小国家一律平等,坚决反美抗苏,支持亚非拉人民争取民族独立的革命斗争。在这一过程中,中国与亚非拉国家的关系取得了突破性的

---

① 陶文钊主编:《中美关系史(1949～1972)》,上海:上海人民出版社1999年版,第454～458页。

进展,特别是与周边邻国的关系大有改善。这一时期中国政府遵照友好协商、和平解决的原则,较好地处理了与大多数邻国由于历史原因遗留下来的边界问题。除与苏联和印度的历史遗留的边界问题没有解决外,其余都得到圆满解决。中国与资本主义国家的外交关系也在50～60年代取得了一些进展。毛泽东把西欧、日本、加拿大、澳大利亚和新西兰称为"第二中间地带",与美国区别对待。在这一思想指导下,中国与英国保持了已建立的代办级关系,1964年1月与法国建立了正式外交关系,同年5月和12月分别同意大利和奥地利互设商务代表。虽然由于日本政府追随美国的政策,中日政府间关系受阻,但在这一时期,中日民间交往,由于中国采取了灵活的政策,取得了很大的进展。①

对于这一时期中国外交政策的变化,本编6-12文件进行了评估和预测。文件认为"中国视美国为其头号敌人"。"北平直接的安全利益和军事力量的有限使其主要外交政策努力将集中于破坏美国在远东的地位方面"。在资本主义世界的其他地区,中国"将试图赢得它们对中国大国地位的承认,同时削弱美国在这些国家的领导地位"。"苏联日益取代美国成为中国外交政策的首要问题"。"虽然中国领导人将继续试图推翻苏联当前的领导集团,但出现北平所希望的追随北平路线新领导人的可能性不大"。"和苏联激烈的竞争虽然有时能分散中国对美国的注意力,但时常是中国把反苏与反美同时并举"。"在共产主义世界的其他地方,北平企图减弱或替代苏联的影响,争取或分裂共产党派和统一战线运动"。"除非爆发一场大的国际战争,北平仍将继续攻击苏联的领导地位"。"北平选择了不发达的、前殖民地世界作为它最有利的斗争舞台。在这个'第三世界'里,中国不仅旨在逐步削弱美国的力量,而且试图替代苏联的影响,还试图将自己确立为不发达国家的捍卫者和指导者"。"中共外交政策在随后几年的首要目标将是:将西方,尤其是美国撵出亚洲,并削弱它们对整个世界的影响;增强中共在亚洲的影响;增强中共在世界不发达地区的影响;全面排挤或替代苏联在世界范围,尤其是在当前已陷入分裂的共产主义运动中的影响"。"只要中共仍为当前领导集团所控制,这很可能超出我们估计的期限,北平的对抗性和攻击性的姿态将会保持不变。再者,尽管我们对中国下一代领导人所知甚少,但有许多理由相信在很长一段时间里,中国的外交政策将是过分自信和毫不妥协的"。这些分析和预测基本合乎实情。

进入20世纪60年代中期,中国外交日趋"左倾"化。1965年9月3日《人民日报》发表了林彪署名的长篇文章《人民战争胜利万岁》,强调了毛泽东人民战争思想在世界革命形势中具有普遍的指导意义,提出现在是"世界资本主义和帝国主义走向灭亡,社会主义和共产主义走向胜利的时代","世界的城市"和"世界的农村"的国际政治格局,世界革命"也是一种农村包围城市的形势"以及中国是"世界革命的根据地"等等一系列观点,成为"文化大革命"期间一度占主导地位的"中国革命中心论"的主要内容。1966年8月召开的中共八届十一中全会肯定了林彪的文章。会议通过的公报进一步强调,"当前正处在世界革命的一个新时

---

① 何理主编:《中华人民共和国史》,北京:中国档案出版社1995年版,第306～308页。

代"，中国对外政策的"最高指导原则"就是"无产阶级国际主义"，①这一外交原则背离了中国历来奉行的"以国际主义和爱国主义为对外政策的出发点，团结被压迫民族和各国人民，保卫世界和平，争取人类进步，但同时遵循马列主义、毛泽东思想的'革命不能输出'的原理，恪守和平共处五项原则，不干涉他国内政"的基本立场。②

本编 6-13 文件对 1965 年 9 月 29 日中国外交部长陈毅在北京举行的记者招待会进行了评估。该文件认为"陈毅的记者招待会反映了中共外交立场总体上转向强硬"，如陈声称：越南战争正朝有利于越共的方向进展，反对在此问题上的外国调解，中国"无条件"地站在越南人民一边；如果印巴冲突扩大，中国将给予巴基斯坦"全部的道义、政治和物质支持"。文件认为这是"北京③首次如此明确地公开提及物质援助问题"。备忘录认为其强硬性还表现在：提出中国加入联合国的先决条件是，撤销指责中国在朝鲜战争中进行侵略的决议，重新审视联合国宪章，承认所有独立国家，并开除所有"帝国主义傀儡国家"；特别是陈毅希望美国"明天"就进攻中国，以使美军被完全歼灭。他还邀请英国、印度和日本加入进攻行列，并通过宣称即使"北方的修正主义领导人参与其中"，几百万的"傀儡"军队也是不够的。对此该文件认为，"在公开评论莫斯科多大程度上会伙同美国一起对付中国这一问题上，这是一位中国高级领导人迄今为止走得最远的。"至于陈毅的记者招待会反映出来的信息，文件认为，"尽管陈的讲话充满火药味，而且违反大国政治的常规，选择四面树敌，但不是准备冒险"。文件还列举了种种值得注意的现象，如新华社没有全文转发陈毅记者招待会的情况；《人民日报》和《红旗》当天的社论以及周恩来在 10 月 1 日国庆节前夕的讲话"没有对陈更为激烈的长篇演说做出回应"；陈毅通过补充说明苏联共产党和苏联人民"将不允许苏联做出这种决定"，从而"在一定程度上减弱了自己公开评论中的刺激性"；通过宣称"美军的将军们还未决定发动一场战争"，暗示任何中美冲突只有可能在美国袭击中国的情况下发生等等。文件判断认为，这些迹象"间接地表明中共以好战挑衅的姿态对最近发生的一系列挫折做出了防御性的回应"。"似乎试图通过激烈地抨击由这些问题引起的挫折来使共产党中国强大而果断的形象重放光芒"。④ 这些评判表明美国情报部门对此时中国政策的一些重要动向密切关注，而且没有仅凭陈毅记者招待会本身的强硬言论而做出妄断，但对照当时中国国内日渐左倾化的情绪，中情局似乎对中国国内形势并无足够的了解。

1966 年 3 月 11 日本编 6-15 文件通过《人民日报》3 月 1 日、7 日和 9 日发表的文章"对当前的'革命形势'采取了一种冷静的看法"这一现象来评估中国的外交动向。该文件注意到这三篇文章是以一种长远的历史视角来看问题。它们承认革命事业时常会遭遇挫折——胜利"时常会伴有倒退，前进过程中会伴随曲折"。革命道路会"像波浪一样"跌宕起伏，但共产主义必将取得最后胜利，进而推测"北京发表这些文章的初衷可能是使普通党员对中国过

---

① 陶文钊主编：《中美关系史（1949～1972）》，上海：上海人民出版社 1999 年版，第 461～462 页。
② 谢益显主编：《中国外交史·中华人民共和国时期》，郑州：河南人民出版社 1988 年版，第 388 页。
③ 在本编所收录的文件中，从该份文件开始使用"北京（Peking）"而不是"北平（Peiping）"的称谓。
④ Intelligence Memorandum: Chen Yi's Press Conference, 1 October, 1965, OCI NO. 2387/65.

去一年内在世界范围内所遭受的挫折有一个正确的认识"。这份文件还从字里行间和细枝末节来捕捉中国外交政策的意图,认为:"这些文章也可能是第一次试探性的暗示,即中国正在考虑在那些北京的教条主义路线行不通的地区对某些外交策略加以改变,使之更趋灵活务实。"理由是其中提及,当革命进程中出现"曲折"时,真正的马克思主义者应当"制定出正确的战略和策略来保持革命事业"。但"也可能只是准备在战术上有所转变,但不是整个中国外交战略的转变"。这些看法同样反映出美国情报部门对中国外交的情报分析仍然相当理性和谨慎,从中可以发现情报分析人员对中国人独特的思维方式、行为方式以及表述方式已有基本了解,但是对于这可能预示中国政策在遭受挫折的情况下走向务实的判断则不准确,显然也表明其对中国国内正在出现的某些情绪缺乏认识。

20世纪60年代后半期是中国外交的重大转折时期。从1964年中苏边界谈判失败到1968年8月苏军入侵捷克斯洛伐克,由于中苏关系不断恶化,中国的安全战略不得不进行重大调整。这次调整的主要内容是在面临美苏从南北两个方向威胁中国的安全时,中国国防的战略重点开始从"重南(美国)"转向"南北并重(美苏)",并出现再向"重北(苏联)"转移的趋势。① 与此同时,中国的对外政策也在"文化大革命"的动荡中发展变化。从1966年9月开始,中国驻外机构的工作开始与国内政治运动接轨,内部出现混乱,以致1967年8月22日在北京发生了万人围攻英国代办处,火烧办公楼,批斗英代办的事件。这一事件是"文革"期间中国外交混乱的顶点,不过它实际上也成为中国外交调整的一个契机。毛泽东采纳周恩来的建议,并决定由周恩来负责处理王力等人,实际上排除了极左领导人夺取外交大权的可能性,确立了周恩来在制定和执行对外政策中的关键地位。外交系统一度失控的局面有所恢复。中国与越南北方的关系也在1968年发生了重大改变。虽然中国1965年春季开始加强对越南北方的各种援助,并直接派遣军队进入越南参加战斗,使中越双方的关系获得了前所未有的巩固和发展,但是,中越之间潜在的矛盾因为双方在如何对待苏联援助和越美和谈问题上的分歧而日趋公开化。中国领导人最终在1968年底选择了"由越南人自己做主的立场",从而与越南北方拉开距离,"这一决定既为中国国防重点完成向北转移铺平了道路,也为后来中国领导人做出打开中美关系的决定,准备了条件"。而1969年3月2日和15日中苏两国边防军在珍宝岛发生的流血冲突,"开始把中美苏战略关系的课题提上了毛泽东及中国领导人战略思考的日程","中国决策者在1969年11月左右突破了对美关系的禁区,决定调整对美政策……预示了中国在外交上利用美苏矛盾调整和突破中美关系的前景"。珍宝岛冲突同时也推动了"美国开始迈出缓和中美关系的实质性步伐"。不过由于中美之间长期敌对与隔绝,尽管双方已经开始了接触,中国方面还是保持着高度的谨慎和警惕,"还没有最后下定推动中美双边关系正常化的决心"。② 中苏边界局势的持续高度紧张同时也对中国对苏政策产生了十分重大的影响。毛泽东经过反复的考虑,同意柯西金非正式地路过停

① 牛军:《中国外交的革命化进程》,杨奎松主编:《冷战时期的中国对外关系》,北京:北京大学出版社2006年版,第152页。
② 参见陶文钊主编:《中美关系史(1949~1972)》,上海:上海人民出版社1999年版,第463~475、505页。

留，在北京机场会见中国领导人，使极度紧张的中苏局势出现了一线转机。1969年10月20日，中苏边界谈判在北京举行。

录入本编的最后的6-16文件旨在"试图评估中国在未来的一年内如何在国际政治中扮演这一新的角色，与此同时也试图通过评估那些最有可能保持长期不变的政策因素，以及那些易受国内外事件影响的变数，来审视北京的选择余地"。该文件认为："随着'文化大革命'激进、狂热阶段的消退，北京实质上已经重新恢复先前的外交立场，并开始在新的地区争夺影响力。"认为："目前，中国人将苏联看作他们最主要的军事威胁。通过接受与苏联谈判，缓解边界紧张局势，以及改善中国外交形象，中国人显然断定他们已经降低了与苏联敌对的风险。然而，在此时的中苏会谈中，中苏真诚和解的前景依然渺茫。"在毛的有生之年，"中国在意识形态问题上做出重大妥协的可能性几乎不存在"。"北京对美国的态度已经从先前的毫不妥协转变为比较灵活，以期更好地利用中美关系来达到中国的目的……然而，在追求这种新的灵活性时，北京并不期望中美关系过早地取得较大进展"。在东南亚，"和公开地运用军事力量来利用该地区可能的发展事态相比，北平更可能采取增加对颠覆和叛乱行动支持的方式。中国人会力求保持他们革命领导者的角色，同时避免使自己承担不适当的损失和冒险。除此之外，在适应其需要时，他们会依靠常规的外交"。

从中国外交变迁和美国情报评估的反应来看，美国情报评估和中国外交的实情基本合拍，美国情报界对一些重大事件和重大变化保持高度的敏感并有基本准确的把握，但时事评估在细节上和发展走向问题上的判断往往难免出错。在本编6-16文件中，中情局自己也不得不承认，"在刚开始的时候，我们对北京决策过程所知甚少，因而对其短期战术行动的评估容易出现失误。就像过去那样，中国政策的突然扭转和改变方向很可能继续出乎我们的意料"。

二、美国对华外交评估的关注焦点及基本结论

（一）中国外交政策的目标与动机

中国外交政策的目标与动机是美国对华情报评估的核心问题。对此，本编6-12文件的基本估计是："中共外交政策的最终目标是根据北平的马列主义武装革命理论来建立一个共产主义世界，但这是一个遥远的目标，更多的是一种希望和信念而不是直接的行动目标或目的。"其更直接的目标在于维护中国自身的战略利益："寻求安全、推进世界共产主义革命以及追求民族强盛。""这几个动机相互交织、互相影响，很难判断究竟哪一个起主导作用。"[①]但在不同时期，情报部门评估的侧重点是不同的。

在新中国建国初期，美国驻香港总领事馆的电文分析认为："对中共过去四年中的行为所进行的仔细研究显示，他们目前最为关注的头等大事是国家安全。""他们也对推进世界

---

① Foreign Service Despatch(from AMCONGEN, Hong Kong to The Department of State)；Chinese Communist Foreign Policy Objectives，July 16，1953，CIA Murphy Papers，Box 32.

共产主义革命抱有兴趣,但目前不太可能为了这个目的而冒巨大的风险,除非他们认为这种革命运动对自身安全至关重要。"其认为此时(1953 年 7 月 16 日)中国最主要的外交政策目标似乎是以下这些:巩固和完善他们同苏联的联盟;在其周边地区促进和建立可以作为缓冲的友好国家;尽一切可能阻止日本和美国之间的合作;做好准备收复台湾和其他可能作为对方进攻基地的失地。为此,中国领导人不仅仅通过国际关系领域的行动来寻求安全,更为重要的是使增强国力成为必要。① 可见在这一时期的情报评估中,安全被认为是中国的当务之急,防御具有压倒一切的优先地位。

到 20 世纪 60 年代,挑战美苏在亚洲和共产主义世界的领导地位,确立中国的中心地位则成为基本结论。如本编 6 - 12 文件的结论是:"中共更直接的目标是:(1) 将西方,尤其是美国撵出亚洲,并降低它们对世界的影响力;(2) 增强共产党中国在亚洲的影响力;(3) 增强共产党中国在世界不发达地区的影响力;(4) 全面排挤苏联在世界上,尤其是在当前已经分裂的共产主义运动中的影响力。"而 1966 年 1 月 1 日的评估报告则进一步认为:"共产党中国的国家政策是,在尽可能短的时间内将中国建成一个强大、统一、现代化的国家;恢复其在亚洲和世界的领导地位;(让中国)因其军事、政治和工业实力而得到尊敬;因其文化而享有盛誉;因其对共产主义理论的富有原则性的解释而受到追随,而且因其经济组织形式而成为整个不发达世界的典范。"

1970 年底本编 6 - 16 文件的评估则是:"随着'文化大革命'激进、狂热阶段的消退,北京实质上已经重新恢复先前的外交立场,并开始在新的地区争夺影响力。""其动力在于强调和平共处和通过常规的、外交的途径扩大影响力。""一旦遭到侵略,中国会进行不屈不挠的战斗,但我们找不到会迫使北京采取扩张政策,哪怕更冒险的政策的动因。即便它有口头敌意和背地挑衅,但不论是现任还是今后的中国领导者都不会把对外冒险视为解决中国问题的出路。"

综观美国情报部门的分析,中国外交的基本目标是维护国家安全,充当地区或世界大国,以及共产主义世界的领导者。但其轻重缓急和具体目标几经变迁:在 20 世纪 50 年代为确保政权生存的安全目标是第一位的;到 60 年代以追求强国和革命理想为主,在亚洲与美国对抗,在国际共运中与苏联争夺"领导权",在第三世界"输出革命";到 60 年代末 70 年代逐渐转向稳健、务实的外交目标。

(二)中国外交政策的影响因素及特点

有关中国外交政策的影响因素与特点,美国情报部门的基本结论是:"中共所追求的目标、方法及风格,是在意识形态、中国传统、中共现任领导人用以达到目的的权力机构、这些领导人的个性和经验等因素共同作用下形成的。"②

意识形态对中国对外政策的影响:

第一,共产主义意识形态是中国共产党认识世界和改造世界的基本途径,是中国在亚洲

---

① Foreign Service Despatch(from AMCONGEN, Hong Kong to The Department of State):Chinese Communist Foreign Policy Objectives,July 16,1953,CIA Murphy Papers, Box 32.

② NIE 13 - 7 - 65, Communist China's Foreign Posture, 5 May 1965.

输出革命的思想基础和必由之路。"共产主义信条不仅为中共提供了一个评估特定国际形势的框架，也影响了它的策略，并为其从事宣传和颠覆活动提供了特别有效的手段，这是一种为那些在世界舞台上没有强大物质基础的国家提供的特别重要的外交政策工具。"①"共产主义信条在中共夺取政权的斗争中被证明是一件极为成功的武器……在某种程度上，由于他们坚信马克思列宁主义的正确性，他们势必将共产主义在亚洲的推进与其自身安全环境的改善相提并论。"②

第二，毛泽东思想造就了中国外交"暴力和好战"的特色，但和平共处亦为重要手段。"强调阶级斗争和世界革命不可避免的毛泽东思想给传统的中国动机注入了一种暴力和好战的因素。它试图通过发动世界上的贫穷国家击败富裕的西方大国，把中国国内战争的革命经验搬上世界舞台。然而，北京也认识到这种革命路线的局限性，因而接受并逐渐形成了一种在必要时加以应用的和平共处政策。非常类似于在中国国内战争期间曾使中共大为受益的国内统一战线政策，和平共处路线最初是打算作为对国际行为规范的暂时调节，一旦其他国家遵循了中国的革命路线就会被更换。但是当世界革命的前景黯淡下来，即便对更正统的革命斗争政策的宣传力度一直很高，和平共处在中国对外政策中仍担任着更重要的角色。"③

第三，毛泽东思想的战略战术使中国外交目标远大，但行动谨慎、立足现实。"一个支撑中国人面对不确定的持久战仍然保持革命意志的重要概念在毛的'在战略上藐视敌人，在战术上重视敌人'的警句中得到了体现。这就意味着处于劣势的力量对最终的胜利必须有充分的信心——它必须藐视敌人的意志力和持久力，但在走向最终胜利的道路上，在与敌人所有实际的交战中，必须对敌人的优势力量，始终保持清醒的认识。据此，北平的对外政策有着巨大而危险的野心，但在实践中一直都是谨慎而现实的。"④

第四，意识形态话语在中国对外政策的表述中扮演着格外重要的角色。"尽管决策者们可能对革命信条持有不同程度的信念，但所有的人都必须使用特定的术语来证明其计划的正确性。这种证明自己正当性的行为由于'文化大革命'而变得尤其重要，因为在此期间，党内分庭抗礼的清洗者与反清洗者都通过把国内政治背叛与国外的异端邪说挂钩来为自己寻找合理性。例如，'文化大革命'期间许多国内要人就因被控以走亲苏或者社会帝国主义路线的罪名而遭到罢免。随着'文化大革命'过激性的平息，甚至向更正常外交的回归都要披上毛泽东思想的外衣。"⑤

最后，当意识形态和中国的国家利益发生冲突后，亦即在国际主义和爱国主义两者无法并行不悖时，国家利益是第一位的。即便在中国外交最为激进、"左倾"的 20 世纪 60 年代，

---

① NIE 13－7－65, Communist China's Foreign Posture, 5 May 1965.

② Foreign Service Despatch(from AMCONGEN, Hong Kong to The Department of State): Chinese Communist Foreign Policy Objectives, July 16, 1953, CIA Murphy Papers, Box 32.

③ 见本编 6－16 文件。

④ 见本编 6－12 文件。

⑤ 见本编 6－16 文件。

美国情报分析仍然认为:"中国人的国家利益仍然具有相当的分量,即便在那些至少需要暂时牺牲共产主义目标的情况下。"并指出中国在喜马拉雅山脉地区关于边界问题对印度奉行的政策就是"为国家利益而牺牲共产主义目标的最突出例子",因为"这种行为不仅与旨在寻求印度赞同和支持的国际共产主义政策相冲突,而且构成了印度共产党软弱和分裂的主要原因"。①

中国传统对中国外交的影响:

综观情报部门的评估分析,其基本认识是:中国悠久的文化传统和近代以来的屈辱经历使中国领导人产生了强烈的民族自尊心和不安全感(对民族尊严和国家主权的高度敏感)以及在亚洲的"扩张"倾向。这些成为民族主义、爱国主义与牺牲精神的原动力和持久支撑力,而且传统的因素比共产主义因素有更为强大和持久的影响力。"中共继承了中华民族相对于其他亚洲民族传统上的优越感,并相信中国是这个地区天然的政治、经济中心。"②"他们对其民族、历史、文化怀有一种强烈的中央意识,这种意识导致他们在对待其他国家和民族时,往往以傲慢的和俨然恩人的态度自居,这也使他们对不管是真实的还是想象的怠慢或不尊敬极其敏感。"③"在某种程度上,北京仍旧用传统方式来理解外部世界。大中华帝国的中心观念在共产主义出现之后仍然幸存。19 世纪给绝大部分中国人留下了痛苦和挫折的深刻印记,那些被他们视为由外国人造成的不平等待遇的痛苦经历激发了他们的民族主义和爱国主义情绪。这种受到不公正对待的情绪和挫折感促使人们极易接受巨大的牺牲,并使得目标宏伟但不切实际的共产主义革命计划容易成为可能。即便大众的期望一次次落空,中国的民族主义作为基本动力仍在一次次地被利用。与毛泽东思想作为意识形态在其缔造者死后难以长存不同的是,中国在世界上享有特权地位这种传统的观念可能会成为现在和任何可预见的中国政府的永恒主题。"④

中国领导人的素质对外交的影响:

在情报评估中,中国共产党人都具有牺牲精神、坚定的信仰、远大的理想、勇往直前的必胜信心和百折不挠的革命意志。中共领导人的这些基本素质对中国外交产生了如下方面的影响:首先,中国领导人坚定的共产主义信仰使中国外交具有鲜明的理想主义和革命色彩。"中国领导人都是具有牺牲精神的、甚至是狂热的共产主义者……尽管他们在前进的道路上遭受了种种严重的挫折,但他们相信,只要共产主义原则被正确地理解和执行,让中国成为世界共产主义运动中心的长远目标就一定能实现。这种思想信念赋予了共产党中国外交政策一个救世主的角色,并给它提供了巨大推动力和承受力。"其次,共产主义信念使中国外交具有始终向前看的远大视野。"中共充分证明了他们在面临几乎是看不到希望的逆境里仍然专注于长远目标的能力,并且时常以牺牲短期目标来坚持长远目标……他们强调持久战

的概念,认为一个坚持正确的思想路线、团结而坚定的革命队伍能够最终拖垮松散的和缺乏献身精神的敌人,不管它当初具有多大的优势。他们相信,找准敌人薄弱环节予以连续的打击必将消耗它的力量并使之最终处于绝对的劣势。"再次,共产主义信念在中国外交中并非教条,而是原则性与灵活性的高度统一。"虽然共产主义的社会经济理论有时可能会让中共领导人误解一个具体的形势,但他们不会让这些理论真正约束他们选择贯彻政策的方式。在只要目标正当就可以不择手段的共产主义行为法则的引导下,他们也乐于使用违背共产主义具体理论的策略,如他们隐晦地提倡对白人甚至是信奉共产主义的俄国人的种族偏见。"①

中国国情对外交的影响:

第一,受制于中国的国力和地缘政治因素,中国客观上难圆强国梦想,但巨大的人口因素又使之对大国理想执著追求。总体上讲,"在北京实现基本目标的道路上,横亘着诸多国内、国际的障碍,不论这些目标是中国成为一个大国和世界革命的领导者,还是作为一个主要涉及亚洲利益的更加传统但高度民族主义化的国家"。"在国内方面,确保稳定和国力的一些基本要素,例如经济、军事、政治稳步增长的目标还远未达到。即便在最好的情况下,中国经济能力低下势必限制其对国际事务的掌控能力。在国外方面,中国的抱负仍旧直接或间接地受到现实国际格局的制约,特别是中国周边大国的制约"。②"中国在物质上是一个不发达国家,它的武装力量既不能到达中国边界以外的地方,也不能进行高科技战争,而这方面美国和苏联都有能力做到,因此中国只能对其亚洲近邻形成直接的军事威胁"。但是另一方面,"正是中国巨大的人口资源鼓励北平渴望成为一个占主导地位的世界大国,而使其对可能遭受重大人员损失的后果不会有太多的顾忌。因此,中国的人口众多与幅员辽阔使得中国领导人相信,从长远来看,无论遭到多么严重的军事惩罚,它能最终包围和歼灭入侵者"。③

第二,中国共产党出生入死的斗争历程,使其形成了"枪杆子里面出政权"的思想,在对外交往中表现出以斗争求生存,"崇尚暴力",强调斗争,反对谈判和妥协,以及"输出革命"的政策倾向。如在20世纪50年代的情报评估中认为:"中共领导者为自身的生存进行了20年的艰苦斗争。在这期间他们依靠自己的武装力量求得生存,这种经历导致了中国共产主义者的思维中存在强烈的军事偏向。政治领导者也被迫成为军事战略家。毛泽东自己的讲话在政治和军事上具有同等的权威性。从这种背景出发,很自然地,中国共产主义领导人想象他们被敌人包围,而且以最紧迫的态度着手创造保障其政权存在的必要条件。"④在60年代的评估中仍然认为:"中国领导人通过数十年的暴力取得了现在的政权,这导致他们在追

---

① 见本编6-12文件。
② 见本编6-16文件。
③ 见本编6-12文件。
④ Foreign Service Despatch(from AMCONGEN, Hong Kong to The Department of State):Chinese Communist Foreign Policy Objectives,July 16,1953,CIA Murphy Papers, Box 32.

求国家目标时极其强调暴力的效力和必要性。他们认为调整当前的世界秩序是无济于事的，必须摧毁它然后代之以共产主义的（中国式的）世界秩序。""中共20多年进行游击战争夺取政权的独特经历已深深影响了中国领导人的思维方式。毛泽东和他的那些经验丰富的同僚们是如此善于将共产主义理论适应中国的经验，以致中国的和共产主义的因素在实践中有机结合在一起。而后在很大程度上，北平的对外政策就是将在长期的国内战争中发展起来的原理和概念推向世界舞台。""中共的对外政策主要是革命战争的战略。也就是说，它显然是根据冲突而非谈判来处理与其他国家的关系的。中共也鼓励和支持针对那些与中国的对手结盟者的革命战争，且任何妥协或让步，除非战术上的权宜之计，均被认为是投降。""国际政治被看作是一场使对手不断受到骚扰和威胁的大的游击战。"①

第三，"高度集中的政治体制"使外交成为政治行动和宣传战的工具。"作为一个极权国家，共产党中国寻求一个总的对外政策，每次行动都被看作是政治行动。同时，它深知多数国家的多元性，并运用它的政治手腕有选择地针对不同国家的不同目标。外交、贸易和援助、形式多样的宣传、颠覆和暴动、军事威慑、核讹诈——所有这些都被同时和按照认为合适的不同的比例在使用。对于具有福音传道者性质的中国共产主义来说，宣传是一个非常有效的手段，很适合一个物质力量有限的国家。中国人很擅长用它。例如，他们能为来访的显要人物制造一个热情洋溢的人民群众夹道欢迎的盛大接见场面，这种场面对哪怕是久经世故的客人，甚至如巴基斯坦的阿尤布·汗，都会有显著的效果。旅行在外的每个中国人，从文雅敏锐的周恩来到出身卑微的杂技演员，都是北平对外宣传的活典型。"②

（三）中苏关系

在美国对华外交情报评估中，"苏联的态度是中共许多对外政策决策的背景"。③"它制约和决定了中国同其他共产主义国家、第三世界及西方打交道的态度"，④因而占有突出分量。关于中苏关系，情报评估主要涉及这样一些问题：

第一，在20世纪50年代中苏同盟巩固时期，评估的焦点是中国对苏政策及其相对于苏联的独立性问题。当时的结论是："意识形态的信念、先前从苏联得到的帮助以及（与苏联）漫长的陆上边境问题，使得中共偏向于寻求与苏联的联盟而不是与之对抗"；"中共外交不同于苏联的外交，但没有实质性的差别"；"中共出于维护中国安全和威信的考虑可能奉行与苏联不同的外交政策。然而，只要他们赞同苏联式的共产主义，他们的行动自由就会受到严重限制，几乎难以超出策略问题之外。"⑤

第二，50年代末60年代初，随着中苏分歧的发展，中苏分歧的程度和走向成为评估的

---

① 见本编6-12文件。
② 同上。
③ 见本编6-8文件。
④ 见本编6-16文件。
⑤ Foreign Service Despatch（from AMCONGEN，Hong Kong to The Department of State）：Chinese Communist Foreign Policy Objectives，July 16，1953，CIA Murphy Papers，Box 32.

关键问题。根据沈志华的研究,"在中苏分歧出现后的很长一段时间里(大约五年),中央情报局始终没有预见到甚至不愿相信中苏同盟会走向破裂"。从1956年中苏分歧出现,到1960年公开化,直到1963年中苏两党、两国关系全面决裂前夕,美国情报评估的基本预见是中苏因为意识形态和国家利益而将保持牢固的盟友关系,虽然会有分歧和摩擦,但"中苏关系中的内聚力会比离心力更为强大"。"任何一方都不想把矛盾推向会给两国关系造成无法弥补后果的程度"。直到1963年5月1日中央情报局的评估报告才对此做出了比较准确的判断和预测,认为"北平同莫斯科的争端源于无法调和的国家和政党利益这一基本问题","虽然两党都非常希望避免承担造成世界共产主义运动分裂的责任,从而分裂的机会正在减少,但正式的分裂随时可能发生"。①

第三,中苏公开决裂后,对中苏同盟破裂的程度及其对中国外交的影响是主要关注点。关于中苏分裂的现状,评估认为,"近年来,苏联日益取代美国成为中国外交政策中的一个主要问题。在这个问题上,也是因为民族主义和意识形态因素的共同作用,导致了共产党中国对苏联强烈的敌意。""和苏联的激烈竞争有时能分散中国对美国的注意力,但中国时常是把反苏与反美同时并举"。②"中苏之间的争端已经激化到了如此程度,以致北京和莫斯科现在已陷入到他们自己的'冷战'中。在如何从事反西方的斗争、西方国家的共产党如何夺取政权,甚至在什么才是真正的'马克思列宁主义'政党的问题上,两党不再存在一致认识"。③"在共产党集团内部,中共鼓动像罗马尼亚那样的独立性,并尽可能鼓励像阿尔巴尼亚那样投靠中国的变节行为。在一些非共产党国家,例如日本和新西兰,他们已经赢得了对当地共产党的控制。在其他国家,他们正在推进党派分化。""在共产主义联盟阵线运动方面,诸如世界劳工组织之类,中共也试图夺取领导权,并使该组织倒向中共的好战政策。他们在限制和阻挡苏联参与各种亚非组织和会议方面相当成功。在可以预见的将来,中共将继续其在世界左翼运动中取代苏联领导地位的活动。"④

(四)中国对美政策及中国的"威胁性"问题

第一,中国对美国人的认知、定位和对策

认知:美国是"国际紧张"的主要制造者;殖民主义、"半殖民主义"和"反动思想"的主要堡垒;⑤"是阻止中国实现意识形态目标和国家目标的最大障碍";⑥美国的强大"只是表面的和暂时的",美帝国主义是纸老虎。⑦

---

① 参见沈志华:《中央情报局对中国局势的评估和预测(1958～1959)》,《国际冷战史研究》,第一辑,华东师范大学出版社2004年版,第267～268页以及沈志华为本套书第一编"中国综合状况"撰写的导论。
② 见本编6-12文件。
③ Intelligence Handbook: Communist China, 1 January, 1966, OCI, No. 0942/66, DDRS CIA-1810.
④ 见本编6-12文件。
⑤ Chinese Communist World Outlook: Regarding the United States, Prepared by the Division of Research for Far East, September, 1956.
⑥ 见本编6-12文件。
⑦ Chinese Communist World Outlook: Regarding the United States, Prepared by the Division of Research for Far East, September, 1956.

定位:"意识形态和民族主义的欲望共同促使美国成为中国的主要敌人。根据共产主义信条,作为资本-帝国主义世界的领导力量,美国是必须被摧毁的恶魔,只有这样才能证明共产主义信条的正确性和为迈向共产主义扫清道路。从中国人的民族主义角度来看,美国是阻挠中国完成统一和遏制中国在东南亚扩张的障碍。对中共来说,美国在西太平洋的军事存在是对他们的安全的主要军事威胁,假如中国想控制远东的话,必须削弱且最终消灭美国在该地区的力量。"①

对策:"中共直接的安全利益和有限的军事力量导致北平把主要的外交努力用于改变远东的力量平衡。它坚持不懈地激起远东地区人民的反美情绪,破坏美国的联盟及其军事基地协议。它期望能最终迫使美国放弃台湾","在世界的其他地方,中共千方百计削弱美国。他们的目标是在切实可行的地方支持和促进反对帝国主义的革命,并以之作为分散、排挤美国力量和让亚洲、非洲和拉丁美洲人民视美国为白人帝国主义压迫者的一种手段。"②

第二,中国对美国的"威胁性"问题

总体上讲,情报分析认为,受制于有限的国力和资源,中国目标有限,行为谨慎,但在中国至关重要的安全利益受到威胁或者在几乎没有风险或很少风险的情况下,中国具有"威胁性"。"迄今为止,国内困难似乎并没有对北平的对外政策产生直接的影响。然而,若长期日趋严重的经济倒退到了可能动摇北平领导人的自信心,并完全占据他们注意力的程度之时,我们相信北平对外政策的主动性的余地和范围将可能减少。但是,国内困难不可能抑制北平追求那些看来不需要冒很大的风险即可达到的目标,也不可能阻止它在自己认为国家安全受到威胁的情况下采取直接行动。""一般而言,中共几乎不会认为,为了扩大自己的影响或使其他国家共产主义化,需要诉诸公然的军事侵略,另一方面,当使用军事手段只需冒很小的风险或者根本不冒风险就能扩大他们的控制范围时,他们将全无内疚感、不受良心谴责地加以运用。"③

在中情局看来,中国在亚洲地区最具"扩张性"和"威胁性",主要是中国在这一地区特有的优势使然:

其一是军事优势:"中共以其现有力量能够在大陆上实施大规模的地面战斗。除非遭到包括美国在内的西方力量的有效抵制,他们几乎肯定能够夺取东南亚的大部分、朝鲜半岛和台湾","而对中共的恐惧以及随之而来的不愿去刺激或冒犯北平,增加了一部分国家在北平政治和军事压力面前的脆弱性";

其二是政治优势:"因为共同的遭遇和利用经济渗透手段,中共有相当的能力在远东国家中进行宣传和发动政治攻势;北平能够努力使用多种方法增强在非共产主义国家的颠覆能力;北平在远东非共产主义区域从事颠覆活动的绝对能力还因目标国家的脆弱性而得到提升。"

---

① 见本编 6-12 文件。
② 同上。
③ 见本编 6-8 文件。

其三是苏联的作用。即便中苏同盟已濒临破裂,1961年11月30日中情局的评估仍然认为,"尽管在远东的政策上北平可能比莫斯科的风险更大,但它们之间仍有大部分政策是交叉的。虽然北平要依赖莫斯科的核保护这一事实能够(使苏联)限制那些被认为是过分冒险的中国政策,但这还是给了北平相当大的灵活性。另一方面,中国人有可能仍这样估计,最终苏联是不会眼睁睁看着共产主义在中国被打败的,因此,即使苏联不赞同北平的政策,但仍然不会袖手旁观"。①

(五)中国对亚非拉的政策

第一,中国对亚非拉的总体考虑

美国情报部门从20世纪60年代开始重视评估中国在亚非拉的政策,注意到:"'亚非拉'作为一个习惯用语不仅出现在北平的对外宣传中,而且在其理论刊物和政治思想教育计划中也频繁出现"。"中共领导人将世界各国分成以下三类:共产主义世界,包含中国和其他共产党国家;资本主义世界,由美国、西欧、白人英联邦国家及日本组成;第三世界,包括不发达的、前殖民地的、大多数亚洲、非洲及拉丁美洲的非白人国家。规避传统的大国均势政治,北平选择了同时挑战美国和苏联。但出于对美苏占优势的物质力量的敬畏,北平力求避免和它们中的任何一个有正面的军事冲突,而将第三世界作为与它们角逐的主要场所,这也反映了中共在国内战争中所发展的把力量集中在不发达的农村而非城市的观念。"②中国在60年代选择亚非拉作为突破口的主要理由还在于:1."亚非拉不发达国家代表了世界的五分之三,如果赢得这些国家中的大多数的支持,就能确保达到最终目的"。2."中共领导人相信开展大规模的反殖民运动和共产党领导下的革命运动的世界形势业已成熟,社会主义集团的军事和政治力量已经增强到在一场军事决战中西方不再能够确保取胜的程度。"③3."在指导非洲、拉丁美洲,特别是亚洲其他不发达国家的问题上,中共认为他们自己的经验比苏联的经验更值得借鉴。"④

中国在亚非拉的目标就是排除美苏的影响,确立中国的主导地位。"在第三世界,中共不仅旨在消耗美国的力量,而且意欲取代苏联对左翼运动的领导权;他们也希望在这一地区从事一些公共事业以确立其作为不发达国家的捍卫者和指导者的地位。"⑤

手段:"在第三世界里,北平动用了所有的外交手段,并根据当地的情况来选择单独还是组合使用某些外交手段"。"在使用各种手段推进外交政策的工作中,北平是灵活的、实用的和机会主义的"。"为了寻找他们之间的共同点,北平避免强调共产主义的形式而侧重反对帝国主义、民族解放以及不公开的提倡反白种人的情绪"。中国人对使用暴动寄予厚望。他

---

① 见本编6-8文件。
② 见本编6-12文件。
③ 见本编6-8文件。
④ 同上。
⑤ 见本编6-12文件。

们设法促进和帮助当地任何可行的"解放战争"。他们利用当地的人力,而且尽可能地利用当地的或俘获的装备。他们提供训练、顾问、有限数量的物资和大量的宣传支持。①

第二,中国在亚非拉的具体政策

亚洲是中国影响最容易达到的地区,也是美国评估中国政策的核心地区。集中反映美国情报部门对中国亚洲政策评估的关键文件是《中央情报局关于中国在远东的能力与意图的特别国家情报评估》(1961 年 11 月 30 日),该文件通过对中国在远东的目标、自我定位和实力的分析,对中国在该地区的能力与意图进行了专项评估。

关于中国在远东的目标,文件认为:"中共在远东的长远目标是使这一地区在北平的领导之下全部共产主义化。除此之外,它还有许多过渡性的短期目标,如巩固共产党中国的大国地位;在整个远东地区,特别是在台湾,减少并最终消除美国的军事存在,消除美国的影响力;瓦解和颠覆亚洲的非共产主义政府;伺机在该地区的某些国家发展共产主义"。"为达到消除美国在远东的影响并将自己建设成这个地区占统治地位大国的目的,北平可能已将夺取台湾和使日本、印度共产主义化作为它的战略中最为重要的目标。但是,就时机而言,南越和老挝是其近期的主要目标。如果国内力量允许,中共将追求和扩大其在东南亚和其他地区的渗透努力。"②

具体手段:在这一地区,在评估时间段内,几乎可以肯定,"中共不会用公开的军事手段征服任何其他远东国家",它"将继续主要运用共产主义政治战的方法在远东追求其过渡性目标",尤其是"将抓住一切机会去破坏美国在远东的地位,消除美国在此地区的存在和影响":要在美国的基地问题,特别是在冲绳和日本的基地问题上施压;会把远东任何地方的经济困难都归罪于美国的政策;将继续努力利用这一地区任何团体或阶层群众的反美情绪和(人们)对核战争的恐惧,将那些亲西方的国家推向中立主义;将继续努力削弱美国对东南亚的非共产党国家支持的效果;当中共领袖们估计一个亲西方的国家的国内情况足够虚弱时,他们就会加强在该国的政治行动,辅之以游击-恐怖战术来反对现政权。这些行动将由当地力量(通常由中国培训)来完成,中国则提供技术指导和顾问;将对亲西方的政权和善意中立的政权采取区别对待的政策——将对南朝鲜、日本、南越、泰国、马来亚和菲律宾政权实行不同程度的宣传攻势和颠覆行动,同时对那些中立政权,例如缅甸、印度尼西亚和柬埔寨则提供经济援助。即使在这些中立国家中,中共也会利用一些共产主义的或者亲共的因素,来反对当局向西方靠拢。"几乎可以肯定,虽然北平不愿在远东发动军事侵略,但是对任何在它看来威胁到其自身安全的美国或东南亚条约组织的行动它都会做出强硬反应。"③

美国情报分析认为,中国视非洲为充满机遇的第二大地区,从 20 世纪 60 年代初开始花大本钱在这一地区扩大影响,并在两三年的时间就在该地区取得了相当可观的影响。其手段是灵活多样的。在一些国家,如刚果(布拉柴维尔)以及直到最近的布隆迪,它通过"贿赂"

---

① 见本编 6-12 文件。
② 见本编 6-8 文件。
③ 同上。

得到不少的好处。在其他地方,它通过提供经济援助也获得了一些超出其付出的相当多的政治利益。尽管中国的军事援助是秘密性质的,但它向包括刚果(利奥波特维尔即金沙萨)和莫桑比克在内的一些非洲国家活跃的或潜在的革命者提供军火"是众所周知的"事情。在那些中国设有大使馆的国家,使用公开的外交手段往往能奏效。国家领导人的互访也卓有成效。中国资助了好几种非洲杂志,以致非洲大陆"充斥着"中国的宣传文学。非洲人被带到中国接受颠覆活动和游击战方面的训练。另有不少人享受津贴在中国的大学学习。①

在拉美地区,中共也将继续寻找机会给美国制造麻烦。它可能会尝试与一些拉美现政权改善关系,特别是当这些政权与美国关系恶化时。但总体上讲,拉美和非洲相比,社会秩序比较稳定,可供中共利用的机会很少。而且,很多拉美国家的共产党早已与莫斯科建立了稳定的关系。②

(六) 中国对其在联合国的席位问题的政策

美国的情报分析认为,中国对联合国席位问题的立场是矛盾的。一方面,加入联合国可以提升中国的国际地位,在国际组织中影响发展中国家,加大共产主义世界的影响力,同时在美英之间制造不和,从内部破坏和削弱美国的计划和影响力。另一方面,由于有更为紧迫的目标;由于不看重传统外交方式;由于对联合国在朝鲜战争期间追随美国、惩罚中国等问题上的做法耿耿于怀;由于联合国致力于"维和"行动与中国旨在推进世界革命的目标相抵触,所以加入联合国并不是中国的优先目标,而且事实上中国的行动在使其加入联合国的任何可能性都遭到破坏。中国更不准备为取得在联合国的席位付出代价,甚至提出如果中国加入联合国,西方必须满足一些先决条件,如驱逐国民党代表、撤销联合国先前谴责中国为"侵略者"的决议,改组联合国等。中国在联合国席位问题上的这种矛盾态度使中国的政策在不同的具体环境下存在不同的表现形式:

中华人民共和国成立伊始,中国就开始积极致力于获取联合国的席位,但是在美国的情报分析看来,"即便共产党方面对联合国席位问题一直很关注,有时还将之提到首位,但他们的行动一再表明,加入联合国并不是北平政府的首要目标之一"。而且"它有时所采取的方式似乎要存心毁坏任何可能达到目标的希望"。原因主要在于,"其他目标更具优先性":如"征服台湾"这一"最高军事目标"可能使"联合国席位问题自动得到解决";清除西方在华影响这一目标使中国不愿意为换取国际社会对中国的承认或联合国席位而付出代价;而"建立和巩固一个亚洲共产主义集团"这一目标也优先于获得承认和联合国席位。③

随着朝鲜战争结束,美国情报分析认为,由于"朝鲜的停战将会排除北平在联合国席位问题上的最大障碍";三年的反西方宣传和中共政权足够稳固可能使中国不必担心与联合国保持接触的后果;中国在除印度支那以外的其他东南亚地区对"武装斗争的降调"而准备与

---

① 见本编 6-12 文件。
② 同上。
③ Department of State：Office of Intelligence Research, Intelligence Report：Communist Attitudes toward Chinese Communist Membership in the UN，July 31, 1953.

许多亚洲国家开始建立一种更正常的关系，"中国的联合国席位问题很可能会再次占有比较大的分量"。然而，"不管是北平还是莫斯科都认为，北平在联合国的席位并没有重要到可以成为做出可能侵害共产主义安全和长远前途的让步的理由"。"仅仅为了得到联合国的席位而让他们做出重大让步，诸如涉及印支或者台湾问题的让步，都是不大可能的"。①

到 20 世纪 60 年代中期，"联合国既吸引中共又让它感到不快"。他们一直试图派代表占据联合国五大常任理事国之一的中国席位，并将继续为取得联合国席位寻求国际支持。然而由于中国仍然对联合国在朝鲜战争期间针对他们的行动和年复一年地被联合国拒之门外的屈辱耿耿于怀，对联合国所从事的"在中共看来是在贯彻美国意志和旨在扑灭中共希望加以推进的混乱局面"的维和行动强烈不满；而且"北平认为他们的根本利益不在于要作为一个效用不断增强的联合国的一员……而在于短期内利用它并最终摧毁它"。所以这一时期，中国不仅不准备为进入联合国付出代价，仍然坚持"必须先驱逐国民党"②反而进一步要求"撤销指责中国在朝鲜战争中进行侵略的决议、重新审视联合国宪章、承认所有'独立'国家，并开除所有'帝国主义傀儡国家'"。③

到 70 年代，为努力重返世界舞台，中国人对联合国席位"表现出了空前的兴趣"，此时中国放弃了先前对其成员国资格所"附加的一些国际组织显然不可能接受的先决条件"，并采取了一些先前不屑一顾的做法，如派出使者在联合国内寻求支持等。但在一个中国的原则和在中国接受联合国席位之前国民党的代表必须撤离或被驱逐的问题上仍坚持既定立场。④

三、美国对华外交评估的特点与误区

杜鲁门政府建立中情局的初衷是"着重于收集和分析情报而不是进行秘密行动"。⑤ 而凡属国家的情报组织，其主要使命是为政府决策者提供"情报成品"。这类情报成品有别于通过间谍活动与其他秘密手段得来的未经加工的情报。它是从各种来源（秘密的、官方的与公开的）收集到的、并为迎合国家领导人需要而由真正的专家精心考证和分析过的情报资料。⑥那么，美国对华情报评估的情报来源到底有哪些？情报专家在做出评判时会遵循怎样的逻辑？会呈现出什么样的偏向性与误区呢？

（一）情报依据

根据沈志华教授提供的资料和研究结论，"到 1949 年 6 月，中央情报局已经撤退了在中国大陆的所有工作人员，如果需要则派遣特工人员潜往大陆搜集情报。到 1956 年，由于派

① Department of State：Office of Intelligence Research，Intelligence Report：Communist Attitudes toward Chinese Communist Membership in the UN，July 31，1953.
② 见本编 6-12 文件。
③ Intelligence Memorandum：Chen Yi's Press Conference，1 October，1965，OCI No. 2387/65.
④ 见本编 6-16 文件。
⑤ 维克托·马凯蒂、约翰·马克斯著：《中央情报局与情报崇拜》，生活·读书·新知三联书店 1979 年版，第 22 页。
⑥ 同上书，第 22、33 页。

遣工作屡遭失败,中情局便关闭了所有旨在对付中国的海外行动中心"。"他们的所谓'情报',除了美国驻外各机构道听途说的消息外,主要来自在中国大陆公开出版的报刊杂志和电台的广播,通过高空侦察等技术手段得到的资料不多"。但是"为避免落入国民党意识形态的偏见和圈套,美国当时基本不接受也不重视台湾情报机构收集的情报"。①

根据曾在中情局供职十余年、对中情局内情了如指掌的当事人的说法:"在对付中国方面,没有任何与情报局有关的间谍活动获得成功。然而对美国来说幸运的是,中央情报局的技术专家们和他们在五角大楼以及秘密部门中的同僚们多年来发展了一系列范围广泛的电子技术,来收集许多关于苏联和中国的有用情报。通过这些收集系统,加上从外交途径和公开来源(报纸、杂志等等)获得的材料的积累与补充,中央情报局和情报界其他部门的分析人员能够了解共产党国家内部的动态"。② 前中央情报局秘密行动头子理查德·比斯尔也承认:"对付苏联集团或其他防范森严的社会,间谍活动算不上首要的情报来源。虽然它有时也取得辉煌的胜利。"不过,到 50 年代末,情报局研制成功 U-2 型间谍飞机。③ 从 1961 年起,美国开始将台湾作为 U-2 型侦察机的基地,对中国进行间谍活动,其深入地点达到兰州和包头。这些侦察飞行的主要目的之一就是要了解中国核武器研制的进展。与此同时,由于卫星摄像技术的发展,美国可以通过卫星获得有关的照片资料。1961 年 12 月,美国通过卫星拍摄,得到了第一张中国罗布泊核实验场的照片。④

本编辑录的文件《中央情报局关于中国外交环境的特别报告》(1964 年 12 月 31 日)则提供了进一步的佐证。根据该文件,虽然"近年来,驻北平的外国的外交官人数稳步增长,已有300 多外交官驻在共产党中国首都。然而,外部世界所能得到的有关中国内部事件的信息量并没有相应增长。尽管这些外交官想方设法试图穿透设置在他们周围的孤立的帷幕,但他们基本上仍然是一群闭目塞听的人"。"在日复一日单调的生活中,唯一的放松就是使馆官方仪式,以及在国际俱乐部内专为外国官员举办的非正式舞会。外交家们就是在这些场合下,通过与另一个外国人的闲谈中获得他们大部分'情报'"。⑤

由此可见,美国对华情报来源有限。间谍活动算不上首要的情报来源。除电子侦察技术获取的一些可靠情报外,主要是公开来源(报纸、杂志、电台等等)和外交途径获得的信息,包括一些道听途说。这些情报信息使美国情报部门对中国的外交信息有着基本的了解,但受国民党情报左右的情形并不严重。

(二)美国对华情报评估的逻辑依据

综观而言,美国情报评估的逻辑依据主要有如下特点:

一是基于中国悠久的历史文化传统与近代历史遭遇、共产主义信念和中国共产党

---

① 沈志华为本套书"第一编　中国综合状况"撰写的导论。
② 维克托·马凯蒂、约翰·马克斯著:《中央情报局与情报崇拜》,生活·读书·新知三联书店 1979 年版,第 23 页。
③ 同上书,第 37 页。
④ 陶文钊主编:《中美关系史(1949～1972)》,上海:上海人民出版社 1999 年版,第 490～491 页。
⑤ Special Report: Peiping: Diplomatic Hardship Post, 31 December, 1964.

的奋斗史做出的逻辑推理。对于这些因素如何影响中国的外交前面已有详细交代,在此仅作概述。总体上讲,强调历史传统的影响力是情报评估和判断的基本依据。在美国情报分析者看来,一方面,中国在历史上曾经长期居于世界文明的中心,但在近代长期遭受外敌入侵的历史经历与中国共产党20多年孤军奋战的斗争历程,使中国始终缺乏安全感,对国家主权和民族尊严高度的敏感。所以当务之急就是"创造保障其政权存在的必要条件——强大的军事力量"。而且,如果感觉其安全受到威胁,势必不惜一切代价捍卫之。另一方面,中国长期作为"东亚处于支配地位的文化领导者"的心理传统则使之力图做亚洲大国,至少不存在大国的威胁。甚至认为中国悠久的文化传统造成的中国历史上在亚洲的优先地位以及心理优势使其在亚洲奉行"扩张主义"。因为强调意识形态的独特影响力,因此在美国情报分析者的眼中,中国旨在传播共产主义的信仰,"输出革命",并对此深信不疑,孜孜以求,①而且"正是共产主义因素,包括同苏联的联系,使得目前重新崛起的中国不同于历史上的那些强盛王朝"。② 因为强调中共奋斗史对中国外交的影响,情报部门的结论是:中共出生入死的斗争历程,一方面使其坚信"枪杆子里面出政权","阶级敌人、民族敌人亡我之心不死",因而对国家安全、主权和来自外部的敌意等保持高度的敏感和警惕,所以"中共的对外政策从根本上讲就是革命战争的战略","国际政治被看作是一场使对手不断受到骚扰和威胁的大的游击战",另一方面促成中国共产党善于把马克思主义的普遍原理与中国革命的具体实践相结合,在必要时也辅以和平共处和争取最大限度孤立敌人的统一战线手段。③

二是依据中国共产党的行动特点做出判断,注重现象的分析。如在分析中国外交究竟何种因素居主导地位时,美国的情报分析就选取中国对朝鲜、越南、缅甸的不同行动来进行分析,认为:"在朝鲜、越南和缅甸所采取的支援当地共产党力量的行动分别带来的相关风险和投入表明对安全的考虑在他们的决策中占有重要地位。"④这是因为在朝鲜,当一支强大的西方部队击败了北朝鲜共产主义力量,并向中国边境推进时,中国冒着巨大的风险,将其部队投入到这场冲突中,以防止"一个受美国支配的反共产主义国家在其边境上巩固起来"。因为"朝鲜是入侵中国的传统路线,并且临近中国最重要的工业区,这一事实必定在他们的决策中起了很大作用"。西方国家的武装力量也出现在越南,但比在朝鲜要弱得多,而且在反对当地共产主义力量方面所取得的进展要小得多。此外,可能受到来自越南方面威胁的那些中国地区所具有的重要性要小得多,而且比东北更容易防御。因此,在这个地区,中共仅仅提供补给、装备、建议和训练。在缅甸,当地共产主义力量的失势已有一段时间了,但中共并未做任何对他们有益的事情。似乎可以符合逻辑地假设,他们在此地的无所作为不仅

---

① 见本编 6-12 文件。

② Foreign Service Despatch(from AMCONGEN, Hong Kong to The Department of State):Chinese Communist Foreign Policy Objectives,July 16,1953,CIA Murphy Papers,Box 32.

③ 见本编 6-12 文件。

④ Foreign Service Despatch(from AMCONGEN, Hong Kong to The Department of State):Chinese Communist Foreign Policy Objectives,July 16,1953,CIA Murphy Papers,Box 32.

仅是因为他们忙于其他地区,也是因为在缅甸没有西方武装力量存在这一事实。① 这种分析方法在前述情报部门有关中国外交的时事评估中已屡见不鲜,在此不再赘述。

三是注重地缘政治因素或从大国均势政治的角度分析,这特别突出地体现在分析中国对周边大国的政策方面。如认为:"只有苏联、日本和美国能够威胁到共产主义中国。意识形态的信念和先前从苏联得到的帮助以及(与苏联)漫长的陆上边境,使得中共偏向于寻求与苏联的联盟而不是与之对抗"。所以,中共对外政策的重点必定是对付日本和美国,尤其是两者的结合,这对他们来说是非常致命的。② 中国的国际抱负"仍旧直接或间接地受到现实国际格局的制约。包括苏联超级强大的势力和敌意,苏联的直接威胁及其与中国在争夺共产主义意识形态领导权方面的强大竞争力;美国在中国周边地区的存在及其对这些地区所承担的义务;中国另一个传统的竞争对手日本经济实力和自信心的增长"。③

总之,美国对华外交情报评估非常注重分析中国人特有的历史、文化与心态,因而在情报分析人员的眼中,在大多数情况下,中国共产党人首先是中国人,中国外交所追求的优先目标是中国的主权独立和领土完整不受侵犯、中国在亚洲的大国地位得以保障的国家利益,意识形态是促进国家利益的手段,服务于和服从于国家利益的需要。但是中国共产党人的意识形态信仰和斗争经历对中国外交的影响也得到足够重视。正是基于这样一种注重历史的继承与发展变化的长时段的、多因素的分析视野,美国对中国外交可能遵循的路线所做出的分析和判断是理性和力求客观的,美国的情报评估对中国外交的主流和大趋势的把握基本准确。而善于从中国共产党人的行为特征以及地缘政治或大国均势的角度,来分析和评判中国外交的政策取向,善于从寻常信息资料中挖掘有用的情报信息,这些特征反映美国情报分析人员收集、处理情报的独特视角、敏感性和准确性。但受制于中美文化、思维方式,特别是双方政治体制的差异、中国外交决策受领导人的个性以及中国国内形势发展巨大变数的影响,美国对华情报评估往往出现偏差。

(三) 误区

由于美国对华情报来源有限,以及中美文化传统、历史经历和现实政治制度迥异,特别所讨论的时间段正是中美全面敌对和隔绝时期,美国对华外交情报评估存在种种缺失和误区。

首先需要说明的是,所有评估都是美国情报分析人员立场、观点和方法的综合反映,其观念、思维方式和话语都是美国式的,与中国人的政治立场、价值观念存在重大差异,甚至是根本冲突,但为了保持原貌,对此笔者不拟一一指出、辨明,而希望读者在阅读和分析文件时注意加以鉴别。另一方面,美国对华情报信息本身存在种种疏漏、不确,甚至是谬误之处,这些问题在大事年表,人物年谱,图表数据等情报信息中表现得尤为突出,由于编译者知识背景的局限,加上时间仓促,亦无法就细节问题一一进行勘误,希望读者引用时务必谨慎。编者

---

① Foreign Service Despatch(from AMCONGEN, Hong Kong to The Department of State): Chinese Communist Foreign Policy Objectives,July 16,1953,CIA Murphy Papers, Box 32.

② 同上。

③ 见本编 6-16 文件。

在此只准备从总体上对美国对华外交情报评估存在的判断误区做简略交代。

除了前文提到的美国对华外交时事评估中出现的一些具体失误外,这里主要指出如下几个方面:

第一,注重长期不变的、多因素的分析是美国情报分析的优势和特色,但在处理中国传统与意识形态、民族主义与国际主义对中国外交的具体影响时,美国对华情报评估并不能准确判断究竟哪一种因素在起主导作用,难免出现偏差。诚然,美国情报部门对影响中国外交的各种因素都有论及,认为"寻求安全、推进世界共产主义革命的愿望以及追求民族强盛的倾向""这几个动机相互交织、互相影响,很难判断究竟哪一个起主导作用",①情报分析注重中国共产党作为中国人的连续性,并认为传统的因素比意识形态的因素影响更大,国家利益高于意识形态,这些看法合乎西方人的常理,也是判断一国对外政策意图的常规。但是中国共产党人独特的民族主义诉求、意识形态理想、国际抱负及其同外界打交道的方式到底在多大程度上,以及如何左右中国的某一个具体外交行动,美国情报分析人员是很难准确把握的。例如20世纪60年代中苏分歧的发展何去何从的问题,不论从国家安全利益还是意识形态的角度,西方人似乎都很难做出中国会选择同时挑战美苏,与苏联公开决裂的判断,因为在他们看来,中国国力的提升,意识形态以及军事和战略利益无不与苏联休戚相关。同样这种长时段的分析视野也使得擅长理性分析的情报分析人员对于缺乏稳定性的中国外交走向把握不住。而这正是美国对华情报评估对"中国外交的突然逆转"往往缺乏预见的症结所在。

第二,虽然力图客观、中性地分析问题,但美国人的思维方式仍在其情报分析中留下印记。中央情报局前局长艾伦·杜勒斯说过:"政策必须根据对全部事实所作的最好的估计而建立。而那种估计则又须由某个既不怀有私心,又不墨守成规的机构来做出。"②但实际上很难做到。具体到对中苏关系的分析,美国情报分析人员所依凭的则是西方人对待联盟政治的传统经验。他们习惯性地认为,联盟的力量会促使中苏克服内在矛盾。这样简单化的逻辑推理导致出现了像费正清所说的那种错误,即"我们关注的是'共产主义'的极端邪恶,并不相信它会在莫斯科的国际阵营中受到国际强权政治的危害。我们对60年代出现的中苏关系破裂熟视无睹"和狐疑不定。③ 再如在判断中国外交政策意图时,往往出现像张曙光所认为的以实力定威胁的倾向性——"情报分析家们在判断中国'使用武力'可能时,往往从中国的军事能力去演绎中国的战略意愿"。④ 而实际上,在中国决策者的思路中,道义和精神的力量占有很重的分量,重视谋略、相机行事也是重要的决策依据。虽然美国情报部门的分析并非没有注意到这一点,但因为其巨大的变数和不可预测性,美国的情报分析必然出现失误。事后来看,美国对华情报分析虽然意识到中国共产主义是马列主义普遍原理与中国

---

① Foreign Service Despatch(from AMCONGEN, Hong Kong to The Department of State);Chinese Communist Foreign Policy Objectives,July 16,1953,CIA Murphy Papers, Box 32.
② 维克托·马凯蒂、约翰·马克斯著:《中央情报局与情报崇拜》,生活·读书·新知三联书店1979年版,第272页。
③ 费正清著、傅光明译:《费正清文集·观察中国》,北京:世界知识出版社2001年版,第150页。
④ 张曙光:《从美国"冷战"对华决策行为看中美关系——中美关系历史与现状 国际学术讨论会综述》,《国际观察》2001年第3期。

革命具体实践相结合的产物，但是对于毛泽东思想的精髓，一切从实际出发，具体问题具体分析，强调原则性与灵活性的高度统一等则显然一知半解。

第三，对毛泽东等中国外交决策关键人物的个性对中国外交政策的影响越来越重视，但是因为并不熟谙中国政治文化和决策机制的奥秘，对于兼具战略家和诗人气质的毛泽东的个性和作风更是无从把握，因而对华情报评估对中国外交的变数把握不准。在费正清看来，"中国的民俗学与马克思主义对美国人是异邦之物，我们在这两者之间发现一些意义含混的词语，其威力显而易见，内容却令我们迷惑不解"。"我们对中国的研究很不深入，以致像这样一个世界最古老的统治机构，在今天仍未用政治学的术语加以分析、研究——无疑，对历史学家和政治学家来说，中国的史料记载太浩繁、太难懂了"。① 历史学家尚感迷惑，而"'中国训练'十分欠缺，基本不了解中国政治文化传统与变化"的情报分析专家就更难掌握其中的奥妙了。② 更不用说，"毛比历史上的所有皇帝更具创造力，这成为智慧和政策的源泉"。③而"毛泽东把中国带入世界强国之列的远大抱负，实现社会主义宏伟理想的顽强精神，以及领导国际共产主义运动的坚定信念，为了实现这一切，在他个性中的许多东西恐怕是难以纳入理性分析的"。④

第四，对中国外交与国内政治变动的敏感性不够。一方面，由于情报来源有限，美国情报部门对中国外交政策变动的判断存在一定的滞后性。如"文革"初期中国外交出现极左倾向时，美国情报分析并未及时觉察，以致对当时出现的一些外交现象仍然持理性分析态度。另一方面，它们也似乎不能理解中国国内政治频繁变动及其与外交变动之间的关系，因为有关中国外交的综合性评估对此鲜有全面、准确论及。而实际上，"以毛泽东为代表的共产党人，有着不同于前人的社会改造理想和革命的民族主义目标。毛泽东相信，中国革命于1949年取得的胜利绝不是革命的终结；中国的'革命后革命'，将更为伟大，也更为艰巨。新中国的对外政策，从一开始便同国内政治发展及其需要紧密相关"。"毛泽东时代中国的对外政策与安全战略，从来便是他的'革命后革命'的有机组成部分"。⑤

总之，虽然美国对华情报评估存在种种缺失，也并不能代表美国的官方认识和决策考虑，但是因为这些情报"成品"所反映的是当时对中国事务最为敏感、对中国的认识最为权威的美国情报"精英们"的集体智慧，"其分析、判断与建议常常被直接纳入'国家安全委员会'决议案"，"对美国最高决策层影响甚大"。⑥ 因此，本编收录的这些文件能为我们接触美国对华决策的情报依据打通一条路，为我们了解美国人的中国观多开一扇窗。

---

① 费正清著、傅光明译：《费正清文集·观察中国》，北京：世界知识出版社，2001年版，第114页。
② 张曙光：《从美国"冷战"对华决策行为看中美关系——中美关系历史与现状　国际学术讨论会综述》，《国际观察》2001年第3期。
③ 费正清著、傅光明译：《费正清文集·观察中国》，北京：世界知识出版社2001年版，第115页。
④ 沈志华：《中央情报局对中国局势的评估和预测（1958～1959）》，《国际冷战史研究》，第一辑，华东师范大学出版社2004年版，第268页。
⑤ 陈兼：《危机和革命的年代》，杨奎松主编：《冷战时期的中国对外关系》，北京：北京大学出版社2006年版，第90、92页。
⑥ 张曙光：《从美国"冷战"对华决策行为看中美关系——中美关系历史与现状　国际学术讨论会综述》，《国际观察》2001年第3期。

美国驻香港"总领事馆"关于中国外交政策目标的电报

(1953 年 7 月 16 日)

对外服务机构急件：(香港致国务院)：中共的外交政策目标

(1953 年 7 月 16 日)

摘 要

中共的外交政策似乎受到这样一些因素的推动：寻求安全、推进世界共产主义革命的愿望以及追求民族强盛的倾向。在这些推动因素中，目前最为紧迫的看来是国家安全。中国遭受外敌入侵的历史、共产党人的信念和中共自身为生存而独自进行的 20 年殊死斗争的经历，这些因素共同促使中共领导人认为，国防是最紧迫的任务。他们也对推进世界共产主义革命抱有兴趣，但目前不太可能为了这个目的而冒巨大的风险，除非他们认为这种革命运动对自身安全至关重要。在朝鲜、越南和缅甸所采取的支援当地共产党力量的行动分别带来的相关风险和投入表明对安全的考虑在他们的决策中占有重要地位。虽然中共的宣传并未直接谈及历史上中国在亚洲的支配地位，但中共必定了解(这一点)，并渴望再次得到这种地位。在助长中国的扩张主义这一点上，不能把这种威望因素的影响同共产主义因素的影响割裂开来。正是共产主义因素，包括同苏联的联系，使得目前重新崛起的中国不同于历史上的那些强盛王朝。

只有苏联、日本和美国能够威胁到共产主义中国。意识形态的信念、先前从苏联得到的帮助，以及(与苏联)漫长的陆上边境问题，使得中共偏向于寻求与苏联的联盟而不是与之对抗。所以，中共的对外政策必定是对付日本和美国，尤其是两者的结盟，这对他们来说是非常致命的。所以，他们目前主要的外交政策目标似乎是以下这些：

(1) 巩固和完善他们同苏联的联盟；

(2) 在其周边地区促进和建立可以作为缓冲的友好国家；

(3) 尽一切可能阻止日本和美国之间的合作，并且

(4) 做好准备收复台湾和其他可能作为对方进攻基地的失地。

在国内，他们致力于大力增加生产以尽快为其军事力量建立工业基础。

出于维护中国安全和威信的考虑，中共可能奉行与苏联不同的外交政策。然而，只要他

们赞同苏联式的共产主义，他们的行动自由就会受到严重限制，几乎难以超出策略问题之外。上述战略目标似乎不仅服务于中国的外交政策，而且服务于苏联的外交政策。

摘要完

自从中共在北平建立中央人民政府以来，差不多已经四年了。在这四年中，他们开始与一些大国建立关系，其对外政策亦日趋明朗。中共的外交政策并未事先特意规定，亦未在其任何公开文件中全面阐述，只能是从他们的公开声明和行动中加以推论。

该急件旨在简要概述那些看来是中共现行对外政策的目标。但并不意味着，这是对中共对外政策缘起或其实施手段的综合考察。本急件并未涉及他们对外政策的形成方式，也未提及决策人的观点，对此我们所知甚少。关于中共外交政策行为的更进一步评论参见1953 年 4 月 23 日总领事馆急件 2103 号。

支配中共对外政策的基本动因似乎有三个方面，即寻求安全，推进世界共产主义革命的愿望，以及追求民族强盛的倾向。这几个动机相互交织、互相影响，很难判断究竟哪一个起主导作用。然而，对中共过去四年中的行为所进行的仔细研究显示，他们目前最为关注的头等大事是国家安全。

中共有充分的理由把他们的国家安全视为当务之急。近代中国的历史，很大程度上是遭受列强入侵的历史。这一事实深刻影响了中国的知识分子，不论他们是否是共产主义者。此外，中共领导者为自身的生存进行了二十年的艰苦斗争。在这期间他们依靠自己的武装力量求得生存，这种经历导致了中国共产主义者的思维中存在强烈的军事偏向。政治领导者也被迫成为军事战略家。毛泽东自己的讲话在政治和军事上具有同等的权威性。从这种背景出发，很自然的，中国共产主义领导人想象他们被敌人包围，而且以最紧迫的态度着手创造保障其政权存在的必要条件。

还必须指出的是，共产党人的信条在中共夺取政权的斗争中被证明是一件极为成功的武器，这使他们偏向于认为，自己一直受到那些图谋推翻中共政权的敌国的威胁。在过去几年中，从他们将各种事件解释得符合这一理论来看，这种倾向性在他们思想上的影响是明显的。在某种程度上，由于他们坚信马克思列宁主义的正确性，他们势必将共产主义在亚洲的推进与其自身安全环境的改善相提并论。

除了对国家安全的考虑，中共很显然也对促进世界共产主义革命抱有兴趣。然而，他们可能会用他们觉得会增进其国家安全的方式来促进这一目的，而避免可能危害其国家安全的方式。换言之，从他们至今的声明和行动来看，他们似乎不大可能仅仅为了推进国外的共产主义而冒太大的风险，除非他们认为对其国家安全至关重要。从其对朝鲜、越南和缅甸这三个与中国接壤国家的态度来看，这一结论是可靠的。

在朝鲜，一支强大的西方部队击败了北朝鲜共产主义力量，并向中国边境推进，中共冒着巨大的风险，将其部队投入到这场冲突中，以防止他们所谓的一个受美国支配的反共产主义国家在其边境上巩固起来。即使有苏联的支持，他们是否会仅仅为了促进世界共产主义这一目的而冒如此之风险也是值得怀疑的。朝鲜是入侵中国的传统路线,并且临近中国最重要的工业区,这一事实必定在他们的决策中起了很大作用。

西方国家的武装力量也出现在越南,但比在朝鲜要弱得多,而且在反对当地共产主义力量方面所取得的进展要小得多。此外,可能受到来自越南方面威胁的那些中国地区所具有的重要性也小得多,而且比东北更容易防御。因此,在这个地区,中共仅仅提供补给、装备、建议和训练。

在缅甸,当地共产主义力量的失势已有一段时间了,但中共并未做任何对他们有益的事情。似乎可以符合逻辑地假设,他们在此地的无所作为不仅仅因为他们忙于其他地区,也是因为在缅甸没有西方武装力量存在这一事实。即使与李弥[①]的部队结成联盟,缅甸军队也不会形成多大威胁。中共将来很可能不断增加对缅甸颠覆势力的援助,但很显然,比起那些中共的国家安全利益深受其影响的区域来,他们并不认为这是一个多么急迫的任务。

前面所讲的这些并不表明中共不是对东南亚的威胁。更确切地说,结论是,在那些对中共而言并不威胁其安全的地区,中共不太可能是直接的军事威胁。在目前的形势下,他们更可能局限于政治渗透和颠覆,以及对持不同政见的组织提供暗中帮助,这些行动不会让中共承担侵略的责任。他们有相当的能力通过这些手段制造分裂和骚乱。

北平现政权对外政策的第三个动机来自于这一事实,即传统上讲,在很多世纪里中国都是东亚处于支配地位的文化领导者。在那些具有帝国和扩张意识的强盛朝代,中国的强大不仅曾给中国周边所有地区带来直接的压力,而且远及中亚。目前的北平政权秉承了这种中国优越论和在亚洲领先的心理传统。虽然中共的宣传品事实上并没有直接提及先前对邻近地区的开发,但可以推测,他们对此了然于心。所以,对中国人而言,像朝鲜、越南这些地区以及东南亚其他地区,在今天看来,在理想的状况下应该是中国的影响力居统治地位的地区,或者至少在这一地区不能存在其他可能对中国构成威胁的军事大国。

现在是数十年以来中国第一次拥有让周边国家感到敬畏的军事力量。即使中共领导人暂时选择约束其军事力量向外扩张,但正是其已经经过在朝鲜的行动得到充分显示的军事存在这一事实将中国人置于能够施加强大压力的地步。

在北平的对外政策中,威信因素就像安全因素一样不能被孤立看待。当今共产主义政权区别于历史上中国强大王朝的主要因素就是共产主义因素的注入,加上中苏关系的内在关联问题。共产主义中国之所以强大,不仅仅是因为它已经重新崛起而且生气勃勃,决心重建其在东亚事务中起主导作用的传统角色,而且在于它与国际共产主义运动的有机联系。

---

① 李弥,前国民党将领。1950 年由大陆败退到缅甸北部,被委任为"云南省人民反共救国军总指挥"、"云南省政府主席兼云南绥靖公署主任"。——编注

如果接受国家安全是中共当务之急这一前提,在这一基础之上就不难分析其对外政策。19世纪中国的软弱给中共领导者留下了强烈印象,他们被灌输了一种教条,这种教条用简单的术语解释为何会存在这种软弱以及怎样才能补救。因此,他们采取了在他们看来最符合逻辑和必不可少的举措。在北平看来,世界上只有三个强国可能给他们带来威胁。即苏联、日本和美国。中共领导者的理论信念和已经从苏联得到的援助,使他们倾向于反对把苏联当作敌人。而且,由于与苏联有如此漫长的陆上边境线,即使是一个非共产主义的中国政府,也会力图通过发展与苏联的友好关系而不是加入反对她的联盟来寻求安全。既然已经接受苏联为朋友,就只剩下两个潜在敌人,即日本和美国。目前这两者都不是迫在眉睫的威胁,但两者的联合将是致命的,即日本提供人力,而美国提供海军和空军支持以及补给和装备。所以,中共的对外政策必定要在这种可能的力量联合面前实行自卫。从他们正在实行的措施来看,目前其对外政策的主要目标似乎是:

(1)巩固和完善他们同苏联的联盟;

(2)在周边地区促进和建立可以作为缓冲的友好国家;

(3)尽一切可能削弱日本和美国之间协调一致的关系,干预美国对驻日军事基地的利用,阻止日本的军备重整,削弱日本政府,并且

(4)做好准备最终收复可以作为对方进攻基地的失地(主要是台湾)。

必须附加说明的是,中共同其他国家领导人一样,不仅仅通过国际关系领域的行动来寻求安全,更为重要的是使增强国力成为必要。在已经巩固其政治权力并实际消除了叛乱的威胁之后,他们投入到大力增加生产以尽快为其军事力量建立工业基础的活动。这似乎是他们目前最主要的目标。即使这本身不是一个对外政策目标,中共在这方面成功与否势必对其对外政策造成重大影响。这些影响将会牵动其对外政策策略,而且从长远来说,甚至会使他们改变上述战略目标。

人们经常会问,中共是否有独立于苏联的对外政策。如果有,就如总领事馆假设的那样,中共对外政策的制定受到中国国家安全和国际声望考虑的影响,那么中国实行不同于苏联的对外政策的可能性是存在的。然而,在目前的情况下,差异的程度极为有限。首先,只要中共还认同苏联共产主义教条,他们只能在严格的界限内有所行动。而且,他们易受苏联强大影响力的支配,不论是通过苏联顾问的直接影响,还是借助与苏联有密切联系的中共最高领导者的间接影响。所以,在可以预见的将来,两者不太可能在战略目标上有不同见解。当然,上述四个战略目标,对中共而言是促进其民族抱负,但似乎也是为苏联的对外政策服务的。两国之间的不同之处更多的是在战术层面而不是更宽泛的战略目标方面。

为了保持适度篇幅,以上分析只取精华,也剔除了相关支持材料。如果在某些方面存在问题,总领事馆会很乐于扩展目前的争论。它希望在此急件之后有另一个急件,讨论影响其对外政策决策的中国共产主义领导者对西方强国的基本态度,而且有第三个急件,分析中共用来达到这里所指出的对外政策目标的战术。

行动请求:奏请国务院将复件惠送曼谷,科伦坡,雅加达,喀布尔,卡拉奇,吉隆坡,伦敦,马尼拉,新德里,巴黎,槟榔屿,福山,仰光,西贡,新加坡,台北和东京。

大卫·H·麦基洛普(David H. Mckillop)

美国　领事

CIA Murphy Papers, Box 32, The National Archives, U.S.

夏秀芬译,徐友珍校

国务院情报研究所关于共产党国家对中国在联合国的席位问题的态度的情报报告

（1953 年 7 月 31 日）

IR 6361

机 密

共产党国家对中国在联合国内席位问题的态度

（1953 年 7 月 31 日）

摘　　要

共产党方面为争取北平进入联合国的努力始于 1949 年 11 月，包括北平给联合国的一系列通信和苏联集团提出的由北平替代"蒋帮"在联合国席位的例行要求。然而，共产党的行动表明，联合国席位并不是他们优先考虑的政策目标。

共产党集团有时对类似事件表面上故意表现得漠不关心，如世界舆论对外国在华侨民和财产的待遇问题、对越南胡志明政府的承认及朝鲜战争的反应等等。对这种现象所进行的一些表面上的研究就会让人产生这样一种印象，那就是克里姆林宫事实上对北平尽早进入联合国并不感兴趣。很有可能的是，苏联人对中共加入联合国感兴趣，只是由于以下原因，（他们）像中共一样并不急于达到这一目标：

（1）在朝鲜战争爆发之前，共产党方面预期，按计划收复台湾就会自动解决席位问题；

（2）有更加紧迫的目标，包括清除西方在华影响力，在亚洲建立一个共产党集团和朝鲜战争，这些妨碍共产党方面采取一致行动以争取联合国的支持的努力，并且

（3）共产党方面对常规的外交手段并不持有传统的价值标准。他们认为联合国也仅仅只是他们用来谋取对他们有利的国际紧张局势的讲坛之一。

共产党方面能够从北平缺席联合国得到一些边际利益，包括加深非共产主义国家在中国席位问题上的分歧，获得以北平的缺席为理由指责美国"破坏"联合国并剥夺亚洲人的"合法权力"的机会。

然而，也有可能，对共产党方面而言，中共从获得席位得到的好处似乎超过北平缺席所能得到的好处：

（1）北平能够支持苏联在联合国内的宣传活动，尤其是那些与亚洲和不发达地区有关的以及旨在把阿拉伯-亚洲成员或者拉美成员从西方阵营中分离出来的宣传行动。并且

(2) 一旦联合国认可了中共的"大国"地位,共产主义集团将会获得威信,北平的国际地位也将大大提高。

朝鲜战争的结束和苏联继续表面上寻求缓和国际紧张局势的努力只会增强中共加入联合国而带来的这些方面的好处。虽然共产党方面可能并不认为联合国席位本身有足够的重要性,值得去为之做出大的让步,但是现在也许能够并且愿意得到这样一个有利于改善他们在联合国处境的角色。经过三年的反西方鼓动宣传后,北平对西方在华影响力的担心不再具有紧迫性。1949~1950年北平在东南亚号召公开的起义时所采取的"武装斗争"战略,在很多地区已经让位于更强调"和平"、"共存",以及常规的外交关系,虽然在印度支那还没有(这种让位)。如果现行的共产主义政策得以继续,在国际紧张局势缓解和国际社会对共产党人的立场予以大力支持的情况下,中国的联合国席位问题很可能会再次占有比较大的分量。

1. 席位问题的历史

1949年10月北平政权成立伊始,由总理兼外交部长周恩来领导的新的中共外事办公室所做出的第一个举动就是呼吁外国政府承认北平政权。此后不久(1949年11月15日)又要求联合国大会接纳中共作为代表中国的合法政权进入联合国,1950年1月8日在安理会内提出类似要求。从那时起,北平发表了大量声明要求加入联合国组织,苏联和其他苏联集团内国家作为一种例行程序要求驱逐国民党政府代表并由北平取而代之。

朝鲜战争的初期阶段,包括在中国人介入朝鲜战争之前,北平进入联合国通常被共产党方面列为任何谈判协议的一个最基本的条件。1951年6、7月份,当共产党方面同意进行单纯的军事停火谈判之后,非朝鲜的和政治性的问题,包括相关的台湾地位问题和中国的联合国席位问题才不再与朝鲜停战谈判问题直接挂钩。然而,在共产党方面的声明中仍有很强的暗示表明,这些事务可能在停火后的政治会议中再次提出来。[①]

共产党方面的声明,特别是1952年12月维也纳和平会议以来,偶然也会将中共在联合国拥有席位问题列为有助于亚洲"和平"的一个重要因素。

1953年4月1日,苏联外长莫洛托夫在他支持周恩来关于战俘问题建议的声明中再次把这个问题提到显著位置。他声称,如果联合国内有中国和朝鲜的合法代表,它自然会在停战问题上有更大的作为。4月25日《真理报》对艾森豪威尔总统4月16日演讲的评论回应也同样宣称,北平在联合国的缺席妨碍了这个组织的影响力和有效性的"正常发展"。

2. 其他目标的优先性

即便共产党方面对联合国席位问题一直很关注,有时还将之提到首位,但他们的行动一再表明加入联合国并不是北平政府的首要目标之一。就像在承认问题上一样,北平在莫斯科的明确指示之下,不管是有意还是无意,它有时所采取的方式看似要存心毁坏任何可能达到目标的希望。

---

① 原注:1951年6月27日,苏联副外长葛罗米柯告诉美国大使柯克,停战谈判将限于军事问题,但今后政治会议的范围将由有关各方解决。停战协议草案建议政治会议应该讨论与朝鲜问题有关的问题,"以及进一步的问题"——这是共产党方面而非联合国方面所使用的一个短语。届时共产党方面很可能将之解释为包括中国的联合国席位问题。

北平从一开始就公然违反有关外国侨民和财产待遇的国际法和国际惯例。在有些事例中，特别是英国的例证，中共在一种"谈判"状态中任由（英国对中国的）承认被忽视多年。再如在南斯拉夫例子上，南斯拉夫对北平的承认从未获得哪怕是共产主义出版物中的任何一个新闻条目的关注。1950年上半年，当法国对北平的态度正处于权衡状态，而且法国人在安理会中拥有也许是决定性的一票时，北平和莫斯科却通过承认胡志明政权，使法国的天平偏向反对中国一边。同年的晚些时期，当伍修权①将军在联合国关于中国干预朝鲜的争论中代表北平出席时，中共代表团的行为似乎有意要使那些可能同情（他们）的代表疏远他们。然而，中共对朝鲜的干预本身就是唯一最能破坏共产主义中国尽早加入联合国机会的行为。

在朝鲜战争之前，中共的最高军事目标就是征服台湾。中共可能相信，一旦拔掉蒋介石在台湾的据点，中国在联合国的席位问题将自动解决。所以，在北平的计划中，其他的目标比通过外交或者和平途径获得联合国席位更具优先性。

在北平政府成立时，这些目标还包括清除西方在华的一切影响。北平不愿意为继续维持西方与中国接触付出代价，无论是外交上、商业上、文化上还是其他方面，不愿以这些方面的代价来换取国际社会对中国的承认或联合国席位。现在，随着北平几乎控制了中国人民生活的每一方面，它可能会更愿意允许与西方进行有选择的接触，它仍然更愿意与其同情者（例如"和平"代表团）进行正常的商业和外交接触。

北平政府的另一个优先目标是建立和巩固一个亚洲共产党国家集团。对胡志明的承认，对东南亚起义行动的援助，以及对朝鲜战争的干预至少部分地受到这一目标的影响，这些也优先于获得承认和联合国席位。1951年，共产主义亚洲战略发生改变（印度支那除外），结果是不再像先前那样注重"武装斗争"和直接夺权，而是更重视在亚洲非共产主义国家中抵消西方力量的支持。作为这个战略的一部分，北平更加注重与非共产主义亚洲国家在宣传、外交以及其他方面的接触。虽然和先前更为教条的"武装斗争"相比，这种政策对北平在联合国内的情况损害更小，但北平并没有给出这样的信息，就是联合国席位问题已经成为可以为之放弃其他目标的重大目标。

3. 共产党方面对联合国的评价

北平和莫斯科对中共联合国席位问题所给予的较低优先权也许在很大程度上反映了共产主义国家对外交在国际关系中的作用的看法，在更小的层面上反映了共产党方面对联合国在实现共产主义目标上的价值判断。像苏联一样，北平经常表明，它把在联合国内外常规外交手段视为实行外交政策的辅助和第二手段，而不是值得特别重视的手段。

如果需要，比起更常规的外交手段，北平似乎更相信宣传、颠覆（通过当地共产主义组织和海外华人）、利用其与苏联集团和外国共产主义政党的联系、"人民外交"（也就是与共产主义的外围组织、"文化"、"和平"、"友谊"以及"贸易"代表团之间的接触，等等），以及军事战术（包括调

---

① 伍修权，外交部苏联东欧司司长，1951年11月28日作为中华人民共和国的特别代表出席了联合国安理会特别会议。——编注

遣大军进行军事胁迫,使用游击队和"志愿军"以及小规模的边境袭击)这类手段。这些偏好部分源自需要;在有些情况下,由于缺少正常的外交手段,北平不得不依赖非常规手段。例如,在日本这一案例中,中国通过非官方的"人民外交"来与日本谈判达成了遣返日本和中国平民协定。然而,在绝大多数情况下,运用非常规手段不仅仅是必需,而是出于鼓动民众对政府政策和措施的不满以增强"人民"(亦即共产主义政治联盟组织)的力量和影响力的目的。例如,在与英国接触中,北平会利用英国驻北平代办和驻香港、上海的常设商业机构的代表。根据环境需要,北平更喜欢通过非官方的商业代表、"和平"或工会代表来行动。

当莫斯科依靠外交来解决重大国际问题时,它会对排斥小国参加的大国谈判感兴趣,如果北平加入了联合国,它很可能也会有这种偏好,且可能会在讨论决定朝鲜停战后的政治会议与会代表问题上表现出来。

在这样一种策略偏好的框架内,共产党方面对联合国的估计看来已发生了多次改变。1950 年,苏联在反对国民党代表中国的问题上对联合国的抵制,反映出苏联对联合国效用的低估。然而,从 1952 年下半年开始,一个更加团结和独立的阿拉伯-亚洲集团的出现,导致莫斯科所谓的"美国投票机器的瓦解"以及共产党集团对联合国作用的重新评价。苏联和共产主义的外围组织,尤其是世界和平理事会,开始接纳联合国作为"捍卫者"的地位。苏联不再暗示,如果联合国不"回到宪章",苏联将会被迫退出,取而代之的是,目前其声明指出,必须保卫联合国,防止美国破坏这个它(美国)越来越难以控制的组织。斯大林之后的"和平"攻势很显然暗示出苏联对类似联合国这样的国际间合作象征的强烈支持。然而,很明显,目前莫斯科并不认为联合国是一个像先前预计的那样一个适于东西之间进行广泛协商的机构,只是建议这样一些谈判。除了作为一个需要解决的问题之外,苏联并未在要求这种广泛的东西方协商的背景下提出中国的席位问题。

4. 席位问题的代价

共产党对其他目标的追求时常引起这种猜测,即克里姆林宫实际上并不希望北平过早加入联合国,所以(苏联)奉行并建议北平也奉行那些蓄意破坏北平加入机会的政策。1949~1950 年斯大林和毛泽东会面之前,克里姆林宫可能对允许北平追求与西方的全面独立接触的明智性产生了一些怀疑。然而,斯大林毛泽东会谈之后,北平在亚洲的地位越来越重要,(这种重要性)在对朝鲜的干预中达到顶点。共产主义策略中让中共在亚洲扮演有用角色的考虑可能压倒了克里姆林宫对北平可靠性的任何可能怀疑。

无论如何,从 1950 年开始,北平开始与苏联范围外(的世界)进行接触,不仅仅是个别国家,[①]还有国际组织,包括红十字会组织。在 1952 年多伦多国际会议上,北平扮演了一个杰

---

① 原注:北平列举了以下已经与之建立外交关系的国家:苏联、保加利亚、罗马尼亚、匈牙利、(北)朝鲜、捷克斯洛伐克、波兰、蒙古、(东)德、阿尔巴尼亚、缅甸、印度、越南(也就是"越南民主共和国")、丹麦、瑞典、瑞士、印度尼西亚、芬兰以及巴基斯坦(在以上名单中,实际上似乎还没有与阿尔巴尼亚互换外交代表)。此外,北平列举了以下已经"承认"其政权的国家:英国、锡兰(斯里兰卡的旧称——编注)、挪威、以色列、阿富汗以及荷兰。它们中的三个——英国、挪威和荷兰仍在进行建交谈判,另外三个——锡兰、以色列和阿富汗在交换外交人员上没有采取任何行动。对于南斯拉夫 1949 年 10 月 5 日发往北平的承认表示,北平完全未予理会。

出且看来是独立的角色。① 北平利用驻北平的非共产主义国家的外交官向美国和英国传达某些观点,充分说明北平并不缺少与西方接触的潜在途径。如果需要进行更多的接触,北平很容易在香港和像新德里这样一些北平和西方的外交联系已经建立起来的国家的首都建立所希望的联系。如果说在 1949 年苏联有理由延迟中共加入联合国的话,那么这些理由现已不再有效了。

然而,就目前中国在联合国的席位的形势而言,共产党方面仍能从中得到一些边际利益。非共产主义国家之间在这个问题上的分歧是西方联盟内部存在的一个可能被共产党方面加以利用的潜在弱点。美国对北平获得席位的反对可能被共产党方面引证为美国寻求"破坏"联合国的证据,特别是如果美国被迫改变先前所持的立场,即这个问题只是程序,而转向行使否决权时就更是如此。同样地,美国的立场也为美国寻求否认亚洲人民的"合法权利"的看法提供了"证据"。最后,北平在联合国的缺席也免除了其不履行在只有国民党代表出席的情况下联合国达成的"非法"决议的责任。

5. 联合国席位的好处

北平拥有在联合国的席位所带来的以下潜在利益似乎超过了它不在联合国所带来的好处。然而,拥有席位所带来的这些好处并未显示出足够的分量,以致共产党方面愿意为之做出任何重大政策让步或改变。

(1) 宣传

尽管共产党方面经常表明,他们并不认为联合国是维护和平或者改善国际关系环境的一个重要工具,但他们在许多场合中显示出他们将视联合国为一个理想的宣传论坛。这可以部分地解释为什么苏联集团尽管在外交上一再失败,但仍旧继续支持联合国并为共产主义中国的加入而努力。这也可以解释为什么苏联经常对联合国的行动极为关注,甚至是那些已经很明显不能指望在正式联合国体制内进行谈判的情形,例如去年有关朝鲜的一些讨论,以及目前与推动东西方谈判相关的问题。北平在联合国的席位对共产主义世界的重大好处之一,可能就是大大扩大共产主义宣传的号召力,在处理那些与亚洲和不发达地区有关的问题时尤其如此。

(2) 威望

北平会将其加入联合国视为对其"大国"地位的承认,并且是一个重要威望因素,而且在与国民党的关系中会大大提高其身价。此外,对共产主义集团而言,北平取得席位所代表的外交胜利将会提高苏联和世界共产主义的威望。然而,这种威望因素不仅仅影响了目标,也影响到获取席位的手段。至少目前北平如此。北平可能会极不愿意同意任何可能会贬低其尊严和侵犯其主权的讨价还价方案(例如一项涉及台湾问题国际化的交易)。北平一贯认为联合国席位是其合法权益,无需也不能够为之作任何妥协或者让步。

---

① 原注:除红十字会外,北平也参加了几个专业性机构的会议,包括万国邮政同盟、国际航空运输组织以及国际电信联盟。北平还作为世界劳工组织的代表出席了亚洲及远东经济委员会会议。理所当然的,北平是绝大部分共产主义联盟组织的全权代表。

（3）制造不和的效果

过去共产党方面可能觉得,中国在联合国的代表权问题只要不解决,就会在非共产主义世界造成最大不和。阿拉伯-亚洲集团的形成,配合现行共产主义在策略上的更加灵活和表面上的更加宽容,会使共产党方面得出结论:共产主义中国出席联合国会增强共产党集团把阿拉伯-亚洲集团和在更小的程度上把拉美集团从西方集团中分离出来的能力。尽管在绝大多数事务上,莫斯科和北平会同声共气,但对这些国家的许多人来说,北平不会仅仅表现为苏联集团的代言人,而会成为一个取得了反对"帝国主义"和"封建主义"革命成功的标志,相应地也会成为亚洲和其他不发达地区的代言人。

6. 结论

很有可能,和过去相比,苏联现在要更为看重北平加入联合国的价值。北平此时也可能愿意且有能力采取一种对改善其处境更为有利的国际姿态。朝鲜的停战将会排除北平在联合国席位问题上的最大障碍。在中国内部进行三年的反西方煽动后,中共政权现在可能感到足够安全,可以同西方进行诸如在联合国内部获得支持之类的外交和其他接触。尽管北平不太可能放弃与越南的胡志明政权的联系,但目前在东南亚其他地区对"武装斗争"的降调,使得北平更有可能与许多亚洲国家开始一种更为正常的外交关系而不是像 1949～1950年那样公开号召在整个亚洲进行武装叛乱。

然而,不管是北平还是莫斯科都认为,北平在联合国的席位并没有重要到可以成为做出可能侵害共产主义安全和长远前途的让步的理由。无论中共为改善其进入联合国的环境而采取何种姿态和妥协,但仅仅为了得到联合国的席位而让他们做出重大让步,诸如涉及印支或者台湾问题的让步,都是不大可能的。正如任何东西方的谈判或者斡旋中,北平和莫斯科可能会试图保持一种自以为是的和道德说教的态度,而且对涉及"脸面"和"主权"之类的事情会高度敏感。尽管如此,如果共产党的"和平"攻势继续,在国际紧张局势缓解和共产党的立场得到国际社会大力支持的情况下,中国的代表权问题可能再次受到相当的重视。

O. S. S. /State Department Intelligence and Research Reports，Part Ⅸ，China and India，1950－1961 Supplement，Washington，D. C. ：University Publications of America，1979，Reel－2－0074

夏秀芬译,徐友珍校

国务院情报研究所关于中国的世界观 (对美国的看法)的情报报告

(1956 年 9 月)

IR 6870. 2

情报报告:中共的世界观——对美国的看法

(1956 年 9 月)

说　明

该报告是系列报告中的第二个,系根据中共领导人的著作、发言以及中共的官方文件、报纸、社论和文章等摘录汇编而成。主要收集了反映中共对美国的世界地位及中美问题看法的引述。该报告的第一个问题,包括中共对中苏关系及与苏联集团关系的问题已在 1955 年 8 月作为 IR 6870. 1 号发布。

一、中共对美国的世界地位的看法

(一) 美国是"国际紧张"的主要制造者

朱德,1949 年

在第二次世界大战之后,帝国主义的美国代替了法西斯德、意、日的地位,集合了各国反动势力,组织帝国主义的反动阵营,疯狂地准备新的战争,威胁全世界的和平。

(1949 年 10 月 3 日,朱德在中国保卫世界和平会议会前讲话。)①

周恩来,1951 年

腐朽透顶,根基动摇的帝国主义者,正在拼命挣扎。帝国主义阵营的头子美国,纠集了各国被人民唾弃的反动分子,组织东西两方的侵略集团,发动和继续干涉朝鲜的战争,扩大军事预算,武装日本和西德,建立国外军事基地,加紧准备侵略战争,企图以此造成长期紧张,称霸世界的局面,并梦想依靠发动第三次世界大战来打败和平民主力量。可是,帝国主义阵营这种长期紧张的备战措施不可避免地会更加扩大并深化它内

---

① 参见《中国保卫世界和平大会上朱德副主席的演说词》,《人民日报》1949 年 10 月 4 日第二版。——编注

部的矛盾和困难。①

（1951年10月23日，周恩来在中国人民政治协商会议上的政治报告。）

周恩来，1953年

美帝国主义者今天的战争政策和侵略政策，普遍地威胁着全世界各国人民的和平生活。美帝国主义者在欧洲、非洲、亚洲、美洲的许多国家中侵占和建立许多军事基地，横暴地干涉这些国家的内政，奴役这些国家的人民，并胁迫这些国家对于侵略朝鲜的非正义战争提供兵力和物资。美国政府正日益加紧地挟制已被削弱的英法殖民主义者在越南和马来亚进行屠杀当地人民的战争，并以"援助"为名企图在实际上控制和夺取英法在亚洲和非洲的全部殖民地。美国帝国主义者正企图用"亚洲人打亚洲人"的诡计，来实现他们扩大侵略的恶毒的阴谋。他们正在尽力设法纠集起全亚洲的少数反动派，首先是重新武装日本的军国主义势力，组织太平洋侵略集团，来严重威胁亚洲各国的安全。野蛮的美帝国主义者惯于拿亚洲人民来作为他们的"新武器"的"试验"对象，他们的头两颗原子弹正是投在亚洲的，他们的第一批细菌弹也是投在亚洲，朝中战俘更是经常被押到秘密场所去做这种"试验"的牺牲品。很显然的，美国帝国主义已经成了亚洲及远东和平的最大威胁。

（1953年2月4日，周恩来在中国人民政治协商会议第四次会议上的政治报告。）②

朱德，1953年

为了使国际形势保持紧张状态，美帝国主义仍然企图继续其扩军备战和挑衅的政策。这些都表明，由美国领导的侵略势力仍然反对缓和国际紧张局势，阻挠国际和平协调。

（1953年10月1日，北平，朱德在国庆庆典上的讲话。）③

周恩来，1954年

亚洲人民和世界其他各地人民一样是爱好和平和自由的。亚洲人民长期遭受压迫和奴役。他们的争取从外国帝国主义压迫下的解放和争取民族独立和自由的斗争是正义的。这个历史潮流是不可抗拒的。但是，美国有势力的集团为了建立它在亚洲的殖民地统治，正加紧干涉亚洲民族解放运动，策动组织亚洲侵略集团，扩大在亚洲的战争。美国的这种政策是违反亚洲人民的愿望的，美国的这种政策是造成亚洲局势的紧张和不安的根源。

（1954年4月28日，周恩来在日内瓦会议上的发言，见1954年5月16日《人民日报》增刊。）

张闻天④，1954年

美国侵略集团妄图依靠所谓"实力"政策称霸世界。它的侵略和战争计划不仅威胁着欧

---

① 参见《中华人民共和国对外关系文件集（1951～1953）》第二集，北京：世界知识出版社1958年版，第45页。——编注
② 同上书，第124页。——编注
③ 参见《中国人民解放军总部命令》，《人民日报》1953年10月3日第一版。——编注
④ 张闻天，中国外交部第一副部长。——编注

洲,而且也威胁着亚洲和其他地方。大家知道,在亚洲,它积极武装日本,建立军事基地,最近还组织了东南亚侵略集团。它侵占着中国的领土台湾,干涉中国人民解放台湾这一行使主权的正义事业,并阴谋和蒋介石卖国集团签订所谓"共同防务条约"。它利用一切阴谋诡计干涉亚洲国家的内政,反对亚洲国家的独立和统一,力图巩固和扩大它在亚洲的殖民统治。同在欧洲一样,美国侵略集团在亚洲也正在准备着反对中国、苏联和其他亚洲国家和人民的战争。

(1954年12月2日,张闻天在莫斯科"和平"会谈上的讲话。)①

万光,1955年

美国有势力的集团对裁军和禁止原子武器是不感兴趣的,他们打算的是继续奉行准备新战争的"实力政策",保持和加深国际紧张局势。

("超级大国首先努力达成缩减军备和禁止核武器是至关重要的"。万光,1955年7月17日,节选自《人民日报》1955年7月17日。)②

《人民日报》,1955年

四大国会议必须讨论远东形势。这对于中国人民和亚洲人民有着特殊的意义。美国一再表示不愿意讨论这个问题,这完全不是从缓和局势的愿望,而是从制造紧张、准备战争的要求出发的。

(《人民日报》社论,1955年7月18日。)③

茅盾④,1955年

因为和平敌人并未放弃战争和侵略的政策。美国侵略集团一面被迫赞同协商,被迫也来喊和平,但另一面却加紧准备战争和进行挑衅,他们仍然采取各种手段来阻挠世界人民实现和平的愿望,以便继续维持紧张局势。

(出席世界和平大会的中国代表团负责人茅盾在一次纪念世界和平大会成就的集会上的讲话,1955年7月27日。)⑤

周恩来,1955年

朝鲜停战和印度支那的和平恢复以后,在远东,最紧张的就是台湾地区的局势。必须说明,这种紧张局势是由于美国占据中国的领土台湾和干涉中国解放沿海岛屿而造成的。

(1955年7月30日,周恩来在第一次全国人民代表大会第二次会议上的讲话。)⑥

北平广播电台,1956年

和平阻止了像美国这样一个帝国主义国家赚取巨额利润和征服世界的野心。像美国这

---

① 参见《人民日报》1954年12月3日。《人民日报》显示讲话日期为12月1日。——编注
② 参见万光:《实现裁减军备是不能规避的迫切任务》,《人民日报》1955年7月17日。——编注
③ 参见社论《欢迎四大国会议》,《人民日报》1955年7月18日。——编注
④ 茅盾,浙江桐乡县人。建国后历任文联副主席、文化部长、作协主席,并任全国政协副主席等职。——编注
⑤ 参见《人民日报》1955年7月28日第二版。——编注
⑥ 参见中华人民共和国国务院总理兼外交部长周恩来:《目前的形势和我国外交政策——一九五五年七月三十日在第一届全国人民代表大会第二次会议上的发言》,《人民日报》1955年7月31日。——编注

样的帝国主义国家热衷于冷战政策和煽动侵略战争而对缓和紧张局势充耳不闻。

("美国是多么害怕和平",北平广播电台,1956 年 2 月 8 日。)

《大公报》,1956 年

马尼拉条约组织集团的军事训练和美国在硫磺岛①的核战演习是美国对亚洲人民的野蛮挑衅。

通过这些行动,美国的目的也在于对那些奉行和平、独立政策的亚洲国家实行武力威胁。它妄图镇压亚洲人民追求和平和民族独立行动,并增加亚洲的紧张局势。

(1956 年 2 月 20 日,天津《大公报》评论。)

(二) 美国是殖民主义、"半殖民主义"和"反动思想"的主要堡垒

中共中央委员会,1946 年

由于美国帝国主义比日本帝国主义更强大,它的侵略方法表面上似乎更"文明"而"合法",并且利用着反法西斯战争的资本和中美人民传统友谊的资本,它就可能豢养更多的汉奸和带有更大的危险性。

(1946 年 7 月 6 日,在延安召开的中共中央纪念卢沟桥事件九周年会议上中共中央委员会的声明。)②

蒋介石反动集团在 1946 年发动全国规模的反人民的国内战争的时候,他们之所以敢于冒险,不但依靠他们自己的优势的军事力量,而且主要地依靠他们认为是"异常强大"的、"举世无敌"的、手里拿着原子弹的美国帝国主义。一方面,以为它能够像流水一样地供给他们以军事上和财政上的需要;另一方面,狂妄地设想所谓"美苏必战",所谓"第三次世界大战必然爆发"。

这种对于美国帝国主义的依赖,是第二次世界大战结束以后全世界各国反动势力的共同特点。这件事反映了各国反动派力量的薄弱及其心理的恐慌和丧失信心,反映了全世界革命力量的强大,使得各国除了依靠美国帝国主义的援助,就感到毫无出路。

(毛泽东,"目前的形势和我们的任务",1947 年 12 月 25 日)③

毛泽东,1947 年

在反法西斯的第二次世界大战胜利地结束以后,美国帝国主义及其在各国的走狗代替德国和日本帝国主义及其走狗的地位,组成反动阵营,反对苏联,反对欧洲各人民民主国家,反对各资本主义国家的工人运动,反对各殖民地半殖民地的民族运动,反对中国人民的解放。在这种时候,以蒋介石为首的中国反动派,和日本帝国主义的走狗汪精卫一模一样,充当美国帝国主义的走狗,将中国出卖给美国,发动战争,反对中国人民,阻止中国人民解放事

---

① 原文中的"Iwo Jimo"可能为"Iwo Jima"的误写。——译注
② 参见《中国共产党中央委员会为纪念"七七"九周年宣言》,《中国外交资料集(1945～1949)(内部参考)》第四册,北京:外交学院 1958 年版,第 58 页。——编注
③ 参见《毛泽东选集》第四卷,北京:人民出版社 1960 年版,第 1258 页。——编注

业的前进。

（"目前形势和我们的任务"，毛泽东，1947 年 12 月 25 日。）①

新华社，1948 年

世界人民以史无前例的艰苦奋斗与英勇牺牲，战胜了企图奴役世界的德、意、日法西斯匪帮以后，以美国帝国主义者为首的各国反动派，代替了德、意、日法西斯的地位，组成帝国主义的反民主的阵营，企图奴役世界人民；美帝国主义的世界扩张政策，是在为了取得世界统治权及摧毁一切民主力量的阴谋下拟就的，它企图把世界人民最终推入贫困与黑暗的深渊。

殖民地与半殖民地的东方，拥有占世界一半以上的人口和丰富的宝藏，一直是帝国主义榨取的重要对象；现在则是美国帝国主义和英法荷等帝国主义榨取的重要对象。所以，东方人民的反帝统一战线，是世界人民反帝统一战线的重要组成部分。

（东南亚青年代表大会开幕贺词，1948 年 2 月 16 日，新华社社论。）②

新华社，1948 年

英法荷帝国主义在第二次大战中大为削弱，他们在东南亚的统治摇摇欲坠，美帝国主义利用这个机会，逐步侵入，与上述帝国主义及罗哈斯③、銮披汶④、保大等各国内部的反动集团勾结在一起，企图以各种手段阻遏日益高涨的民族觉醒的巨流，以达到其在经济上、政治上奴役东南亚人民的目的。对于印尼，美国帝国主义者一方面以物资武器与金钱援助荷兰帝国主义，进行反革命的侵略战争，并收买印尼的反动派以分裂印尼民族阵营。同时，美国帝国主义又进行所谓"调停"，企图以此欺骗印尼人民和压迫印尼人民就范。对于越南，美帝国主义者援助法国帝国主义进行侵略战争，法国帝国主义者企图扶植傀儡保大，来分化越南人民。对于菲律宾，美帝国主义者扶植了罗哈斯傀儡政府，给菲律宾以可笑的"独立"。同时帮助傀儡罗哈斯，对真正代表了菲律宾人民的民抗军进行"围剿"。对于暹罗，美国帝国主义与蒋介石匪帮策动了帕他努泰⑤的反动政变，企图在暹罗建立东南亚的反动中心。

（东南亚青年会议开幕贺词，1948 年 2 月 16 日，新华社社论。）⑥

中国保卫世界和平委员会，1950 年

……公然宣布加强对菲律宾反动政府和越南法国占领军及保大傀儡政府的军事援助，凶恶地反对菲律宾和越南两国人民的民族解放运动。杜鲁门的声明和接踵而来的美国空海军的出动，破坏了远东的和平。美国政府已露出了它是中国人民、朝鲜人民、越南人民、菲律

---

① 参见《目前形势和我们的任务》，《毛泽东选集》（合订本），北京：人民出版社 1964 年版，第 1141 页。——编注
② 参见社论《庆祝东南亚青年代表大会开幕》，《人民日报》1948 年 2 月 17 日第一版。——编注
③ 曼努埃尔-罗哈斯（Manuel Roxas），1946 年 4 月当选菲律宾自治政府总统。同年 7 月 4 日美国宣告菲律宾独立和菲律宾共和国成立，其当选总统。——编注
④ 銮披汶（Luang Pibul Songgram），1938～1944、1948～1957 年两任泰国总理。（原文中英文拼写有误）
⑤ 乃汕·帕他努泰，泰国新闻界泰斗，銮披汶的亲信。——编注
⑥ 参见社论《庆祝东南亚青年代表大会开幕》，《人民日报》1948 年 2 月 17 日第一版。——编注

宾人民以及亚洲其他各国人民的死敌的狰狞面目。

（中国保卫世界和平委员会就 1950 年 6 月 27 日杜鲁门的声明发表的声明）①

《世界文化》，1950 年

通过"协助"联合国促进和维护"整个太平洋地区的国际和平与安全"，战争叫嚣者们的真正意图是对亚洲国家人民的革命运动进行镇压以及恢复亚洲的殖民体系。

（《世界文化》社论，北平，1950 年 11 月 1 日。）

（中国）新民主主义青年团中央委员会和（中华）全国民主青年联合总会

在战后的年代里，美国帝国主义已成为亚洲人民的死敌。它在亚洲的全部活动集中于一个目的，就是继续在亚洲各国人民的头上保持黑暗的殖民地制度。它在亚洲支持一切反动力量，它侵略中国的台湾，它在朝鲜进行着奴役朝鲜人民和毁灭朝鲜的野蛮战争。它把日本人民变成殖民地的奴隶，并把那些曾经侵略和屠杀亚洲人民、给亚洲人民带来无限灾难的日本军国主义者重新武装起来。我们亚洲青年不能容忍这些罪行，决不能让美帝国主义在亚洲建立它的殖民帝国，决不能让日本军国主义者重新武装起来。

（（中国）新民主主义青年团中央和（中华）全国民主青年联合总会在"反对殖民制度斗争日"致亚洲青年的联名信，1951 年 2 月 21 日）②

《人民日报》，1953 年

但是亚洲人民还必须继续以极大的努力打退美国为首的帝国主义侵略者，才能达到最后的胜利。为要达到这个目的，主要地要依靠亚洲人民坚决地站在社会主义和人民民主阵营。一方面，要在各国内部建立巩固的工农联盟，同时也要以这工农联盟为基础而团结一切反帝国主义的人们共同奋斗。

打退亚洲人民的死敌美国侵略者，已成为亚洲国家争取解放斗争的最紧迫的任务，只有打退了美国侵略者，才有亚洲民族的独立和世界的和平。亚洲各民族必须为了这个共同的任务而团结起来。

（"列宁主义为亚洲的民族自由斗争照亮了道路"，《人民日报》1953 年 1 月 21 日。）

周恩来，1954 年

亚洲人民和世界其他各地人民一样是爱好和平和自由的。亚洲人民长期遭受压迫和奴役。他们的争取从外国帝国主义压迫下的解放和争取民族独立和自由的斗争是正义的。这个历史潮流是不可抗拒的。但是，美国有势力的集团，为了建立它在亚洲的殖民地统治，正加紧干涉亚洲民族独立运动，策动组织亚洲侵略集团，扩大在亚洲的战争。美国的这种政策是违反亚洲人民的愿望的，美国的这种政策是造成亚洲局势紧张和不安的根源。

---

① 参见《中国和大斥杜鲁门声明：美帝纸老虎已被戳得遍体鳞伤，东方被压迫人民有力量粉碎侵略》，《人民日报》1950 年 6 月 30 日第三版——编注

② 《"反对殖民制度斗争日"青年团中央和青联函亚洲青年》，参见《人民日报》1951 年 2 月 21 日第一版。——编注

（1954 年 4 月 28 日，周恩来在日内瓦会议上的发言；见 1954 年 5 月 16 日《人民日报》增刊。）①

《人民日报》，1955 年

美国一方面支持其他殖民国家对殖民地民族解放运动的镇压，同时又无耻地打起"反殖民主义"的幌子，掩护它自己向世界各地扩展它新的殖民统治的活动。美国垄断资本集团正想把所有殖民地都揽为己有，以建立一个庞大的美利坚殖民帝国。那里有民族解放运动，那里就有美国的干涉、镇压以至武装侵略。美国已经成为一切爱好自由人民的最虚伪又是最凶恶的敌人，是日益瓦解的殖民制度的最反动的堡垒。

（《人民日报》社论，1955 年 2 月 21 日。）②

周恩来，1956 年

全世界都看到，美国侵略集团不但竭力支持正在崩溃的殖民制度，而且它自己就是目前全世界最大的殖民主义者。它竭力通过建立全世界的军事基地网、建立军事集团和所谓援助落后地区等办法，扩大它自己的殖民统治，建立世界霸权。美国公开地把印度的果阿和中国的澳门说成是葡萄牙的"省"。美国在联合国中一贯反对殖民地人民有民族自决权利。美国侵略集团已经成为全世界殖民统治的主要支柱。

（1956 年 1 月 30 日，周恩来在中国人民政治协商会议上的报告。）③

北平电台，1956 年

第二次世界大战结束以来，越来越多的国家摆脱了殖民主义的束缚，但殖民主义者并不甘心这样的局面。他们正在千方百计地维护这个正在分崩离析的罪恶体系，而美帝国主义是这种反动残余的最狂热的支持者。众所周知，第二次世界大战的浩劫极大地削弱了一些像英国、法国以及荷兰这样的老牌殖民国家，面对已经觉醒的亚洲和非洲人民，如果没有美帝国主义的支持，他们很难重返东方继续其殖民统治……

美帝国主义用美元和枪炮支持宗主国屠杀殖民地人民已经不是秘密。事实上，美国卷入了法国在北非和印度支那以及英国在肯尼亚和马来亚的血腥暴行……目前亚洲、非洲和拉丁美洲民族独立运动的蓬勃高涨已成为当今国际形势的显著特征。不管殖民主义最后堡垒美帝国主义如何负隅顽抗，也无法阻止世界殖民主义的崩溃。

（"对美国殖民主义的评论"，中国国际广播电台，北平，1956 年 2 月 10 日。）

北平电台，1956 年

为了建立其在亚洲和非洲的统治，美国决心通过支持旧的殖民体系镇压那里人民的解放运动。这种粗暴的干涉推迟了许多亚洲和非洲国家的独立。这意味着在这种斗争过程中的巨大牺牲和苦难……但美国不仅是现有殖民体系的忠实捍卫者，实际上也是当今世界最

---

① 参见《中美关系资料汇编》，第二辑，下，世界知识出版社，1961 年版，第 1695 页。——编注
② 参见社论《反对殖民制度，坚决保卫和平》，《人民日报》，1955 年 2 月 21 日。——编注
③ 参见周恩来：《一九五六年一月三十日在中国人民政治协商会议第二届全国委员会第二次会议上的政治报告》，载《人民日报》，1950 年 1 月 31 日。——编注

大的和最邪恶的殖民主义者。

第二次世界大战后,美国加快和扩展其殖民统治以实现其称霸世界的迷梦。因为旧的殖民主义方式已经彻底地名誉扫地,美国使用了一系列新的诡计来实行殖民扩张。他们的惯用伎俩就是,在反共的幌子下,组织军事集团作为渗透和控制加入这个集团的国家工具。在所有这些国家的领土上美国建立了有损这些国家主权和独立的军事基地。美国军队在这些国家的傲慢无礼和野蛮行径暴露了美国和这些所谓的联盟国家之间关系的性质。

美国也是借援助之名行抢劫和奴役之实的高手。其所谓的马歇尔计划、第四点计划以及其他一系列各种形式的援助只能意味着是将具有奴役性的条款强加给受援国。通过这种方法美国把这些国家变成美国的战略物资供给者,美国过剩商品的销售市场,以及美国垄断阶级今后获取利润的取之不尽的来源。美国还能更进一步干涉这些国家的内外政策,使它们依附于美国。

(中国国际部对美国殖民主义的评论,1956 年 2 月 10 日。)

《人民日报》,1956 年

美国在竭力支持殖民制度的同时,又千方百计地夺取其他殖民国家的殖民地,扩大它自己的殖民统治。美国已经从法国手里夺取了对南越的控制权;从英国手里攫取了中近东石油利益的一部分,并且正在进一步地排挤这些老牌的殖民国家。美国还企图取代法国、比利时、葡萄牙在非洲的殖民地统治权。显而易见,美国殖民者是今天一切被压迫国家人民的最凶恶的敌人。

("为彻底消灭殖民主义而斗争",《人民日报》社论,北平,1956 年 2 月 21 日。)①

(三) 美国的强大与虚弱

毛泽东,1947 年

美国的战争景气,仅仅是一时的现象。它的强大,只是表面的和暂时的。国内国外的各种不可调和的矛盾,就像一座火山,每天都在威胁美国帝国主义,美国帝国主义就像是坐在这座火山上。这种情况,迫使美国帝国主义分子建立了奴役世界的计划,像野兽一样,向欧亚两洲和其他地方乱窜,集合各国的反动势力,那些被人民唾弃的渣滓,组成帝国主义和反民主的阵营,反对以苏联为首的一切民主势力,准备战争,企图在将来,在遥远的时间内,有一天发动第三次世界大战打败民主力量。这是一个狂妄的计划……②

("目前形势和我们的任务",毛泽东,1947 年 12 月 25 日。)

中国保卫世界和平大会委员会,1950 年

中国人民和亚洲其他国家人民有足够力量粉碎美帝国主义的侵略行为,戳穿美帝国主义这只外强中干的纸老虎。中国人民在四年来的英勇战斗中打垮了为美帝国主义全副武装

---

① 参见社论《为彻底废除殖民主义制度而斗争》,《人民日报》1956 年 2 月 21 日。——编注
② 参见《毛泽东外交文选》,北京:中央文献出版社、世界知识出版社 1994 年版,第 65 页。——编注

起来的国民党反动派,早已把美帝国主义这只纸老虎戳得遍体鳞伤;现在,朝鲜人民军在美国公开参战后仍迅速解放了朝鲜首都汉城,这就又一次戳穿了美帝国主义这只纸老虎的真面目。

(中国保卫世界和平大会委员会就1950年6月27日杜鲁门的声明发表的声明)①

新华社,1950年

朝鲜战局过去几个月的进展证明美国只不过是一只看似凶猛的纸老虎……

朝鲜战争为全世界人民上了生动的一课。它告诉我们不仅要憎恨和反对美帝国主义,同时还要蔑视它。

(新华社"对朝鲜局势的评论",1950年7月30日。)

时事杂志,1950年

在充分了解了关于美国的真相后,每一个爱国的中国人都应当仇视美国、鄙视美国、蔑视美国……仇视美国,因为它是中国人民的死敌……鄙视美国,因为它是腐朽的帝国主义国家,是全世界反动堕落的大本营……蔑视美国,因为它是纸老虎,是完全可以打败的……

("怎样认识美国",《时事手册》,北平,1950年11月5日第1卷第2期。)②

《人民日报》,1950年

以原子武器为万能的人们,应该想想最怕原子弹的究竟是地跨亚欧二洲的苏联和地区广阔人口分散的中国呢? 还是人口高度集中的纽约、华盛顿和伦敦? 这在帝国主义战争贩子们的心里应该是最明白的。

(《人民日报》社论,"粉碎敌人的污蔑、欺骗和恐吓",1950年11月12日《人民的中国》副刊,1950年12月1日第2卷第11期。)

周恩来,1951年

与美国侵略军相较,中国人民志愿军部队在装备方面还居劣势,但是他们却具有高度的政治觉悟和胜利信心,掌握着正义战争的规律,具备着与敌人进行持久战的经验,并获得了中朝人民的全力支援和全世界进步人类的同情。③

(1951年10月23日,周恩来在中国人民政治协商会议上的政治报告。)

郭沫若④,1955年

美国的将军们和发了原子狂的战犯候补者,倒是应当晓得,拿原子武器来进行讹诈是吓不倒别人而只能吓倒他们自己的。这种武器的制造,既早已脱离了美国垄断的阶段,他们如果使用,就不能不考虑别人对他们的报复。

(1955年2月12日郭沫若在中国人民政治协商会议上的讲话。)⑤

---

① 参见社论《粉碎敌人的污蔑、欺骗和恐吓》,《人民日报》1950年11月12日。——编注
② 参见《怎样认识美国》,《人民日报》1950年11月5日。
③ 参见《中华人民共和国对外关系文件集(1951～1953)》第二集,第47页。——编注
④ 郭沫若,文学家,曾任中央人民政府委员,国务院副总理兼文化教育委员会主任。——编注
⑤ 参见郭沫若:《加强和平力量,粉碎原子战争的威胁——在中国人民政治协商会议全国委员会常务委员和中国人民保卫世界和平委员会常务委员联席扩大会议上的报告》,《人民日报》1955年2月13日。——编注

郭沫若,1955年

苏联和中国,幅员辽阔,人口密度不大。……但在美国和英法等国,那情形就完全两样。拿美国来说,工业区域偏在北部,65％的工业集中在占全国面积9％的地区里面。因此,美国狂人们的原子讹诈政策,结果是不能不先把自己吓倒了。

(1955年2月12日郭沫若在中国人民政治协商会议上的讲话。)①

《人民日报》,1955年

如果美国帝国主义不顾全世界人民的反对,竟敢冒险发动原子战争,那么,我们可以断定,它的结果只会是美国侵略集团自己的灭亡。

(《人民日报》1955年2月13日评论。)②

赵君(音译 Chao Chun),1955年

如果美国的原子弹狂胆敢发动一场核战争,唯一的结果将是资本主义体系的瓦解。

(赵君1955年3月13日发表于《大公报》的评论。)

对中国共产党武装部队的政治讲演,1955年

美帝国主义者已经复活了日本军国主义。美国军事的致命弱点之一就是缺乏足够的人力……然而,美国是一个高度工业化的国家,它的武装力量拥有技术先进装备。如果美帝国主义发动一场侵略战争,将会是一场现代化的国际战争。为了在这样一场战争中取得对美国武装力量的胜利,我们必须将我们的军队建设成为优秀的、现代化的革命力量。

(讲演标题为:“为了保卫祖国的社会主义建设,我们必须将我们的军队建设成为优秀的现代化的革命力量”,1955年4月9日。)

蒋元椿③,1955年

台湾地区的紧张局势是美国实行“实力”政策的结果,而美国被迫一度表示愿意同中国举行谈判,正如它不得不同意召开四国首脑会议一样,都是因为它的“实力”政策到处碰钉子,不但吓不倒中国人民和一切爱和平人民,而且使它自己越来越孤立。

(《人民日报》,1955年7月6日。)④

二、中共对中美关系问题的看法

(一) 美国对中国人民的“敌视与侵略”

唐新士(音译,Tang Shin-she),1925年

现在美国撕下了它的面具。众所周知,他们自告奋勇要做中国的“保护者”,但所行之事

---

① 参见郭沫若:《加强和平力量,粉碎原子战争的威胁——在中国人民政治协商会议全国委员会常务委员和中国人民保卫世界和平委员会常务委员联席扩大会议上的报告》,《人民日报》1955年2月13日。——编注
② 参见社论《大规模开展反对使用原子武器的签名运动》,《人民日报》1955年2月13日。——编注
③ 蒋元椿,笔名江南,1951年到新华社总社从事国际新闻报道,1954年参加日内瓦会议,1955年起任《人民日报》国际问题评论员、东方部主任、国际部副主任、主任,长期从事国际问题评论工作。——编注
④ 参见蒋元椿:《“张牙舞爪”能吓倒谁》,《人民日报》1955年7月6日。——编注

却乏"善"可陈。福建省的美国领事不仅下令逮捕不少参与反基督教运动的学生,在他们的授意下,福建省长枪毙了一些学生。在上海,美国人还为针对中国人的冲突提供武器。

("上海斗争及其重要意义",唐新士,《国际通讯》第5卷第50期,1925年6月11日。)

唐新士,1926年

帝国主义在华利益,或者说掠夺性计划,互相抵触。特别是美国,它虽没有参与任何事件,但是希望通过一种巧妙的政策制造一种无辜天使的假象以骗取中国的友谊。

(《国际通讯》第6卷第25期,1926年4月25日,第392页。)

张彪(音译,Chang P.iao),1928年

英国和日本追求一种赤裸裸的瓜分中国的政策,而美国坚持"门户开放"政策。这个政策的实质是,美国试图与英国和日本一起平分中国,为了这一目的利用所谓的国民联合政府,或者说南京政府。然而,为了实现它们的合并计划,英国主要在南方有其强大位置,而日本则在北方。从这方面来说,美国相对较弱。英国和日本不太可能对美国让步而让其在中国地位强大起来。日本和英国一样并不愿意在中国建立一个联合政府。这些帝国主义列强更希望在各自的势力范围内扶植一个被他们操纵的可以作为驯服工具的政府。另一方面,美国希望在中国建立一个所谓的联合政府,以便能够在全中国推行其掠夺计划。

(《国际通讯》第8卷第53期,1928年8月23日,第927页。)

周恩来,1940年

尽管随着美国从西欧国家收到大量的军事订货,它在远东的影响力已有相当大的增长,但它对中国战事的继续不再有兴趣。美国资产阶级害怕中国人民在国内解放战争中取得胜利。因而准备充当中日关系"正常化"的仲裁人。

中国人民和军队希望将抗日战争进行到底,直到彻底打败侵略者。投降主义者热衷于与日本妥协,这些人急切希望得到列强"仲裁",特别是美帝国主义的帮助来达到与日本的妥协。

〔"关于中国局势的报告",周恩来,1940年9月28日,《世界新闻观察》。〕

毛泽东,1946年

"在抗日战争中,美国对于中国实施军事援助,并派遣美军在中国领土协同作战,其目的是击败中美的共同敌人日本帝国主义,但就在那时,由于美国错误的仅仅援助国民党军阀,这种援助,也并未有效地加强中国的抵抗,相反的,是被国民党军阀用以加强其对于积极抗日的中国共产党与中国解放区的进攻与封锁。"

("关于美国对中国军事援助的声明",毛泽东,1946年6月23日。)①

毛泽东,1946年

"美国实行所谓军事援助,实际上只是武装干涉中国内政,只是以强力支持国民党独裁政府,继续陷中国于内战、分裂、混乱、恐怖和贫困,只是使中国不能实现整军复员和履行其

---

① 参见《毛泽东主席为美国军事援蒋法案发表声明》,《中国外交资料集(1945～1949)(内部参考)》第四册,北京:外交学院1958年第54页。——编注

对于联合国的义务,只是危害中国国家安全与领土主权完整,只是破坏中美两大民族的光荣友谊与中美贸易的发展前途。"

("关于美国对中国军事援助的声明",毛泽东,1946 年 6 月 23 日。)①

中共中央委员会,1946 年

由于美国帝国主义比日本帝国主义更强大,它的侵略方法表面上似乎更"文明"而"合法",并且利用这反法西斯战争的资本和中美人民传统友谊的资本,它就可能豢养更多的汉奸和带有更大的危险性。

(1946 年 7 月 6 日在延安召开的中共中央委员会纪念"卢沟桥事变"九周年的声明。)②

中共中央委员会,1946 年

我国反动派为什么能在人民爱国战争胜利后继续独裁和内战? 举世周知,这仅仅是因为美国反动派的军事干涉。举世周知,没有美国反动派的所谓"援华",我国就早已得到民主,而内战也根本不可能发生与继续。③

(1946 年 7 月 6 日在延安召开的中共中央委员会纪念卢沟桥事变九周年的声明。)

中共中央委员会,1948 年

美国帝国主义的阴谋是为了延长中国的内战,是美国帝国主义奴役东方人民、奴役世界人民、破坏世界和平的冒险的侵略计划的一部分。

(中共党中央委员会发言人发言,1948 年 2 月 22 日。)④

新华社,1948 年

美帝国主义过去玩弄什么马歇尔"调解",伪装在蒋共之间"中立"及"不干涉中国内政"等,都不过是险恶的阴谋与欺骗,及反映这个纸老虎的胆怯。现在眼看蒋贼的完全垮台已迫在眉睫,图穷匕首见,就迫得它要出来把自己的全副狰狞面目完全公开,至于其还要玩弄一番说大都是"经济援助"的花腔,来一套忸怩作态,那只是反映这只纸老虎仍然胆怯。

中国人民必将更积极地支援解放军的全面进攻……以作为对美帝国主义向中国人民宣战的最有力和最有效的回答。⑤

(新华社于 1948 年 4 月 10 日⑥发表的对 1948 年 4 月 2 日美国国会通过的价值 463 亿美元援蒋法案的评论。)

毛泽东,1949 年

自 1946 年 7 月,南京国民党反动政府在美国帝国主义者的帮助之下,违背人民意志,撕

① 参见《毛泽东主席为美国军事援蒋法案发表声明》,《中国外交资料集(1945～1949)(内部参考)》第四册,北京:外交学院 1958 年,第 55 页。——编注
② 参见《中国共产党中央委员会为纪念"七七"九周年宣言》,《中国外交资料集(1945～1949)(内部参考)》第四册,北京:外交学院 1958 年,第 58 页。——编注
③ 参见前引《中国共产党中央委员会为纪念"七七"九周年宣言》。——编注
④ 参见《中共中央发言人斥杜鲁门援蒋咨文》,《中国外交资料集(1945～1949)(内部参考)》第四册,第 171 页。——编注
⑤ 参见《新华社记者评美帝国主义援蒋新方案》,《中国外交资料集(1945～1949)(内部参考)》第四册,第 174～175 页。——编注
⑥ 中文资料显示为 4 月 9 日。——编注

毁停战协定和政治协商会议的决议,发动全国规模的反革命的国内战争以来,已经两年半了。在这两年半的战争中,南京国民党反动政府违背民意……出卖了大批的国家权力给美国政府,从美国政府获得了数十亿美元的外债,勾引了美国政府的海军和空军占领中国的领土、领海、领空,和美国政府订立了大批的卖国条约,接受美国军事顾问团参加中国的内战,从美国政府获得了大批的飞机、坦克、重炮、轻炮、机关枪、步枪、炮弹、子弹和其他军用物资,以为屠杀中国人民的武器。

("目前的形势",毛泽东,1949 年 1 月 14 日。)①

毛泽东,1950 年

美国帝国主义者对于中国人民做了很多的欺骗宣传,一切爱国者都不应相信这些欺骗言论。美国帝国主义者侵略朝鲜,侵略中国的台湾,轰炸中国的东北,并使用各种流氓手段恐吓中国人民,一切爱国者都应有决心反抗美帝国主义的侵略,并不受他们的恐吓。

中国人民抗美援朝保家卫国志愿军的英勇行为,是值得赞扬的。全国工人、农民、知识分子及工商业家,凡属爱国者,一致团结起来,反对美帝国主义的侵略,是完全正确的。

我希望全中国一切爱国的工商业家,和人民大众一道,结成一条比过去更加巩固的反对帝国主义侵略的统一战线,这就预示着中国人民在反对帝国主义侵略的神圣斗争中一定要得到最后胜利。

(1950 年,毛泽东对举行"抗美援朝,保家卫国"游行示威的天津工商业者的复电。)②

《世界文化》,1950 年

美国采取了很多步骤在中国周边建立军事基地准备进攻中国和苏联,其中之一就是完全占领整个朝鲜。

(《世界文化》,评论,北京,1950 年 11 月 1 日。)

时事杂志,1950 年

在充分了解了关于美国的真相后,每一个爱国的中国人都应当仇视美国、鄙视美国、蔑视美国……仇视美国,因为它是中国人民的死敌……鄙视美国,因为它是腐朽的帝国主义国家,是全世界反动堕落的大本营……蔑视美国,因为它是纸老虎,是完全可以打败的……

("怎样认识美国",《时事手册》,北平,1950 年 11 月 5 日第 1 卷第 2 期。)③

伍修权,1950 年

在中国整个对外关系的历史上,美国人民和中国人民尽管是一贯地保持了友好的关系,但美国帝国主义者对于中国则从来就是一个狡猾的侵略者。美帝国主义从来不是中国人民的朋友,它从来就是中国人民敌人的朋友,它从来就是中国人民的敌人。不管美国帝国主义者怎样厚颜无耻地说他们是中国人民的朋友,但恩怨分明的历史记录是不能修改的。

---

① 　参见《中共中央毛泽东主席关于时局的声明》,《毛泽东选集》(合订本),第 1277 页。——编注
② 　参见《人民日报》1950 年 12 月 3 日第一版。
③ 　参见《怎样认识美国》,《人民日报》1950 年 11 月 5 日。——编注

（1950 年 11 月 28 日伍修权在安理会的演说，《人民中国》第 2 卷，第 12 号，副刊，1950 年 12 月 16 日，第 10 页。）①

伍修权，1950 年

中国人民完全有理由把蒋介石残民以逞的一切罪行，同时写在美国帝国主义者的账上。中国人民永远不能忘记对美国帝国主义者的血海深仇。蒋介石匪帮对于中国人民所作的一切罪恶，美帝国主义绝不能逃避他们应该担负的严重责任。美国帝国主义者的手上沾满了中国人民的血，中国人民有一切的理由控诉美国政府假手其傀儡蒋介石，屠杀中国人民与奴役中华民族的血腥罪行。②

（1950 年 11 月 28 日伍修权在安理会的演说，《人民中国》第 2 卷，第 12 号，副刊，1950 年 12 月 16 日，第 11 页。）

宣传手册，1951 年第 18 号

据传美帝国主义已经与日本达成单独媾和协定，并签署了一个旨在大规模重新武装日本以作为进攻中国和亚洲的工具的非法和平协定。美帝国主义的这些犯罪行为清楚地揭示出它是中国人民的死敌。所以我们必须声明与美帝国主义长期作战的决心。

（"纪念国庆节的宣传目录"，中共宣传手册第 18 号，1951 年 9 月 21 日。）

毛泽东，1951 年

大家都明白，如果不是美国军队占领我国的台湾、侵略朝鲜民主主义人民共和国和打到了我国的东北边疆，中国人民是不会和美国军队作战的。但是既然美国侵略者已经向我们进攻了，我们就不能不举起反侵略的旗帜，这是完全必要的和完全正义的。③

（1951 年 10 月 23 日毛泽东在中国人民政治协商会议第一届全国委员会第三次会议上所致开幕词。）

周恩来，1951 年

中国人民在抗美援朝运动中同时顺利地彻底地肃清了美帝国主义者对我国多年来的文化侵略活动，并逐步肃清亲美、崇美、恐美的思想。这一切对于我们的国家和人民都是非常有利的。④

（1951 年 10 月 23 日周恩来在中国人民政治协商会议上的政治报告。）

章伯钧，1951 年

……我们必须加强思想战线的工作。曾经长期在封建主义和帝国主义统治之下的中国人民，现在在思想战线上，有巨大的任务。我们应当发动一个认真的思想批判的运动，把那些崇美，亲美，恐美的思想，封建残余的思想，以及旧民主主义思想都要予以必要的清除，批判和教育改造……

---

① 《中美关系文件汇编》第二辑，上，北京：世界知识出版社 1961 年版，第 300 页。——编注
② 《中美关系文件汇编》，第二辑，上，第 301～302 页。——编注
③ 参见《中华人民共和国对外关系文件集(1951～1953)》第二集，北京：世界知识出版社 1958 年版，第 41 页。——编注
④ 同上书，第 48～49 页。——编注

(章伯钧,中国民主同盟秘书长;1951年10月29日中国人民政治协商会议上的讲话。)①

伍云甫②,1952年

美国直接或以津贴方式在中国举办了几百个"救济"机关,这些机关严重地损害了中国人民的生命,侵害并掠夺了中国人民的文化和财产,其目的是把"救济"当作利润很高的侵略性的政治投资。

(中国人民救济总会两年半来的工作概况,伍云甫,新华社北京,1952年9月28日。)③

《人民日报》,1954年

……美国政府从未停止对中国的颠覆活动。早在1951年10月,美国国会通过了所谓的共同安全法案④和一项每年拨款1亿美元用以从事针对苏联、中国以及人民民主国家的间谍、破坏活动的修正案。为此美国国会还在随后几年内颁布了相应的辅助法律。

这样把对主权国家的合法政府进行颠覆活动提高到政府政策的水平,在国际关系史上真是从来没有过。

(《人民日报》,1954年12月5日。)

对中国共产党武装部队的政治讲演,1955年4月

以上所述事实〔指美国重新武装日本、西欧以及其他中苏集团边境国家〕表明,美帝国主义打算继续与中国人民和世界人民为敌,并发动一场侵略战争。所以,美帝国主义是我国人民和世界人民的主要敌人。

(讲演标题为"为了保卫祖国的社会主义建设,我们必须将我们的军队建设成为优秀的、现代化的革命力量",1955年4月9日。)

彭德怀,1955年

……我们一时一刻也不能忘记美国侵略集团还在千方百计阻挠着我国人民解放自己的领土台湾,用新的大规模侵略战争计划威胁着我们。⑤

(关于中华人民共和国兵役法草案的报告,1955年7月16日由彭德怀提交给第一届全国人大第二次会议。)

胡克实(音译 Hu Ko-shih),1955年

目前,美帝国主义已经侵入并占领我们的神圣领土——台湾。他们与盘踞台湾的蒋介石卖国贼集团勾结在一起,不断侵扰大陆沿海地区。他们派出大量特务和间谍潜入大陆进行破坏活动,痴心妄想将中国人民置于反动的叛国的国民党反动派的奴役之下。

---

① 参见《人民日报》1951年10月29日第一版。——编注
② 伍云甫,卫生部部长,中国人民救济总会秘书长,中国红十字会副会长。——编注
③ 参见中国人民救济总会秘书长伍云甫《中国人民救济总会两年半来的工作概况》,《人民日报》1952年9月29日。——编注
④ 1951年10月31日由美国国会通过的援外法案,授权拨款70亿美元用于援外。"共同安全法案"是在"马歇尔计划"于1951年6月30日终止后对其继续和扩大。内容涉及军事、经济、技术等方面,并为此成立"共同安全署"(Mutual Security Agency)。——编注
⑤ 参见《人民日报》1955年7月17日第二版。——编注

（胡克实,全国民主青年联合会中央委员会秘书,1955 年 7 月 19 日广播节目:"中国青年应该担负起保卫祖国的神圣使命"。）

（二）中美两国人民之间的友好

毛泽东,1937 年

英、美、法等国政府为它们自己的帝国主义的利益表示援助中国,还限于口头上的同情,而没有什么实际的援助。

（"上海太原失陷以后抗日战争的形势和任务",1937 年 11 月 12 日;《毛泽东选集》,第二卷。）①

中共中央委员会,1941 年 12 月

太平洋战争,从发动战争的日本的角度看,这是一场不公正的掠夺性的战争。另一方面,从抗日的角度看,美国和英国正在进行的是一场保卫独立、自由和民主的正义战争。日本最近的行为和日本数十年来对中国的侵略一样,也与德国和意大利法西斯在欧洲针对苏联的侵略完全一致。

现在世界分裂为两个阵营,——从事侵略战争的法西斯阵营和进行解放战争的反法西斯阵营。中国、英国、美国以及其他抵抗日本的国家必须结成军事同盟以开展全面的军事合作。同时,太平洋区域的所有抗日的国家和人民必须形成统一战线,将抗日战争进行到底。

（1941 年 12 月 23 日《新华日报》发表的评论。）

毛泽东,1944 年

"第二战场的开辟,是经过长期发展的结果,是经过莫斯科、德黑兰会议发展而来的,在这些会议上决定了从东、西、南三面打击敌人。第二战场现在是实现了,我们谨祝罗斯福总统、丘吉尔首相、斯大林元帅的健康!"

（毛泽东 1944 年 6 月 12 日关于第二战场的意义和影响答记者问）。②

毛泽东,1944 年

1944 年快要完结了,我们在 1945 的任务是什么呢? 我们有些什么工作在明年要特别注意去做呢? 整个反法西斯战争有很大的胜利,打倒希特勒明年就可以实现。我们唯一的任务就是配合同盟国打倒日本侵略者。现在美国已打到雷伊泰岛,并可能在中国登陆。

（毛泽东,"1945 年的任务",1944 年 12 月 17 日。）③

毛泽东,1945 年

中美两国人民之间有着基于同情、理解和相互关心的强有力的联系……战后中国人民

① 参见《上海太原失陷以后抗日战争的形势和任务》,《毛泽东选集》第二卷第 378 页。——编注
② 参见《毛泽东接见中外记者西北参观团谈国内外局势(摘录)》,《中国外交资料集(1937～1945)(内部参考)》第三册,北京:外交学院 1958 年,第 87 页。——编注
③ 参见《1945 年的任务》,《晋察冀日报》1944 年 12 月 20 日第一版。——编注

的头等大事是发展经济……美国不仅是最适合援助中国经济发展的国家，也是完全能够充分参与的国家。因为这些原因，中美人民之间没有也不能发生任何冲突、疏远或误解。

〔中国〕共产党对美国的政策是，而且一直将是寻求友好的美国人民支持中国的民主和在抗日斗争中的合作。

（毛泽东会见美军驻延安观察组的观察员，1945 年 3 月 13 日和 4 月 1 日。参见 1952 年太平洋学会（IPR）听证会，美国参议院司法委员会，第 7A 部，附录 2，第 2378 页。）

毛泽东，1945 年

英国、美国和中国三大国在抗击日本侵略者上达成同盟。因为中国人民在八年抗战中长期的艰苦斗争，因为英国加入了东方的斗争，特别因为美国在太平洋上的胜利，战争越来越接近日本的门户。

（毛泽东代表中共中央委员会在 1945 年 4 月 24 日召开的中国共产党第七次代表大会上作的政治报告；这篇报告的另一个题目为“论联合政府”。）①

朱德，1945 年

由于中国人民八年的战斗，由于伟大的苏联军队向法西斯德国的胜利进军和法西斯德国即将完全崩溃，由于美英军队在远东的胜利（这里需要指出美国人民有特别的努力），由于苏联废除苏日中立条约后在远东举足轻重的地位，毫无疑义，我们所进行的抗日战争现已处在大反攻阶段的前夜了。

（朱德，“论解放区战场”，外文出版社，北平，1952 年，最初是朱德 1945 年 4 月 25 日在中共七大上作的军事报告。）②

毛泽东，1945 年

欣悉美国共产主义政治协会特别会议决定抛弃白劳德的修正主义的即投降主义的路线，重新确立马克思主义的领导，并已恢复了美国共产党。我们对于美国工人阶级和马克思主义运动的这个伟大的胜利，谨致热烈的祝贺。在他过去为中国人民的斗争所作的工作中，白劳德同志提供了很多帮助，应该得到我们的感谢。③ 白劳德的整个修正主义——投降主义路线（这条路线充分表现于白劳德所著《德黑兰》一书中），本质上是反映了美国反动资本集团在美国工人运动中的影响。这个反动资本集团现在也正在力图扩大其影响于中国，赞助中国国民党内反动集团的反民族反人民的错误政策，使中国人民面临着严重的内战危机，危害中美两大国人民的利益。美国工人阶级及其先锋队美国共产党反对白劳德修正主义——投降主义的胜利，对于中美两国人民目前所进行的反日战争和战后建设和平民主世界的伟大事业，无疑地将有重大的贡献。

（毛泽东，给美国共产党中央委员会的电报，延安通讯社，1945 年 8 月 1 日。）④

---

① 《论联合政府》一文中无此内容。——编注
② 参见《论解放区战场》，《朱德选集》，人民出版社 1983 年版，第 141 页。——编注
③ “在他……感谢”。今本《毛泽东选集》中无此句话。——编注
④ 参见《给福斯特同志的电报》，《毛泽东选集》，第 1016 页。——编注

彭德怀,1945 年

我们真的与苏联有特殊关系并对美国怀有成见吗？答案是否定的。过去罗斯福领导下的美国政策是好的。美国现在的错误政策的始作俑者是赫尔利。我们把他和美国人民区分开来。

（彭德怀接受约翰·罗德里克的采访,1945 年 12 月 12 日；延安广播台。）

周恩来,1955 年

中国人民对美国人民是友好的。中国人民不要同美国打仗。

（周恩来在亚非会议上的发言,1955 年 4 月 23 日。）[1]

《人民日报》,1955 年

美国总统艾森豪威尔最近也表示,虽然他对会议"不做太多的期望",但是他认为,"如果能够找到一些办法使人们消除恐惧和紧张的负担的话,我们应该对这些办法作最大限度的探讨"。他并且说,应该采取"和平的、而不是挑衅的办法",并且应该抛弃"冷战"这一口号。如果艾森豪威尔真的在四大国会议上把他这些话变成具体的行动,那末世界和平就有可能出现良好的前景。

（社论,1955 年 7 月 18 日。）[2]

《大公报》,1955 年

中美大使级会谈今天在日内瓦开始,这是中国人民不懈努力的结果,也是一些国家真诚调停、四国日内瓦会议产生积极影响的产物,当然也与美国近来表现出来的和平愿望分不开。

（《大公报》社论,1955 年 8 月 1 日。）

周恩来,1956 年

在美国工商业界,也有不少人不满意美国的禁运政策,而要求发展正常的国际贸易。这些都是值得欢迎的。[3]

中国人民所坚持反对的是美国侵略集团所执行的扩军备战政策,和阻挠我国完全统一、敌视中国人民的侵略政策。[4]

但是我们从来不敌视美国人民,同时也不抹杀美国政府任何有利于和缓国际紧张局势的行动。我们愿意同美国人民友好相处。我们也愿意改善和美国的关系。[5]

（周恩来在中国人民政治协商会议上的讲话,1956 年 1 月 30 日。）

周恩来,1956 年

……值得指出的是,即使在美国统治集团中,一些比较清醒的人也开始认识到,冷战和实力政策是没有出路的……这种新的认识是值得欢迎的。但是,在美国统治集团中一些占

---

[1]　参见《缅、锡、中、印等八国代表团讨论缓和远东紧张局势问题,周恩来总理在会上发表声明》,《人民日报》1955 年 4 月 24 日。——编注

[2]　参见社论《欢迎四大国会议》,《人民日报》,1955 年 7 月 18 日。——编注

[3]　中文文献此处并未分段。——编注

[4]　同上。

[5]　《中美关系文件汇编》第二辑,下,第 2350 页。——编注

据着强有力地位的人,特别是实际掌握着外交政策的人,仍在阻挠着这种变化。他们不愿意看到紧张局势的和缓,不愿意各国和平共处。他们所关心的只是美国垄断资本的最高利润,他们仍旧企图通过战争讹诈政策,把自己的意志强加在其他国家的身上。因此,虽然美国的一些国家领导人员包括艾森豪威尔总统在内,已经表示,在我们的时代里,战争已经成为时代错误,但是,事实上,美国还在使用各种压力,阻止它的同盟国家缩减军备,并且通过军事集团,企图在政治上进一步控制这些国家。虽然美国一部分领导人员表示,应该尊重不参加军事集团的中立国家,但是,另一部分领导人员却又把不参加军事集团的政策说成是陈旧的近视的甚至是不道德的。①

(1956 年 6 月 28 日,周恩来在全国人民代表大会上的发言;1956 年 1 月,周在中国人民政治协商会议上也做了一个相似的发言。)

周恩来,1956 年

中国同其他国家扩大接触,是从我们愿意同一切国家和平共处,包括美国在内,而不排除任何一个国家的立场出发的。我们反对把我们同某些国家的友好关系建筑在排斥另外一些国家的基础之上。就是对于美国,我们也一样具有同它友好的愿望。我们认为,中美两国之间悬而未决的争端,不应该成为阻止中美两国人民友好往来的障碍。而且我们还深信,中美两国人民之间的传统友谊,终有一天会使两国人民重新通过各自的政府互相联系起来。②

(1956 年 6 月 28 日,周恩来在全国人民代表大会上所作的题为"目前国际形势、我国外交政策和解放台湾问题"的发言。)

(三) 特有的问题

1. 台湾

周恩来,1950 年

我现在代表中华人民共和国中央人民政府声明:杜鲁门二十七日的声明和美国海军的行动,乃是对于中国领土的武装侵略,对于联合国宪章的彻底破坏。美国政府这种暴力掠夺的行为,并未出乎中国人民的意料,只更增加了中国人民的愤慨,因为中国人民许久以来即不断地揭穿美国帝国主义侵略中国、霸占亚洲的全部阴谋计划。③

(1950 年 6 月 27 日,周恩来对杜鲁门总统宣言的回应声明。)

《世界文化》,1950 年

麦克阿瑟公开鼓吹台湾对美国的"战略价值"。中国人民解放台湾就意味着粉碎美国从日本到越南和菲律宾的封锁线。所以,杜鲁门和麦克阿瑟急忙在威克岛策划新的阻止台湾解放的方法。

---

① 参见《中华人民共和国对外关系文件集(1956～1957)》第四集,第 77～78 页。——编注
② 同上书,第 83～84 页。——编注
③ 参见《中华人民共和国对外关系文件集(1949～1950)》,第 1 集,第 131 页。——编注

（社论，1950 年 11 月 1 日。）

北平电台，1954 年

艾登的演说〔指 11 月 19 日在英国国际广播电台（BBC）所作的电视讲话〕值得注意，因为近来不断有报道说华盛顿和伦敦正在设计一个解决台湾问题的"计划"。这个"计划"大体上会要求中国人民既不解放台湾和澎湖，甚至也不解放现在被蒋介石集团占领的沿海岛屿，美国会"要求"这个集团"放弃"这些〔沿海〕岛屿……同时，美国侵略集团还试图通过承诺"减轻"对中国人民的敌意这张空头支票为其荒谬的"联合国托管台湾"，"台湾中立"，以及"独立的台湾国家"计划赢得其他国家的支持。很明显美国侵略集团是在利用世界人民对台湾海峡局势的不安以及全球要求和平的愿望，进行政治讹诈，迫使世界（舆论）接受美国永久性占据台湾（的现实）……中国沿海紧张局势的存在是由美国武力侵占台湾一手造成的。中国人民解放沿海岛屿就像解放台湾一样，是中国人民自己的事情……不言而喻，如果美国不抛弃其占领台湾的政策，如果美国武装力量不从台湾海峡撤走的话，台湾仍然会被美国用作制造远东紧张局势和对中国进行战争威胁的基地。台湾海峡的紧张局势还会继续存在而不是缓和。在任何情况下，分割一个独立国家的领土这个行为本身就是侵略和战争挑衅的行为。所以，通过"联合国托管"把台湾置于美国的长期占领之下不仅不能保证远东的和平，而且只能给这个地区带来长期的紧张不安。只有美国侵略力量从台湾和台湾海峡撤退才能得到远东的和平。

（北平英语海外广播，1954 年 11 月 24 日。）

周恩来，1954 年

美国政府企图利用这个条约①来使它武装侵占中国领土台湾的行为合法化，并以台湾为基地扩大对中国的侵略和准备新的战争。这是对于中华人民共和国和中国人民的一个严重的战争挑衅。

如果美国政府不从台湾、澎湖和台湾海峡撤走它的一切武装力量，仍然坚持干涉中国内政，美国政府必须承担由此产生的一切严重后果。

美蒋"共同防御条约"在任何意义上都不是一个防御性的条约，它是一个露骨的侵略条约。

（周恩来就美蒋"共同防御条约"所做的声明，1954 年 12 月 8 日。）②

周恩来，1955 年

美国政府和它的追随者策动的中华人民共和国和蒋介石卖国集团之间的所谓停火，实际上就是干涉中国内政，割裂中国领土。它们企图用战争威胁和原子武器的恐吓，强使中国人民容忍美国侵占台湾，承认美蒋"共同防御条约"，容许美国利用台湾作为军事基地，准备

---

① 即美蒋"共同防御条约"。该"条约"签订于 1954 年 12 月 2 日，规定美国政府有对台湾当局进行军事援助，"以抵抗武装攻击及由国外指挥而危害其领土完整与政治安定的共产党颠覆活动"之义务；台湾当局则有向美国提供向台湾、澎湖及附近部署陆、海、空军的权利。12 月 8 日中国政府发表声明，指出这个条约是非法的和无效的。——编注

② 《外务部长周恩来关于美蒋"共同防御条约"的声明》，参见《中华人民共和国对外关系文件集（1954～1955）》第 3 册，第 209、210 页。——编注

新的战争。这是中国人民绝对不能容忍的。这是中国人民坚决反对的。

(周恩来"关于美国政府干涉中国人民解放台湾"的声明,1955年1月24日。)①

周恩来,1955年

仅仅由于美国政府侵占台湾,庇护蒋介石卖国集团,并不断对中华人民共和国进行颠覆活动和战争威胁,才造成目前台湾地区的紧张局势。美国政府和蒋介石卖国集团签订的所谓"共同防御条约",更加剧了这种紧张局势,并严重地威胁着远东的和平。很显然,这种紧张局势是来自美国,并非来自中国。只要美国干涉中国内政的行为停止,只要美国的一切武装力量从台湾和台湾海峡撤走,这种紧张局势就自然消除了。

(周恩来"关于美国政府干涉中国人民解放台湾"的声明,1955年1月24日。)②

蒋元椿,1955年

如果不是美国在1950年6月宣布用第七舰队侵占台湾,台湾和澎湖早在几年前就会被中国人民解放了。

("美国武装力量必须从台湾地区撤退才能缓和远东局势",《人民日报》1955年1月24日。)③

周恩来,1955年

中国人民同美国人民是友好的。

中国人民不要同美国打仗。中国政府愿意同美国政府坐下来谈判,讨论和缓远东紧张局势的问题,特别是和缓台湾地区的紧张局势问题。

(周恩来在亚非会议上的发言,1955年4月23日。)④

周恩来,1955年

台湾是中国的领土。生活在台湾的人民是中国的人民,中国人民解放台湾是中国的内政问题。美国侵占台湾造成了台湾地区的紧张局势,这是中美之间的国际问题。这两个问题不能混为一谈。中美之间并没有战争,不发生所谓停火问题……为了缓和台湾地区的紧张局势,中国政府愿意同美国政府坐下来谈判。谈判的形式,中国政府支持苏联提出的召开十国会议的建议,也愿意考虑其他的谈判形式。但是任何谈判都丝毫不能影响中国人民行使自己的主权——解放台湾的正义要求和行动;同时,在任何时候中国政府都不能同意蒋介石集团参加任何国际会议。中国人民解放台湾有两种可能的方式,即战争的方式和和平的方式,中国人民愿意在可能的条件下,争取用和平的方式解放台湾。

(1955年5月13日向全国人大常务委员会所作的关于万隆会议的报告。)⑤

---

① 参见周恩来《关于美国政府干涉中国人民解放台湾的声明》,《人民日报》1955年1月25日。——编注
② 同上。
③ 参见蒋元椿《美国武装力量必须从台湾地区撤退才能缓和远东局势》,《人民日报》1955年1月24日。——编注
④ 参见《缅、锡、中、印等八国代表团讨论缓和远东紧张局势问题,周恩来总理在会上发表声明》,《人民日报》1955年4月24日。——编注
⑤ 参见《中华人民共和国国务院总理周恩来关于亚非会议的报告》,《人民日报》1955年5月17日。——编注

周恩来，1955 年

台湾地区的紧张局势是由美国侵占中国的领土——台湾，以及其干涉中国解放沿海岛屿造成的。这是中美之间的国际问题。中国人民行使主权解放台湾是中国的内政问题。这两个问题不能混为一谈。中美之间并没有战争，中美之间不发生停火的问题……只要美国不干涉中国的内政，和平解放台湾的可能性将会继续增长。如果可能的话，中国政府愿意同台湾地方的负责当局协商和平解放台湾的具体步骤。应该说明，这是中央政府同地方当局的协商，所谓"两个中国"的任何想法和做法，都是中国人民坚决反对的。

（1955 年 7 月 30 日周恩来在第一次全国人民代表大会第二次会议上的讲话。）①

2. 如何对待外国侨民的问题

唐新士，1925 年

民族革命的矛头直指外国帝国主义及其在中国的奴才：军阀和买办（外国公司和银行的代理人）。

目前的运动不是简单的排外运动，而是直指帝国主义者、中国人民的压迫者和剥削者，不论他们是外国人还是中国人；实际上中国将会与像苏联那样平等待我之民族合作，也会与全世界被压迫民族合作。

这场反对帝国主义的斗争背后是什么？中国希望废除所有不平等条约。占领军和军舰必须马上撤出中国。所有被外国占领的地区必须无条件归还中国。简言之：中国人民要挣脱奴役他们的枷锁；他们希望与其他民族一样享有同等权利，像兄弟般地生活在一起。帝国主义已经集中了他们在华的军舰和武装。他们不愿意被剥夺强取豪夺得来的权益，相反，他们想彻底奴役中国人民。

（"上海斗争及其重要意义"，唐新士，《国际通讯》第 5 卷第 50 期，1925 年 6 月 11 日，第 665 页。）

李涛②，1949 年

中国人民革命军事委员会及人民政府愿意保护从事正常业务的在华外国侨民。③

（中国人民解放军总司令部发言人李涛将军的声明，新华社，北平，1949 年 4 月 30 日。）

章汉夫，1949 年

迄今为止，中国人民政府还没有与外国建立外交关系。然而，中国人民解放军和中国人民政府保护外国在华侨民的生命和财产的政策是确定无疑的。外国侨民应该而且必须遵守中国人民解放军和中国人民政府颁布的法律。

---

① 参见《目前的形势和我国外交政策——中华人民共和国国务院总理兼外交部长周恩来一九五五年七月三十日在第一届全国人民代表大会第二次会议上的发言》，《人民日报》1955 年 7 月 31 日。——编注

② 李涛，中国人民解放军军委作战部部长兼一局局长。该声明是李涛受毛泽东委托，作为中国人民解放军总部发言人而发表的。——编注

③ 参见《中国人民解放军总部发言人李涛将军为英舰"紫石英号"暴行发表声明》，《中国外交资料集（1945～1949）（内部参考）》第四册，第 201 页。——编注

（中国人民解放军上海军管会外事处处长章汉夫"关于上海外籍侨民问题的声明"，北平电台，1949 年 5 月 30 日。）

新华社，1949 年

将一位中国工人殴打至不省人事的瓦尔德（A. Ward）和前美国驻沈阳领事馆的四位外籍雇员已被沈阳人民法院判定其有罪，并被处以三到六个月的监禁。他们均缓刑一年并被驱逐出中国……对瓦尔德及其同伙的判决完全遵照中国人民的要求……我们拥护这样一个代表了中国人民意愿的判决。已经获得解放的中国人民不可侮。

在过去的六个月中，上海、天津和南京的帝国主义分子数次露出他们的真实面目和獠牙。但每一次，他们都得到了应有的惩罚。这是一个人民当家做主的国家捍卫其公众权利的必要步骤。对瓦尔德的判决再一次警告了帝国主义分子。人民政府保护外国公民的合法权益，但不会放过任何犯罪行为。

（新华社，北平，1949 年 11 月 27 日。）

周恩来，1952 年

中华人民共和国中央人民政府兹宣布凡属侵入中国领空、使用细菌武器的美国空军人员，一经俘获，即行作为战争罪犯处理。[①]

（周恩来，1952 年 3 月 8 日。）

黄华[②]，1954 年

中华人民共和国中央人民政府自成立以来，对于居留中国境内的外侨，包括美国侨民在内，只要他们遵守着中国政府的法令，一贯给予保护。他们可以安居乐业。如果他们要离开中国，不论为着任何理由，都可以按照法定手续向各级人民政府申请。只要他（或她）没有未了的民、刑案件，都可以获得准许。在事实上，由于美国政府对中华人民共和国采取仇视的态度，对中国实行封锁禁运，以致有许多侨民（包括美国侨民在内）丧失了他们一向从事的职业，乃不得不离开中国。我们对于这些被美国政府仇视中国人民的各种政策所损害的外侨（包括美国侨民在内）是同情的。中国人民政府并没有阻挡他们离开中国。（——中文原档有此句，英文原件无。编注）从 1950 年以来，美国侨民离开中国的，截止 1953 年年底，已有 1 500 名左右，现在尚留在中国者仅八十余人。

这一事实足以证明美国某些方面说中国政府阻止美侨离境纯系恶意造谣。

（黄华在日内瓦会议上的声明，1954 年 5 月 26 日。）[③]

黄华，1954 年

至于有少数美国人犯了法，中国政府依法予以逮捕处理，这是任何主权国家的职责。对于这些犯法被捕的人我们都掌握着充分的证据。这些因犯法而被扣留的美国人有居留中国

---

① 参见《中华人民共和国对外关系文件集(1951～1953)》第二集，第 65 页。——编注
② 黄华，外交部欧非司司长，1954 年随周恩来总理出席日内瓦会议，任中国代表团顾问和发言人。——编注
③ 参见中华人民共和国外交部档案馆编：《中华人民共和国外交档案选编》第一集，世界知识出版社 2006 年版，第 380 页。——编注

的美国侨民,还有从天上降落下来或从海上钻进来的。

（黄华在日内瓦会议上的声明,1954 年 5 月 26 日。）①

黄华,1954 年

中国留美学生并没有犯什么罪,美国却剥夺了他们的离开美国的自由,剥夺了他们的返回祖国的自由,剥夺了他们返回家乡与家人团聚的权利。这不仅违背了国际法原则,而且完全不符合人道主义。美国政府如果尊重国际法原则和人道主义,就应当立即停止强迫扣留和虐待中国的留学生和侨民,恢复他们离美返回祖国与家人团聚的不可剥夺的权利。

（黄华在日内瓦会议上的声明,1954 年 5 月 26 日。）②

王炳南③,1954 年

我国政府对于在中国的美国侨民,只要他们是遵守中国法律的,一贯给予保护。他们可以在中国境内居留,从事合法的职业。如果他们为着某种原因,要离华返国,只要他们没有什么未了的民、刑案件,他们随时都可以走。

有极少数美国人,在中国从事间谍活动和破坏活动。有的参加蒋介石反动集团进行反中国人民的内战,还有的侵犯了中国的领空或闯进中国的领海。中国人民政府对于这些少数犯法的,依法处办,这是主权国家的政府应尽的职责。

中国政府完全是按照他们所已犯的罪来量刑。他们的被扣禁,是罪有应得。

（王炳南对美国代表约翰逊有关美国侨民和美国军人被中国拘押的照会的答复,1954 年 6 月 10 日,日内瓦。）④

《光明日报》,1954 年

北京大学的国际法教授王铁崖在《光明日报》撰文指出,"间谍和战俘是毫无相同之处的;无论用什么解释方法,朝鲜战争协定所规定应予释放与遣返的战俘不能包括间谍在内;尤其不能适用到中国境内来进行间谍活动的美国间谍。"

（《光明日报》,1954 年 12 月 3 日。）⑤

康南（音译,Kiang Nan）,1954 年

根据美国的逻辑,那些在中国犯有间谍罪的美国间谍应该获释并被送回他们自己的国家,而在美国的遵守法律的中国学生就应该被剥夺他们回到中国以及与家人团聚的权利。

换言之,美国的那些犯有间谍罪的犯罪分子应该被当作无辜的人,而无辜的中国公民应该被滞留并禁闭。没有人能够从这种逻辑中看出任何国际惯例的原则。

美国政府无权强留中国学生,就像它无权要求释放已经被定罪的美国间谍一样。美国

---

① 参见中华人民共和国外交部档案馆编:《中华人民共和国外交档案选编》第一集,世界知识出版社 2006 年版,第 380 页。——编注
② 同上,第 381 页。
③ 王炳南,建国后担任外交部办公厅主任、部长助理,协助周恩来总理开展外事工作。——编注
④ 中文原件此处未分段。——编注
⑤ 参见中华人民共和国外交部档案馆编:《中华人民共和国外交档案选编》第一集,北京:世界知识出版社 2006 年版,第 388 页。——编注

政府目前强留中国学生就是其公然破坏国际法的明证。

（新华评论员康南对东南亚、欧洲、北美的广播讲话,1954 年 12 月 13 日。)①

新华社特别报道,1955 年

中国政府对在华美国侨民一直有明确的政策,就如它对任何一个国家侨民一样。这是为了保护所有遵守中国法律的人。他们可以在中国定居并在此工作。只要没有未了的民事或者刑事案件,他们可以随时离开。事实上,自从 1950 年以来,超过 1 500 名美国公民离开了中国。

（新华社有关中美日内瓦会谈中被滞留侨民问题的特别报道,1955 年 9 月 11 日。)

新华社,1955 年

关于在中华人民共和国的美国人问题,王炳南大使代表中华人民共和国通知尤·阿·约翰逊大使如下:

（一）中华人民共和国承认,在中华人民共和国的美国人愿意返回美利坚合众国者,享有返回的权利,并宣布已经采取、且将继续采取适当措施,使他们能够尽速行使其返回的权利。

（二）联合王国政府将被委托对愿意回国的美国人返回美利坚合众国提供协助如下:

（1）如果任何美国人认为同中华人民共和国所公布的政策相反,其离境受到了阻碍,他可以通知联合王国驻中华人民共和国代办处,要求代为向中华人民共和国政府交涉。如果美利坚合众国愿意的话,联合王国政府并可对任何此种事件的事实进行调查。

（2）如果任何在中华人民共和国的美国人愿意返回美利坚合众国而筹措回国旅费有困难,联合王国可给予所需的财政援助,使其回国。

（三）中华人民共和国政府将对以上安排广为公布,联合王国驻中华人民共和国代办处亦可照做。

（中美两国大使有关双方的侨民归国问题的声明,1955 年 9 月 10 日,日内瓦。)②

外交部发言人,1956 年

事实上,在中美会谈开始的时候,中国方面向美方提交的全部在华美国人的名单中,就把一般美侨和犯法的美国人明白地加以区分。在中国犯法的美国人必须按照中国的法律程序处理,不可能有任何释放犯法美国人的期限,而且他们在服刑期间没有权利要求回国。只有当他们刑期已满或者中国采取措施提前释放他们,才能进一步谈到他们行使回国权利的问题。至于中国根据自己的法律程序采取怎样的措施和在什么时候对那些人采取措施,那是中国的主权,不能容许别国干涉。

（"外交部发言人"会见新华社记者,北平,1956 年 1 月 6 日。)③

3. 对蒋介石的援助问题

《解放日报》,1946 年

自从日本投降以来,美国当局就与中国的蒋介石政府发展一种暧昧的关系,这种关系

---

① 参见《间谍罪行是无法抵赖的》,《光明日报》1954 年 12 月 3 日第四版。——编注
② 参见《中美关系文件汇编》第二辑,下,第 2301 页。
③ 同上,第 2320 页。

的要点就是：中国出卖自己的领土主权,让美国的陆军和海军陆战队在中国的领土上自由驻扎行动,让军国的军舰在中国的领海上自由驻扎行动,让美国的空军在中国的领空上自由飞行,让美国的商船在中国的内河自由行驶,让美国的军火操纵中国的军备,让美国的军事顾问操纵中国训练与行政,让美国的商品和资本垄断中国的市场。消灭中国的一切民主生产,让美国在所谓门户开放的口号下使中国对美国担负过去一切不平等条约的总和,变中国为美国的菲律宾,美国的拉丁美洲,让美国的帝国主义分子操纵中国的内政与外交,使中国成为这些帝国主义分子武装反苏武装反共的傀儡……而代价呢,就是美国这些分子用一切军事力量、财政力量、外交力量支持中国实行独裁与内战的蒋介石政府,虽然这个政府不但绝大多数中国人民要求其改组,而且美英苏三个政府乃至这个政府自身都不能不承认其必须改组。美国政府的这种政策,使人联想到日本帝国主义对付汉奸卖国贼汪精卫的政策(日本帝国主义也曾经向汪精卫宣布过"废除不平等条约")。毫无疑问,这个政策是显然破坏中美友谊的政策,是违反全体中国人民意志与绝大多数美国人民意志的政策。

中国人民是极其珍贵美国的友谊的,美国的友谊援助,不仅在中国对日战争中有极其重大贡献,而且在中国战后的和平建设中也有其重大地位。

("要求美国改变政策",《解放日报》社论,延安,1946 年 6 月 25 日。)①

《解放日报》,1946 年

回顾十五年,中国人民分外认清了……代替了"日汪",来了个"美蒋",压在中国人民头上,要把中国变成美国帝国主义的殖民地,要打内战,要维持和加强蒋介石的独裁。这是很稀奇的事情吗? 只要回顾历史,就知道美国帝国主义与蒋介石原来就是中国人民的敌人,是毫不稀奇的。

(《回顾十五年》,《解放日报》社论,1946 年 9 月 9 日。)②

中共中央委员会,1948 年

美国的狼现在还要披上羊皮说什么"中国经济之继续衰落,美国实极关怀",可是谁都知道,美国政府在大战以后给予蒋介石匪帮的任何一笔债款、物资、军火,包括这次杜鲁门所提出的五亿七千万美元在内,都是用来帮助蒋介石匪帮打内战的。

熟悉中国情形的人都知道,只要蒋介石匪帮存在一天,它迟早总会发动反人民的内战,但是如果没有美国帝国主义的撑腰与援助,蒋介石匪帮发动内战的日子会迟一些,其因内战失败而灭亡的日子亦会早一些。

(中共中央"发言人"的讲话,1948 年 2 月 22 日。)③

---

① 参见社论《要求美国改变政策》,《解放日报》1946 年 6 月 25 日第一版。——编注
② 出处日期有误,应为 1946 年 9 月 18 日。参见社论《回顾十五年:纪念九一八》,《解放日报》1946 年 9 月 18 日第一版。——编注
③ 参见《中共中央发言人斥杜鲁门援蒋咨文》,《中国外交资料集(1945～1949)(内部参考)》,第四册,第 171～172 页。——编注

1950 年, 毛泽东

国民党反动派又组织许多秘密的特务分子和间谍分子反对人民政府, 在人民中散布谣言, 企图破坏共产党和人民政府的威信, 企图离间各民族、各民主阶级、各民主党派、各人民团体的团结和合作。特务和间谍们又进行了破坏人民经济事业的活动, 对于共产党和人民政府的工作人员采取暗杀手段, 为帝国主义和国民党反动派收集情报。所有这些反革命活动, 都有帝国主义特别是美帝国主义在背后策动。

（"为争取国家财政经济状况的基本好转而斗争", 毛泽东, 1950 年 6 月 6 日。）[1]

周恩来, 1950 年

中国人民所消灭的敌人既然是由美国政府所武装, 那么就可以完全确定：中国人民不但对国内敌人取得了胜利, 同时也对国外敌人即美国的帝国主义干涉者取得了胜利。美国帝国主义者如果再要采取什么新的工具和新的形式来干涉和侵略中国, 它就必然重复国民党所遭受的失败。

美国政府在中国人民解放战争中间始终站在中国人民的敌人方面, 用一切力量援助国民党反动派进攻中国人民。中华人民共和国成立以后, 美国政府对于中国人民的敌视有加无已。

美国政府由于这些疯狂横暴的帝国主义侵略行为, 已经证明了它是中华人民共和国最危险的敌人。美国侵略武力已经侵入中华人民共和国的版图, 并且随时有扩大这种侵略的可能。

（周恩来《为巩固和发展人民的胜利而斗争》, 1950 年 9 月 30 日。）[2]

黄华, 1954 年

5 月 13 日, 波兰商船"哥特瓦尔德"号在几架美国飞机飞过后在中国东海岸外的公海上遭到蒋介石残余匪帮炮舰的袭击。随后, 它就被这艘炮舰劫走了。

在这方面应该指出, 这个事件只是蒋介石残余匪帮在美国当局的支持下所从事的许多次海盗行为中的一次。……

蒋介石残余匪帮的这种海盗行为严重地损害了许多国家的航海利益。必须指出, 这种违反国际法、损害各国的合法航海利益的海盗行为的教唆者是美国政府, 因此它应该为这种海盗行为负责。

（黄华对新闻界的讲话, 1954 年 5 月 26 日, 日内瓦。）[3]

周恩来, 1954 年

蒋介石卖国集团, 在美国侵略者的指使和援助下, 对我国东南沿海地区和岛屿日益猖獗地进行骚扰性的和破坏性的战争, 屠杀我国同胞, 劫掠沿海渔民, 并派遣和空投特务到大陆进行暗害工作……这个卖国集团依靠美国海空军的庇护和美国"军事援助顾问团"的训练,

---

① 参见《毛泽东选集》第五卷, 北京：人民出版社 1977 年版, 第 20 页。——编注
② 参见《为巩固和发展人民的胜利而斗争》,《周恩来选集》, 北京：人民出版社 1984 年版, 第 33～36 页。——编注
③ 参见《我国代表团就蒋匪截扣波兰商船事件发表声明》,《人民日报》1954 年 6 月 26 日第四版。——编注

还在进行编整军队，叫嚣准备进攻大陆，妄想借此恢复他们的万恶的法西斯统治，把全中国变为美国的殖民地。

美国政府自侵占台湾以来，就控制了台湾的军事、政治和经济，把台湾变成美国的殖民地和进攻我国的军事基地。美国政府把蒋介石卖国集团的代表硬塞在联合国里充当所谓中国代表。

（《周恩来在中央人民政府委员会第三十三次会议上关于外交的报告》，1954 年 8 月 11 日。）①

周恩来，1954 年

为了扩大对中国的侵略，美国政府一直在加紧训练蒋介石卖国集团的军队。……为了利用蒋介石卖国集团扩大对中国的侵略，美国政府还对蒋介石卖国集团提供了巨额的军事援助和经济援助的款项。

蒋介石卖国集团在美国政府的指使和支持下，一直在对中国大陆和沿海进行骚扰性和破坏性的战争……最近，这个卖国集团为了执行美国扩大对中国的侵略的政策，不仅更加猖厥地进行上述的破坏活动，并且还在叫嚣反攻大陆，妄图把全中国变为美国的殖民地。

为了封锁中华人民共和国和阻挠中国同其他国家的贸易，美国政府一直协助蒋介石卖国集团抢劫和扣留中国船舶和各国前来中国通商的船舶。……美国政府指使蒋介石卖国集团进行的这些海盗行为，横暴地破坏了公海航行自由的原则。

（周恩来致九届联大电，1954 年 10 月 10 日。）②

周恩来，1954 年

谁都知道，美国政府自从武装侵占台湾以来，一直在支持蒋介石卖国集团对中国大陆进行骚扰性和破坏性的战争，从来没有停止过。

（"关于美蒋'共同防御条约'的声明"，1954 年 12 月 8 日）③

周恩来，1956 年

……尽管美国不承认中华人民共和国，美国政府的代表还是在日内瓦同中国政府的代表进行会谈。人们不难从这种表面上矛盾的现象看出，美国不承认中华人民共和国，实际上是为了利用蒋介石集团同中国讨价还价，并且通过蒋介石集团制造紧张局势，以便从中渔利。

（《目前国际形势，我国外交政策和解放台湾问题》，1956 年 6 月 28 日，周恩来在全国人民代表大会上的发言。）④

① 参见《周恩来总理兼外长一九五四年八月十一日在中央人民政府委员会第三十三次会议上的外交报告》，《人民日报》，1954 年 8 月 14 日。——编注
② 参见《中华人民共和国对外关系文件集（1954~1955）》第 3 册，第 171~172 页。——编注
③ 参见《中美关系资料汇编》第三辑（下），北京：世界知识出版社 1961 年版，第 2053 页。——编注
④ 参见《中华人民共和国对外关系文件集（1956~1957）》第四集，第 87 页。——编注

O. S. S. /State Department Intelligence and Research Reports，Part Ⅸ，China and India，1950 - 1961 Supplement，Washington，D. C. ：University Publications of America，1979，Reel - 2 - 0609，pp. 1 - 47

夏秀芬译，李戴核对文献，徐友珍校

国务院情报研究所关于中国
"人民外交"的情报报告

（1957 年 2 月 7 日）

IR 7422.1

情报报告：共产党中国的"人民外交"（1955 年 1 月～1956 年 6 月）

（1957 年 2 月 7 日）

摘要

一、引言

（一）"人民外交"的目标及发展

（二）代表团的性质

（三）开支

（四）代表团的政治取向

（五）计划的成功

二、1955 年 1 月～1956 年 6 月共产党中国与其他国家之间的联系和交流（表格）

摘　　要

　　从 1950 年开始，为了促进本国公民个人以及半官方代表与其他国家之间的互访，中共投入了巨大的精力与资源。北平鼓励这些交流，旨在促进"国家间更亲密的联系、更多的友好交往及经济文化交流"。它们从朝鲜战争期间的小规模开始，已得到迅速发展，尤其在过去的三年中，这些交流因无数对等的国事访问而得到进一步增强，其中涉及交流各方的总理、外交部长和其他一些高官。这些交流已不断地将一些非共产党人士和反共名流卷入其间。据北平称，1956 年总共有 5 400 名中共党员以个人名义出访了 49 个国家；而同期，有代表 75 个国家的超过 5 200 名外宾访问了共产党中国。

　　这些访问者或者以科学家、教育工作者和技术人员的身份，或者作为剧团、体育代表团、贸易促进会和其他社会组织的成员，或者作为各种各样的半官方组织的代表，单个或结伴出访。虽然他们声称的目的是文化技术交流，但他们已被用来推进北京的国际目标，不论是在共产党国家还是在非共产党国家，尤其是在那些与之没有外交联系的国家。共产党中国的

"人民外交"运动卓有成效，特别体现在同亚洲国家的交流上，如宣传中共政权的国内"成就"，塑造北平"和平"意图与"理智"行为的形象，以及和打破中共政权的国际孤立等诸多方面。

一、引　言[①]

（一）"人民外交"的目标及发展

　　共产党中国与其他共产党和非共产党国家间非官方代表团的交流，在本文件中被称为"人民外交"，它从 1950 年起就已成为中共外交的重要辅助手段。"人民外交"已被北平用来力图营造一种共产党中国与其他共产党集团内国家间的"社会主义团结"精神，形成一种与之相应的与亚洲及最近一些时候与非洲人民之间的反西方的"团结"氛围。它还被用来使共产党中国的宣传、指控和主张变得更为可信。这最明显地体现在对朝鲜战争中细菌战的指控和与当前共产党中国五年计划相关的宣传上。它被用于通过扩大与非共产党国家，特别是与北平没有外交联系的国家之间的交往来打破共产党中国的国际孤立，并借此开辟颠覆性影响的渠道，尤其是在亚洲地区。它也被用于扩展贸易，使得从东西集团获得科技情报变得更加便利，并在共产党中国人民心目中形成所谓作为共产党集团一员优越性的印象。

　　"人民外交"在推进中共目标方面最显著的应用是在朝鲜战争期间。当时，中共指控美国在朝鲜使用生化武器和在中国大肆进行间谍和颠覆活动，并成功地取得了一些阶层对这些控诉的认同。这些控诉通过精心展示所谓的美军在战争中使用过的装备和美军遗留下的照片资料来加以辅证，其中包括被"感染"的苍蝇和其他昆虫的照片。由甄选出的来自多国的律师、科学家和其他"专家"组成的代表团应邀对这些证据进行了观看和调查。

　　北平从说服那些易受影响的外国人，包括非共产主义世界的外国人相信其宣传的真实性方面所取得的成功中受到鼓舞。朝鲜战争结束后，它进一步推广"人民外交"，不断增加与那些因为这样或那样的原因被认为可能易受中共宣传感化的非共产党人士的接触。逐渐地，中共当局开始认识到，即使那些坚定的反共人士也可以通过"人民外交"的策略加以利用。这或者因为这些个人在享受北平的周到款待时克制了自己的批评言论，或者因为这些人的捧场有助于北平打破国际孤立。

　　在北平不能获得它无疑是非常期盼的普遍外交承认时，"人民外交"作为一种与非共产党国家交往的渠道，对中共来说已变得日益重要。当前，中共仅获得了 30 个国家的承认，其中 25 个为联合国成员国。（其余 5 个为瑞士和外蒙古、北朝鲜、北越及东德等共产党政权。此外，北平获得了联合国两个成员国——白俄罗斯和乌克兰——的支持。这两个苏联加盟

---

① 原注：此报告中的表格涵盖了从 1955 年 1 月至 1956 年 6 月的整个时段。本引言的主要讨论是基于这些表格和附加的从朝鲜战争时期（1950 年）直至 1957 年 1 月的资料。

共和国虽然与中国没有独立的外交关系,但都同苏联一样承认共产党中国。)在承认北平的这些国家中,26 个国家是在共产党入侵朝鲜共和国①前就对之予以承认的,只有 4 个国家是在朝鲜战争结束后才给予承认的。

与这种对北平政权有限的外交承认记录形成对照的是,中共已通过"人民外交"建立了与 70 多个国家的直接联系。依据北平的声明,1955 年代表 63 个国家的外宾访问了共产党中国,而同期中共出访了涉及亚、欧、非、美等各洲的 33 个国家。1956 年到中国访问和中国出访国家的数目分别增长到 75 个和 49 个。涉及的个人访问的数据如下②:

	1954 年(估算数据)	1955 年(宣传数据)	1956 年(宣传数据)
出访人数	3 500	5 833	超过 5 400
出访共产党国家数	不详	3 941	不详
涉及国家数	不详	33	49
到访共产党中国人数	2 900	4 700	超过 5 200
出访共产党国家数	不详	1 811	不详
涉及国家数	不详	63	75

(二) 代表团的性质

以集体或个人的形式川流不息地进出共产党中国的代表团,其所从事的活动和成员个人的专长、背景及能力等各不相同。例如,一个代表团可能仅由医药工作者、律师或教育工作者组成,也可能是由不同类型的人组成,即由技术和经验明显不同的人组成。成员组成迥异的一个例子是 1956 年 5~6 月份中共派遣出访意大利、法国和瑞士的所谓"文化使团"。此代表团由一名化学家带队,另外还包括一名经济学家、一名土木工程师、两名作家和一名声乐家。

派往任何一国的代表团种类,通常在很大程度上根据目的地国与共产党中国之间关系的性质而定。因此,虽然"和平"使团、妇女与青年代表团在大陆中国和大多数国家之间自由交流,但在与共产党国家交流时他们最看重的是那些技术代表团,而在与非共产党国家交流时,最看重的却是最有可能起到"兜售"共产党中国的作用或者能够增进与这些国家交流的使团类型。例如,在处理与缅甸的关系上,中共代表团大多以佛教徒或"友好"团体的身份前往。在处理与诸如南美、非洲和中东这类先前与之没有接触的国家关系时,剧团是最常用的

---

① 即南朝鲜。——编注
② 原注:中共"出访"外国的数字有重复计算的。一些中国人到访过不止一个国家,但被到访过的每个国家都计算在内。因此,实际涉及的人数比给出的数字要小得多。1956 年的数字显得不完整,因为其他的证据表明该年出访的中共人数增加了。1954 年的数字是根据北平宣传的 1955 年的数字及其相对于上一年的增长率计算出来的。

身份。在处理与大多数西欧国家的关系时，他们尽量派出可能吸引有关国家的更高级别的代表团。

中共将 1955 年卷入"人民外交"的代表团按照 10 大项加以分类。这些分类连同涉及的人数及其被分成的代表团数（括号内为代表团数）如下：

代 表 团 的 性 质	访问中国的外国代表团		出访的中国代表团	
文化、艺术	1 353	（88）	2 048	（52）
科学、教育和公共卫生	444	（43）	2 245	（61）
工人、妇女、青年	1 146	（117）	186	（34）
和平与友好协会	649	（87）	19	（4）
社会团体	173	（14）	6	（2）
经济和贸易	460	（32）	704	（33）
宗　教	12	（1）	86	（6）
新闻和广播	37	（5）	48	（11）
体　育	351	（21）	491	（18）
议会和民间	135	（9）	0	（0）
总　计	4 760	（417）	5 833	（221）

虽然 1956 年没有类似的细目分类，但是，从总体上，代表团的性质仍沿袭 1955 年建立的模式。

1. 文化、艺术。侧重点之一仍然是戏剧和艺术团体的交流。一个文化代表团曾用 8 个月的时间游历了 9 个国家。这些进展中最具意义的可能是 1956 年春中共戏剧团对南美、埃塞俄比亚和几个阿拉伯国家的访问，中共先前与该地区国家很少甚至根本没有接触。访问埃塞俄比亚和阿拉伯国家的代表团，主要由汉族和突厥穆斯林团体组成，其以新疆民间舞蹈家为特色。其他起到代表性作用的还有中共演员参加亨瑞克·艾伯森逝世 50 周年纪念会时对挪威的访问，以及中共电影首次在泰国（1956 年 3 月）和澳大利亚（1955 年 8 月）放映。

同时，中国莫扎特委员会在北平举办了一个莫扎特节（1956 年 6 月 19 日），邀请了澳大利亚和其他国家的代表团出席。北平继续其纪念"世界文化名人"的年庆。在 1956 年的庆典上，沃尔特·惠特曼（因其所著《草叶集》）被授以尊荣，大量国外文化代表团应邀出席。日本歌舞伎演员在共产党中国举办了数场演出；印度尼西亚（1955 年 12 月 3 日）和巴基斯坦（1956 年 5 月 16 日）电影首次被引进。与其他国家之间，德法两国的作家、剧作家，以及日本和澳大利亚的画家、雕塑家向中国艺术家们展示了他们的技艺并与中国艺术家交流了经验；

一名阿根廷剧作家兼钢琴家发起了中国音乐会之旅。

2. 科学、教育和公共卫生。科学交流的涵盖范围从一场在北平举办的苏联原子能展览（1956 年 5 月）到一次中国-阿尔巴尼亚工艺技术科学合作联合委员会会议。其他的科学交流涉及一批苏联植物学家、化学家、物理学家、数学家和地理学家。数量上略少一些的类似代表团主要来自于其他国家，尤其是苏联集团的一些国家。

为数众多的中国科学家到国外旅行。有一个代表团参加了 1955 年 1 月在孟买巴罗达召开的印度科学代表大会。农业专家代表团之间的交流也在共产党中国与其他社会主义国家之间进行。

访问大陆中国的最引人注目的医学代表团由 16 名阿根廷医生组成，他们在那里用了将近六个星期的时间（1956 年 4 月 19 日至 5 月 29 日），考察公共卫生和预防医学。一队印度尼西亚卫生专家应中华医学会的邀请参观了各种研究机构。14 名感染了结核病的印度学生到中国北平"亚洲学生疗养院"寻求治疗。相应地，一队捷克传染病预防专家曾赴华帮助中共实施其传染病控制项目。

各种不同类型和级别的教育工作者也穿梭于中国和许多国家之间。一个由 28 名来自中小学和师范学院的教师组成的代表团参观了苏联的教育机构，以学习其体制。当国外教育工作者——历史学家、科学家和其他人员——为了帮助中国人或以学习为目的来中国时，另一些有着共同的或更具体兴趣的人数较少的团体或个人出访了其他国家。

3. 工人、妇女和青年。一般最广泛的交流属于那些社会的和"和平"的范畴。在许多例子——菲律宾（学生）、黄金海岸（妇女）、塞内加尔和马达加斯加（青年和妇女）——中，那些访问共产党中国的独特的代表团都属于这些类型。

属于这些类型的代表团，大多是官方派出的青年、学生或妇女组织的代表，其中一些由共产党中国资助，另一些则由共产党中国代表所拟访问的国家资助。

4. 和平与友谊。由中共的同情者发起并组成的"和平"会议，为中共提供了与许多国家左翼接触的机会，否则中国就不能与这些国家取得联系。赫尔辛基"和平"大会后，北平向各代表团发出了访问共产党中国的大量邀请。结果，来自像冰岛、伊拉克、约旦、黎巴嫩和叙利亚等这些北平与之很少或根本没有接触的国家的访问者辗转来到中国。他们没有比宣传"和平"更？（原文件中此处字迹模糊不清。——编注）的目的。

仿照中苏友好协会，前几年中国已与大多数集团内国家建立了各种友协。[①] 在此报告所涉及的时间段内，共产党中国最大的工作重点是建立或扩展与亚非国家间的友好协会。虽然中印友好协会已存在了许多年，但印尼-中国友协却相对年轻。与巴基斯坦的友好协会早在 1956 年 6 月就建立了。中国-埃及友协（1956 年 11 月 18 日）在倡导中国志愿者在苏伊士运河危机中支援埃及的号召发出后也随即建立起来。共产党中国过去这一年最大的努

---

① 原注：友好协会的名称是与被放于其前的当地名称共同组成的。这样，中国的友好协会分支被称为中印友好协会，而印度的分支则称作印中友好协会。

力，似乎都放在了在印尼不同的城市建立印尼-中国友协的新的分支。其次就是增加日中友协日本分支的数量。北平政权还向北朝鲜赠送了5 000株树苗，这些树苗被栽种在平壤，被命名为中国-朝鲜友谊林。

5. 社会（公众）团体。中共将什么样的代表团纳入这一范畴，准确地说不是很清楚，尽管它可能包括像代表"日本恢复与中国和苏联外交关系理事会"之类的访华代表团，或代表中国合作社而被派往挪威和瑞典考察形势的代表团。

6. 经济和贸易。北平政权广泛参加在各国举办的贸易博览会，并且不惜动用各种资源使展览引人注目，即使其商品劣于其竞争国。北平在波兰波兹南国际商品交易会、法国巴黎国际商品展示会和冰岛雷克雅未克商品交易会上的展览，都颇受关注，总体上得到好评。他们也在国内举办商品交易会和展览，也有一国或多国的商品和货物在展出。

中国代表团积极寻求增加与非共产党国家的贸易。他们在诸如日本和阿拉伯国家等尚未承认北平政权的国家中尤为活跃。派往埃及和叙利亚的贸易使团，很好地充当了首先打入其内部的楔子。这两个国家最终都在贸易使团抵达后不久便承认了共产党中国。

经济代表团从高级技术、机械和工业代表团到工会代表团、玉米种植专家团不等。在这些团体中，有在相关领域提供技术援助的一个匈牙利纺织使团和一个矿业专家使团，以及一队观测中国铁路运营的印度铁路工人。另外还有一批前来帮助安装捷克斯洛伐克送给捷克友谊国营农场设备的捷克农业专家。中共建筑工作者协会会员曾赴新西兰的一些城市访问，中国农学家也前往印度尼西亚考察热带作物的栽培。

7. 宗教。在宗教领域，中共做了不少努力，试图将共产党中国存在宗教信仰自由的假象推及国外，并力图利用国外宗教机构来为共产党的目的服务。因为抱有获取亚非国家领导地位的野心，对于中国人来说，给人造成中国穆斯林享有宗教信仰自由的印象就尤为重要，尽管共产党的意识形态并不宽恕宗教。为了这一目的，伊斯兰代表团应邀到中国考察穆斯林社会，在伊斯兰神学院作演讲，参观北平、西安、兰州及乌鲁木齐的清真寺和伊斯兰学校。相应地，中国伊斯兰代表团也被派往穆斯林国家，中国穆斯林也被鼓励赴麦加朝圣。

同样重要的是，必须显示中共对佛教徒的友好态度，就像在发展与泰国、缅甸和锡兰的关系时，以及在减少西藏反对北平政权的战斗中所显示的那样。佛教使团已应邀前往考察中共如何对待佛教社会。一个缅甸代表团带回了中共善待佛教的信息和佛教圣物"舍利子"（佛牙遗物）。中国代表团赴缅甸、印度和尼泊尔参加了当时与佛教庆典相关的各种会议。

虽然中国基督教徒和外国基督教传教士受到虐待、宗教迫害、监禁甚至被杀害，但是中共宣称的宗教信仰自由也适用于基督教徒。1956年3月，来自瑞典、捷克斯洛伐克和印度的新教领导人应邀赴中国考察中国基督教会的状况，并到燕京神学院和南京神学院作演讲。为人所知的是，只有一个中国基督教徒代表团参加过国外基督教会议，该代表团出席了1956年在匈牙利召开的世界基督教理事会会议。

从中共的观点看,访问共产党中国的最有价值的代表团,也许是 1955 年 10 月到访的由 6 名英国贵格会会员组成的代表团。这个代表团饶有兴致地考察耶稣教徒在大陆中国的地位,并致力于推进国际和平与相互理解。一回国,该代表团即发表了一份从总体上肯定中共政权的报告。代表团的成员还在联合王国、美国、加拿大和瑞典等国广作演讲。

8. 新闻和广播。就像对和平代表团一样,北平向参加 1956 年 6 月赫尔辛基新闻工作者大会的与会代表发出了访问共产党中国的广泛邀请。其结果是,来自巴西、智利、伊朗、墨西哥、秘鲁和乌拉圭等许多国家的代表团访问了共产党中国。其中,秘鲁代表团是唯一在此报告所涉及的时间段内访问共产党中国的来自秘鲁的代表团。共产党中国已经认识到友好新闻工作者在将北平的事业推进到国外方面的价值,甚至鼓励美国新闻工作者访问中国。

9. 体育。北平尽管在最后关头借口不愿与国民党中国的代表同场竞技而退出 1956 年奥运会,但是相当重视体育和在各种运动项目中与他国体育代表团的比赛。中共代表队已被派往国外,或在大陆中国内与外国队在足球、田径、游泳、篮球、排球、冰上曲棍球、滑雪、滑冰、体操、举重、乒乓球和摩托车赛等项目上进行角逐。他们也率团参加匈牙利国际飞机模型大赛。

10. 议会和民间。据报道,约有一半的日本国会议员在不同时期访问过共产党中国。一个大型日本国会代表团在 1955 年 8 月(42 名成员)和 9 月(27 名成员)访问了中国,也有一些小型代表团到访。叙利亚、巴西、芬兰和印度议员也到中国大陆旅游。叙利亚代表团在叙利亚承认北平政权之前就实现了访问。另外,印度尼西亚穆斯林政党(印度尼西亚伊斯兰教联盟党)的牧师,应中国伊斯兰教协会的邀请访问了共产党中国(1956 年 5 月 4 日至 6 月 1 日)。

日本、印度、意大利、叙利亚、比利时、英国和其他国家的律师和法学家在中共同行访问比利时、东德、印度和苏联的同时,对大陆中国进行了多次访问。

旨在传播北平政权人道主义者形象的中国红十字会的活动可以纳入民间活动的范畴。中共红十字会已迅速向国外遭受如洪水、地震、严寒和暴风雪之类天灾的民族做出捐赠。虽然这些捐赠只是象征性的,一般是 1 万元人民币。但是,这在灾后被广为传播,给世人以来自共产党中国的援助紧急快速的印象。那些受益者包括阿富汗、南斯拉夫、墨西哥、巴基斯坦和土耳其的洪灾受害者,希腊(只有中共系主动表示)、黎巴嫩和土耳其的地震受害者,以及丹麦和土耳其的严寒及暴风雪受害者。

(三) 开支

北平"人民外交"计划的重要性可以部分地通过其花费来衡量,这既依据重要官员准予会见来访者和出国旅行的时间,也依据其货币支出数。

北平几乎一成不变地承担了来访代表团全部的交通、住宿费用及其他杂费和纪念品津贴,至少在中国国内是这样。一般情况下,其他杂费与纪念品津贴相当于每次旅行40美元到160美元不等,这使一些访问者离开中国时所带的钱比他们来时还要多。北平有时也承担外宾从出发国到中国的全部交通费用。在代表团取道苏联的情况下,北平明显地承担了至少从代表团进入苏联或其集团内国家领土开始时的费用。北平几乎一律承担了赴非共产党国家的中共代表团的全部费用。① 旅行团演出中卖票所得收益通常捐给了当地慈善机构,商品交易会上的展品有时也送给了当地有影响的要人。

(虽然)不可能准确计算出"人民外交"的金钱花费,但是大致估算还是可能的。据悉,从1955年1月到1956年6月,共有2 793位访问者在中国度过了17 480个星期(平均每人6.3个星期)。同期,共有1 982名中国人滞留国外达7 318个星期(平均每人3.7周)。香港大学的柯比(E. S. Kirby)教授1955年曾率团访问共产党中国。据其称,访问期间,北平政权每周在每位代表团成员身上花费194美元。这个数字可能代表中共对来访客人花销的上限,因为对来自集团内国家代表的招待不那么摆阔。在1955年访问共产党中国的4 760名来宾中,1 811名来自苏联集团国家。按照对非共产党集团访问者每人每周194美元和共产党国家访问者100美元的大概标准,1955年的花销数字可推知为470万美元。估计1956年上半年大约有2 600人访问共产党中国,这样的话,从1955年1月到1956年6月30日这段时间就有大约260万美元或总计730万美元的花费。②

中共访问者平均每人在国外滞留3.7周。1955年总共有5 833人出访,其中3 941人是到苏联集团国家,这些国家可能已满足了他们在当地的花销。按照外汇汇率对共产党中国的比价,根据智利和埃塞俄比亚所报称的标准,其余的1 892人的生活开销估算为100万美元。来自智利和埃塞俄比亚的报告指出,他们对访问本国的中共戏剧团的花销支付为每人每周140美元。对所有中共访问者的国外旅行开支的估算根本不足为信,因为同一代表团在许多情况下访问的不止一个国家,而所有官方出访大概都被计算在内。但是,假定平均往返一次的旅程为1万英里,每英里花费0.05美元,1955年的花销就已达到了290万美元。按照大约有2 700中国人出访来再次估算,1956年上半年的开销数字就为180万美元。

中共"人民外交"使团18个月以来出访的花费可这样暂定估算为570万美元。③ 这些粗略估算的总数——1 300万美元表明,这一时期内该计划至少花费了北平政权1 000万美元,并且可能多达2 000万美元。

除了金钱开支外,"人民外交"计划还增添了共产党中国负荷沉重的交通系统的负担,

---

① 原注:赴集团内国家的代表团大概为对方付费的互惠访问。
② 原注:简言之,花销计算如下:1955年,(1)非共产党集团国家(2 949×6.3×194美元=360万美元),(2)集团内国家(1 811×6.3×100美元=110万美元);1956年上半年,2 600/4 750=0.55(0.55×470万美元=260万美元),总计为730万美元。
③ 原注:简言之,花销计算如下:1955年,(1)出访非集团内国家者的生活开销(1 892×3.7×140美元=100万美元),(2)所有出访者的旅行开销(5 833×500美元=290万美元);1956年上半年,2 700/5 833=0.46(0.46×3.9=180万美元),总计为570万美元。

因为许多代表团被允许使用专用列车包厢、汽车和航班。这一运动也大为增加了共产党中国重要官员的负担,上至毛泽东、刘少奇、周恩来,下到无数的技术、管理人员,他们都要抽出时间会见各种代表团。事实上,所有重要的代表团至少受到刘少奇或者周恩来的接见,并且常常受到毛泽东的亲自接见。代表团对高层官员会见他们的时间尤其印象深刻,因为常常超出了官方既定的时间。共产党中国的一些重要官员练就了根据特定代表团的敏感性而随时对会见进行调整的相当技巧,这也反映了在前期筹划和指导方面的巨大努力。

(四) 代表团的政治取向

"人民外交"在其初期阶段几乎完全局限于来自共产党中国国内的可靠的共产党员及其合作者组成的代表团与经过挑选的、非共产党国家的政治同路人与同情者组成的代表团之间的互访。中共不久便认识到,可以使不受严格共产党纪律约束的、易受其感染的人接受和传播最难以置信的共产党的说教,于是他们逐渐地开始利用经过挑选的、原本基本上对共产主义保持中立甚至是反共的来访者。许多这样的访问者被导游的一流的技巧所说服,这些导游强调了共产党中国的物质成就(即新建和重建工厂)。很少有非共产党的同路人的来访者会讲中国话,他们中的一些人对中国非常不熟悉,以至于将前共产党的设备(如日本在满洲的工厂)作为共产党的成就。随着后斯大林时代"和平共处"运动的进一步发展,北平开始认识到,即使是对其持批评态度的访问者,也可以借他们的口来证实共产党中国存在"自由",从而服务于中共的目的。甚至是那些极度挑剔的来访者也倾向于用对共产党物质进步的承认来使他们的批评黯然失色,而且这些批评本身常常也被北平用来作为"共处"可行性的证据。例如,一位备受尊敬的英国经济学家尼古拉斯·考得(Nicholas Kaldor)获准在北平给一个大型学生集会作关于马克思主义经济学谬误的演讲,以作为共产党中国学术自由的"根据"。

北平政权限制反共来访者批评性言论的方法各种各样。导游法是众所周知的。每到一处,来访者都尽可能地被带去参观"模范"工厂、农场、村庄甚至监狱。最近的趋势是在选择参观地点上给予代表团更大的自由。但是,即使在代表团被许以相对自由的地方,时间的限制、语言的障碍、交通的困难,都被共产党用来使之不能到达敏感区域。到共产党国家访问者的日程常常被与重要人物的会面和游览确实值得一看的风景名胜活动塞满,以至于很少有时间来享受北平表面上给予的自由。

在发出访问共产党中国邀请的范围不断扩大的同时,让那些具备在某些方面支持中共政权资格的中国人出国旅行已成为一种趋势。中共政权现在在支持允许具有相对独立思想的知识分子加入代表团方面显得充分自信。这种趋势的最明显例证是,在数次摆出了达赖喇嘛不能离开西藏应邀参加中国境外的重要佛教庆典之后,还是允许达赖喇嘛出访印度。这种情况下,北平大概估计到,达赖喇嘛在国内有足够的私人关系而使之不敢对政权发表过激言论并阻止其叛逃。此外,包括"不值得信任的"代表的使团,常常由可靠的政治同情者或共产党员来加以监督。

（五）计划的成功

虽然北平仅获得 30 个国家的承认，但是通过这些非正式的渠道，它已与 70 个国家的人民或政府建立了联系，尽管这些联系或脆弱或坚实。这些接触在打破埃及和叙利亚对承认共产党中国的抵制方面起了重要作用，并且已被同样应用于苏丹、埃塞俄比亚、日本、大多数阿拉伯国家以及其他一些国家。据一份美国大使馆新闻处的报告称，在一个由 75 人组成的中共戏剧团访问埃塞俄比亚之前，埃塞俄比亚人对中共的唯一了解就是他们一直在朝鲜屠杀埃塞俄比亚人。然而，这次访问后，提及中共很难激起像以前一样的敌对反应。

"人民外交"补充了周恩来和北平其他领导人的出访以及国外政府要人对北平的国事访问，大大缓解了对中共好战和侵略性的恐惧，并且在塑造中共领导人及其政策的"理智"和"寻求和平"的形象方面取得了巨大的成功。这尤其给某些亚非国家的领导人留下了深刻印象。

通过"人民外交"，北平领导人也在形成这样的观念上取得了进展，即只要西方取消对中共的贸易控制，与共产党中国的无限制的贸易就会发展起来，而且这种贸易将会解决西方国家的许多经济困难。日本尤其容易受到这种看法的影响。然而，中共的贸易动议并不仅限于远东，而是已扩展到南美、欧洲、中东和非洲了。北平已发现，开展贸易可开辟实现其他目标的沟通渠道。这样，在日本，中日贸易的结果是为中共提供了攻击美国政策和试图削弱美国在日本影响的有力杠杆。贸易提议也为中共渗入中东开辟了道路。万隆会议看来已为中共向埃及和叙利亚派遣贸易使团铺好了路，这对削弱中国国民党在中东的地位和为这些国家最终承认共产党中国扫除了障碍。其后，埃及、叙利亚和也门相继对中共政权予以承认。此外，在日本，由一股中共日语宣传的洪流所支持的"人民外交"为形成日本公众强烈支持恢复与北平邦交的思潮作了贡献。一半以上的日本国会议员已经访问了共产党中国。

总的来说，中共在建立与许多国家人民之间的联系方面取得了成功。在这些国家，因为相互间有限的外交联系，他们没有官方接触。通过这些非正式渠道，他们得以改变这些国家人民对共产党中国的态度，并且达到了他们的一些国际目标。一些情况下，"人民外交"已为建立正式外交联系铺平了道路。而且，毫无疑问，北平也坚信，"人民外交"的进一步发展，将为最终带来对共产党中国作为世界大国地位的普遍认可发挥重大作用。

二、共产党中国与其他国家间的联系和交流
1955 年 1 月～1956 年 6 月

声　明

以下表格是到访共产党中国和由共产党中国出访的代表团的清单，它尽可能地完整，就像它尽可能地根据来自共产党中国的原始资料汇编而成一样。

共产党中国与其他国家间的联系和交流①
1955 年 1 月至 1956 年 6 月②

目 录

---

① 原注:在列的每个国家的后面,将附有次级细目分类,内容包括:(1) 从有关国家到共产党中国;(2) 从共产党中国到有关国家;(3) 共产党中国与有关国家之间签署的协定。

② (1)类为有关国家派往中国类,亦即来自某国类;(2)类为中国派往有关国家类。为简洁计并尊重原文,翻译中分别将之简称为"来自某国"和"派往某国"。——编注

1. 共产党中国与阿富汗之间

(1) 来自阿富汗

到达: 离开:	人数	领 导 及 成 员	代表团的名称或类型及评论
1956/6/17~ 1956/7/16	4	萨尔坦·艾哈迈德·波波尔博士;穆罕默德·阿科拉博士,地理学家;米尔·阿米努丁·安萨里,坎大哈出版社部门主任;阿都·拉欣博士	文化代表团,应中国文化部的邀请访问中国。7月11日,周恩来接见了代表团成员。

(2) 派 往 阿 富 汗

到达: 离开:	人数	领 导 及 成 员	代表团的名称或类型及评论
1956/05/29~ 不详	—	—	中国红十字会向阿富汗洪灾灾民捐款10 000元人民币。

2. 共产党中国与阿尔巴尼亚之间

(1) 来自阿尔巴尼亚

到达: 离开:	人数	领 导 及 成 员	代表团的名称或类型及评论
1955/03/01~ 不详	—	—	阿尔巴尼亚图片展在上海举办,它展示了阿尔巴尼亚人民共和国的历史背景及其在经济文化生活方面取得的成就。
1955/8/10~ 不详	不详	加乔·阿夫拉齐少校	阿尔巴尼亚人民军歌舞团作为中国文化部和国防部的客人访问中国,此团是阿尔巴尼亚有史以来派往国外的最大的一个歌舞团。
不详 ~ 1955/10/08	不详	弗迪·帕奇拉米	文化代表团。就中国-阿尔巴尼亚广播合作协定及文化合作协定1956年执行计划事宜进行会谈。代表团成员在中国观光,并汇报阿尔巴尼亚过去十年的文化成就。
1956/02/05~ 不详	不详	加富尔·丘奇,工业和矿业部副部长	科学代表团,出席中国-阿尔巴尼亚技术与工艺科学联合委员会第二次会议。
1956/04/01~ 1956/04/04	1	佩特里特·莱杜维茨卡,观察员	世界科学工作者协会。参见《国际》月刊。
1956/04/24~ 1956/05/03	不详	不详	国际民主妇女联合会。参见《国际》月刊。

续　表

到达：离开：	人数	领　导　及　成　员	代表团的名称或类型及评论
1956/04/30～不详	不详	恰米尔·佩什凯奇,阿尔巴尼亚工会中央委员会成员	工会代表团,出席在北平召开的中国全国先进生产者会议。
1956/05	1	苏库·帕纳约特·普拉库同志,阿尔巴尼亚人民军政治部主任	劳动党代表团,出席朝鲜劳动党第三次代表大会后访问中国。

(2) 派往阿尔巴尼亚

到达：离开：	人数	领　导　及　成　员	代表团的名称或类型及评论
1955/02/02～不详	不详	刘长生,中华全国总工会副主席	工会代表团,出席阿尔巴尼亚工会第四次代表大会。
1955/09/10～不详	不详	不详	依据中国-阿尔巴尼亚文化合作协定,中国杂技演员和音乐家在阿演出。
1955/10/10～不详	不详	不详	中华全国民主妇女联合会抵达地拉那出席阿尔巴尼亚妇女联合会第四次代表大会。
1955/11/15～不详	—	—	中华人民共和国经济文化成就展在地拉那举办。展览由阿尔巴尼亚对外文化联络委员会发起。
1955/11/22～1955/12/22	不详	柳湜,教育部副部长	依据中国-阿尔巴尼亚文化合作协定,文化代表团访问阿尔巴尼亚。
1955/11/30～1955/12/04	—	—	中央人民广播电台举办阿尔巴尼亚音乐周,以纪念阿尔巴尼亚人民"解放"11周年。
1956/03/31～不详	—	—	手工艺品展在地拉那举办,此次活动由阿对外文化联络委员会发起和主办。
1956/04	—	—	中国文化展在阿尔巴尼亚西北城市斯库台举办。
1956/05/21～1956/06/?	不详	曾山,中共中央委员会委员	劳工代表团,出席阿尔巴尼亚劳动党第三次代表大会,并在阿观光。

(3) 共产党中国与阿尔巴尼亚签署的协定

签署日期	签署地点	
1955/03/02①	地拉那	中国-阿尔巴尼亚文化合作协定1955年实施议定书:增进文化关系,互派文化代表团,交流科学、教育及文化领域的经验。②

---

① 原注:协定已于1954年1月14日在北平签署。
② 原文此议定书内容不完整。——编注

续　表

签署日期	签署地点	
1955/10/?①	北平	中国-阿尔巴尼亚广播合作协定和文化合作协定 1956 年实施议定书。
1956/03/13	北平	中国-阿尔巴尼亚贸易议定书:中国向阿尔巴尼亚供应小麦、油脂、棉花、茶叶及亚麻制品;阿尔巴尼亚向中国供应铜、烟草及棉织品。

3. 共产党中国与阿根廷之间

(1) 来自阿根廷

到达: 离开:	人数	领　导　及　成　员	代表团的名称或类型及评论
1955/07/23～ 1955/08/27	26	不详	应中国和平委员会②的邀请,和平代表团出席赫尔辛基世界和平大会后访问中国。
1955/08/30～ 1955/10/06	不详	不详	青年代表团。参见《国际》月刊。
1955/09/21～ 1955/10/15	1	路易斯·戈德曼,阿根廷《论坛》报社社长	新闻工作者,出席赫尔辛基世界和平大会和华沙青年节后,作为中国和平委员会的客人访问中国。
1956/04/19～ 1956/05/29	15	阿哥斯教授、J·F·达拉斯塔博士、J·M·H·贝哥利博士、P·A·洛加斯博士、J·M·塞特朗哥拉博士、J·费尔德曼博士、F·A·贝利博士、J·罗塞里博士、J·F·加里奇博士、J·A·伊岑格森博士、F·E·D·艾默里奥博士、S·舒也曼博士、L·A·魏耶欧博士、M·伊阿特博士、A·L·德拉曼博士	医学代表团,应中华医学会的邀请访问中国,研究公共卫生、传染病尤其是儿童疾病的预防措施。5 月 25 日,代表团成员受到周恩来的接见。
1956/04/24～ 1956/05/03	不详	不详	国际民主妇女联合会。参见《国际》月刊。
1956/04/30～ 不详	1	不详	工会代表团,应中华全国总工会的邀请访问中国,出席"五一"劳动节庆典。

---

① 此标记指具体时间不详。另:凡下文时间或人物栏中,出现此标记也均指原文件中时间、人物不详或不敢确定,不再一一作注。——编注
② 即是指"中国人民保卫世界和平委员会",下文中出现的此称谓亦如此,不再一一作注。——编注

续 表

到达: 离开:	人数	领 导 及 成 员	代表团的名称或类型及评论
1956/05/24～ 1956/06/11	7	阿梅里科·农齐亚塔	文化代表团,应中国人民对外文化协会的邀请访问中国。5月28日,周恩来接见了代表团成员。
1956/06/01～ 1956/07/13	不详	F·M·皮塔	律师代表团,访问中国。7月6日,周恩来接见了代表团成员。
1956/06/14～ 不详	1	M·卡洛斯·古阿斯塔威洛	作曲兼钢琴家,作为中国人民对外文化协会的客人访问中国作旅行演出。

(2) 派往阿根廷

到达: 离开:	人数	领 导 及 成 员	代表团的名称或类型及评论
1955/06/12～ 不详	3	李英姬(音译,Li Ying-chi),中国国家进出口公司副经理;徐胜武(音译,Hsu Sheng-wu),中国国际贸易促进委员会条约部副主任;郑峰冰(音译,Cheng Feng-ping),中国国际贸易促进委员会经济研究部副部长	贸易代表团,抵达布宜诺思艾利斯参加阿根廷国际贸易促进委员会第二次会议。

4. 共产党中国与澳大利亚之间

(1) 来自澳大利亚

到达: 离开:	人数	领 导 及 成 员	代表团的名称或类型及评论
1955/04/15～ 不详	7	V·G·葛罗斯、亚历克斯·巴廷、巴泽尔·罗宾逊、雷·希洛、埃德加·罗斯、埃弗·伯瑞特、克莱德·布莱克	劳工联合会代表团,出席北平"五一"劳动节庆典。
1955/07/18～ 不详	6	W·戈利安	和平代表,出席赫尔辛基世界和平大会后,应中国和平委员会的邀请访问中国。
1955/08	—	—	首部中国电影《梁山伯与祝英台》在墨尔本上映。
1955/09/05～ 不详	不详	不详	青年代表团。参见《国际》月刊。
1955/10/15～ 不详	2	亚历克斯·道宾博士及夫人	和平代表,出席赫尔辛基世界和平大会后,应中国和平委员会的邀请携夫人访问中国。

续　表

到达： 离开：	人数	领 导 及 成 员	代表团的名称或类型及评论
1956/03/18～ 不详	2	H·C·孟席斯,驻香港贸易专员;孟席斯夫人	贸易专员,访问中国商讨发展中澳贸易事宜。
1956/05/04～ 1956/06/02	11	①,澳大利亚中国协会会长,澳大利亚国立大学远东史教授	由澳大利亚文化学术界著名人士组成的文化代表团,应中国人民对外文化协会的邀请访问中国。
1956/05/15～ 1956/06/04	1	威克特·蒙哥马利·基林·詹姆斯,澳大利亚和平理事会秘书长	和平代表,应中国和平委员会的邀请访问中国。
1956/05/17～ 1个月	不详	弗兰克·伯斯;威廉·福特,澳大利亚码头工人联合会代表;及其他人	工会代表团,应中华全国总工会的邀请访问中国。
1956/06/14～ 不详	2	诺曼·伦道夫、丁夫娜·丘萨克	作家,应中国和平委员会的邀请访问中国。

(2) 派往澳大利亚

到达： 离开：	人数	领 导 及 成 员	代表团的名称或类型及评论
不详～1956/ 03/02	3	钱大卫及其他人	学生代表,访问阿德莱德、墨尔本和悉尼。
1956/04/24～ 1956/05/24	3	赵国强,重工业工会全国委员会主席;张天民,建筑工会筹备委员会主任;梁正平,山西煤矿工会主席	工会代表团,应澳大利亚薄金属板工人工会、建筑工人产业工会及澳矿工联合会的邀请参加北平②"五一"劳动节庆典。此团是访澳的首个共产党中国代表团。

5. 共产党中国与奥地利之间

(1) 来自奥地利

到达： 离开：	人数	领 导 及 成 员	代表团的名称或类型及评论
1956/04/24～ 1956/05/03	不详	不详	国际民主妇女联合会。参见《国际》月刊。
1956/06/19～ 不详	1	阿尔弗雷德,维也纳音乐艺术学院教授	音乐教授,应中国莫扎特委员会的邀请赴北平参加莫扎特节。

---

① 原文此处字迹模糊。——译注
② 结合上下文,实际应为澳大利亚首都堪培拉。——译注

(2) 派往奥地利

到达: 离开:	人数	领 导 及 成 员	代表团的名称或类型及评论
1955/01/17～ 1955/01/26	2	郭沫若、刘宽一	和平代表,出席在维也纳召开的世界和平理事会常务委员会扩大会议。
1955/04/04～ 1955/04/16	不详	向名华,中国邮电工会全国委员会副主席	工会代表团,出席维也纳世界工联国际公务员工会会议。

6. 共产党中国与比利时之间

(1) 来 自 比 利 时

到达: 离开:	人数	领 导 及 成 员	代表团的名称或类型及评论
1955/04/26～ 不详	10	不详	青年代表团,访问中国并参加"五一"劳动节庆典。
1955/09/02～ 不详	1	莱奥·德雅尔丹博士,国际外科学会秘书长	医学代表,应中华医学会的邀请访问中国。
1955/09/17～ 不详	1	伊莎贝尔·布卢姆女士,斯大林国际和平奖获得者、世界和平理事会理事、理事会书记处书记	"和平领袖",应中国和平委员会的邀请访问中国。
1955/09/20～ 1955/10/14	8	弗朗辛·琳娜,比利时妇女和平与福利会议主席	妇女代表团,作为中华全国民主妇女联合会的客人参加中国国庆庆典。
1955/10/06～ 1955/10/27	9	范德·舒润,国会议员	贸易使团访华。
1956/04/23～ 1956/05/03	1	M·萨默霍森	应中国政治法律学会的邀请,作为访问中国的欧洲五国17位法理学家之一游览中国主要城市。
1956/04/24～ 1956/05/03	不详	不详	国际民主妇女联合会。参见《国际》月刊。
1956/04/29～ 1956/06/07	2	勒莱孔,比利时国际贸易促进委员会副主席;米佩尔曼,商人	贸易代表,访问中国。
1956/05/01～ 不详	13	乔治·斯梅茨	由比利时文化界著名人士组成的文化代表团访问中国。代表们于6月1日受到周恩来的接见。
1956/05/21～ 不详	1	杰克斯·克里帕,比利时TSAL国际交通公司董事会代表	商人,访问中国。

（2）派 往 比 利 时

到达： 离开：	人数	领 导 及 成 员	代表团的名称或类型及评论
1955/05～ 1956/01/13	不详	不详	中国古典戏剧团，在为期八个月的欧洲9国旅行，演出期间访问比利时。
1955/11/21～ 1955/12/19	不详	不详	青年代表团，应比利时促进东西交流委员会邀请，对比利时城市作为期一个月的访问。
1956/05/21～ 1956/05/25	不详	张志让，中国政治法律学会副主席	法理学家，出席在比利时召开的国际民主律师协会会议。
1956/06/09～ 1956/06/12	1	冀朝鼎，中国国际贸易促进委员会副主席	贸易代表，出席布鲁塞尔中国手工艺品展开幕典礼。他于6月11日受到比利时外交部长保罗·亨利·斯巴克及议会发言人C·于斯曼斯的接见。
1956/06/09～ 1956/06/27	—	—	中国工艺品展，在布鲁塞尔中央火车站广场举办，展出了手工艺品、玉制花瓶、象牙雕刻、地毯、珠宝、刺绣丝绸等物品。此次展览是由比利时议会议长、国会议员及其他一些高级官员发起的，其主要目的是扩展中比之间的贸易。

（3）共产党中国与比利时签署的协定

签署日期	签署地点	
1956/02/10	北平	中国-比利时化肥合同：合同期一年，自1956年7月至1957年6月。合同规定比利时将向中国出售425 000万吨化肥。合同由中国国家进出口公司副经理倪伟挺（音译，Ni Wei-ting）和比利时Cobelaz公司经理L·蒂勒签署。

7. 共产党中国与玻利维亚之间

（1）来自玻利维亚

到达： 离开：	人数	领导及成员	代表团的名称或类型及评论
1955/01/05～1955/02	4	不详	文化代表团，应中国人民对外文化协会的邀请，访问了北平、沈阳、上海、广州及中国其他主要城市。
1955/07/30～不详	1	不详	妇女代表团，应中华全国民主妇女联合会的邀请，出席世界母亲大会后访问中国。
1955/08/30～不详	不详	不详	青年代表团。参见《国际》月刊。

（2）派往玻利维亚

无

8. 共产党中国与巴西之间

（1）来自巴西

到达：离开：	人数	领导及成员	代表团的名称或类型及评论
1955/07/22～ 1955/08/27	不详	不详	和平代表，出席赫尔辛基世界和平大会后，应中国和平委员会的邀请访问中国。
1955/08/30～ 不详	不详	不详	青年代表团。参见《国际》月刊。
1956/04/21～ 不详	不详	P·V·约维内	工会代表团，应中华全国总工会的邀请出席"五一"劳动节庆典。
1956/04/24～ 1956/05/03	不详	不详	国际民主妇女联合会。参见《国际》月刊。
1956/05/03～ 1956/05/22	5	约翰斯·贝恩斯	和平"斗士"，应中国和平委员会邀请访问中国。
1956/06～ 1956/06/23	5	热罗尼莫·迪克修特·罗萨多·马伊亚、利库戈尔·勒伊特·菲尔荷、埃斯塔西奥·孔加尔夫斯·索托·马约尔、拉希德·萨尔达尼亚·德尔齐、热图利奥·巴尔博萨·德莫拉	国会议员，访问中国。
1956/06～ 不详	不详	不详	新闻工作者，出席赫尔辛基国际新闻工作者会议后访问中国。

（2）派往巴西

无

9. 共产党中国与保加利亚之间

（1）来自保加利亚

到达：离开：	人数	领导及成员	代表团的名称或类型及评论
1955/01/10～ 1955/02/19	不详	S·S·加提，导演	由保加利亚对外友好与文化联络委员会人民民主国家司派出的文化代表团，赴华谈判中国-保加利亚文化合作协定1955年执行计划。代表团还访问了沈阳、上海及其他城市，并与中国地理学家、农学家进行了交流。

续　表

到达： 离开：	人数	领　导　及　成　员	代表团的名称或类型及评论
1955/04/12～ 1955/05/07	31	不详	男、女排球队，访问中国。
1955/06/05～ 1955/10/10	1	彼特罗夫	依据中国-保加利亚文化合作协定 1955 年执行计划，诗人，访问中国。
1955/06/29～ 不详	1	斯托扬·维内（Stoyan Veney）	依据中国-保加利亚文化合作协定 1955 年执行计划，画家，抵达北平访问中国。访问期间，他们还与中国艺术家和画家进行了会晤。
1955/08/23～ 1955/10/10	1	W·托哈里耶夫	依据中国-保加利亚文化合作协定 1955 年执行计划，古代艺术专家，到华观光。
1955/09/21～ 1955/11/21	2	K·A·伊万诺夫，保加利亚科学院院士；D·V· 费雷，保科学院通讯院士	依据中国-保加利亚文化合作协定 1955 年执行计划，科学家，访问中国。
1955/10/05～ 1955/12/06	9	M·H·波波夫，保加利亚人民艺术家，季米特洛夫奖一等奖获得者、作曲家和音乐家协会副主席	依据中国-保加利亚文化合作协定 1955 年执行计划，由芭蕾舞蹈家、小提琴演奏家、声乐家及民间音乐家组成的艺术代表团访问中国。
1955/10/05～ 不详	3	G·P·季米特洛夫，保加利亚艺术家协会主席；S·S·尼科诺夫，舞台导演；K·L·蒂莫夫教授，保加利亚作家协会戏剧评论部部长	戏剧家，依据中国-保加利亚文化合作协定 1955 年执行计划访问中国。
1955/10/13～ 1955/10/31	1	G·G·布可夫	钢琴家，在北平、天津及上海演出，包括举办独奏会及出席由同时访问中国的保加利亚艺术家代表团的音乐会演出。
1955/10/15～ 不详	4	L·V·卡扎科夫，国家计划委员会副主席；G·P·加拉波夫博士，人民健康和社会福利部副部长；V·S· 巴莱夫斯基，轻工业和食品工业部下属的瓷器和玻璃局局长；R·D·拉德夫，国家计划委员会科学和技术合作部部长	科技代表团，出席中国-保加利亚科技合作联合委员会第一次会议。
1955/11/05～ 1955/11/27	—	—	民间艺术展在北平、上海举办，展出了民族服饰、刺绣、陶瓷制品等 800 件展品。展览由保对外文化联络局发起。
1955/11/09～ 不详	1	切尔金·格奥尔基·兹拉特夫（Cherkin Georgi Zlatev），保加利亚国家音乐学院教授	音乐家，依据中保文化合作协定访问中国作系列演讲。

续 表

到达: 离开:	人数	领导及成员	代表团的名称或类型及评论
1955/11/17～ 1955/11/26	20	特索罗·克里斯特夫·卡梅诺夫	国际射击比赛。参见《国际》月刊。
1955/12/01～ 1955/12/06	1	E·M·波波夫博士,真菌学家	抗生研究会议。参见《国际》月刊。
1956/04/01～ 1956/04/04	1	K·布赖特诺夫教授,世界科学工作者协会理事	世界科学工作者协会。参见《国际》月刊。
1956/04/24～ 1956/05/03	不详	不详	国际民主妇女联合会。参见《国际》月刊。
1956/05 ～ 不详	1	T·G·阿巴兹诺夫,《人民青年报》编辑委员会成员、保加利亚新闻工作者协会秘书	依据中保文化合作协定,新闻工作者抵达北平,参观访问中国建设项目和风景区。
不详～1956/ 05/15	不详	不详	红十字会代表团,访问中国主要城市。

(2) 派往保加利亚

到达: 离开:	人数	领导及成员	代表团的名称或类型及评论
1955/06/30～ 不详	不详	孙晓村,北平农业大学校长	依据中国-保加利亚文化合作协定1955年执行计划,农业代表团赴保进行农业考察。
1955/07/08～ 1955/08/14	不详	不详	农学家,在保加利亚研究农业发展,参观农业生产合作社、研究机构,并与保农学家进行研讨。
1955/07/24～ 不详	5	不详	中国代表团赴保参加国际跳伞比赛。这是中国首次参加此项国际比赛。
1955/08/23～ 不详	不详	钟夫翔,邮电部副部长	邮电代表团,参加在普罗夫迪夫举办的第16届国际博览会。
1955/09/12～ 不详	9	张蔚榛	由中国轻工业工会工作委员会派出的工业代表团,出席索菲亚第二届国际食品加工业及其他行业工人大会。
1955/10/16～ 1955/10/18	2	李兵全(音译,Li Ping-chuan)、陈良(音译,Chen Liang)	新闻工作者,出席索菲亚国际新闻工作者组织执行委员会会议。
1955/10/17～ 不详	不详	不详	民间音乐和杂技团,赴保加利亚旅行演出。

续　表

到达：离开：	人数	领　导　及　成　员	代表团的名称或类型及评论
1955/10/20～不详	2	王建（音译，Wang Chien）、刘建（音译，Liu Chien）	农业代表，出席关于农作物区的划分、组织的巩固及合作社农场经济问题的国际会议。
1955/10/25～不详	不详	周竹安，中国驻保加利亚大使	贸易代表团，参加中国-保加利亚1956年商品交换与支付协定的谈判。
1955/12/20～不详	不详	不详	艺术展，在普罗迪夫美术馆举办。
1955/12/30～不详	2	吴仲超，故宫博物院院长；鲁明，对外文化联络局处长	文化代表，赴保谈判中国-保加利亚文化合作协定1956年执行计划事宜。

（3）共产党中国与保加利亚签署的协定

签署日期	签署地点	
1955/01/27	北平	中国-保加利亚贸易协定：中国供给保加利亚桐油、猪鬃、茶叶、石棉等；保加利亚向中国提供农业机械、有色金属、化学制品、化肥及杂货。
1955/02/17	北平	中国-保加利亚文化合作协定1956年执行计划。①
1955/03/23	索菲亚	中国-保加利亚科学协定：两国交流不同国家经济部门积累的经验，并互派专家帮助对方处理科技问题。
1955/07/11	索菲亚	中国-保加利亚植物疾病协定：两国在虫害、植物疾病传播的预防，农作物保护经验、知识的交流及必要时互派专家等方面进行合作。
1955/11/？	北平	中国-保加利亚互助议定书：中国向保加利亚提供作物种子及其栽培信息，药草种子及相关资料，苎麻、蚕丝、烟草的加工信息以及瓷器、青霉素的生产知识。保加利亚派专家到中国学习有关棉花、大米和药草的知识。保加利亚向中国提供农作物种子、药草，刺激农作物种子生长、棉花栽培与加工、甜菜和大麻的栽培、传染病的预防与控制，农作物区、海港、国际港口的检疫措施等诸多方面的资料。中方派专家到保加利亚学习有关烟草、水果、蔬菜的加工知识。

10．共产党中国与缅甸之间

（1）来　自　缅　甸

到达：离开：	人数	领　导　及　成　员	代表团的名称或类型及评论
1955/02/02～1955/03/29	34	波敏贡，缅甸公共事业和复兴部部长	贸易（采购）使团，在北平与中国各种贸易组织谈判中国商品出口缅甸事宜。

---

① 原文该计划内容无。——译注

到达: 离开:	人数	领导及成员	代表团的名称或类型及评论
1955/05/24～ 1955/06/30	1	德钦伦,缅甸全国工会代表大会主席	工会会员,应中华全国总工会的邀请访问中国。
1955/09/18～ 不详	不详	不详	应中国华侨事务委员会邀请,华侨团体参加国庆庆典并访问中国主要城市。
1955/09/22～ 1955/10/08	13	奈温中将,缅甸海陆空三军总司令	军事使团,访问中国。
1955/09/24～ 1955/10/12	70	吴温,文化部部长	文化代表团,访问中国不同城市,并为各种团体演出。代表团成员有幸受到周恩来的接见。
1955/09/30～ 1955/10/07	12	吴登貌,缅甸佛教理事会联盟副主席、缅甸司法协会会长	佛教代表团,赴华迎取佛祖的牙齿残片。代表团受到了1 000多位政府官员、北平佛教界人士和人民团体代表的欢迎。
1955/10/14～ 1955/10/26	25	硕·佐·巴特勒,缅甸足球发展委员会副主席	缅甸国家足球队,应中华全国体育联合会的邀请访问中国,并与中国各种足球队进行多次比赛。
不详～1955/ 11/14	不详	吴梅昂,缅甸运输和交通部副部长	邮电代表团,访问中国。
1955/12/01～ 1955/12/06	1	吴金·芒温(U Kyin Maung Win),仰光大学教授、病理学家	抗生研究会议。参见《国际》月刊。
1956/01/03～ 不详	—	—	中缅友好协会,召开会议庆祝缅甸联邦成立八周年。会议由协会副会长钱伟长主持,出席人数达300多人。
1956/01/05～ 不详	不详	不详	为纪念缅甸独立八周年,缅甸摄影展在北平中山公园举办。展览展出了周恩来总理访缅和缅甸总理吴努(U Nu)访问中国的照片、缅甸书籍、木雕、漆器和缅甸民族服饰。展览由中缅友好协会发起和主办。
1956/04/21～ 不详	不详	德钦礼貌	和平代表,应中国和平委员会的邀请访问中国。
1956/04/26～ 不详	不详	吴丹吞	缅甸工会代表大会代表团,应中华全国总工会的邀请访问中国,并参加"五一"劳动节庆典。
1956/04/27～ 1956/06/13	不详	吴亚纳(U Nyar Na)	电影代表团,应中国文化部的邀请赴华参加"五一"劳动节庆典、参观中国的电影制片厂并观光旅游。

(2) 派 往 缅 甸

到达： 离开：	人数	领 导 及 成 员	代表团的名称或类型及评论
1955/01/20～ 1955/03/26	67	郑振铎,文化部副部长	文化代表团,应缅甸联邦政府的邀请访缅。代表团成员受到缅总统巴宇的接见,还受到总理吴努的宴请。代表团在缅甸主要城市为约40万观众演出31场。
1955/01/27～ 1955/02/23	5	刘子久,中华全国总工会书记处书记	工会代表团,应缅甸工会代表大会的邀请对缅进行友好访问。代表团成员受到了缅总统巴宇的接见。
1955/03/08～ 1955/03/29	7	刘瑞龙,文化部副部长	农业代表团,应缅甸政府的邀请,访缅考察农业、水利和林业管理。
1955/04/02～ 1955/05/05	6	喜饶嘉措,中国佛教协会代理会长;赵朴初,代表团秘书长、中国佛教协会副会长;噶喇藏,活佛;僧侣卫方（音译,Wei Fang）、颐方（音译,Yi Fang)和济光(音译,Chi Kuang)	佛教代表团,应缅甸总理吴努邀请访问缅甸。代表团成员向总理赠送了礼物,同时向缅佛教界赠送了佛陀舍利子、经文及徽章,并有幸受到吴努总理的接见。
1955/11/12～ 不详	不详	吴法宪将军	民用航空代表团,赴缅谈判并签署中缅航空服务议定书。
1955/12/16～ 1956/02/04	1	宋庆龄,中华人民共和国全国人大常委会副委员长	应缅甸、印度、巴基斯坦三国政府的邀请宋庆龄对三国进行友好访问。
1955/12/29～ 不详	不详	U·拉希德,缅甸联邦政府贸易发展部部长	贸易代表团,谈判并签署关于缅甸大米与中国出口商品的交换议定书。
1956/02	—	—	边境地区居民和平友好会议在缅雷基市举行,2 000名中缅边境各民族人士出席了会议。
1956/03/13～ 不详	7	不详	纺织技师,应缅甸政府的邀请访问中国,①帮助其扩建缅首都的一家纺织厂。
1956/03/21～ 1956/03/21	1	贺龙元帅,中华人民共和国副总理兼外交特使	政府代表,赴巴基斯坦途中在仰光短暂停留,对其进行了一个小时的访问。
1956/04/28～ 不详	不详	乌兰夫	政府代表团,赴尼泊尔途经缅甸,对其进行了短暂访问。
1956/05/16～ 不详	不详	胡帕孟、塔贝	佛教代表团,赴缅参加释迦牟尼佛祖涅槃2 500周年纪念,同时出席第六次佛教经文会议闭幕式。6月1日,代表团受到缅总理吴努的接见。
1956/06/18～ 1956/06/27	不详	不详	奥林匹克足球队,访问缅甸,并与缅足球队在仰光进行比赛。

---

① 根据上下文,应为缅甸。——译注

(3) 共产党中国与缅甸签署的协定

签署日期	签署地点	
1955/03/?	北平	中国-缅甸贸易合同(3)：中国向缅甸出售滚轧钢、钢板、铁管、棉纱、新闻用纸、玻璃、地毯、卫生设备、釉面砖、铁床架及生丝等 36 种价值约 1 000 000 英镑的商品。
1955/12/29①	仰光	中国-缅甸贸易议定书：为缅甸稻米与中国出口商品之交换。②

11. 共产党中国与柬埔寨之间

(1) 来自柬埔寨

到达：离开：	人数	领导及成员	代表团的名称或类型及评论
1955/09/05～不详	不详	不详	青年代表。参见《国际》月刊。
1956/02/14～1956/02/21	不详	西哈努克亲王,柬埔寨王国首相；兰·涅特,国王高级顾问；钦迪,国王高级顾问；桑·年,参议院副议长；恩格·米阿斯,国民会议议员；尼尔·斯莫乌克博士,国王顾问；努·呼上校,皇家空军参谋长；罗恩·索方,农民福利部副国务秘书；丰·萨伦,私人秘书；及其他人	政府代表团,应中华人民共和国政府的邀请,对华进行友好访问和观光。代表团成员受到总理周恩来,副总理陈云、陈毅,全国人大常务委员会副委员长李济深、沈钧儒、郭沫若、彭真（北平市市长）、陈叔通,国防委员会副主席叶剑英元帅,中国人民政治协商会议全国委员会副主席章伯钧、包尔汉和外交部副部长张闻天等的欢迎。
1956/04/08～1956/05/16	4	胡桑阿,公共事业和邮电部长；雷勒穆,国家邮电办公厅主任、前邮电部部长；毛斋,国会议员、前部长；利金亨,使团秘书	经济使团,赴华考察两国共同经济利益的发展问题。使团参观了北平的工厂,和上海及天津的铸造厂、桥梁、纺织厂、发电厂、商业港口等。双方还签署了贸易和支付协定。
1956/05/31～1956/06/27	3	蒲烈蓬,国家计划部书记；侗奥·古亨德,国家计划部部门主任	经济代表团,抵达中国,依据中国-柬埔寨贸易协定前往中国谈判中国对柬经济援助事宜。

① 原注：协定已于 1955 年 4 月 22 日在北平签署。
② 原文此议定书内容不完整。——译注

（2）派 往 柬 埔 寨

到达：离开：	人数	领 导 及 成 员	代表团的名称或类型及评论
1956/02/18	—	—	中国红十字会捐赠价值 8 万元人民币的物品救济柬金边市火灾受害者。

（3）共产党中国与柬埔寨签署的协定

签署日期	签署地点	
1956/04/24①	北平	中国-柬埔寨贸易与支付协定：根据进出口平衡的原则,规定两国彼此提供价值 500 万英镑②的商品。为便于结算,规定同意建立两国官方银行之间的联系。
1956/06/21	北平	中国-柬埔寨经济援助协定及议定书：规定中国 1956～1957 年间援助柬埔寨总价值 8 亿瑞尔,相当于 800 万英镑的设备、建筑材料和商品。柬埔寨将利用这批物品开展各种建设项目。根据柬埔寨的需要,中国还将派出技师、专家在勘探、设计、建筑问题及培训柬技术人员等方面提供援助。

12. 共产党中国与加拿大之间

（1）来 自 加 拿 大

到达：离开：	人数	领 导 及 成 员	代表团的名称或类型及评论
1955/07～不详	6	马格·弗格森	妇女代表团,作为中华全国民主妇女联合会的客人访问中国。
1956/01/16～1956/03/16	1	莫里斯·科恩	加拿大公民,以个人身份访问了北平、广州、哈尔滨、沈阳、长春、鞍山、抚顺、大连、上海、杭州、苏州、南京、重庆、西安和天津。他还参观了南京孙逸仙博士墓③及其他一些名胜古迹,并受到周恩来总理和宋庆龄的接见。
1956/04/24～1956/05/03	不详	不详	国际民主妇女联合会。参见《国际》月刊。

（2）派 往 加 拿 大

无

13. 共产党中国与锡兰之间

---

① 原注：于 1956 年 6 月 1 日在北平获批准。
② 原注：约 1 400 万美元。
③ 即中山陵。——译注

(1) 来 自 锡 兰

到达： 离开：	人数	领 导 及 成 员	代表团的名称或类型及评论
1955/09/04～ 1955/10/15	9	雪莉·科瑞,商业、贸易和渔业部部长	政府贸易代表团,谈判并签署中锡贸易协定。代表团成员还受到了周恩来的接见。
1955/09～ 不详	不详	不详	青年代表。参见《国际》月刊。
1956/04～ 不详	4	V·A·萨马拉韦克拉马,锡兰工会联合会;瓦特森·费尔兰多,锡兰工会联合会;P·B·维贾亚桑德拉,锡兰劳工联合会;K·苏皮阿(K. Suppiah),民主工人大会党司库	工会代表,参加北平"五一"劳动节集会。
1956/04/24～ 不详	不详	A·D·贾亚塞克拉	锡兰国家教师协会代表团,应中国教育工会的邀请,抵达中国参加"五一"劳动节庆典。

(2) 派 往 锡 兰

无

14. 共产党中国与智利之间

(1) 来 自 智 利

到达： 离开：	人数	领 导 及 成 员	代表团的名称或类型及评论
1955/07/30～ 不详	5	利亚·拉费夫人	妇女代表团,出席世界母亲大会后,应中华全国民主妇女联合会的邀请访问中国。
1955/08/30～ 不详	不详	不详	青年代表。参见《国际》月刊。
1955/11～ 1956/01/02	2	安格尔·克鲁查加·圣马里亚及夫人	诗人,携夫人出席中国沃尔特·惠特曼《草叶集》出版100周年暨米盖尔·德·塞万提斯《堂吉诃德》出版350周年纪念会。他们访问了北平、哈尔滨、长春、沈阳、鞍山、抚顺、上海、杭州和广州,并与中国作家进行了广泛交流。
1956/03/08	—	—	由中国人民对外文化协会发起,智利民间艺术与图片展在北平中山公园举办。
1956/04/24～ 1956/05/03	不详	不详	国际民主妇女联合会。参见《国际》月刊。
1956/06	不详	不详	新闻工作者,出席赫尔辛基国际新闻工作者会议后访问中国。

(2) 派往智利

无

15. 共产党中国与哥伦比亚之间

(1) 来自哥伦比亚

到达： 离开：	人数	领 导 及 成 员	代表团的名称或类型及评论
1955/01/01～ 不详	1	雅伊梅·埃斯库阿·隆多尼 奥教授	教授,应中国和平委员会的邀请访问中国。
1955/07/22～ 不详	不详	不详	和平代表团,出席赫尔辛基世界和平大会后, 应中国和平委员会的邀请访问中国。
1955/07/30～ 不详	2	不详	妇女代表团,出席世界母亲大会后,应中华全 国民主妇女联合会的邀请访问中国。
1955/08/30～ 不详	不详	不详	青年代表。参见《国际》月刊。

(2) 派往哥伦比亚

无

16. 共产党中国与哥斯达黎加之间

(1) 来自哥斯达黎加

到达： 离开：	人数	领 导 及 成 员	代表团的名称或类型及评论
1956/04/24～ 1956/05/03	不详	不详	国际民主妇女联合会。参见《国际》月刊。

(2) 派往哥斯达黎加

无

17. 共产党中国与古巴

(1) 来 自 古 巴

到达： 离开：	人数	领 导 及 成 员	代表团的名称或类型及评论
1955/07/23～ 1955/08/27	不详	不详	和平代表团,出席赫尔辛基世界和平大会后, 应中国和平委员会的邀请访问中国。
1955/08/30～ 不详	不详	不详	青年代表。参见《国际》月刊。
1956/04/24～ 1956/05/03	不详	不详	国际民主妇女联合会。参见《国际》月刊。

(2) 派往古巴

无

18. 共产党中国与捷克斯洛伐克之间

(1) 来自捷克斯洛伐克

到达: 离开:	人数	领导及成员	代表团的名称或类型及评论
1955/03/03	—	—	送给北平附近张郭庄(Chengkuochang)村作为礼物的100套儿童服装及其他一些物品,被交给了中国驻捷克斯洛伐克大使曹瑛。这些物品是由捷克工人制造的,"以此表达他们对中国儿童的爱"。
1955/04/01～ 不详	18	不详	木偶表演团,在北平及其他城市演出。
1955/04/04～ 不详	不详	奥托·科楚尔,外贸部第一副部长	贸易使团,赴华谈判1955年商品交易与支付协定事宜。
1955/04/02～ 1955/05/13	170	不详	男子排球队应中国体育运动委员会邀请访问中国。
1955/04/12～ 不详	不详	卢德米拉·扬科夫卓娃,副总理;约瑟夫·雷塔莫耶(Josef Reitamjer),铸造和矿业部部长	应中华人民共和国的邀请,捷建设代表团抵达北平参加在中国苏联展览中心举办的捷克十年社会主义建设成就展。此次展览是捷克共和国在国外举办的有史以来规模最大的一次展览。
1955/04/19～ 1955/06/21	180	帕维尔·杜博夫斯基,斯洛伐克文化管理委员会副部长	依据中国-捷克斯洛伐克文化合作协定的规定,捷国家歌舞团访问中国。
1955/05	—	—	一部关于中捷友谊的大型彩色纪录影片——《一个来自遥远国度的问候》——由捷克国家电影制片厂刚刚制作完成。电影描述了1954年中国人民解放①歌舞团在捷的游历以及他们受到的热情欢迎。
1955/05～ 1955/05/21	不详	爱德华·图马,捷克红十字会	红十字会代表团访问中国。
1955/05/27～ 不详	5	捷克斯洛伐克中央传染病与微生物学研究所所长	依据中国-捷克斯洛伐克科学技术协定,由传染病预防专家组成的科学家代表团抵达中国。
1955/05/29～ 不详	1	博胡米尔·里什维博士,捷克科学院寄生物学家	依据中国-捷克斯洛伐克文化合作协定1955年执行计划,科学家抵达北平进行科学研究。

---

① 应为"中国人民解放军"。——译注

到达： 离开：	人数	领　导　及　成　员	代表团的名称或类型及评论
1955/06/06～ 不详	7	不详	工业专家及其助手帮助安装捷克政府送给北平附近的张郭庄村农业生产合作社的发电机。
1955/06/29～ 1955/09/29	3	亚尔米拉·卡劳斯科娃、埃玛·巴耶尔洛娃、奥尔德日赫·什瓦尔尼	捷克语言学家访问中国。
1955/07/01～ 1955/07/20	—	—	在南京举办的捷造型艺术展，展出了400多件捷克艺术家的杰作。
1955/09/01～ 1955/09/31	—	—	捷美术展在上海举办，展出了包括油画、雕塑、蚀刻画、卡通画、海报等400多件杰作。
1955/09/30～ 1955/10/10	不详	英德日赫·乌赫尔，食品工业部部长	政府代表团参加中国国庆庆典，接着前往上海出席捷克十年社会主义建设成就展开幕式。
1955/10/05～ 1955/11/14	—	—	捷克斯洛伐克十年社会主义建设成就展在上海中苏友谊大厦举办。
1955/11/08～ 1956/02/02	1	玛丽·克诺皮科娃	钢琴家应中国人民对外文化协会的邀请访问中国并举办独奏会。
1955/11/10～ 1955/12/04	不详	斯坦尼斯拉夫·费尔纳，捷克国家计划办公室副主任	科技代表团出席中国-捷克科技合作联合委员会第三次会议。
1955/11/17～ 1955/11/26	25	切内科·格鲁什卡	国际射击比赛。参见《国际》月刊。
1955/12/10～ 1956/01/02	—	—	捷美术展在南京、上海展出后，在北平苏联展览中心开幕。此展览由对外文化联络局发起和主办。
1956/01/04～ 不详	2	埃夫任·斯泰斯卡尔，对外文化联络部部长；米罗斯拉夫·克拉萨，捷克文化部东方事务司司长	文化代表团赴华商谈中国-捷克斯洛伐克文化合作协定1956年执行计划事宜。
1956/02/23～ 1956/03/17	3	安东尼·格雷戈尔，捷克驻中国大使；K·库尔卡，外交部副部长；F·马克，外贸部副部长。	政府代表团抵达广州，举办捷克斯洛伐克10年社会主义成就展。
1956/03/16～ 1956/04/03	2	约瑟普斯·L·赫罗马德卡，教授，布拉格神学院院长；比舍普·彼得·亚诺什，匈牙利基督教新教教徒。	应燕京神学院和南京神学院的邀请，教会领袖到中国作演讲。

到达：离开：	人数	领 导 及 成 员	代表团的名称或类型及评论
1956/03/20～不详	1	奥塔卡尔·诺瓦切克,捷克国家电影公司。	电影实验室技师帮助中国建立电影实验室。
1956/03/23～不详	1	伊凡·马列克,捷克微生物学家、世界科学工作者协会荣誉秘书、布拉格地区官员。	微生物学家在中国作关于捷科技工作的组织和计划的演讲。
1956/03/23～不详	1	特奥多尔·涅梅茨博士,世界科学工作者协会布拉格地区书记。	世界科学工作者协会。参见《国际》月刊。
1956/03/24	—	—	捷克共和国向中国赠送热能设备的正式仪式举行。
1956/04/15～1956/06/12	5	K·弗尔切克,农业部副部长。	依据中国-捷克斯洛伐克农业合作协定1956年执行计划,农业代表团访问中国,考察中国各地的农业建设。
1956/04/24～1956/05/03	不详	不详	国际民主妇女联合会。参见《国际》月刊。
1956/05 ～不详	不详	约瑟夫·普洛伊哈博士,卫生部副部长。	医学代表团考察中国医药和公共卫生工作。
1956/05 ～不详	不详	马拉克,捷克《红色权利报》国际部编辑;斯图尔赖特,《斯洛伐克真理报》编辑	按农业合作协定①的规定,捷新闻工作者抵达北平参观建设项目,并游览风景区。
1956/05/?～1956/05/15	6	伊日·马雷克	电影工人代表团参加在北平、天津、上海、广州、沈阳和乌鲁木齐等中国10个城市举办的捷电影周活动,以庆祝捷克斯洛伐克"解放"11周年。代表团还出席了"五一"国际劳动节庆典,并游览了中国主要城市。
1956/05/09～1956/05/30	1	约瑟夫·绍昆	依据中国-捷克斯洛伐克农业合作协定,玻璃制品专家访问中国,以组织一次玻璃制品展览。
1956/05/19～不详	7	纳德拉斯基	农业专家赴华帮助一国家农场安装捷克政府赠送的一套设备。这个农场将被命名为"中国-捷克斯洛伐克友好农场"。
1956/05/22～不详	5	奥托·埃克特	艺术家按中国-捷克文化合作协定的规定访问中国。

① 即是指中捷农业合作协定。——编注

（2）派往捷克斯洛伐克

到达： 离开：	人数	领　导　及　成　员	代表团的名称或类型及评论
1955/02/03～ 1955/02/06	不详	王伟（音译，Wang Wei）	应捷克斯洛伐克青年联合会中央委员会的邀请，青年代表团参加捷青联第二次大会。
1955/02/09	—	—	由捷克文化部发起，中国手工艺品展在布拉格举办。展出了绘画、玉器、象牙制品等 1 500 多件中国艺术和工艺品样本。
1955/04/30～ 不详	4	乌兰夫，副总理；邵力子，全国人民代表大会常务委员会委员；王林，燃料工业部副部长；曹瑛，中国驻捷克斯洛伐克大使。	政府代表团参加捷克斯洛伐克解放十周年庆典。
1955/05～ 1956/01/13	不详	不详	古典戏剧团在九国八个月旅行演出期间访问捷克斯洛伐克。
1955/05/07～ 不详	不详	不详	中央歌舞团中国民族管弦乐队在布拉格春天音乐节上演奏琵琶和中国各地的民间音乐。
1955/05/17～ 不详	不详	刘子久	工会代表团参加捷克斯洛伐克工会第三次大会。
1955/06/18～ 1955/07/06	165	蔡树藩、黄琪翔，体育运动委员会主任	应捷克斯洛伐克政府的邀请，体育代表团参加 1955 年捷国家运动会，其中包括一个由 159 名运动员组成的中国体操队。
1955/07 ～ 9个月	17	不详	皮革和制鞋技师到布拉格捷克斯洛伐克斯维塔鞋厂接受实践培训。
1955/07/08～ 不详	不详	张致祥，文化部副部长	文艺团体在捷克斯洛伐克进行了一系列演出。
1955/08/07～ 不详	30	不详	留学生团体抵达捷克斯洛伐克，他们是中国派往各国接受大学和研究生教育的 150 名留学生一部分的。
1955/09/17～ 1955/09/25	5	钟夫翔，邮电部副部长	中国代表团应捷邮电部的邀请，赶赴参加在布拉格举办的邮票展览。
1955/09/29～ 1955/11/14	19	叶季壮，外贸部部长	政府代表团应捷克斯洛伐克政府的邀请，参加在布尔诺举办的机械展览。
1956/01/20 不详	不详	朱德、聂荣臻元帅	政府代表团赶赴参加 1 月 27 日开幕的华沙条约组织成员国政治协商委员会会议。

续 表

到达： 离开：	人数	领 导 及 成 员	代表团的名称或类型及评论
1956/03/03～ 1956/03/31	2	不详	应捷克斯洛伐克妇女联合会的邀请,妇女代表团参加国际妇女节庆典。
1956/03/16～ 1956/03/30	不详	不详	学生体育代表团在捷克斯洛伐克五城市进行冰上曲棍球友谊赛。
1956/03/30～ 不详	—	—	由捷克斯洛伐克文化部发起的中国剪纸展在布拉格举办。
1956/04/19～ 不详	2	杨晦、孙峻青	作家参加捷克斯洛伐克第二届作家代表大会。
1956/04/21～ 不详	3	泰绍同（音译，Tai Shao-tung）、陆雄三（音译，Lu Shueh-san）、屈孺汶（音译，Chu Ju-men）	中华全国供销合作总社代表团,应捷克斯洛伐克合作社中央委员会的邀请赴捷访问。
1956/04/29～ 1956/06/21	18	不详	音乐家参加 1956 年布拉格春天音乐节,并在捷克斯洛伐克 16 个城市作 21 场巡回演出。
1956/05/30～ 1956/06/20	不详	南汉宸	经济使团在捷参观工厂和工业企业。
不详～1956/ 06/21	不详	黄乃,中国国家盲人福利协会副主席	盲人代表团访问捷克斯洛伐克。
1956/06/27～ 1956/07/17	不详	史良,中华全国民主妇女联合会副主席。	妇女代表团参加布拉格全国妇女大会。

(3) 共产党中国和捷克斯洛伐克签署的协定

签署日期	签署地点	
1955/04/06	北平	中国-捷克斯洛伐克商品交易和支付协定:中国供应捷克斯洛伐克矿产品、畜产品、食品和茶叶。捷克斯洛伐克供应中国成套设备、钢铁产品、机械、汽车和化工原材料。
1955/11/11	布拉格	中国-捷克斯洛伐克商品交易和支付协定:中国供应捷克斯洛伐克矿产品、畜产品、食品、茶叶、丝绸和其他土产品。捷克斯洛伐克供应中国发电设备、机械、钢铁产品、仪器、工业化学品和石油产品。
1956/01/03	北平	中国-捷克斯洛伐克文化合作协定 1956 年执行计划。

19. 共产党中国和丹麦之间

（1）来自丹麦

到达： 离开：	人数	领导及成员	代表团的名称或类型及评论
1955/02/14～ 不详	2	赫卢夫·比斯特鲁普及夫人	漫画家作为中国艺术家协会的客人访问中国。
1955/04/28～ 1955/05/09	2	斯文·米尔·克里斯滕及夫人	丹麦文学教授应中国和平委员会和中国人民对外文化协会的邀请，赴华参加对世界文化伟人的纪念活动。
1955/09/08～ 1955/10/12	10	汉斯·汉森首相	文化代表团应中国人民对外文化协会的邀请访问中国。
1955/11/25～ 1955/12/19	18	阿克塞尔·格鲁恩	贸易代表团访问中国。
1956/04/01～ 1956/04/04	1	G·诺尔高博士，世界科学工作者协会理事	世界科学工作者协会。参见《国际》月刊。
1956/04/28～ 不详	2	尼古拉斯·考得及夫人	剧作家及夫人应中国人民对外文化协会的邀请访问中国。
1956/04/28～ 不详	8	托马斯·克里斯滕森及其他人	和平代表应中国和平委员会的邀请访问中国。
1956/06/22～ 1956/07/20	10	莉齐·默斯盖德（Lizzie Moesgaard），丹麦青年理事会副主席、丹麦妇女协会会员	青年代表团应中华全国民主青年联合会的邀请访问中国。

（2）派往丹麦

到达： 离开：	人数	领导及成员	代表团的名称或类型及评论
1955/09/07～ 不详	不详	不详	青年代表团应丹麦青年联合理事会的邀请访问丹麦。
不详～1955/ 12/16	不详	楚图南	中国古典歌舞团在丹麦演出。
1956/03/13 -	—	—	中国红十字会捐赠丹麦 1 万元人民币救济寒潮受害者。
1956/06/06～ 1956/06/16	7	滕辰熙（音译，Teng Chen-hsi），中华全国供销合作总社理事会副主任；黄泽明（音译，Huang Ts'en-ming）、吴仁奎（音译，Wu Jen-kuei）、高凌（音译，Kao Ling）、滕辰熙、曹倩（音译，Chiao Chien）女士	合作社代表团在丹麦学习小麦种植、牛群繁育、园艺及农业栽培法。代表团成员于 6 月 8 日受到汉斯·克里斯琴·汉森首相的接见。

续 表

到达: 离开:	人数	领 导 及 成 员	代表团的名称或类型及评论
1956/06/09～ 1956/07/09	—	—	由中国人民对外文化协会和丹麦皇家图书馆联合发起、主办的中国书展在哥本哈根举办。
1956/06/09～ 不详	7	曹庭原（音译，Chao Ting-yuan）	农业代表团在丹麦考察小麦种植、家畜繁育、作物保护和农业教育。

20. 共产党中国与埃及之间

(1) 来 自 埃 及

到达: 离开:	人数	领 导 及 成 员	代表团的名称或类型及评论
1955/02/11～ 不详	2	阿德尔·阿明、马哈茂德·阿塔拉	律师参加完加尔各答法学家大会后,应中国政治法律学会的邀请访问中国。
1955/05/15～ 1955/06/01	2	谢赫·艾哈迈德·哈桑·巴胡里,埃及 WAKFS(宗教基金会)牧师;穆斯塔法·卡迈勒,开罗大学教授	牧师和教授应亚非会议中国代表团的邀请访问中国,以商讨两国间的文化合作事宜。
1955/08/06～ 1955/08/29	不详	穆罕默德·阿布·纳塞尔,商业和工业部部长	贸易代表团访问中国商讨扩展中埃贸易的渠道。
1955/09/02～ 不详	不详	不详	青年代表。参见《国际》月刊。
1955/12/19～ 1955/01/23?	6	阿卜杜勒·莫内姆·马茂德·萨韦,埃及通讯社总编辑;阿里·汉迪·加麦尔,《今日消息》主编;古布里阿;伊斯梅尔·穆罕默德·沙菲,《今日消息》记者;萨布里·阿布·麦吉德·穆罕默德,《新月》出版社记者;伊斯梅尔·侯赛因·哈布鲁克,《鲁兹·尤素福》周刊记者	新闻工作者代表团应中华全国新闻工作者协会的邀请访问中国。
1956/02/16～ 不详	2	艾哈迈德·曼陶,贸易办公室副主任及夫人	贸易代表游览中国风景区。
1956/03　～ 1956/07/12	不详	易卜拉欣·阿明·沙瓦尔比教授	文化使团成员在中国作关于阿拉伯语与伊斯兰教的演讲,并探讨在开罗大学开设汉语课程的可能性。

续　表

到达： 离开：	人数	领 导 及 成 员	代表团的名称或类型及评论
1956/04/08～ 不详	2	迈扎特·法尔,埃及政府驻华贸易办公室主任	贸易代表抵达北平商讨中埃贸易事宜。
1956/04/15～ 1956/07/24	1	艾哈迈德·法赫里,(古埃及和东方)历史教授	依据中埃文化合作协定,教授前往中国作关于阿拉伯语和古埃及历史的演讲。他于5月31日受到周恩来的接见。
1956/04/21～ 不详	不详	侯赛因·卡迈勒·丁扎齐	和平代表应中国和平委员会的邀请访问中国。
1956/04/24～ 1956/05/03	不详	不详	国际民主妇女联合会会。参见《国际》月刊。
1956/06/26～ 1956/07/11	7	哈桑·阿什马维博士,开罗大学农学教授	依据中埃文化合作协定,应中华全国学生联合会的邀请,学生代表团访问中国主要城市。

（2）派 往 埃 及

到达： 离开：	人数	领 导 及 成 员	代表团的名称或类型及评论
1955/07/04～ 不详	—	—	中国产品展在开罗举办,展出了新闻纸、卡纸板、皮革产品、地毯、茶叶、大豆及其他商品。
1955/09/05～ 1955/09/21	不详	不详	中国穆斯林朝圣者访问埃及。
1956/02/18～ 1956/04/16	75	包尔汉	文化代表团访问埃及作旅行演出,并谈判和签署埃及与共产党中国之间的文化协定。
1956/03/16～ 1956/04/17	6	叶季壮,外贸部部长;刘林锐(音译,Liu Lin-jui),使团秘书、北平大学助教;张华政(音译,Chang Hua-tseng),使团翻译、中国国家进出口公司经理助理;刘希闻(音译,Liu His-wen),外贸部第四局副局长;李蒙厚(音译,Li Meng-hou),中国国家进出口公司经理;贺空海(音译,Ho Kung-hai),外交部西欧非洲司司长助理	贸易使团访问埃及。
1956/04/01～ 1956/04/25	—	—	中国外贸部发起和主办的中国产品展在开罗举办,这是在埃及举办的第一次中国展览。

续 表

到达: 离开:	人数	领 导 及 成 员	代表团的名称或类型及评论
1956/05/14～ 1956/05/20	75	包尔汉	文化代表团访问其他阿拉伯国家后再访开罗。
1956/06～ 不详	不详	不详	中国通讯社代表团抵达开罗,筹备与埃及通讯社交换两国新闻事宜。

(3) 共产党中国与埃及签署的协定

签署日期	签署地点	
1955/08/22	北平	中国-埃及贸易协定:中国向埃及出口货物如辊轧钢、机械、建筑材料、工业化学品、矿产品、谷物、油脂、食用动物、动物副产品、食品、茶叶、土产品和丝绸布匹。中国购买埃及 4.5 万包(1.5 万吨)棉花。
1956/04/15	开罗	中国-埃及文化合作协定:为促进两国文化关系和更好的理解,通过交流使缔约双方相互了解对方事务。①
1956/05/20	开罗	中国-埃及文化合作协定执行计划:包含 1956～1957 年间两国将实施的文化交流与合作的细目。②

21. 共产党中国与埃塞俄比亚之间

(1) 来自埃塞俄比亚

无

(2) 派往埃塞俄比亚

到达: 离开:	人数	领 导 及 成 员	代表团的名称或类型及评论
1956/04/29～ 1956/05/13	75	包尔汉	文化代表团应埃塞俄比亚帝国政府的邀请,抵达亚的斯亚贝巴作旅行演出。代表团的领导受到埃外交部长阿克力卢·哈普特·沃尔迪的接见,并于 5 月 4 日受到皇帝海尔·塞拉西的接见。总计超过 1.2 万名观众观看了代表团的 10 场演出。其收入全被捐献给埃政府以用于文化、教育事业。

22. 共产党中国与芬兰之间

---

① 原文该协定具体内容无。——译注
② 原文该计划具体内容无。——译注

（1）来 自 芬 兰

到达： 离开：	人数	领 导 及 成 员	代表团的名称或类型及评论
1955/04/24～ 不详	不详	R·恩克尔	政府贸易代表团访问中国。
1955/10/01～ 1955/10/26	13	阿尔沃·亨里克·于尔珀	文化代表团应中国人民对外文化协会的邀请访问中国。
1955/11　～ 不详	不详	奥库斯提·图哈教授	艺术家抵达中国筹备芬兰书画刻印作品展。
1955/11/10～ 1956/05/08	—	—	在北平和上海举办的书画刻印作品展，展出了由 42 位芬兰艺术家创作的蚀刻画、平版画、木雕及其他书画刻印作品。这次展览也是第一次在中国举办的芬兰艺术展，是由中国人民对外文化协会和中国艺术家协会共同发起的。
1955/11/31～ 1955/12/20	1	马尔蒂·西米莱	著名的管弦乐队指挥应中国音乐家协会的邀请，参加了在上海举办的一场以芬兰作曲家西贝柳斯作品为特色的音乐会。
1955/12/08	—	—	由中国人民对外文化协会和中国艺术家协会共同发起的、以芬兰作曲家西贝柳斯作品为特色的音乐会，于其 90 岁生日那天在上海举办。
1956/04/24～ 1956/05/03	不详	不详	国际民主妇女联合会。参见《国际》月刊。
1956/04/28～ 1956/05/28	不详	Y·E·瓦萨瓦，芬兰青年组织代表理事会第三主席、芬兰青年民主联盟秘书长	应中华全国民主青年联合会的邀请，由各种青年组织代表组成的青年代表团到中国观光，并出席"五一"劳动节庆典。其间，代表团参观了工厂、农业合作社和北平大学。
1956/06/20	—	—	北平与赫尔辛基之间的电话服务开通。
1956/06/21～ 1956/07/06	12	别霍·约翰·苏克希莱宁，芬兰议会发言人；厄玛·海伦娜·卡里科、因皮·莉迪娅·卢卡里宁、奥托·阿莫·图尔纳、库斯塔·拉斐尔·帕西奥、塔波·黑什奇·诺尼哥·托尔·尼尔斯·梅南德、埃萨·希塔宁、内斯托里·马蒂亚斯·努尔米宁、约翰尼斯·维尔塔宁、阿卢里·莱恩、奥古斯特·奥拉维·萨尔维罗	应刘少奇的邀请，芬兰议会代表团访问中国。代表团成员于 6 月 27 日受到了毛泽东、刘少奇和周恩来的接见。

(2) 派 往 芬 兰

到达: 离开:	人数	领 导 及 成 员	代表团的名称或类型及评论
1955/02/04～ 1955/02/13	—	—	以中国手工艺品展和中国电影展为特色的中国文化周,在芬兰-中国协会的主办下在赫尔辛基开幕。
1955/06/20～ 不详	1	郭沫若,世界和平理事会副主席	和平代表参加赫尔辛基世界和平大会。
1955/06/20～ 不详	不详	茅盾;陈叔通、廖承志,副团长;及其他人	代表团参加了赫尔辛基世界和平大会。其成员包括著名的和平斗士、教育工作者、艺术家、剧作家、宗教代表及人民团体负责人。
1955/08/03～ 不详	不详	马史安(音译,Ma Shin-an),北平农业大学副校长	农业科学家参加第六届科学农业工作国际组织委员会会议,并出席第九届国际农业经济学家大会。
1955/08/19～ 不详	17	彭真;程潜、廖承志,副团长;朱学范、吴文焘、吴贻芳、李逸民、李纯青、李烛尘、周鲠生、胡愈之、南汉宸;陈翰笙、雷洁琼、蒋南翔、钱端升、罗隆基	议会团体赴赫尔辛基参加国际议会联盟第44届大会。
不详～1955/ 12/16	不详	不详	中国古典歌舞团在芬兰演出。
1956/05～ 不详	不详	林海云;李克夫,副团长	贸易代表团为进行1956年中芬贸易谈判访问芬兰。
1956/05/10～ 不详	7	滕辰熙（音译,Teng Chen-hsi),中华全国供销合作总社理事会副主任;黄泽明(音译,Huang Ts'en-ming)、吴仁奎(音译,Wu Jen-kuei)、高凌(音译,Kao Ling)、袁泽朗(音译,Yen tze-lung)、滕辰熙、曹倩(音译,Chiao Chien)女士	应芬兰零售合作社协会和农业机构pellervoseura的邀请,中华全国供销合作总社的合作社代表团访问芬兰。
1956/06/10～ 不详	不详	金崇华（音译,Chin Chung-hua);王芸生;闻吉泽(音译,Wen Chi-tse),副团长;李兵全(音译,Li Ping-chuan),秘书长	新闻工作者参加赫尔辛基国际新闻工作者会议。
1956/06/20	—	—	北平与赫尔辛基之间的电话服务开通。

(3) 共产党中国与芬兰签署的协定

签署日期	签署地点	
1955/08/08	北平	中国-芬兰贸易协定①:为了在平等互利的基础上促进两国间贸易关系,有效期为1955年5月1日至1956年4月30日。
1956/03/31	—	中国-芬兰关税及航海协定:依据关税及航海相互最惠国待遇,两国互换照会。

23. 共产党中国与法国之间

(1) 来 自 法 国

到达: 离开:	人数	领 导 及 成 员	代表团的名称或类型及评论
1955/03/24～ 不详	8	张显成(音译,Chang Hsien-cheng),中国国家进出口公司副经理	由电子工程、电信和机械设备等领域专家组成的技术团体,应法国钢铁和无线电报股份公司(Forges et Acieries et and the Compagnis Associees de Telegraphie Sans Fil)的邀请访问法国。②
1955/03～ 1956/03	1	保罗·蒂亚尔	新闻工作者访问中国。
1955/03/26～ 不详	不祥	加斯东·蒙穆索,法国劳动总同盟	应中华全国总工会的邀请,工会代表出席中国"五一"国际劳动节庆典。
1955/05/25～ 不详	3	J·迪屈安教授,心脏科专家;迪屈安夫人;迪尔赫姆教授,妇科医生	应中华医学会的邀请,医学代表访问中国。
1955/05/27～ 1955/05/30	9	弗朗索瓦丝·勒克莱尔夫人,法国妇女联合会副主席	应中华全国妇女联合会的邀请,妇女代表团访问中国。
1955/09/02～ 不详	5	维尔泰梅博士,里昂大学临床医学教授	应中国医学协会的邀请,医学代表团访问中国。
1955/09/06～ 1955/10/24	2	吉恩·保罗·萨特、西蒙·博瓦尔	应中国人民对外文化协会的邀请,作家访问中国。
1955/09/20～ 1955/11/04	16	让尼·利维夫人,巴黎医科大学教授	应中国人民对外文化协会的邀请,法中友好协会代表团访问中国。
1955/09/21～ 不详	4	参议员埃德蒙·米舍莱、莱奥·哈莫、雷内·昂雅尔贝、伯纳德·肖希(Bernard Chochay)	应中国人民外交学会的邀请,法国参议院议员访问中国。

---

① 原文该协定的具体内容无。——译注
② 此项有误,应放入"派往法国"一栏。——译注

到达: 离开:	人数	领 导 及 成 员	代表团的名称或类型及评论
1955/09/30～ 1955/10/28	10	玛塞勒·梅里盖夫人	作为中华全国民主妇女联合会的客人,妇女代表团出席中国国庆日庆典。
1955/10～为 期约 2 个月	1	罗伯特·吉兰	新闻工作者赴华观光。
1955/10/21～ 1955/11/05	4	丹尼尔·迈耶,法国国民议会外交委员会主席;莫里斯·福雷,委员会副主席;吉恩·雷蒙德·弗吕吉耶、雷内·屈恩,委员会委员	应中国人民外交学会的邀请,议会代表团访问中国。
1956/01/25～ 不详	28	亨利·罗什罗,共和国经济委员会主任	经济使团访问中国。
1956/04/01～ 1956/04/04	不详	不详	世界科学工作者协会。参见《国际》月刊。
1956/04/18～ 1956/05/03	3	莎兰特(Saurrante)、拉塞克、伊冯娜·庞斯·德波利夫人	法理学家代表团作为中国政治法律学会的客人游览中国主要城市。他们是正在访问中国的欧洲五国 17 名法理学家的一部分。
1956/04/24～ 1956/05/03	不详	不详	国际民主妇女联合会。参见《国际》月刊。
1956/05/?～ 不详	1	乔治·福里阿	剧作家应中国人民对外文化协会的邀请访问中国。
1956/05/?～ 不详	1	赛南德·伦布罗索	社会主义者应中国人民对外文化协会的邀请访问中国。
1956/05/15～ 1956/05/30	12	马拉泰尔·塞利尔夫人	文化代表应中国人民对外文化协会的邀请访问中国。他们于 5 月 29 日受到周恩来的接见。
1956/06/01～ 1956/06/30	不详	雷内·鲁萨	法国体育运动联合会男、女篮球队访问中国。
1956/06/07～ 不详	1	莫里斯·屈维永,法国《解放》报经理	新闻工作者应中国和平委员会的邀请访问中国。

(2) 派 往 法 国

到达: 离开:	人数	领 导 及 成 员	代表团的名称或类型及评论
1955/05~ 不详	不详	杨浩陆(音译,Yang Hao-lu)	中国国际贸易促进委员会代表团抵法,参加里昂第37届国际商品博览会。代表团展出了包括种工业品、丝绸、纺织品、手工品、茶叶、香料、绘画和书籍在内的2 100多件物品。展览结束后,代表团应法国工商界的邀请,参观了东泽尔-蒙得拉贡水坝①和两家法国汽车厂。
1955/05~ 1956/01/13	不详	不详	古典戏剧团在为期八个月的欧洲九国旅行演出期间访问法国。
1955/05/12~ 不详	74	张致祥,中国人民对外文化协会常务委员会委员	文艺代表团参加巴黎国际戏剧节。代表团由国内两家主要文艺公司的艺术家组成。
1955/06/09~ 不详	3	董守义,国际奥委会委员、中国奥委会副主席;荣高棠,中国奥委会副主席、秘书长;张联华,中国奥委会委员	国际奥委会委员出席在巴黎举行的第50届国际奥委会大会,并参加国际奥委会执行委员会与各国奥委会代表之间的联合会议。
1955/11/29	—	—	中国著名画家齐白石作品和其他艺术家作品的复制品作为礼物,由中国人民保护少年儿童全国委员会送给法国。
1956/03/16~ 1956/03/28	1	白启清(音译,Pai Shi-ching)教授	中华医学会代表出席巴黎世界医学大会国际委员会会议。
1956/03/19	—	—	中国红十字会向近期遭受欧洲寒潮的法国受害者捐款2万元人民币(2 777 777法郎)。
1956/04/04~ 不详	1	郑志明	中华全国学生联合会代表参加法国国家学生联合会第45次大会。
1956/04/17~ 不详	不详	金吉福(音译,Chin Chi-fu),中国煤矿工会全国委员会主席	工会代表参加在巴黎举行的第52次法国矿工全国联合会大会。
1956/04/28~ 1956/05/10	不详	蔡楚生,中国电影局副局长	电影代表团出席戛纳国际电影节和巴黎国际电影工作者大会。
1956/04/28~ 1956/05/21	不详	冀朝鼎	为使法国人民了解中国的经济成就,中国国际贸易促进委员会派出贸易代表团参加巴黎国际商品博览会。中国展馆占地面积1 080平方米,展出了包括矿产品、机械、丝绸、茶叶和其他商品在内的1 432件商品及一些手工艺品。代表团逗留期间,成员与数以百计的法国工业家和商人就贸易问题进行了磋商,并达成了一些交易。

---

① 位于法国东南部的罗纳河谷,是罗纳河上非常著名的水坝之一。——编注

续 表

到达: 离开:	人数	领 导 及 成 员	代表团的名称或类型及评论
1956/05/30～ 1956/06/09	10	季明(音译,Chi Ming)	电器工程师参加在巴黎召开的第16次国际大型用电系统大会。
1956/06/11～ 不详	8	侯德榜,化学家;冀朝鼎,经济学家,副团长;茅以升,桥梁工程师、副团长;李霁野、何家槐,作家;张行、王雪涛,艺术家;郎毓秀,歌唱家	文化代表团访问巴黎。

24. 共产党中国与德国之间

(1) 来自德国(东德)①

到达: 离开:	人数	领 导 及 成 员	代表团的名称或类型及评论
1954/09～ 1955/09/16	2	E・埃尔克斯,莱比锡大学东方学院卡尔・马克思研究教授;及其夫人	依据中德文化合作协定,学者及夫人访问中国。他们参观了北平、郑州和鞍山等20多个城市。期间,他们与中国科学家和教授进行了广泛的交流。
1954/12/02～ 1955/02/02	1	艾尔弗雷德・坎托罗维奇	德国文学史学家在中国各种城市作关于德国文学的演讲。他是依据中德文化合作协定的协议受到邀请的。
不详～1955/ 01/08	1	沃尔特・芬特博士	植物学家依据中德文化合作协定的协议访问中国,就相关问题与中国科学家进行探讨。
不详～1955/ 01/08	1	亨里希・格雷尔教授	数学家依据中德文化合作协定的条款访问中国,以举行与中国科学家的讨论。
不详～1955/ 01/09	—	—	德国玩具展在北平举办,受到20 000多人的参观。
1955/02/01～ 不详	不详	格哈德・维萨（Gerhard Veysa),贸易部副部长	贸易代表团抵达北平,就1955年中德贸易问题进行谈判。
不详～1955/ 02/17	1	贝尔芬博士	依据中德文化合作协定的条款,历史学家——中国现代史专家访问上海、南京和广州。
1955/02/28～ 1955/04/01	1	赫尔・伯德博士	依据中德文化合作协定1955年实施计划,生物学家抵达北平访问。
1955/04/06～ 1955/07/06	1	约翰尼斯・舒伯特教授	依据中德文化合作协定的条款,语言学家——藏语专家到中国做藏语研究。

① 原注:除了某些代表团,如青年和妇女代表团由东、西德代表共同组成外,其余所有的德国访问者都来自东德。

到达： 离开：	人数	领 导 及 成 员	代表团的名称或类型及评论
1955/04/10～ 不详	1	洛马尔教授,德里斯顿艺术研究所教授	依据中德文化合作协定 1955 年执行计划,教授访问中国。
1955/04/16～ 1955/07/09	4	海等赖希教授、弗尔克尔博士、马伊·冈特·希策曼、沃纳·肖尔茨	依据中德文化合作协定 1955 年执行计划,两名教育工作者和两名音乐家访问中国。
1955/04/24～ 6 周	1	格施教授	依据中德文化合作协定 1955 年执行计划,动物学家到中国作演讲旅行。
1955/04/27～ 1955/06/28	2	威利·布雷德尔、威利·迈因克	依据中德文化合作协定 1955 年执行计划,作家到中国作为期两个月的访问。除了旅游观光,他们还出席了在北平举行的"文化伟人"纪念会。
1955/05/08～ 1955/08/04	—	—	在北平中山公园举办的艺术展展出了艺术家柯勒惠支的作品。展览是由对外文化联络局发起,以纪念德国"解放"十周年。
1955/05/15～ 1955/06/15	—	—	玩具展在天津、哈尔滨、南京及其他城市举办。仅天津一场展览就有 60 000 多人参观。
1955/06/01～ 1955/07/15	2	弗雷德里克·奥博多夫,莱比锡大学教授;鲁道夫·希克,罗斯托克大学教务长、教授	依据中德文化合作协定 1955 年执行计划,农学家抵达中国作为期四周的访问。两教授都是国家奖获得者和德国农业科学院院士。
1955/08/27～ 1955/10/04	22	曼弗雷德·埃瓦尔德,德意志民主共和国国家体育运动委员会主任	体育代表团访问中国。
1955/09～ 不详	不详	不详	为期一年的汉语课程学习后,德留学生抵达北平开始在大学、学院或技术学校学习。他们是到中国的来自 13 个国家的 348 名留学生的一部分。
1955/09/18～ 1955/10/17	14	凯特·凯恩,德国民主妇女联合会中央委员委员	妇女代表团作为中华全国民主妇女联合会的客人,赴华参加中国国庆节庆典。代表团由德国民主妇女联合会派出,由来自"德意志民主共和国"的八名代表和德意志联邦共和国的六名代表组成。
1955/09/22～ 不详	1	赫伯特·图乔尔斯基	展览组织者抵达北平,帮助筹备即将到来的"德意志民主共和国"造型艺术展。

到达： 离开：	人数	领 导 及 成 员	代表团的名称或类型及评论
1955/09/22～ 不详	1	屈特·施罗德博士,汉堡大学教授	依据中德文化合作协定 1955 年执行计划,德国科学院的数学家兼院士到中国作演讲。
1955/09/29～ 不详	1	J·尼希特魏斯博士,洪堡大学通史讲师	依据中德文化合作协定,历史学家在中国作演讲。
1955/09/30～ 1955/11/13	17	马克斯·斯托尔·格伯伦,自由德国青年联盟中央委员会秘书	由 10 名"德意志民主共和国"代表和 7 名德意志联邦共和国代表组成的青年代表团。参见《国际》月刊。
1955/09/30～ 1955/12/12	1	利昂·劳伦斯·马赛厄斯	作家应中国人民对外文化协会的邀请访问中国。
1955/10/04～ 1955/11/14	不详	K·贝奇	管弦乐队到中国作旅行演出。
1955/10/17～ 1955/11/06	—	—	纪念"德意志民主共和国"成立六周年的两场艺术与生活展在北平中山公园开幕。两场展览都由对外文化联络局发起。其中一场是德国刻印艺术和雕刻作品展,展出了 47 名德国艺术家的 100 余件木刻、平版画、蚀刻画、雕塑、绘画和漫画。另一场展出了记录"德意志民主共和国"过去六年政治、经济和文化领域进步的 130 幅照片。两场展览预期其后将在中国东北城市继续展出。
1955/10/14～ 1955/11/18	2	保罗·迪斯特尔·巴尔特,作家;其子弗兰克·迪斯特尔·巴尔特,新闻工作者	作家和新闻工作者应中国人民对外文化协会的邀请访问中国。
1955/10/31～ 1956/01/29	3	海因里希·德雷克教授、恩斯特·亚德茨乌斯基、沃尔特·明茨	依据中德文化合作协定 1955 年执行计划,艺术家访问中国。
1955/12/08～ 不详	不详	奥托·格罗提渥,总理	应中国政府的正式邀请,政府代表团对华进行友好访问。
1955/12/13～ 1956/01/13	12	不详	运动员(田径队)与中国运动员在广州和上海进行比赛。
1955/12/15～ 1956/01/15	10	不详	"德意志民主共和国"游泳运动员应邀与中国选手进行比赛。
1956/01/07～ 1956/02/03	4	格哈德·黑林博士,高等教育部部长	文化代表团到北平谈判和签署中德文化合作协定 1956 年执行计划。

续　表

到达： 离开：	人数	领　导　及　成　员	代表团的名称或类型及评论
1956/03～ 不详	不详	不详	中国现代戏剧节。参见《国际》月刊。
1956/04/01～ 1956/04/04	1	布茨斯莱斯基(Budzislawski)，世界科学工作者协会理事会理事	世界科学工作者协会。参见《国际》月刊。
1956/04/08～ 1956/05/03	1	希尔德·霍伊曼夫人，国际民主律师协会秘书	法理学家代表团作为中国政治法律学会的客人游览中国主要城市。他们是17名欧洲五国访问中国法理学家的一部分。观光期间，他们与中国法理学家进行了数次讨论。
1956/04/24～ 1956/05/03	不详	不详	国际民主妇女联合会。参见《国际》月刊。
1956/05～ 不详	不详	沃尔特·普利特，《合作农民报》主编；贡特尔·泽利格，莱比锡统一社会党的喉舌——《莱比锡人民报》经济部主任	依据中德文化合作协定，来自"德意志民主共和国"的新闻工作者在北平参观建设项目和风景区。
1956/05～ 不详	3	乌尔苏拉·亨泽，小动物养殖会养蚕分会会长；詹尼、赫伯特·凯斯勒，"德意志民主共和国"普劳恩中央纺织厂	养蚕专家在华学习养蚕技术数周。
1956/05	—		"德意志民主共和国"印刷品展在北平新华印刷厂举办。展出的300件展品包括胶印、照相凹版、三色和珂罗版印刷品。
1956/05/07～ 5个月	9	汉斯·斯塔布博士，德国农业研究院院长、植物栽培研究所主任；鲁道夫·曼斯菲尔德博士，植物分类所所长及其他人	依据中德文化合作协定的条款，科学家在中国华北和东北地区考察栽培和野生植物习性。
1956/05/08～ 不详	不详	不详	水泵和空气压缩机专家应中德技术和工艺合作常务委员会的邀请访问中国。
1956/05/22～ 不详	2	恩斯特·舒马赫、汉斯·齐布尔卡	作家应中国世界文化名人纪念会筹备委员会的邀请到达北平，参加对卡利达萨、海涅和多尔斯特夫斯基的纪念会。他们于6月6日受到周恩来的接见。
1956/06～ 不详	不详	戴里克斯教授、黑里希教授、拉默教授及其他人	代表弗莱贝格矿业学院的科学家访问中国，以增进两国煤炭开采与加工部门的科学和经济联系。

(2) 派往德国(东德)①

到达: 离开:	人数	领导及成员	代表团的名称或类型及评论
1955/02/27～ 1955/03/09	不详	不详	贸易代表团参加1955年春莱比锡国际商品交易会。
1955/05/02～ 不详	4	彭德怀,副总理;沙千里,地方工业部部长;赖际发,重工业部副部长;曾涌泉,驻德意志民主共和国大使	政府代表团作为"德意志民主共和国"政府的客人参加德国"解放"十周年庆典。
1955/05/08～ 不详	2	黄药眠、贺志清（音译,Ho Ching-chih）	作家参加在魏玛举行的诗人席勒逝世150周年纪念会。
1955/06/09～ 不详	4	粟再温,中华全国总工会书记处书记	工会代表团参加自由德国工会联盟第四次大会。
1955/06/29～ 不详	不详	吕正操,铁道部副部长	铁道工人代表团参加国际乘客与货物交通协定签约国会议。
1955/06/31～ 1955/07/31	60	许广平,中华全国民主妇女联合会副主席	依据中德文化合作协定,上海绍兴戏剧院演员在"德意志民主共和国"演出。
1955/07/30～ 不详	3	不详	三名观察员代表团应德国体育技术协会的邀请,赴什未林参加国际轮船模型大赛。
1955/08～ 1955/09/07	不详	不详	篮球队与来自哈雷、莱比锡和柏林的选手及德国国家队进行比赛。
1955/09/23～ 不详	3	周培源、华罗庚和涂长望	世界科学工作者协会代表团参加在柏林举行的第四次大会,以讨论原子能的和平利用、科学家的社会责任及联合会为提高科学工作者社会地位的努力等问题。
1955/10/15～ 1956/01/26	不详	叶季壮,贸易部部长	贸易代表团赴德谈判中德1956年贸易协定事宜。
1955/10/31～ 不详	2	程砚秋;张庚,中央戏剧学院副院长	戏剧代表作为中国文化部的代表,参加"德意志民主共和国"国家歌剧院的首演。
1955/11～ 不详	不详	不详	贸易代表团访问东德。
1955/11/21～ 不详	不详	闻吉泽（音译,Wen Chi-tse）,中国广播管理局副局长	广播代表团参加国际广播组织第14次全体会议。

---

① 原注:除了一个例外,参见"1956年4月金兆先(Chin Chao-hsien)访德"(见下),此处列出的所有中国代表团访问的都是东德。

到达： 离开：	人数	领 导 及 成 员	代表团的名称或类型及评论
1955/12/10～ 1956/02/24	8	朱德，中华人民共和国副主席；聂荣臻元帅，国防委员会主席；刘澜涛，全国人民代表大会常务委员会委员；曾涌泉，驻"德意志民主共和国"大使，师哲，秘书长；王雨田、于桑和廖盖隆，秘书	政府代表团应德国政府和统一社会党中央委员会的邀请，参加"德意志民主共和国"总统威廉·皮克八十寿诞庆典。
1956/01～ 不详	2	巴金，中国作家协会副主席；周立波	作家应德国作协的邀请，参加第四次德国作家大会。
1956/01/14～ 不详	不详	张华同（音译，Chang Hua-tung），代表团团长	贸易代表团依据1956年两国贸易协定，参观"德意志民主共和国"所有对华出口工厂。
1956/02/15～ 不详	不详	南汉宸，中国国际贸易促进委员会主席	贸易代表团参加1956年莱比锡国际工业品交易会。
1956/03/21～ 1956/04/05	2	康生，中共中央政治局委员；曾涌泉，驻"德意志民主共和国"大使	政府代表团应德国统一社会党中央委员会的邀请，参加其党的第三次大会。
1956/03/26～ 不详	11	刘西元，中国新民主主义青年团中央委员会书记	青年代表团参加自由德国青年联盟成立10周年庆典。
1956/03/30～ 不详	不详	不详	学生冰上曲棍球队应"德意志民主共和国"国家体育运动委员会的邀请访法。中国队将与德国队在Restock和柏林进行比赛。
1956/04～ 不详	3	金兆先（音译，Chin Chao-hsien），中国国家进出口公司代表	工业代表团应汉诺威工业品交易会理事会的邀请参加此交易会。代表团领导应西德许多大企业的邀请赴西德访问。
1956/04/28～ 不详	不详	不详	工会代表团赴"德意志民主共和国"出席"五一"国际劳动节庆典。
1956/05～ 不详	2	张作梅（音译，Chang Tso-mei）、邹元希（音译，Tsou Yuan-hsi）	中国代表出席在弗赖贝格举行的矿工和冶金学家第八次大会。
1956/05/30～ 2个月	不详	张国楚（音译，Chang Kuo-chu）	依据中德文化合作协定1956年执行计划，上海杂技团到德国作旅行演出。
1956/06/04～ 不详	不详	张志让，中国政治法律学会副会长	参加完布鲁塞尔国际民主法学家大会后，法理学家代表团作为"德意志民主共和国"司法部的客人访德。

续 表

到达: 离开:	人数	领 导 及 成 员	代表团的名称或类型及评论
1956/06/22～ 不详	不详	黄乃,中国国家盲人福利协会 副主任	盲人代表团应"德意志民主共和国"劳动与职业培训部的邀请在柏林、莱比锡和卡尔·马克思城参观盲人学校、印刷厂和图书馆。
1956/06/22～ 不详	不详	不详	世界妇女基督教徒节欲协会大会中国代表团参会。

(3) 共产党中国与东德签署的协定

签署日期	签署地点	
1955/02/?	北平	中德贸易协定:中国供应东德矿产品、动物副产品、食品、丝绸布匹和土产品;东德供应中国发电设备、金属滚轧设备、各种汽车、机械、光学精密仪器和化肥。
1955/08/17(?)	柏林	中国-德国技术合作议定书:同意进行技术资料和专家的交流。
1955/11/20	柏林	中国-德国贸易协议:中国供应东德矿产品、畜产品、食品、茶叶、丝绸和轻工业品;东德供应中国成套设备、发电设备、精密仪器、交通设备和化肥。

25. 共产党中国与黄金海岸之间

(1) 来自黄金海岸

到达: 离开:	人数	领 导 及 成 员	代表团的名称或类型及评论
1956/04/24～ 1956/05/03	不详	不详	国际民主妇女联合会。参见《国际》月刊。

(2) 派往黄金海岸
无

26. 共产党中国与希腊之间

(1) 来 自 希 腊
无

(2) 派往希腊

到达: 离开:	人数	领 导 及 成 员	代表团的名称或类型及评论
1955/06/08	—	—	中国红十字会通过国际红十字会联盟向希腊红十字会中央委员会捐款 2 万瑞士法郎,救济希腊地震受害者。

27. 共产党中国与危地马拉之间

(1) 来自危地马拉

到达： 离开：	人数	领 导 及 成 员	代表团的名称或类型及评论
1955/09～ 不详	不详	不详	青年代表游览中国。参见《国际》月刊。

(2) 派往危地马拉
无

28. 共产党中国与香港之间

(1) 来 自 香 港

到达： 离开：	人数	领 导 及 成 员	代表团的名称或类型及评论
不详	459	不详	共 459 人的两个香港教职员工团体访问广州。他们是由香港华人改革协会组织的。
1956/03/21～ 1956/05/13	49	李慧英（音译，Li Hui-ying）、刘悦雄及其他人	妇女代表团——其成员大多为香港著名华人工商业者的夫人——参观了中国内地 11 省份的工商企业。
1956/04～ 不详	120	不详	实业家和商人访问广州，参观了捷克斯洛伐克展、广东农业展和一些社会主义建设项目。代表团是香港华人商会组织的，其中包括各商业协会的董事、副董事及一些香港企业的经理。
1956/04/20～ 1956/04/23	不详	谭宝联（音译，Tan Pao-lien）、A·M·布拉加及其他人	香港中英俱乐部管弦乐队，应华南文学艺术界联合会的邀请到广州作旅行演出。与之同行的是 17 位著名的香港公民。这是第一个应邀赴共产党中国演出的香港艺术团体。
1956/06/10～ 10 天	59	吴金凯（音译，Wu Chin-kai）	由 39 家香港主要抽纱花边公司组织的饰带工业代表，在汕头考察工业并商谈扩展贸易联系。
1956/06/17～ 不详	2	R·O·霍尔，香港主教；及其夫人	主教及夫人应中华圣公会大主教罗宾 T·S·陈的邀请，在北平、上海、杭州、南京及其他城市访问教会和神学院，并与教会领袖会面。他们于 6 月 18 日受到周恩来总理的晚宴招待。

(2) 派 往 香 港

到达： 离开：	人数	领 导 及 成 员	代表团的名称或类型及评论
1956/06/18～ 1956/07/20	70	欧阳山,华南文学艺术界联合会主席	中国民间艺术团应香港同胞的邀请访问中国①作旅行演出。

29. 共产党中国与匈牙利之间

(1) 来 自 匈 牙 利

到达： 离开：	人数	领 导 及 成 员	代表团的名称或类型及评论
1955/04/04～ 不详	—	—	由对外文化联络局发起,纪念匈牙利解放十周年摄影展在北平举办。展览展出了描绘匈牙利人民"解放"前的斗争和其后建设的 200 幅照片和 55 幅漫画。
1955/04/08～ 不详	2	塔尔多西·蒂博尔、肖尔德·罗伯特	依据中国-匈牙利文化合作协定 1955 年执行计划,新闻工作者访问中国。
1955/04/08～ 不详	1	通茨·蒂博尔(Touts Tibor)	依据中国-匈牙利文化合作协定 1955 年执行计划,漫画家访问中国。
1955/04/15～ 不详	1	拉约什·利格提（Lajos Ligeti）教授,匈牙利科学院副院长	依据中国-匈牙利文化合作协定 1955 年执行计划,科学教授访问中国。
1955/05～不详	3	佐尔坦·詹尼、科内尔·曾普莱尼,音乐家;马思聪,中央音乐学院院长	依据中国-匈牙利文化合作协定 1955 年执行计划,音乐家到中国观光。
1955/05/18～ 1955/06/18	—	—	匈纺织器械展在北平举办。展出了 220 套器械及检验原材料和制成品的其他设备。展览期间,就纺织工业的技术问题,负责展览的匈牙利专家作了演讲。
1955/05/18～ 1955/06/18	不详	不详	在北平匈牙利纺织器械展上,纺织器械专家就纺织工业的技术问题作了演讲。他们也应邀到北平和天津的纺织厂帮助改进实验室工作。
1955/10/26～ 1955/12/21	不详	威尔莫斯·拜谢	探矿专家在北平探矿设备展上,就匈牙利地质勘探问题作演讲。展览结束后,他们参观了中国的勘探地。

---

① 根据上文,应为香港。——译注

续　表

到达： 离开：	人数	领 导 及 成 员	代表团的名称或类型及评论
1955/11/08~ 1955/12/01	—	—	探矿设备展在北平举办。
1955/11/18~ 不详	5	不详	匈牙利政府派出的农业技师，帮助中国建立一个完全由匈赠送的拖拉机及其他机械设备装配的机器站。
1955/12/15~ 不详	—	—	由对外文化联络局主办的摄影艺术展在北平工人文化宫举办。展览展出了描绘匈牙利人民共和国社会主义建设各方面和人民生活、工作的260幅照片。展览一直持续到次年1月4日，其后转到上海和广州继续展出。
1956/01/02~ 1956/01/31	2	久洛·卡洛伊，文化部副部长；高沃·凯雷克，对外文化联络部秘书长	文化代表抵达中国谈判和缔结中国-匈牙利文化合作协定1956年执行计划，并游览中国各地。
1956/02/11~ 3周	—	—	匈牙利摄影展在北平举办。展出了64位艺术家的84幅作品的复制品，其中包括匈画家米哈伊·蒙卡奇的作品的复制品。此次展览是由对外文化联络局主办的。随后，展览由上海市人民政府文化局主办在上海继续展出。
1956/03~ 1956/05/05	1	霍约斯·乔治(Hojos Georgy)	依据中国-匈牙利文化合作协定，院士访问北平、南京、上海、杭州、广州、武汉并作数学演讲。
1956/03/16~ 1956/03/29	2	约瑟普斯·I·赫罗马德卡教授，布拉格夸美纽斯神学院院长；比舍普·彼得·亚诺什，匈牙利基督教新教徒。	应燕京神学院和南京神学院的邀请，教会领袖到中国作演讲。
1956/04/01~ 1956/04/04	1	E·沃尔科博士，世界科学工作者协会会员	世界科学工作者协会。参见《国际》月刊。
1956/04/06~ 不详	1	埃米尔·蒙索尼教授，水利规划研究所主任	水利规划专家访问中国。
1956/04/25~ 不详	不详	加博尔·莫努什	贸易代表应中华全国总工会的邀请，赴北平参加"五一"国际劳动节庆典。
1956/05	2	韦格·贝洛，匈牙利工人党中央委员会书记；克伯尔·约瑟夫，匈牙利工人党中央委员会委员	工人党代表参加完朝鲜劳动党第三次大会后访问中国。

(2) 派往匈牙利

到达： 离开：	人数	领导及成员	代表团的名称或类型及评论
1955/04/01～ 1955/04/16	3	邓子恢,副总理;杨显东,农业部副部长;郝德青,中国驻匈牙利大使	政府代表团参加匈牙利"解放"十周年庆典。
1955/05～ 1956/01/13	不详	不详	古典戏剧团在为期八个月的欧洲九国旅行演出期间访问匈牙利。
1955/08/18～ 不详	4	金善宝,南京农业研究所所长	应匈牙利人民共和国农业部长和科学院的邀请,农业研究者代表团出席了一个关于玉米种植的会议,并参观匈国家农业展。
1955/10/15～ 不详	不详	古斯托夫·德罗帕(Gusztov Droppa)①	贸易代表团赴匈牙利,磋商 1956 年两国贸易协定事宜。
1956/01/15～ 不详	不详	朱德,国家副主席	政府代表团应匈牙利政府的邀请访问匈牙利。
1956/05/25～ 1956/06/17	不详	王青兹(音译, Wang Ching-tzu);沈焕明(音译,Shen Huan-ming);苏志达(音译,Su Chih-ta);史民先(音译,Shih Min-hsien);朱宝留(音译,Chu Pao-liu)及其他人	匈牙利国际飞机模型大赛中国代表队应邀参赛。
1956/06/14～ 1956/06/17	23	杨之华,中华全国总工会	妇女代表团出席布达佩斯国际劳工妇女大会。
1956/06/21～ 不详	不详	南汉宸	经济使团抵达布达佩斯。

(3) 共产党中国与匈牙利签署的协定

签署日期	签署地点	
1955/01/10	北平	中国-匈牙利科学技术合作议定书。②
1955/01/20	布达佩斯	中国-匈牙利文化合作协定执行议定书。③
1955/04/26	北平	中国-匈牙利商品交易与支付协定:中国向匈牙利出口矿石、矿砂、畜产品、食品、茶叶及其他产品;匈牙利向中国出口发电设备、机械、汽车、电信设备、金属制品、滚轧钢、石油产品、化学品和药品。

① 中方向匈牙利派出代表团,领导却显示为匈牙利方面人士,疑误。——译注
② 原文该议定书内容无。——译注
③ 同上。——译注

续　表

签署日期	签署地点	
1956/01/27	布达佩斯	中国-匈牙利商品交易与支付协定:中国出口匈牙利矿石、金属制品、化学及纺织原材料、茶叶及其他产品;匈牙利向中国出口农业机械、电信设备、精密仪器、发电设备、汽车、药品、石油产品、纺织品及其他货物。
1956/01/28	北平	中国-匈牙利文化合作协定:规定两国建立直接的联系,两国科学、教育研究机构交流信息,科学家和教育工作者互访,互换更多的留学生,文化工作者互访以及彼此在对方举办展览。

30. 共产党中国与冰岛之间

(1) 来 自 冰 岛

到达: 离开:	人数	领 导 及 成 员	代表团的名称或类型及评论
1955/09/26～ 1955/10/22	5	博得瓦尔·彼德松	青年代表。参见《国际》月刊。
1956/04/21～ 1956/05/14	2	埃里克斯多特·索瓦尔松、兰韦赫·托马斯多特	和平代表作为中国和平委员会的客人,访问北平、上海、杭州和广州。

(2) 派 往 冰 岛

到达: 离开:	人数	领 导 及 成 员	代表团的名称或类型及评论
1955/07/05～ 1955/07/24	—	—	在中国国际贸易促进委员会的主办下,1955年冰岛雷克雅未克商品博览会中国展馆开馆。
1955/08/25～ 不详	不详	鲁昭(音译,Lu Chao)	青年代表团应冰岛-中国委员会的邀请抵达雷克雅未克。
不详～1956/ 12/03	不详	楚图南	中国古典歌舞团在雷克雅未克演出五场。

31. 共产党中国与印度之间

(1) 来 自 印 度

到达: 离开:	人数	领 导 及 成 员	代表团的名称或类型及评论
1955/04/24～ 1955/06/15	2	姆里纳尔·坎蒂·博斯,全印度总工会秘书长及其秘书拉姆·巴沙克	劳工领袖在北平参加"五一"国际劳动节庆典,其后参观了奉天①、重庆和广东及青海等中国一些地方。

---

① 奉天,沈阳的旧称。——编注

续 表

到达： 离开：	人数	领 导 及 成 员	代表团的名称或类型及评论
1955/04/27～ 1955/08/12	1	巴吉乌·维拉(Raghu Vira)教授,国会议员、印度文化国际研究院院长	语言学家应中国科学院的邀请访问中国。
1955/05/11～ 1955/05/22	1	V·K·克里尚·梅蒙,印度驻联合国副代表、国会议员	联合国代表访问中国。
1955/06/01～ 1955/07/07	5	阿胡贾	医学代表团应卫生部的邀请到华旅游并做演讲。
1955/06/01～ 1955/07/10	2	B·N·戴伊博士,印度工程师协会主席及夫人	工程师应中国科学协会联合会的邀请访问中国。
1955/06/08～ 1955/07/18	不详	阿尼尔·库马尔·钱达,印度外交部副部长	由印度政府组织的包括印度最著名的歌唱家、舞蹈家、音乐家在内的文化代表团在中国许多地区演出。这是印度有史以来派往国外的最大一个代表团。代表团成员参加了中国文化部副部长在其官邸为他们举行的宴会,并在怀仁堂①作了一场专门演出,毛泽东、各外交使团及其他要人观看了演出。
1956/06/26～ 不详	—	—	印度艺术展在中印友好协会和中国艺术家协会的主办下在北平开幕。370 份展品大多是尼赫鲁总理送给中国政府领导人和人民团体的礼物,或由访印中国代表团直接带回国的艺术品。
1955/07/07～ 不详	3	S·A·丹吉,全印度总工会秘书长、世界工会联合会副主席;他的女儿,全印度贸易协会助理秘书	工会代表应中华全国总工会的邀请,抵达北平进行访问。
1955/08～ 1956/01/12	1	D·K·巴曼,印度 Vishvabharati 大学艺术学院院长	学者应中国文化部的邀请访问中国。
1955/08/21～ 1955/09/06	1	R·K·韦拉尤丹(R·K·Velayudhan),印度国会人民院议员	国会议员作为中国人民外交学会的客人访问中国。
1955/08/28～ 1955/12/26	2	N·P·查克拉瓦蒂博士及夫人	考古学家及夫人应中国文化部的邀请访问中国北平、上海、杭州、广州及其他城市。

① 原注:前皇宫。

续　表

到达： 离开：	人数	领导及成员	代表团的名称或类型及评论
1955/09/05～ 不详	不详	不详	青年代表。参见《国际》月刊。
1955/09/18～ 不详	不详	不详	华侨团体应华侨事务委员会的邀请参加"五一"国际劳动节庆典，并访问中国主要城市。
1955/09/25～ 1955/10/31	32	C·P·拉马斯瓦米·艾亚尔，印度贝拿勒斯大学副校长；戈帕尔·特里帕蒂博士，贝拿勒斯技术学院院长、代表团技术顾问及其他人	代表新德里、孟买、加尔各答、马德拉斯等城市10所大学的师生代表团应北平大学的邀请访问中国。
1955/09/29～ 1955/10/26	15	N·R·达斯·古普塔，全印度民主律师协会副主席	法理学家代表团应中国政治法律学会的邀请访问中国，并在北平参加中国国庆节庆典。
1955/09/30～ 1955/10/18	1	拉伊库马里·阿姆里特·考尔，印度卫生部部长	印卫生部长应中国卫生部长李德全的邀请访问中国。
1955/10/09～ 不详	11	P·R·卡普尔，国会议员、著名电影和戏剧演员；B·N·西尔卡，电影制片人、印度新戏剧有限公司执行导演、第一届印度电影研讨会主席；B·罗伊，电影导演；B·萨尼，演员；K·考沙尔，演员；K·吕达尔，电影剧本作家、全印度进步作家协会秘书长；C·阿南德，电影制片人、导演；及其他人	电影代表团到中国参加印度电影节。
1955/10/23～ 1955/11/10	15	不详	排球队应中华全国运动员联合会的邀请访问中国。
1955/12/28～ 不详	—	—	纪念印度阿旃陀岩洞壁画创作1 500周年壁画展在上海举办。壁画描绘了佛祖、印度人民及宫廷的生活。
1956/01/03 -	—	—	尼赫鲁65岁生日当天，中国驻印度大使馆代表周恩来将祝寿礼品送给印度儿童。
1956/01/11～ 不详	14	不详	患肺结核的印度学生到中国北平亚洲学生疗养院接受治疗。
1956/02/17～ 1956/03/01	1	阿伦·卡马尔·桑	全印度教育协会联合会的教育工作者代表，应中国教育工会的邀请访问北平。

到达：离开：	人数	领 导 及 成 员	代表团的名称或类型及评论
1956/03/14～1956/03/30	1	拉贾·马尼卡姆博士,印度路德教主教	教会领袖应中国基督教会领袖 Y·T·吴和马库斯·郑的邀请,参加中国耶稣教国家委员会自治扩大会。
1956/04/01～1956/04/04	1	达万教授	世界科学工作者协会。参见《国际》月刊。
1956/04/26～不详	15	萨达尔·K·M·潘尼迦	政府代表团访问中国。
1956/04/26～不详	1	布拉马南达·拉尔	代表印度劳工协会(Prja Socialist Party)的劳工代表参加"五一"劳动节庆典。
1956/04/26～1个月	18	P·V·巴帕特,浦那大学印度学教授；B·C·古哈博士,加尔各答大学教授、印中友好协会国家委员会委员、代表团副团长；巴尼·班纳吉夫人、萨蒂亚普里亚·古普塔、萨蒂什·钱德拉博士、阿米亚·库马尔·巴苏博士、拉达·拉曼、P·R·查克拉瓦蒂、希尔·希塔·拉姆、M·P·维亚斯、D·赛莎蒂、萨什里·吉坦达·库马尔、西亚姆·比哈里·坦登、N·R·贾亚迈尔夫人、B·S·潘迪特、查拉姆·古普塔、K·N·塞思、卡姆纳斯·米特拉博士	由印中友好协会发起的文化与科学非官方代表团,出席"五一"国际劳动节庆典并游览中国。代表团由科学家、作家、教育工作者、法学家和社会福利工作者组成。访问期间,代表们号召北平市人民委员会参加市政建设与中国农业问题论坛。他们参观了农业合作社,与中国科学、教育、卫生及其他领域的专家会谈,并且参观了科研机构、高等教育建设、学校、医院和法院。
1956/05～不详	1	希亚姆·比哈里·坦登,坎普尔劳工编辑协会会长	劳工编辑协会代表访问中国。
1956/05/30～1956/06/10	—	—	由中印友好协会发起,印度摄影家 P·N·夏尔马的摄影展在北平举办。
1956/06～不详	7	雷恩·詹格·巴哈杜尔·辛格	新闻工作者参加完赫尔辛基国际新闻工作者会议后访问中国。
1956/06/09～1956/07/19	3	亚吉施瓦·达亚尔,印度政府铁道财政专员；凯拉什·贝哈里·马瑟,印度政府铁道(运输)部委员；H·D·阿瓦斯蒂,印度政府铁道部(规划司)司长(Joint Director (Planning) Railway Board)	铁路代表团考察中国铁路的运营,并与铁道部高级官员举行磋商。

（2）派 往 印 度

到达： 离开：	人数	领 导 及 成 员	代表团的名称或类型及评论
54/12～1955/ 01/27	不详	不详	林业代表团参加在印度举行的第四届世界林业大会，其后游览了印度林业区。
1955/01/04～ 1955/01/10	不详	钱端升、薛禹（音译，Hsueh Yu）及其他人	科学家代表团出席在巴罗达和孟买举行的第42届印度科学大会，并且留在印度作为其政府的客人出席印度共和国国庆庆典。
1955/01/08～ 1955/01/20	67	不详	由全印度和平与亚洲团结会议发起，由舞蹈家、戏剧表演者和音乐家组成的中国文化代表团在德里、孟买、马德拉斯和加尔各答演出。
1955/01/25～ 1955/01/30	6	不详	应全印度民主律师协会的邀请，法理学家出席加尔各答亚洲律师大会。
1955/02/05～ 1955/02/15	—	—	工艺美术展在德里举办。这是由中国人民对外文化协会与全印度工艺美术协会共同发起的。
1955/02/19	—	—	1954年6月周恩来访印和10月尼赫鲁访问中国摄影展在德里举办。展览由印中友好协会发起并主办。
1955/02/27～ 1955/03/04	4	张水华（音译，Chang Shui-hua）	电影工作者由文化部电影司派出，作为观察员列席印度电影研讨会，交流了提高印度电影制作水平的意见，并参观了印度在孟买、马德拉斯和加尔各答的电影中心。
1955/03/02	—	—	直接的无线电话服务在印度与中国之间开通，将北平、上海与新德里、孟买连接起来。
1955/03/06	—	—	工艺美术展在新德里、马德拉斯、加尔各答和孟买举办。展览由中国人民对外文化协会和印度政府美术研究院联合发起，并由加尔各答美术研究院组织。
1955/03/18～ 不详	—	—	中国以150件玩具参加在新德里举办的国际玩具展。展览由印度《香卡周刊》①主办。
1955/03/25	—	—	依据1954年签署的中印两国贸易交流协定，中华人民共和国商务代办处在噶伦堡设立。
1955/04/21	不详	陈翰笙	中印友好协会代表团出席在加尔各答召开的印度-中国友好协会第二次全国大会。

① 原注：印度一漫画杂志。

到达： 离开：	人数	领 导 及 成 员	代表团的名称或类型及评论
1955/06/06	—	—	由印中友好协会伯蒂亚拉和东旁遮普地区分会组织的工艺美术展，在伯蒂亚拉开幕。展品包括尼赫鲁访问中国时的照片、中国建设成就图片及中国锦缎、瓷器的样品。
1955/06/09	—	—	中国锦缎、刺绣、绘画艺术品展在联合省的奈尼塔尔举办。它是由印度北方邦印中友好协会组织的。
1955/07/06	—	—	中华人民共和国商务代办处在加尔各答建立。
1955/07/16	—	—	工艺美术展在印中友好协会西孟加拉分会的发起下在加尔各答举办。参展品都是中印友好协会赠送各印度文化代表团的礼物。
1955/07/29	10	不详	中国政府派往印度的留学生抵达新德里。
1955/09/08～ 1955/09/21	不详	不详	中国穆斯林朝圣者访问印度。
1955/10	—	—	23 场关于"新中国"文化与生活的摄影展在加尔各答和西孟加拉其他一些地区举办。这些展览是由西孟加拉的青年、妇女及工人组织会同印中友好协会共同主办的。展览展出了关于尼赫鲁访问中国、周恩来总理访印、中国第一个五年计划、社会主义建设中的中国妇女、中国的工农业和淮河治理项目的照片，以及中国古代和当代绘画的复制品。
1955/10/01	—	—	工艺美术展由 R·尼赫鲁夫人主持，在全印度工艺美术协会会所举行开幕式。此次展览作为中国电影文化节的一部分，是由印中友好协会组织的。
1955/10/01～ 1955/10/08	—	—	为纪念中华人民共和国成立六周年，中国电影文化节在印度几乎所有重要城市开幕。文化节是由中印友好协会组织的。
1955/10/29～ 1956/01/01	—	—	参加新德里国际工业展览会的工业展览品由中国送往新德里。
1955/11/15～ 1955/11/22	5	柯麟，华南医学院院长	医学代表团应印度卫生部的邀请抵达新德里进行访问。代表团成员作为观察员出席关于大学生医学教育的会议。

续　表

到达： 离开：	人数	领 导 及 成 员	代表团的名称或类型及评论
1955/12/13	—	—	音乐器械和书籍由中国驻印度大使馆文化顾问林琳（音译，Lin Lin），代表中国中央戏剧学院和中央歌舞团赠送给了印度音乐戏剧学院。这其中包括35件乐器、9卷乐谱和9卷中国戏剧歌剧图书。
1955/12/16～ 1956/02/14	1	宋庆龄，全国人民代表大会常务委员会副委员长	应印度、缅甸和巴基斯坦政府的邀请，宋庆龄对三国进行友好访问。
1955/12/18～ 1956/01/08	1	刘中洛（音译，Liu Chung-lo），中国科学院昆虫研究所教授	科学家作为中华人民共和国代表出席在阿格拉召开的印度科学会议第43次会议。
1956/01			中国艺术展在印度举办，展出了包括绘画、木刻、雕塑和素描在内的171款作品。展览是由拉利特·卡拉学院①组织的。
1956/01/02～ 不详	2	张鼎臣（音译，Chang Ting-chen）②、何穆，中国防痨协会	结核病工作者参加在加尔各答召开的全印度结核病工作者会议，和在喀拉拉邦的特里凡得琅召开的国际抗结核病协会地区会议。
1956/01/03～ 1956/01/17	不详	谢邦定，中华全国学生联合会秘书长	学生代表团参加阿里格尔伊斯兰大学的国际地理研讨班。此研讨班的学员包括大批印度教师、研究工作者和来自17个国家的54名代表。
1956/01/10～ 1956/02/29	11	吴晗，历史学家	中印友好协会文化代表团对印度进行友好访问。
1956/03/19～ 不详	1	赵朴初，中国佛教协会副会长	佛教代表团参加在印度比哈尔邦的格雅召开的佛陀格雅寺顾问委员会第一次会议。
1956/03/25～ 1956/03/26	不详	贺龙元帅	政府代表团应印度政府的邀请，抵达新德里对印度进行短暂访问。
1956/04	—	—	中国佛教学者、朝圣者玄奘颅骨的一部分及其翻译作品全集，作为礼物由中国佛教协会赠送给了印度那烂陀大学，以纪念他的诞辰。
1956/05/01～ 不详	1	刘宁一，中华全国总工会副主席	贸易代表应印度国家工会会议的邀请，赴苏拉特出席其第八次年会。他于5月13日受到印总理尼赫鲁的接见。

① 原注：一美术研究院。
② 有误，应为黄鼎臣。——译注

续 表

到达: 离开:	人数	领 导 及 成 员	代表团的名称或类型及评论
1956/05/07	—	—	中国工艺美术展在比卡内尔举办。
1956/05/25～ 不详	1	方明,教育工会国家委员会副 主席	工会代表参加在坎普尔召开的全印度小学教 师协会第三次会议。
1956/05/25～ 1956/06/17	不详	黄钟(音译,Huang Chung)	足球队与印度队在加尔各答进行比赛。

32. 共产党中国与印度尼西亚之间

(1) 来自印度尼西亚

到达: 离开:	人数	领 导 及 成 员	代表团的名称或类型及评论
1955/01/09～ 2个月	不详	不详	印度尼西亚农业部农业代表团在中国观光,并 考察农业、林业、渔业和土地问题。
1955/01/10～ 不详	2	不详	世界工会联合会代表应中国煤矿工会的邀请, 于出席世界工会联合会华沙国际矿工工会联 合会会议归国途中访问中国。
1955/05～ 不详	不详	不详	应中华全国总工会的邀请,公务员协会代表在 北平参观各种建筑工地和风景区。
1955/05/26～ 不详	1	阿里·沙斯特罗阿米佐约,印 度尼西亚总理	印尼总理应中华人民共和国政府的邀请访问 中国。
1955/08/16～ 不详	—	—	中国-印尼友好协会发起的工艺美术展在北平 举办。
1955/09/09	不详	不详	青年代表。参见《国际》月刊。
1955/09/18～ 不详	不详	不详	应中国华侨事务委员会的邀请,海外华人团体 参加中国国庆庆典并访问中国主要城市。
1955/09/31～ 1955/10/29	9	门 加 特 斯 · 纳 苏 蒂 安 (Mengatas Nasution),雅加达 印尼-中国友好协会副会长、 印尼文化和教育部文化局副 局长	印尼-中国友好协会代表团,应中国-印尼友好 协会的邀请在北平出席中国国庆庆典。代表 团的其他成员包括雅加达、棉兰、望加锡和三 宝垄等地印尼-中国友好协会的领导人。
1955/12/01～ 1955/12/06	1	达曼博士,印度尼西亚大学医 学院药学系主任	抗生研究会议。参见《国际》月刊。

续　表

到达： 离开：	人数	领　导　及　成　员	代表团的名称或类型及评论
1955/12/03	—	—	由中国-印尼友好协会发起，曾在中国上映过的第一部印尼电影在一个集会上再次放映。
1956/02/26～ 1956/03/07	6	R·苏比亚克托少将，印尼海军参谋长；苏比亚克托夫人、阿·萨利姆中校、萨利赫·布拉特维亚贾少校、鲁贾博里奇特少校、R·斯里约诺·普罗佐苏坎托上尉	海军代表团访问中国。
1956/03/13～ 1956/05/21	1	D·N·艾地，印尼共产党总书记	共产党领导人在中国参观工厂、农业合作社、中小学、大学、托儿所、少先队员之家、博物馆、展览会以及风景和历史名胜区，并与工会官员举行会晤。他是中共中央委员会举行的一个宴会的主宾，出席宴会的有刘少奇、周恩来、陈云、邓小平和王稼祥。
1956/04/20～ 不详	13	穆罕默德·穆尼尔	工会代表应中华全国总工会的邀请访问中国。
1956/04/24～ 1956/05/03	不详	不详	国际民主妇女联合会。参见《国际》月刊。
1956/04/26～ 1956/05/07	2	印尼劳动党总书记阿斯拉鲁丁（Asraruddin）及其夫人	劳动党领导人应中国人民外交学会的邀请抵达北平进行访问。访问期间，他们出席了中国"五一"国际劳动节庆典，并与中国全国人民代表大会常务委员会、交通部、邮电部及劳动部的领导人会晤。他们还访问了上海。
1956/04/28～ 1956/05/07	不详	桑约诺，印尼劳动部长	劳工代表团，应中国劳动部的邀请参加中国国庆①庆典并游览中国。代表团成员在天津参观了工厂和工人文化宫，在长春参观了第一汽车制造厂、一个电影制片厂、一个地质研究所、一个工人之家及工厂工人的福利设施。此前，代表们还访问了沈阳、鞍山和抚顺。在沈阳，除了参观工厂、农村、学校外，他们还与劳动部官员举行了会谈。
1956/04/30～ 不详	2	不详	工会会员应中华全国总工会的邀请赴华参加"五一"国际劳动节庆典。
1956/04/30～ 不详	1	M·戈高·拉齐乌丁·桑扎德亚（M. Gogo Ratiudin Sandjadirdja），印尼穆斯林联盟党中央委员会委员	穆斯林代表应中国人民外交学会的邀请访问中国。

---

① 从时间推断，应为"五一"庆典。——编注

续　表

到达： 离开：	人数	领　导　及　成　员	代表团的名称或类型及评论
1956/04/30～ 1956/05/19	4	阿布德·阿齐兹，印尼新闻工作者协会副主席、《苏腊巴亚邮报》主编；纳伊拜赫（Naibahe），印尼《人民日报》主编；施泰亚·戈拉哈、D·P·卡里姆	新闻工作者代表团应中华全国新闻工作者协会的邀请访问中国。访问期间，阿齐兹于5月5日受到周恩来的接见，其后又受到毛泽东的接见。他回国后其他三个代表继续到中国东北观光，并与中国新闻工作者做交流。
1956/05/04～ 1956/06/01	14	西拉杰丁·阿巴斯、阿里·阿克巴尔	代表印尼伊斯兰教联盟党和回教教育党的穆斯林领导人应中国穆斯林联盟的邀请访问中国。5月30日他们受到周恩来总理的接见。
1956/05/24～ 1956/06/07	2	市长及苏蒂洛女士	雅加达市市长应中国政府的邀请到中国主要城市观光。
1956/06/18～ 不详	8	博克塔·沙明丁（Boktar Sjaminddin），卫生部国际事务司司长；阿斯金博士，印度尼西亚大学医学教授；阿古斯博士，印尼肺病临床大学主管；帕里诺博士，三宝垄市立综合医院主管；苏拉迪博士，印尼医科大学儿科专家；苏哈托博士，私人医生；另外两人	由印尼著名医生组成的医学代表团，应中华医学会的邀请到中国参观各种医学设施。

(2) 派往印度尼西亚

到达： 离开：	人数	领　导　及　成　员	代表团的名称或类型及评论
1955/01/02～ 不详	不详	方明	教育工作者工会代表团应印尼教师协会的邀请出席印尼教师协会会议。
1955/01/17	—	—	为通过更坚实的文化纽带增进印尼和中国两国人民的相互理解和友谊，中国-印尼友好协会成立。
1955/01/17～ 3个月	—	—	由中国人民对外文化协会主办的中国工艺美术展在雅加达、苏腊巴亚和棉兰举办。
1955/02/22	—	—	中国电影在雅加达向6万名观众公映。
1955/04	—	—	"印尼-中国人民友好协会"分会在北苏门答腊的棉兰成立。

续　表

到达： 离开：	人数	领　导　及　成　员	代表团的名称或类型及评论
1955/04/18～ 1955/04/24	5	周恩来，总理；陈毅，副总理；叶季壮，贸易部部长；章汉夫，副部长；黄镇，中国驻印尼大使	应亚非会议发起国缅甸、锡兰、印度、印度尼西亚和巴基斯坦的邀请，亚非会议中国代表团抵达万隆参加会议。除了这几个国家外，另外还有 24 个国家参加会议。
1955/06/10～ 1955/08/18	77	郑振铎，文化部副部长；周而复，作家、代表团副团长；其他人	文化代表团应印尼政府的邀请，对印尼进行亲善访问。代表团成员包括一些著名的舞蹈家、京剧演员和音乐家。
1955/07	—	—	印尼-中国友好协会在苏拉成立。
1955/07	—	—	印尼-中国友好协会在马加撒成立。
1955/08/18～ 1955/09/22	5	钱大卫	学生代表应印尼大学生协会的邀请，出席印尼独立日庆典。
1955/11/18～ 1955/09/29①	不详	不详	中国参加第八届国际经济博览会，其间恰逢印度尼西亚共和国成立十周年。除了中国外，另外还有 10 个参会国。
1955/11/27	—	—	印尼-中国友好协会在万隆成立。
1956/03/14	—	—	印尼-中国友好协会在印尼巴邻旁成立。
1956/03/14			印尼-中国友好协会在印尼登加拉省首府新加拉惹成立。
1956/04～不详	1	舒慈清（音译，Shu Tzu-ching），中国国际贸易促进委员会副秘书长、中国进出口公司副经理	中国贸易代表赴雅加达参加国际商会亚洲和远东委员会会议。②
1956/04/13	—	—	印尼-中国友好协会在印尼安汶成立。
1956/04/18～ 不详	—	—	中国产品和摄影展在印尼-中国友好协会的主办下在苏腊巴亚举办。
1956/05/20～ 1956/05/24	不详	不详	学生代表参加万隆亚非学生会议。
1956/05/22～ 不详	15	钱李仁，中华全国学生联合会秘书长	学生代表参加亚非学生会议。

---

① 原文此处起止时间颠倒。——译注

② 原注：后来因"蒋介石因素"的存在，决定不参加。

续 表

到达: 离开:	人数	领 导 及 成 员	代表团的名称或类型及评论
1956/06/02～ 为期1个半月	4	李家任(音译,Li Chia-jen);彭光津(音译,Peng Kuang-chin);温金(音译,Win Chien);周战文(音译,Chou Chan-wen)	农业使团在印度考察热带作物栽培。
1956/06/24～ 不详	1	张天民(音译,Chang Tien-min),中国建筑工作者协会主席	中国建筑工作者协会代表访问印尼。

(3) 共产党中国与印度尼西亚签署的协定

签署日期	签署地点	
1955/01/19	北平	中国-印度尼西亚贸易议定书和支付协定的批准
1955/04/22	万隆	中国-印度尼西亚关于双重国籍问题的条约①

33. 共产党中国与伊朗之间

(1) 来 自 伊 朗

到达: 离开:	人数	领导及成员	代表团的名称或类型及评论
1956/04/24～1956/05/03	不详	不详	国际民主妇女联合会。参见《国际》月刊。
1956/06～不详	不详	不详	新闻工作者出席赫尔辛基国际新闻工作者会议后访问中国。

(2) 派 往 伊 朗

无

34. 共产党中国与伊拉克之间

(1) 来 自 伊 拉 克

到达: 离开:	人数	领 导 及 成 员	代表团的名称或类型及评论
1955/04/30～1955/08/09	不详	不详	和平代表出席新德里亚洲国家会议后,应中国和平委员会的邀请访问中国。

---

① 原文该条约具体内容无。——译注

续　表

到达： 离开：	人数	领导及成员	代表团的名称或类型及评论
1955/08/30~不详	不详	不详	青年代表。参见《国际》月刊。
1956/04/24~不详	不详	不详	国际民主妇女联合会。参见《国际》月刊。

（2）派往伊拉克

无

35．共产党中国与以色列之间

（1）来自以色列

到达： 离开：	人数	领导及成员	代表团的名称或类型及评论
1955/01/31~ 不详	6	戴维·哈科恩，以色列驻缅甸公使	贸易代表团访问中国。
1956/04/24~ 1956/05/03	不详	不详	国际民主妇女联合会。参见《国际》月刊。

（2）派往以色列

无

36．共产党中国与意大利之间

（1）来自意大利

到达： 离开：	人数	领导及成员	代表团的名称或类型及评论
1955/07/21~ 1955/08/20	1	迪诺·真蒂利，意大利伯爵公司经理、中国国家进出口公司驻意大利代表	贸易代表抵达北平，与中国各种贸易公司谈判商务和缔结贸易合同。
1955/08/31~ 1955/10/02	9	玛丽亚·马达来尼·罗西，意大利参议员、意妇女联盟主席	妇女代表作为中华全国民主妇女联合会的客人访问中国。其他成员还包括参议员、教授和意妇女协会及工会领导人。访问期间，他们游览了北平、上海和中国东北的一些城市。
1955/09/24~ 不详	21	皮耶罗·卡拉曼德雷伊	文化代表团应中国人民对外文化协会的邀请访问中国。
1955/09/29~ 不详	5	皮耶罗·南尼，世界和平理事会副主席、意大利和平委员会主席；他的夫人及女儿；拉涅罗·潘齐耶里、温琴佐·安萨内利	和平代表应中国和平委员会主席郭沫若的邀请访问中国。周恩来总理写信给南尼表示对他的欢迎。

续 表

到达: 离开:	人数	领 导 及 成 员	代表团的名称或类型及评论
1956/04/21～ 不详	8	费尔南多·蒙塔尼亚尼、温琴佐·加莱蒂、旺达·帕拉恰尼、詹弗兰科·罗西诺维奇、托尔夸托·富西、里诺·博纳齐、吉瑟比·德尔范特、卡洛·利扎	意大利劳动总同盟代表团访问中国。
1956/04/23～ 1956/05/22	4	普雷迪·格里瓦,前上诉法院院长、最高上诉法院名誉院长;乌戈·纳托利,比萨大学;思索·德梅尼科,佩鲁贾大学;吉列尔莫·诺切拉,律师	法理学家代表应中国政治法律学会的邀请游览中国主要城市。他们是来自欧洲五国17名法理学家中的一部分。
1956/04/24～ 1956/05/03	不详	不详	国际民主妇女联合会。参见《国际》月刊。
1956/04/30～ 1956/06/04	10	迪诺·真蒂利,中国国家进出口公司驻意大利代表	工业家和商人游览沈阳、长春、天津、上海、杭州和广州等中国主要城市。
1956/05/19～ 不详	6	阿利吉·萨苏、法布里、图尔卡托、拉斐尔、赞卡纳罗及另外一人	应中国人民对外文化协会和中国艺术家协会的邀请,包括画家和雕塑家在内的艺术家到中国观光。
不详～1956/ 06/03	8	莱尔特·阿佐尼博士	意大利工业贸易代表团访问中国。

(2) 派 往 意 大 利

到达: 离开:	人数	领 导 及 成 员	代表团的名称或类型及评论
1955/05～ 1956/01/13	不详	不详	文化代表团在为期八个月的欧洲九国旅行演出期间访问意大利。
1955/10/02～ 不详	1	张致祥,文化部副部长	北平市市长彭真的代表参加世界首都市长会议。
1956/01/04～ 1956/01/08	不详	董昕,中华全国总工会书记处书记	工会会员应意大利化学工作者联合会的邀请,抵达波伦亚出席其联合会全国代表大会。
1956/01/25～ 不详	2	董守义,国际奥委会委员;张联华,中国奥委会委员	奥委会代表出席在科尔蒂纳丹佩佐召开的第51届国际奥委会会议,商讨奥运比赛事宜。代表们还将考察第7届冬季奥运会。

续　表

到达: 离开:	人数	领导及成员	代表团的名称或类型及评论
1956/02～不详	4	李德全	应意大利妇女联合会的邀请,中华全国民主妇女联合会派出妇女文化代表团访意。
1956/02/16～不详	不详	刘宁一,中华全国总工会副会长	工会代表团出席罗马意大利劳动总同盟第四次会议。代表团也将出席世界工会联合会第29届执行局会议。
1956/03	—	—	中国红十字会捐款2万元人民币①救济近期遭受欧洲寒潮的意大利受灾者。
1956/04/08～不详	1	杨鼎宝(音译,Yang Ting-pao),中国建筑师协会常务委员会副主席	中国建筑师协会常务委员会主席周荣欣(音译,Chou Jung-hsin)的代表,出席国际建筑师协会执行委员会会议。
1956/04/14～1956/04/28	11	侯德榜,化学家;冀朝鼎,经济学家、代表团副团长;茅以升,桥梁工程专家;李霁野,翻译家、作家;何家槐,作家;王雪涛、张仃,艺术家;郎毓秀,歌唱家;其他人	文化代表团应意大利对华经济文化关系促进会的邀请访意。

37. 共产党中国与日本之间

(1)来自日本

到达: 离开:	人数	领导及成员	代表团的名称或类型及评论
1954/10～1955/02/05	1	尾崎行雄,中日贸易促进会专务理事	贸易专家应中国国际贸易促进委员会的邀请访问中国。
1955/01/09～1955/01/21	不详	不详	日本矿工工会代表团应中国煤矿工会的邀请,参观中国煤矿、工厂、学校及其他设施。
1955/01/10～1955/04/16	14	不详	渔业代表团应中国渔业协会筹备委员会的邀请访问中国,就中日捕鱼问题进行磋商。
1955/01/11～不详	13	不详	青年代表应中华全国民主青年联合会的邀请访问中国。
1955/02/09～不详	18	不详	律师参加完加尔各答律师会议后,应中国政治法律学会的邀请访问中国。

---

① 原注:2 777 777 法郎。

到达：离开：	人数	领　导　及　成　员	代表团的名称或类型及评论
1955/03/19～不详	1	关鉴子	音乐家应中华全国妇女民主联合会的邀请访问中国。
1955/04/28～1955/07/16	28	吉冈金市	和平代表在印度出席亚洲国家会议后访问中国。
1955/05～不详	①	不详	工会代表团应中华全国总工会的邀请，在北平参观建筑工地和风景区。
1955/05/05～1955/06/21	13	小川丰明	农业代表团应中华全国供销合作总社和中国和平委员会的邀请访问中国。
1955/05/13～不详	不详	门真	日本钢铁工人协会联合会代表团，应中华全国总工会的邀请访问中国。
1955/05/24～1955/06/30	不详	北川义之	日本工会总理事会代表团应中华全国总工会的邀请访问中国。
1955/06/03～1955/06/24	13	茅诚司	日本科学会议代表团访问苏联后访问中国。
1955/07/08～1955/09/01	15	石黑武重	日本合作社代表团应中华全国供销合作总社的邀请访问中国。
1955/07/18～1955/08/09	13	高桑角尾	和平代表出席赫尔辛基世界和平大会后，应中国和平委员会的邀请访问中国。
1955/07/19～不详	33	大山郁夫教授，日本国家和平委员会主席；大山夫人；岩村三千夫，他的秘书；其他人	和平代表出席赫尔辛基世界和平大会后，作为中国和平委员会的客人访问中国。
1955/07/27～不详	15	四方实，日本《产业经济新闻》报社副社长	由九家报纸、一家通讯社和三个广播组织的代表组成的新闻广播代表团访问中国。
1955/07/27～1955/12/25	—	—	日本木刻展在北平、上海、广州、武汉、沈阳、重庆和西安举办，展出了50位知名艺术家的作品。
1955/08/01～不详	9	川崎夏	妇女代表团参加完世界母亲大会后，应中华全国民主妇女联合会的邀请访问中国。
1955/08/21～1955/10/15	6	久原房之介	日本恢复与中国和苏联外交关系国家理事会代表团，应中国人民外交学会的邀请访问中国。

① 原注：三个代表团。

续　表

到达： 离开：	人数	领 导 及 成 员	代表团的名称或类型及评论
1955/08/28～ 1955/08/31	42	北村德太郎①、野沟胜②	日本国会代表团赴苏联途中访问中国两天。
1955/09/05～ 不详	不详	不详	青年代表。参见《国际》月刊。
1955/09/17～ 1955/11/01	22	白水实	工业家和商人作为中国国际贸易促进委员会的客人访问中国。
1955/09/25～ 1955/10/17	47	北岛义喜藤（Yoshinito Kita-shima）；板桥秀夫、吉本英雄，代表团副团长	东京、横滨、名古屋、京都、大阪和神户市的市长及市政会成员，民主党派、自由党、左翼及右翼社会党人、日本共产党及其他党派成员，应北平市市长彭真的邀请游览北平、天津、沈阳、南京、上海和广州。
1955/09/28～ 1955/10/21	27	上林山永吉，日本下议院议员	由日本各政党国会两院议员及无党派国会议员组成的日本国会使团，应刘少奇主席和中国全国人民代表大会常务委员会秘书长彭真的邀请访问中国，并参加中国国庆庆典。
1955/09/29～ 1955/11/17	1	岩崎秋士，日本新医生协会会长	医生应中华医学会的邀请访问中国。
1955/09/30～ 1955/10/26	57	市川猿之助、松尾国三	日本歌舞伎剧团应中国人民对外文化协会的邀请，在北平和中国其他地方演出。这是日本第一个访问中国艺术团。
1955/10/22～ 不详	4	藤井正三、国分胜范、田边实	由日本-苏联贸易促进理事会组织的贸易代表团访问中国。代表们抵达后，呼吁中国委员会③加强国际贸易。他们访问了北平第一棉纺厂、中央民族研究所，并与中国企业就贸易问题举行谈判。
1955/10/25～ 1955/11/24	35	小林武司，日本教师协会主席	日本教师协会代表团应中国教育工会的邀请到中国考察教育问题。
1955/10/29～ 1955/11/26	15	阿倍胜间、堂森义郎	医学使团应中华医学会的邀请访问中国。
1955/10/31～ 不详	3	帆足计、田原治二、大西政道	国会议员访问中国。

---

① 原注：日本民主党派人士。
② 原注：左翼社会党人。
③ 实际应为"中国国际贸易促进委员会"。——译注

续 表

到达: 离开:	人数	领 导 及 成 员	代表团的名称或类型及评论
1955/11/09～ 1955/12/06	27	片山哲,日本前任首相、保护宪法国家联盟主席;藤田藤太郎,日本工会总理事会主席、副团长	日本保护宪法国家联盟代表团,应中国人民外交学会的邀请访问中国。
1955/12/01～ 1955/12/06	1	住木论介,农业化学家	抗生研究会议在北平召开。参见《国际》月刊。
1955/12/01～ 1956/01/26	不详	筒井三良(Miyoshi Tsutsui)	全日本电气工业工作者协会联合会代表团,应中国第一工程工作者协会国家委员会的邀请访问中国。
1955/12/05～ 1956/01/05	1	牛原虚彦	日本电影导演参加完赫尔辛基世界和平会议后,应中国和平委员会的邀请访问中国。
1956/02	—	—	一部珍贵的16世纪文学作品的摹真本和缩微胶卷,由日本教师赠送给北平大学。
1956/02/10～ 为期1个月	19	志村宏,山寿产业(音译Yamaju Sangyo)公司总裁	纺织代表团访问中国作考察旅行。代表团由媒体和小型纺织厂的代表组成,由日本国际贸易促进会发起。
1956/03/01～ 1956/03/06	不详	葛西义助,日本红十字会副会长	日本红十字会使团应中国红十字会的邀请访问中国,以考察当地红十字会组织提供的医学和其他服务状况。
1956/04/01～ 1956/04/04	1	H·图戈博士,世界科学工作者协会理事	世界科学工作者协会。参见《国际》月刊。
1956/04/06～ 4天	—	—	日本出版物展览在北平的国家图书馆举办,展出了500多卷图书。其中包括医学、哲学、政治和教育类书籍,毛泽东和刘少奇选集的日语翻译版,关于绘画、雕塑、建筑及其他领域的书籍和儿童读物。这些展品是由亚洲文化交流出版协会、日本科学书店和日本医学出版协会提供的。
1956/04/09～ 1956/05/16	20	松尾孝士(Takashi Matsuo),全日本金属工业工作者协会副秘书长;洵口光家,副团长	日本金属器具和机械工会代表团,应中国第一工程工作者协会国家委员会的邀请访问广州、郑州和北平。
1956/04/17～ 1956/05/24	8	森治春志(Harushi Mori)	日本建筑工业工作者协会国家理事会代表团访问中国,并参加"五一"国际劳动节庆典。

续　表

到达： 离开：	人数	领　导　及　成　员	代表团的名称或类型及评论
1956/04/28～ 不详	10	山崎喜之助（Kinosuke Yama-saki），日本太阳渔业公司总裁、日本拖网协会副会长；藤田，太阳渔业公司副总裁；增田茂吉，Marutoku渔业公司总裁、拖网协会副会长；丸龟秀夫，全日本渔业联合会副主席；高桥熊次郎，全日本海员协会捕鱼船只分会会长；中野元次郎，全日本海员协会执行委员；范泽静志，福冈拖网捕鱼协会会长；五十村末吉，日本海产品公司总裁；另外两人	渔业代表团抵达北平，就延长中国-日本关于黄海和东海渔业协定有效期问题举行谈判。
1956/04/29～ 不详	不详	石川亨一	和平代表应中国和平委员会的邀请访问中国。
1956/05/03～ 1956/06/09	7	宫崎龙介、宫崎夫人及其他人	和平"斗士"应中国和平委员会的邀请访问中国。
1956/05/05～ 1956/05/22	4	南乡三郎，日本-中国进出口协会会长；仁田宏（Hiroshi Nita），副会长；及另外两人	贸易代表团自发访问中国，但其确信会受到中国共产党国际贸易促进会主席南汉宸的欢迎，因为其访问中国的目的是使共产党中国贸易界人士熟悉日本-中国进出口协会的性质和作用。访问中国期间，其成员受到了周恩来、郭沫若、叶季壮和雷任民的接见。
1956/05/14～ 不详	2	山根吟二及夫人	音乐批评家应中国人民对外文化协会和中国音乐家协会的邀请访问中国。
1956/05/16～ 不详	2	丸木位里、赤松年彦	画家应中国人民保护和平委员会的邀请访问中国。
1956/05/16～ 不详	2	不详	和平"斗士"应中国和平委员会的邀请访问中国。
1956/05/22～ 1个月	5	森保一夫（Kazuo Moriyasu），Kaiichi贸易公司总裁	稻米研究专家赴华协商购买共产党中国稻米事宜。
1956/06～不详	不详	不详	新闻工作者出席赫尔辛基国际新闻工作者会议后访问中国。
1956/06～不详	19	永野重右卫门、阿部广三、冈田利春、圆井松继、中原淳吉，及12名新闻通讯员	由日本红十字会、中日友好协会和日本和平联络委员会派出的红十字会、友好与和平代表访问中国红十字会。他们于6月27日受到周恩来总理的接见。

续 表

到达： 离开：	人数	领 导 及 成 员	代表团的名称或类型及评论
1956/06/04～ 1956/07/21	39	铃木成,日本国家铁路工人协会秘书	铁路工人代表团访问中国。
1956/06/16～ 不详	13	石川达三(Tatsuzo Ishikawa)；村松梢风,代表团顾问	由作家、教育工作者和艺术家组成的日本文化代表团,应中国亚洲团结委员会及和平委员会的邀请访问中国。
1956/06/16～ 不详	不详	不详	由东京亚洲委员会派往共产党国家的亲善使团到北平访问。
1956/06/23～ 1956/06/29	—	—	由中国人民对外文化协会和中国电影工作者协会筹备委员会共同主办,日本电影节在中国北平、天津和另外八个城市举办。
1956/06/23～ 1956/06/29	4	木下惠介,电影导演；杉村春子,女演员；乙羽信子,女演员；凑多吉,电影导演	电影节代表出席在中国举办的日本电影周。(参见上一项内容)
1956/06/25～ 不详	8	下中弥三郎,日本东京 Heibonsha 出版公司总裁 (president)	出版者代表团应北平共产党中国国家图书进出口公司国际书店的邀请,以亲善使团的名义访问中国。

(2) 派 往 日 本

到达： 离开：	人数	领 导 及 成 员	代表团的名称或类型及评论
1955/02	—	—	中国歌剧《白毛女》在东京由松山芭蕾舞团以芭蕾舞的形式演出。
1955/03/29～ 1955/05/06	不详	雷任民,中国国际贸易促进委员会副主席	中国国际贸易促进委员会贸易代表团,应日本国际贸易促进会和日本国会议员协会的共同邀请访日。
1955/05/30～ 为期2周	1	白熙清(音译,Pai Hsi-ching),病理学家、中华医学会理事	中国代表参加东京原子病会议,该会议研究原子弹和氢弹辐射对人类的影响。会议由日本反原子和氢武器医生委员会发起。
1955/07/17	—	—	中国著名音乐家聂耳逝世二十周年纪念音乐会,在日本的藤泽市神奈川县举办。日中友好协会作了音乐会的筹备工作。

续　表

到达： 离开：	人数	领导及成员	代表团的名称或类型及评论
1955/08/06～ 1955/08/15	8	刘宁一，中国人民保卫世界和平委员会常委会委员、中华全国总工会副主席、全国人民代表大会常委会委员；成仿吾，东北师范大学校长、全国人民代表大会代表；赵朴初，中国佛教协会副会长、中国人民救济总会执行委员、全国人民代表大会代表；谢冰心，作家、中国文学艺术界联合会全国委员会委员、中国作家协会理事、全国人大代表；陈体强，法理学家、中国政治法律学会会员；成森宇（音译，Cheng Sen-yu），代表团秘书；孙胜全（音译，Sun Sheng-chuan）、安书珠（音译，An Shu-chu），翻译	中国代表团参加在广岛和东京召开的禁止原子弹和氢弹世界大会。代表团是应日本会议筹委会、日本国家救济协会、日本工会总理事会和日本妇女组织联合会的邀请，由中国人民保卫世界和平委员会、中国人民救济总会、中华全国总工会和中华全国民主妇女联合会共同选派的。
1955/10/08～ 1955/12/30	40	曹中枢	中国国际贸易促进委员会派出的贸易展览代表团，参加东京和大阪贸易展，共展出了3 000件商品。展览是按第三中日贸易协定筹备的。
1955/12/01～ 1955/12/22	11	郭沫若，中国科学院院长	科学代表团访日。
1956/03/23	—	—	日本-中国文化交流协会在东京丸之内成立。此协会相当于中国的中国人民对外文化协会，由前首相片山哲任会长。它由10个部门如艺术和戏剧等部门组成，其将为两国间的文化交流组织各种活动，如举办展览和派出文化使团等。
1956/04/02～ 1956/04/08	12	荣高棠，中华全国运动员联合会副主席；姜永宁、孙梅英、王传耀、杨芮华（音译，Yang Jui-hua）、张义建（音译，Chang Yi-chien）及其他人	1956年东京世界乒乓球锦标赛中国代表团是其中参赛的21个国家代表队之一。12名队员中10名是来自广州、上海和北平的学生，另外两人是工人。
1956/04/27	—	—	在东京三鹰建立一个中国-日本文化中心的决定，由中国-日本文化学会——这一项目的发起者——作出。该中心以一个馆藏郭沫若收集的科学文学作品的图书馆为特色。
1956/05/16～ 1956/07/17	①	梅兰芳；欧阳予倩，代表团第一副团长、总指挥	京剧代表团赴日本主要城市旅行演出。

① 原注：约65人。

(3) 共产党中国与日本签署的协定

签署日期	签署地点	
1955/04/15①	北平	中国-日本渔业协定:关于在黄海和东海捕鱼之协定。②
1955/05/04③	东京	第三个中国-日本贸易协定:为加强两国间的贸易联系和增进两国人民的友谊。④
1956/01/09	北平	中国-日本劳工协定:规定全日本电气工业工作者协会和中国第一工程工作者协会,为恢复两国外交关系和贸易正常化而努力,并且互换代表和必要的资料,以加强两国间的相互了解和沟通。
1956/05/06	北平	中国-日本劳工协定:规定中国第一工程工作者协会和全日本金属工业工作者协会的七个国家工作者协会,要在协会活动上相互交流经验,互派代表,交换技术信息;并为加强中日两国人民和工人的友谊与团结而努力。
1956/05/21	上海	中国-日本友好协定:规定北平日报工作者、日本劳工报业俱乐部和日本机关报业理事会:(1) 定期互换各自的报纸、杂志;(2) 交换其他的报纸、杂志、新闻电讯、照片、书籍和技术信息;(3) 尽最大努力加强中日报业工会人员的进一步接触。
1956/06/25	北平	中国-日本关于加强两国铁路工作者友谊的协定:规定两国要:(1) 为实现两国外交关系正常化而努力;(2) 反对试验和使用原子弹和氢弹;(3) 为加强亚洲铁路工作者的团结与友谊而奋斗;(4) 继续代表团之间的互访;(5) 另外,要促进相互间的体育文化交流。

38. 共产党中国与约旦之间

(1) 来 自 约 旦

到达: 离开:	人数	领 导 及 成 员	代表团的名称或类型及评论
1955/04/30～1955/08/09	不详	不详	和平代表出席新德里亚洲国家会议后,应中国和平委员会的邀请访问中国。
1955/09/02～不详	不详	不详	青年代表。参见《国际》月刊。
1956/04/21～不详	1	拉西亚·马达奈特	和平代表应中国和平委员会的邀请访问中国。
1956/04/24～1956/05/03	不详	不详	国际民主妇女联合会。参见《国际》月刊。

---

① 原注:延期一年的协定于 1956 年 4 月在北平签署;从 1956 年 6 月 13 日始延长协定一年的议定书于当年 5 月 8 日在北京签署。
② 原文该协定具体内容无。——译注
③ 原注:后延期一年于 1956 年 5 月签署。
④ 原文该协定具体内容无。——译注

(2) 派 往 约 旦

无

39. 共产党中国与朝鲜之间

(1) 来自(北)朝鲜

到达: 离开:	人数	领 导 及 成 员	代表团的名称或类型及评论
1954/11	不详	不详	朝鲜学生患者被允许入住北平亚洲学生疗养院,接受结核病治疗。
1955/04～ 1955/04/28	不详	朴俊爱	出席印度亚洲国家会议的朝鲜代表团会后访问中国。
1955/05/13～ 1955/06/20	15	李长云,教育部副部长	依据中国与"朝鲜民主主义人民共和国"文化交流1955年执行计划,教育工作者抵达北平考察中国的教育。
1955/07/22～ 不详	2	朴发阳,朝鲜作家,大学副校长;尹氏济(Yun Si Chel),朝鲜作家联盟出版社副总编	学者根据中国-朝鲜文化交流1955年执行计划访问中国。
1955/09～不详	不详	不详	朝鲜学生在学习了一年汉语课程后,抵达北平在大学、学院或技术学校学习。他们是今年派往中国的来自13个国家的348名留学生的一部分。
1955/09	—	—	中国人民抗美援朝运动诗选朝鲜语译本,由朝鲜国家出版社出版。包括郭沫若在内的中国著名诗人及中国人民志愿军指战员的70多首诗都被选入译本。
1955/09/02	4	金奇秀,朝鲜民主青年联盟中央委员会副主席	青年代表。参见《国际》月刊。
1955/09/05～ 1955/10/09	不详	不详	青年代表应中国新民主青年联盟中央委员会和中华全国民主青年联合会的邀请,访问中国并参加国庆庆典。
1955/10/?～ 1955/10/20	不详	宋凤旭	朝鲜农业代表团访问北平、南京、上海并参加中国国庆庆典。
1955/10/04～ 1955/11/27	101	崔文李	青年艺术团应中国文化部和中国新民主青年联盟中央委员会的邀请访问中国并演出。
1955/11/09～ 不详	15	金丙延	国际射击比赛。参见《国际》月刊。
1955/11/11～ 1956/01/23	不详	金阪守,贸易部长	贸易代表团访问中国。

续 表

到达: 离开:	人数	领 导 及 成 员	代表团的名称或类型及评论
1955/12/01～ 1955/12/06	1	吕永圭,朝鲜中央药学研究院生物所所长	抗生研究会议。参见《国际》月刊。
1956/04/01～ 1956/04/04	1	李采昆	世界科学工作者协会。参见《国际》月刊。
1956/04/24～ 1956/05/03	不详	不详	国际民主妇女联合会。参见《国际》月刊。
1956/04/29～ 不详	1	金丁焕,朝鲜《勤劳者》杂志记者	记者依据中国-朝鲜1956年文化合作计划访问中国。
不详～1956/ 05/04	2	李坦、周仁奎	朝鲜演员依据中国-朝鲜1956年文化合作计划访问中国。
1956/06～ 1956/07/05	不详	金才毕,朝鲜渔业工业部副部长	朝鲜政府代表团缔结中朝两国关于西太平洋渔业研究合作的10年协定。

(2) 派往(北)朝鲜

到达: 离开:	人数	领 导 及 成 员	代表团的名称或类型及评论
1955/08/11～ 1955/08/24	5	朱德,中华人民共和国副主席;李济深,全国人民代表大会常务委员会副委员长;滕代远,铁道部部长;姬鹏飞,外交部副部长;潘自力,中国驻"朝鲜民主主义人民共和国"大使	政府代表团应"朝鲜民主主义人民共和国"政府的邀请,出席朝鲜被苏联解放十周年庆典。
1955/08/13～ 不详	200	杨勇上将	"中国人民志愿军代表团"参加朝鲜"解放"100①周年庆典。代表团成员包括"中国人民志愿军"战士和艺术家。随团歌舞团共计演出65场。
1955/11/11～ 1955/12/11	6	韦悫,教育部副部长	文化代表团抵达平壤与朝鲜教育工作者、报刊编辑和其他文化领域工作者会晤。这次访问是依据中国与"朝鲜民主主义人民共和国"文化合作1955年执行计划作出安排的。
1955/11/28～ 1956/01/15	—	—	中国手工艺品展在平壤开幕。此次展览依据中朝两国文化交流1955年执行计划而举办。
1956/01/01～ 1956/02/10	—	—	中国援助物资被送往朝鲜,其中包括110辆客车,76万多米棉布,各种建筑材料及日常必需品——如谷物、生橡胶、煤炭、铁道网和钢板等。

① 实际数字应为10。——译注

续　表

到达： 离开：	人数	领　导　及　成　员	代表团的名称或类型及评论
1956/02～ 1956/04/26	13 个 团体	不详	13 个中国文化艺术团体为中共①、北朝鲜军队和朝鲜人民表演了歌舞、京剧、戏剧、民间艺术和杂技。
1956/04～ 不详	不详	②	工会代表应中华全国总工会的邀请抵达北平参加中国国庆庆典。
1956/04/08	—	—	5 000 棵树被植在平壤的牡丹峰上,并命名为"中国-朝鲜友谊林"。
1956/05/02～ 1956/05/13	不详	聂荣臻,中共中央委员会委员;王从吾,中共中央委员会候补委员;其他人	共产党代表团出席在平壤召开的朝鲜劳动党第三次大会。
1956/05/18～ 不详	36	张非垢,中国体育运动委员会秘书长	由中国电力工会体育协会选手及其他人组成的男女篮球队与朝鲜队进行比赛,并参观朝鲜主要工厂、企业和教育文化机构。
1956/05/22～ 1956/07/11	5	金绅业(音译,Chin Cho-yeh),辽宁省农业厅副厅长;冰水足(音译,Ping Shui-tsu),辽宁 Hsuingyueh 农业试验农场遗传中心主任;俞立基(音译,Yu Li-chi),华东农业科学研究所农学家;黄德馨(音译,Hwang The-sieh),华东农业科学研究所技师;宣国臣(音译,Hsuan Kuo-chen),辽宁东方红集体农场场长。	水稻栽培考察团赴朝鲜参观农业科研机构、试验农场和农业合作社。
1956/06/05～ 1956/07/01	不详	王揖,文化部出版管理局	中国文化代表团访问朝鲜。
1956/06/12～ 不详	1	沈柔坚	中国画家访问朝鲜。

(3) 共产党中国与北朝鲜签署的协定

签署日期	签署地点	
1955/04/21	北平	中国-朝鲜电影购买合同:为电影的购买及发行。③

---

① 按上下文推测,此处实际可能应为"朝鲜劳动党"。——译注
② 原文此处字迹模糊。——译注
③ 原文该合同的具体内容无。另:原文本栏中,除《中国—朝鲜贸易议定书》外,其他照会、协定、议定书和计划的内容均无。——译注

续 表

签署日期	签署地点	
1955/07	—	中国-朝鲜关于文化计划的互换照会。
1955/12/21	北平	中国-朝鲜汇率协定。
1955/12/21	北平	中国-朝鲜关于非商业汇款的议定书。
1956/01/13	北平	中国-朝鲜贸易议定书:规定中国向朝鲜提供材料援助,并在1956年进行商品交易。
1956/05/30	平壤	中国-朝鲜1956年文化合作计划。

40. 共产党中国与科威特之间

(1) 来自科威特

到达: 离开:	人数	领 导 及 成 员	代表团的名称或类型及评论
1955/08/30～ 1955/10/06	不详	不详	青年代表。参见《国际》月刊。

(2) 派 往 科 威 特
无

41. 共产党中国与老挝之间

(1) 来 自 老 挝

到达: 离开:	人数	领 导 及 成 员	代表团的名称或类型及评论
1955/09/05	不详	不详	青年代表。参见《国际》月刊。

(2) 派 往 老 挝
无

42. 共产党中国与黎巴嫩之间

(1) 来 自 黎 巴 嫩

到达: 离开:	人数	领 导 及 成 员	代表团的名称或类型及评论
1955/04/30～ 1955/08/09	不详	不详	和平代表参加完新德里亚洲会议后,应中国和平委员会的邀请访问中国。

续 表

到达： 离开：	人数	领 导 及 成 员	代表团的名称或类型及评论
1955/09/02～ 不详	不详	不详	青年代表。参见《国际》月刊。
1955/11/02～ 1955/11/?	不详	江明,外贸部副部长	贸易使团抵达贝鲁特,与黎巴嫩政府代表和工商业界就扩大中黎两国贸易联系和友好往来交换看法。代表团是应黎巴嫩共和国政府的邀请访黎的。
1956/03/16	—	—	中国红十字会将3万元人民币的救济金送给黎巴嫩地震受灾者。
1956/04/24～ 1956/05/03	不详	不详	国际妇女民主联合会。参见《国际》月刊。
1956/06～ 1956/07/03	1	尼蓬·萨巴,黎巴嫩希腊东正教大主教	黎巴嫩大主教应中国和平委员会的邀请访问中国。

(2) 派 往 黎 巴 嫩

到达： 离开：	人数	领 导 及 成 员	代表团的名称或类型及评论
1956/06/14～ 1956/07/06	75	包尔汉	文化代表团出访黎巴嫩作旅行演出。

(3) 共产党中国与黎巴嫩签署的协定

签署日期	签署地点	
1955/12/31	黎巴嫩	中国-黎巴嫩贸易协定:规定两国都在对方建立商务代办处。

43. 共产党中国与澳门之间

(1) 来 自 澳 门

到达： 离开：	人数	领 导 及 成 员	代表团的名称或类型及评论
1956/03/21～ 1956/05/13	49	刘悦雄	由著名华人工商业者的配偶组成的妇女代表团游览中国。

(2) 派 往 澳 门

到达： 离开：	人数	领 导 及 成 员	代表团的名称或类型及评论
1956/02～ 1956/03/06	190	欧阳山	民间艺术团访澳演出,其演出"具有艺术性和准确地再现了中国民间音乐和少数民族传统舞蹈的魅力"。

44. 共产党中国与马达加斯加之间

(1) 来自马达加斯加

到达： 离开：	人数	领 导 及 成 员	代表团的名称或类型及评论
1955/09～ 不详	不详	不详	青年代表。参见《国际》月刊。
1956/04/24～ 1956/05/03	不详	不详	国际民主妇女联合会。参见《国际》月刊。

(2) 派往马达加斯加

无

45. 共产党中国与马来亚之间

(1) 来自马来亚

无

(2) 派往马来亚

到达： 离开：	人数	领 导 及 成 员	代表团的名称或类型及评论
1956/02/15	—	—	中国土产品展在新加坡举办，展出了 1 000 多种土特产品。

46. 共产党中国与墨西哥之间

(1) 来自墨西哥

到达： 离开：	人数	领 导 及 成 员	代表团的名称或类型及评论
1955/07/02～ 1955/08/27	不详	不详	和平代表出席赫尔辛基世界和平大会后,应中国和平委员会的邀请访问中国。
1955/08/30～ 不详	不详	不详	青年代表。参见《国际》月刊。
1955/11/20～ 不详	1	阿尔弗雷德·戈麦斯·德拉维加	剧作家应中国人民对外文化协会的邀请访问中国。
1956/04/24～ 1956/05/03	不详	不详	国际民主妇女联合会。参见《国际》月刊。
1956/06～ 不详	不详	不详	新闻工作者出席赫尔辛基国际新闻工作者会议后访问中国。

（2）派往墨西哥

到达： 离开：	人数	领 导 及 成 员	代表团的名称或类型及评论
1955/12/12	—	—	中国红十字会援助墨西哥洪水受灾者 1.5 万元人民币。

47. 共产党中国与蒙古之间

（1）来 自 蒙 古

到达： 离开：	人数	领 导 及 成 员	代表团的名称或类型及评论
1954/11～不详	不详	不详	蒙古学生患者被允许入住北平亚洲学生疗养院，接受结核病治疗。
1955/04/27～ 1955/06/10	不详	马什莱(Mashlai)，蒙古国家师范大学校长	依据中国-蒙古文化合作协定 1955 年执行计划，科学文化工作者代表团访问中国。
1955/07/04～ 1955/08/19	148	丹丁汗(Dandinkhuu)少将	蒙古人民革命军歌舞团访问中国作演出旅行。
1955/07/11	—	—	蒙古农业和家畜繁育摄影展在北平举办，以纪念蒙古成立 34 周年。展览由对外文化联络局发起。
1955/09/17～ 不详	不详	扎木苏荣，蒙古革命青年团中央委员会书记	青年代表团应中国新民主青年联盟的邀请，出席中国全国青年社会主义建设积极分子大会。
1955/09/17～ 不详	62	塔姆吉登·曾德（Tamjidyn Tsend）上校，蒙古人民军政治部副主任	蒙古人民军歌舞团访问中国作演出行旅。
1955/11/17～ 1955/11/26	26	曼扎夫·夏加姆布（Manzhavvn Sianiambu）	国际射击比赛。参见《国际》月刊。
1955/12/01～ 1955/12/06	1	亚里姆比尔，微生物学家	抗生研究会议。参见《国际》月刊。
1955/12/27～ 20 天	不详	不详	蒙古歌舞团在北平首次演出，共演出了 19 大项节目。
1956/01～ 1956/01/12	不详	鲁布桑	蒙古政府代表团到北平参加西宁-乌兰巴托铁路建设竣工典礼，以及贯穿中国、蒙古和苏联的铁路建设开工仪式。周恩来设宴招待了蒙古和苏联代表团。
1956/04/01～ 1956/04/04	不详	不详	世界科学工作者协会。参见《国际》月刊。

续　表

到达：离开：	人数	领 导 及 成 员	代表团的名称或类型及评论
1956/04/24～1956/05/03	不详	不详	国际民主妇女联合会。参见《国际》月刊。
1956/05～不详	2	D·达木金扎布（D. Damginzhab），蒙古人民革命党中央委员会委员；B·拉木扎布，人民革命党中央委员会候补委员	蒙古工人党代表参加完朝鲜劳动党第三次大会后访问中国。

(2) 派 往 蒙 古

到达：离开：	人数	领 导 及 成 员	代表团的名称或类型及评论
1955/04/23～不详	不详	张维桢，中华全国总工会书记处书记	工会代表团应蒙古工会中央委员会的邀请，出席蒙古人民共和国工会第六次会议。
1955/07/09～不详	不详	侯外庐	依据中蒙两国文化合作协定1955年执行计划，科学家、教育工作者和艺术家访问蒙古。
1955/08/04	—	—	依据中国-蒙古1955年文化交流计划，中国工艺美术展在乌兰巴托举办。
1955/11/31～不详	不详	不详	依据中国-蒙古1955年文化合作计划，中国民间音乐和杂技团到蒙古观光。
1955/12/29～不详	不详	滕代远，铁道部部长	政府代表团赴乌兰巴托参加西宁-乌兰巴托铁路建设竣工典礼和贯穿中国、蒙古和苏联的铁路建设开工仪式。
1956/02/25～不详	不详	王子纲，邮电部副部长	邮电代表团谈判和签署中国-蒙古关于互递邮政包裹的协定。
1956/03/21～不详	21	卢绪章，外贸部部长助理	经济使团抵达乌兰巴托。
1956/04～不详	不详	鲁布桑赛布（Lubsansambu）	蒙古工会代表团应中华全国总工会的邀请，参加北平"五一"劳动节庆典。①
不详～1956/04/01	1	朱德，中华人民共和国副主席	中国政府代表团参加完莫斯科苏联共产党会议返回北平途中访问蒙古。
1956/04/15～不详	14	包严（音译，Pao Yen）	中国举重队应蒙古人民共和国体育委员会的邀请，在蒙作举重表演，并与蒙古队进行比赛。
1956/05/25～1956/06/30	不详	孟和	中国艺术家和作家依据中国-蒙古1956年文化合作计划访问蒙古国。

① 此项有误，应放入"来自蒙古"一栏。——译注

（3）共产党中国与蒙古签署的协定①

签署日期	签署地点	
互换照会 1955/03/14		中国-蒙古文化计划：两国互换 1955 年文化合作执行计划。
1955/12/21	乌兰巴托	中国-蒙古广播合作协定
1956/02/25	乌兰巴托	中国-蒙古邮政包裹协定：规定同意互递包裹。
1956/05/14	平壤	中国-蒙古文化合作协定

48. 共产党中国与摩洛哥之间

（1）来自摩洛哥

到达： 离开：	人数	领 导 及 成 员	代表团的名称或类型及评论
1955/08/30～ 1955/10/06	不详	不详	青年代表。参见《国际》月刊。
1956/06/30～ 1956/07/16	不详	钱大卫,中国出席亚非学生会议代表团代理团长；其他人②	学生参加完亚非学生会议后,应中华全国学生联合会的邀请访问鞍山、沈阳和上海。

（2）派往摩洛哥

无

49. 共产党中国与尼泊尔之间

（1）来自尼泊尔

到达： 离开：	人数	领 导 及 成 员	代表团的名称或类型及评论
1956/04/24～ 1956/05/03	不详	不详	国际民主妇女联合会。参见《国际》月刊。
1956/06/30～ 不详	不详	不详	学生代表参加完亚非学生会议后,应中华全国学生联合会的邀请访问中国。

（2）派往尼泊尔

到达： 离开：	人数	领 导 及 成 员	代表团的名称或类型及评论
1955/07/26～ 不详	不详	袁仲贤,中国驻印度大使	中国政府代表团抵达加德满都,与尼泊尔皇家政府就中华人民共和国与尼泊尔王国建立外交关系问题举行谈判。

---

① 原文本栏中,除个别计划和协定有简单的内容提示外,其他具体内容均无。——译注
② 此项有误,应放入"派往摩洛哥"一栏。——译注

续 表

到达: 离开:	人数	领 导 及 成 员	代表团的名称或类型及评论
1956/04/30～ 1956/05/09	1	乌兰夫,副总理	政府代表团赴加德满都参加尼泊尔国王加冕典礼,还参加了国王和王后举行的游园会,并受到尼外交部长 C・P・夏尔马的接见。

50. 共产党中国与荷兰之间

(1) 来 自 荷 兰

到达: 离开:	人数	领 导 及 成 员	代表团的名称或类型及评论
不详～1955/ 01/03	不详	不详	贸易使团访问中国,商谈与中国当局的贸易问题。
1955/09/05～ 1955/10/04	2	保罗・德赫罗特,荷兰共产党总书记;其夫人	荷兰共产党领导人访问中国。

(2) 派 往 荷 兰

到达: 离开:	人数	领 导 及 成 员	代表团的名称或类型及评论
1955/05～ 1956/01/13	不详	不详	中国古典戏剧团在为期八个月的欧洲九国旅行演出期间访问荷兰。
1955/06/01～ 1955/06/04	不详	孙大光,交通部部长助理	交通代表团应主办国荷兰当局的邀请出席在斯海弗宁恩召开的 coastlighting 专家国际会议。
1955/07/11～ 不详	不详	不详	中国建筑师协会代表团参加国际建筑师协会第四届会议。
1955/09～不 详	2	翦伯赞、周一良	中国代表出席莱顿青年汉学家会议。
1956/05/13～ 1956/05/19	2	赵广增、何怡贞	科学家出席在荷兰召开的第六届国际光谱学研讨会。

51. 共产党中国与新西兰之间

(1) 来 自 新 西 兰

到达: 离开:	人数	领 导 及 成 员	代表团的名称或类型及评论
1955/05～ 不详	9	汤姆・马吉、弗兰克・兰利,及其他人	新西兰五个工会的工会会员代表到北平参加"五一"国际劳动节庆典。

续　表

到达: 离开:	人数	领 导 及 成 员	代表团的名称或类型及评论
1956/04/02～ 不详	1	雷维·艾利,亚太地区和平联 络委员会助理秘书	新西兰作家到中国研究文学著作。
1956/04/21～ 不详	6	查尔斯·希尔根多夫、伊夫琳· 佩奇女士、罗杰·达夫博士、 W·R·盖德斯、安格斯·罗 斯博士、玛格丽特·加兰女士	文化代表团应中国人民对外文化协会的邀请 访问共产党中国。
1956/04/28～ 不详	10	奥蒙德·威尔逊、詹姆斯· M·伯特伦	文化代表团应中国人民对外文化协会的邀请 到中国观光,并与中国同行举行会议。
1956/06/14～ 不详	1	哈罗德·威廉·尤伦	和平代表应中国和平委员会的邀请访问中国。

(2) 派 往 新 西 兰

到达: 离开:	人数	领 导 及 成 员	代表团的名称或类型及评论
1956/06/10～ 1956/06/24	1	张天民,中国建筑工作者协会 会长	建筑工作者协会代表游览奥克兰、惠灵顿及新 西兰其他城市。

52. 共产党中国与尼日利亚之间

(1) 来自尼日利亚

到达: 离开:	人数	领 导 及 成 员	代表团的名称或类型及评论
1956/04/24～ 1956/05/03	不详	不详	国际民主妇女联合会。参见《国际》月刊。

(2) 派往尼日利亚

无

53. 共产党中国与挪威之间

(1) 来 自 挪 威

到达: 离开:	人数	领 导 及 成 员	代表团的名称或类型及评论
1955/09/17～ 1955/10/22	10	罗伯特·克洛斯特	文化代表团应中国人民对外文化协会的邀请 访问中国。
1956/04/24～ 1956/05/03	不详	不详	国际民主妇女联合会。参见《国际》月刊。

(2) 派 往 挪 威

到达：离开：	人数	领 导 及 成 员	代表团的名称或类型及评论
1955/10/20～不详	不详	不详	中国古典歌舞团在奥斯陆人民剧院进行首次演出。剧团是应挪威外交部对外文化司的邀请访挪的。
1956/05～不详	7	滕辰熙（音译，Teng Chen-hsi），中华全国供销合作总社理事会副主任	合作社代表团访问挪威。
为期 1 周～1956/06/02	1	吴雪，中国舞台艺术家协会会员、中国青年艺术剧院院长	演员赴挪威参加亨里克·易卜生逝世50周年纪念周。

54. 共产党中国与巴基斯坦之间

(1) 来自巴基斯坦

到达：离开：	人数	领 导 及 成 员	代表团的名称或类型及评论
1956/04～1956/05/17	1	C·M·拉蒂夫	商人赴北平参加"五一"国际劳动节庆典，并与中国各种公司商讨贸易问题。他还访问了上海。
1956/04/01～1956/04/04	1	艾哈迈德，观察员	世界科学工作者协会。参见《国际》月刊。
1956/04/24～1956/05/03	不详	不详	国际妇女民主联合会。参见《国际》月刊。
1956/04/30～1956/05/20	6	阿布·赛义德·恩维尔，拉合尔西巴基斯坦劳工联合会执行委员会委员；扎胡尔·艾哈迈德·乔德里，东巴基斯坦劳工联合会副会长；古尔·巴曼，达卡水供应雇员协会秘书；阿卜杜勒·卡迪尔，全巴基斯坦劳工联合会宣传秘书；莫博拉克·萨加，巴基斯坦卡拉奇劳工联合会；B·A·K·巴赫蒂亚尔，拉合尔西巴基斯坦劳工联合会会长	劳工代表团应中华全国总工会的邀请，赴北平参加"五一"国际劳动节庆典，并游览中国。
1956/05/11	—	—	巴基斯坦总理穆罕默德·阿里送给周恩来的礼物——大象运达中国。
1956/05/16	—	—	巴基斯坦电影在北平首映，这是由对外文化局筹备的。

续　表

到达：离开：	人数	领 导 及 成 员	代表团的名称或类型及评论
1956/05/16～1956/05/31	8	伊马姆·赛义德·侯赛因、穆斯塔法兹·拉赫曼、阿齐兹·拉赫曼、苏拉居尔·哈克，及其他人	伊斯兰代表团应中国伊斯兰协会的邀请，在北平、西安、兰州和乌鲁木齐参观清真寺和伊斯兰学校，并在伊斯兰神学院发表演讲。
1956/06/02～1956/06/30	15	法费兹·艾哈迈德·法费兹，《巴基斯坦时报》主编；莫辛·阿里，《晨报》主编；哈利卢尔·拉赫曼，《战斗报》主编；穆罕默德·奥马尔·法鲁基，《繁星报》主编；M·阿赫塔尔·阿里汗，《地主报》周刊主编；Z·H·乔德里，《新闻报》主编；A·Q·卡斯米，《今日报》主编；扎法尔·尼阿齐，《批评》月刊主编；M·M·扎曼，巴基斯坦联合通讯社记者；Q·阿齐兹，巴基斯坦联合通讯社编辑；欧默尔·库雷希，《卡拉奇时报》记者；I·艾哈迈德，《天河报》编辑；S·K·阿里，《巴基斯坦观察家报》副主编；S·S·侯赛因，《自由报》副主编；法兹利·马茂德，《军民报》①	新闻工作者作为中华全国新闻工作者协会的客人到中国观光。
1956/06/12	—	—	一个中国-巴基斯坦友好协会在北平成立，此协会由12个中国爱国人士组织发起。
3周～1956/07/?	不详	阿布·赛义德·安瓦尔	巴基斯坦文化代表团游览中国。

（2）派往巴基斯坦

到达：离开：	人数	领 导 及 成 员	代表团的名称或类型及评论
1955/01/18～1955/02/04	2	钱端升、薛禹（音译，Hsueh Yu）	科学家出席在卡拉奇召开的巴基斯坦科学发展协会第七次会议。
1955/03/15～1955/04/03	—	—	中国艺术展由巴基斯坦艺术理事会发起，在拉合尔举办。

① 其为《军民报》主席特派员，参见《人民日报》1956年6月3日版。——编注

续　表

到达: 离开:	人数	领 导 及 成 员	代表团的名称或类型及评论
1955/08/17～ 1956/01/25	—	—	中国工艺美术展由巴基斯坦艺术理事会发起在卡拉奇举办。
1955/09/09～ 1955/09/21	不详	不详	中国穆斯林朝圣者访问卡拉奇,并在当地与包括 Jamiat al-Ulema Islami 和东巴基斯坦"伊斯兰组织"领袖在内的许多巴宗教领袖会面。他们代表中国伊斯兰协会,向巴洪水受灾者救济基金委员会捐款 10 000 卢比。
1955/09/16～ 1955/10/16	—	—	在第三届巴基斯坦国际工业博览会上,中国工业品展展出了新中国的重工业机械和其他工业品。
1955/11/21～ 1955/12/15	10	李德全,中华全国民主妇女联合会副主席;张茜女士、张双安(Chang Tsuang-an)、蕳兴(Ch'ien Hsing)、韩禹通(音译,Han Yu-t'ung)、黄甘英、龚普生、李希达(音译,Li Hsi-ta)、李冰(音译,Li Ping)、刘青阳(音译,Liu Ch'ing-yang)等女士	妇女亲善代表团应全巴基斯坦妇女协会的邀请访巴。
1955/12/02～ 1955/12/18	—	—	中国工艺美术展由巴基斯坦艺术理事会发起,在拉合尔举办。
1955/12/16～ 1956/02/04	1	宋庆龄,中华人民共和国全国人民代表大会常务委员会副委员长	宋庆龄应巴基斯坦、缅甸和印度政府的邀请,对这些国家进行友好访问。
1956/01/16～ 6 天	1	刘中洛(音译,Liu Chung-lo),教授	中国代表赴达卡出席巴基斯坦科学会议第八次会议。会议由巴基斯坦科学发展协会发起和主办。
1956/03/19～ 1956/03/20	6	贺龙元帅,副总理	政府代表团参加巴基斯坦伊斯兰共和国新任政府就职仪式。
1956/03/26～ 不详	3	不详	中华医学会代表团出席在白沙瓦召开的全巴基斯坦医学会议第四次会议。

(3) 共产党中国与巴基斯坦签署的协定

签署日期	签署地点	
1956/04	卡拉奇	中国-巴基斯坦煤炭合同:规定中国将向巴基斯坦提供 12.5 万长吨①煤。
1956/05/10	卡拉奇	中国-巴基斯坦煤炭合同:规定中国将向巴基斯坦出口 30 万长吨煤。

---

① 1 长吨等于 2 240 磅。——译注

55. 共产党中国与巴拉圭之间

(1) 来自巴拉圭

到达： 离开：	人数	领导及成员	代表团的名称或类型及评论
1955/08/30～1955/10/06	不详	不详	青年代表。参见《国际》月刊。

(2) 派往巴拉圭
无

56. 共产党中国与秘鲁之间

(1) 来自秘鲁

到达： 离开：	人数	领导及成员	代表团的名称或类型及评论
1956/06 不详	不详	不详	新闻工作者出席赫尔辛基国际新闻工作者会议后访问中国。

(2) 派往秘鲁
无

57. 共产党中国与菲律宾之间

(1) 来自菲律宾

到达： 离开：	人数	领导及成员	代表团的名称或类型及评论
不详～1955/ 01/07	1	伦纳德·伊格纳西奥，菲律宾国家学生联合会主席	学生协会代表考察共产党中国的教育状况。

(2) 派往菲律宾
无

58. 共产党中国与波兰之间

(1) 来自波兰

到达： 离开：	人数	领导及成员	代表团的名称或类型及评论
1954/05～ 1955/？	18	克日什托夫·多尼盖维奇，飞行员教练	由5名滑翔机教练、9名技工与技师、1名工程师、1名教授和1名民用飞机注册委员会检查员组成的波兰民用航空使团，帮助中国在张家口按照波兰体制建立滑翔机学校。
1955/01/01～ 1955/01/15	——	——	由描绘"德意志民主共和国"成就的70幅剪切图片和133幅照片构成的展览在上海举办。

续　表

到达: 离开:	人数	领　导　及　成　员	代表团的名称或类型及评论
1955/02/13～ 1955/03/23	不详	B·戈洛诺夫斯基,外贸部副部长	贸易代表团抵达北平,就1955年中国-波兰贸易问题举行谈判。
1955/04/24～ 1955/06/10	4	维托尔德·维日比茨基,波兰科学院副院长;K·库拉托夫斯基、W·诺瓦克、W·罗津斯基,院士	科学家谈判并签署了中国-波兰科学合作议定书。
1955/04/29～ 不详	1	伊格纳齐·克拉西茨基,《波兰日报》主编	依据中国-波兰文化合作协定1955年执行计划,新闻工作者访问中国。
1955/05/02～ 不详	1	K·布杰克,华沙大学教授	学者游览中国,并出席北平世界文化名人纪念会。
1955/05/04～ 1955/06/11	12	米奇斯瓦夫·莱什,波兰国家经济计划委员会副主任	波兰代表团赴北平,出席中国-波兰工艺与技术合作联合委员会第二次会议。
1955/05/30～ 为期3个月	1	R·巴克斯特,华沙音乐学院教授	依据中国-波兰文化合作协定1955年执行计划,波兰钢琴家游览中国,并在东北音乐学院作演讲。
1955/06/29～ 为期2个月	1	布拉热伊·洛加博士	波兰化学家在唐山、抚顺、鞍山、大连就炭的分类和化学性质作演讲。
1955/07/20	—	—	作为礼物,波兰向中国赠送两架滑翔机。
1955/09/07	—	—	以肖邦音乐为特色的波兰音乐晚会在上海举办。此晚会是依据中国-波兰文化合作协定1955年执行计划,由上海交响乐爱好者协会筹备的。
1955/09/22～ 1955/12/16	不详	兹比格涅夫·沃尔瓦中校,代表,波兰人民军总政治部文化事务处处长;特奥多尔·拉特科夫斯基上校,歌舞团团长;塞韦伦上校,歌舞团主管政治事务的副团长	波兰人民军歌舞团访问中国并作旅行演出。
1955/09/27～ 1955/11/01	1	利奥波德·因费尔德,世界和平委员会副主席、世界科技工作者联合会理事	依据中国-波兰文化合作协定1955年执行计划,应中国科学院院长郭沫若的邀请,波兰科学家赴华观光并作演讲。
1955/09/28～ 1955/11/02	12	欧根纽什·维日比茨基,波兰建筑师协会主席	波兰建筑展及报告会在北平举办。代表团是作为中国建筑师协会的客人访问中国的。

续　表

到达： 离开：	人数	领 导 及 成 员	代表团的名称或类型及评论
1955/10/02～ 1955/10/27	—	—	应中国建筑师协会的邀请，波兰建筑展在北平苏联展览中心举办。展览是由波兰建筑师协会发起的，其后将在上海和广州继续展出。①
1955/10/16～ 不详	1	斯坦尼斯拉夫·莫伊科夫斯基	依据中国-波兰文化合作协定 1955 年执行计划，波兰新闻工作者访问中国。
1955/11/17～ 1955/11/26	23	杨·赛德尔	国际射击比赛。参见《国际》月刊。
1955/11/18～ 1955/12/11	—	—	波兰海报、书籍插图展在北平工人文化宫举办，展出了 80 位波兰现代艺术家的作品。展览是依据中国-波兰文化合作协定 1955 年执行计划，对外文化联络局发起的。
1955/12/01～ 1955/12/06	1	W·库雷莱维奇博士，抗生专家	抗生研究会议。参见《国际》月刊。
1955/12/24～ 1956/01/31	3	亚当·拉帕茨基，高等教育部部长；J·维尔切克，文化艺术部副部长，米哈莱夫斯卡，波兰对外文化联络委员会副秘书长	波兰文化代表团赴华谈判并签署中国-波兰文化合作协定 1956 年执行计划。
1956/02/15～ 1956/03/10	不详	不详	波兰克拉科夫 Garbarnia 足球队访问中国作表演旅行。
1956/04/01～ 1956/04/04	4	不详	应中国文化部的邀请，电影工作者代表团访问北平、上海、南京及中国其他大城市，并与中国同行交流经验。
1956/04/24～ 1956/05/03	不详	不详	国际民主妇女联合会。参见《国际》月刊。
1956/04/25～ 不详	不详	博莱斯瓦夫·格贝特	应中华全国总工会的邀请，波兰工会代表团赴北平参加"五一"国际劳动节庆典。
1956/05～不详	2	希拉里·叶尔丘夫斯基（Hilary Yelchowski），波兰统一工人党政治局候补委员；罗曼·菲贝尔斯基，机械建筑工业部部长	波兰工人党代表团出席朝鲜工人党大会后访问中国。刘少奇、周恩来、朱德、康生、彭真、董必武、彭德怀、邓小平等接见并设宴招待了代表团成员。
1956/05～ 1956/05/29	1	波洛夫斯基，《人民论坛报》副主编、波兰统一工人党喉舌、波兰新闻工作者协会主席	依据中国-波兰文化合作协定，波兰新闻工作者赴华参观建设项目及景点。

① 原注：参见上项内容。

(2) 派 往 波 兰

到达： 离开：	人数	领 导 及 成 员	代表团的名称或类型及评论
1955/01/02～ 1955/01/11	—	—	首届中国电影节在华沙举办,其后在波兰另外 16 个城市举办。
1955/01/28～ 不详	不详	洪深	中国文化代表团赴华沙签署中波文化合作协定 1955 年执行计划。
1955/02/22～ 1955/03/21	1	马思聪,中央音乐学院院长	作曲家代表中国担任华沙第五届国际肖邦钢琴大赛评委。
1955/05/11～ 不详	6	彭德怀,副总理兼国防部长；万毅、王炳南、肖向荣、陈楚、雷英夫等顾问	中国观察员代表团出席在华沙召开的欧洲国家保卫欧洲和平和安全第二次会议。
1955/06/18～ 不详	—		由波兰对外文化合作委员会主办的中国木刻作品展在华沙举办,展出了 36 位当代中国艺术家的作品。
1955/07/03～ 不详	不详	张光涛(音译,Chang Kuang-tao)	由油漆工、工程师、熟练工人、贸易人士组成的中国代表团参加第二十四届波兹南国际博览会,并筹备中国展览,其将展出机械、农产品和手工艺品等共 2 800 件展品。
1955/07/21～ 1955/08/08	不详	贺龙,副总理	中国政府代表团出席在华沙斯大林文化科学宫举办的波兰民族解放日庆典。
1955/07/29～ 不详	不详	不详	中国民间音乐团参加了第五届世界青年与学生和平友谊联欢节。
1955/07/30～ 1955/08/14	600	罗毅(Lo Yi)；副团长欧唐良(音译,Ou Tang-liang)、吴学谦。	中国青年和运动员代表团参加了第五届华沙世界青年节。代表团成员包括青年团体代表、工人、农民、各民族人士、宗教团体人士、作家、艺术家……一个歌舞团和一支运动员代表队。
1955/08/07～ 1955/09	6	久峰(音译,Chiu Feng)	应波兰士兵联盟友人及波兰汽车摩托车俱乐部的邀请,中国观察员代表团出席国际摩托车大赛。
不详～1955/ 08/30	不详	不详	中国青年艺术家代表团访问波兰作旅行演出。
1955/10/10～ 不详	不详	叶季壮,外贸部部长	中国贸易代表团赴华沙与波兰政府谈判 1956 年货物相互发送事宜。
1955/11/21～ 不详	1	卞之琳	依据中国-波兰文化合作协定 1955 年执行计划,中国诗人访问波兰。

续　表

到达： 离开：	人数	领　导　及　成　员	代表团的名称或类型及评论
1956/01/21~ 不详	—	—	中国剪纸展在华沙斯大林文化科学宫举办,共展出了100多件作品。展览是由波兰对外文化联络委员会发起的。
1956/03/07~ 1956/03/13	23	不详	中国学生体育代表团参加华沙世界大学生冬季运动会。代表团由一支冰上曲棍球队和若干花样溜冰与滑雪比赛的观众组成。
1956/03/14~ 不详	3	朱德、刘晓、王炳南	政府吊唁代表团出席在华沙举行的波兰统一工人党中央委员会第一书记波莱斯瓦夫·贝鲁特的葬礼。
1956/04/05~ 1956/04/08	5	崔义田,卫生部副部长;漆鲁鱼,部长助理;陈文奎(音译,Chen Wen-kwei),细菌学家;及其他人	中国卫生部代表团参加一个公共卫生会议。
1956/04/07~ 不详	3	泰晓同（音译,Tai Hsiao-tung),中华全国供销合作总社监督委员会副主任	中国合作社代表团出席第二届波兰"农民互助"农业生产合作社代表大会。
1956/04/26~ 1956/05/29	不详	南汉宸	中国经济使团队对波兰工业进行广泛考察。

(3) 共产党中国与波兰签署的协定

签署日期	签署地点	
1955/03/21	北平	中国-波兰贸易协定:1955年期间,中国向波兰供应矿产品、动物副产品、食品、茶叶;波兰向中国供应设备、金属制品、滚轧钢、机器、汽车及工业化学品。
1955/06/08	北平	中国-波兰科学合作议定书:包括两国科学院之间就进一步加强科学合作的会谈,确定两国在交流科学知识、互助培训科学人员及科学家互访等方面的基本原则。
1955/12/21	华沙	中国-波兰贸易协定:中国供给波兰铁矿石、有色金属、石棉、食品、茶叶、烤烟、水果、丝绸及其他商品;波兰供给中国成套设备、机械、交通工具、拖拉机及其他农业机器、钢制品、纺织品、食糖及其他商品。
1956/01/28	北平	中国-波兰文化计划:中国-波兰文化合作协定1956年执行计划。按照计划,两国科学、教育、文化、艺术等组织之间将建立直接的交流,科学家、作家、艺术家将进行互访并交流经验。同时规定彼此在对方举办科技、文化及艺术展。

续 表

签署日期	签署地点	
1956/04/23	华沙	中国-波兰工艺与技术合作议定书:规定进一步拓展和加强两国间的工艺与技术合作。
1956/06/21	波兹南（国际博览会）	中国-波兰贸易协定:规定波兰向中国出售 373 台用于钻探设备的柴油发电机、500 台履带牵引车、80 台轮式拖拉机及 170 套钻孔设备。此外,中国需要波兰供应 65 台不同类型的车床和 89 台也可用作履带起重机的推土机。

59. 共产党中国与葡萄牙之间

(1) 来自葡萄牙

到达:离开:	人数	领导及成员	代表团的名称或类型及评论
1955/08/30～1955/10/06	不详	不详	青年代表。参见《国际》月刊。

(2) 派往葡萄牙

无

60. 共产党中国与罗马尼亚之间

(1) 来自罗马尼亚①

到达:离开:	人数	领 导 及 成 员	代表团的名称或类型及评论
1956/04/20～不详	8	马塞尔·弗拉伊库	罗马尼亚乒乓球运动员参加 1956 年东京世界乒乓球锦标赛后访问中国。
1956/04/24～1956/05/03	不详	不详	国际民主妇女联合会。参见《国际》月刊。
1956/04/29～不详	1	艾吉尔·巴丘切斯库,《自由罗马尼亚报》编委	依据中国-罗马尼亚文化合作协定,新闻工作者访问中国。
1956/05～不详	不详	亚诺什·法泽卡什,罗马尼亚工人党中央委员会书记;康斯坦丁·拉扎雷斯库,罗马尼亚工人党中央委员会委员;其他人	罗工人党代表团出席朝鲜劳动党第三次代表大会后访问中国。
1956/05	—	—	由欧塞比乌·贾米拉翻译的中国古诗罗马尼亚译本由罗马尼亚国家文艺出版社出版。

---

① 原文有关该部分内容的前两页缺。——译注

续　表

到达: 离开:	人数	领　导　及　成　员	代表团的名称或类型及评论
1956/05/30～ 不详	126	亚尼·尼古拉	依据中国-罗马尼亚文化合作协定,罗马尼亚民间歌舞表演团访问中国。
1956/06/12～ 不详	2	马切尔·洛卡尔、奥克塔夫·多伊切科库	依据中国-罗马尼亚文化合作协定1956年执行计划,两位获得了罗马尼亚二级劳动奖章的建筑师访问中国。
1956/06/23～ 1956/07/23	—	—	罗马尼亚民间艺术展在广州举办。

(2) 派往罗马尼亚

到达: 离开:	人数	领　导　及　成　员	代表团的名称或类型及评论
1955/03/29	—	—	中国艺术与手工艺品展在布加勒斯特举办。展览是由罗马尼亚对外文化协会发起的。
1955/04/19～ 1955/05/01	不详	不详	中国足球队应罗马尼亚体育运动委员会的邀请访问中国①。
1955/06/10～ 不详	不详	不详	中国民间音乐团在布加勒斯特及其他城市表演中国传统音乐。
1955/08/05～ 1955/09/20	不详	候外卢	科学家、教育家、艺术家代表团访问罗马尼亚。
1955/08/15～ 不详	不详	孙晓村,北平农业大学校长	依据中国-罗马尼亚1955年文化合作计划,中国农业代表团在罗马尼亚考察农业。
1955/09/14～ 不详	19	不详	摩托车手参加罗马尼亚国际摩托车越野赛。
1955/09/23～ 不详	8	周文龙,石油工业部副部长	科学代表团出席在布加勒斯特召开的中国-罗马尼亚科学技术合作联合委员会第三次会议。
1955/10/24～ 不详		柯伯年,中国驻罗马尼亚人民共和国大使	贸易代表团抵达布加勒斯特,与罗马尼亚人民共和国政府就签署1956年中-罗贸易协定问题举行会谈。
1955/12/22～ 1956/02/24		朱德	应罗马尼亚工人党中央委员会的邀请,中共中央委员会政府代表团出席罗工人党的第二次代表大会。
1955/12/30～ 不详	2	吴仲超,故宫博物院院长;鲁明,对外文化联络局处长	中国文化代表赴罗谈判并签署中国-罗马尼亚文化合作协定1956年执行计划。

----

① 实际应为罗马尼亚。——译注

续　表

到达: 离开:	人数	领导及成员	代表团的名称或类型及评论
1956/04～不详	不详	卢伊巴·希斯因夫斯基	罗工会代表团应中华全国总工会的邀请,赴北平出席"五一"国际劳动节庆典。①
1956/04/15～不详	48	不详	依据中国-罗马尼亚文化合作协定 1956 年执行计划,中国杂技团在罗马尼亚西部九个城市举办巡回演出。
1956/06/18～不详	2	郑博基(音译,Cheng Po-chi)、曾克(Tseng Ke)	应罗马尼亚作家协会的邀请,中国作家出席在布加勒斯特召开的第一届罗马尼亚作家代表大会。
1956/06/24～1956/07/07	不详	不详	应罗马尼亚体育运动委员会的邀请,中国男、女篮球队在布加勒斯特与罗马尼亚队举行比赛。

(3) 共产党中国与罗马尼亚签署的协定

签署日期	签署地点	
1955/01/20	北平	中国-罗马尼亚贸易协定:中国向罗马尼亚供应矿产品、动物副产品、原材料和日用必需品;罗马尼亚向中国供应发电设备、石油、工业化学品、机械、生产所需物品及建设与日用必需品。
1955/03/10	布加勒斯特	中国-罗马尼亚 1955 年文化合作计划②
1955/07/30	布加勒斯特	中国-罗马尼亚邮电协定
1956/01/03	布加勒斯特	中国-罗马尼亚贸易与支付协定:中国向罗马尼亚供应铁矿石、石棉、羊毛、皮革、食品、茶叶、黄麻、棉纱;罗马尼亚向中国供应发电设备、深井钻探设备、拖拉机、油罐车、石油及石油产品。
1956/02/13	布加勒斯特	中国-罗马尼亚文化合作协定 1956 年执行计划

61. 共产党中国与沙特阿拉伯之间

(1) 来自沙特阿拉伯

无

---

① 此项有误,应放入"来自罗马尼亚"一栏。——译注
② 原文此计划和下一项"中罗邮电协定"的具体内容均无。——译注

(2) 派往沙特阿拉伯

到达: 离开:	人数	领 导 及 成 员	代表团的名称或类型及评论
1956/01/06～ 1956/01/14	不详	江明,外贸部副部长	中国贸易使团应沙特阿拉伯王国政府的邀请抵达吉达,与沙特政府代表及工商业界人士就发展两国贸易关系问题交换看法。

62. 共产党中国与塞内加尔之间

(1) 来自塞内加尔

到达: 离开:	人数	领 导 及 成 员	代表团的名称或类型及评论
1955/09/02～ 不详	不详	不详	青年代表。参见《国际》月刊。
1956/04/26～ 1956/05/03	不详	不详	国际民主妇女联合会。参见《国际》月刊。

(2) 派往塞内加尔

无

63. 共产党中国与西班牙之间

(1) 来 自 西 班 牙

到达: 离开:	人数	领 导 及 成 员	代表团的名称或类型及评论
1955/08/30～ 不详	不详	不详	青年代表。参见《国际》月刊。
1955/11/12～ 不详	1	何塞·希拉尔博士,西班牙和平委员会主席,世界和平理事会理事	和平领袖出席在北平举办的沃尔特·惠特曼《草叶集》出版 100 周年和塞万提斯《堂吉诃德》出版 350 周年纪念会。
1956/04/24～ 1956/05/03	不详	不详	国际民主妇女联合会。参见《国际》月刊。
不详～1956/ 05/25	8	不详	和平代表应中国和平委员会邀请访问中国。

(2) 派 往 西 班 牙

无

64. 共产党中国与苏丹之间

(1) 来 自 苏 丹

到达: 离开:	人数	领 导 及 成 员	代表团的名称或类型及评论
1955/07/13~ 1955/07/30	1	阿里·穆罕默德·易卜拉欣	法理学家应中国政治科学法律学会的邀请访问中国。
1955/09/02~ 不详	不详	不详	青年代表。参见《国际》月刊。
1956/04/21~ 不详	1	赛义德·雅各布·哈米德· 巴基克尔	应中国和平委员会的邀请,和平代表访问中国。
1956/05/03~ 不详	10	伊泽尔丁·阿里·阿米尔	应中国人民对外文化协会的邀请,由政府官员、新闻工作者、医生及商人组成的文化代表团访问中国。
1956/05/03~ 1956/05/17	不详	阿卜杜勒·拉蒂夫·阿里· 阿索尔	应中国人民对外文化协会的邀请,工会代表访问中国并与中国工人交流技术经验。
1956/05/11~ 不详	10	达乌德·阿卜杜勒·拉蒂芙	应中国对外文化协会的邀请,苏丹文化亲善代表团对中国进行友好访问。

(2) 派 往 苏 丹

到达: 离开:	人数	领 导 及 成 员	代表团的名称或类型及评论
1956/04/04 不详	不详	叶季壮,外贸部部长	应苏丹共和国政府的邀请,贸易使团访问苏丹,商谈有关促进两国贸易及经济关系问题。
1956/04/16 1956/04/29	75	包尔汉	中国文化艺术使团在苏丹文化中心剧院演出。

(3) 共产党中国与苏丹签署的协定

签署日期	签署地点	
1956/04/14	喀土穆	中国-苏丹贸易会谈公报:表达增进两国之间贸易和经济联系的共同愿望。

65. 共产党中国与瑞典

(1) 来 自 瑞 典

到达: 离开:	人数	领 导 及 成 员	代表团的名称或类型及评论
1955/05~不详	1	R·舒尔曼,瑞典驻苏联大使	瑞典大使访问中国,并受到周恩来的接见。

续　表

到达： 离开：	人数	领　导　及　成　员	代表团的名称或类型及评论
1955/05/12～ 1955/06/22	5	约斯塔·勃兰特,比菱福斯 (Billingfors)公司经理	贸易使团访问中国。
1955/08/28～ 1955/09/22	2	亚尔马·莱奥·梅尔及其 夫人	应中国人民外交学会的邀请,斯德哥尔摩市市议员访问中国。
1955/08/31～ 1955/09/23	5	维贝里女士	应中国人民对外文化协会的邀请,文化代表团访问中国。
1956/03/14～ 1956/04/11	1	G·尼斯特伦,瑞典使团圣约 (Covenant)牧师	应中国基督教领导人 Y·T·吴和马库斯·郑的邀请,瑞典基督教会领袖出席中国基督教新教徒国家自治委员会扩大会议。
1956/04/24～ 1956/05/03	不详	不详	国际民主妇女联合会。参见《国际》月刊。
1956/06/06～ 不详	1	A·H·阿雷斯科格中校	瑞典海陆空三军代表访问中国。

(2) 派 往 瑞 典

到达： 离开：	人数	领　导　及　成　员	代表团的名称或类型及评论
1955/10/02～ 不详	不详	不详	应瑞典舞蹈协会的邀请,中国古典歌舞团在斯德哥尔摩和哥德堡演出。
1956/03/29～ 1956/04/19	16	陈叔通;刘宁一,代表团副团长;李义蒙(音译,Li I-meng)、陈翰笙、邵力子、罗隆基、吴耀宗、侯德榜、钱端升、程潜、傅作义、希克·阿明·马赫杜姆(Shikh Imin Makhdum)、荣毅仁、菲比 J·C·希(Phoebe J·C·Shi)、唐明昭(音译,Tang Ming-chao)、朱德熙	和平代表团出席斯德哥尔摩世界和平理事会特别会议。会议讨论了裁军、禁止核武器及其他有关和平与缓和国际紧张局势的问题。
1956/05/10～ 不详	6	滕辰熙(音译,Teng Chen-his),中华全国供销合作总社理事会副主任;黄泽明(音译,Huang Ts'en-ming)、吴仁奎(音译,Wu Jen-kuei)、高凌(音译,Kao Ling)、叶子龙、滕辰熙(音译,Teng Chen-his)、曹倩(音译,Chiao Chien)女士	中国合作社代表团访问瑞典。

66. 共产党中国与瑞士之间

(1) 来 自 瑞 士

到达： 离开：	人数	领 导 及 成 员	代表团的名称或类型及评论
1955/04/29～ 不详	5	H·克雷默博士	应中国人民对外文化协会的邀请,文化代表团访问中国。
1956/04/12～ 1956/04/26	2	威廉 H·米歇尔、欧仁·德维克	应中国红十字会的邀请,国际红十字会委员会代表团抵达中国。代表团成员与中国红十字会领导人就红十字会工作问题交换了看法,并考察了中国红十字会北平分会在工厂、学校、居民区建立的基本中心,及医疗与公共卫生服务。代表团还参观了一些景点和名胜古迹。
1956/04/24～ 1956/05/03	不详	不详	国际民主妇女联合会。参见《国际》月刊。

(2) 派 往 瑞 士

到达： 离开：	人数	领 导 及 成 员	代表团的名称或类型及评论
1955/02/01～ 1955/02/04	不详	不详	中华全国学生联合会代表团出席在瑞士①召开的和平问题会议。此次会议是由国际学生联合会和世界基督教学生联盟共同发起的。
1955/02/09～ 不详	5	许广平,中华全国民主妇女联合会副主席	中国代表出席在瑞士日内瓦召开的国际民主妇女联合会理事会议。出席会议的国家还有印度、日本、印度尼西亚、英国、法国、意大利、东德和西德。
1955/05～ 1956/01/13	不详	不详	中国古典戏剧团在为期八个月的欧洲九国旅行演出期间访问瑞士。
1955/07/07～ 1955/07/10	32	李德全,中华全国民主妇女联合会副主席、中国人民保护儿童全国委员会副主席	中国代表团参加在瑞士洛桑召开的世界母亲大会。
1955/08～不详	1	涂长望教授,世界科学工作者协会荣誉秘书、常委会委员	作为世界科学工作者协会的中国观察员代表,出席在日内瓦召开的国际和平利用原子能会议。
1955/08/31～ 不详	不详	不详	中国艺术团访问瑞士作旅行演出。

---

① 原文会议具体地点字迹模糊。——译注

续 表

到达：离开：	人数	领 导 及 成 员	代表团的名称或类型及评论
1956/05/17～为期两周	不详	不详	中国文化代表赴瑞士观光。
1956/05～不详	—	—	中国民间艺术展在瑞士纳沙泰尔人类文化博物馆举办。
1956/05/22～不详	8	侯德榜，化学家；冀朝鼎，经济学家、代表团副团长；茅以升，工程师、代表团副团长；李霁野、何家槐、张仃、王雪涛、郎毓秀	中国文化代表团赴瑞士观光。

67. 共产党中国与叙利亚之间

(1) 来 自 叙 利 亚

到达：离开：	人数	领 导 及 成 员	代表团的名称或类型及评论
1955/04/30～1955/08/09	不详	不详	出席新德里亚洲国家会议后，和平代表应中国和平委员会的邀请访问中国。
1955/09/02～不详	不详	不详	青年代表。参见《国际》月刊。
1956/04/14～为期两周	2	阿布德·阿尔·哈利姆·卡杜尔、费萨尔·阿尔拉克比	叙利亚代表应中国政府的邀请赴华观光。
1956/04/26～不详	不详	苏卜希·哈提卜（纺织企业联合）①、扎基·萨瓦夫（电力企业联合）②	应中华全国总工会的邀请，叙工会会员出席北平"五一"国际劳动节庆典。
1956/04/30～1956/05/25	13	阿德纳·考特利，叙利亚律师协会主席	应中国政治法律学会的邀请，法理学家代表团访问中国。访问期间，代表们参观了北平、沈阳、鞍山、抚顺等地的法庭、监狱、农业生产合作社，并作了关于阿拉伯国家历史的演讲。
1956/05/13～不详	1	阿卜杜勒·马古德·鲁斯图姆	应中国人民外交学会的邀请，叙利亚国会议员访问中国。他于5月30日受到周恩来的接见。
1956/06～不详	不详	不详	新闻工作者出席赫尔辛基国际新闻工作者会议后访问中国。
1956/06/30～不详	1	阿卜杜勒·达基穆罕默德·阿尔伊萨克	学生代表应中华全国学生联合会的邀请，访问鞍山、沈阳和上海。

---

① 原文如此。——译注
② 同上。——译注

（2）派 往 叙 利 亚

到达： 离开：	人数	领　导　及　成　员	代表团的名称或类型及评论
1955/08～不详	不详	江明,中国国际贸易促进委员会委员、外贸部副部长	中国代表团作为大马士革世界博览会的21个国家代表团之一与会。中国展出了机械、钢制品、建筑材料、矿石、纺织品、食品、伊斯兰教纪念品等2 000多件物品。
1955/12/? ～1956/01/05	不详	江明	贸易代表团抵达叙利亚,与叙政府谈判并签署一项贸易协定,同时与叙工业家和商人就发展两国贸易关系问题交换看法。
1956/05/21～1956/06/13	75	包尔汉	中国文化代表团访问叙利亚作旅行演出。访问大马士革期间,代表团领导与叙利亚公共教育部谈判签署一项文化合作协定。

（3）共产党中国与叙利亚签署的协定

签署日期	签署地点	
1955/11/31	大马士革	中国-叙利亚贸易与支付协定:"为促进和发展两国之间的贸易。"①
1956/06/13	大马士革	中国-叙利亚文化合作协定:规定两国互派教师和学生,在中国大学增开阿拉伯语课程,在叙利亚大学增开汉语课程。

68. 共产党中国与泰国之间

（1）来 自 泰 国

到达： 离开：	人数	领　导　及　成　员	代表团的名称或类型及评论
1956/01/20～1956/02/13	10	乃贴·触的努七（Nai Thep Chotinuchit）,国会议员,经济学家党领导人	应中国人民外交学会的邀请,由三名商人、一名农场主、三名报业人士及一名记者组成的人民友好代表团参观"中国的经济建设"。
1956/04/24～1956/05/03	不详	不详	国际民主妇女联合会。参见《国际》月刊。
1956/04/27～不详	23	高万明	高原代表团在华考察棉花和茶叶的栽培。②

---

① 原文该协定的具体内容无。——译注
② 原注:此代表团由23名越南成员组成,也可参看其后的越南部分。

（2）派 往 泰 国

到达： 离开：	人数	领 导 及 成 员	代表团的名称或类型及评论
1955/09～ 不详	不详	温济泽,中国广播事业管理局副局长	应联合国协会世界联合会的邀请,中国国际广播组织代表团出席在曼谷召开的联合国协会世界联合会第10次全体会议。
1956/03	—	—	中国电影《秦香莲》在曼谷上映。此活动是由泰国海军署福利部发起的。

69. 共产党中国与突尼斯之间

（1）来 自 突 尼 斯

到达： 离开：	人数	领 导 及 成 员	代表团的名称或类型及评论
1955/08/28～ 1955/09/20	13	本·奥莱沃,突尼斯和平委员会执行委员、突尼斯-中国协会会长	突尼斯亲善使团应中国和平委员会的邀请访问中国。
1956/04/24～ 1956/05/03	不详	不详	国际民主妇女联合会。参见《国际》月刊。
1956/04～不详	不详	杰马尔·迪内·克利勒,突尼斯劳工总联合会农业技师协会会员;哈马迪·谢里夫,突尼斯工会联合会邮政、电话、电报工作者协会会员;穆罕默德·梅卢利,突尼斯劳工总联合会公共事业协会会员;塔伊布·本·艾哈迈德,突尼斯劳工总联合会斯法克斯-加夫萨铁路职员协会会员	应中华全国总工会的邀请,突尼斯劳工代表团出席北平"五一"国际劳动节庆典。代表团成员由突尼斯劳工总联合会(UGTT)和突尼斯工会联合会(USTT)的会员组成的。
1956/06/30～ 不详	不详	不详	突尼斯学生代表团出席亚非学生会议后,应中华全国学生联合会的邀请访问中国。

（2）派 往 突 尼 斯

无

70. 共产党中国与土耳其之间

（1）来 自 土 耳 其

无

（2）派往土耳其

到达：离开：	人数	领导及成员	代表团的名称或类型及评论
1956/03	—	—	中国红十字会向土耳其红新月协会捐赠 1 万元人民币，以救助土洪水、暴风雪及地震受灾者。

71. 共产党中国与南非联邦之间

（1）来自南非

到达：离开：	人数	领导及成员	代表团的名称或类型及评论
1955/08/30～1955/10/06	不详	不详	青年代表团。参见《国际》月刊。
1956/04/21～不详	1	罗纳德·埃德温·普雷斯	和平代表应中国和平委员会的邀请访问中国。

（2）派往南非

无

72. 共产党中国与英国之间

（1）来自英国

到达：离开：	人数	领导及成员	代表团的名称或类型及评论
1955/02/05～1955/02/22	24	约翰·亚瑟·布洛特，Barrow，Hepburn 和 Gale Ltd 董事会副主席、总经理	由代表英国 270 家制造业的实业家和商人组成的英国贸易代表团，在北平与中共各政府部门签署了 130 多个合同，交易商品价值总额达 400 万英镑。
1955/03/30～不详	17	S·A·莱恩，Brush 集团有限公司	由中英贸易委员会英国委员会发起，由实业家和商人组成的贸易代表团与中国国家进出口公司及中国其他相关进出口公司商讨商业交易问题。代表团代表英国化学、医药、电力供应、钢铁与机械等方面的制造业及各进出口公司。
1955/04/06～1955/05/11	2	哈利·波利特，英国共产党总书记；罗伯特·史都华，英国共产党上诉委员会主席	英国共产党领导人访问中国。
1955/04/27～不详	2	不详	应中华全国民主青年联合会的邀请，英国学生代表参加北平"五一"国际劳动节庆典。他们是伦敦经济政治学院的学生。

续　表

到达: 离开:	人数	领　导　及　成　员	代表团的名称或类型及评论
不详～1955/ 05/19	不详	弗雷达·格林布尔女士,英国国家妇女大会荣誉秘书	应中华全国民主妇女联合会的邀请,妇女代表团游览沈阳、鞍山、抚顺、南京、上海、杭州,并参加"五一"劳动节庆典。
1955/08/02～ 1955/10/11	2	丹尼斯·诺维尔·普利特,英国和平委员会主席、国际斯大林和平奖获得者、国际民主律师协会会长;及其夫人	应中国和平委员会和中国政治法律学会的邀请,和平"斗士"携夫人访问中国。
1955/08/16～ 1955/09/13	不详	摩里斯·奥巴赫、凯瑟琳·朗斯黛尔,及其他人	英国友好代表团作为中国和平委员会的客人访问中国。
1955/10/05～ 1955/10/29	6	邓肯·伍德	朋友会(教友派信徒)英国代表团作为中国和平委员会的客人访问中国。
1955/10/10～ 1955/10/26	2	利麦里克女士,英国红十字协会副会长;巴克小姐,官员	应中国红十字会的邀请,英国红十字会代表访问中国。
1955/12/14～ 1955/12/30	不详	埃德蒙·查尔斯·布伦登	应中国人民对外文化协会的邀请,英国教授访问中国。
1956/03/23～ 1956/04/7	1	W·A·伍斯特博士,结晶学专家	英国科学家出席世界科学工作者协会第16次会议(参见《国际》月刊)。他向中国科学院物理研究所的科学家们作了一系列演讲。
1956/03/27～ 不详	1	理查德·凯林	应中国人民对外文化协会的邀请,艺术家访问中国并举办英国木刻展。
1956/04/01～ 1956/04/04	7	C·F·鲍威尔博士,世界科学工作者协会副主席、主席团成员;E·G·爱德华兹博士,联合会荣誉秘书;W·J·普林格尔,理事会理事;E·伯索普博士,助理秘书;汉德利·菲娜小姐,工作人员;阿米莉亚·梅兰德·杨女士,理事会理事;W·A·伍斯特博士	世界科学工作者协会。参见《国际》月刊。
1956/04/08～ 1956/04/26	4	L·C·B·高尔、E·琼斯、R·S·W·波拉德、R·米尔纳	法理学家代表作为中国政治法律学会的客人游览中国主要城市。他们是欧洲五国17名访问中国法理学家的一部分。
1956/04/24～ 1956/05/03	不详	不详	国际民主妇女联合会。参见《国际》月刊。

续 表

到达: 离开:	人数	领 导 及 成 员	代表团的名称或类型及评论
1956/04/28～ 不详	2	尼古拉斯·卡尔多及夫人	经济学家应中国人民对外文化协会的邀请访问中国。
1956/04/29	—	—	由伦敦动物学会作为礼物送给中国动物学家协会的 4 只鹿,在北平动物园与观众见面。
不详～1956/ 05/29	2	凯瑟琳·威廉姆森女士、格拉迪斯·德赖弗小姐	应中国和平委员会的邀请,妇女和平代表访问天津、南京、上海、杭州、广州及其他城市。
1956/06/10～ 1956/06/24	—	—	英国绘画艺术展在北平、上海、杭州举办。展品是由英中友好协会收集的。

(2) 派 往 英 国

到达: 离开:	人数	领 导 及 成 员	代表团的名称或类型及评论
1955/01/22～ 不详	—	—	由英中友好协会发起,中国绘画展在伦敦举办。
1955/04/22～ 不详	5	倪志福①,煤矿工会全国委员会主席	应苏格兰地区国家矿工联合会的邀请,煤矿矿工代表团访问苏格兰。
1955/06/08～ 1955/06/27	4	李德全	应英国红十字会的邀请,中国红十字会代表团对英国进行友好访问。
1955/09	—	—	两部中国电影在爱丁堡国际电影节上映,这是中国电影第一次在英国上映。
1956/10/21～ 1956/01/13②	不详	不详	中国古典戏剧团在为期八个月的欧洲九国旅行演出期间,在伦敦演出三周。此次活动是由英中友好协会筹备的。
1956/02/26～ 不详	2	袁丽申(音译,Yuan Li-shen)、万乔(音译,Wan Chiao)	应伦敦经济学校学生联合会的邀请,中国学生代表访问英国和苏格兰。他们游览了英格兰北部,参观了伦敦的码头和小飞轮、克拉克斯顿的农场、达格南的一家工厂、伦敦大学、国会上议院和下议院。他们还访问了保守党、工党和自由党的总部,参加了伦敦经济学校校长的选举,并与英国师生进行了交流。

---

① 倪志福,1950 年进上海德泰模型工场当学徒,1953 年被分配到北京永定机械厂当钳工,同年创造了"倪志福钻头",为此获得联合国知识产权组织颁发的金质奖章和证书,并获"全国先进生产者"称号。后就读并毕业于北京永定机械厂工业学校大专班,曾任中共北京市委书记、中共上海市委第二书记、中共天津市委书记、第七届和八届全国人大常委会副委员长等职。——编注

② 时间有误,原文如此。——编注

续　表

到达: 离开:	人数	领　导　及　成　员	代表团的名称或类型及评论
1956/04/11～ 不详	3	朱正(音译,Chu Cheng)教授、严清庆（音译, Yen Ching-ching）、姚克芳（音译, Yao Ke-fang）	应皇家卫生协会的邀请,中国医学代表团出席在伦敦召开的海外公共卫生工作者研讨会和在黑泽召开的卫生大会。
1956/04/29～ 1956/05/23	1	张越晓（音译, Chang Yueh-hsia）	中国妇女代表应英国妇女合作协会的邀请,参加其年度大会。
1956/05/30～ 不详	不详	张书毅(Chang Shu-yi)	中国代表出席在伦敦召开的英国国家儿童托儿所协会成立五十周年纪念会。会后他们参观了英国托儿所及其他儿童福利机构。
1956/06/14～ 不详	2	黄瑞伦,植物保护专家;陈山铭(音译,Chen Shan-ming),植物病理学家	应英国皇家化学工业有限公司的邀请,中国植物学家出席英国召开的第二届国际植物保护大会。

73. 共产党中国与美国之间

(1) 来自美国

到达: 离开:	人数	领　导　及　成　员	代表团的名称或类型及评论
1955/11/08～ 1956/02/02	2	奥布里·潘基及其夫人	应中国人民对外文化协会的邀请,美国黑人歌手访问中国,举办个人演唱会。
1955/08/30～ 1955/10/06	不详	不详	青年代表。参见《国际》月刊。
1956/04/24～ 1956/05/03	不详	不详	国际民主妇女联合会。参见《国际》月刊。

(2) 派往美国

无

74. 共产党中国与乌拉圭之间

(1) 来自乌拉圭

到达: 离开:	人数	领　导　及　成　员	代表团的名称或类型及评论
1955/07/22～ 不详	不详	不详	应中国和平委员会的邀请,和平代表出席在赫尔辛基世界和平大会后访问中国。
1955/08/30～ 1955/10/06	不详	不详	青年代表。参见《国际》月刊。

续 表

到达: 离开:	人数	领 导 及 成 员	代表团的名称或类型及评论
1955/10/17～ 1955/12/10	2	索萨·奥利韦拉·赫苏阿尔多及其夫人	作家应中国人民对外文化协会的邀请访问中国。
1956/04/02～ 1956/05/13	1	曼纽尔·法里纳,"乌拉圭共和国商务代表"	贸易代表与中国贸易部及中国人民银行官员就发展两国贸易问题进行磋商。
1956/06～不 详	不详	不详	新闻工作者出席赫尔辛基国际新闻工作者会议后访问中国。

(2) 派往乌拉圭
无
(3) 共产党中国与乌拉圭签署的协定

签署日期	签署地点	
1956/05	北平	中国-乌拉圭贸易协定:由乌拉圭商务代表法里纳与中国人民银行签署,规定双方一年内各进行价值为450万英镑的商品交易。

75. 共产党中国与苏联之间
(1) 来 自 苏 联

到达: 离开:	人数	领 导 及 成 员	代表团的名称或类型及评论
1954/12/28～ 1955/01/06	不详	不详	苏联对外文化协会(VOKS)①代表团,出席北平中苏关系友好协会(SSFA)第二次国家会议。
1954/12/30～ 1955/01/09	不详	S·F·沙沃伦科夫(S. F. Shavoronkov)空军中将,苏联民用航空管理局局长	苏联政府航空代表团,赴华谈判并签署民用航空技术合作协定。
1955/01/04～ 为期一年半	不详	B·G·库里尼夫(B. G. Kulinev),莫斯科 Vakhtangov 国家戏剧学院主任(Dean Schukin College State Moscow Vakhtangov Theater)	音乐指挥库里尼夫(Kulinev)率团在中国中央戏剧学院讲授戏剧表演课。
1955/01/18～ 1955/02/13	6	不详	应中国体育运动委员会邀请,苏联溜冰队抵达北平。

① 协会名称俄语缩写。——译注

续　表

到达： 离开：	人数	领　导　及　成　员	代表团的名称或类型及评论
1955/01/24～ 为期 75 天	不详	不详	苏联国家民间舞蹈团访问中国作旅行演出。
1955/02/19～ 1955/03/18	2	卡弗里基纳（Kavrigina），苏联卫生部部长；萨加托夫（Sagatov），乌兹别克苏维埃社会主义共和国卫生部部长	卫生部代表团作为中华人民共和国卫生部的客人抵达北平。
1955/03/04～ 1955/05/03	2	A·E·科尔涅伊库克，苏联和平委员会主席团成员；V·L·华西列夫斯卡娅，苏联和平委员会委员	作家应中国和平委员会和中国人民对外文化协会邀请抵达北平。
1955/03/15～ 1955/05/15	—		苏联经济文化成就展在上海中苏友好会馆举办。
1955/04/26～ 1955/06/23	7	I·P·巴尔金，苏联科学院副院长	应中国科学院的邀请，苏联科学院代表赴华就苏联科学成就及其他科学话题作演讲。代表们还参观了北平、广州、上海、重庆及其他城市的科研中心。
1955/05/20～ 不详	9	舍夫佐夫、瓦夏金、谢苗诺夫、图兰塔夫（Turanteav）、沃埃沃登（Voevoden）、佩尼翁日科、库德里亚夫采夫等将军；陆军上校瓦先科和别洛乌索夫	应中国国防部的邀请，苏联海陆空三军代表访问中国。他们受到了周恩来与朱德的接见。
1955/06/05～ 不详	8	V·I·奥夫夏金（V. I. Ovsiakin），中苏科学技术合作委员会苏联方组长、苏联建设部顾问	苏联科学家出席中苏科学技术合作委员会第二次会议。
1955/08/31	—		中苏友好大厦在广州北郊竣工。
1955/09～不详	不详	不详	青年代表。参见《国际》月刊。
1955/09/15～ 1955/10/14	3	G·P·扎布洛茨基，苏联采煤工业部部务委员；I·V·阿希波夫，对外经济联络局代表；K·N·科然诺夫，采煤工业企业建设部列宁格勒设计院设计总工程师	苏联政府代表团作为中国政府的客人，出席唐山竖井及鹤岗煤矿移交与开工仪式。
1955/09/15～ 不详	6	A·V·瓦西列夫，苏联工会中华全国中央理事会体育运动部部长	工会运动员代表团出席在北平召开的中国第一届全国体育工作者会议。

续 表

到达: 离开:	人数	领 导 及 成 员	代表团的名称或类型及评论
1955/09/18～ 1955/11/02	20	弗拉基米尔·扎卢日内,全苏联(列宁)青年共产党联盟中央委员会书记处书记	应中国新民主主义青年团中央委员会的邀请,苏联青年代表团出席在北平召开的中国社会主义青年积极建设者全国会议。
1955/09/27～ 1955/10/20	不详	阿列克谢·苏尔科夫,苏联作家协会理事会理事、书记处第一书记、苏联最高苏维埃代表	文化代表团应中苏友好协会的邀请,出席中国国庆庆典。
1955/09/28～ 1955/10/14	3	G·A·米捷列夫,苏联红十字会与红新月会协会执行委员会主席;V·A·潘琴科,乌克兰红十字会中央委员会主席;P·巴拉涅斯基,毕路卢森红十字会中央委员会主席	应中国国家红十字会的邀请,苏联红十字会代表团访问中国。
1955/09/28～ 1955/10/26	6	谢利维尔斯托夫,塔斯社副社长	应新华社的邀请,塔斯社代表团出席中国国庆庆典并游览中国。
1955/09/29～ 1955/10/14	1	N·N·罗曼诺夫,苏联部长会议体育运动委员会主任	应中国体育运动委员会和中华全国总工会的邀请,苏联体育委员会主席出席北平中国国庆庆典和中国第一届全国体育工作者会议。
1955/09/30～ 1955/11/28	不详	S·F·尼基什金	艺术家团体访问中国。
1955/10/05～ 1955/12/15	—	—	苏联经济文化成就展在广州中苏友好会馆举办。
1955/10/07～ 1955/12/13	50	Z·Z·塔鲁莫夫	苏联"小白桦"舞蹈团在华演出。
1955/10/30～ 1955/12/27	10	不详	应中国卫生部的邀请,苏联医学科学代表团访问中国并作演讲。
1955/11～不详	不详	不详	农场专家帮助在中国黑龙江省建立国家友谊农场,并培训这一领域的第一批中国专业人员。其后,他们访问北平并向中国农业部汇报工作。
1955/11～ 1955/12/04	不详	不详	列宁格勒"顶点"足球队访问中国。
1955/11/05～ 不详	—	—	三部苏联电影于1955年苏联电影节期间,在中国30个城市上映。此电影节为纪念伟大的十月革命胜利38周年而举办。
1955/11/17～ 1955/11/26	19	A·F·库斯托夫	国际射击比赛。参见《国际》月刊。

到达： 离开：	人数	领 导 及 成 员	代表团的名称或类型及评论
1955/12/01～ 1955/12/06	1	N·A·克拉西尔尼科夫，微生物学家	抗生研究会议。参见《国际》月刊。
1955/12/10～ 1956/01/05	9	I·I·诺维科夫教授；A·M·萨马琳、G·N·克鲁日林，苏联科学院院士；A·V·列别金斯基，苏联医学科学院院士；A·M·库津教授、M·S·科佐达伊夫博士、V·V·谢尔比纳教授、B·P·阿杰雅谢维奇、V·N·科斯雅科夫等高级科学工作者	苏联科学家访问中国，向中国科学家通报1955年夏日内瓦和平利用原子能国际会议的情况。
1955/12/29～ 1956/01/02	不详	鲍里斯·帕夫洛维奇·别谢夫，苏联铁道部部长	政府代表团出席在北平举行的西宁-乌兰巴托铁路竣工仪式和贯通中蒙苏三国的铁路开工仪式。苏联和蒙古代表团受到周恩来盛宴款待。
1956/01/26～ 不详	不详	E·Y·西佐(E. Y. Sizui)	苏联体操队赴北平演出旅行。
1956/01/27	—	—	在当天的赠送仪式上，苏联红十字会将送给乌鲁木齐医院的礼物，连同其他赠与中华人民共和国的设备和供给品交给了中国。
1956/03～不详	不详	不详	中国现代戏剧节。参见《国际》月刊。
1956/03/13	—	—	教室设备作为礼物，在北平的一个仪式上由苏联政府呈交给中国。包括为车床工、铣床工、装配工及其他人提供专门课程的8个教室的全套设备，还有为北平技校教师提供的两套教材和教案。
1956/03/18～ 不详	5	I·P·乌加罗夫，苏联铁道部科学技术委员会副主任	铁路代表团出席北平高级铁路工作者会议。
1956/03/29～ 不详	16	米柯乃洛夫博士、门格里博士、多布罗京博士、M·M·格里辛博士、A·B·谢维尔内博士、D·U·帕诺夫博士、V·L·洛西耶夫斯基博士、卡捷尼科夫(Katernikov)、沃尔沃科维奇(Volvokvich)、S·A·韦克辛基、T·S·齐钦，院士；布列霍夫斯基奇(Brekhovskich)、霍布科夫(Obkhof)、B·M·武尔、V·I·波普科夫等科学院院士；S·I·考西科夫，候补院士	应中国国务院的邀请，苏联科学家赴北平帮助制定中国科学研究长期规划。这批科学家是苏联工程、物理、数学、农业及其他领域的杰出专家。

续 表

到达: 离开:	人数	领导及成员	代表团的名称或类型及评论
1956/04～	—	—	来自莫斯科动物园作为赠与中国人民礼物的一对珍稀黑天鹅,在北平动物园与观众见面。苏联同时赠送的还有海狸、catuchin 猴、saica 羚羊及中国所没有的貂。
1956/04/01～ 不详	1	S·巴巴耶夫斯基	小说家出席由中苏友好协会和北平艺术家、作家共同筹备的北平聚会。
1956/04/01～ 1956/04/04	2	A·I·奥帕林,世界科学工作者协会副主席;M·E·舒茨科夫教授	世界科学工作者协会。参见《国际》月刊。
1956/04/04～ 不详	9	S·S·列梅什科夫,图拉煤矿工会主席	煤矿矿工代表团出席中国全国煤矿先进工作者会议。
1956/04/06～ 1956/04/08	不详	A·I·米高扬,苏联部长会议第一副主席;S·R·拉希多夫,乌兹别克最高苏维埃主席团主席;其他人	政府代表团应中华人民共和国政府的邀请访问中国。代表团成员作为主宾受到周恩来的设宴款待。
1956/04/09～ 不详	20	不详	苏联交通和重工业中央委员会派出的工会代表团访问中国。
1956/04/10～ 不详	4	F·科瓦廖夫,俄罗斯苏维埃社会主义联邦共和国纺织工业部副部长	苏联纺织工业部和消费品工业工会委员会派出纺织工人代表团,出席在北平召开的中国纺织业先进生产者会议。
1956/04/10～ 不详	4	不详	应中国重工业工会全国委员会的邀请,苏联重工业先进生产者代表团抵达北平,与中国工人交流经验。
1956/04/15～ 不详	6	V·V·巴拉诺夫斯基,中国①建筑工会中央委员会城乡建筑部部长;N·I·科马罗夫、A·M·科罗捷耶夫、N·A·斯特拉加诺夫、A·T·库济科娃、A·A·谢格洛夫	应中国建筑工会筹备委员会的邀请,苏联高级建筑工作者代表团抵达北平交流经验。
1956/04/17～ 不详	1	米哈伊尔·阿法纳西耶奇·阿克塞诺夫	应中国农业和水利工会筹备委员会的邀请,苏联专业拖拉机驾驶员出席在北平召开的中国全国农业和水保护先进工作者会议。

---

① 根据上下文,此处估计应为苏联。——译注

续　表

到达： 离开：	人数	领　导　及　成　员	代表团的名称或类型及评论
1956/04/17～ 不详	不详	索罗金,莫斯科苏维埃区邮电局局长	苏联优秀邮电工作者代表团,出席北平中国邮电先进工作者代表大会。
1956/04/18～ 1956/05/25	16	马尔库舍维奇,俄罗斯苏维埃社会主义联邦共和国教育科学研究院副院长	教育代表团参观北平、上海、广州、南京及杭州的中小学和大学,并向中国同行介绍苏联的先进经验。
1956/04/19～ 1956/05/09	不详	A·I·鲁萨科夫,苏联卡车运输和道路工会中央委员会委员;B·I·布尔拉科夫,苏联海运和内河运输工会主席团主席	交通工作者代表团参加在北平召开的中国全国交通先进工作者会议。
1956/04/24～ 1956/05/03	不详	不详	国际民主妇女联合会。参见《国际》月刊。
1956/04/25～ 1956/07/21	7	V·A·加茨科菲奇(V. A. Gatskevich)	应中国木材工业工会筹备委员会的邀请,苏联木材工业先进生产者代表团,出席在北平召开的中国全国机械化木材工业先进生产者会议。
1956/05	—	—	苏联原子能展在北平苏联展览馆举办。
1956/05　　～ 不详	20	P·A·切伦科夫博士,展览会科学指导	包括科学家、工程师、医生及艺术家在内的原子能专家帮助设计、布置和解说北平苏联原子能展。①
1956/05/03	—	—	苏联经济文化成就展在武汉举办。
1956/05/05～ 不详	不详	不详	机械制造者代表团访问中国,并出席北平中国全国先进生产者会议。
1956/05/06～ 不详	不详	不详	由苏联科学研究院动物学家、植物学家及地理学家组成的代表团,与中国科学院合作研究中国动植物群。
1956/05/12	—	—	中国科学院院长郭沫若接受苏联科学院赠送中国的礼物,其中包括实验室设备、书籍、参考资料及影片。
1956/05/16～ 不详	25	不详	根据中国国际旅行社与苏联国际旅行社签署的合同,包括科学家、工程师、医生、教育工作者和新闻工作者在内的苏联旅行者,游览了北平、上海、杭州、天津、沈阳和哈尔滨。

---

① 原注:参见上款内容。

续 表

到达: 离开:	人数	领 导 及 成 员	代表团的名称或类型及评论
1956/05/18～ 1956/06/20	16	A·A·拉波欣,列宁青年共产主义者联盟中央委员会书记处书记	应中国新民主主义青年团的邀请,苏联青年代表团访问中国。访问期间,代表团成员参观了中小学、大学、农业生产合作社、历史名胜古迹,并与中国新民主主义青年团及高等教育部领导进行了讨论。6月18日,毛泽东接见了代表团成员。
1956/05/24～ 不详	10	R·雷佩夫、I·乌多多夫、Y·杜加诺夫、巴基尔·法尔库特迪诺夫、D·伊万诺夫、Y·诺维科夫、R·哈布迪诺、V·斯捷潘诺夫、A·法拉梅耶夫、Z·A·维诺格拉多夫	苏联举重冠军游览中国,并与中国队进行比赛。
1956/05/24～ 不详	3	瓦季姆·索布科、维拉·科特林斯佳娃(Vera Ketlinskaya)、萨比特·穆特卡诺夫	作家出席北平世界文化名人纪念会。6月18日,他们受到周恩来的接见。
为期2个月～ 1956/07/24	6	M·N·阿纳尼耶夫,农业部水利局副局长	依据中苏科学技术合作委员会的计划,苏联水利专家考察中国灌溉及水利工作,并参观中国关于这一领域的研究所及院校。
1956/05/29～ 不详	不详	S·M·西卢亚诺夫,苏联国家经济委员会副主任	苏联代表团出席北平召开的中苏科学技术合作委员会第四次会议。
1956/06～不详	不详	不详	农业专家考察中国玉米和水稻的栽培方法。
1956/06/12～ 不详	不详	P·A·莫伊谢耶夫,海洋渔业和海洋学研究所副所长	苏联政府代表团缔结关于西太平洋渔业研究合作的10年协议。
1956/06/19～ 不详	不详	A·A·拉波欣,苏联共青团中央委员会书记	青年代表团访问中国。
1956/06/20～ 1956/06/26	2	V·A·切库罗夫中将;Y·G·波丘派洛少将,苏联太平洋舰队司令、政委	应中国政府的邀请,三艘苏联海军舰艇抵达中国进行友好访问。

(2) 派 往 苏 联

到达: 离开:	人数	领 导 及 成 员	代表团的名称或类型及评论
不详～1955/01/08	270	陈沂,中国人民解放军总政治部文化部部长	中国人民解放军歌舞团在苏联10个主演城市演出,并在莫斯科、列宁格勒和基辅电视节目中露面。

续　表

到达： 离开：	人数	领　导　及　成　员	代表团的名称或类型及评论
1955/01/12～ 不详	不详	不详	电影和乡村工作者访问中国①，协助制作两部关于苏联农业集体化的纪录片。应中国的请求，苏联中央纪录电影制片厂正在生产这两部电影。
不详～1955/ 01/31	—	—	中国手工艺品展在莫斯科、列宁格勒、里加和基辅举办。
不详～1955/ 02/21	不详	李哲人，外贸部副部长	中国贸易代表团赴苏谈判并签署一项关于1955年中苏商品交易的议定书。
1955/03/?～ 1955/04/?	不详	不详	中国物理学家和工程师在莫斯科谈判，并签署关于苏联对中国和平利用原子能技术援助的协定。
1955/04/03～ 为期2个月	20	胡克史（音译，Hu Ke-shih）	青年代表团应全苏联（列宁）青年共产主义者联盟中央委员会的邀请，赴苏联考察苏联青年的生活，并学习莫斯科青年共产主义者联盟的经验。
1955/04/12～ 1955/07/09	19	史良	法理学家代表团作为苏联司法部及苏联对外文化协会的客人访问莫斯科。
1955/05～ 1956/05	100	不详	由鞍山钢铁公司派出的中国受训人员赴苏联学习。他们来自电力、机械工程、轧钢及工业管理各部门。
1955/05/04	—	—	莫斯科大学建校200周年之际，中国大使刘晓将共2 920卷的两套中国典藏书籍赠送给了该校。
1955/07/09～ 不详	18	不详	应苏联部长会议体育运动委员会的邀请，中国游泳队与苏联游泳运动员进行比赛。
1955/07/26～ 不详	7	王冶秋，文化部文物局局长	博物馆工作者应苏联政府的邀请访苏。
1955/08/01～ 不详	60	许广平，中华全国妇女民主联合会副主席；袁雪芬，戏剧导演、第一届全国人大代表；其他人	上海越剧院在苏联演出。
1955/09/01～ 1955/12/16	不详	张同全（音译，Chang Tung-chuan）	中国杂技团访苏作旅行演出。

---

① 此项有误，应放入"来自苏联"一栏。——译注

到达:离开:	人数	领 导 及 成 员	代表团的名称或类型及评论
1955/10/10～1955/12/07	28	陈曾固,教育部副部长	应苏联教育部的邀请,由来自中国北平、天津、上海等10个省市的小学、中学和教师培训学校的教师和校长组成的优秀教师代表团访苏,学习苏联先进的教育经验。
1955/10/13～不详	10	万丽(音译,Wan Li)	应苏联建筑师协会的邀请,由中国建筑师协会派出的建筑师代表团访问莫斯科、列宁格勒及其他主要城市,考察苏联建筑。
1955/10/19～1956/01/09	41	王恩谋(音译,Wang En-mou)	管理代表团赴苏联考察动物管理。
1955/12/10～1956/01/02	不详	王揖,《人民日报》副总编	新闻工作者代表团应《真理报》的邀请访问苏联。
1955/12/22～不详	不详	孔祥祯,国家建设委员会副主任	中国代表团出席在莫斯科召开的中苏科学技术合作委员会第三次会议。此次会议是依据两国签署的科学技术合作协定召开的。
不详～1955/12/16	不详	楚图南	中国古典歌舞团在苏联演出。
1956/01/29～不详	4	黄家粟(音译,Huang Chia-ssu)教授	中国卫生部卫生代表团,出席苏联卫生部召开的一次放射性同位素研究会议。
1956/02/03～为期两个月	5	张君怡(音译,Chang Chun-i),中央国家防御运动俱乐部主席	体育代表团游览苏联学习其体育经验。
1956/02/11～1956/03/20	5	朱德,中共中央政治局委员、中央书记处书记;邓小平,中共中央政治局委员;谭震林,中共中央委员;王稼祥,中共中央委员;刘晓,中央候补委员	政府代表团出席莫斯科苏联共产党第二十次代表大会。
1956/04～1956/06/16	不详	不详	应苏联对外文化协会(VOKS)①的邀请,中苏友好协会代表团访苏并出席莫斯科"五一"国际劳动节庆典。
1956/04/14～1956/05/25	不详	傅作义,水利部长	水利部代表团访问莫斯科、列宁格勒、外高加索、中亚西亚及其他一些地方,以熟悉苏联的水利工程项目及科研机构的运作情况。

① 协会名称俄语缩写。——译注

到达： 离开：	人数	领　导　及　成　员	代表团的名称或类型及评论
1956/04/19～ 不详	10	胡绩伟,《人民日报》副总编	新闻工作者代表团应《真理报》的邀请访问苏联。
1956/04/27～ 不详	不详	不详	工会代表团出席莫斯科"五一"国际劳动节庆典。
1956/04/28～ 不详	不详	胡宇驰（音译，Hu Yu-chih）	中苏友好协会代表团出席莫斯科"五一"国际劳动节庆典。
1956/05/30	—	—	十部中国典籍作为礼物由中国科学院图书馆赠送给苏联科学院。同时赠送的还有一套中国学者著作收藏,总计约300卷,其中涉及哲学、历史、文学、天文学、地理学和医药学诸方面。
1956/06/01～ 不详	22	史战军（音译，Shih Chan-chun）	中国登山者与18名苏联登山者一道试图登上帕米尔峰。
1956/06/14～ 不详	不详	不详	中国代表出席在莫斯科召开的关于救生队之间合作的会议。
1956/06/22～ 不详	17	郑文华（音译，Cheng Wen-hua）、刘索丽（音译，Liu So-li）、鲁君仁（音译，Lu Chun-jen）、高驰冰（音译，Kao Chih-Ping）及其他人	中国中央摩托车俱乐部参加列宁格勒国际摩托车大赛。
1956/06/22～ 1956/07/04		刘亚楼上将,中国人民解放军空军司令员	中国人民解放军代表团出席莫斯科举办的苏联航空节庆典。
1956/06/28～ 不详	7	刘德修（音译，Liu Teb-hsiu）,北平体育学院运动技能系主任;池保久（音译，Chih Pao-chiu）、江宇民（音译，Chiang Yu-min）、刘玉英（音译，Liu Yu-ying）、赛艺书（音译，Tsai Yi-shu）、付生海（音译，Fu Sheng-hai）、张海凌（音译，Chang Hai-ling）	中国田径队与苏联运动员在莫斯科、基辅及其他城市进行比赛。

(3) 共产党中国与苏联签署的协定

签署日期	签署地点	
1955/02/12	莫斯科	中国-苏联贸易议定书:苏联将增加向中国供应工业新建或重建所需的冶金、机器制造、化学及其他工业设备,以及机床、石油钻探设备、拖拉机及其他商品。反之,中国将向苏联供应钨、锡、钼、黄麻、羊毛、生丝、皮革、大豆、大米、植物油、茶叶、柑橘、软木及其他商品。
1955/04/?	莫斯科	中国-苏联原子能协定:苏联同意承担对中国原子物理、放射化学、科学与工程中同位素的利用以及原子堆的操作等方面的科学工作者和工程师的培训。这批专业人员将在苏联专门基地、研究机构及高等教育机构接受培训。
1955/05/24	亚瑟港①	中国-苏联议定书:苏联武装部队从亚瑟港海军基地全部撤离,并将这一地区的军事设施移交共产党中国。
1955/06/13	北平	中国-苏联议定书:规定双方在中苏科学技术合作委员会第二次会议中相互承担的义务。
1955/08/16	北平	中国-苏联协定:涵盖植物虫害与疾病的控制。②
1955/10/17	乌兰巴托	中国-苏联协定和议定书:规定开通穿越蒙古人民共和国的中苏铁路交通。
1955/11/29	北平	中国-苏联电影合同:规定两国可以相互购买电影版权。
1955/12	莫斯科	中国-苏联议定书:规定双方在中苏科学技术合作委员会第三次会议中相互承担的义务。
1955/12/27	莫斯科	中国-苏联贸易议定书:规定进一步扩大两国之间的贸易。
1955/12/27	莫斯科	中国-苏联暂行协定(modus operandi):管理经过苏联和共产党中国运往第三国的货物转载。
1956/01/04	北平	中国-苏联民用航空技术合作协定。
1956/04/07	北平	中国-苏联铁路协定:要求在修建兰州-阿克斗卡铁路中相互合作,该铁路将在 1960 年与土耳其斯坦-西伯利亚铁路相连接。
1956/04/07	北平	中国-苏联建设协定:规定援助共产党中国 55 家新工业企业的建设,其中包括冶金厂、机器制造厂、化工厂、电力、无线电工业、氢电站和航空科研机构的所需设备。
1956/06/05	莫斯科	中国-苏联文化合作协定③。

---

① 西方人对旅顺口军港的称呼。——译注
② 原文该协定的具体内容无。——译注
③ 同上。——译注

续　表

签署日期	签署地点	
1956/06/12	北平	中国-苏联-朝鲜-越南渔业研究合作协定:10年协定规定了在西太平洋(包括日本海、黄海、东海和南海)和签约国毗邻边境地区边境水域渔业、海洋学及湖沼学研究努力上的合作。
1956/06/23	北平	中国-苏联科学技术合作议定书:规定苏联向中国提供煤矿、变压器厂、水泥预制厂的建设技术资料,各种机器与设备的制造蓝图,染料、铝合金、石棉、水泥及其他技术产品的生产信息,以及工业、农业、交通和卫生等领域的资料。中国向苏联提供煤矿设备及冶金工业设备的制造蓝图、优质预制混凝土及水利工程的技术资料,中国传统中医的治疗资料、处方及病例,桑叶或橡树叶养蚕资料,以及鱼类迁徙与某些鱼类疾病治疗的研究资料。此外,协定规定中国安排苏联专家考察中国桥梁建筑、丝纸制造、渔业及其他科技成就。苏联方面安排中国专家考察苏联黑色及有色金属冶金、楼房建设、机器制造及农业方面的经验和成就。

76. 共产党中国与委内瑞拉之间

(1) 来自委内瑞拉

到达:离开:	人数	领导及成员	代表团的名称或类型及评论
1955/08/30～1955/10/06	不详	不详	青年代表。参见《国际》月刊。

(2) 派往委内瑞拉

无

77. 共产党中国与(北)越南之间

(1) 来自(北)越南

到达:离开:	人数	领导及成员	代表团的名称或类型及评论
1954/11～1956/01	不详	不详	学生患者被允许入住北平亚洲学生疗养院接受结核病治疗。
1955/03/10～不详	不详	阮文陈,公共事业和运输部副部长	贸易代表团赴北平就1955年中越贸易问题进行谈判。
1955/04/20～1955/10/28	58	刘重庐,越南文学艺术界联合会中央执行委员	歌舞团应中国文化部的邀请访问中国作旅行演出。

到达: 离开:	人数	领　导　及　成　员	代表团的名称或类型及评论
1955/06/22～ 1955/07/21	10	胡志明,越南民主共和国主席;罗贵波,中国驻越南大使;长征,秘书长;阮维桢,越南劳动党中央委员会委员;潘英,工商业部部长;严春庵,农业和渔业部部长;黎贵贤,财政部部长;阮文玄,教育部部长;雍文谦,外交部副部长;范玉石,卫生部副部长	政府代表团应中华人民共和国政府的邀请访问中国。
1955/07/18～ 1955/08/09	30	不详	和平代表出席赫尔辛基世界和平大会后,应中国和平委员会的邀请访问中国。
1955/07/30～ 不详	5	不详	应中华全国民主妇女联合会的邀请,妇女代表团于出席世界母亲大会后访问中国。
1955/09/05～ 不详	不详	不详	青年代表。参见《国际》月刊。
1955/09/17～ 不详	不详	黄文鼎,越南救国青年团中央委员会常务委员	青年代表应中国新民主主义青年团的邀请,出席在北平召开的中国全国青年建设积极分子大会。
1955/09/28～ 1955/12/05	11	邓泰梅	新闻工作者和作家代表团访问中国。
1955/11/17～ 1955/11/26	不详	吴伦	国际射击比赛。参见《国际》月刊。
1955/12/01～ 1955/12/06	1	阮文幸博士,细菌学家	抗生研究会议。参见《国际》月刊。
1955/12/04～ 1955/12/30	2	裴其,越中友好协会会长;陈龚,协会副秘书长	越南-中国友好协会会员访问中国。
1955/12/23～ 1956/01/04	不详	不详	天主教代表团访问北平,与中国国务院宗教事务局局长何成湘和副局长李仲伍(音译,Li Chung-wu)举行会谈。他们是出席在波兰召开的欧洲国家天主教和基督教领袖会议后回国途中访问中国的。
1956/01/24～ 1956/01/28	1	陈德胜,越南民主共和国国会常务委员会主席	政府代表应中国全国人民代表大会常务委员会委员长刘少奇的邀请访问中国。抵达的当晚,他受到了毛泽东的接见,同时在座的还有刘少奇、周恩来、陈云、邓小平和郭沫若。

续 表

到达： 离开：	人数	领 导 及 成 员	代表团的名称或类型及评论
1956/02/05～ 1956/02/09	2	长征,越南劳动党总书记;黎德寿,劳动党政治局委员	劳动党领袖赴莫斯科参加苏联共产党二十大途中在华作短暂停留。
1956/02/27～ 不详	2	志琅、彪先	应中国文化部的邀请,越南文化部派出戏剧代表出席在北平举办的中国戏剧节。
1956/03/13～ 1956/03/20	2	长征,越南劳动党总书记;黎德寿,劳动党政治局委员	劳动党领袖出席莫斯科苏共二十大后访问北平,他们受到刘少奇和陈云的欢迎。
1956/03/20～ 1956/04/06	不详	单廷	越南民用航空代表赴华谈判并签署中越民用航空协定。
1956/03/24～ 1956/04/20	4	阮金强,越南之声广播电台副台长	广播工作者代表团应中国广播管理局的邀请访问中国。
1956/04/19～ 不详	3	不详	越南劳动总联合会代表团,出席中国全国优秀工人大会和"五一"劳动节庆典。
1956/04/24～ 1956/05/03	不详	不详	国际民主妇女联合会。参见《国际》月刊。
1956/04/27～ 不详	28	冼亦唐	华侨观光代表团访问中国。
1956/04/27～ 1956/07/21	26	沙文明,越南 Thai-Meo 自治区管理委员会会主任	越南少数民族代表团出席中国"五一"劳动节庆典并在华观光。
1956/04/27～ 不详	23	高文明	由越南各高原部落代表组成的高原代表团在华参观纺织厂,并考察棉花和茶树的栽培。
1956/04/30～ 不详	7	陈文茹(音译,Tran Van-jeru),社会科学师范学院哲学教授	教育工作者代表团在北平、南京、上海、杭州及其他城市。他们参观了中小学和大学。
1956/06/02～ 1956/07/05	不详	黎维功,农业和林业部副部长	政府代表团缔结关于西太平洋地区渔业研究合作的十年协定。

(2) 派往(北)越南

到达： 离开：	人数	领 导 及 成 员	代表团的名称或类型及评论
1955/08/28～ 1955/11/25	170	丁西林,文化部副部长	应越南民主共和国的邀请,由一歌舞团和一京剧团组成的友好观光艺术团,出席越南八月革命胜利十周年和独立日庆典。这是中国此类艺术团首次访问越南。

续表

到达: 离开:	人数	领 导 及 成 员	代表团的名称或类型及评论
1955/09/27～ 为期1周	—	—	由越南民主共和国文化部和越中友好协会发起和主办,中国电影周在河内开幕,以纪念共产党中国国庆节。11部中国电影在电影周期间上映。
1955/10/02～ 不详	—	—	由越南文化部和越中友好协会共同发起和主办,中国人民成就展在河内举办。
1956/02/13～ 不详	—	—	由越南远东考古学校发起和主办,中国和越南陶瓷展在河内举办。
1956/02/18～ 不详	不详	解学恭,中华人民共和国外贸部副部长	中国贸易代表团访问河内。
1956/02/25～ 1956/04/11	5	不详	应越南民主共和国的邀请,中国农业代表团出席在河内召开的越南全国模范农民大会。代表团在荣市和其他以柑橘和柚子著名的地方考察亚热带作物的栽培。
1956/03	不详	蓝嵩(音译,Lan Song)	中国农业代表团出席在河内召开的农业经验交流会,并参加农业展览。
1956/05/22～ 不详	6	帅孟奇,全国人大代表、中华全国民主妇女联合会执行委员会委员	妇女代表团应越南妇联的邀请出席越南妇女第二次代表大会。5月25日,代表们受到胡志明主席的接见。

(3) 共产党中国与(北)越南签署的协定

签署日期	签署地点	
1955/07/16	河内	中国-越南电影合同:规定同意中国电影在越南发行。
1955/11/25	北平	中国-越南汇率协定与议定书:议定书由中国人民银行和越南国家银行签署,同意双方在边境地区、贸易结算、援助结算和非贸易汇款中的货币流通。
1955/12/30	?	中国-越南贸易合同:规定由中国技术进口公司代表越南进出口公司购买5架民用航空客机及其设备。
1955/12/31	?	中国-越南技术援助合同:包括由越南进出口公司和中国技术公司签署的、邀请中国技师赴越提供技术援助的几个议定书。

78. 共产党中国与南斯拉夫之间

（1）来自南斯拉夫

到达： 离开：	人数	领　导　及　成　员	代表团的名称或类型及评论
1955/08/28～ 不详	54	奥尔加·斯科夫兰	南斯拉夫"科罗"民间歌舞团应中国文化部的邀请访问中国作旅行演出。
1955/10/02～ 1955/10/22	不详	不详	南斯拉夫聋人联合会代表团应中国聋哑人福利协会筹备委员会的邀请访问中国。
1955/11/29～ 不详	—	—	南斯拉夫人民联邦共和国成立十周年之际，由对外文化联络局发起并主办的南斯拉夫摄影展在北平中山公园举办。展览在北平结束后将转往上海继续展出。
1955/12/27～ 1956/02/14	不详	V·普尔皮奇，南斯拉夫通讯社社长	新闻工作者代表团应中华全国新闻工作者协会的邀请访问中国。
1956/01/27～ 1956/02/07	22	布兰科·佩希奇	南足球队应中国体育运动委员会的邀请，赴华参加一系列比赛。
1956/05/19～ 1956/06/19	6	米利扬·内奥里契奇，南斯拉夫人民青年中央委员会主席、南共产主义者联盟中央委员会委员	青年代表团应中国新民主主义青年团的邀请访问中国。

（2）派往南斯拉夫

到达： 离开：	人数	领　导　及　成　员	代表团的名称或类型及评论
1955/0/～ 1956/01/13	不详	不详	中国古典戏剧团在为期九个月的欧洲八国巡游演出期间，在贝尔格莱德和南斯拉夫其他城市演出。
1955/08/16～ 不详	不详	林士笑	应世界聋哑人协会的邀请，中国聋哑人福利协会代表团出席在萨格勒布召开的第二届世界聋人大会。
1955/0/20～ 1955/10/22	不详	刘宁一，中华全国总工会副主席	工会代表团应南斯拉夫工会联合会的邀请访南。
1955/11～ 1956/02/28	不详	孔原，外贸部副部长	政府贸易代表团赴南谈判并签署贸易协定。
1955/11/13～ 1955/11/22	不详	严济慈（音译，Yen Chi-tzu）	中国工程师和技师出席在萨拉热窝召开的南斯拉夫工程师技师联合会第四次大会。期间，代表们还参观了贝尔格莱德和南其他城市的工厂、科研机构和大学。

续　表

到达: 离开:	人数	领导及成员	代表团的名称或类型及评论
1955/11/15～ 1955/12/10	不详	王揖,《人民日报》副主编	新闻工作者代表团访问南斯拉夫。
1955/12/01～ 为期1周	—	—	南斯拉夫人民联邦共和国成立十周年之际,由中国人民广播电台主办的南斯拉夫音乐周在北平举办。
1956/01/26～ 1956/02	不详	王子纲,邮电部副部长	邮电代表与南斯拉夫政府谈判并签署一份邮电协定。
1956/02/23	—	—	中国红十字会向南斯拉夫雪崩和洪水受灾者捐赠30 000元人民币。
1956/03/09～ 1956/04/14	1	傅聪	钢琴家在南斯拉夫萨格勒布、卢布尔雅那、里耶卡和马里博尔等几个城市表演。
1956/03/27～ 1956/04/11	不详	李德全,中华全国民主妇女联合会副主席	妇女代表团应南斯拉夫妇女联合会的邀请访南。
1956/04/07	—	—	中国应用艺术展在贝尔格莱德应用艺术博物馆举办。
1956/05/12～ 不详	4	不详	应南斯拉夫邮电管理局的邀请,邮电代表团出席南斯拉夫第三届邮票展。展览展出了中国的邮票。

(3) 共产党中国与南斯拉夫签署的协定

签署日期	签署地点	
1956/02/17	贝尔格莱德	中国-南斯拉夫邮电协定①。
1956/02/17	贝尔格莱德	中国-南斯拉夫贸易协定:呼吁1956年两国之间的贸易额各达到250万英镑。
1956/04/27	贝尔格莱德	中国-南斯拉夫电影合同:双方签署了两份合同,一份要求彼此的电影发行权,另外一份要求双方互换新闻影片素材。

79. 中国主办的国际会议和庆典

---

① 原文该协定内容无。——译注

开幕时间 闭幕时间	参加国①和 代表人数②		会议的名称或类型及评论
1955 年 5 月	参见上一栏		"五一"国际劳动节庆典。来自 50 个国家的官方代表、非官方的贸易、工业、文化及其他代表共 2 000 多名外宾,出席北平·中共国庆节③庆典。庆典活动前后,许多代表应邀根据自己的兴趣对中国各种建设项目进行了为期一周或更长时间参观。
1955/08/30～ 1955/10/06	阿根廷 澳大利亚 玻利维亚 巴西 柬埔寨 锡兰 智利 哥伦比亚 古巴 埃及 德国 危地马拉 冰岛 印度 印度尼西亚 伊拉克 日本 约旦 北朝鲜 科威特 老挝 黎巴嫩 马达加斯加 墨西哥 摩洛哥 巴拉圭 葡萄牙 塞内加尔 西班牙 苏丹 叙利亚 南非联邦 乌拉圭 苏联 委内瑞拉 越南	不详 不详 不详 不详 不详 不详 不详 不详 不详 不详 17 不详 5 不详 不详 不详 不详 不详 4 不详 不详 不详 不详 不详 不详 不详 不详 不详 不详 不详 不详 不详 不详 不详 不详 不详	青年代表。应中国新民主主义青年团和中华全国民主青年联合会的邀请,48 名外国青年代表于出席华沙第五届世界青年节后访问中国,并出席中国国庆庆典。

---

① 原注:参加国的名单可能不完整,但是它们代表了可看到的关于这些会议和庆典的报道中所给出的国家。
② 原注:对于代表的姓名,需要的话可参见列出的相关国家项。
③ 实际应为"五一"国际劳动节。——译注

续 表

开幕时间 闭幕时间	参加国①和 代表人数②		会议的名称或类型及评论
1955/10/01	50		国庆庆典。来自50多个国家的2 000多位外宾出席北平共产党中国国庆庆典,其中既有官方代表,也有非官方的贸易、工业、文化及其他行业代表。许多代表应邀按个人兴趣参观中国的各种建设项目,时间为庆典前后的一周或更长一段时间。
1955/11/17～ 1955/12/26	保加利亚 捷克斯洛伐克 北朝鲜 蒙古 波兰 罗马尼亚 苏联 越南	20 25 15 26 23 不详 19 不详	国际射击比赛。八个共产党国家的代表团出席大赛并参加各项友好比赛。
1956/03～不详	德国(东) 罗马尼亚 苏联	不详 不详 不详	现代戏剧节。剧作家和艺术家在北平参加节日,并表演中国现代戏剧。
	阿尔巴尼亚 保加利亚 捷克斯洛伐克 丹麦 法国 德国(东) 匈牙利 印度 日本 (北)朝鲜 蒙古 巴基斯坦 波兰 罗马尼亚 联合王国 苏联	1 1 1 1 不详 1 1 1 1 1 不详 1 1 1 7 2	世界科学工作者协会。科学家们出席联合会执行理事会第16次会议,并于会后参加联合会成立十周年庆典。
1955/12/01～ 1955/12/06	保加利亚 缅甸 印度尼西亚 日本 北朝鲜 波兰 罗马尼亚 苏联 北越	1 1 1 1 1 1 1 1	由中国科学院主办,抗生研究会议在北平开幕。40多篇论文在会上宣读,并由多国专家共同讨论。会议旨在交流抗生研究经验,回顾研究工作历程,并规划未来工作方向。许多代表还应邀在华延期观光。

续　表

开幕时间 闭幕时间	参加国①和 代表人数②	会议的名称或类型及评论
1955/12/12～ 不详	代表： 卡迈勒·雅各布·萨布里,代表团秘书长、团长；马迪亚·哈桑宁·拉法特、马古布·阿里·埃尔加布里、艾哈布·艾哈迈德·埃尔门沙维,会议执行理事会理事	应中华全国民主青年联合会的邀请,国际穆斯林青年会议代表团访问中国。
1956/04/24～ 1956/05/03	罗马尼亚　　不详 阿根廷　　　不详 奥地利　　　不详 比利时　　　不详 巴西　　　　不详 保加利亚　　不详 加拿大　　　不详 智利　　　　不详 哥斯达黎加　不详 古巴　　　　不详 捷克斯洛伐克不详 埃及　　　　不详 芬兰　　　　不详 法国　　　　不详 德国　　　　不详 黄金海岸　　不详 印度　　　　不详 印度尼西亚　不详 伊朗　　　　不详 伊拉克　　　不详 以色列　　　不详 意大利　　　不详 约旦　　　　不详 （北）朝鲜　不详 黎巴嫩　　　不详 马达加斯加　不详 墨西哥　　　不详 蒙古　　　　不详 尼泊尔　　　不详 尼日利亚　　不详 挪威　　　　不详 巴基斯坦　　不详 波兰　　　　不详 罗马尼亚　　不详 塞内加尔　　不详 西班牙　　　不详	来自44个国家的代表和观察员,出席北平国际民主妇女联合会理事会议。其后,应中华全国民主妇女联合会的邀请,妇女代表游览了中国主要城市。

续　表

开幕时间 闭幕时间	参加国①和 代表人数②		会议的名称或类型及评论
1956/04/24～ 1956/05/03	瑞典 瑞士 泰国 突尼斯 联合王国 美国 苏联 (北)越南	不详 不详 不详 不详 不详 不详 不详 不详	来自 44 个国家的代表和观察员,出席北平国际民主妇女联合会理事会议。其后,应中华全国民主妇女联合会的邀请,妇女代表游览了中国主要城市。
1956/05	非洲 阿尔巴尼亚 阿根廷 澳大利亚 保加利亚 锡兰 智利 捷克斯洛伐克 法国 德国(东) 匈牙利 印度 印度尼西亚 伊朗 伊拉克 意大利 约旦 (北)朝鲜 墨西哥 蒙古 摩洛哥 新西兰 巴基斯坦 波兰 罗马尼亚 瑞士 叙利亚 突尼斯 联合王国 苏联 (北)越南	不详 不详	来自 50 多个国家的 1 000 多位外宾在北平共庆中国 1956 年国庆节。工会及劳工联合会代表应邀出席庆典。此外,当前正在中国的代表,包括工会代表、国际民主妇女联合会理事会议的妇女代表、和平领袖、艺术家、学生、技术专家等,也应邀出席庆典。其中许多人在回国前游览了中国。
1956/05/03	20 个国家的代表		来自 20 个国家的 60 多名新闻工作者,出席了由中华全国新闻工作者协会在北平为他们举办的招待会。
1956/05/06	30 个国家的代表		30 个国家赠送给上海儿童的礼品展在上海少年宫举办。

O. S. S. /State Department Intelligence and Research Reports，Part Ⅸ，China and India，1950 - 1961 Supplement，Washington，D. C. ：University Publications of America，1979，Reel - 2 - 0740，pp. 1 - 261.

卞秀瑜译，刘析参与部分人名音译，徐友珍校

联邦调查局关于美国共产党
领导人与毛泽东会谈的情报

(1959 年 4 月 15 日)

绝 密

美国共产党领导人和中共毛泽东主席会谈的情报

(1959 年 4 月 15 日)

在近期对红色中国[的]一次访问中,美国共产党的一位主要负责人与毛泽东进行了一次详谈。在这次会谈中,毛提及以下事件,并将这些事件描述为在过去 14 个月中美国受到的外交挫折:

(1) 1958 年上半年的委内瑞拉。

(2) 1958 年 5 月副总统尼克松对拉丁美洲国家的访问,以及人们的激烈反应。

(3) 1958 年 7 月的伊拉克革命。

(4) 美国军队登陆黎巴嫩及其随后的撤退。

(5) 金门的形势迫使美国从地中海地区的第六舰队抽调兵力以加强在台湾水域的第七舰队。

(6) 1958 年 11 月,共和党在大选中被击败。

(7) 北约的内部分裂。

(8) 柏林局势。

(9) 古巴革命。

(10) 非洲的独立斗争,特别是比属刚果和利奥波特维尔(金沙萨)地区的斗争。

毛指出,美帝国主义不应该被高估为全能的和全势的。他继续指出,美国的弱点在于它在全世界范围内过度扩张。根据毛的看法,这种势力范围的广泛分布意味着美帝国主义正在走向灭亡。

在谈论国务卿约翰·福斯特·杜勒斯时,毛指出,中国人希望他不会因病而被别人取代。根据毛的看法,杜勒斯先生是一个对自己在美帝国主义中所处的地位有充分认识和深刻理解的预言家。

毛继续指出,杜勒斯先生是一个守信用的人,他无愧于自己的职责,因此帮了中国人很多忙。关于这一点,毛说,一开始中国人民在组织人民公社时面临很多问题。然而,当杜勒斯先生反对人民公社时,他实际上保证了中国人民的成功,因为他的意见被引述给中国人民后,先前在组织上的障碍也就被克服了。毛指出,中国人民现在被组织起来,人民公社将会继续作为中国的一个永久特色。他指出,虽然目前中国人民很贫穷,文化水平也不太高,人民公社将最终克服贫穷并提高文化水平。他强调这一事实,即在人民公社问题上苏联最初并不完全认同中国人民,但随后认识到这一错误,并且现在已经完全认同公社的前景。

在会见结束时,毛谈及美国共产党,并讲到,在打败修正主义过程中它已成为一个强有力的政党。他指出,英国和法国资产阶级并不惧怕他们的共产主义政党,因为他们知道并懂得共产主义政党的作用而且采取相应的行动。毛将之描述为力量的象征。他继续指出,美国害怕共产党因为它并不了解它的作用,所以,由于这个弱点,美国正在接近它的最后阶段。

DDRS, CK 3100136060 - CK 3100136061

夏秀芬译,徐友珍校

国务院情报和研究署关于
周恩来外交的情报报告

（1960 年 5 月 20 日）

IR 8265

机 密

周恩来在印度的受挫使其随后在南亚、东南亚的行程黯然失色

（1960 年 5 月 20 日）

从 1960 年 4 月中旬到 5 月中旬,共产党中国的总理周恩来先后访问了缅甸、印度、尼泊尔、柬埔寨和北越。这是周在三年多的时间里第一次对这一地区进行访问。他的主要任务是应印度总理尼赫鲁的邀请,前去同他讨论中印边界纠纷问题。作为一种友好姿态,他也将其他一些非共产主义国家纳入行程之中,或许希望借此修复北平在亚洲的形象。这一形象曾因 1959 年镇压西藏的反叛以及与印度的边界冲突遭到严重破坏,最近又因与印度尼西亚在华侨问题①上遇到的困境而变得更糟。周将北越作为其停留的最后一站,可能一方面为了避免因诸多非共产主义国家出现在此次行程中而让河内感到受到了任何怠慢,另一方面也为了与之讨论一些时下受到关注的问题。

尽管周在其他国家取得了一些成功,突显了他个人作为一位理性政治家的风范和共产党中国作为一个希望与邻国建立睦邻关系的国家形象。但他在印度的使命的失败使他行程的所有其他成就黯然失色。尼赫鲁以前所未有的严苛对待周,他在印度边界问题上拒绝支持任何妥协方案,并公开申斥北平对印度的行动。紧随周的访问,尼赫鲁谴责共产党中国对印度的"侵略",并宣称中国是亚洲和平的潜在威胁。这次访问的直接影响是使中印争端更趋僵化。

周在缅甸、尼泊尔或柬埔寨没有重大使命,这一事实无疑有助于他将自己作为亲善使者的角色付诸实施。在尼泊尔,周确实与之达成了一项此前两国业已原则上同意的和平与友好条约,并收回了北平一份早些时候发表的对所有珠穆朗玛国家的声明。在柬埔寨,他保证在其受到邻邦（即泰国和南越）侵略时给予"道义和政治"支持,并且,周显然成功地在总体上加强了北平与金边的关系。周与北越的会谈我们知之甚少,但是周回到了不时对美国进行痛斥的做法,同时,他在结束河内的行程时签署的联合公报表明,其对老挝和南越局势发展的继续关注,尽管公报相对低调,并且没有包含明确的针对这些国家采取共产主义行动的

---

① 指 1959~1960 年间在印尼发生的以禁止营业、武力逼迁、逮捕拘禁等形式迫害华侨为主要内容的反华、排华活动及中国政府反对印尼排华活动的外交交涉。——编注

威胁。

周同受访各国签署的联合公报表达了对首脑会议、裁军和禁止核试验取得成功的期望。

访 问 缅 甸

1960 年 1 月,缅甸时任总理奈温(Ne Win)访问北平期间曾与中国签订了一项边界协定和一份友好及互不侵犯条约,周恩来大概希望在其 4 月 15～19 日对缅甸访问期间于宣传层面上利用这些成果,并与现任总理吴努再次确认北平希望与缅甸保持友好关系的愿望。在这期间,周恩来的访问都是非常成功的,尽管并没有像周可能希望的那样产生即时的效果,即对印度产生影响,使其将中缅边界条约看作是尽快解决中印边界争端的范例。

与 1960 年 2 月赫鲁晓夫访问仰光时受到奈温的冷遇和正式接见形成鲜明对照的是,吴努总理特意热情接待周恩来。周恩来应邀将行程提前以便出席缅甸丰富多彩的泼水节,这就使他得到了一个在节日气氛中与缅甸人民打成一片的特殊机会。缅甸的媒体和公众对周的来访表现出了更大的兴趣和热情,这是赫鲁晓夫的访问所不能比的。北平的广播也着重强调了周恩来受到热烈欢迎的这种友好氛围。

访问很少涉及实际事宜。据悉吴努、周及他们的顾问经过讨论作出安排,希望在新的边界协议下成立共同边界委员会来划定中缅边界,但是具体进展却由于缅甸国会在周访问结束时仍没有批准新的边界协议而受阻。据传两位总理亦就扩大两国间的贸易和文化交流进行了接触。在周恩来访问结束时双方发布的联合公报称 1960 年 1 月的边界协议和友好条约迎来了"中缅合作的新阶段",内容包括和平共处五项原则("Panch Shila")、亚非团结与和平友好之类的陈词滥调。

访 问 印 度

周恩来在对新德里为期 6 天(4 月 19～25 日)的访问中与尼赫鲁进行了 20 多个小时的私人谈话,但是共产党中国和印度在解决他们的边界争端问题上没有取得任何实质性的进展。周坚持北平先前所有声明的正确性,但同时明显表现出愿意考虑在现状基础上进行妥协的方案,即:印度保持"东北边境行政特区(North east Frontier Agency)"[①],共产党中国保持拉达克地区的阿克赛欣[②]。但是,尼赫鲁坚持印度所有边界声明并拒绝在这一问题上进行任何讨价还价。

---

① 西方学术界及英印当局对"麦克马洪线"以南的新月状地区的称谓,为印度控制的中印争端地带。——编注
② 阿克赛欣(Aksai Chin Ladakh),中印边界争端西段,位于查谟和克什米尔间的拉达克地区东北方。——编注

4月25日发表的联合公报扼要宣布这次会谈没有解决任何分歧,并指出在一些可以减缓边境沿线紧张局势的具体措施上也很难达成协议。周试图在公报中提及亚非友谊和和平共处五项原则,遭到尼赫鲁的拒绝。在会谈中达成的解决边界线问题的唯一具体协议是,从6月到9月两国官方进行工作层面的定期会谈,进一步研究双方发生冲突的要求。[①] 由于争论点已非常明确,这样做可能只是为了在技术上保持谈判解决之门仍然开放,并保持整个夏季边境争端的现状。这次会谈的另一失败之处在于尼赫鲁暂时拒绝了周对其提出的访问共产党中国的邀请,至少在夏季双方工作层面的讨论结果悬而未决时尼赫鲁不会出访共产党中国。

在整个会谈中,尼赫鲁都保持刻意冷淡态度,意在使周恩来感到印度公众的压力,即印度在走强硬路线,借以消除印度公众对尼赫鲁的疑虑,以为尼赫鲁在遭到某些威胁时可能做出让步。尼赫鲁在机场发表的事先准备好的欢迎辞为此次访问定下了调子,欢迎辞强调争端的严重性和印度对北平行动的震惊程度。周到达机场后直接由专车经僻径秘密送至尼赫鲁家。他的行动受到严格限制,官方礼节也降到了最低限度。在印度政府的百般阻挠下,除了临别时召开的记者招待会外,周没有得到任何向印度公众发表演说的机会。

在本次会谈中周试图尽可能显示诚意。在两个半小时的记者招待会上,他强调中印友谊将"地久天长",相信两国的边界争端可以通过和平协商的方式得到"公平而合理"的解决。同时周试图清楚表明,这次访问无任何成效完全在于印度政府的不妥协态度。他称自己非常希望在解决边界争端问题上达成协议,并暗示如果印度能像共产党中国那样采取"谅解与和解"的态度,这种协议是完全可以达成的。周还提出了中印双方"并非不可能达成共识"的六点建议,主要包括承认双方的"行政管辖权",维持"实际控制的边境线"并控制在其附近巡逻。最后,他表示"为了中印两国人民的伟大友谊",愿意再次访问新德里。

然而,印度方面却毫不掩饰他们的看法,认为会谈已经破裂,他们对尽早解决边界争端的前景并不看好。尼赫鲁在4月26日的记者招待会上称这次会谈没有缓和"基本的紧张局势",并在同一天告诉国会,"印度的立场在一套完全不同的说辞面前碰了壁"。他明确表示不会接受周的六点建议,并认为即将召开的官方会议不会"使局势变得明朗而且更容易解决"。印度的高层官员私下表示他们认为尽管周用拉达克与"东北边境行政特区"作交换的妥协方案对印度进行了试探,但对真正实现这一目标并没有兴趣,仅仅是为了提高北平的声誉。尼赫鲁和其他高层官员认为暂时不会有任何可以预见的解决方案,并存在僵局扩大的可能。尽管有些官员私下称他们没有预见进一步的边界冲突事件,但尼赫鲁却向媒体透露将不会限制在边境地带巡逻队的行动。他还在4月27日召开的印度国家安全协会上称印度正面临着"全新的威胁",是自独立以来最大的威胁。4月29日尼赫鲁确认中国早在1959

---

① 在两国总理会谈公报中,双方同意由双方官员从1960年6~9月轮流在两国首都会晤,审查、核对和研究有关边界问题的事实材料,向两国政府提出报告。——编注

年就在拉达克地区建成了第二条公路的相关报道，这条公路位于去年才被公开承认存在的第一条公路的西部。

尼赫鲁在记者招待会上重申了自己的立场，并于4月26日在国会指控中国侵略印度，这迅速遭到了正在加德满都访问的周的有力反驳。据周称，在他们会谈期间尼赫鲁并没有提出此类指控，而访问刚结束尼赫鲁就立即发表如此不友好的声明，对此周恩来感到痛心。4月29日尼赫鲁在国会评论周的指控时说，他将尽力使用礼貌的语言，但演说的主旨必须清楚指明共产党中国侵略了印度。尼赫鲁在前往伦敦参加英联邦会议途中，于5月1日在开罗作了短暂停留，重申了对中国的指责，并又在伦敦的一次记者招待会上称共产党中国是亚洲和平"潜在的"威胁。据悉尼赫鲁由于过于关注共产党中国，以致在其他英联邦成员国首相所普遍感兴趣的南非问题上保持了相当的沉默。尼赫鲁指控中国庞大的人口、沙文主义以及为共产主义信念和事业献身的精神使北平不断成为世界性的威胁。据报道说，尼赫鲁主张，由于中共的危险性和侵略本质，在中国发展独立的核武器之前进行核控制是非常必要的。

会谈初始，印度公众对于会谈的最初反应是为尼赫鲁所持的强硬立场感到宽慰。但是几天以后，媒体和消息灵通的公众倾向于视印度同意举行官方会议是对北平作出的重大让步，因而对此开始产生质疑。据悉许多高层官员私下里也持有这种看法，不过这些高官觉得为了避免显露出完全的不妥协，印度除了同意工作层面的会谈别无选择。

访 问 尼 泊 尔

与访问印度相比，周恩来于4月26～29日对尼泊尔的访问在中共看来是非常成功的。周恩来通过显示友好和相互谅解、与尼泊尔缔结和平友好条约、赢得尼泊尔人民支持共同重申和平共处原则和万隆精神，在宣传方面取得了相当大的成功。

在周到达前，加德满都已出现抵制情绪，反对北平提议在和平友好条约中增加限制一国加入任何旨在直接反对另一国的联盟的条款。这一条款与中缅条约中有类似效力的条款差不多，也同共产党中国在周访问前不久发表的针对所有珠穆朗玛峰国家所有主张相似。

周通过对不结盟条款作出得体的让步，并表示愿意接受标注尼泊尔的边境线经过珠穆朗玛峰峰顶的地理版图来解决两国所存在的问题。周恩来和柯伊拉腊（Koirala）首相也进一步书信往返，就具体位置的划分和对峰顶的支配权问题交换意见。柯伊拉腊公开说明在珠穆朗玛峰峰顶只有几码还存在争议，而周恩来通过传达了毛泽东关于将珠穆朗玛峰重命名为中尼友谊之峰的建议将其安抚路线推至顶峰。

柯伊拉腊公开声称中尼双方尚存的其他边界争端只涉及100平方英里的区域，并决定在5月期间成立联合边界委员会来解决这些问题。他还指出中共的大使馆将于6月或者7

月份在加德满都成立。尽管柯伊拉腊已作了公开的声明,但私下里仍对北平的意图心存疑虑。他表示将坚决反对北平方面要求攀登珠穆朗玛峰峰顶的登山者必须得到北平与加德满都双方同意这一明确的决心。有报道称他指示边界委员会的尼泊尔成员抵制中共对其他有争议的领土所提出的要求。

在周访问期间,对于1960年3月北平宣布的2 100万美元的经济援助问题显然很少进行细节上的讨论。周在公开声明中试图强调尼泊尔对共产党中国在经济上保持密切联系的接受能力,重新提到曾在1956年提议的修建一条加德满都-拉萨的公路的计划。但是柯伊拉腊在30日表示这个问题并没经过正式讨论,并补充说鉴于中尼贸易额规模有限,修建这样一条公路并无多少实惠可图。

访 问 柬 埔 寨

周恩来5月5～9日访问金边,这是在柬埔寨与其邻邦南越因暹罗湾柬埔寨沿岸岛屿归属权之争导致关系恶化的背景下进行的。周到达之前,西哈努克亲王已在某些场合警告说,如果南越和泰国威胁其存在,柬埔寨将毫不犹豫地求助于共产党中国,即使这样做可能招致君主制终结和柬埔寨共产主义化的后果。尽管西哈努克又略带痛苦地强调,周恩来的访问本身并不代表柬的中立主义政策有任何改变。

访问期间,周恩来公开重申中国将在柬与其邻邦的纠纷中支持柬埔寨。周通过加入西哈努克组织的对暹罗湾诸岛进行的视察使他的支持富有戏剧性,随后,他谴责南越,并将此争端与台湾海峡近海岛屿之争相比拟。周声明“六亿五千万”中国人民已做好准备帮助柬埔寨保持民族独立,当记者问及若柬遭到其邻邦侵略,共产党中国将采取何种方式援助之时,周回答说,“道义和政治”支持是肯定的,其他种类的援助将根据“柬政府的需求,我们可能的部署以及当时的具体情形而定”。最后通过的联合公报无伤大雅,它包含有关和平共处五项原则、对殖民主义和种族歧视主义的一般性声明,以及对“通过武力占领邻邦领土的企图”的谴责。

周受到了西哈努克的热烈欢迎。他的访问显然给西哈努克、柬埔寨皇室和柬埔寨精英留下了深刻而美好的印象。其次,据报道,在中国做出援助计划的省区,周也受到了相当普遍的关注。但是,金边显然以一种冷淡的态度迎接周,甚至可以说,一些闲杂人等也被柬埔寨政府杂乱地组织起来进行一场欢迎仪式。

没有证据表明周正式将共产党中国置于保护柬埔寨领土完整的境地,并且事实上有传闻说西哈努克向法国大使保证中柬之间没有任何秘密协定。但是,访问无疑增加了柬埔寨一旦遭到泰国或南越的侵略可以指望得到中共实际援助的信心。当然,西哈努克也认识到此次访问可能会加重泰国和越南对柬埔寨左倾政治趋向的疑虑,但他同时或许也希望周的警告会督促西方在泰国和越南与柬关系上对泰、越做出更大限制。

访 问 北 越

　　5月9~14日周对北越的访问为考察老挝、南越和柬埔寨三国的局势提供了机会，但是双方签订的标准联合公报和其他发表的材料并没有涉及北平和河内未来的行动的任何明确迹象（访问期间双方亦未发表任何双边军事谈判的公告，而此类谈判在1959年共产党中国庆祝建国十周年时曾经出现过，但是一些有关军事事务的谈判仍有可能在河内出现）。此外，中共和北越领导人还就两国在经济、文化和科技领域发展关系的问题进行了探讨。

　　关于老挝、南越问题，周恩来访问期间发出的声明表明共产党中国对这些国家的局势不满，并要求执行1954年签订的关于印支问题的日内瓦协定。5月14日发表的联合公报强调指出，继续维持老挝当前形势是危险性的，并指控美国对老挝外交事务的严重干涉。同时它也提到存在通过和平协商来恢复老挝正常状态的可能性，并继续重复了类似共产党中国所提的要求：在老挝恢复国际监督和管理委员会的职能，并释放老挝政府监禁的领导老挝爱国阵线运动的共产党领导人。周在5月10日的演说中强烈抗议南越增加美国军事顾问和援军数量的企图，联合公报谴责美国正在南越加紧扩军备战。然而联合公报却对日内瓦协定在柬埔寨的实施表示满意，并赞扬西哈努克的中立外交政策是对捍卫印度支那和东南亚的和平事业所做出的重大贡献。

O. S. S. /State Department Intelligence and Research Reports，Part Ⅸ，China and India，1950－1961 Supplement，Washington，D. C.：University Publications of America，1979，Reel－3－0243

李玉青译，徐友珍校

国务院情报和研究署关于中国
外交政策走向的情报报告

（1960 年 7 月 28 日）

IR 8313

机 密

情报报告：中共外交政策的走向

（1960 年 7 月 28 日）

尽管在社会主义阵营到底应采取什么样的政策才算正确的问题上,北平方面近几周来发表的辩论性声明中态度有所缓和,但苏联最近向好斗姿态的转向,以及中苏分歧还未完全得到解决的可能性暗示北平事实上的外交行为或许也会变得更富进攻性。

自 1959 年秋以来,共产党中国在言辞方面的极端好斗和在具体外交行动上的相对克制形成了一个有趣的、但不能完全加以解释的对立现象。很多时候,共产党中国没有转向更具进攻性可以根据不同情况做出令人满意的解释。但是,我们认为其中仍然存在相当一致性的模式。

中共试图解决或缓和它与尼泊尔、缅甸、印度的冲突。虽与印度尼西亚的争执没有明显的缓解,但北平正在对印尼对待华侨这一在其看来无疑具有挑衅性和歧视性的政策做出反应。北平(和北朝鲜)对南韩危机的反应很大程度上仅限于宣传领域,而没有威胁要采取特别的行动。北平也许在造成南越共产党恐怖活动高涨中插了一手,但同样,无论是它还是河内均未做出具有威胁性的特别行动。共产党中国和北越近几个月对老挝的事态保持令人奇怪的缄默。“解放台湾”的议题在 6 月份曾一度很受重视,艾森豪威尔总统访台期间,中共曾重炮轰击金门,但是同时他们也没有较大的军事行动或暗示的最后通牒。北平继续发出关于美国空中和海上侵略的“严重警告”,但并不对任何一个它所宣称的侵略者进行打击。它亦没有退出在华沙举行的中美大使级会谈。北平的宣传试图在日本国内引发针对日美条约和总统访问计划的骚动,可能还伴之以对日本共产党更为具体的支持,但是这种暴力宣传主要致力于激起和支持日本人的反美情绪,而不在于共产党中国自己可能采取的行动。北平确实转向利用古巴和刚果的现状,但在这一领域,它肯定是躲在苏联的背后活动。

北平如此信奉好斗行动与其自身行动中的相对消极形成鲜明反差,它的这种做法只能部分地解释为它自己在多种世界形势下没有能力单方面采取有效的行动,例如,此因素将不能排除它在台湾海峡和老挝采取更好斗的行动。很可能中共认为具体行为上的好斗和口头上的好斗一样会使得它将美国描绘成几乎是世界上侵略行动唯一根源的这一努力遭到削弱。依此类推,北平继认定苏联接近西方为错误路线之后,将可能决定运用各种劝说技巧说服苏联转向,而采取直接的外交行动将是其最后一着。

最后,看来到 1959 年底,北平的外交政策的困境和它对苏联政策的顾虑促使中共对其对外政策的前提进行了基本的重新评估,可以理解的是,这种重新估价与随后的行动方案的启动之间将会有一段时差,特别是中方希望这个方案至少能够得到苏联的默认。

中苏外交政策上的分歧已完全解决,这一点很值得怀疑,但似乎双方已达成部分的谅解,有可能是在 6 月份的布加勒斯特会议①上达成谅解的(尽管《人民日报》关于布加勒斯特会议公报的社论并未就公报本身加以讨论,而是对 1957 年 12 月的莫斯科宣言②进行了讨论,表明其真正关心的问题决不是布加勒斯特会议公报而是别的东西;尽管布加勒斯特会议之后,一系列苏联的重要声明仍继续对北平的观点进行攻击)。此次和解中的一个因素是苏联更为好斗的姿态(这不能完全归结为北平的压力)。但是,至于双方是否有其他方面的让步尚不清楚。有迹象表明,莫斯科至少暂时地更加接近中共的立场,从而认为与西方协商的重要性应该降级,苏联可能希望将中共推向更难参与重要协商的境地。中共则可能至少会减弱对苏联外交模式和其领袖地位的公开挑战。因此,与 4~6 月份的声明相比,中共近几周没有发布意识形态方面的辩论文章。与此前强调战争不可避免形成鲜明对照的是,现在更为强调通过"斗争"阻止战争的可能性。

外交部长陈毅于 7 月 14 日发表声明,声称"迫使"美国"在面对困难时退却和在不同程度上接受和平共处局面"是可能的。同一天,在斯德哥尔摩的世界和平理事会上,中共代表声称,增强共产主义的力量以及加强"世界人民的斗争"可以"迫使它们(帝国主义国家)坐下来真诚地进行裁军谈判并在此问题上达成某种共识"。

然而,以上有关中苏和解的假设不可避免地带有猜测性。无论如何,中共都会继续高度强调"斗争"的必要性;7 月 14 日的两份声明都将反美势力"目前的局面"描绘为"形势喜人";陈毅宣称,"中国政府和人民坚定地支持"古巴、阿尔及利亚、刚果和日本的"人民斗争"。

7 月 14 日发表的两份声明是中共 7 月份有关该主题的两份最重要的声明。它们的类似性反映出它们有着相同的出处,而几乎所有的政治局成员自 7 月初以来均未曾露面,显示出这两份声明的出处应为一次党的高层领导会议形成的决议。

即便中共尚未完全形成总的政策路线,也几乎不论中苏论战的现状在和解还是继续争辩之间的变动几率,但苏联转向好斗姿态还是减少了莫斯科先前制定的最高政策对北平产生制约作用的可能性。如果中苏之间最终达成重大和解,那么苏联仍有可能加大对北平欲采取的任何行动的支持,并且北平和莫斯科可能会寻求更多的机会去压制它们之间的争论,

---

① 布加勒斯特会议,1960 年 6 月 24~26 日,彭真率中共代表团参加在布加勒斯特举行的社会主义国家共产党和工人党代表会议,就当前国际局势中的迫切问题交换意见。中苏两党代表团在会上发生了尖锐的意见冲突并进行了激烈的交锋。这次交锋其实是中苏两党关系逐渐恶化的一次爆发。——编注。

② 1957 年 11 月 14~16 日在莫斯科召开了社会主义国家共产党和工人党会议。由于中苏的共同努力,会议基本达到了增强国际共运内部的团结、扭转波兰和匈牙利事件后的形势和目的,会议一致通过了社会主义国家共产党和工人党的宣言,中苏关系也因此达到了一个新的高度。——编注。

通过具体行动,集团的力量将阻止西方在"革命"形势下或涉及其阵营成员的核心利益的情况下采取有效行动。

如果中苏分歧仍然尖锐,无论是出于对苏联进一步施加压力的愿望,或是出于对在一些特殊局面中需要采取行动以增进或保护自己利益的认识,北平都将在没有事先征得苏联同意的情况下采取行动。对共产党中国而言,台湾海峡和印支地区,特别是老挝,仍然能够为采取反对美国利益的直接行动提供诱人的机会(或许可借道北越通往印支地区)。

因此,在这个阵营政策转向好斗,而且这种好斗性的限度甚至连中苏自己也不甚清楚的时候,非常可能的情况是前面提到的中共言行不一的现象将因为行动上的好斗而非言论上的缓和来进一步减少。

MF 2510409 - 0255,The University of Hong Kong Main Library

李玉青译,徐友珍校

中情局关于中国在远东的能力和
意图的特别国家情报评估

(1961 年 11 月 30 日)

SNIE 13 - 3 - 61

机 密

特别国家情报评估:中共在远东的能力和意图

(1961 年 11 月 30 日)

问　　题

该报告旨在评估未来两年左右中共在远东的目标、自我定位、能力以及可能的行动路线;考察中苏两党关系公开破裂的突发事件将对这些方面产生怎样的影响。

结　　论

1. 评估时间段内中共几乎肯定不会试图用公开的军事手段征服任何其他远东国家。共产党中国领导人相信他们最终能以极小的代价和风险通过政治斗争手段达到他们在这一地区的目标。当北平认为条件具备时,他们将会努力补充更为常规的政治战形式,主要是由北平支持和指导的当地势力所进行的游击战和恐怖活动。(第 23、25 段)

2. 在任何情况下,中共都会抓住一切机会削弱美国在远东的地位并在那里煽动反美情绪。他们将努力在这一地区的亲西方国家中制造不满和动荡。(第 24 段)

3. 北平对于在极小风险甚至在不冒风险情况下公开利用军事力量以扩张其控制这一点根本不会感到内疚。他们将继续拒绝放弃使用武力占领台湾及其近海岛屿,但是我们相信,至少在所评估这段时期内,对美国报复的担心将阻止中共军事攻取台湾及其近海岛屿的企图。然而中共可能会在海峡地区采取有限的军事行动来考验国民党的防御和试探美国的决心或者引起世界关注所谓由于美国占领中国领土的一部分而给和平造成的威胁。(第26~27 段)

4. 北平不愿在远东发动一场军事入侵将肯定不会阻止它对任何美国或东南亚条约组织所采取的在北平看来危及其安全的行动做出激烈的反应。例如,如果东南亚条约组织(或者仅仅是美国的武装力量)到达老挝和南越的防御区,北平的反应可能是增加对老挝爱国战线党①和北越的援助,同时在它的南部边境部署大量正规军。在更极端的形势下,当东南亚条约组织和美国的行动对北越构成威胁而北越的力量无法还击时,中共几乎一定会公开地以武力介入②。如果这一行动威胁到共产党在老挝北部的地位,中共也将可能公然地以武力介入。(第28段)

5. 如果中苏关系继续恶化,例如恶化到现在阿尔巴尼亚和苏联关系的程度时,中共军事力量将受到某种程度的削弱,北平依靠苏联核保护的信心将会减弱。或许更重要的是,至少在短期内,中苏关系的公开破裂将会削弱中共从事政治战的能力,共产主义真正的基础将会动摇。中苏对亚洲其他国家共产党控制权的争夺将对这些党派产生破坏性的影响,并且必然从根本上暂时削弱他们从事颠覆活动的效果。(第30~31段)

讨　　论

一、目　标

6. 共产党中国在远东的长远目标是使这一地区在北平的领导之下全部共产主义化。除此之外,它还有许多过渡性的短期目标,这些目标代表了迈向长远目标的台阶。它们包括:巩固共产党中国的大国地位;在整个远东地区,特别是在台湾,减少并最终消除美国的军事存在,消除美国的影响力;瓦解和颠覆亚洲的非共产主义政府;伺机在该地区的某些国家发展共产主义。正是这样一些过渡性的目标,将会间接地形成所评估的时间段内共产党中国的政策。

7. 苏联有可能在这些短期目标上与大体共产党中国一致,尽管他们在策略和时机(问题)上继续存在分歧。在远东,共产党中国比苏联有着更为直接的利益,北平似乎更急于推进共产主义,特别在那些美国有重要利益的地区。中国人在亚洲建立领导权的努力加剧了将共产主义世界分裂为以莫斯科和北平为两个互相竞争的对立阵营的趋势。我们相信莫斯科将努力保持其对远东共产主义运动的领导权,正如在世界其他地方一样③。在那些北平的影响使苏联不再有可能掌握领导权的地方(例如北朝鲜和北越),莫斯科将尽力保持至少(与北平)相同的影响力。

二、北平对局势的估计

8. 共产党中国领导人相信开展大规模的反殖民运动、共产党领导下的革命运动的世

---

① 老挝爱国战线党,老挝左翼政党,致力于共产主义和反对殖民主义的斗争,有自己的武装力量。——编注
② 原注:北平对美国在南越间接行动可能的反应,参见1961年11月7日的题为"中共对美国在南越某些行动可能的反应"的绝密文件(SNIE 10 - 4 - 61)。
③ 原注:这份评估的一至五部分假设中苏关系在未来的一两年内不会恶化到破裂的地步,两党之间公开破裂的突发事件在下面的第六部分将予以考虑。

界形势业已成熟。他们相信社会主义集团的军事和政治力量已经增强到在一场军事决战中西方不再能够确保取胜的程度。他们也许会估计,即使西方势力在不发达的、非共产主义的国家支持本土势力反对左翼革命,但对卷入大规模战争的恐惧也会阻碍其采取有效而直接的行动来对付革命。他们以古巴为例来证明他们是对的。他们也许还会认为即使发生一场大规模的战争——当然这种情况是不大可能的——战争带给主要欧洲国家甚至苏联的危害都要远大于共产党中国。尽管几乎可以肯定,他们对世界大战后果的敏感度比他们更为激进的言论所表现出来的要高得多,但同他们的苏联同伴相比较,他们对这种可能性的敏感度则要低一些。

9. 在指导非洲、拉丁美洲,特别是亚洲其他不发达国家问题上,中共认为他们自己的经验比苏联的经验更值得借鉴。此外,中共继承了中华民族相对于其他亚洲民族传统上的优越感,并相信中国是这个地区天然的政治、经济中心。

10. 共产党中国领导人视美国为阻止他们实现其意识形态目标和国家目标的最大障碍。另外,他们也将美国看作是阻止台湾回归"祖国怀抱",完成中国革命的唯一力量。几乎可以肯定,北平认为一旦美国的军事力量从亚洲撤离,几乎不可阻挡的中国力量的跟进必将导致在远东地区出现一些易受共产主义影响和求助于共产主义的政权。

11. 我们相信中共领导层内乐观主义和热心的程度会决定它在强有力的和审慎的政策之间选择什么。迄今为止,国内困难似乎并没有对北平的对外政策产生直接的影响。然而,若长期日趋严重的经济倒退到了可能动摇北平领导人的自信心、并完全占据他们注意力的程度之时,我们相信北平对外政策主动性的广度和范围将可能减少。但是,国内困难不可能抑制北平追求那些看来不需要冒很大的风险即可达到的目标,也不可能阻止它在自己认为国家安全受到威胁的情况下采取直接行动。

三、采取军事行动和从事颠覆的能力

12. 中共军队构成了亚洲最为强大的本土陆上、空中和海上力量。但是,只有陆军的能力经受过长期大规模的进攻行动的检验。空军的能力主要用于空中防御,并对地面力量提供战术和后勤方面的支持。海军主要是一支防御性力量,它是被设计用来进行相对小范围的军事行动的。缺少核武器、中程和洲际导弹,以及许多其他先进武器,武装部门发现他们军力增长和现代化的计划同中苏关系不确定的进程联系在一起。在评估时间段内,我们预计中共制造核武器和导弹的国内能力将不会得到显著提升。①

13. 中共以其现有力量能够在大陆上实施大规模的地面战斗。除非遭到包括美国在内的西方力量的有效抵制,他们几乎可以肯定能够夺取东南亚的大部分、朝鲜半岛和台湾。在

---

① 原注:正在准备中的 SNIE 13-4-61 文件"中共先进武器的计划"将对中共制造先进武器的能力和前景进行综合分析。

评估期内,中共只有很小的能力在周边以外的地区发动大规模进攻,同时,中共也只有有限的能力去应对现代化的训练有素的力量所发动的空袭。

14. 中共力量的优势已经成为远东其他国家越来越关心的问题。对共产党中国实力的恐惧以及随之而来的不愿去刺激或冒犯北平,增加了这些国家中的一部分在北平政治和军事压力面前的脆弱性。

15. 共产党中国有相当的能力在远东国家中进行宣传和发动政治攻势。对于那些相信自己正在遭受殖民主义影响和政治、经济落后之苦的国家的人民——北平认为中国人最近才使自己从中解放出来——北平给予了许多的"理解和同情"。经济援助计划提供了一种极具渗透力的手段,这种方式很受北平的重视,以致在过去的一年中,尽管自己正经受严重的经济困难,北平对非本阵营的亚洲国家做了超出 1.41 亿美元援助的承诺①。但是,也有可能是北平高估了自己兑现这些承诺的能力。

16. 北平能够努力使用多种方法发展在非共产主义国家的颠覆能力。它可以将其土地革命作为范本提供给希望"解放"自己的国家并使之现代化的人民。中国人可以为其他亚洲国家合法的或非法的共产党提供指导和援助。在东南亚的一些地区,作为少数民族的华人是支持北平的一种潜在资源,是本地革命活动的焦点。中国可以为当地革命运动提供国际政治支持和反对合法政府(政治)的宣传。他们可以为反政府的游击队提供培训和支持。毛泽东的学说为实施"民族解放战争"提供了现成的指南。

17. 北平在远东非共产主义区域从事颠覆活动的绝对能力还因目标国家的脆弱性而得到提升。在这些地区,将民众支持的游击行动误导为国内叛乱以反对不受欢迎的政府(一定程度上而言,这些政府确实如此)相对容易。本地政府在大多数情况下如果没有外来帮助就不能有效地遏制这些反对势力。

四、对 外 政 策

18. 北平的对外政策受共产党人的目标和中国国家利益的影响。通常,但不总是,两者指向一致,也有可能是中共领导者没有意识到这两者之间还会存在冲突。他们可能坚信,对共产党中国有益的必然也对世界共产主义运动有益。自从 1955 年的万隆会议以来,他们对外政策的大体路线就是旨在树立强有力的国际形象,一种因为接受共产主义而使自己的国力猛增和一个能够为那些仍然落后和软弱的国家领路的大国的形象。

19. 同时,中国人的国家利益仍然具有相当的分量,即便在那些至少需要暂时牺牲共产主义目标的情况下。他们的对台政策至少部分的是民族主义的,因为北平宣称,夺取台湾是内政问题,即最终结束中国的内战问题。对印度尼西亚迫害海外华侨商人一事做出相对强

---

① 原注:在过去的一年中,共产党中国总的援助承诺高达 5.02 亿,其中 2.82 亿给阵营中其他国家,2.2 亿给非阵营国家。

烈的反应,反映出民族主义对共产主义路线的暂时胜利。为国家利益而牺牲共产主义目标的最突出例子是,北平在喜马拉雅山脉地区关于边界问题对印度奉行的进攻性政策。这种行为不仅与旨在寻求印度赞同和支持的国际共产主义政策相冲突,而且构成了印度共产党软弱和分裂的主要原因。

20. 第三个因素——苏联的态度,它是中共许多对外政策决策的背景。尽管在远东的政策上北平可能比莫斯科的风险更大,但它们之间仍有大部分政策是交叉的。虽然北平要依赖莫斯科的核保护这一事实能够(使苏联)限制那些被认为是过分冒险的中国政策,但这还是给了北平相当大的灵活性。另一方面,中国人有可能仍这样估计,最终苏联是不会眼睁睁看着共产主义在中国被打败的,因此,即使苏联不赞同北平的政策,但仍然不会袖手旁观。

21. 北平对亲西方的政权和善意中立的政权采取区别政策。因此,它对南朝鲜、日本、南越、泰国、马来西亚和菲律宾政权实行了不同程度的蓄意宣传攻势和颠覆行动,同时对那些中立政权,例如缅甸、印度尼西亚和柬埔寨则提供经济援助。即使在这些中立国家中,共产党中国也会利用一些共产主义的或者亲共的因素,来反对当局向西方靠拢。

22. 为达到消除美国在远东的影响并将自己建设成这个地区占统治地位大国的目的,北平可能已将夺取台湾和使日本、印度共产主义化作为它的战略中最为重要的目标。但是,就时机而言,南越和老挝是近期的主要目标。如果国内力量允许,中共将追求和扩大其在东南亚和其他地区的渗透努力。

五、可能的行动方针

23. 在评估时间段内,几乎可以肯定,中共将继续主要运用共产主义政治战的方法在远东追求其过渡性目标。北平将试图利用其大国形象进行这样的宣传:与中共为敌是危险的,共产主义是未来不可阻挡的潮流。同时,它也将努力使其邻邦相信,中共是一位乐善好施的巨人,它不仅不会给那些没有与西方结盟的国家构成威胁,而且非常愿意对这些国家慷慨解囊,提供大量援助。

24. 尤其是,北平将抓住一切机会去破坏美国在远东的地位,去消除美国在该地区的存在和影响。要在美国的基地问题,特别是在冲绳和日本的基地问题上施压,会把远东任何地方的经济困难都归罪于美国的政策。北平将继续努力利用这一地区任何团体或阶层群众的反美情绪,将利用(人们)对核战争的恐惧,将那些亲西方的国家推向中立主义。

25. 中共几乎肯定相信,在非共产主义的东南亚,如果没有美国的支持,这个地区的任何政府都会在非常短的几年内被政治-游击手段推翻。在此基础上,北平将继续努力削弱美国对这些国家支持。当共产党中国领袖们估计一个亲西方的国家的国内情况足够虚弱时,他们就会加强在这些国家的政治行动,辅之以游击-恐怖战术来反对现政权。这些行动将由当地力量(通常由中国培训)来完成,中国则提供技术人员和顾问。几乎可以肯定,中共觉得他们可以通过这些方式以很小的代价、冒相当低的风险,在一段时期内达到他们的目标。

26. 一般而言,中共几乎不会认为为了扩大自己的影响或使其他国家共产主义化,需要诉诸公然的军事侵略。另一方面,当使用军事手段只需冒很小的或者根本不冒风险就能扩大他们的控制范围时,他们将全无内疚感、不受良心谴责地加以运用。因此,他们无情地侵占了西藏;他们在喜马拉雅山地带对印度军队动武;他们在收回台湾和近海岛屿问题上拒绝承诺放弃使用武力。

27. 我们相信,近两年内北平将不会对印度采取大规模的军事行动。对于台湾和近海岛屿,几乎可以肯定,对美国报复的顾虑将迟滞北平的军事征服行动。北平可能会完全意识到在台湾海峡进行有限行动将使之遭受即使不是失败也是无法抽身的风险。不过也有可能,在评估时间段内,北平可能在台湾海峡采取有限行动,以此考验国民党的防御、试探美国的决心,或将世界的注意力引向"和平的危险来自美国对中国一部分领土的占领"这一说法。

28. 几乎可以肯定,虽然北平不愿在远东发动军事侵略,但是对任何在它看来威胁到其自身安全的美国或东南亚条约组织的行动它都会作出强硬反应。例如,如果东南亚条约组织(或者仅仅是美国的武装力量)到达老挝和南越的防御区,北平的反应可能是增加对"老挝爱国战线"党和北越的援助,同时在它的南部边境部署大量正规军。在更极端的形势下,当东南亚条约组织和美国的行动对北越构成威胁而北越的力量无法还击时,中共几乎一定会公开地以武力介入。① 如果这些行动看似威胁到共产主义在老挝北部的地位,中共也可能会公开武力介入。

六、中苏决裂的可能性

29. 这份评估前面部分假定中苏争论可能继续发展但不会恶化至两党关系公开决裂的程度。但是,既然这种决裂至少也是可能的,我们认为考虑相应的后果也是有益的。

30. 如果中苏关系恶化到像现在阿尔巴尼亚和苏联关系的水平,共产党中国现在来自苏联的甚至最低限度的军事供给、技术援助、经济合作均将被剥夺。用自由世界这个来源代替苏联来源,将需要经过艰难的经济调适,并将减缓经济增长率,特别在油料方面更是如此。而且,中共将不得不依赖相对脆弱的海上运输线而不是安全的陆上运输线。另外,北平在发展核武器和导弹方面的进度将会受阻。这些能力的降低本身将对北平在远东地区积极追求的目标的范围造成一定程度的限制。但是,一个更大的制约因素可能是,北平不能指望苏联的核支持将产生的巨大的不踏实感。

31. 也许最为重要的是,中苏公开决裂也将削弱共产党中国从事政治战的能力,至少在短期内如此。共产主义运动的真正根基将会动摇,中苏争夺对亚洲其他共产党的支配性影

---

① 原注:北平对美国在南越间接行动可能的反应,参见 1961 年 11 月 7 日的题为"中共对美国在南越某些行动可能的反应"的绝密文件(SNIE 10 - 4 - 61)。

响的竞争将对这些党派产生分裂性影响，并将暂时地实际上削弱它们作为颠覆手段的效用。但将使那些北平最终成功建立自己支配地位的党派的政策变得更为激进，并会对这个地区非共产党的政府产生更大的威胁。这种情况下，内部动乱和不稳定将在受到波及的国家增长，游击战将在比目前更大的范围内展开。

军 事 附 录

一、陆　军

1. 中共地面部队人数有 260 万的规模，这个数字和前几年基本相当。他们的主要成分是 158 个作战师，其中包括了 102 个步兵师，而这些步兵师构成 34 个军的有机组成部分。这些兵力的大约 2/3 现在被部署在重要的边境线上或者是具有战略意义的地区。其中 8 个军，加上 6 个独立师驻守在与朝鲜接壤的沈阳军区。6 个军和 3 个独立师驻扎在与台湾省相对的沿海省份，还有 4 个军和 1 个独立师分布在从东南亚的缅甸到海南岛边界沿线。（这些兵力不包括独立防空和骑兵单位）

2. 剩下的陆军作战部队（大约 45 个师）作为战略后备队，一旦任何地区的军事行动需要均可供调遣。[①] 中共极有可能在美国未及时发觉之前将一支由一个或两个师组成的陆军力量部署在与老挝和北越接壤的边界上。中共可能在战争开始的 15 天内（D＋15days）从其战略后备区调遣大约 20 个师到朝鲜，10 个师到台湾的对面地区，8 个师到东南亚地区。在中共发挥最大潜力且没有任何阻碍的最理想状态下，45 个师的整个战略后备队将在 30 天内集结到与北朝鲜毗邻的地区。在 55 天内到达台湾海峡对岸，在 80 天内到达东南亚的边界地带。在任何情况下，集合起来的兵力数量总会远远超过能够有效地加以调遣的兵力（尤其是万一与北朝鲜和北越的部队采取联合行动之时）。此外，他们的数量很有可能会超过中共所能承受的将其输送到并提供足够给养以保证其到达目的地的能力。

3. 尽管存在技术和后勤供给方面的局限性，中共步兵仍显示出其在需要耐力强、反应快和效率高的战事方面的优势。在地势、气候和供应极端不利的情况下，如在东南亚可能遭遇的情形，红色中国的步兵就已证明了自己是一支坚韧、顽强的军队。

二、空　军

4. 中共的空军和海军航空兵是一支拥有大约 3 000 架各式飞机的联合力量，其所拥有

---

① 原注：参见附录后面的前线力量和后备力量的规模和部署图（"table 1"）。（图表不清晰，略去。——编注）

的飞机总数几乎是远东非共产党国家飞机数量的总和。在 1963 年年中,他们的飞机总数预计会略小一点,但是性能更好的飞机的数量将有所增加。它包括将近 200 架"农夫"号①或许还有一些"鱼窝"号②。如果苏联决定向中国转让或帮助中国生产"獾"③,一些中型喷气式轰炸机(jet mediunm bomber)(可能不足 20 架)将被分配给空军。④

5. 评估时间段内,大陆中国主要的地面纵深防空依靠高射炮,总共有 3 100 门左右(1 700 门轻型的和 1 400 门中型的)。这些武器的四分之三都是旧式的 37 毫米和 85 毫米口径。剩下的则包括了一些比较现代的口径为 57 毫米和 100 毫米的大炮,还可能有一些口径为 130 毫米的大炮。到 1963 年中叶,我们预计将有一半的高射炮会是比较先进的 57 毫米和 100 毫米口径的。这种稳步增进并不指望在大炮的数量上有同步的增长。

6. 红色中国的飞行员自 1958 年遭遇了与中国国民党军队发生冲突的尴尬之后肯定采取了措施来提高他们的战斗力,尽管实际上提高的程度还不能精确估计。另一方面,油料缺乏继续限制训练时间并使得长时间的军事行动无法进行。另外,空军力量在天气恶劣的情况下可以作战的飞机非常有限,而且还缺乏使用核武器的能力。

三、海　军

7. 中共的海军主要是一支防御性的力量,从事进攻性作战的能力有限⑤。它的主要任务是沿海防御和控制领海,我们认为其总体实力和效力仅够抵御来自二流的海军强国的入侵。在他们自己的海岸线领域,他们拥有得到改进的鱼雷快艇的突袭作战能力和重要的攻防布雷能力。但是一旦发生重大战事,其针对西太平洋运输线的潜艇作战能力很有限。

8. 海军可以在出其不意的情况下对近海岛屿发动水陆两栖进攻。据估计,当前在海军直接管辖下的常规登陆艇的运载能力为配备装甲师和炮兵师的士兵 2 万～2.5 万之间,(装甲师和炮兵师被限制在具有机运输力的 20%～50%)。如果只运输步兵部队,那么将可以最多运送约 6 万名轻装步兵。

9. 很多严重的缺陷限制了海军的整体能力。缺乏主力舰和扫雷舰,缺乏一支能够支撑消耗战的辅助力量。缺乏一个适当的取代旧式水陆两用船的组建计划。小型的巡逻艇将以适中的速度继续修建,主要目标是取代旧式建制。海军未来的发展将会与中苏冲突的发展趋势密切相关。由于苏联撤回其技术和物质方面的援助,四个"W"级潜艇的建造将被严重延误。尽管我们认为有关这方面的工作已经重新开始,但没有任何证据表明有苏联的援助。

---

① 即苏联的米格-19 歼击机。——译注
② 即苏联的米格-21 歼击机。——译注
③ 即苏联的图-16 轰炸机。——译注
④ 原注:参见"table 2"对空军现在的实力和 1962 年下半年到 1963 年上半年可能达到的实力的估计。(图表不清晰,略去。——编注)
⑤ 原注:参见"table 3"对中共海军船舰军力的估计。(图表不清晰,略去。——编注)

四、先进武器①

10. 中共目前拥有先进武器的能力不足：没有核武器，导弹能力也只是刚刚起步。在导弹和核领域都得到了来自苏联的帮助，但是 1960 年 8 月苏联大多数技术人员的撤离使得中国在这些领域随后的发展速度成为问题。毫无疑问，北平必须将尽可能迅速地发展其导弹和核能力视为头等大事，它将在苏联帮助建立起来的基础上继续进行建设。此外，中国可以利用大量这个领域的公开资料，还能照搬对他们有用的苏联模式。

---

① 原注："中共先进武器的计划"(SNIE 13-4-61)正在对中共制造先进武器的能力和前景进行综合分析。

中情局关于法国对中国政策评估的特别报告

（1963 年 9 月 6 日）

NLK 77－932

机　密

特别报告：法国对中共政策的再评估

（1963 年 9 月 6 日）

又有传言说戴高乐正在酝酿一些有关共产党中国的新的动议，以期作为紧随法国没有参加的三巨头会谈之后①重建法国声望的手段。这些流言很明显起源于法中双方都反对核试禁条约的背景之下，并反映出法国一直坚持的观点，即北平的参与对任何裁军谈判的进展都是必不可少的。法国一直和美国一起投票反对北平加入联合国，但不论是在此问题上还是在对华关系问题上，法国的政策并不僵硬，而且巴黎现在可能看到了在这两个问题上作些调整可能获得的战术上的好处。除了可能在贸易领域外，中国人还没有表现出任何回应法国提议的意向。基于这种情况，特别是在北平对所谓的"两个中国"的解决方案仍然非常反感的情况下，法国可能只会做些外交姿态。

戴高乐在对华政策上两面下注

自从 1958 年戴高乐掌权以来，他表示，只要对法国国家利益有利，他将在承认共产党中国的问题上支持美国的立场，这种两面下注以规避风险的政策为一再出现的法国即将提议与北平建立更紧密关系的流言提供了肥沃的土壤。

这些年来，北平对阿尔及利亚临时政府的承认排除了法国改变（对华）态度的任何可能性。现在阿尔及利亚的独立消除了这一障碍，于是有新的猜测指出，戴高乐可能与中国建立外交上的联系并支持其进入联合国。

但是，外交部官员仍旧否认"目前"法国有任何对中国的新动议。

政策背景改变

目前这个问题的重新提出，可能是由法国被排斥于近期英美与苏联的谈判之外所引起的。一个广为流传的预测指出，戴高乐此时可能看到需要一个引人注目的姿态来表明法国的大国地位。戴高乐本人可能不会因法国的被孤立而不安，但许多法国官员开始感觉到被莫斯科禁止核试验条约谈判拒之门外是一个严重的错误。他们担心这样下去会让人产生这

---

① 指美、苏、英三个核大国围绕禁止核试验所进行的一系列会谈。其最新的进展是 1963 年 6 月 10 日肯尼迪宣布三国首脑已同意在莫斯科举行关于禁止核试验条约的谈判。7 月 25 日，三国代表草签了《禁止在大气层、外层空间和水下进行核武器试验条约》（部分核试禁约）。8 月 5 日三国外长在条约上正式签字。——编注

样的印象,就是在未来类似的重要谈判中,例如互不侵犯条约和德国问题,法国将是一个受到限制的或者附属角色。

在这种情况下,戴高乐可能得出结论,该是时候提出进一步的动议以挤进国际谈判的中心并表明法国的独立地位了。他也许会将莫斯科和北平之间关系的改变看成一个可以利用的机会。在7月29日的新闻发布会上,他表达了要求四大核国家举行裁军会谈的意图。法国始终坚信北平的参与将对任何重要裁军谈判都必不可少,且戴高乐可能期望使裁军问题尽快发展到摊牌的地步。

据报道,法国原子能委员会委员弗兰西斯·佩兰(Francis Perrin)相信,中国已经拥有一个小型核弹并最迟将在1963年12月之前对之进行测试。类似这种建议只会增强戴高乐的信念,即将北平带入外交会谈的正常轨道已经刻不容缓。

可能的行动路线

戴高乐派的某些官员已经被确认为是有关戴高乐正在重新审视法国对华政策的报道的源头。在瑞士,法国外交部对与中国人员进行外交接触的限制已经解除了,虽然这一改变很明显是为了便利贸易关系。7月末,有报道称新华社巴黎分社的负责人建议法国应承认北平,但没有提及日期。法国公众中许多人当然会赞成此举。

不论如何,法国无意于促进与台北的更进一步接触。春末,巴黎拒绝了国民党希望提高其代表级别的请求,即从现在的代办级别提升至大使级别。

也有一些迹象表明,法国甚至会采取主动,寻求北平加入联合国问题的解决方案。据可靠报道,爱丽舍宫的一位官员指出,戴高乐计划支持北平在1963年底之前加入联合国。虽然在联合国大会最后阶段的会期中,反对做出改变的声音会比平常更为强烈,但法国外交部官员们仍然坚持认为,现状只是暂时的,而且会找到一个新的解决办法。

该主题可能会与法国扩大安理会的计划并案提出,由于近年来联合国成员国规模扩大,扩大安理会的提议日益付诸讨论。尽管法国外交部可能对这一建议的被采纳未作太大指望,巴黎仍然能够注意到提议变更可能获得的策略上的好处。这种想法很受非洲国家的欢迎,包括法国的前殖民地布拉柴维尔集团①,上届会期在很大程度上正是由于布拉柴维尔集团的支持,台北的席位才得以保住。不能排除法国利用这一突破口来讨论中国问题的可能性,因为要修改联合国宪章就必须扩大安理会。

如果布拉柴维尔集团的投票立场发生总体上的转变看来是可能的话,戴高乐就会做好准备在这一问题上采取行动。尽管该集团不愿看到台湾从联合国中排除出去,但它的成员们不得不接受这样的观点,即"已经不可能再忽视北平的存在"了。如果它们今年在解决中国席位问题上弃权,赞成北平的票数将第一次接近多数票。此外,鉴于包括布拉柴维尔集团在内的非洲国家对美国在葡萄牙领土问题和南非种族问题上所持立场的不满情绪,它们可

---

① 1960年12月由喀麦隆、刚果(布拉柴维尔)、象牙海岸(今科特迪瓦)、达荷美(今贝宁)、上沃尔特(今布基纳法索)、毛里塔尼亚、尼日尔、塞内加尔、中非、加蓬、乍得、马达加斯加等12个法语国家组成。——编注

能更容易受到法国对中国席位问题所采取的行动的影响。

北平和台北仍然拒绝任何会在联合国内产生两个中国的方案。戴高乐可能想利用此问题,呼吁国际社会认识到中国问题一揽子解决的必要性。即使没有产生立竿见影效果的解决办法,巴黎可能预见到推动该问题讨论的一些益处。

贸易

扩大中法贸易关系的愿望是促使巴黎改进它与北平关系的一个次要的附加因素。尽管法国与中共的贸易向来都不是至关重要的,但两国都对其扩大表现出一些兴趣。法国的一些公司一直被中国市场所吸引。北平已向法国派出贸易使团,但他们只看不买,而且仍然没有证据显示中国决定购买。1962年中国向法国购买了50万吨小麦,而且会在1963年进口大约70万吨。但并未签订任何今后从法国进口小麦的合同,(中国)从加拿大和澳大利亚的进口小麦(合同已经签订)会造成法国销量的下降。

在(法国)政府的默许下,一个由五位私商组成的代表团将在9月份访问中国。据报道,它将再次探索法国在中国建立常驻贸易代表的可能性。即便中国与苏联有纠纷,中法贸易明显扩大的前景并不明朗。虽然法国代表团可能成功拿到一些订单,贸易可能仍然还是不稳定的,而且水平相对低下。只要戴高乐还在掌权,商业利益可能就不会成为法国对华决策中的决定性因素。

前景

目前,戴高乐在针对中共采取的新动议问题上保持了很大的灵活性。尽管要从对北平的政策改变中获得持久利益的可能性几乎完全取决于中国人的反应,戴高乐仍可以从开始新的外交动议中看到一些短期的宣传效果,这些行动凸显了法国相对于美国的独立性和它的影响力。即便法国人没有立即采取主动,但是,他们可能如预见的那样表现出不断增强的承认北平全球重要性的愿望。

DDRS,CK 3100375111 – CK 3100375116

夏秀芬译,徐友珍校

中情局关于新华社对外使命的特别报告

（1964年2月7日）

SC 00605/64B

机 密

特别报道：中共驻外新闻机构的外交活动

（1964年2月7日）

　　北平的宣传武器——新华社①遍布世界的各个角落。它们宣传中共的成功，掩饰中共的缺点，并在与苏联在世界范围内的论战中为中共好战路线摇旗呐喊。新华社通常被描述为中共的"耳目"，是北平海外公开情报的主要收集者。此外，新华社工作人员经常奉命完成准外交使命和从事间谍活动。

　　对中共而言，由于在外交上没有得到许多国家承认，尤其是在拉丁美洲和非洲，新华社为北平提供了与这些国家的唯一官方接触渠道。新华社的工作人员已经不止一次被证明是建立更广泛外交和经济关系的有效踏脚石。

　　背景

　　在西方公认的观念中，新华社不是一个新闻机构。它并非独立的新闻采集组织——对新闻素材进行处理并向订户反馈；就像其他共产党国家的新闻组织一样，它主要是政府和政党的政治工具。正如北平的政党发言人陆定一②在1957年新华社成立20周年纪念日上所说的："新华社，就像政党，政府，军队和法院一样，是阶级斗争的工具。"在陆看来，新华社记者必须懂政治，并时刻准备从政治角度来思考，促进什么抑制什么，什么该做什么不该做。

　　新华社起源于20世纪30年代的红色中华通讯社（Red China News Agency），当时还是一个在大陆共产主义控制地区内为当地新闻机构提供材料的小的宣传渠道。1937年与国民党达成抗日统一战线协议后，共产党为淡化其共产主义特征，将"红色中华"改名为"新华"。其成长缓慢但很稳定。20世纪40年代初，新华社开始用英语向海外广播，二战结束前开始每天用莫尔斯式电码向海外播送，侧重宣传中共的抗日主张，即日本是英语世界的共同敌人。

---

① 新华社（NCNA），中国共产党领导的新闻通讯社，全称"新华通讯社"。其前身是红色中华通讯社，1931年11月7日于江西瑞金成立，和当时中华苏维埃共和国临时中央政府机关报《红色中华》合二为一，兼有新闻通讯社和报社的双重作用。1937年在延安更名为新华社。1949年新中国成立后，新华社确定为中华人民共和国的国家通讯社。——编注

② 原文此处人名为 Liu Ting-yi（音译刘廷一），疑为 Lu Ting-i（陆定一）的误拼。——编注

1948 年,新华社在布拉格开设了第一家海外办事处。在接下来的一年里,在共产党全面控制大陆之后,新华社在海外的活动迅速扩大。其分社很快在雅加达、仰光和新德里这类非共产主义国家的首都设立。1963 年底,已经新增 40 多家附属办事处,有中国员工和从本地招聘的特约记者 100 多人。①

从一开始中国人就面临人事方面的难题。通常情况下,要找到既有从事新闻事业的能力和外语能力,又在政治上可靠的人极为困难。新华社在一些大学里开设了新闻学院,但其重点似乎是在政治正统性上,熟练的新闻能力反而是次要的。学习的课程有大量马克思列宁主义理论并在报社工作半年。未来的新华社记者们在毕业分配后,政府各个部门中的党委会会进一步向其慢慢灌输政治可靠性。

为处理如潮水般涌入的素材,新华社北平总部招募了大约 2 000 名员工。总部员工中据说有大约 20% 是共产党员,分社的高层领导多为党员。关键性的联络可能就在吴冷西②的控制之下,他也是新华社社长和《人民日报》的主编。党对新华社事务的全部监管处于政治局两个人——主管宣传部的陆定一和陆的副手、党报主编陈伯达的手中。

在新华社总部,党员在对外新闻部的编委会中任职,负责监督每天从其驻海外记者和国外电台发来的报道中的筛选和转播 10 万字。在对外新闻部之上是中央编委会,它负责总的政策,并与党和政府的宣传机构保持密切联系。由于很多外来材料对对外贸易和对外事务部门有用,这些(外贸和外事)机构的代表们很可能和这个编委会密切合作。

外交行动

虽然新华社公开宣布的目标是收集新闻素材和宣传中共路线,但其代表经常出现在中共最著名的外交成就中。新华社在海外的作用及其与外交部的密切联系的一个显著例子就是曾涛的职业生涯,他是北平在阿尔及利亚的现任大使,很显然他是最近突尼斯同意与中国建交的关键人物。

曾涛得到外交部长陈毅的提拔,并在北平的外交圈里平步青云。他的第一次海外经历是作为一名新华社记者被派往古巴,在那里他的工作得到很高评价。正是他处理了中国同卡斯特罗政府的所有早期联系。作为新华社哈瓦那办事处的负责人,正是他领导了通向承认的谈判,也正是他签署了宣布同意(两国)建交的联合公报。1960 年秋天,曾涛还主持了中国在哈瓦那的国庆招待会,在两国建交约三个月后驻哈瓦那的代办到达之前,都是曾在行使北平高级代表的所有职能。

此时,墨西哥虽然否认它会承认中共,但正在走向与北平更密切的接触,新华社充当了推动派驻常驻代表的先锋。允许去年夏季到哈瓦那的新华社代表在商品交易会期间滞留的临时签证已经更新,而且政府还允许他们不受限制地进出墨西哥。在中美洲的邻近地区,中国不仅仅将开展宣传活动,新华社在墨西哥城建立永久办事处也将是可能的。

---

① 原文此处配有新华社主要海外机构地图,但原图模糊不清。——译注
② 吴冷西,中共中央资深编辑,先后任《解放》、《时事丛书》、《解放日报》编辑,新华社总社编辑部主任、副总编辑、总编辑,新华社社长等职,中共中央宣传部部长。——编注

在加拿大,与北平的更进一步接触事宜正在讨论之中,中国人提议建立一个新华社办事处,这是准备长期努力已获得更正式代表的公开……①。在意大利和西德,中共试图让对方接受他们的新闻代表。北平在该地区的一个主要目标可能是建立同欧洲共产党的新的接触点。

中苏分歧和新华社

北平越来越多地利用新华社来与苏联进行论战。1963 年夏天,中苏之间的争论公开化,新华社系统被用来在共产主义国家中散布反对苏联的煽动性宣传。8 月底,捷克人取缔、关闭了新华社布拉格分社。新华社布拉格分社是中国在东欧最早建立的同时也是一个主要宣传中心。新华社员工被驱逐,中国租用的连接北平、布拉格和哈瓦那的电报线租约被终止。布拉格一直是对非洲和拉丁美洲进行宣传的主要转播站,布拉格分部的工作仓促地转移到日内瓦和伦敦。

新华社官员的另一个作用是在世界范围内联络、帮助那些在传统亲苏共产党内部的亲中国的分裂组织。

例如在比利时,在本地共产主义领导者杰克格瑞巴(Jacques Grippa)的帮助下建立了新华社分社。不久杰克格瑞巴被开除党籍。但他的亲北平的持不同政见者们保持着同新华社的密切联系,而且有传言说他们接受了中国人的津贴。

据可靠报道,巴黎的新华社负责人已经得到关于在西欧开展反苏宣传战的详细指示。北平命令他着重物色与莫斯科意见不一的法国人、苏联人和德国人。据报道,1963 年 3 月,巴黎的新华社分社雇佣了一家当地的印刷公司翻印和分发《人民日报》对苏联进行攻击的重要内容。

新华社意大利分社由意大利共产党配备职员,据说已经成功地避开了意大利共产党中亲苏联分子的监督和控制。它刊登一个每日简报,散布反莫斯科的恶毒言论,并计划出版一种进行亲北平宣传的杂志。《今日中国》(Cina d'Oggi),由中国驻伯尔尼使馆出资提供印刷设备。

地下活动

进行间谍活动并不是新华社的主要功能之一,新华社在亚洲之外的作用范围似乎太有限了,以致无法承担从事重大间谍活动的能力。大多数分社只配备了一到两名工作人员,他们忙于收集信息和散布宣传。况且,地下活动一经查出,将会损害新华社在客居国政府中的地位,因而从事间谍活动很可能在目前被认为是不值得冒的风险。随着新华社海外活动的扩大,中国人很可能越来越经不住诱惑而利用新闻记者的身份掩护来从事一些秘密活动。

然而,所有的新华社分社可能都进行了某些不为人知的活动。据传在拉丁美洲和西欧,他们对那些当地共产党中亲北平的派别提供津贴,并支付在中苏争论中宣传中国地位的印刷出版物的费用。许多新华社分社很显然都支配着比日常新闻开销大得多的金钱数目,而

---

① 原文此处的一个关键词模糊不清。——译注

且在一些地方,他们雇佣的员工比一家正常信息处理机构的合理需要要多很多。例如,在香港,他们有超过 100 人的员工数。

在法国,新华社分社与暗中活动的西班牙共产党代表有联系,并将中国的宣传材料偷偷带到西班牙。据报道,他们进行过好几次尝试,试图获取西方在欧洲的军事调遣的细节。据传言称,在里约热内卢,新华社分社正在资助和建议中巴文化会(Sino-Brazilian Cultural Society)从事秘密行动。

一些新华社代表个人被认为是大型的间谍活动网的掌握者,但证据往往无法证实。新华社驻(? 原文件此处字迹无法辨认)的记者高亮(音译 Kao Liang),就被描述成"中共东非情报局"的负责人。他出行广泛,经常访问乌干达、肯尼亚和布隆迪。他似乎与桑吉巴尔岛①的亲共首领有来往,而且他对这个岛的频繁造访中的有一次正好与最近的政变同时。

新华社的其他行动

比起北平那些刻板的外交官,新华社的记者们要更加活跃和富于个人魅力,而且行动更加自如。他们加入本地的左翼组织,经常作为演讲者出现,对海外华人、本地学生和文化团体大谈中国的成就。他们经常为北平的外语出版机构招募翻译人才,有时还成功地劝说掌握科学技术的华人从自由世界回到中国大陆。

新华社代表们也是北平海外旅行的主要推动者,为一些年轻有为的领导人提供付费的中国旅行,挑选左翼学生去中国学习。据报道,在法国,新华社的工作者们试图游说法国国民大会的代表到中国观光旅游。

每天,北平通过商业电报或者口头的新闻广播发送材料。在绝大多数有新华社的国家,这些材料随后被写成每日简报并送到本地报纸和外交代表们手中。新闻稿对亚洲事件和西方事态进行有选择性的报道,吹捧北平的活动并对美国及其盟国以及苏联的修正主义大肆讽刺挖苦。

这些每日简报甚至过分到会对当地政府进行肆意攻击。1959 年与印度尼西亚关于华侨待遇问题上的争吵中,这种出版物频繁公开谴责当地的印度尼西亚政府。在印度,1960年新华社出版物开始发表贬损性言论,最后发展到过于煽动性以至于 1963 年新德里强制他们停止(这种言论)。

即时展望

然而在接下来的几个月内,新华社这种在国际上表现出来的恶劣方式看来很有可能会减少。北平很显然又开始进行新一轮的政治攻势,旨在建立中共在国外的威望并构建与苏联对抗的更广泛基础。(北平)在与美国之外的非共产主义国家打交道的过程中表现得更具灵活性,回到有点类似于 1955 年万隆精神的状态还是有可能的。

尽管北平这股东风会用丝毫不会减弱的势头继续猛烈抨击华盛顿,但一段时间内它对

① 位于坦桑尼亚东北部。——译注

其他地区的冲击似乎会温和一些。为引导法国承认中国而使用的策略看来就是这种政治气候中正在发展的转向的一部分,这一策略旨在扩大中国在自由世界的存在并表明北平独立力量的增长。新华社作为中国人努力通过渗透和说服来扩大其代表的前沿力量,它可望与北平新的政策动向保持同步。

DDRS, CK 3100361234 - CK 3100361241

夏秀芬译,徐友珍校

中情局关于中国外交环境的特别报告

（1964 年 12 月 31 日）

SC 13884/64

机 密

特别报告：北平——外交的苦差

（1964 年 12 月 31 日）

　　近年来，驻北平的外国的外交官人数稳步增长，已有 300 多外交官驻在中共首都。然而，外部世界所能得到的有关中国内部事件的信息量并没有相应增长。尽管这些外交官想方设法试图穿透设置在他们周围的孤立的帷幕，但他们基本上仍然是一群闭目塞听的人。

　　为了保持最大限度的安全，并阻止本国人民与外部世界代表的接触，所有共产党国家都严格限制外交使团的活动。然而，和其他大国相比，中国人将此政策实行得更为彻底，并且成功地阻止了这些爱刺探情报的"野蛮人的使者"对其国家和人民哪怕是最表面化的观察。

　　荒谬的是，"新中国"的统治者们对外国官员驻在北平的看法与 19 世纪满清帝国官吏们的看法几乎一样。不能再将"洋鬼子"赶出紫禁城，19 世纪的清朝官吏们试图将数字保持在最小，并控制那些即便用疯狂的东方礼仪和外交礼节都不能将他们驱逐出去的外国人的行为。现今北平的模式几乎与此没有区别。

法国的例子

　　在过去的一年中，中国人不断强化争取承认和在海外建立大使馆的行动。但是北平很少鼓励互惠。以法国人受到的待遇为例，可以说明当一个外国在中国设立使团时，北平是如何表现的。巴黎于今年 1 月承认了共产党中国，法国代办也于 2 月份到达北平，以替中国人打开一个"通向西方的新窗口"。让他惊愕的是他很快发现中国人并不领情。

　　最初也是最恼人的问题是怎样找到让人满意的大楼，此问题至今还未解决。法国人原指望得到他们原来的使馆区，但中国人只提供了一栋位于新外交区域边缘的破旧建筑，就如一位外国官员指出的，"在去西伯利亚的半道上"。中国外交部随后通知法国人，并要求他们支付翻新的费用。法国人拒绝了，结果决定"暂时地"（将领事馆）设在外交官住宅区内另外两栋无法让人满意的大楼中。

　　在日常内务问题上，中国人也没帮什么忙。在为他们准备好房子之前，法国人在旅馆中住了几个月，随后他们发现他们对一些基本生活用品，包括提供厕纸等要求，都被温和地加以忽视。最后是法国人通过向其香港总领事馆紧急求助才解决了这个问题。

一旦领事馆开馆,法国人就开始发现,大使馆正常的活动在中国都意味着特殊问题。……①缺乏与中国人民的接触,也不可能了解这个国家正在发生的事,旅行受到限制,接触不到中国官员。这是所有外国大使,即使是北朝鲜和北越大使馆都面临的难题,虽然这些中国坚定的支持者会受到一些礼遇。

旅行限制

在中国国内走动受到限制,这是外交人员经常引述的问题。外交"旅行"通常被限制在以北平中心区为圆心,半径大概 18 英里的范围之内。访问诸如杭州、上海和广州等所谓开放地区的许可,必须由外交部长在至少三天以前提出申请。而访问中国其他地区的许可几乎不可能获得批准。旅行申请经常被完全忽略。这些限制的唯一例外是海边的北戴河度假胜地。然而,即使是在那里,外交家们也仅仅只被允许在少数规定的海滩游泳,而且如果没有中国官员陪同,不能划船垂钓。

可能为了对这些限制作出补偿,北平政府时不时向整个外交界提供在中国不同地方配备向导的旅行。这些公费旅游受到严密的监控以炫耀中国取得的成功并尽可能少地暴露真实情况。

……②去年秋天有一段摆脱寻常的例行公事的日子,外交官们在中国南部一次为期两周的旅行中,有时竟被允许周围无人陪伴的(短途)旅行,甚至可以自由拍照。事实上,比起派往北平的外交官们,外国旅行团在旅行上享有更多的自由,虽然在波将金(Potemkin)小道上,他们也为负责保卫这些外国人安全的"向导们"所苦。

生活寂寞

除在首都以外地区旅行时外交官们被禁止与中国人打成一片外,他们即使在北平,这方面也好不到哪里。中国政府试图通过在北平建立一个专门的外交隔离区,将外国官方代表与本地人隔离开来。1963 年夏天,绝大部分使馆办公处被转移到城东部的一个狭窄的"混凝土建成的现代恐怖"中。只有丹麦和屈指可数的几个国家得以保留他们在城中心附近前使馆区③的舒适老房子。

对绝大部分外交官的家庭来说,其生活空间就是这片戒备森严的外交隔离区内的一个公寓林立的街区。任何有足够胆量未经官方允许擅自造访这里的中国公民,都将受到门卫或者电梯员的盘问,他们将记下他的姓名并将询问上报。在这种情形之下,外交工作人员和本地人民之间很少接触。甚至他们与佣人之间的联系也被切断了,这些佣人均由政府指派,往往傲慢且难以相处。

这些隔离政策之外也会有一些例外,但中国公民和外国官员之间的友谊很少能够持

---

① 原文此处有不到四行未解密。——译注
② 原文此处有不到一行未解密。——译注
③ 即东交民巷,旧称江米巷,1901 年《辛丑条约》将这一地区划为"使馆界"。该处东起今崇文门内大街,西至今广场东侧路(中国历史博物馆在外),南抵城墙,北至东长安街路南。——编注

久。……①

北平的外交团体甚至很难与政府官员建立联系。……②常常要等很多天才能得到外交部的约见，而且还很少能见到高于副部长级别的人，而通常有十二位副部长。……③是这种有计划的官方无礼最经常的受害者。……④经常在半夜被中国外交部召集，以进行日常外交上的交流或者处理其他日常事务。

刻意怠慢和饱受煎熬

在中苏冲突和1960年苏联专家撤走之前，来自"兄弟"国家的外交家们得到特殊待遇。然而，自从中苏关系持续恶化以来，对共产党国家代表们的偏爱消失了，现在所有的大使馆享受的待遇大体相同。这包括同样受到一些琐碎的折磨，这种折磨使得在北平的任职充满艰辛。……⑤当……⑥要求对本区内的一起抢劫案进行调查时，中国人根本置之不理，虽然这些房子一直处于警察的保卫之中。

即使没有中国高级官员的刻意怠慢和那些傲慢官员的手下的刁难，北平仍然不是一个好去处。中共领导者近乎清教徒式的态度，使北平变得麻木不仁。除了那些大畏惧的政治纯洁的电影，以及只有少数外国人能够欣赏甚至理解的传统京剧外，娱乐少得可怜。

在日复一日单调的生活中，唯一的放松就是官方使馆仪式，以及在国际俱乐部内专为外国官员举办的非正式舞会。外交家们就是在这些场合下，通过与另一个外国人闲谈中获得他们大部分"情报"。既然绝大部分外交家们都与（中国）官方关系冷淡，他们与来自自由世界的同僚更加亲近，但这不过是为各种流言和臆测添些枝叶而已。

阴沉和寒冷还会继续

外交氛围在短期内不大可能发生重大改变。只要目前这一代中国领导人仍然掌权，外国大使们将会继续被认为是摆脱不了的魔鬼，仅仅是因为北平需要有自己在海外的代表才忍受他们的存在。外国大使们将会尽可能被隔离，并仅仅被用作日常外交事务的沟通渠道。

外交区的生活最终可能会舒适一些。一位曾于1964年9月访问中国的英国观察家报告说，7年前他住在北平时所感受到的紧张气氛现已大部分消失。他强调，现在外交招待会上能进行更多的闲聊，而且中国官员能更多地参与外事，且阻力要小得多。然而，不管是作为外国政府的官方代表还是个人，派驻北平的外交家们希望得到某种礼遇还需要很长时间，即便在世界其他地方，受到礼遇已成为大国、甚至共产主义国家首都的惯例。

DDRS，CK 3100107578 – CK 3100107586

夏秀芬译，徐友珍校

---

① 原文此处有不到四行未解密。——译注
② 原文此处有不到十四行未解密。——译注
③ 原文此处有不到一行未解密。——译注
④ 原文此处有不到二行未解密。——译注
⑤ 原文此处有不到六行未解密。——译注
⑥ 原文此处有不到一行未解密。——译注

中情局关于中国外交政策的国家情报评估

（1965 年 5 月 5 日）

NIE 13 – 9 – 65

机　密

共产党中国的外交政策

（1965 年 5 月 5 日）

问　　题

分析形成和指导共产党中国外交政策的原则和动力，并预测该政策在未来两到三年内的动向。

结　　论

1. 我们认为，中共的外交政策在随后几年的首要目标将是：（1）将西方，尤其是美国撵出亚洲，并削弱它们对整个世界的影响；（2）增强共产党中国在亚洲的影响；（3）增强共产党中国在世界不发达地区的影响；（4）全面排挤苏联在世界范围、尤其是在当前已陷入分裂的共产主义运动中的影响。（第 1 段）

2. 他们所追求的目标、方法及风格，是在意识形态、中国传统、目前中国领导人用以达到目的的权力机构、这些领导人的个性和经验等共同作用下形成的。因此，他们的外交政策在某些方面类似于试图通过进攻薄弱环节来消耗敌人力量的国际游击战。（第 2～16 段）

3. 因为意识形态和民族主义两方面的原因，中国视美国为其头号敌人。北平直接的安全利益和军事力量的有限使其主要外交政策努力将集中于破坏美国在远东的地位方面，尽管在世界其他地方中共也在使用这类他们所拥有的手段来削弱美国的影响。对于其他在北平看来在某种意义上也是美国剥削的牺牲品的资本主义国家，北平将试图赢得它们对中国大国地位的承认，同时削弱美国在这些国家的领导地位。（第 17～20 段）

4. 苏联日益取代美国成为中国外交政策的首要问题。中国承认苏联是共产主义国家的先驱和共产主义阵营中最有实力的成员。然而民族主义的以及意识形态的因素共同导致中共对苏联的巨大敌意。虽然中国领导人将继续试图推翻苏联当前的领导集团，但出现北平所希望的追随北平路线新领导人的可能性不大。在共产主义世界的其它地方,北平企图削弱或取代苏联的影响,争取或分裂共产主义政党和统一战线运动。(第21~24段)

5. 北平选择了不发达的、前殖民地世界作为它最有利的斗争舞台。在这个"第三世界"里,中国不仅旨在逐步削弱美国的力量,而且试图替代苏联的影响,还试图将自己确立为不发达国家的捍卫者和指导者。最能感受到北平外交政策巨大影响力的地区是东南亚。最重要的战场在印度支那,北平试图在此给予美国一个决定性和羞辱性的打击。迄今为止,中国领导人对美国在北越的有限进攻没有采取冒险的对抗行动,他们无疑试图避免更大的战争。不过,他们至少一直在为有限战争作准备,我们相信,假如他们感到其生死攸关的安全利益受到美国行动的威胁的话,他们将会冒和美国发生重大军事冲突的风险。(第25~28段)

6. 在东南亚其他地区,除非形势急剧改变,北平可能支持旨在保持甚至增强对美国施加压力的政策。北平似乎指望把非洲看作是充满机遇的第二大区域,并可能在那块大陆上增加它的公开的和颠覆性的行动。(第29~33段)

7. 只要共产党中国仍为当前领导集团所控制,这很可能超出我们估计的期限,北平的对抗性和攻击性的姿态将会保持不变。再者,尽管我们对中国下一代领导人所知甚少,但有许多理由相信在很长一段时间里,中国的外交政策将是过分自信和毫不妥协的。(第39段)

讨　论

一、中共外交政策的基础

1. 中共外交政策的最终目标是根据北平的马列主义武装革命理论来建立一个共产主义世界,但这是一个遥远的目标,更多的是一种希望和信念而不是直接的行动目标或目的。

在我们看来,中共更直接的目标是:(1)将西方,尤其是美国撵出亚洲,并降低它们对世界的影响力;(2)增强共产党中国在亚洲的影响;(3)增强共产党中国在世界不发达地区的影响力;(4)全面排挤苏联在世界上,尤其是在当前已经分裂的共产主义运动中的影响力。

2. 他们所追求的目标、方法及风格,是在意识形态、中国传统、中共现任领导人用以达到目的的权力机构,这些领导人的个性和经验等因素共同作用下形成的。在下面的段落里我们会详细地讨论这些基本因素。

3. 中国领导人都是具有牺牲精神的、甚至是狂热的共产主义者。他们对其所从事的事业的正义性、所坚持的主义的正确性以及对最后胜利的信念,支撑他们走过了28年艰苦卓绝的斗争历程,这28年让他们控制了大陆中国广袤的土地和众多的人口。而随后的胜利,诸如巩固国内政权、让朝鲜问题形成僵局、为争夺共产主义运动的领导权向苏联挑战以及1962年让印度蒙羞的短暂边界军事行动等,都进一步增强了他们对共产主义的信念。尽管他们在前进的道路上遭受了种种严重的挫折,但他们相信,只要这些原则被正确地理解和执行,让中国成为世界共产主义运动中心的长远目标就一定能实现。这种思想信念赋予了共产党中国外交政策一个救世主的角色,并给它提供了巨大推动力和承受力。

4. 北平世界观的形成主要基于共产主义信条。共产主义信条为北平提供了一个评估特定国际形势的框架。共产主义的意识形态也影响了它的策略并为其从事宣传和颠覆活动提供了特别有效的手段,这是一种为那些在世界舞台上没有强大物质基础的国家提供的特别重要的外交政策工具。

5. 长久积淀的中国性产生了一些心理、文化、历史和地理的因素,这些因素使得中共的外交政策与苏联或者波兰的外交政策完全不同。中国领导人追溯至少三千年的文化遗产。他们对其民族、历史、文化怀有一种强烈的中央意识,这种意识导致了他们在对待其他国家和民族时,往往以傲慢的和俨然恩人的态度自居,这也使他们对不管是真实的还是想象的怠慢或不尊敬极其敏感。这些已在18世纪中国与欧洲"蛮夷"的交往中露出端倪的特征被后来中国与西方的交往进一步强化。19世纪和20世纪初期西方列强强加的租界、势力范围和治外法权给中国人留下了伤痕,并使他们把自己归为殖民主义和种族剥削的受害者之列。

6. 北平的政策同样也是由共产主义者所谓的"客观情况"造成的。其中之一就是中国在物质上是一个不发达国家,它的武装力量既不能到达中国边界以外的地方,也不能进行高科技战争,而这方面美国和苏联都有能力做到,因此中国只能对其亚洲近邻形成直接的军事威胁。中国主要依靠进口机器设备和技术以实现经济和工业技术的快速现代化。1960年和苏联合作的真正终止使得加强和西欧、日本的联系成为必要。中国的农业被证明不能养活如此众多、不断膨胀的人口,这迫使北平在海外广泛购买粮食。另一方面,正是中国巨大的人口资源鼓励北平渴望成为一个占主导地位的世界大国,而使其对可能遭受重大人员损失的后果不会有太多的顾忌。因此,中国的人口众多与幅员辽阔使得中国领导人相信,从长远来看,无论遭到多么严重的军事惩罚,它能最终包围和歼灭入侵者。他们甚至发布了关于他们在一次核攻击后能够幸存的乐观声明。

7. 中共20多年进行游击战争夺取政权的独特经历已深深影响了中国领导人的思维方式。毛泽东和他的那些经验丰富的同僚们是如此善于将共产主义理论适应中国的经验,以致中国的和共产主义的因素在实践中有机结合在一起。而后在很大程度上,北平的对外政策就是将在长期的国内战争中发展起来的原理和概念推向世界舞台。的确,共产党中国的对外政策主要是革命战争的战略。也就是说,它显然是根据冲突而非谈判来设计与其他国家调整关系的。中共也鼓励和支持针对那些与中国的对手结盟者的革命战争,且任何妥协或让步,除非战术上的权宜之计,均被认为是投降。国际政治被看作是一场使对手不断受到骚扰和威胁的大的游击战。

8. 中共充分地证明了他们在面临几乎是看不到希望的逆境里仍然专注于长远目标的能力,并且时常以牺牲短期目标来坚持长远目标。长征结束时,他们的军队从30万锐减至2.5万,但他们坚持斗争直到他们将控制整个中国的那一天。他们强调持久战的概念,认为一个坚持正确的思想路线、团结而坚定的革命队伍能够最终拖垮松散的和缺乏献身精神的敌人,不管它当初具有多大的优势。他们相信,找准敌人弱点环节予以连续的打击必将消耗它的力量并使之最终处于绝对的劣势。这种坚韧不拔的政策与始终向前看的视野体现了共产主义和中国传统结合的思维方式。

9. 一个支撑中国人面对不确定的持久战仍然保持革命意志的重要概念在毛的"在战略上藐视敌人,在战术上重视敌人"的警句中得到了体现。这就意味着处于劣势的力量对最终的胜利必须有充分的信心——它必须藐视敌人的意志力和持久力,但在走向最终胜利的道路上,在与敌人所有实际的交战中,必须对敌人直接的优势力量,始终保持清醒的认识。据此,北平的对外政策有着巨大而危险的野心,但在实践中一直都是谨慎而现实的。

10. 中国领导人通过数十年的暴力取得了现在的政权,这导致他们在追求国家目标时极其强调暴力的效力和必要性。他们认为调整当前的世界秩序是无济于事的,必须摧毁它然后代之以共产主义的(中国式的)世界秩序。毛曾说:"枪杆子里面出政权。"由于不属于西方或苏联世界秩序体系中的任何一方,中国人在他们力所能及的地方能相对自由地鼓动和利用混乱。迄今为止,他们还没有能够按照他们的模式将这个世界组织起来。这使他们很少受到约束,能够自由采取游击攻势——采取突然袭击、扰乱及利用现状维护者的困难,以政治"在野的"立场来攻击"在朝者",谴责他们给这个残缺的世界带来的所有罪恶。

11. 中共领导人将世界各国分成以下三类:共产主义世界,包含中国和其他共产党国家;资本主义世界,由美国、西欧、白人英联邦国家及日本组成;第三世界,包括不发达的、前殖民地的、大多数亚洲、非洲及拉丁美洲的非白人国家。避开传统的大国均势政治,北平选择了同时挑战美国和苏联。但出于对美苏优越的物质力量的敬畏,北平力求避免和他们中的任何一个有正面的军事冲突,而将第三世界作为与它们角逐的主要场所。这也反映了在国内战争中中共所发展的把力量集中在不发达的农村而非城市的观念。

12. 在第三世界里,北平动用了所有的外交手段,并根据当地的情况来选择单独还是组合使用这些外交手段。在这一地区,中国人对使用暴动显然寄予了殷切希望,相信在当前条件下,只有在第三世界而不是发达资本主义国家才能产生重大的革命压力。他们设法促进和帮助当地任何可行的"解放战争"。中国人已经将毛的游击战概念提升到了世界革命进程的"规律"的层面。

13. 这个方法的独特之处在于低成本和低风险。它利用当地的人力,而且尽可能地利用当地的或俘获的装备。北平提供训练、顾问、有限数量的物资和大量的宣传支持。通过小的投资,北平给非洲和东南亚的反共产主义的力量带来很大的麻烦。中国在刚果是这样一个角色,假如在那里的暴动失败,北平以很小的牺牲便能脱身。在越南,其他的许多因素,包括地理位置靠近所起的作用,则使北平的风险要大得多。

14. 作为一个极权国家,共产党中国寻求一个总的对外政策;每次行动都被看作是政治行动。同时,它深知多数国家的多元性并运用它的政治手腕有选择地针对不同国家的不同目标。外交、贸易和援助,形式多样的宣传、颠覆和暴动、军事威慑,核讹诈——所有这些都在同时和按照认为合适的不同比例被使用。对于具有福音传道者性质的中国共产主义来说,宣传是一个有非常有效的手段,很适合一个物质力量有限的国家。中国人很擅长用它。例如,他们能为来访的显要人物制造一个热情洋溢的人民群众夹道欢迎的盛大的接见场面,这种场面对哪怕是久经世故的客人,甚至如巴基斯坦的阿尤布·汗,都会有显著的效果。旅行在外的每个中国人,从文雅敏锐的周恩来到出身卑微的杂技演员,都是北平对外宣传的活典型。

15. 在使用各种手段推进外交政策时,北平是灵活的、实用的和机会主义的。虽然共产主义的社会经济理论的影响可能有时会让中共误解一个具体的形势,但他们不让这些理论真正约束他们选择贯彻政策的方式。在只要目标正当可以不择手段的共产主义行为法则的引导下,他们也乐于使用违背共产主义具体理论的策略,如他们隐晦地提倡对白人甚至是信奉共产主义的俄国人的种族偏见。

16. 通过持之以恒、精力充沛地推行其对外政策,共产党中国对世界产生了远远超乎它的军事和经济力量的影响力。华盛顿和莫斯科都将自己大部分注意力放在他们和北平间的各种问题上,这种状况更多地是由于当前国际秩序特有的软弱性而不是中国政策的强有力造成的。非洲和亚洲殖民体系的迅速瓦解留下了政治真空,这种政治真空表现为变幻不定的国家联盟和长期不稳定。新国家因其软弱和缺乏经验的政府而极易站到北平一边。这些国家的人民抱着很高的期望值,面对无能为力的现实而倍感挫折,他们很自然地把他们的不幸归咎于诸如殖民剥削和种族压迫等外部因素。北平不难对他们的问题给出激进的"解决方案"。同样重要的是,在一个充满战争恐惧的世界,旨在推翻当前秩序的麻烦制造者是很容易得逞的。这倒不是因其智慧或力量而是其他人不愿接受挑战所致。

二、对资本主义世界的政策

17. 意识形态和民族主义的欲望共同促使美国成为中国的主要敌人。根据共产主义信条,作为资本-帝国主义世界的领导力量,美国是必须被摧毁的恶魔,只有这样才能证明共产主义信条的正确性和为迈向共产主义扫清障碍。从中国人的民族主义角度来看,美国是阻挠中国完成统一和遏制中国在东南亚扩张的障碍。对中共来说,美国在西太平洋的军事存在是对他们的安全的主要军事威胁。假如中国想控制远东的话,必须削弱且最终消灭美国在该地区的力量。

18. 共产党中国直接的安全利益和捉襟见肘的军事力量导致北平把主要的外交努力用于改变远东的力量平衡。它坚持不懈地激起远东人民的反美情绪、破坏美国的联盟及其军事基地协议。它期望能最终迫使美国放弃台湾。然而此刻北平的政策在越南遭到了最激烈和最严峻的考验。

19. 在世界的其他地方,中共千方百计削弱美国。他们的目标是在切实可行的地方支持和促进反对帝国主义的革命,并以之作为分散、排挤美国力量和让亚洲、非洲和拉丁美洲人民视美国为白人帝国主义压迫者的一种手段。

20. 而在所谓资本主义世界的其余部分,在北平看来这是一个中间地带,这些资本主义国家也是美国剥削的受害者。在这些国家中,北平设法树立中国被公认的大国地位,同时削弱美国的领导地位。北平已很快地利用和怂恿法国破坏西方团结的行动。中国人利用西欧国家对对华贸易的兴趣,通过大量派遣商务采购团,已经激起远远超出中国实际购买力的期望。对这个新市场的争夺导致西欧和日本的实业家不断向政府施加压力,要求改善和北平的关系。

三、对共产主义世界的政策

21. 近年来,苏联日益取代美国成为中国外交政策中的一个主要问题。在这个问题上,也是因为民族主义和意识形态因素的共同作用,导致了共产党中国对苏联强烈的敌意。北平现在将莫斯科视为与之争夺世界共产主义运动领导权的主要竞争者、意欲把共产主义运动引向修正主义、新资产阶级路线的死胡同的危险的复辟势力、一个拒绝给中国的合理要求予以适当支持的不忠诚盟友。中国领导人还深受传统反俄情绪影响,他们对沙俄对中国的领土劫掠记忆犹新、对苏联的种种轻蔑之举耿耿于怀,对中苏漫长的共同边境非常敏感,对苏联策反中国边民保持高度警惕。和苏联激烈的竞争有时能分散中国对美国的注意力,但中国时常是把反苏与反美同时并举,就如同它在越南所做的那样。我们相信,除非爆发一场大的国际战争,北平仍将继续攻击苏联的领导,超出评估期。

22. 虽然如此,北平对苏联的态度还是有些模棱两可。它承认苏联是共产主义国家的先驱和共产主义阵营里最有实力的成员。中国感到惋惜的是它正在被修正主义者引入歧途,故仍希望有朝一日出现愿意用苏联的力量支持中国线路的世界共产主义政策的苏联领导人。他们也很重视蕴藏在统一的世界共产主义运动中的巨大力量。然而这些他们用来破坏苏联现在领导力量的策略会分裂并且减弱这些运动。这还因为中国反苏情绪的民族主义方面是直接针对苏联这个国家和人民,而不仅仅是苏联领导人这一点而使局面更加复杂化。

23. 中国在世界范围内对苏联的领导地位展开了全方位的攻击。至少从 1960 年起,中共开始动用其有限的资源,发起了推翻苏联领导地位的攻势。他们很可能认为他们在推翻赫鲁晓夫的过程中发挥了重要作用,而且也不希望勃列日涅夫和柯西金政权存在太长时间。然而,中共不可能看到他们所希望的苏联很快将为一个支持中国路线的领导人控制的局面。在共产主义集团内部,中共鼓动像罗马尼亚那样的独立性,并尽可能鼓励像阿尔巴尼亚那样投靠中国的变节行为。在一些非共产党国家,例如日本和新西兰,他们已经赢得了对当地共产党的控制。在其他国家,他们正在推进党派分化。

24. 在共产主义联盟阵线运动方面,诸如世界劳工组织之类,中国人也试图夺取领导权,并使该组织倒向中共的好战政策。他们在限制和阻挡苏联参与各种亚非组织和会议方面相当成功。在可以预见的将来,他们可能继续其在世界左翼运动中取代苏联领导地位的活动。

四、对第三世界的政策

25.“亚非拉”作为一个习惯用语不仅出现在北平的对外宣传中，而且在其理论刊物和政治思想教育计划中也频繁出现。中共领导人宣称，亚非拉三大洲的不发达国家代表了世界的五分之三，他们的逻辑是，如果赢得这些国家中的大多数的支持，就能确保达到其最终目的。在第三世界，中共不仅旨在消耗美国的力量，而且意欲取代苏联对左翼运动的领导权；他们也希望在这一地区从事一些公共事业以确立他们作为不发达国家的捍卫者和指导者的地位。为了寻找他们之间最广泛的共同点，北平避免强调形式上的共产主义而侧重反对帝国主义、民族解放以及不公开的提倡反白种人的情绪。

26. 北平政策所产生的最大效果，也许就像他们所期望的那样，主要体现在对其亚洲邻国的影响上，目前其主要利益所及的地区是越南。尽管北平无疑对把南越纳入亚洲共产主义集团有浓厚兴趣，但是很可能他们更关心的问题是如何使越南局势的发展有益于北平反华盛顿和莫斯科的斗争。实际上，很多北越领导人对北平的政策总是最好地体现了河内的利益这一点几乎肯定持怀疑态度。

27. 北平视在越南的斗争为一个可以用来向所有心存疑虑者证实中共路线正确性的机会，认为借此可以证明美国是“纸老虎”，不管美国如何反抗，一场有正确领导的“解放战争”就能取得成功而不会导致大的国际战争。北平看来正在寻求一次能给美国致命和羞辱性打击的机会。如果共产主义能在南越顶住美国的军事实力，取得胜利，北平将会在世界事务中取得重大突破：共产主义分歧中的中国路线将会被证明是正确的，苏联领导世界运动的要求将会受到质疑；美国对抗当地游击战争的能力将遭到整个世界的怀疑，美国的威信也将严重受损。北平的傲慢和好斗性将会不断增加，同时其攫取共产主义运动和第三世界领导权的努力将会取得重大进展。另一方面，如果在南越没能取得预期的目标，这将会使其在其他共产主义国家和第三世界面前丢脸，并使其在世界事务中的发展势头受到遏制。因此，对中共领导人来说，现阶段的争夺比控制南越所下的赌注更大。

28. 也几乎可以肯定的是，北平急于避免越南战争升级为一场更大的中美战争，因为战争升级可能毁坏中国历经千辛万苦才得来的工业设施和先进的武器装备，而且最后还证明中国对世界共产主义政策所采取的路线有着危险的错误。尽管中国人对避免一场更大的战争有相当的自信，但是，他们正在准备应对美国可能对北越发动的进攻带来的有限的战事。迄今为止，他们还没有对美国在北越中部的有限空袭发动冒险的回击。无论如何，我们相信，如果中共领导人认为他们至关重要的安全利益受到美国行动的威胁，他们将准备冒与美国发生更大军事冲突的风险。中共也几乎肯定觉得南越的战事发展对他们极为有利。因此，他们几乎肯定会不失时机地鼓励越共和北越顶住美国的轰炸坚守阵地、继续维持或者增强对南越的压力。同时，他们将不遗余力地促使要求美国停止轰炸和撤出越南的国际和国内压力达到最大限度。

29. 在东南亚的其他地区,除非局势急剧改变,北平很可能继续其现有政策。在继续支持印尼反西方的好战政策的同时,控制中共自身的损失和风险。它也会支持亲北平的印尼共产党势力的增长。在印-马对抗中,北平希望看到一种只需中国付出很少或者根本不付出代价就能进一步削弱美英在这一地区地位的前景。中国人将继续努力向泰国施压;他们将鼓励正在上升的持不同政见者的活动,并时不时地发出一些威胁和警告。他们也可能继续他们对缅甸奈温政权①的谨慎容忍态度。北平将鼓励西哈努克亲王②的反美行动,但如果缺乏免使中共更深卷入的严格的承诺约束,中共的支持也可能会停止。在菲律宾,北平将继续其促进菲律宾左倾化和反美主义的努力,但可能不会有明显的成功。

30. 在东北亚,中共最主要的目标是繁荣的、资本主义的日本。北平对日政策采取的是着眼未来,向着一个共产主义的日本的长远目标稳步推进。在接下来的几个月内,中共的工作重心将是通过诸如坚持要求日本政府以贷款担保换取中共大宗贸易的保证之类的策略来破坏日本与台湾政权的关系。北平将大力支持和激化日本国内民族主义分子和左翼人士终止日美安保条约和美军从日本和冲绳的美军军事基地撤军的要求,但是在所评估的时间段内,中共成功的几率很小。北平将继续作为对日共的支配性影响因素而存在,它将努力增加对社会党和其它左翼政党的影响力,并在执政的自民党内制造不和。

31. 在南亚,中国将继续向巴基斯坦示好,并继续利用巴基斯坦对印度的恐惧以及美国对印度进行军事援助的影响。它将继续坚持与印度的不和睦状态但不会发动敌对行动。它将鼓励印度的左翼共产党人的力量,以增强其反政府行动,而且还可能促其诉诸暴力。对于那些作为印度外围缓冲区的喜马拉雅山小国,北平将不断对其施加压力以便把他们拽入不断增强的共产主义的影响之下。已经对锡兰的班达拉奈克(Bandaranaike)政权有相当影响力的北平可能会推动针对杜德利·森纳那亚克(Dudley Senanayake)③新政权的罢工和各种形式的反政府运动。

32. 在北平看来,非洲是充满机遇的第二大地区。鉴于北平开始花大本钱在这一地区扩大影响还只是最近两、三年的事情,那它在这一地区的影响已相当的可观了。这在很大程度上是因为这一地区所具有的脆弱性所决定的。但不管怎样,北平在广泛利用各种机会方

---

① 1948 年缅甸独立时,吴努成为首任总理,他领导的反法西斯人民自由联盟执政到 1958 年。是年 5 月,反法西斯联盟分裂成两派,武装部队总司令奈温被任命为总理,他在军人的支持下,组织了一个文人看守政府,执政到 1960 年 2 月大选为止。大选后由吴努领导的一派获胜组阁。1962 年 3 月,以奈温为首的缅甸军队将领再次推翻吴努政权而建立了新政权。奈温政府表面上采取宽松的民族政策,但成效不大,各少数民族纷纷建立政权,与政府对峙,国内政局不稳,局势混乱。——编注

② 西哈努克亲王,柬埔寨诺罗敦和西索瓦两大王族后裔。1941 年即位,1952~1953 年以柬埔寨国王身份向法国提出独立要求,1953 年 11 月 9 日使柬埔寨完全独立。1955 年让位于其父,组建人民社会同盟,该同盟在选举中获胜,西哈努克就任首相兼外交大臣。同年 4 月出席万隆会议,宣布柬埔寨为中立国。1956 年签署不结盟运动宣言。——编注

③ 班达拉奈克领导的锡兰自由党在 1956 年的大选中击败统一国民党后组阁,由班达拉奈克任总理兼国防部长和外交部长。新政府在内政方面着手社会政治改革,外交方面奉行和平、中立和不结盟的外交政策,与所有国家发展友好关系。1959 年 9 月班达拉奈克遇身亡后,班达拉奈克的遗孀曾于 1960 年成立政府,继续班达拉奈克政府的基本政策。但在 1965 年,统一国民党在杜德利·森纳那亚克的领导下重新掌权。新政府在内政、外交方面改变前任政府政策。锡兰自由党和各种马克思主义党派组成联盟,展开了反政府运动。——编注

面的灵活性是值得注意的。在一些国家,如刚果(布拉柴维尔)以及直到最近的布隆迪,它通过贿赂得到不少的好处。在其它地方,它通过提供经济援助也获得了一些超出其付出的相当多的政治利益。中国提供的援助是不附加任何条件的,一些是赠予,但大多是条件相当慷慨的贷款形式。尽管北平的军事援助主要是秘密性质的,但它向包括刚果(利奥波特维尔即金沙萨)和莫桑比克在内的一些非洲国家活跃的或潜在的革命者提供军火是众所周知的事情。

33. 北平已成功地赢得了许多新的非洲国家的承认,并将继续赢得其他非洲国家的承认。非洲国家对中国最具有实质性意义的支持体现在中共在联合国的席位问题上。在那些中共驻有大使馆的国家,它使用公开的外交手段取得了一些成功。国家领导人的互访也非常有效。在过去的一年中,周恩来两度出访非洲,一些非洲国家领导人在北平所受到的隆重接待使他们受宠若惊。共产党中国资助了好几种非洲杂志,以致非洲大陆充斥着中国的宣传文学。非洲人被带到中国接受颠覆活动和游击战方面的训练。另有不少人享受津贴在中国的大学学习。学生计划取得的成功存在瑕疵,有不少非洲学生正是带着对中国的梦想破灭和反华情绪返回非洲的。在随后的几年内,北平很可能充分增强其在非洲的行动。

34. 在拉美地区,中共也将继续寻找机会给美国制造麻烦。它可能会尝试与一些拉美现政权改善关系,特别是当这些政权与美国关系恶化时。但总体上讲,拉美和非洲相比,社会秩序比较稳定,可供中共利用的机会很少。而且,大多数拉美国家的共产党早已与莫斯科建立了稳定的关系;北平的努力方向是试图在那些政党之间获得一个可能立足点,在条件许可的情况下拆散他们与莫斯科的关系。在没有条件的地方则扶植从大的党派中分裂出来的小党派,就像他们在秘鲁、厄瓜多尔和巴西所做的那样。中共将继续现在的支持阿根廷庇隆主义运动的立场。中古关系在最近几个月看来已严重恶化。如果这种趋势继续下去,北平的拉美计划可能因为卡斯特罗的反对而搁浅。

五、对国际组织的政策

35. 联合国既吸引中共又让它感到不快。他们一直试图派驻使团占据联合国五大常任理事国之一的中国席位。他们将继续为取得联合国席位寻求国际支持,部分是为了尊严,部分是为了给美国制造麻烦。然而中共仍然对联合国在朝鲜战争期间针对他们的行动和年复一年地被联合国拒之门外的屈辱耿耿于怀。他们尤其反对联合国的维和行动,这些维和行动在他们看来是在贯彻美国的意志和旨在扑灭中国人希望加以推进的混乱局面。

36. 北平认为他们的根本利益不在于要作为一个效用不断增强的联合国的一员,中共长期的世界观念中没有联合国的位置,而在于短期内利用它并最终摧毁它。显而易见的是中共不准备为进入联合国付出代价。相反,它的要价是要让它加入,必须先驱逐国民党。尽管中共领导人能够继续在外面与联合国接触,但是他们认为,当一个控制着世界将近四分之一人口的核大国仍然被排斥在外的情况下,联合国很难按要求发挥其作为一个世界性组织的职能。加上最近被排除在外的 1.05 亿印度尼西亚人—— 一个中共非常赞赏的行动——无疑更增加了这种信念。

37. 中共领导人同样认为国际核裁军大会是滑稽可笑的。尽管他们认识到总体核裁军将极大地缩小中国和美国军事潜力之间的巨大差距,但是,他们也认识到这种裁军在接下来的几年内是根本不可能实行的(他们也肯定会拒绝对他们的设施实施的意味深长的检查)。所以,他们宣传的支持全面核裁军不过是一种赢得那些希望销毁美苏核武库的中立主义者和穷国的信任。

38. 中国人可能正在采取的一个重要的、更长期的策略就是某种旨在结束美国对台保护的讹诈法。他们暗示,在美国仍阻挠中国人民"收复"台湾的情况下,他们将拒绝签订任何宣布放弃核武器的条约。他们希望这样能够不断给美国施加压力,削弱台湾的防御。

六、远　景

39. 只要现在的强硬集团、经历过长征的这些人仍然执掌共产党中国的大权,这一局面会远远超出我们的评估期,北平对抗性的、好战的政策将会继续下去,甚至可能进一步加强。下一代中国领导人将会如何行事尚难确定,因为我们对他们所知甚少。然而,他们对外部世界缺乏经验以及他们多年来单方面的教化不能让人对发生一种有利的改变抱多大希望。而且,短期内也没有解决中国食物和人口问题的办法,诸如由中华民族的优越论而滋生的傲慢和自视为"真正"的共产主义的捍卫者之类的心理因素也将在一个相当长时期内抑制合作和和解精神的发展。

National Intelligence Council，*Tracking the Dragon: National Intelligence Estimates on China During the Era of Mao*，*1948–1976*，October 2004，pp. 375–390.

林青霞译,徐友珍校

中情局关于陈毅记者招待会的情报备忘录

（1965 年 10 月 1 日）

OCI 2387/65

机 密

情报备忘录：陈毅的记者招待会

（1965 年 10 月 1 日）

1. 中国外交部长陈毅 9 月 29 日在北京举行了一次言辞激烈的、涉及面广的记者招待会。陈毅的记者招待会反映了中共外交立场总体上转向强硬,同时也间接地表明中共以好战挑衅的姿态对最近发生的一系列挫折做出了防御性的回应。有迹象表明,共产党的高层会议正在北京举行,而陈的讲话有可能反映了党的高层领导之间磋商的结果。

2. 这种会议经常会重新审议内政和外交方面的问题,但是,任何于此时举行的会议可能都会将精力集中于对外政策方面的重大问题,例如越南最新的事态发展、由于中国极力插手克什米尔危机遭受的损失以及拟于 11 月份召开一个由中国主导的亚非会议的前景不断黯淡等。

3. 陈毅似乎试图通过激烈地抨击由这些问题引起的挫折来使共产党中国强大而果断的形象重放光芒。这种形象由于北京在有关克什米尔危机和越南战争的威胁面前未能坚持到底而有所黯淡。新华社尚未播送陈毅对中外记者四个小时谈话的原稿,除了最初的简讯提及这位外交部长讨论了一些重大对外政策问题外,对于他的发言也未作评论。这反映出北京在陈毅的发言所产生的影响没有得到评估之前,可能不愿将其纳入正式公共记录。《人民日报》和《红旗》今天的社论以及周恩来在 10 月 1 日国庆节前夕的讲话继续北京标准的强硬路线,但没有对陈更为激烈的长篇演说做出回应。

4. 现有的相关外电报道虽然在陈毅讲话到底想表达什么的问题上,在侧重点和语气方面存在一些差异,但对于他讲话的实质则存在基本一致的看法。

5. 显然,在对有关越南战争进程这一问题做出回答时,陈声称战争正朝有利于越共的方向进展,并称对美"帝国主义"最好的回答是北越抵挡住了美国长达一年的空袭。他反对在此问题上的外国调解,并称越南人民的问题应由越南人民来解决——又补充说,中国"无条件"地站在越南人民一边。

6. 在有关越南问题的讨论中,陈声称他希望美国"明天"攻击中国,以使美军被"完全歼灭"。他邀请英国、印度和日本加入进攻行列,并通过宣称即使"北方的修正主义领导人参与其中",几百万的"傀儡"军队也是不够的,从而将它的挑衅也扩大到苏联。

7. 在公开评论莫斯科多大程度上会伙同美国一起对付中国这一问题上,这是一位中国高级领导人迄今为止走得最远的。但是,根据一篇报道,陈旋即补充道,苏联共产党和苏联人民"将不允许苏联做出这种决定",这样,他在一定程度上减弱了自己公开评论中的刺激性。

8. 陈宣称:"我们一直在为美国来日可能发动的对中国的侵略做准备",并且这些准备业已完成。他又接着说,但是似乎"美军的将军们还未决定发动一场战争"。这是重申以前的立场,暗示任何中美冲突只有可能在美国袭击中国的情况下发生,反之则不然。

9. 谈到在印度和巴基斯坦之间的战争,陈声称中国不希望冲突扩大,但是,如果冲突扩大,北平将给予巴基斯坦"全部的道义、政治和物质支持"。中国以前曾保证支持巴基斯坦,但这是北平首次如此明确地公开提及物质援助问题。

10. 陈提出了中国接受在联合国的席位的先决条件是:撤销指责中国在朝鲜战争中进行侵略的决议、重新审视联合国宪章、承认所有"独立"国家,并开除所有"帝国主义傀儡国家"。这至少部分清楚地表明北京以前公然宣称的要求联合国"重组"意味着什么。

11. 陈在提及第二次亚非会议仍按原定日程于11月5日在阿尔及尔召开时的讲话,暗示北平认为在目前形势下召开会议对中国不利,并且正筹备将之推迟或取消。陈毅于本月初对非洲和中东进行了访问,在此期间的谈话所传达的信息表明,在将苏联排除在外,并阻止联合国秘书长吴丹①与会的问题上中国碰到了严重的问题。

12. 陈要求将"事先确保成功"作为中国支持阿尔及尔会议的条件,并声称,预先同意谴责"美帝国主义"是一个关键要素。他称中国强烈反对苏联的参加,邀请联合国代表无异于邀请一位"美国的代理人",而这是北京所不能接受的。

13. 在核扩散问题上,陈表达了这样的期望:更多的亚非国家在"自力更生"的基础上发展自己的核武器。据说,他宣布中国已经就讨论原子能信息共享问题进行了一些接触,但只为和平目的,并且尚没有任何国家在发展军用核能力方面向中国求助。这些表述也许是用来回避来自雅加达要求北京援助印度尼西亚发展核能力,或者在其土地上引爆一颗中国供应的核设施的压力。

DDRS,CK 3100358970 – CK 3100358973

李玉青译,徐友珍校

---

① 吴丹(U Thant),1952～1953年任缅甸驻联合国代表,1957～1961年任缅甸常驻联合国代表,1959年曾任联合国大会副主席。1961年9月,联合国秘书长哈马舍尔德因飞机失事身亡后,同年11月3日,吴丹出任联合国代理秘书长。1962年11月30日,他当选为联合国第三任秘书长。——编注

中情局关于中国及其当前问题的情报手册

(1966 年 1 月 1 日)

OCI 0942/66

机　密

情报手册：共产党中国
(1966 年 1 月 1 日)

前　言

　　该手册旨在为读者了解共产党中国的一些突出的实情及其目前存在的问题提供一个现成途径。本文件并非试图提供有关中国各方面的基本信息，也无意于挑战其他协作的国家情报机构的权威。其所给出的信息到每页顶部的日期为止是最有用的。

　　虽然该手册是由时事情报办公室发布，但实际上是情报处内外不同部门共同努力的成果。第三章和第一、七章的一部分由研究和报告办公室撰写；第六章和第七章的一部分的撰写工作得到了中央参考资料办公室的传记和图表记录员的大力支持；基础情报办公室撰写了第一章和第七章的一些章节，承担了大量有关图表的工作，并且从即将开展的有关共产党中国的国家情报调查中获取了可用材料。第五章和第七章的一部分的撰写工作由科技部的科学情报办公室完成。

　　为了使这样一份速成的参考文件尽可能地发挥更大作用，欢迎各方面提出宝贵的意见和建议，请务必将意见和建议直接送达时事情报办公室。

第一章　概　述

一、领土（疆域、地形、气候）

　　共产党中国的领土面积略大于美国，是一个地形复杂、气候多样的国家。其特征是，西北部是大片荒无人烟的戈壁沙漠，东北部是森林覆盖的丘陵地带，东部是人口稠密的平原河谷，南部是丛林密布的峡谷和山地，西部内陆地区则是荒芜的高原和险峻崎岖的山脉。共产党中国的气候类型多样，从某些高山和高原地区的极地气候到南部的热带气候不等。

　　中国主要的农业中心和工业中心多被山川和东西走向的大河阻隔。这些特征阻碍了内陆交通网的发展,突出了在这样一个大国内发展政治凝聚力的问题。人口主要从事农业,集中分布在东部沿海平原地区以及可通船的河流沿岸,绝大部分耕地也分布在这些地区。

在东北部,(在)东北平原起伏平缓的地面凸起的一些低矮山丘将东北流向的松花江和向南流去的辽河隔开。除了南部的辽东湾沿岸之外,平原周边主要是部分覆盖着森林的山脉,这些山脉是平原东部边缘工业城市的主要矿藏来源。东北的冬季漫长,干燥并且极为寒冷,夏季短暂,炎热且湿度适中。

华北平原是由黄河冲积沉淀而成的辽阔平原,它在北京和南京之间形成了一道宽广的弧线。这个平原是中国小麦和旱地作物的中心产区,实行精耕细作。灌溉和排水系统星罗棋布,许多地方的河岸两侧分布着大型盐碱蒸发器。黄河因其过去灾难性的洪水泛滥而被称作"中国的不幸",虽然已采取措施对黄河进行治理,但华北平原还是饱受洪涝灾害之苦,涝灾系由流经平原地区的其他河流的夏季洪水泛滥造成。平原的西部是一片广阔阶梯状高原,这里没有树木、风化严重、覆盖着厚厚的黄土。几个世纪以来从中国内陆沙漠地区被风刮来的黄土现在覆盖了这一地区大多数的山丘和山脉的低层斜坡。华北地区冬季寒冷干燥,伴随着强劲的西北风,通常情况下灰尘漫天,而夏季炎热,湿度适中。

平原南部是人口密集的长江流域,在长江下游和其主要支流沿岸断续分布着一些冲积平原,这里土地肥沃,被精耕细作。沿着长江逆流而上就是被一组山脉将之与长江中下游平原分割开的四川盆地,在这个四面环山的低凹地区,分布着精耕细作的平原和低矮的山丘。长江是中国最大和使用最广泛的内陆航运系统的大动脉。它将这个国家最重要的工业城市上海周围的三角洲地区,与其沿岸的其他主要内陆工业城市——南京、武汉、重庆连接起来。长江流域受洪水冲积而形成的稻田、灌溉渠、养鱼塘和竹园的农业景观,是整个华南地区的典型特征。长江流域的气候介于北方干旱的大陆性气候和南方温暖、潮湿的气候之间。下游平原时常遭受罕见强降雨带来的严重的洪水侵袭。

中国南方的山脉之间散布着一些耕作平原。那些最大的、人口最密集的平原都在沿海地区。其中最大的分布在广州周围。这里的冬季温和,夏季则酷热难耐,并伴有强降雨,其中一些是季节性台风带来的。而位于西南的海拔较高的云贵高原,气候则更为温和,冬季凉爽,夏季也不那么令人难以忍受。

中国西部,包括新疆和青藏高原,是一个人口稀少的地区,其特征在于它广袤而高海拔的贫瘠高原,以及很多地方被山脉所环绕的沙漠。这里十分干旱,每年的降水量不足10英寸,降雪量也很少。日间温差和季节温差都很大,刮大风是该地区最平常的事。

二、人　民

1. 人口数量

据估计,截止到1966年1月1日,中国的人口估计为7.63亿,占全球人口的近四分之一。中国人口是苏联的3倍多,但国土面积不足苏联的二分之一。此外,95%的中国人口居住在面积不足这个国家的一半的地区。大约85％的人口生活在农村。同时，中国也是世界上城市人口最多的国家之一，与工业化大大超过它的美国和苏联大致相当。

人口密度的差别相当大。长江三角洲省份江苏，每平方公里多达1 440人，比美国任何一个州都要多得多。相比之下，人口最稀少的四个行政区——西藏、青海、新疆和内蒙古，人口密度仅为每平方公里11.5人。

有关中国人口的性别年龄结构的信息零碎而不准确。人口以青少年居多，20岁以下的人口约占总人口的52％。如图：

共产党中国和美国的性别年龄构成评估对照图

（1965年1月）

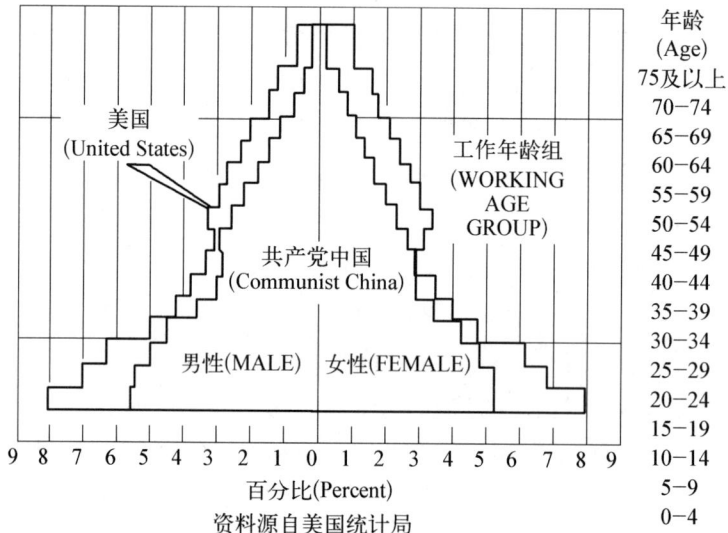

资料源自美国统计局

中国人口的特征是，高出生率和高死亡率，婴幼儿的死亡率尤其高。男性的平均寿命估计为42.7岁，女性44.5岁。1938～1980年估计及预测人口如下所示：

（美国统计局估算的）共产党中国人口估算表

（单位：百万）

年　份	1月	年　份	1月	年　份	1月
1938	474	1959	665	1966	763
1945	508	1960	681	1967	780
1950	542	1961	692	1968	797
1955	603	1962	703	1969	815
1956	618	1963	715	1970	833
1957	633	1964	730	1975	933
1958	649	1965	746	1980	1 049

2. 文化

（1）中国的民族语言地区分布

就其辽阔的疆域而言，中国的人口具有相当的同质性。几乎 95％的中国人口（超过 7 亿人）是汉族（人种学上的中国人），另有 300 万～400 万是回族（中国的穆斯林，只存在信仰的不同）。少数民族共约 4 000 万人。主要族群是壮族人及其相关族群（中国西南），藏族人，突厥穆斯林（新疆人）和蒙古族人。这些少数民族大量集中在中国的边界地区，且与邻国的相关少数民族群体有着某些文化、种族和宗教的联系，因而在政治上具有相当的重要性。约有7.1 亿人讲汉语，其中只有 1.82 亿人使用的是相互难以理解的汉语方言，大部分在上海南至越南边界的沿海地区。

（2）宗教

有组织的宗教在中国从来不像基督教在西方或者伊斯兰教在近东那样重要。然而中国的确有着复杂的宗教传统，该传统源于其祖先们的原始崇拜，以儒家思想、道家哲学和来源于印度的大乘佛教为补充。截至 1949 年，中国约有 1 500 万的穆斯林和 500 万的基督徒，但他们从不是中国文化的主流。共产党政权宣称宗教信仰自由，但会有系统地暗中破坏、镇压和严密控制所有的宗教团体。

（3）读写能力

1949 年中共夺取政权时，约有 80％的人口是文盲。共产党政权为扫除文盲花了不少气力，尤其是在其执政的最初十年内。不论是在办成人扫盲班还是提高小学的入学注册率方面中国都取得了相当可观的进步，但目前的文化水平我们还不得而知。由于汉字太难学了，政府尝试简化汉字，使口语标准化，并且引进了拉丁字母，但成效有限。

（4）教育

中共政权一直致力于扩充中国各个级别的教育系统，主要有三个目标：① 向中国的青少年灌输共产主义思想；② 扩大科学和技术人才的供应；③ 拓宽教育体系的社会基础，提高总体受教育水平。由于中共强调速度和数量而牺牲了质量，尤其是在过分追求数量的1958～1961 年间，结果非常糟糕。政府极大地扩展了初级教育，减少了文盲，但同时也造就了人数众多的只受了一半的教育的青少年（至少有 4 000 万），他们没有合适的工作，不得不回乡种地或者待业。中共也未能缓解高素质的科学家、工程师和专业人员极度匮乏的状况，其政治教化的努力在很大程度上也是失败的。

3. 健康和福利

中国的人口统计被作为机密情报处于共产党的严格控制之下，即便是医生也对此毫不知情。所以，独立的评估是受到限制的。目前美国的估计是，中国每年的死亡率从 1949 年以前的 30‰下降到 1958 年的大约 19‰，1959～1961 年又因为严重的粮食短缺而有大幅度的上升，从那以后再次下降到大约 20‰～25‰。

中共政权通过将每年国家预算的大约 2％用于公共健康和卫生设施，在应对中国历史上的传染病、饥荒和简陋的卫生设施方面取得了一些成果，但由于文盲和迷信思想以及医生、医院、医学院和药物的缺乏，进展仍然缓慢。

1949～1958 年间导致中国大部分工人旷工的最主要的传染疾病是肺结核、血吸虫病、疟疾、日本乙脑、斑疹伤寒症、杆状细菌、阿米巴痢疾和十二指肠病。1959～1961 年食物短缺期间，营养不良及其相关的疾病激增，包括肝病、体表浮肿、脚气病和类似肺结核、痢疾之类的传染病。淋巴腺鼠疫和霍乱为区域性流行病，1961～1962 年的冬天爆发了十分严重的霍乱。

中国现在已经能够自己生产常用抗生素（青霉素、链霉素、四环素、土霉素和金霉素）和疫苗（天花、霍乱）。但是数量和质量值得怀疑。

中国共有 29 所西式的医学院，每年约有 5 000 名医生从这里毕业。到 1965 年年中，中国可能拥有大约 8 万名的西医（加之 50 万的本国从业者——所谓的草药医生），也就是大约每 1 万人 1.1 个医生；医院的床位已增加到约 70 万个，即大约 1 万人 10 个。这两项比例都低于西方标准。

20 世纪 50 年代初以来，中国已设立了由社会保障提供的老年、遗属、残疾、医疗、孕妇和事故保险。但只限于产业工人，总共可能有 1 000 万～1 500 万人受益。工会会员所交的会费被用于工人疗养院、养老院、日间托儿所和医疗中心。而农村社会福利服务则参差不齐，并且通常质量很差。中央和地方的政府管理的社会福利包括医疗津贴、退伍军人补助、应急救济和职业介绍网。

三、大 事 年 表

1949 年

1 月 1 日，共产党占领北平。①

7 月 1 日，毛泽东发表其《论人民民主专政》。②

9 月 21～30 日，中国人民政治协商会议第一届全体会议召开。

9 月 27 日，《中华人民共和国中央人民政府组织法》颁布。

10 月 1 日，中华人民共和国在北京宣告成立。

10 月 9 日，中国人民政治协商会议第一届全国委员会召开，毛泽东当选为常务委员会主席。

1950 年

1 月 30 日，中国人民解放军总部宣布已解放中国除西藏外的所有地区。

2 月 14 日，苏联和共产党中国签订《中苏友好同盟互助条约》。

---

① 中国人民解放军是 1 月 31 日入城接防的，1 月 1 日北平还在傅作义手中。——编注

② 一般认为毛泽东的《论人民民主专政》发表于 6 月 30 日。——编注

6 月 30 日，《土地改革法》颁布。

10 月 16 日，"抗美援朝"运动开始。①

10 月 25 日，中国人民志愿军奔赴朝鲜前线。②

10 月 26 日，共产党占领西藏。③

1951 年

5 月 23 日，完成"和平解放"西藏。④

7 月 10 日，朝鲜停战谈判在开城举行。

10 月 23 日～11 月 1 日，中国人民政治协商会议第一届全国委员会第三次会议召开。

12 月 15 日，农业合作化运动开始。⑤

12 月 29 日，"三反"运动开始，反贪污、反浪费、反官僚主义。⑥

12 月，"五反"运动开始，针对中产阶级，反行贿、反偷税漏税、反偷工减料、反盗窃国家财产、反泄露国家经济情报。⑦

1952 年

6 月 13 日，"五反"运动正式结束。

7 月 17 日，《管制反革命分子暂行办法》颁布。

12 月，涉及 40 万农民的土地改革实际上完成。⑧

1953 年

1 月，"一五计划"实施。

2 月 4～7 日，中国人民政治协商会议第一届全国委员会第四次会议召开。

2 月 4 日，周恩来总理提议立即就朝鲜停战问题进行谈判。

3 月 8 日，周恩来率代表团赴莫斯科参加斯大林的葬礼。

3 月 26 日，宣布 1950 年的中苏条约内容扩大到贸易和苏联援助等方面。

4 月 23 日，开展针对过分热心的干部干涉农村工作的"五多"运动。⑨

---

① 10 月 8 日，中国政府应朝鲜政府的请求，作出"抗美援朝，保家卫国"的战略决策。同日，毛泽东主席发布《给中国人民志愿军的命令》。——编注
② 10 月 19 日，中国人民志愿军开赴朝鲜前线。因在 10 月 25 日，人民志愿军开始了入朝后第一次战役，故中国人民把 10 月 25 日作为志愿军赴朝作战的纪念日。
③ 大事年表中关于和平解放西藏的信息有误。实际情况是 1951 年 5 月 23 日，《中央人民政府和西藏地方政府关于和平解放西藏办法的协议》在北京签署。10 月 24 日，达赖喇嘛致电毛泽东主席表示拥护《协议》。10 月 26 日，人民解放军进藏部队进驻拉萨，西藏和平解放。——编注
④ 应是签署《协议》的日期，参照上一条注释。——编注
⑤ 9 月 9 日，中共中央召开第一次农业互助合作会议，通过《中共中央关于农业生产互助合作的决议（草案）》，并于 12 月 15 日颁布试行。——编注
⑥ 1951 年 12 月 1 日，由于在增产节约运动中揭发出大量贪污浪费现象，中共中央作出《关于精兵简政，增产节约，反对贪污，反对浪费和反对官僚主义的决定》，"三反"运动便在全国开展。——编注
⑦ 在"三反"运动中揭发出资产阶级中的一些不法分子和国家机关中的一些贪污分子相勾结，损害国家与人民利益，1952 年 1 月 26 日，中共中央为此发出《关于在城市中限期开展大规模的坚决彻底的"五反"斗争的指示》，要求在全国大中城市，开展反行贿，反偷税漏税，反偷工减料，反盗窃国家财产和反盗窃国家经济情报的斗争。2 月上旬，"五反"运动首先在各大城市开始。——编注
⑧ 至 1953 年春实现农民土地所有制的土改运动除一部分少数民族和台湾省外基本完成。——编注
⑨ 3 月 19 日中共中央即已发布《关于解决区乡工作的"五多"问题的指示》。——编注

7月27日，朝鲜停战协定签字。

1954年

1月19日，大型私有工厂并入公私合营企业。①

4月20日，赴日内瓦会议的中国代表团离京。

4月29日，中印西藏协定签字，规定印度军队撤离，印度把对西藏的控制权交还中国；在序言中，第一次阐明"和平共处五项原则"：互相尊重领土主权；互不侵犯；互不干涉内政；平等互利；和平共处。

6月14日，中央人民政府委员会一致通过《中华人民共和国宪法草案》。

6月17日，中英互设代办处。

6月24～29日，周恩来赴印度访问，强调"和平共处五项原则"。②

7月21日，达成《印度支那停火协议》，规定由印度、波兰、加拿大组成中立国监督委员会实行国际监督。

9月3日，对金门的炮击开始，一天内就发射超过6 000发炮弹。

9月15～29日，全国人民代表大会第一次会议召开。③

9月20日，通过《中华人民共和国宪法》。

9月20～21日，通过《中华人民共和国全国人民代表大会组织法》、《中华人民共和国国务院组织法》、《中华人民共和国人民法院组织法》、《中华人民共和国检察院组织法》、《中华人民共和国地方各级人民代表大会和地方各级人民委员会组织法》。④

9月27日，选举政府和国防委员会的最高领导人。毛泽东当选为中华人民共和国国家主席，刘少奇当选为全国人民代表大会常务委员会委员长，周恩来当选为国务院总理。

9月29～30日，包括赫鲁晓夫和布尔加宁在内的苏联高级政府代表团赴中国参加国庆节庆典。

10月12日，中苏发表关于苏联给予中国贷款；苏联武装部队从旅顺口海军基地撤退；中苏联合创办的四个股份公司中的苏联股份移交给中国；双方在科学上进行合作；铁路修建和与日本关系正常化的联合声明。

10月16～30日，尼赫鲁访问中国，商讨中印友谊、"和平共处五项原则"、反殖民主义和东南亚条约组织事宜。⑤

11月1日，人民解放军开始征募45万军人；国家统计局发布第一次全国范围内人口普查的结果：中国的人口总数为601 938 035人，包括1 200万的海外侨胞和700万台湾

---

① 早在1月4日中共中央就批准政务院财政经济委员会《关于1954年扩展公私合营工作计划的报告》和《关于有步骤地十个工人以上的资本主义工业基本上改造为公私合营企业的意见》。——编注
② 周恩来访印时间应为6月25～28日。——编注
③ 全国人民代表大会第一次会议会期为9月15～28日。——编注
④ 以上诸法均是在20日通过。——编注
⑤ 尼赫鲁访华时间为19～31日。——编注

同胞。①

1955 年

3 月 9 日,国务院设立由达赖喇嘛领导的筹备委员会筹建西藏自治地区。

3 月 31 日,通过中央委员会关于"一五"计划草案的决议,以及将政治局委员高岗和中央委员会负责人饶漱石以联合反党反国家的罪名开除出党的决议。

4 月 7 日,周恩来率代表团离开北京,参加 4 月 18～24 日在万隆召开的亚非会议。

5 月 24 日,苏联军队从旅顺口海军基地撤退,苏联设备移交给中国。

6 月 25 日～7 月 7 日,北越主席胡志明访华并签署《中国援助北越协议》。②

7 月 5～30 日,第一届全国人大二次会议召开。

7 月 30 日,"一五计划"正式通过。

7 月 25 日,宣布中美大使级会谈将于 8 月 1 日在日内瓦举行,中方代表将是驻波兰大使王炳南。

7 月 31 日,毛泽东在中国人民政治协商会议上发布关于加快农业合作社的指示。

9 月 6 日,12 名美国公民获释;王炳南表示,如果美国始终坚持在讨论其他类似禁运的条款和高层次的中美会谈之前释放所有美国公民的话,那么日内瓦会谈将无法继续。

1956 年

1 月 25 日,毛泽东在最高国务会议讨论农业发展时指出,社会主义改革将在三年内"基本"完成。

4 月 5 日,《人民日报》刊登的重大官方声明中第一次对非斯大林化进行评论。③

4 月 6～8 日,米高扬访问中国,签署《苏联对华工业援助协议》。④

5 月 2 日,毛泽东在最高国务会议上发表讲话,提出"百花齐放、百家争鸣"的方针。

6 月 16～30 日,全国人民代表大会第三次会议召开。⑤

9 月 15～27 日,中共第八次代表会议召开。

1957 年

1 月 7～17 日,周恩来中断在亚洲的访问前往苏联、波兰和匈牙利进行访问。

2 月 7 日,国务院通过"二五计划"(1958～1962)。

2 月 27 日,毛泽东在最高国务会议上发表《关于正确处理人民内部矛盾的问题》的讲话,

---

① 此次公布的是 1953 年 6 月 30 日 24 时的全国人口情况。——编注
② 胡志明的访问始于 6 月 23 日。——编注
③ 4 月 5 日,《人民日报》发表根据中共中央政治局扩大会议讨论写成的编辑部文章《关于无产阶级专政的历史经验》。文章提出必须历史地有分析地看待无产阶级专政下所犯的错误,指出斯大林是个伟大的马克思主义者,但是他犯了一些严重的错误。——编注
④ 4 月 5～8 日,苏联部长会议第一副主席米高扬访华。期间,双方签订了下述两项协定:一个是关于苏联援助中华人民共和国发展某些工业部门的协定,另一个是关于修建从兰州到土尔克斯坦——西伯利亚铁路上的阿克斗卡站的铁路和从 1960 年起组织这条铁路联运的协定。——编注
⑤ 6 月 15～30 日,第一届全国人民代表大会第三次会议在北京召开。

该文并未对外发表。①

3月12日,毛泽东发起整风运动,反对官僚主义、宗派主义和主观主义。②

6月中旬,对批评党和政府的"右派"发起进攻的"反右斗争"开始。③

6月18日,毛泽东关于人民内部的矛盾的讲话修订稿出版,清楚地说明了对政府进行批评的限度。

9月23日,邓小平向党中央委员会汇报现已与反右斗争结合并正在向全国范围推广的整风运动的进展。

10月5日,北京庆祝苏联人造卫星1号发射成功。

11月2日,毛泽东赴莫斯科参加"十月革命"胜利四十周年庆典。

1958 年

4月,共产党中国中断与日本的商业往来,并谴责岸信介政府。

5月,中共八大二次会议上共产党政府宣布实施旨在加速经济发展的"大跃进"计划。

8月,共产党政府开始在全国范围内大规模将农村人口重新组织进新的被称为公社的大的社会单位中去。④

8月23日,中共炮击对岸国民党占领的金门岛,台湾海峡陷入危机。

10月25日,中共宣布对金门实行"逢双日不打"的政策,从而缓解了台湾海峡危机。

1959 年

3月,西藏发生反叛。达赖喇嘛逃往印度。西藏政府解散,政权移交给西藏自治地区筹备委员会。

4月,刘少奇接替毛泽东担任中华人民共和国主席。

9月,周恩来致信尼赫鲁,否定印度对中印争端边界的主权要求,但建议在中方的条件下就"隔离地带"进行和谈。

赫鲁晓夫在北京发表讲话,警告中国不要"用武力去试资本主义制度的稳定性"。

1960 年

6月,布加勒斯特会议上赫鲁晓夫试图将和平共处政策强加给所有社会主义国家,遭到了中共的反对。

7月,苏联技术专家开始撤离中国。

10月1日,除阿尔巴尼亚代表团外,其他社会主义国家领导人都没有出席中华人民共和

---

① 2月27日,在最高国务会议第十一次会议上,毛泽东发表了《关于正确处理人民内部矛盾的问题》的讲话。该讲话在次日的《人民日报》、《光明日报》等报刊上未载译文。

② 3月6日～13日,在北京召开了全国宣传工作会议,会议传达和讨论了毛泽东2月27日的讲话。会上,毛泽东着重谈了知识分子问题,准备整风问题和加强党的思想工作问题。4月27日,中共中央发出《关于整风运动的指示》。

③ 6月8日,中共中央发出《组织力量、反击右派分子的猖狂进攻》的党内指示,要求各省、市、自治区的机关党委、高等院校和各级党校都要积极准备,反击右派分子的猖狂进攻。同日,《人民日报》发表题为《这是为什么?》的社论,随后,又于6月9、10、11相继发表《要有积极的批评,也要有正确的反批评》、《工人说话了》、《全国人民在社会主义基础上团结起来》等社论。此后,整风运动转变为一场全国规模的群众性的疾风暴雨式反右派斗争。

④ 8月9日,毛泽东发出"还是办人民公社好"的号召,此后,全国兴起办人民公社的热潮。

国成立十一周年的庆典，这一现象引人注目。

11～12月，北京开始大规模从非社会主义国家购买粮食。

11月，针对中苏分歧的世界共产党领导人会议在莫斯科举行。中国代表团由刘少奇率领。周恩来总理在阿尔巴尼亚解放庆典上，盛赞阿尔巴尼亚人民的"不怕困难、不怕压力"。

1961年

7月31日，在庆祝中共诞生四十周年的文章中，刘少奇承认，在过去的三年中，"我们的工作存在着许多不足"，再加上自然灾害的影响，导致了一些"暂时的困难"。

10月，赫鲁晓夫在苏共二十二大上，攻击阿尔巴尼亚、斯大林和亲斯大林主义者。周恩来总理对赫鲁晓夫进行了回击，声称对阿尔巴尼亚的公开谴责"无益于社会主义阵营的团结"。

1962年

1月20日，周恩来保证中国对阿尔巴尼亚的"永久的和牢不可破的友谊"，北京宣布已与阿尔巴尼亚签署五项新的经济和技术合作协议。

3月27日至4月16日，第二届全国人民代表大会第二次会议秘密①召开，评估国家经济问题。

6月，在与金门和马祖相对的福建海岸，中国集结了大量的军队和喷气式飞机。北京宣称，这是有必要的，因为在美国的支持和怂恿下，国民党政府正在计划一次入侵行动。

7月23日，中国成为在老挝中立声明草案上签字的14个国家之一。

10月20日，中国针对10月初爆发的"东北边境行政特区"中印冲突发动大规模反击。

10～11月，北京批评赫鲁晓夫同意从古巴撤走苏联导弹的决定，并保证中国将竭尽全力支持卡斯特罗总理。

11月9日，作为对日本政府8月份同意承认日中进出口协会的回应，中国宣布与日本签订进行民间实物交换的五年贸易协议。

11月21日，北京宣布在对印度的战争中实行单方面停火，并宣称，从12月1日开始，中国边防军从1959年11月7日（存在于中印双方之间——译注）的实际控制线后撤12.5英里。

1963年

3月2日，巴基斯坦同中国签订边界协议。

7月5～20日，由邓小平和彭真带领的中国代表团访问莫斯科，与苏联领导人发生激烈对抗，中苏分裂加剧。

8月15日，北京拒绝签署部分核试禁条约，并宣称，美国、英国以及苏联垄断核武器的企图将在不远的将来破产。

9月6日，《人民日报》文章透露，中苏意识形态分歧已经长期影响两国关系，并列举了一系列苏联的反华例子，如1959年苏联撤销给北京制造原子弹提供帮助的1957年协定，1960

①　本次会议并非秘密召开。——编注

年7月苏联单方面决定召回在华专家，以及1962年苏联在新疆-维吾尔地区"密谋"推翻伊犁地方政府。

1964年

1月，毛泽东十首古体诗出版，标志着对毛的个人崇拜仍在继续。

1月27日，法国宣布对中国外交承认，中法发表交换使节的联合声明。

2月5日，周恩来和陈毅从对十个非洲国家为期七周的访问中归来，在此过程中突尼斯与中国建立外交关系。

2月，周恩来访问巴基斯坦，中国放弃先前在克什米尔问题上的中立立场，公开支持巴基斯坦举行克什米尔公民投票的这一要求。

7月31日，巴基斯坦宣布接受中国6 000万美元的无息贷款，中巴关系进一步巩固。

10月16日，中国成为第五个拥有核武器的国家。

11月，周恩来参加在莫斯科举行的布尔什维克革命纪念仪式。尽管苏联将国际共产党大会从12月15日推迟至次年3月1日，中方没有对苏联缓和中苏争论的努力做出回应。

12月，第三届人民代表大会举行第一次会议。周恩来总理提出警告，"资本主义不正之风"仍然盛行，所以有必要加强"社会主义教育运动"。

1965年

1月，中国驻布隆迪大使馆工作人员被驱逐，布方终止了与中国的外交关系。

1月19日，中国发布法令，将兵役期限延长一年。

2月，苏联总理柯西金在访问北朝鲜和北越时顺访北京，与中国领导人进行了会谈。

3月25日，《人民日报》宣称，"无论什么时候，只要南越人民需要，我们时刻准备着派遣人员同南越人民并肩作战，消灭美国侵略者"。

5月10日，罗瑞卿参谋长同时在《人民日报》和《红旗》上发表重要声明：国家的首要任务是，做好准备，迎战美国在任何时间可能发起的常规战争或者核战争。

5月14日，中国第二次引爆核设置。

6月1日，废除军衔制度，恢复1955年之前的用职务等级来表明权限，例如连长。

9月17日，中国向印度发出最后通牒，要求印度在72小时内拆除中国-锡金边界上中方这边的防御工事。

9月24日，将最后通牒时间限制增加三天之后，北京向新德里发出的一个新照会指出，印度必须撤走其部队，并在最后通牒期满之前拆除防御工事。

9月29日，在北京的一次影响深远的记者招待会上，陈毅宣称：越南的战争形势对越共有利；中国已做好准备应对美国及其追随者，包括苏联发起的入侵；中国向巴基斯坦承诺，如果它与印度的战争继续，将会为其提供物质援助；北京尚未接到其他国家要求帮助其发展核计划的请求；中国进入联合国的要价是联合国必须重组、联合国必须撤销谴责中国是朝鲜战争中的"侵略者"的决议，所有的帝国主义的走狗都必须从联合国驱逐出去。

10月，在会议筹备委员会做出苏联将参加拟于阿尔及利亚召开的第二次亚非会议，而且该会不拟沿着中国寻求的路线公开谴责美国对越南的干涉之后,中国发起一场运动,成功地将这一会议推迟。

10~11 月,在最初避免对 10 月 1 日的印度尼西亚的政变的图谋发表评论之后,北京强烈抗议印尼对中国官员和职员的迫害,而且在 10 月 18 日、10 月 25 日和 11 月 4 日的抗议照会中宣称,印尼政府姑息反华行动,军事当局正在试图"破坏"中印关系。

11 月 17 日联合国大会就给予中国席位案的投票失败,但北京得到至今为止最多的投票(47 票赞成,47 票反对,20 票弃权)。

第二章 政 治

一、政 府 结 构

1. 概要:在 1954 年共产党中国宪法中所描述的政府结构并非作为中国的政治权威组织,而是作为中共政权实施政治控制的系统之一而存在。中国的一切权力和权威掌握在中共手中。中共掌握决策权,政府负责实施。党通过为高级政府部门提供人选和在重要职位中安插自己人来指导整个中国的政府行政部门,包括军队。

2. 立法机关:全国人民代表大会是间接选举的一院制立法机关,理论上是共产党中国的最高权力机关。它由宪法赋予以下权力:制定、执行和解释法律,修订宪法,选举中华人民共和国主席(国家元首),选举常务委员会在全国人大闭幕期间主持工作。国务院、最高人民法院、最高人民检察院名义上对常务委员会负责,常委会还有其他形式上的法律责任。

就像其他共产主义国家一样,宪法授予立法机关的权力只是表面的。全国人民代表大会仅仅对共产党已经做出的决定表示同意。全国人民代表大会法定任期为四年,每年都应召开会议,而且在最初几年还受到广泛关注。然而,近些年来,一次被取消,其他的则秘密召开。1964 年 12 月召开的第三次全国人民代表大会推迟了一年半。

全国人大代表(1964 年 12 月的第三次全国人民代表大会大概有 3 000 人)由省级人大选举产生,任期四年。

3. 国家元首:中华人民共和国主席是中国的国家元首,与苏联的最高苏维埃主席团主席行使同等礼仪职能。他召集并领导两个国家顾问机构——国防委员会和最高国务会议,这两者都只有名义上的责任。从 1959 年以来刘少奇一直担任中国的国家元首,但他被认可的权力和地位来自他在党内的地位,而不是他作为国家元首的这一角色。

4. 行政机构:共产党中国的政府机构的核心是国务院。从宪法上来讲它是全国的最高行政和管理机构。理论上它由全国人大常委会选举产生,是其代理机构并对其负责。实际上,它直接遵循来自中共最高层的命令,是党的政策的主要执行力量。

自 1949 年以来,在周恩来总理领导下的国务院管理着一个庞大的官僚机构,由政府部门、委员会、特派员和省级政府机构总共近 100 个组成（参见文末附表一："1965 年隶属国务院的政府机构"）。通过这个庞大的官僚机构，它监管政府行政部门的所有重要方面，草拟法案，发布指示和决定，指挥军事力量，处理对外事务，保持国内安全，指导国内经济计划和国家预算的准备和完成工作，控制国内外贸易，组织经济生产和建设，管理科学研究和发展，并且指导国家在文化、教育和公共健康领域的计划。

周总理也在党内高级机构——政治局常务委员会任职，他从政府首脑的职务上获得了巨大实权。15 位国务院副总理也都在党内有很高的地位。其中 11 位是政治局委员或者候补委员，其余的 4 位则是下届党代会上最可能进入政治局的中央委员会委员。11 位已经是总理、委员会主席或者参谋长。

5. 司法机构：两个理论上独立的司法机构也由人大常委会任命并对其负责。最高人民法院是全国最高审判机关，监督由省级、地方和特别法庭组成的一套系统。调查、执法、犯罪诉讼归属于最高人民检察院的公诉人。任何一个体系都不是真正独立的，两者都通过党的领导与政府行政体系进行协调。

6. 地方政府：共产党中国在结构上是单一的，而不是联邦国家。28 个省级单位的行政体系（21 省，5 个自治区，以及两个直辖市——北京和上海）直接从属于国务院。另外还有两级地方政府，县从属于省；乡或者镇从属于县。

二、中　共

1. 概述：中国所有政治权力都集中在中共手中。政府部门、军事、群众组织以及经济企业所有级别的关键职位，都由服从党的严格纪律的党员占据。党保持着对新闻和信息传媒的垄断，以及对警察和武装力量的严密控制。中共是世界上最大的共产主义政党，1964 年拥有 1 800 万名党员（大约是总人口的 2.5%，而苏联共产党只有 1 150 万名党员，占总人口的 5%）。75% 以上的党员在 1949 年中共夺得国家政权时就入党了。大约 60% 的党员是农民出身，只有大约 15% 来自工人阶级（余下的是知识分子或者来自其他非特定阶级。）

2. 党的组织

（1）理论上：中共是在"民主集中制"的原则上组织起来的，理论上每一级都由下一级选举产生。党章规定，基层的一般成员每年都要选举产生基层党委会和县级党员代表大会代表。县级党代会的代表选举产生县级党委会和省级党代表，选举省级党代表至少每三年一次。最后，省级党代会代表选举产生省级党委会和全国党代表。全国党代表任期五年，且每年要举行会议，理论上是党的最高权力机关。它选举产生党的最高级官员和一个中央委员会，在全国人大闭会期间行使职能。中央委员会也依次选举一个更小的政治局在其闭会期间行使职能，加上一个政治局常务委员会，一个书记处，以及一个中央纪律检查委员会。

（2）实际上：全国人大常委会很少按时举行，而且所有"选举"都处于高层严密的控制之下。权力掌握在政治局常务委员会（通常是七个人）手中，最终权力掌握在一个人，即党的主席毛泽东手中。与其他共产主义政权比起来,其(集权)程度仅仅只有斯大林统治的最后十年可比。党员代表大会和中央委员会是橡皮图章,党的所有政策和指示都来自毛、常务委员会和政治局,而书记处则充当货运主管的角色,负责这些指示在党的下级机关或者政府部门的贯彻执行。书记处受到十个或者数目不定的中央部门的协助,分别处理职能性质的工作(外国情报、宣传、党的组织、意识形态培训、妇女工作、青少年工作、统战工作,与国外共产党的联络)。同时书记处也得到党的地区部门的帮助,后者管理并指示下级党委会的工作。两个委员会有独立、明确的位置:监察委员会调查党员的忠诚并增强其信念,军事事务委员会起草并指导党的基本军事政策。

　　3. 党的领导和继承问题

　　(1) 现任领导:毛泽东位于共产党中国权力结构的顶端,他强硬、冷酷、以自我为中心,很大程度上无视外部世界,但在国内政治中却表现得精明强干和注重实际。紧接在毛之下的是一个精心挑选的内部圈子——也是毛之下最有权力的五个领导人,他们协助毛制定政策并负责这些政策的贯彻执行。其中四位是政治局常务委员会委员——刘少奇,邓小平,周恩来以及林彪;第五个是彭真,可能是自 1964 年以来没有名分的实际成员。第三等级是政治局的其他大部分成员,加上少数领导,这些领导人中的一些人会被选入下一届政治局,总共约有 20～30 人。第二梯队的领导人,他们就任于仅次于政治局的党、政府、军事官僚系统的高层,大约有 800 人。他们中的大多数人在 1934～1935 年毛泽东被迫从中国中部转移到西北方时,与他一起经历过长征;作为一个团队,他们很可能和他们的上级一样富有献身精神并且爱走极端。共产党中国的领导层等级异常稳固,但是趋于老化。然而,从 1949 年以来,毛经历了两次严重的派系挑战。发生在 1959 年的第二次派系之争使国防部长彭德怀以及其他高级军事领导卷入其中,他们试图改变毛对中苏争论的观点。

　　(2) 毛可能的继承者:1965 年 12 月 26 日,毛已经 72 岁了,而且有心血管方面的疾患,他已经在安排权力的移交问题。他的指定继承人是刘少奇——现在的国家元首,中共党内第二号人物。刘几十年来一直是毛的得力助手,富有能力,在意识形态方面毫不妥协,但缺少像毛那样的威望,而且他自己也 67 岁了。刘死后权力争斗的可能性更加大。邓小平看来似乎是第二个候选人,因为他在党内处于一个战略性位置,并且比起相对温和的周恩来,深得毛和刘的赏识。其他的争夺者有彭真,林彪,罗瑞卿和陶铸①。当中国的第二代领导人从毛的长征老革命手中夺权之后,北京的政策才有机会变得军事性更少,教条主义色彩更淡,更加务实,这在 1975 年之前是不太可能出现的。

三、国 家 政 策

　　1. 概述:共产党中国的国家政策是,在尽可能短的时间内将中国建成一个强大、统一、

---

① 　陶铸(1908～1969),湖南祁阳县石洞源榔树村人。中华人民共和国成立后,任中共广西省委代理书记、中共中央中南局第一书记兼广东省委第一书记。1965 年 1 月任国务院副总理。——编注。

现代化的国家;恢复其在亚洲和世界的"正当的"领导地位;因其军事、政治和工业实力而得到尊敬;因其文化而获得荣誉;因其对共产主义理论的富有原则性的解释而受到追随,而且因其经济组织形式而成为整个不发达世界的模范。所有这些目标既是由毛和中共的军事的、反帝国主义的共产主义理论决定的,也是因为中华民族历史上饱受挫折的民族排外性所致。这些目标受到中国传统的农业社会,以及在有限资源基础上不断增长的巨大人口压力的严重制约。

2. 对内政策:共产党政权寻求建立一个巨大的、现代化的工业基础,以增加农业产量,并获得经济自足,所有这些都在中央集权的经济计划和控制之下。自从"大跃进"这场灾难之后,工作重心转到了军事工业、农业以及支持农业的工业上面。政府还试图贯彻革命性的社会变革,以使民众的文化水平得到提高,从而全面响应党的意愿。它已经开始将全民组织到由党管理的集体单位中来,向每个人灌输毛的节俭思想,通过强制性的和劝诱性的社会控制来杜绝任何对党的指示的反抗,扩大教育(尤其是高等教育),并逐步同化中国的少数民族。

3. 对外政策:北京想象美国是世界上最强大的资本主义和帝国主义国家,所以也是破坏共产党中国国际雄心的主要对手,以及对共产主义政权的主要军事威胁。北京政策的首要目标是:削弱美国在亚洲的地位,收复台湾,并扩大北京在东南亚的影响。第二,在共产主义世界,它力图通过在不发达国家和新成立国家推进"正义的解放战争"以及毛的游击战术,让苏联的领导失信于人,夺取意识形态上的领导地位。第三,它力求削弱印度,打击其在发展中国家的主要竞争对手,取得在亚洲、非洲以及拉丁美洲不发达国家中无可争议的领导地位。最后,它寻求广泛的国际承认,包括按照自己的条件加入联合国。

4. 军事政策:北京的主要军事目标是建设一个现代化的军事组织,包括拥有核运载能力。这需要极其强调科学研究与发展,优先发展军事工业,努力使其巨大的地面部队极具战斗力,并且改进其空军和海军。1960年年中苏联援助的终止使所有这些努力遭到严重阻碍。北京打算进一步保持党对军队的全面控制。

四、不同的政见及其控制

1. 不同的政见:中共政权看来强大而稳固;其权威在中国大陆没有受到挑战。然而,自从"大跃进"(1959～1962)失败以来,先前普遍的强有力支持被各个阶层中普遍存在的幻灭、不满和冷淡所取代。长远来说,尤其严重的是中国青年对政府计划的怀疑态度。自1949年以来公开的反抗只有如下几例:1959年西藏的反叛,1960年食物短缺期间河南省和其他地方的自发的、零星的军事骚乱;1962年新疆西部和广东省的群众大规模偷越国境事件;50年代西北少数民族地区的局部暴动。所有这些情况都被很快控制并镇压下去。

2. 社会控制:持续的政府控制的主要因素包括:(1) 有凝聚力的、稳定的中共领导阶层;

(2) 庞大的、纪律严明的党组织;(3) 在党紧密控制下的强大军事组织;(4) 以强大的民兵力量为依托的广泛的警察和公安系统;(5) 精心部署的(党内、政府以及群众组织)组织控制系统,它将党和政府与最广大的人民群众联系起来,并极大增强党的领导人对关键社会团体进行强制和(思想)灌输的能力;(6) 党和政府对所有公共信息传媒的垄断。

五、外 交 关 系

1. 截至 1965 年 12 月 17 日与中国建交的国家

国 家	承认日期	建交日期	驻 华 代 表	在客居国的代表
阿富汗	1950.1.12	1955.1.20	大使	大使
阿尔巴尼亚	1949.1.21	1949.11.23	大使	大使
阿尔及利亚	1958.12.20	1962.7.3	大使	大使
保加利亚	1949.10.4	1949.10.4	大使	大使
缅 甸	1949.12.16	1950.6.8	大使(在昆明设有总领事馆)	大使(在曼德勒设有总领事馆)
布隆迪	1963.12.22	1964.1.16 *	—	—
柬埔寨	1958.7.18	1958.7.24	大使	大使
中非共和国	1964.9.29	1964.9.24	大使(截止 1965.12.31)	大使
锡 兰	1950.1.7	1957.2.7	大使	大使
刚果(比属)	1964.2.22	1964.2.22	大使	大使
古 巴	1960.9.28	1960.9.28	大使	大使
捷克斯洛伐克	1949.10.6	1949.10.6	大使	大使
达荷美①	1964.11.13	1964.12.24	—	大使
丹 麦	1950.1.13	1950.5.11	大使	大使
东 德	1949.10.27	1949.10.27	大使	大使
法 国	1964.1.27	1964.1.27	大使	大使
芬 兰	1950.1.13	1950.10.28	大使	大使
加 纳	1960.7.5	1960.7.5	大使	大使

---

① 贝宁的旧称。——译注

国　　家	承认日期	建交日期	驻 华 代 表	在客居国的代表
几内亚	1959.10.4	1959.10.4	大使	大使
匈牙利	1949.10.6	1949.10.6	大使	大使
印　度	1949.12.30	1950.4.1	大使	大使（在加尔各答、孟买设有总领事馆）
印度尼西亚	1950.4.13	1950.6.9	大使	大使（在马辰、望加锡、棉兰设有总领事馆）
伊拉克	1958.7.18	1958.8.25	大使	大使
肯尼亚	1963.12.14	1964.1.21	大使	大使
老　挝	1962.6.23	1962.9.7	大使（在昆明设有总领事馆）	大使〔在丰沙里设有总领事馆〕
马　里	1960.10.14	1960.10.27	大使	大使
毛里塔尼亚	1965.7.26	1965.9.3	—	大使
蒙　古	1949.10.6	1949.10.16	大使（在呼和浩特设有领事馆）	大使
摩洛哥	1958.10.27	1958.11.1	大使	大使
尼泊尔	1955.8.1	1955.8.1	大使（在拉萨设有总领事馆）	大使
荷　兰	1950.3.27	1954.11.19	公使馆（代办）	公使馆（代办）
北朝鲜	1949.10.4	1949.10.6	大使（在上海、长春和沈阳设有总领馆）	大使
北　越	1950.1.15	1950.1.18	大使（在昆明、南宁、广州设有总领事馆）	大使（在海防设有总领事馆）
挪　威	1950.1.7	1954.10.6	大使（在上海设有领事馆）	大使
巴基斯坦	1950.1.5	1951.5.21	大使	大使
波　兰	1949.10.7	1949.10.7	大使（在上海设有领事馆）	在格但斯克（旧称但泽）、格丁尼亚设有领事馆
罗马尼亚	1949.10.5	1949.10.5	大使	大使
塞内加尔	1961.3.14	—	—	—
索马里	1960.10.16	1960.12.16	—	大使

续　表

国　　家	承认日期	建交日期	驻　华　代　表	在客居国的代表
苏　丹	1958.12.1	1958.12.1	大使	大使
瑞　典	1950.1.4	1950.5.9	大使	大使
瑞　士	1950.1.17	1950.9.14	大使	大使(在日内瓦设有领事馆)
叙利亚	1956.8.1	1956.8.1	大使	大使
坦桑尼亚	1961.12.9	1961.12.9	大使	大使(在桑给巴尔设有领事馆)
突尼斯	1964.1.10	1964.4.20	—	大使
乌干达	1962.10.18	1962.10.18	—	大使
阿拉伯联合共和国	1956.5.16	1956.5.30	大使	大使
联合王国	1950.1.6	1954.6.17	使团(代办)	使团(代办)
苏　联	1949.10.3	1949.10.3	大使	大使
也　门	1956.8.21	1956.9.24	—	公使馆
南斯拉夫	1949.10.5	1955.1.10	大使	大使
赞比亚	1964.10.24	1964.10.30	大使	大使

* 布隆迪政府 1965 年 1 月 29 日中止了与中国的外交关系。

2. 截止 1965 年 12 月 17 日承认共产党中国但未与之建交的国家

国　　家	承认时间	状　　　态
埃塞俄比亚	1964 年 1 月	同意与共产党中国关系正常化,但至今没有进一步行动
以　色　列	1950 年 1 月 9 日	
尼日利亚	—	同时承认了共产党中国和台湾国民政府,但没有与其中任何一方建立外交关系
塞内加尔	1961 年 3 月 14 日	单方面承认共产党中国

3. 中国维持非外交代表的国家

国　　家	代 表 类 型	国　　家	代 表 类 型
奥地利	贸易处	西　德	新华社
加拿大	新华社	日　本	新华社 （廖-高崎贸易处）
智　利	新华社	科威特	新华社
埃塞俄比亚	新华社	墨西哥	新华社

六、边 界 争 端

中国人与巴基斯坦、缅甸、尼泊尔、阿富汗以及外蒙古签订了边境协议，并且仅仅与印度和苏联有未解决的边界争端。中国人强调要与周边国家保持宽松的关系，正是在这种状态下他们已经与其绝大部分邻邦达成共识，宣称这一点以证明中国人的合理性，这种持续的宣传旨在使印度承担和解失败的责任。中苏关系的现状，以及双方显然都想利用边界问题使对方陷入被动并且出丑的决心，使得在目前条件下任何边境问题的解决都是不可能的。然而，自从赫鲁晓夫被免职后，双方逐渐减少了利用边境问题做文章的现象。

1964 年莫斯科和北京之间的边境谈判破裂，而且没有迹象表明双方何时会恢复谈判。中苏边界唯一未划界的部分，是从中国与阿富汗交界处开始直至北纬 40 度线的大约 400 英里的新疆-苏联边界。中国人提出 19 世纪条约的不平等问题，且在中国东北的阿穆尔河（黑龙江）和乌苏里江交汇处也有一些边界争端。1964 年 9 月《真理报》社论指责中国对苏联在远东和中亚 50 多万平方米的领土要求。中国则控诉苏联在新疆部分地区有"领土野心"，而且苏联在新疆边境地区形成"军事威胁"。1962 年 4～5 月间，大批维吾尔人和哈萨克人离开新疆进入苏联，但中国人立即成功地封锁了边境上的这段路程。中苏双方都加强了其边境防卫力量。

中国人要在全世界面前降低印度的威信，并且破坏印度作为一个爱好和平国家形象的决心，是影响中国处理中印边界问题的一个重大因素。由于西藏控制问题上的复杂历史背景，解决这一问题变得更加棘手。印度在东北部问题上大部分地段坚持"麦克马洪线"[①]，而在拉达克问题上坚持"传统习惯线"。中国人则声称，他们的边界线是"传统的"，坚持认为西藏从未独立，因而没有权利与外国势力签订条约。因此，中国方面坚持认为"麦克马洪线"是非法的。

中印边境一直相对平静，直到 1959 年秋天东北边境和拉达克爆发武装冲突。这些冲突

---

① "麦克马洪线（McMahon Line）"，1914 年 3 月 24 日和 25 日，英印殖民当局的代表麦克马洪和西藏地方代表背着中国中央政府代表以秘密换文形式规定的中印东段边界线。由于该界线将东段原本属于中国的 9 万平方公里的领土划归英属印度，直接侵犯了中国对西藏的主权，中国历届政府都不予承认。——编注

由 1959 年春北京对西藏反叛的镇压引起,极大地激化了中印两国之间的官方对立和民众对立。接下来的谈判未能为协商解决冲突打下任何实际基础。1962 年秋天爆发的大范围的边境作战最终导致印度军队的惨败,清楚表明了中国的军事优势。中国人在 1965 年 9 月印度与巴基斯坦的短暂战争期间向新德里发出的最后通牒,破坏了北京与许多非洲和亚洲国家关系的状况,他们对北京发出的好战宣言不断增强的对和平的威胁感到忧虑。

七、重大的国际承诺

共产党中国长期以来在外交上处境孤立,它寻求通过形式多样的正式承诺来扩大其影响,提升其国际威望。除援助和贸易协定外,中国与几乎所有与之建交的国家缔结了有关文化、科学以及技术协定和大量提供新闻和教育交换的协议。

北京也将有关新闻和贸易代表的协定看作是建立更广泛联络的跳板。在维也纳和东京已经设立了由中国人操控的贸易办事处,新华社在智利、墨西哥、加拿大、西德、塞内加尔、埃塞俄比亚、科威特和日本都派驻了工作人员。

中共给北朝鲜、北越、阿尔巴尼亚和柬埔寨提供了军事援助。此外,由于 1958 年缔结的协议,印度尼西亚也得到了一些武装,据未经证实的报告显示,1965 年巴基斯坦可能也得到了少量的军事设备。

近些年来,北平与其他共产主义国家建立了广泛的军事、政治联系。然而,随着中苏争端扩大,其中的一些已经失效,其他的有效性也有待商榷。例如,中国领导人竟然走到公开对 1950 年中苏友好同盟互助条约进行贬损的地步。

八、与外国共产党的关系

中苏之间的争端已经激化到了如此程度,以致北平和莫斯科现在已陷入到他们自己的"冷战"中。在如何从事反西方的斗争、自由世界的共产党如何夺取政权、甚至在什么才是真正的"马克思列宁主义"政党的问题上,两党不再存在一致认识。

北平在全世界范围内展开了对苏联领导人的责骂攻击,国外共产主义政党成为中苏论战的主要战场。北京有关促进革命斗争的鼓动在那些渴望从亲莫斯科的"保守势力"手中夺取政权的持不同政见者中引起了共鸣,但往往正是这些亲莫斯科的"保守势力"控制着党内绝大多数。

在许多国家,中国建议他们的拥护者不要脱离已经建成的共产党组织,而要他们从内部做工作,使亲北京分子成为主导力量。只有在那些共产党取得控制权的前景极其黯淡或者已经被正式驱逐出去的地方,北京才鼓励他们反对当权派、建立独立的党组织。例如,在日本和新西兰,北京已经控制了当地共产党,而在巴西和比利时,北京则支持由其追随者建立独立的反对派党组织。

然而，1965年，北京扩大其在国际共产主义运动中影响的努力似乎有点受挫。在共产主义集团内，只有阿尔巴尼亚明确地表示支持中国。罗马尼亚仍然保持中立，古巴开始对苏联的绝大多数政策目标给予更加明确的支持。北朝鲜和北越似乎也增进了它们同苏联的关系，并保持一种更加中庸的姿态。印度尼西亚的政变流产，以及随后共产党内部亲北京分子遭到军事打击，对中国人来说也是一个沉重打击。

然而，在这些挫折面前，北京在国外加倍努力，并加紧发展与其海外支持者之间的秘密联系。他们给那些共产主义者和各种各样的左翼极端分子提供建议、宣传材料、道义支持，以及一定的财政支持。相当规模的团体也被带到共产党中国，进行政治灌输和游击训练。

同样，在国际共产主义联盟运动方面，为了从莫斯科支持者手中夺取领导权，并把这些组织纳入北京的好战政策之下，中国人费了很大的劲。但是，在世界和平理事会或者世界劳工组织中，中国人仍留在苏联主导的体系内，但拒绝给予财政支持，并扰乱会议，向苏联人挑战并排挤他们。同时，他们也在慢慢建立自己的战线，莫斯科将会被从其中驱逐出去，例如亚非新闻协会。

第三章　经　　济

自1960年4月以来，中共几乎没有发布任何经济数据，有关他们宣称将从1966年开始的第三个五年计划指导下的经济发展规划性质也很少言及。因此，对中国目前生产水平做出判断所能依据的情报基础极为薄弱。然而，据估计，1964年的国民生产总值是700亿美元，也就是人均95美元，远远低于1959～1960年的最高水平，与1957年的水平持平或者略高。

一、农业和食品供应

农业是共产党中国经济中的关键部门：工业产品消费的增长、资本投入、预算收支、零售和对外贸易，以及其他经济变量的增加，都在很大程度上依赖于前一年的收成。然而，与人口规模相比，农业资源很少。可耕地集中在占国土面积三分之一的东部地区，西部三分之二的地方基本上是山地，土地贫瘠，不适合耕种。中国东部的绝大部分耕地由低洼的平原组成，这些平原由太平洋海岸向内陆山地延伸400～600英里，但是在直隶湾①沿岸变为不足50英里宽。秦岭山脉将北部的小麦产区和南部的水稻产区分割开来。

虽然共产党中国是世界上最重要的粮食和纤维食物生产者，下面的表格显示了其农业

①　直隶湾，渤海湾的旧称。清初将明代的北直隶改为直隶省，大致相当于现在的河北省，1928年正式改名为河北省。——编注

产量即便比 1957 年高的话,也只高了一点点。

1957～1964 年主要农产品的产量

（单位:百万吨）

	总 量	大 米	小 麦	杂 粮	块茎作物*	大 豆	扎棉**
1957***	180	83	24	51	22	10.2	1.6
1958	200	91	27	45	37	9.1	1.8
1959	165	81	26	37	21	7.6	1.3
1960	160	79	22	37	22	6.7	1.2
1961	165	82	17	41	25	7.0	1.0
1962	180	82	23	46	29	6.5	0.8
1963	175	74	23	52	26	6.9	0.8
1964	170～175	78	22	44～47	26～28	6.5	1.0

* 与谷物比例按 1:4 折算。

** 以软绵为基础。

*** 从本年的 7 月 1 日到下一年的 6 月 30 日计算。下同。

这意味着,虽然进口了大量粮食,中国人民比八年前吃得还要差。而且,比起 1957 年来,农业对经济发展的作用要小得多。

水稻是中国最重要的粮食作物,占农作物播种总面积的 20%;自 1960 年以来,中国水稻产量总计占世界总产量的大约 40%,中国的小麦产量居世界第三,它和其他杂粮(玉米、粟、高粱、大麦以及甜高粱)是次重要的农作物,加起来几乎占农作物总播种面积的 50%。世界上绝大部分大豆产自中国和美国,这是中国最重要的一种传统出口作物。棉花是最关键的轻工业原材料,近年来,中国的棉产量居世界第三位,仅次于美国和苏联。与其他食品产量比起来,肉的产量较小,但中国的捕鱼量仅次于秘鲁和日本,排在世界第三。

虽然食品消耗量低于被认为是能够自给自足的 1957 年,但远远高于吃不饱饭的 1960 年。1960 年以来大约四分之三的进步要归功于副食品产量的大幅度增长(猪肉、家禽、水果和蔬菜),这些主要来自农民的私有小块土地。据估计,每人日常能量的吸收中,非谷物食品所占的份额,从极为贫穷的 1960 年的仅仅 5%,上升到 1964 年的大约 18%。据估计,1964 年这些食物和谷物类(包括进口谷物)加在一起提供了每人每天能量大约 2 000 卡路里(1960 年约 1 600 卡路里,1957 年约 2 300 卡路里)。

二、工 业

中国的工业体系虽然在亚洲国家中仅次于日本,但与美国、苏联和西欧相比,还相当弱小和落后。其主要的不足之处在于工业设备的规模、科学家、工程师和熟练的产业工人的数量，而不在于自然资源的可利用率。煤炭、矿石、铜、锡、锰、钨和铝矿的储藏量，以及水利电气潜能，很可能大到足以支撑像美国和苏联那样规模的工业。中国铬、镍和钴的已知蕴藏量很少，这三种重要的钢铁合金材料必须依靠进口。中国的石油储藏量在不远的将来足够满足需求。

1953～1964年间，工业产量平均每年增长大约8％，但是波动很大。工业生产趋势表现的特点是：第一个五年计划期间（1953～1957）的增长率相当高，"大跃进"（1958～1960）期间快速增长，1961～1962年急速下降，从1962年开始逐渐回升。

大部分的主要工业品现在正以高于1957年的水平生产（如表 Table ⅢA）。明显的例外就是棉布，对中国消费者而言，其重要性仅次于食品；1964年其产量只有1957年的67％。自1962年以来产量增长最多的是石油，化学制品，电力设备，这些日用品的生产系得益于军事计划的高度优先性。尽管产量快速增加，但由于进口的减少，自1960年以来石油的供给只是稍微有所增加。

附表（Table Ⅲ A）　1952、1957、1958 以及 1962～1964 年的一些工业产品的产量

	1952 年	1957 年	1958 年	1962 年	1963 年	1964 年
粗钢（百万吨）	1.35	5.35	8.0	6.8～9.7	6.8～9.7	7.5～10.7
电力（总量）（十亿千瓦每小时）	7.26	19.3	27.5	30	33	36
煤炭（百万吨）	66.5	130.7	230	210	215	220
石油原油（百万吨）	0.44	1.5	2.3	5.0	5.8	6.9
石油产品（百万吨）	0.5	1.7	2.7	4.5	5.3	6.3
化肥（百万吨）	0.19	0.8	1.35	2.1	2.9	3.5
硫磺酸（百万吨）	0.19	0.63	0.74	1.1	1.5	2.0
水泥（百万吨）	2.86	6.86	9.3	5～7	6～8	7～9
木材（百万吨）	11.2	27.87	35.0	28.6	31.4	34.2
铝（千吨）	0	39	49	80	80	80
机械制造（以 1957 年为 100）	53.9	100	183	100～110	110～120	115～125
机动机车（以千为单位）	0	7.5	16.0	8.0	13.7	17.7
火车头（以个为单位）	20	167	350	小于 50	小于 50	小于 50
货运汽车（以千为单位）	5.8	7.3	9.7	1.0	1.9	2.55

续　表

	1952 年	1957 年	1958 年	1962 年	1963 年	1964 年
拖拉机（以千为单位）	0	0	1.0	8.3	10.0	12.3
电子设备（百万美元）	N. A.	26	82	710	820	930
军用品（百万美元）	N. A.	12	47	540	640	740
民用品（百万美元）	N. A.	14	35	170	180	190
棉布（十亿延米）	3.83	5.05	5.7	2.9	3.1	3.4
纸（百万吨）	0.6	1.22	1.63	1.0	1.05	1.6

　　共产党中国的工业活动仍旧主要集中在东北和沿海大城市，尤其是上海。1955 年以来，新的内地工业区也在洛阳、西安、重庆、包头、兰州以及武汉发展起来。

三、运 输 和 交 通

　　如下表所示，货物运输的总量趋势与总的工业产量持平。

现代运输业：1952、1957～1959 和 1964 年

（单位：百万吨运载量）

	1952 年	1957 年	1958 年	1959 年	1964 年
总　　量	169	412	634	1 009	690
铁　　路	132	274	381	542	415
汽　　运	22	84	176	344	170
水　　运	15	54	77	123	105

　　尽管运输系统现在能够应付需求，但其技术仍旧非常落后，并且其运行需要大量的体力劳动者。总货物吨数中大概有一半之多是通过原始的运输形式来完成的。

　　土地面积和人口相对于线路的比率在现代交通部门中极高。一些地区仍旧没有与主要的铁路系统连接起来，危机时期大吨位的运转会造成拥塞和延迟。铁路仍旧是主要的交通方式，但 20 世纪 50 年代铁路运输所占份额减少。水路交通所占的份额正在增加；1960 年间卡车运输所占份额增加，且有望再攀新高，因为卡车正在大量生产与进口，高速公路也在逐渐改进。

　　虽然使用高频无线电进行远程交换，但是大部分的国内电话和电报是通过电缆传输的。电视网络正在发展之中，所有的无线电通讯设备正在改进和扩展之中，但这些设备仅仅只能满足党、军队、政府和工业的最低要求。政府认识到大众传媒，尤其是广播的巨大价值，而且有效地利用它们来保持对民众的控制并传播共产主义学说。

尽管 1960 年以来，中国的电子工业在技术水平上取得巨大进展，但是这个产业绝大部分产品被调配到高度优先的军事需要。建设现代化的无线电通讯基础所需的仪器国内产量不足，所以中国加快了从自由世界，尤其是从日本获取大量无线电通讯设备的努力。

四、劳　动　力

就人口的绝对数而言，共产党中国的人力资源是相当庞大的。1964 年，共产党中国的劳动力人数为 3.27 亿，占人口总数 7.464 亿的 44％。在这些人中，2.78 亿从事农业，0.49 亿从事非农业。第一个五年计划期间，从事农业的人数在总的劳动力中比例稍有增长，这是因为达到工作年龄的人数快速增长和政府继续对非农业部门的就业进行严密控制。然而，"大跃进"期间，因为非农业劳动力的大量增加，从事农业的比例有所降低。"大跃进"失败之后，随着非农业劳动力的节余，农业和非农业在总劳动力中的比例恢复到大约 1953 年的水平，即 85％ 和 15％。

1958 年（这是对劳动力分布做出合理全面评估的最近一年）的 3.1 亿劳动力中，300 万，或者说不到 1％ 在服役。在一般平民劳力中，80％ 以上是农民。另外的 13％ 从事工业（包括手工业）、建筑业、交通运输业和通讯业；余下的 6％ 从事贸易、文教卫生以及公共管理。

附表（Table Ⅲ B）　1953、1957 以及 1958 年民用非农业从业人员，经济各部门
（单位：千人）

经 济 部 门	1953 年	1957 年	1958 年
总　　量	39 116	39 667	56 867
生产和分配	31 954	30 953	47 918
工　　业	6 121	7 907	22 984
手 工 业	7 789	6 560	1 465
建 筑 业	2 170	1 910	5 336
交通运输业和通讯业	4 764	4 417	5 823
贸易，饮食	9 008	7 819	7 500
所有其他部门	2 104	2 340	4 810
服务行业	7 162	8 714	8 949

续 表

经 济 部 门	1953 年	1957 年	1958 年
政府部门	1 698	1 698	1 183
财政、银行以及保险	396	621	400
国家教育、医药和公共健康以及文化事业	2 607	3 211	4 016
中 医	794	1 363	1 607
所有其他部门	1 667	1 821	1 743

附表(Table Ⅲ C) 1953、1957 以及 1958 年工业从业人员,工业各部门

(单位:千人)

工业分支	1953 年	1957 年	1958 年	工业分支	1953 年	1957 年	1958 年
总 量	6 121	7 907	22 984	化 工	129	253	800
电 力	70	143	251	建 材	453	600	1 320
煤 炭	517	669	2 500	木 材	290	333	1 126
石 油	31	67	124	造 纸	90	94	96
钢 铁	258	347	3 304	纺 织	1 080	1 282	1 500
非铁金属	183	346	731	食品工业	—	1 200	1 410
金 工	934	1 403	4 204	所有其他部分	—	1 170	5 618

五、贸易和对外援助

共产党中国内部的商业活动不仅包括向农业单位销售、购买和向家庭销售的活动,还涉及各工业企业之间原材料、半成品以及成品的直接划拨。这些交易由一个三级机构来负责执行,该三级机构的最高层是四个中央部门(商业部、粮食部、水产部以及对外贸易部),中间等级为省级分配机关,最基层为国营商店和合作社。

所有货币和银行业务都掌握在政府手中。共产党中国的国家银行是人民银行。虽然其他银行也有重要的专门职能,但是人民银行控制着货币,而且是实施货币政策的主要工具。

共产党中国的标准货币单位是元。它不进入世界贸易流通领域,中国和其他共产主义国家之间的交易使用卢布,与自由世界的贸易则使用双方都能接受的西方货币。为清算账目,中国与其他共产主义国家的贸易中,元的兑换比率是 4 元人民币兑 1 美元,而在中国与

自由世界国家的交易中则为 2.46 元人民币兑 1 美元。西方外交人员和旅游者在中国兑换其货币的比率大约是 2.46 元人民币兑 1 美元。

共产党中国的对外贸易是支持其国内主要的军事和工业发展目标的重要手段，而且，自 1960 年以来，也是维持中国人民仅仅最低限度的吃饭需求的重要途径。中国的对外贸易从 1959 年 43 亿美元的最高点跌到了 1962 年的 27 亿美元，几乎下降了 40%，反映了"大跃进"的破产。1962 年以来，中国的对外贸易逐步上升，1964 年达到 32 亿美元，但仍然只有 1959 年最高水平的四分之三。

附表(Table Ⅲ D)　1950～1964 年对外贸易走向[*]

（单位：百万美元）

年　份	总　量	自由世界	共产主义国家	苏　联	东欧[**]	远东[***]	其他共产主义国家[****]
1952	1 895	580	1 315	965	320	30	0
1953	2 300	740	1 560	1 165	345	50	0
1954	2 345	615	1 735	1 270	370	95	0
1955	3 040	785	2 255	1 700	435	115	0
1956	3 120	1 065	2 055	1 460	470	120	10
1957	3 025	1 090	1 935	1 295	500	130	10
1958	3 740	1 385	2 355	1 515	670	160	5
1959	4 285	1 305	2 980	2 055	675	245	5
1960	3 980	1 370	2 610	1 665	645	220	80
1961	3 005	1 335	1 665	920	305	225	215
1962	2 670	1 270	1 405	750	170	230	250
1963	2 745	1 510	1 235	600	165	235	235
1964[*****]	3 245	2 120	1 125	450	155	245	275

　　[*] 数据四舍五入到非常接近 500 万美元。由于凑整，组成部分没有在总的显示中表现出来。
　　[**] 不包括南斯拉夫，1959 年之后不包括阿尔巴尼亚。
　　[***] 1959 年之后不包括蒙古。
　　[****] 1959 年只有中国和南斯拉夫之间的贸易。1959 年之后，也包括阿尔巴尼亚、古巴以及蒙古与中国的贸易。
　　[*****] 主要根据不完整的数据猜测。

1964 年，共产党中国继续调整与自由世界的贸易。1964 年中国总的贸易收益增加了三分之一，这是其增加对自由世界贸易的结果。与 1963 年的 55% 和 1960 年的 34% 相比，与自由世界的贸易现在总计占中国对外贸易总量的大约三分之二。进口的标志仍是谷物的大宗购买,同时,中国工业的逐渐恢复和副食品的增多为增加出口打下了基础。

共产党中国决心要在自由世界的不发达国家中扩大其正在不断增长的影响力,这导致了1964年提供的贷款增加到3.38亿美元,总计相当于1964年之前十年中国给予这些地区援助总量的四分之三。然而,对自由世界国家的援助物资仍旧很少,据估计1964年的援助总量只有2300万美元。中国援助物资的大多数继续流往共产主义国家:北越,北朝鲜,阿尔巴尼亚和古巴。据估计1964年流向这些国家的总量达到1.1亿美元。据报道,1965年中国人又对北越和阿尔巴尼亚提供了一些额外援助,而1965年上半年给予自由世界国家的援助只有4300万美元。

附表(Table Ⅲ E)　1954～1964年对外经济援助的贷款和援款*

(单位：百万美元)

	1954～1964年贷款	援助款	1964年贷款	援助款
总　　量	2 109	1 106	338	133
共产主义国家	1 323	974	0	110
阿尔巴尼亚	263	108	0	20
古　　巴	100	33	0	20
匈 牙 利	58	58	0	0
蒙　　古	115	100	0	5
北 朝 鲜	330	317	0	25
北　　越	457	358	0	40
自由世界	786	132	338	23
阿尔及利亚	52	2	0	0
缅　　甸	84	5	0	＊＊
柬 埔 寨	49	35	0	＊＊
中非共和国	4	0	4	0
锡　　兰	41	14	4	3
刚果(布拉柴维尔)	25	2	25	2
埃　　及	85	5	80	0
加　　纳	42	0	22	0

续　表

	1954～1964年贷款	援助款	1964年贷款	援助款
几内亚	26	7	0	2
印度尼西亚	107	28	50	1
肯尼亚	18	1	18	1
老　挝	4	0	0	0
马　里	20	4	0	4
尼泊尔	43	10	0	3
巴基斯坦	60	0	60	0
索马里共和国	22	2	0	2
叙利亚	16	0	1	0
坦桑尼亚	46	2	46	2
也　门	42	15	28	2

＊1959年，中国的预算报告包括了在对外援助计划中每年拨款的数据。自1959年以来，在没有中国年度预算花费数据的情况下，中国援助计划的年拨款采用的是对每一个国家的单独评估。

＊＊50万美元或者更少。

第四章　军　　事

一、高级军官

国防部长　　　　　　　　　　　林彪
中国人民解放军总参谋长　　　　罗瑞卿
海军司令　　　　　　　　　　　萧劲光
空军司令　　　　　　　　　　　吴法宪

二、陆军（系估计数据）

1. 兵力：231.5万人

2. 装备：实际上，中国人民解放军的所有装备都是苏联设计的。20世纪50年代早期，许多装备都来自苏联,但随后,中国具备了在他们自己的车间里生产一些苏式装备的能力。除了轻武器,中国还能生产一些重型武器,包括装甲车、火炮以及机动车辆。

3. 编制:陆军分成 13 个军区,由 34 个军指(军级指挥部)和 160 个师组成。这些师中 117 个是野战师(包括 106 个步兵师,5 个装甲师,3 个装甲兵师,3 个空降师),其他的 20 个师是边防或者武警部队,23 个是炮兵师,包括 14 个野战炮兵师,3 个反坦克师和 6 个高射炮兵师。除这些武装之外,还有 59 个独立的野战军团、炮兵团以及边防军团。混合工程兵、信号和后勤单位组成了另外 62 个独立团级部队。

共产党中国的野战军主要分布在从东北到西南的沿海地区。内地和西部偏远地区分布的兵力相对较少。以下给出各军区辖下部队的大概人数:

沈阳军区 41.8 万	昆明军区 15.1 万
北平军区 29.4 万	成都军区 7 万
济南军区 12.1 万	西藏军区 6.2 万
南京军区 34.2 万	新疆军区 3.9 万
福州军区 15.5 万	兰州军区 8.3 万
广州军区 31 万	内蒙古军区 3.3 万
武汉军区 11.1 万	未探明所属军区 12.6 万

4. 能力和局限:中共部队完全有能力维持国内安全,并能对付除美苏之外的任何国家的武力威胁,保护大陆中国。在没有美国干预的情况下,中国人民解放军可以侵入中国周边除苏联和印度之外的任何地区。部队军人纪律严明,吃苦耐劳,士气相当高昂,并且忠于政府。部队和在特定军事行动中的战术都经过战争的检验。

5. 兵源

(1) 人口(估计):到 1965 年 1 月 1 日为止有 7.42 亿。(年龄在 15～49 岁之间的)男性为 1.878 亿人,身体合格者为 9 130 万。主要构成:汉族占 94%;其他的都在 1% 之下占 6%。识字率:男性 55%～60%;女性 25%～30%(1965 年)。

(2) 征兵制度:义务兵役制。1955 年 11 月 1 日开始实行的普遍军役法取代了临时的征兵计划。[1] 但还保留着志愿兵役制的外壳。1965 年 1 月 19 日,全国人民代表大会常务委员会宣布延长已征召入伍军人的服役时间。应征入伍士兵现在的固定服役时间如下:陆军——步兵 4 年,其他军种 5 年;空军——5 年;海军——岸基人员 5 年,属于船上编制的(全体军官和水兵)6 年。近年来每年大概有约 60 万名 18～20 岁之间的青年人应征入伍。

6. 机动能力:基于可资利用的有组织的民兵、武器装备、受过训练的干部和设备、后勤机构和经济考虑,在排除外来的后勤支持的情况下,在指定时间内的动员可以达到下列目标:

---

[1] 1955 年 7 月 30 日《中华人民共和国兵役法》公布,中国军事制度由志愿兵制改为义务兵制。——编注

时间	人数
M-Day（动员日）	231.5 万
M+30	272 万
M+180	297 万
M+1 yr	338.7 万
M+2 yr	415.6 万

有效的外来后勤支援能增加这种预计的潜能,特别是炮兵和装甲师,而且很可能增加高能力空降师的数量。

后勤支持能力存在很大的缺陷,尤其是在铁路输送、机械化输送及油料供应上。现代化的火力支援武器、高科技设备和训练技巧上也存在着不足。如果没有苏联的物质支援,中国将很难完成那些要求大规模、长时间军事投入的行动。

三、海　军

1. 兵力:7.65 万(普通兵种 6.2 万,海军航空兵 1.45 万)

2. 船舰和飞机力量

(1) 船舰:4 艘导弹快艇(ODD),1 艘舰队弹道导弹潜艇(SSB),27 艘 SS,4 艘 OSS,4 艘护航驱逐舰(DE),297 支巡逻舰,63 艘水雷舰,59 艘海陆两用舰(不包括 200 艘机械化登陆艇),65 艘辅助舰,以及 365 艘 svc 飞机。

(2) 飞机

中共海军航空军总量:520

可用的:479(396 架喷气式飞机,其中 278 架战斗机,118 架轻型轰炸机。83 架螺旋桨式飞机,其中 10 架轻型轰炸机,6 架侦察机,67 架运输机。

3. 建制:中国海军被编成三个舰队,其中潜水艇兵力集中在北海舰队,水上和水陆两栖兵力集中在东海舰队。南海舰队主要由巡逻舰组成。中国海军航空军主要由 4 个战斗机师,3 个轰炸机师以及一个独立的战斗机团组成。每一个师有两个团。

4. 能力和局限:中国海军有 32 艘潜艇,因而具有防守能力。其中包含一个"G"级弹道潜水艇。这个军事单位还没有开始运作,而且一般认为还要等一些年才能为这个军事单位提供可用的导弹。共产党中国海军有能力发起机动鱼雷舰袭击和空中袭击,用陆基飞机支援海军行动,而且还有很强的布雷能力,以及两栖作战能力(两个步兵师,2.8 万人)。中国海军至少还有两艘导弹巡洋舰。主要的不足之处就是缺少主要的地面军事单位和扫雷舰。海军的喷气机轻型轰炸部队已经进行了多年的实战轰炸训练,但没有实战经验。

5. 武器和装备状况:共产党中国海军正在进行雄心勃勃的造舰计划和现代化计划,重点放在潜水艇和其许多老化的部队单位的现代化上。W/R 级潜水艇正在修建或更换之中,但是,这次计划的范围就不得而知了。预计他们目前还没有重要的水面造船计划,但却正在建设潜艇,扫雷舰,潜艇驱逐舰,鱼雷快艇、巡逻快艇,以及轻中重型海军辅助舰。海军战斗序列中的船舰都是二战中过时的美国,英国,日本型号,前国民党装备,中国自行设计和建造的船舰,以及中共组合装配、修建的苏联型号。所有的海军作战飞机都来自苏联,而且已经老旧过时。

四、空　军

1. 兵力:14.81 万人(其中 8.45 万人被分配到空军突击联队,地对空导弹和防空炮兵部队,6.36 万人被分到共产党中国的空军部队)。

2. 飞机实力:中国空军总量:2 500(架)。可投入作战的数量:2 108(1 684 架喷气式飞机,其中 1 523 架战斗机、2 架中型轰炸机、159 架轻型轰炸机)。424 架螺旋桨式飞机,其中80 架轻型轰炸机、60 架强击机、13 架中型轰炸机、253 架运输机、18 架直升机。

3. 建制:共产党中国空军分为 25 个战斗师,6 个轰炸师,1 个运输师;还有独立的 1 个战斗团,3 个轰炸团以及两个运输团。每个师有 2 个或者 3 个团。空中防务由总部设在北平的空军司令部负责。战术的控制掌握在 8 个也可能是 9 个空军军区,这些军区控制着辖区内所有的战斗机。尽管遇到可疑情况时会和北朝鲜、北越通报情况,但是没有迹象表明中共的空军司令部融入了共产党集团的体制。

4. 能力和局限:尽管绝大多数飞机已经老旧过时,但空军仍有强大的能力抵御亚音速轰炸机的白天袭击,并在地面部队和海军的支援下进行战术行动,但对抗高性能全天候飞机的能力有限。喷气机轻型轰炸部队的高空轰炸能力相对较强。轰炸部队的雷达轰炸和电子干扰能力,以及合理有效地开展行动的能力有限。

重大的不足是:(1)缺少适合于全天候、高性能的战斗机;(2)缺乏 6.1 万英尺以上的高空战斗力;(3)油料短缺,备件不足,没有维持持续作战的能力;(4)没有可替换陈旧的、荒废的以及缺损飞机的可靠资源;(5)由于油料稀缺而导致训练时间缩短,削弱了飞行员的战斗效率。

歼击机防御作战能够得到重型或中型高射炮及有限的地空导弹部队支援。战术地点主要限于防御选定的一些城区。

5. 武器和设备状况:所有的战术飞机都来自苏联,而且,除米格-21 型飞机之外都已经老旧过时。米格-17D 型战斗机(Fresco Ds)有一定的适应全天候作战的能力,但数量有限。还不确定中共是否拥有空对空导弹,但已经确定拥有 14 个可以使用的 SA - 2 基地,包括 2个训练基地;除此之外,还有 2 个 R 基地和 D 基地。

第五章　科学和技术

通过将大量设备、建筑和人力投入到优先领域,中国人正在积极努力,以支持其雄心勃勃的发展计划。整个科学和技术资源中的大部分份额似乎都被直接或者间接地用以支持尖端武器和常规武器计划。而这种集中被认为正在严重破坏广泛而长远的经济需求必须具备的强有力的科学和技术基础的增长。

一、科 研 领 域

1. 战略研究和开发：中国将军事技术的重心放在对那些已经经过实战检验的国外设备的复制、改良和改装上，尤其是苏联的导弹、飞机、地面系统、海军武器和电子仪器。

（1）核武器：中国的核武器计划得到原子能研究所提供的研究设备支持。主要的实验室位于北平附近的坨里。……①尽管对中国铀的储藏地的数量、方位、规模以及等级所知甚少，但主要的矿藏地区似乎在中国东南部，尤其是江西省和广东省。

中国人已经在中国西部的罗布泊进行过两场核试验。第一次爆炸发生在 1964 年 10 月 16 日，产生的当量值是 2 万吨；第二次在 1965 年 5 月 14 日爆炸，当量值大约是 4 万吨。两次都是以铀-235 为裂变材料。这种原料可能是由位于兰州的研究室生产出来的。……②

虽然中国核武器试验中没有使用钚，但中国人可能已经具备生产这种原料的能力。

在其最初的中型炸弹试验设备的基础上，一旦裂变材料准备好，中国人就可能储备核武器了。

（2）导弹：中国正在实行一个大约十年的导弹计划。在苏联的帮助下，中国在双城子建立了一个导弹试验场和一个研究发展中心。一般认为两者都处于全面运作状态。

中国人很重视发展可携带核弹头的陆基中程弹道导弹（MRBM）。

一种可能基于苏联 SS-4 的系统可望在 1967 年或者 1968 年完成。但没有证据显示，这个系统绝对与洲际弹道导弹（ICBM）有关。

中国人也在研究陆基战略导弹系统。

毫无疑问，在地对空导弹领域存在研究和开发。

（3）航天：中国的航天活动看起来很有限。中程导弹计划所取得的成就表明，其最终能力也仅限于发送一颗小型卫星。

（4）航空：在努力尽快建立一个航天工业雏形的同时，在苏联的帮助下，20 世纪 50 年代中共建成了工厂并开始生产苏联设计的飞机。同时，他们在四所大学中设立了航天设计系，并建立了一个研究机构，有一个中型持续流亚音速风洞和一个据估计其能力达到 5 马赫的气力设备。自从 1960 年苏联撤销援助以来，航天研究和发展一直非常有限，而且中共也不太可能在不远的将来就能够生产本国设计的战斗机。然而，他们仍在继续中苏决裂之前就已经开展的工厂建设工作，而且大部分现在已经建成了。越来越多的证据显示，有两个工厂

---

① 原文此处有不到四行未解密。——译注
② 原文此处有不到四行未解密。——译注

正在生产一种战斗型飞机(可能是米格 19 或者 21)。为生产引擎以支撑飞机生产计划,可能需要一些外部支援,尤其是高温材料。

(5) 常规武器:目前,中国地面武器的发展强调在国外设计的基础上改进的武器的快速组合。重点在步兵武器、防空炮、地面炮以及军用交通工具的生产上。

(6) 海军:中国在战舰和相关动力装置的设计和开发上能力有限,但正在得到改善之中。在离上海不远的无锡,一个 1 600 英尺长的系船池模型将在 1966~1967 年投付使用。

反潜艇战的研究和发展似乎还在起步阶段。声纳装置的发展似乎仅仅停留在对苏联声波定位仪的复制。

(7) 化学战:中国着重于防守型的而不是进攻型的化学战理念。许多化学战原材料是在苏联设计的基础上制作而来,或者由苏联提供。虽然现有的地面武器和飞机有能力在一场大规模的进攻性的战术行动中散布大量的化学战药剂,但有限的药剂产量和储藏能力削弱了化学战的防守能力。其火焰战能力很弱,但正在不断提高。

(8) 生物战:虽然据报道,一小部分军事组织被派给同生物战争科研与开发有关的任务,但并没有中国积极从事生物战争药剂的研究与开发的信息。

(9) 军事电子学:中国已经开始了对初级军事电子学的有限研究与开发,但许多开发成果是在国外设计被用于国内生产的情况下取得的。几乎所有生产出来的比较成熟的军事电子仪器都是对外国产品的复制,改良和改造——来源包括西方、苏联、东欧以及日本。在军事通讯方面,中国很大程度上依靠进口,尤其是苏联、东德、西德以及日本的微波设备。中国也对固定发射台和多路无线电传输设备进行了一些直接的研究和开发。

2. 其他重要的研究和开发:在物理学和生命科学方面,中国所取得的成果主要是实用型的,几乎都与亟待解决的实际问题有关。对分子生物学、低能物理学、医学中国只进行了小范围的原创性研究。国外科研和开发成果,不管是基础的还是实用的,都是现成的,中国人例行检测和利用。

(1) 物理学:中国积累了很好的物理学研究资料基础,这将有助于科学的正常发展,并满足本国的一般需求,但缺少杰出的研究成果。

(2) 电子学:中国将大规模的技术投入到基础电子学,包括通讯。在很大程度上中国仍然依赖国外设备和系统,而将短缺的电子学科研人力只投放到最关键的项目上。使用电晶体的(不用真空管的)、微波激射器以及激光的研究和开发都因材料和设备短缺而受阻。中国在工业提炼锗和硅的技术上极为落后。

(3) 计算机:中国的计算机技术正在发展,但中国仍将落后西方很多年。在许多高科技需求面前,可供利用的计算机还是很少,计算时间需严格分配以优先解决经济和军事问题。不过,来源于国外和本国的、数量越来越多的计算机将投入使用。

(4) 化学:目前化学和化学工程的研究计划是,掌握已知的方法并使之适应中国的国情以支持军事、工业以及科学项目。研究重点在于,分离并配制电子器件和核应用所要求的纯物质;研发化学肥料和生产杀虫剂,以支持农业;生产聚合材料、石油产品以及药物等等。

(5)特制钢:这类金属,特别是用于农业化学生产和军事时,其在中国的冶金研究计划中有很高的优先性。中国已经开始直接针对稀有合成金属的替代品进行努力,例如镍,但目前在钢和合金中仍优先使用镍,对含铁和非含铁金属的研究取得重要进展,但冶金研究仍大大落后于西方。据估计,到1970年中国应该能够生产绝大部分种类的特质钢。

(6)地球物理学:中国地球物理科学正在缓慢发展,但仍旧落后于科学发达国家的水平。陆地和海上石油开发能力正在取得巨大进展。

(7)生物学:生物学研究直接指向农业、工业以及公共健康的实际问题。一小部分被公布出来的研究总体上还不错。研究院的数量足够支持有限的基础研究计划。

(8)医药和公共健康:对重大疾病的预防和控制对中国有限的医药设施提出了巨大要求。对农业运动所提供的医学支持主要指向增加对农村的农业劳动人口的医疗,并执行计划生育。虽然研究仍旧主要指向重大的传染疾病,但基础研究的增加也是很明显的。

(9)技术能力:虽然部门之间存在巨大差异,但中国工业技术的总体水平大大落后于美国、苏联、西欧以及日本。1960年以来,大多数工业领域技术进步极其缓慢。然而,在建筑和交通领域,其阻碍作用并不是特别大,因为简单技术就能满足大部分需要。西方意义上的自动化非常有限。一小部分工业生产线使用了高自动化的设备,例如电子构件的生产。而在大多数工业领域并不存在自动化。

二、科 学 资 源

1. 科学人才:虽然中国几乎所有的科学和工程领域都不乏能够胜任工作的人才,但训练有素、经验丰富的科研人员的数量不能满足巨大的需求。政府能够组织一批有能力的科研人员来攻克几乎任何工程,但常常是以牺牲其他目标为代价。至于中国急需的较低水平技术服务,中国已有大量可用的技术员和技师。

1965年,中国有大约84.6万名毕业生活跃在科学和技术领域,包括47.6万名工程学专家。自1949年共产党掌权以来,中国高等院校毕业生总数中有78万名专门从事科学和技术研究。毕业生的庞大数量并不能代表中国的科研能力,自共产党掌权以来,许多人并未接受高水准的训练,而且许多毕业生工作经验有限。1949年以来,90%的毕业生都拿到了他们的学位。相反,那些有能力胜任研究和工程的学术带头人平均年龄很高,因为还要继续依赖在欧美国家受过训练的老科学家和工程师。

中国宣称,自1949年以来,1.2万人完成了研究生学业,但他们中的绝大多数完成的是短期课程。

2. 科学和技术教育:1949年以来毕业生的水平参差不齐,这取决于他们何时在什么地方受的教育。20世纪50年代早期,许多学生在两到三年的学习后就毕业了。1955年,四年学制普及,五年学制也正在被采用。大跃进期间,培训质量滑坡,但到1960年教育质量再度受到重视。1964年下半年开始,在校学生和毕业生都又被命令"到农村去",在"社会再教育"计划中进行体力劳动。较好学校,例如北平大学、复旦大学、南开大学、清华大学、交通大学和中国科技大学的毕业生,质量较高,而且人数不断增加。许多准备不是太充分的毕业生也能为农业、工业和军事的现代化规划做出有用贡献。高等院校的在册学生人数在70万～80万人之间,训练有素的老师和实验室设备依然短缺,尽管已经有所发展。

1964年秋天,各个大学和研究院接收了1 200名研究生新生,而与之对照的是,1963年只有800名。预定四年制的博士计划的人数比例还不清楚,但接受这种高级训练的人数据估计不会超过2 500人。

3. 科研和开发设施:中国用于科研和开发的设备与器材在质量和数量上参差不齐。那些正在优先进行的项目有可以利用的精密仪器。然而,总体上说,因为没有或者配给较少,中国科学家们缺乏他们需要的设备和器材。

三、组织和地位

1. 科学在国家中的地位:中国领导人一贯强调科学和技术在将中国建设成为强国中的关键作用。为改进工作方法、工具以及产品的生产水平,并提高科学和技术的整体水平,应用科学实验方法在各个方面都得到督促。中国的最终目的是,快速赶上并走到世界科学技术的前列。中国的计划和规划直指增强自给自足能力,而同时利用国外有用的技术。

中国还利用科学和技术来增进其与不发达国家间的关系,并向这些地区渗透。(中国)与许多不发达国家签订了科技合作协议,并通过会议、代表团、调查组以及在中国培训外国学生来与之联系。

2. 计划:1956年,中国正式通过了一个十二年科学发展计划。其目的是在公共学科领域赶上世界水平,并集中发展一些特定的技术项目。大跃进期间的整体管理不善,1960年苏联援助的撤走,打乱了十二年计划的进程。它被一个十年科研计划(1963～1972)所取代。新计划保留了总的国家目标,可能还包括旧的计划中的许多内容,但只将重点放在少数项目上。很明显,农业仅次于先进武器研究。

3. 科研组织:在共产党的监督之下,中国政府大概是通过国家科技委员会来计划和管理科技事务,它是国务院中的一个高级机构。这个委员会是计划、控制和监督科学和技术的最高机构。很显然,它有决定科学计划的发展方向及其执行的广泛权利。这个委员会可能有40个或者更多的分支,处理特殊的独立科技领域,并实行或者管理支持性的服务。一般认为,这个委员会有一个国防科技分支,将军事问题纳入到国家科研开发计划中来。

科学研究和开发的实施实际上主要是由中国科学院和各技术部门的科研机关来完成的。这些部门用附属的研究院来支援中央研究院,并在一些工厂里有附属的研究机构。

4. 党的控制:中共主导着科学生活。每一个单位都有可靠的党员,最高权威部门都会安插一个党员,而他不一定就是这个单位的正式领导者。中共中央委员会内对科技负有正式的连续责任的唯一已知机构是宣传部科学处。该处利用中国科技协会来实施控制，并负责集中控制科学家和工程师。可以推测，党内的军事事务和科学事务之间有密切合作。国家科技委员会主席是一位军官（军衔取消之前是元帅），他目前也是党内军事事务委员会的副主席。

5. 财政：关于科研开发的财政状况所知不多，但一般而言，科研计划都会得到大力支持。1960 年用于科研的财政预算是 4.412 24 亿美元，相当于国家总预算的 1.54%。1960年以来，科研开发持续扩大，对科研开发的拨款估计有 5 亿美元。

第六章　人物传记（原件配有人物图）

陈毅：中央政治局委员；副总理；外交部长；国务院外事办公室主任。生于 1901 年。新四军及之后部队的司令员。1958 年取代周恩来成为外交部长。曾为北京政权四处奔走。是中共强硬派内较为"温和"的人物之一。

陈伯达：中央政治局候补委员；党的理论领导刊物《红旗》杂志的主编。约生于 1905年[1]。曾经担任毛的代笔人，私人秘书；对共产主义理论没有独创贡献，更确切的说只是毛泽东思想的诠释者。

周恩来：中央政治局和中央委员会副主席；总理。1949～1958 年间任外交部长；但仍旧被认为是外交部首席发言人。尽管被认为是"温和派"，但仍然坚定不移地公开支持北京的强硬政权。生于 1898 年。

朱德：中央政治局和中央委员会副主席；中国人民代表大会主席。生于 1886 年。早在1928 年他就开始了与毛的长期合作，当时他的军队为毛提供了一定规模的军事组织。随着年龄的增长朱的权力逐渐衰落，但他仍然受人崇敬，在中共内很受欢迎。

贺龙：中央政治局委员，中央军委副主席；副总理。生于 1896 年。土匪起家，因私利而加入共产党，后成为最有能力的军事统帅之一。是个没有受过教育的半文盲，但是是一个雄辩的演说家；热爱运动（他是和体委主任）。

萧劲光：海军司令员；国防部副部长；中央委员会委员。大约 1900 年出生[2]。1950 年之前没有海军经验。有能力，有才智，多才多艺。

萧华：中国人民解放军总政治部主任；中央委员；中央监察委员会副书记；中央军委副秘书长。约生于 1915 年[3]。年龄较轻，但在中国人民解放军服役期间获得丰富经验。负责政治理论和党的纪检领域，只有少数人兼任这种双重任务。

谢富治：1965 年 1 月被任命为副总理；国务院内参部主任；公安部部长；中国人民解放军

---

[1] 陈伯达生于 1904 年。——编注
[2] 萧劲光生于 1903 年。——编注
[3] 萧华生于 1916 年。——编注

公共安全部司令及政委,中央委员会委员。中共关键人物之一。其出生年月大概在 1897～1909 年①之间。

康生:中央政治局候补委员;中共书记处书记;全国人大副主席。出生于 1899 年。长期以来是作为中共情报局和秘密警察活动的领导人而著名;在国内宣传事务中越来越活跃,是中苏争论的积极倡导者。1956 年从中央政治局委员降为候补委员。

李井泉:中央政治局委员;中共中央西南局第一书记;副总理;全国人大副主席。大约生于 1905 年②。1953～1965 年之间担任中共四川省委第一书记③,离职后将更多的时间投入到地方性的职务上来。

李富春:中央政治局委员,书记处书记;副总理;1954 年以来担任国家计划委员会主任。大约生于 1900 年④。是北京的主要经济计划者之一;未受过正规的经济学训练。负责制定五年计划。

李先念:中央政治局委员,书记处书记;副总理;国务院财政贸易办公室主任;财政部部长。大约出生于 1907 年⑤。北平首席经济发言人之一;他担任军队司令直至 1945 年。1945 年至 1954 年担任分管经济计划的省级领导。1954 年在北京被任命为财政部长,在此职位上其在党内地位的持续上升。

李雪峰:中央书记处书记;中共中央华北局的第一书记。大约生于 1906 年⑥。政治关系,也或许是能力使其上升到一个地区局的领导地位。

廖承志:国务院外事办公室副主任;华侨事务委员会主任;中央委员会委员。1908 年生于日本。党的领导人中积极参与青年组织、海外华人以及“和平”统战组织的人物,北京的日本问题专家;阅历广泛。

林彪:中央政治局和中央委员会副主席;中共中央军委副主席;副总理;国防部长。大约生于 1908 年⑦。中国人民解放军最有才干的年轻司令员之一;因开创了许多游击战术而声名显赫;一个很有能力的战术家和战略家。1959 年从被贬黜的彭德怀手中接任国防部长一职;近年来,林在大陆文献中因其军事贡献而受到高度赞扬。他的效力因为慢性肺结核而受到影响。

刘澜涛:中共中央西北局第一书记;中央委员,中央监察委员会委员;中央书记处候补书记。大约出生于 1904 年⑧。1956 年被选为中央委员;在省级和国家级都有深厚的党内背景。作为六个地区局之一的第一书记,以及作为一个以少数民族事务为人所知的地区的政府最高代表,刘可能有资格在不远的将来在中央政治局获得晋升。

① 谢富治生于 1909 年。——编注
② 李井泉出生于 1909 年。——编注
③ 在 1954 年 12 月～1965 年 2 月期间,李井泉担任中共四川省委第一书记。——编注
④ 李富春生于 1900 年。——编注
⑤ 李先念生于 1909 年。——编注
⑥ 李雪峰生于 1907 年。——编注
⑦ 林彪生于 1907 年。——编注
⑧ 刘澜涛生于 1910 年。——编注

刘宁一：全国人大秘书长；中央委员会委员；国务院外事办公室副主任；亚非团结委员会副主席；全国工会主席；大约出生于1906年①。他是中国最高劳工代表，因此在社会主义集团以及非社会主义集团国家都游历广泛；他特别擅长于在各种国际统战组织和劳工会议上，在损害俄国人的情况下，代表中国。

刘少奇：中华人民共和国主席；中央政治局和中央委员会副主席；中共政治局常务委员会委员；党内第二号最有权势人物，很明显是毛泽东的继承人。大约出生于1898年②。早年是著名的劳工组织者，1935年之后与毛联系密切。

罗瑞卿：中国人民解放军参谋长；副总理；国防部副部长；中央委员，书记处书记；中央军委秘书长。生于1907年③。公安部前部长；直至1959年他还在从事情报和秘密警察工作；1959年任军职，由于林彪长期抱病，罗成为政府高级军事人物，并将在未来几年中扮演重要角色。

陆定一：中央宣传部部长；中央政治局候补委员；中共书记处书记；副总理；文化部长。大约出生于1901年④。自1929年以来就分管宣传工作，经验丰富。自1945年以来就领导宣传部。期间有两年时间（1953～1955）因为一些未知的原因被降为副部长。

毛泽东：中央政治局和中央委员会主席；中共政治局常务委员会最高委员；第四次中国人民政治协商会议名誉主席。出生于1893年。自1935年他取得党内领导权以来，毛的生活和党的发展等同起来；在过去的30年中，他把党从军事毁灭的边缘带到世界政治的最前台。尽管中国的经济由于"大跃进"和中苏争端带来的国际紧张几近崩溃，但毛仍然在决策中继续扮演着主导角色。他的年龄不断增大，且可能由于心脏疾病使他在公共场合一再缺席，这在不远的将来会造成毛的副手之间的权力争夺。

聂荣臻：科技委员会主席；副总理；中央委员；中央军委副主席；国防委员会副主席。大约生于1899年⑤。一个经验丰富的军事领导人，聂是中国科学委员会发展中的主要政府官员；他也是教育事务的关键发言人之一。

彭真：中央政治局委员，书记处书记；全国人大副主席；北京市市长；北京市市委第一书记。他在国际共产主义会议上是党重要的发言人，因此在中苏争端中扮演着关键性角色。毛之后，他将是党领导权的主要竞争者；可能和邓小平之间展开权力争夺。生于1900年⑥。

薄一波：中央政治局候补委员；副总理；国家计划委员会副主任；国务院工业和交通办公室主任。生于1907年⑦。党内最重要的经济专家之一；"大跃进"期间激进经济政策的最主

---

① 刘宁一生于1907年。——编注
② 刘少奇生于1898年。——编注
③ 罗瑞卿生于1906年。——编注
④ 陆定一生于1906年。——编注
⑤ 聂荣臻生于1899年。——编注
⑥ 彭真生于1902年。——编注
⑦ 薄一波生于1908年。——编注

要代表人物之一。

宋任穷:中共中央东北局第一书记;中央委员。大约出生于 1904 年①。军人出身,自 1949 年以来,在国家和党的事务上都担任过机要职务。1956～1960 年间负责与原子能和国防生产相关的机械制造部门工作。作为东北的第一书记,他直接履行党对东北三省的具有战略意义的重要工业的控制。

谭震林:中央政治局委员,书记处书记;国务院农林办公室主任。大约生于 1903 年②。在华东和华中地区有几乎三十年的党内经验;"大跃进"期间是激进农业政策的一个主要发言人;可能继续作为党在农业事务上的政策决策人。

陶铸:副总理;中共中央中南局的第一书记。大约生于 1910 年③。自 1950 年代初期以来一直担任中部和南部省份的负责人职务。他的年龄、活力以及领导才能使他成为未来领导层的值得注意的焦点人物。

邓小平:中央委员会总书记;中央政治局委员,中共政治局常务委员会委员;中共中央书记处第一书记;唯一一个为党内三大高层机构成员的人;副总理,周恩来出国时代理总理。大约出生于 1900 年④。中苏争端中中共的主要谈判员。当今中国最有权势的人物之一,继承毛的有力竞争者。

董必武:中华人民共和国副主席;中央政治局委员;中共监察委员会书记。出生于 1886 年。1921 年中共的 12 个创始人之一;尽管年事已高,但他作为一个行政官员和受过法律训练的官员发挥了重要作用。

伍修权:中共对外联络部主任;中央委员。生于 1908 年。第二次世界大战之前和期间在外交部供职,担任外交部部门主任及驻南斯拉夫大使。自 1959 年以来,伍一直主要从事与国外共产党的联络工作,在东欧的很多共产党会议上是北京的发言人。

杨成武:人民解放军副总参谋长;1956 年当选中央委员会候补委员;在部队中工作了 28 年。大约生于 1904 年⑤。

杨尚昆:中共书记处候补书记;中央办公厅主任;中央委员。大约出生于 1907 年⑥。作为中央办公厅主任,杨主要处理党的日常事务,但被认为有能力,稳重、可信。随和、亲切,脾气好。

叶剑英:中央委员,中央军委委员;国防委员会副主席;中国人民解放军军事科学院院长。大约出生于 1898 年⑦。在 30 和 40 年代,他接近中共军事领导层最高层;近年来,他时常出现在新闻报道里面,但很少提及他的责任;他之所以没有能够在党内获得更高的地位,可能是由于有报告指出,他不是一个空谈理论的共产主义者,尽管他与朱德过从甚密,但据

---

① 宋任穷生于 1909 年。——编注
② 谭震林生于 1902 年。——编注
③ 陶铸生于 1908 年。——编注
④ 邓小平生于 1904 年。——编注
⑤ 杨成武生于 1914 年。——编注
⑥ 杨尚昆生于 1907 年。——编注
⑦ 叶剑英生于 1897 年。——编注

说并不被毛喜欢。

附表(Table Ⅱ A)①

　　DDRS，CK 3100355396 - CK 3100355515
　　　　　　夏秀芬译，刘析参与了附表的制作及部分注释工作，戈昊怡参与了
　　"军事部分"的译校工作，徐友珍总校

---

① 　附表(Table Ⅱ A)内容为 1965 年隶属中国国务院的政府机构及中央政府直接管理下的省、自治区、直辖市的各行政
　　领导，略去。——编注

中情局关于中国对世界局势评估的情报备忘录

（1966 年 3 月 11 日）

OCI 1175/66

机密

北京对世界形势的评估

（1966 年 3 月 11 日）

摘　　要

《人民日报》3 月 1 日、7 日和 9 日发表的文章对当前的"革命形势"采取了一种冷静的看法。它们似乎反映了中共高层可能是从去年 10 月份开始的对国际大事的重新审视。这三篇文章从一种长远的历史视角来看问题。它们承认革命事业时常会遭遇挫折——胜利"时常会伴有倒退，前进过程中会伴随曲折"。但它们认为尽管革命道路会"像波浪一样"跌宕起伏，但共产主义必将取得最后胜利。北京发表这些文章的初衷可能是使普通党员对中国过去的一年内在世界范围内所遭受的挫折有一个正确的认识，也可能是准备在战术上有所转变，但不是整个中国外交战略的转变。

在这些文章中，中国人没有试图通过声称共产党在越南战争中取得的胜利来抵销一些暂时的失败，事实上根本没有提及那里的形势。但此类话题分别在广播和文章中进行了讨论，讨论继续认为美国不断遭到越南人民的沉重打击，尽管它不断增强"帝国主义"的力量并发起了新的"大规模攻势"。中国承诺不管付出多大代价都要援助河内，并且没有任何迹象表明北平将减少对北越的支持。在越南战争的背景下，北京对世界形势的分析看来把美国的决心的新迹象纳入考虑，并警告说共产党方面将会紧密团结起来打一场考验实力的持久战。

简而言之，正被讨论的这三篇文章合乎中共措辞的主流。看来他们是在应付一个长期立场问题，而不是突然意识到需要更改路线或改变政策。

1. 最近关于世界形势的宣传性声明反映了外交部长陈毅在 12 月 30 日记者招待会上所提出的路线。在这次招待会上，他坦率地承认"在亚洲和非洲的一些地区"出现了一些麻烦，并且号召人民对解决可能发生在 1966 年的"新困难和挫折"保持警惕。

2. 在过去的 12 个月，中国外交遭受了严重的挫折。北京在非洲的处境已急剧恶化。在与克什米尔危机相关的问题上，中国在南亚的利益遭受沉重的打击。印度尼西亚的政变企图及其造成的余波使北京在远东的地位受到进一步损害。中国与古巴这个中国在拉丁美洲唯一可以采取行动的重要基地之间的关系也降到了新的低点。赫鲁晓夫下台后莫斯科对待苏中冲突的策略收到了成效,这更增加了中国在世界共产主义运动中的孤立程度。

3. 反映中国对在国外遭受挫折的敏感的迹象是在去年秋季开始出现的。陈毅在 9 月 29 日记者招待会上的激烈言辞似乎部分是北京对在尽力扩大国际影响和在全世界推进“人民战争”中遭受挫折的一种强烈反应。10 月 1 日在庆祝国庆节的活动上的讲话集中在所谓国内事务中所取得成就,而很少提及对外事务。

4. 在 9 月底和 10 月初,一次未对外公布的党的高级会议很显然是在北京召开的。北京全部的政策问题可能都在这次会议上进行了讨论。而两个月后约 20 多名中国大使被召回国,其中大部分在亚非国家任职,这表明国际展望是这次会议的主题。

5. 从北京方面的观点看,在 10 月党的高层会议召开到 12 月中旬中国外交代表最终在北平集合这段时间,世界形势在继续恶化。12 月 30 日陈毅审慎的讲话表明这次会议是令人沮丧的。

6. 北京的运气从那时开始一直在走下坡路,而最近的一次打击是两周前加纳的恩克鲁玛左翼政府被推翻。在 3 月 1 日、7 日和 9 日《人民日报》发表的文章的主要目的似乎是要让广大的党员群众从一个正确的角度来看待这些和先前已经出现的不利事态,即视之为在最终实现共产主义胜利的漫长道路上面临的一种暂时的倒退。

7. 这些文章也可能是第一次试探性的暗示,即中国正在考虑在那些北京的教条主义路线行不通的地区对某些外交策略加以改变,使之更趋灵活务实。这种可能性在一段模棱两可的句子中提及。它宣称当革命进程中出现“曲折”时,真正的马克思主义者应当“制定出正确的战略和策略来保持革命事业”。刘少奇和陈毅在 3 月底将访问巴基斯坦和阿富汗,而周恩来可能会在同一时间出访罗马尼亚和阿尔巴尼亚。这些行程将为探索这种新的行动路线的可行性提供机会。

DDRS, CK 3100380988 - CK 3100380990

李玉青译,徐友珍校

中情局关于中国的国际姿态的国家情报评估

（1970 年 11 月 12 日）

NIE 13－7－70

国家情报评估：中共的国际姿态

（1970 年 11 月 12 日）

目　　录

提　　示

　　中国重回活跃的外交引起了有关它的对外政策走向的新问题。在经过四年的以"文化大革命"为国内当务之急而彻底忽视对外关系之后，现在，北京开始修复其外交形象并寻求新的机遇。本文试图评估中国在未来的一年内如何在国际政治中扮演这一新的角色，与此同时也试图通过评估那些最可能保持长期不变的政策因素，以及那些易受国内外事件影响的变数，来审视北京的选择余地。

必须承认，在刚开始的时候我们对北京决策过程所知甚少。因而，对其短期战术行动的评估容易出现失误。就像过去那样，中国政策的突然扭转和改变方向很可能继续出乎我们的意料，但是基于长期的目标和基本能力这样一种更宽泛的视野，本文试图就中国适应外面世界可能遵行的路线提供有益的指导。

结　　论

1. 随着"文化大革命"激进、狂热阶段的消退，北京实质上已经重新恢复先前的外交立场，并开始在新的地区争夺影响力。它迄今所取得的成功让人印象深刻。虽然很大部分原因是由于其他国家更能接受与中国人建立一种更正常的关系，尤其是在那些对北京来说处于次要地位的地区。在那些对北京来说至关重要的地区，例如在苏联、美国、东南亚和日本，北京所取得的进展有限，而且政策的把握不大。

2. 在北京实现基本目标的道路上，横亘着诸多国内、国外的障碍，不论这些目标是中国成为一个大国和世界革命的领导者，还是作为一个主要涉及亚洲利益的更加传统但高度民族主义化的国家。

3. 在国内方面，确保稳定和国力的一些基本要素，例如经济、军事、政治的稳步增长的目标还远未达到。即便在最好的情况下，中国低下的经济能力必将限制其对国际事务的掌控能力。为恢复政府的行政效能和重建党组织，还有大量的工作有待完成。在毛的有生之年，分裂活动的可能性依然存在，而他的逝世会带来一段时间领导权的不稳定，这将加重国内事务的优先性。

4. 国外方面，中国的抱负仍旧直接或间接地受到现实国际格局的制约，包括：苏联的超级强大的势力和敌意、苏联的最直接威胁及其与中国在争夺共产主义世界意识形态领导权方面的强大竞争力；美国在中国周边地区的存在及其对这些地区所承担的义务；中国的另一个传统竞争对手日本经济实力和自信心的增长。

5. 即便中国政府愿意改变其基本的对外政策途径，并在周边地区大胆地使用它正在增长的军事力量，但它的选择余地也会因存在激怒这个或那个超级大国的风险而受到限制。在北京看来，在东南亚、台湾、韩国或者在苏联远东地区进行军事冒险是不必要的，而且得不偿失。但是，即便在当前情况下，在两个超级大国之间，以及它们的侧翼或者在处于它们保护下的东南亚、近东、非洲甚至东欧地区，仍然存在一些能为北京操纵的空间。

6. 目前，中国人将苏联看作他们主要的军事威胁。通过接受与苏联谈判，缓解边界紧张局面，以及改善外交形象，中国人显然断定他们已经降低了与苏联敌对的风险。然而，在此时的中苏会谈中，中苏真诚和解的前景依然渺茫。但双方显然都对用军事手段结束双方的分歧感到担忧。所以，只要他们双方继续保持目前程度的军事谨慎性，就有可能在外交和贸易关系上取得一些进展，但边界谈判仍将举步维艰。在毛的有生之年，中国在意识形态问题上做出重大妥协的可能性几乎不存在。

7. 北京对美国的态度已经从先前的毫不妥协转变为比较灵活,以期更好地利用中美关系来达到中国的目的。中国人希望通过利用俄国人对中美和解的恐惧,并利用因为美国军事存在的削减会带来东亚势力平衡改变的可能性来扰乱苏联人。然而,在追求这种新的灵活性时,北京并不期望中美关系过早地取得较大进展,而且任何小的进展可能也仅限于一些次要事务。

8. 日本给北京造成特殊问题,因为日本也是一个亚洲大国,在经济增长上超过中国,而且强烈抵制毛泽东的颠覆行动或中国威胁。同时对二战时期日本在中国的帝国主义行径记忆犹新的中国人非常想知道日本对中国安全的长远威胁是什么,而且害怕东京有朝一日会充当台湾保护者的角色。迄今为止,中国方面的答案是,继续对日本领导人、他们的政策和他们所谓的亚洲雄心实行一种相当严苛和责骂的舆论攻击。尽管这可能给北朝鲜人和一些东南亚人留下深刻印象,但对中国在日本的目标本身却毫无益处。不过,即便中日之间的贸易持续增长,在当前北京的意识形态气氛中,中国对日方针的任何基本改变看起来都是不可能的。

9. 在东南亚,北京先前所担心的印度支那战争会蔓延到中国这一忧虑看起来已经减少。实际上,中国人似乎相信美国人正在被迫逐渐撤走它在该地区的军事存在,而且这一过程将会最终增强中国的影响力。和公开地运用军事力量来利用该地区可能的发展事态相比,北京更可能采取增加对颠覆和叛乱行动支持的方式。中国人会力求保持他们革命领导者的角色,同时避免使自己承担不适当的损失和冒险。除此之外,在适应其需要时,他们会依靠常规的外交。有充分证据显示,北平感到不需要限定最后期限,也没有特定的日程安排要遵循,很明显,它准备进行持久战。

10. 从长远来看,如果毛的继任者们采取一种更为稳健和实用的路线,他们可能会在扩大中国的政治影响力和认同性上取得比毛更大的成功。当然,我们并不确定,未来的领导者们会怎样看待他们所处的形势,并且很可能他们会用一种更好战的方式来运用中国不断增长的力量。但是,我们认为他们更可能将他们的对外政策集中在公开的外交手段和秘密的颠覆手段上。公开的运用军事力量可能会被认为是不必要的冒险。

11. 毫无疑问,一旦遭到侵略中国会进行不屈不挠的战斗,但我们找不到会迫使北京采取扩张政策,哪怕更冒险的政策的动因。即便它有口头敌意和背地挑衅,但不论是现任还是今后的中国领导者都不会把对外冒险看成是解决中国问题的出路。

讨　论

一、对外政策:某些原则和优先权问题

(一) 意识形态基础

1. 在某种程度上,北京仍旧用传统方式来理解外部世界。大中华帝国的中心观念在共

产主义出现之后仍然幸存。19世纪给绝大部分中国人留下了痛苦和挫折的深刻印记,那些被他们视为由外国人造成的不平等待遇的痛苦经历激发了他们的民族主义和爱国主义情绪。这种受到不公正对待的情绪和挫折感促使人们极易接受巨大的牺牲,并使得目标宏伟但不切实际的共产主义革命计划容易成为可能。当大众的期望一次次落空之后,中国的民族主义作为基本动力仍在一次次地被利用。与毛泽东思想作为意识形态在其缔造者死后难以长存不同的是,中国在世界中的享有特权地位这种传统的观念可能会成为现在和任何可预见的中国政府的永恒主题。

2. 强调阶级斗争和世界革命不可避免的毛泽东思想给传统的中国动机注入了一种暴力和好战的因素。它试图通过发动世界上的贫穷国家击败富裕的西方大国,把中国国内战争的革命经验搬上世界舞台。然而,北京也认识到这种革命路线的局限性,因而接受并逐渐形成了一种在必要时加以应用的和平共处政策。非常类似于在中国国内战争期间曾使中共大为受益的国内统一战线政策,和平共处路线最初是打算作为对国际行为规范的暂时调节,一旦其他国家遵循了中国的革命路线就会被更换。但是当世界革命的前景黯淡下来,即便对更正统的革命斗争政策的宣传力度一直很高,和平共处在中国对外政策中仍担任着更重要的角色。

3. 意识形态在中国对外政策的表述中继续扮演着格外重要的角色。尽管决策者们可能对革命信条持有不同程度的信念,但所有的人都必须使用特定的术语来证明其计划的正确性。这种证明自己正当性的行为由于"文化大革命"而变得尤其重要,因为在此期间,党内分庭抗礼的清洗与反清洗者都通过把国内政治背叛与国外的异端邪说挂钩来为自己寻找合理性。例如,"文化大革命"期间许多国内要人就被控以走亲苏或者社会帝国主义路线的罪名而遭到罢免。随着"文化大革命"过激性的平息,甚至向更常规的外交的回归都要披上毛泽东思想的外衣。

（二）军事因素

4. 军事力量已成为中国领导人优先考虑的问题,这与长期以来毛泽东"枪杆子里面出政权"的格言是一致的。更何况,中国人对国防需要的敏感性不亚于其对暴力在推进世界革命中的重要性的敏感程度。政治概念和计划都是以军事战略和战术的术语来构建的,并以军事的表述形式传达给中国大众和世界其他地区。在"文化大革命"中,由于武力对于巩固政权的重要性,军事在共产主义中国的传统重要地位获得了新的提升。随之而来的是,军事在政策的形成和实施过程中的影响力也得到加强。

5. 共产党中国的军事力量虽然在亚洲级别上值得称道,但仍远远落后于那些超级大国。中国人民解放军的根本优势体现在其规模和地面部队的战斗力,它能在大陆组织有效的防御,击退任何来犯之敌。然而,即使在过去20年中,中国为增强军事力量、实现军事现代化方面所进行的不懈努力取得了一些可喜成绩,但经济和政治的脱节使中国人民解放军在现代化的对手面前不堪一击。其中一些更为明显的问题是机动运输和重型武器明显缺乏,空中防御系统缺乏足够的通信联络和数据处理能力,海军仍然只有沿海防御力量。

6. 自从中国介入朝鲜战争以来,这被北京视为一种防御行动,中国的军事姿态仍旧是小心谨慎的。而且,在这次经历之后,在某种程度上,北京在使用武力威胁促进对外政策目标方面表现得更加节制。1958年针对沿海岛屿行动的失败,1962年加强沿台湾海峡防御,都说明北京非常担心与美国再次发生对抗。即使面对实力明显较弱的印度,1962年北京小心地避免卷入长期战争。北京方面可能满足于向世人证实,即使国内有严重困难,中国仍然时刻准备并且能够保卫自己。

7. 就意识形态领域的全面对抗性而言,中国军事力量的配置基本上仍旧是防御性的。毛泽东的军事思想强调纵深防御和鼓动全民动员击溃来犯之敌。部分是因为自从1956~1966年以来,中国对东南亚战争可能蔓延到中国的担忧得以缓解,对美国入侵的恐惧也因此而降低,现在可能比过去20年任何一个时期都要低。现在,中国人认为苏联才是最直接的军事威胁,并且在过去几年中一直在为可能发生的最后战争进行大规模的准备活动。与这种威胁的改变相一致,有迹象表明中国人正在调整其军事部署,虽然尚未发生向北部边界的大规模军事调动。

8. 虽然中国的主要防御方针还是强调纵深防御,例如毛的"人民战争",但与其说是随时准备在中国国内打一场长期防御战,不如说是一种军事姿态。北京的领导层已经明确地将高度的优先权放在获取大国地位的军事标志方面,尤其是拥有战略武器,但同时也把常规力量放在一个十分优先的位置。北京可能主要是希望这种战略武器成为对付苏联或者美国进攻的一种威慑,同时提高中国在国际事务中讨价还价的砝码。没有证据显示战略能力的获得必然就会使中国人更富侵略性。他们仍然会因为美国或者苏联在直接进攻和在东亚的"核讹诈"方面压倒性的优势力量而受到遏制。中国希望其见解在国际场合中能有影响力,并不惜花费稀缺资源来达到这个目的,但它可能如预料的那样在其常规和核力量的使用上继续表现谨慎。北京希望在亚洲提高其政治影响,但不是通过公开动武,而是通过积极的外交和鼓励、支持颠覆与革命活动来实现,这一切都以古老的中国在亚洲舞台上正在隐约呈现的面貌和正在增长的实力为支撑。

(三)影响外交主动性的国内制约因素

9. 除上面提及的意识形态和军事前提外,国内因素决定并常常严重制约着北京可以使用的对外策略和手段。这些国内制约因素限制了可以用来实施对外关系的经济的、心理的和官僚政治的资源。

10. 20世纪60年代的中国经济甚至没有达到50年代那样的持续高增长率。造成这种失败的原因是多方面的:50年代末"大跃进"的荒谬计划和管理;苏联援助的终止;60年代头几年恶劣的农业环境;最后是"文化大革命"的破坏。同时,不断增大的军需物质调拨比例虽然加强了中国的科技能力,但更加抑制了民用经济的发展。

11. 维持民用经济高速增长的失败,限制了中国运用经济杠杆谋求外交目标的能力。中国在20世纪50年代初作为亚洲经济发展楷模的形象大受破坏。"中国市场"的虚假潜力对世界贸易商的吸引力锐减,因此减少了北京通过交换贸易特权能够得到的政治让步。

12. 政策失当也阻碍了中国人。如果北京不是以国内政治为重中之重,而是以经济快速发展、社会和政治进步为中心,现在中国人可能有一个更为健全的国内基础来主导对外事务。事实上,一些主要的试验都是为了把中国推向世界前列而设计的,包括"大跃进"和"文化大革命",但结果都是灾难性的。虽然经济大部分恢复,但党组织仍然混乱,文职政府受到抑制,而且"文化大革命"在领导层中造成长久的紧张状态。

13. 在"文化大革命"的影响下,对外政策机构像其他官僚机构一样脆弱。在近三年内,由于政治斗争,对外政策的形成和实施处于瘫痪状态。驻外使馆和外交部内部的红卫兵运动使外交机构的活动实质上处于停顿状态。所有驻外大使只有一个没有被召回北京,大使馆工作人员锐减,而且好战立场取代了传统外交。

14. 当然,这并不是说,"文化大革命"期间外界感觉不到中国的存在。贸易和援助计划仍在继续,亦如对东南亚以及其他地区颠覆活动的支持一样没有间断。尽管国内混乱不堪,核武器研制仍在继续发展,中国作为超级大国的潜力仍为世人瞩目。直到1969年,中国的大使们才开始慢慢复职,而且目前恢复中国国际地位和影响力的运动正在认真展开。向"文化大革命"之前外交的回归之路是缓慢和不平坦的,同时,激进势力和务实势力之间的平衡仍旧微妙并有潜在的不稳定性。

二、前景和意外事件

(一)北京能动的对外政策

15. 随着对外事务机构在很大程度上恢复,北京快速转向恢复"文化大革命"之前的外交位置,并在新的领域争夺影响力。其动力在于强调和平共处和通过常规的、外交的途径扩大影响力。它迄今所取得的成功让人印象深刻,虽然很大部分原因是由于其他国家接受与中国人的一种更正常的关系,尤其是与"文化大革命"顶峰期间几乎完全孤立相比较就更是如此。然而,绝大部分成果的取得是在那些对北京而言利害关系相对次要的地区,并且是在两国关系相对低级而且容易取得进展的情形下发生的。

16. 在对中国人至关重要的那些地区,北京的政策就不那么有把握了。不确定性以及谨慎的试探性构成了北京与苏联、美国、东南亚和日本关系的基本特征。在这些外交决策比较困难的地区,领导层内部的分歧成为首要问题,并使整个决策过程处于强大的压力之下。1969年中国对苏联政策的反复和在1970年继续与苏联保持对抗的行动中,这种影响尤其明显。北京对近期柬埔寨骚乱的处理及其对中美关系的影响,都显露了当初的迟疑不决,突出了政府在重大外交问题上形成决策的难度。

(二)中苏关系

17. 虽然一些直接的危险已经得到排除,但中苏争执仍是北京最担忧的双边关系问题。

同时,它也制约和决定了中国同其它共产主义国家、第三世界和西方国家打交道的态度的许多方面。

18. 莫斯科和北京的关系虽然早在前十年就显著恶化,而且,从 20 世纪 60 年代中期以来,苏军开始沿中苏边界部署重兵,中国人看来并未认真对待苏联的军事威胁,直到苏军入侵捷克斯洛伐克。甚至是在那时候(苏联入侵捷克斯洛伐克),北京仍采用了一种严厉的军事姿态来阻止苏联人,他们把边界挑衅行为与言辞激烈的宣传和密集的备战行动合并使用。然而,1969 年苏联的压力继续增加,而且经过 3 月乌苏里和 8 月新疆的流血冲突后,苏联外交家开始发出大量暗示,即可能对中国的核武器和战略武器设备进行先发制人的打击。中国人明白现在他们可能被迫面临选择,放弃原来的主张或者以其核装备冒险,最终,中国人于 9 月同意边界谈判,10 月 20 日中苏在北京开始边界谈判。

19. 那个夏天的紧张经历使中国人不得不重新评价他们的对外战略。他们的军事姿态不仅没有阻止苏联人,而且使与苏联发生大规模冲突的可能性提高到一个不能接受的程度,加深了中国外交上的孤立。经过初秋时节一次显然持续很长时间的讨论之后,(北京)领导层认为,边界谈判是缓解紧张局势最为可行的方法。同时,这一决定显然是为了发起一场大范围的外交斗争,以恢复中国在世界上的形象和影响力,既是为了威慑苏联人,也是为了支持中国在中苏双边框架之外的目的。

20. 自从边界谈判开始以来,会谈面临的一些基本问题没有任何取得进展的迹象。不过,尽管陷入僵局,但再也没有关于新的边境冲突的特别报道,这说明,仅仅是谈判的存在就有着某些稳定人心的效果。在中国人这方面,他们认为通过维持尽可能高层次的谈判有利于缓解他们的忧虑,强烈反对任何会使谈判降格的动议。苏联人看起来也认可这一点,可能是因为苏联的当务之急在于东欧和中东事务,因而不愿意此时触发同中国的新争端。

21. 虽然谈判起了缓和紧张局势的作用,但边界局势仍然有潜在的爆发性。苏联人继续在中苏边境部署重兵。虽然中国人没有显著加强在边境附近的兵力水平,但一些证据显示,他们在可以随时应付突发事件的邻近北部区域做了军事部署。他们也在试着提高准军事力量的效率。中国开展了建设空袭掩体,疏散人口和储存食物的全民防御战役,所有这些也由于国内政治原因而存在用途。

22. 有迹象显示(中苏两国之间的)国家关系正在缓慢地、步履蹒跚地走向正常化,虽然意识形态的鸿沟仍像过去一样无法逾越,原则的和实质的问题一如既往难以解决。经过旷日持久的争论之后,关于交换使节的问题已进入最后阶段,关于 1970 年中苏贸易草案的谈判也已完成。

23. 现在看来,通过中苏谈判而产生一种真诚的重归于好的前景是遥远的。只要毛还活着,就几乎没有在意识形态问题上妥协的机会。看不到在军事优势上超过苏联的前景的北京看起来决意采取长期努力将紧张控制在爆发点以下,同时,在共产主义世界中抓住任何机会,通过使苏联难堪而积累政治资本。即使国家间的深刻对立和意识形态上的分裂仍在继续，双方显然都不愿意通过军事演练来解决争端。在过去的一年中，双方都在考虑一场长期的军事对抗所要付出的代价，可以推测，双方都没有发现对自己极其有利的前景。

（三）美国、苏联和中国之间的三角关系

24. 中国的对美方针受到其与苏联政治冲突的强烈影响。这一点在今年的早些时候已经表现得很明显。当时北京从其先前对美国的不妥协立场转变为一种更为灵活的方针，这种方针旨在更好地利用中美关系来为中国的目的服务。毫无疑问，其主要目的是利用苏联对中美和解的恐惧来扰乱苏联人。透过他们在这种可能性上的担心，苏联人可能已经认定中国人会在满足他们的需求的任何场合、任何时间继续利用这种三角关系。即使由于柬埔寨事件，中国人对美国采取一种更为强硬的路线，很明显他们（中国人）仍保有在有利于他们利益时回到一种更为灵活姿态的选择性。

25. 由于美国军事存在的减少而造成东亚势力平衡改变的潜在可能性，是鼓励中国对美国采取更为灵活策略的另一个因素。中国人希望加快美国军队从该地区，特别是从台湾撤退。同时，他们看到了改进同那些现在被迫减少对美国保护依赖的国家之间关系的可能性。北平可能也希望它能利用自己的影响力，激化由于美国地位的降低带来的冲突。中国人可能认为在这方面美台关系尤为不堪一击。

26. 没有迹象表明北京希望促成中美关系有一个过早的、重大的改善。中国人大概料想到，在台湾问题上美国不会做出重大让步，这仍是对北京的一个重要考验。他们也不太可能会放弃美国是他们在反对资本-帝国主义敌人的意识形态攻势中主要目标的想法。虽然如此，北京还是希望保持足够的灵活性，以便利用三角关系，并果断转向任何能够提供最大利益的方向。

27. 由于这些原因，中美关系的任何过早进展都可能受到限制。例如，虽然在公共场合，中国人对美国最近的贸易让步谨慎地佯装不知，他们私下对美国在这个方向可能会走多远表现出一定兴趣。尽管很可能否认任何正式的贸易关系，中国人似乎准备接受通过第三方的更微妙的间接贸易关系。只要美国还在支持台湾，中国人可能就会对正式的外交承认不会有太大的兴趣。然而，与此同时，他们可能仍然有兴趣保持华沙联络渠道的畅通。中国（外交）姿态的步调可能会是缓慢的和反复无常的，这取决于北平在中苏关系和中美关系的改变中感觉到的压力。

28. 在未来的几年中，中苏关系会是北京对外事务中的主要考虑因素。对于美国和苏联也许会在反对中国的问题上找到重要的共同基础的可能性，中国保持着高度的敏感性。作为回应，北京会试图加剧莫斯科和华盛顿之间已经存在的猜疑；在世界面前越来越多地将自己描绘成超级大国之间勾结密谋的无辜受害者；并对其他西方国家和第三世界国家抛出绣球，努力赢得新的支持。对北京而言，更直接的解决办法是寻求与莫斯科的和解，但这要求将其统治方式转变到更接近苏联，看起来毛不大可能接受这些转变。所以，在未来几年中，或者说直到毛去世之前，北京可能会集中在尽可能保持中国、美国、苏联关系的可变性，

以便防止任何针对中国的联合。

(四) 中国的区域性目标

29. 东南亚。近年来,中国先前的恐惧,即印度支那战争可能会蔓延到中国的恐惧减少了。尽管北京对美国在越南的受挫可能会导致(战争)进一步升级表示过忧虑,中国人的基本判断看起来还是,美国陷入了一种左右为难的境地,它更可能导致撤退而不是战争的升级。他们对这个判断的信心必定由于美国挺进柬埔寨暂时动摇了,但他们对美国会顾及随之而来的政治代价的估计可能说服他们相信这个判断仍然是有效的。所以,那些我们认为会是他们长期考虑的因素,可能仍然没有改变,例如,对于一场旷日持久的战争,河内的耐心肯定会超过美国。

30. 至于中国人民解放军被派到东南亚参与进攻行动的可能性,过去 20 年的证据表明,只有中国的安全被认为受到威胁时,就像 1950 年中朝边境那样,或者中国遭到挑衅时,就像 1962 年中印边境那样,北京才会倾向于这个方向。所以,我们仍然相信,只有北越政府看起来真正面临崩溃的危险,中国才会动用军事力量支持北越。同样道理,对中国南部边陲任何地方的直接武力威胁,中国无疑会动用中国人民解放军做出反应。

31. 北京对这一地区形势恶化更可能的反应,或者其第一反应是,增加其对颠覆和反叛活动的支持。中国继续其长期发展南部边境沿线后勤供应能力的事实,包括目前在老挝北部修建道路,显示了北京试图使所有配套设施做好准备应对任何意外事件。这些设施的特点,操作上的考虑,还有最近的历史都表明,中国在此地区的计划,都与中国南部的防御和对附近反叛者的支援有关,而并不是要把中国人民解放军大举推进东南亚。就如以前一样,其目标是产生一些易受北京影响的友好政府,并且,在北京看来,这最好是通过间接方式,包括外交压力,而不是公开的侵略来实现。

32. 泰国和缅甸已经是颠覆活动的努力目标。泰国与美国的亲密关系决定了中国(对泰国)持续不变的敌意。到目前为止,北京并没有机会对曼谷施加外交压力,而且一直依赖鼓励反政府叛乱的长期活动。没有迹象表明,北京认为这是一件轻而易举的事情,或是在高度优先的情况下就能够很快完成。相反的,北京一贯提倡当地的自力更生,只给予那些积极的叛乱者很少的物质帮助。如果美国在东南亚的干预事实上真正降低,中国人可能会将这种低级别的行动与更积极的外交哄骗结合起来。

33. 在缅甸,中国的宣传是鼓励革命行动,并辅之以少量的武器援助和扶植持不同政见者的少数民族。但它同这些中立主义政府的外交联系只是受到损害,并未完全破裂。北京外交在其它地区回归到温和路线,这可能会最终扩展到包括改善同仰光的关系。事实上,现在就可以看出,双方准备重建更为正常的关系。即使如此,北京也不可能放弃其对缅甸反叛者的支持立场。

34. 在东南亚的其它地区,中国人很可能坚持不懈地鼓励当地革命,但在那些相对偏远的地区,中国不可能提供大规模的物质援助。中国人会继续发现,它难以拒绝来自任何声称具有反叛或者革命能力的策源地要求援助的请求，但他们会继续极力主张自力更生，而不是依赖来自外界的帮助。因此，中国人会保持他们革命领导者的角色，但避免暴露自己以引起过分的消耗或风险。有充分证据显示，北京感到没有必要设定最后时限，也不用遵循特定的安排，显然它准备进行长期消耗战。

35. 南亚。在北京的优先考虑范围内，中国对印度的兴趣相对较低。中国所关注的问题是中印边界事务、与苏联在南亚争夺势力范围以及证明印度没有能力担任亚洲领导力量这一角色。为了达到这些目标，北京致力于使新德里难堪并恐吓它，但避免卷入过深。例如，北京一直对印度东部的那迦人和米估人进行宣传鼓动，提供有限的装备和训练，但是并不打算将这些转化为重大行动。

36. 在很大程度上，北京对巴基斯坦的军事援助，以及巴基斯坦作为接受中国援助的主要非共产党国家，缘于两者对印度的共同敌意。在这一过程中，巴基斯坦已成为中国的主顾，北京可能会寻求维持并培养这种关系，即使在未来几年中，中印关系可能取得某种发展。北京和新德里之间的试探性的接触显示两党可能准备回到常规外交。虽然可能恢复正式的接触，但为与目前北京维护其外交形象的努力相一致，在未来的一段时间内，中印关系无疑仍将保持谨慎和冷淡状态。

37. 亚洲共产党。北京现在似乎决心加强现已得到改善的与北越和北朝鲜的联系。只要中苏矛盾放在首要位置，北京就会不遗余力地发展它与平壤和河内的关系，如果能让俄国人为此付出代价就再好不过了。北京现在看得非常清楚的是，不管是在意识形态上还是政治上，逼迫平壤和河内都是个错误，北京不会重蹈覆辙，再犯像"文化大革命"时期那样的错误了。

38. 中国目前号召的"军事统一"可能首先是为了排挤苏联。比起过去中国人主张的谨慎行为，这也有利于中国在反对帝国主义的斗争中给人一种更为积极的印象。事实上，中国看起来可能会继续适应它的角色，即对那些在前线作战者提供宣传和物质支持，而不是把自己暴露在更大的风险之下。这种显然旨在使自己在对印度支那问题的任何可能的解决办法发挥作用的努力，加之其对西哈努克的支持，如果不想使河内疏远，需要很谨慎的外交政策。承担着斗争重担的越南人很可能对任何中国希望支配其战略、战术的努力尤其敏感。目前中国人的行动讲究技巧，但他们针对越南人的大国沙文主义的自然倾向几乎和针对西方人一样具有可能性。

39. 对北京而言日本代表着一种特殊情况。由于日本卓越的经济表现，而且因为美国鼓励日本在亚洲扮演一种更为积极的角色，北京对日本的潜在军事力量和其另一个大东亚共荣圈计划表示担忧。这一担忧由于前年秋天归还冲绳岛的尼克松-佐藤（Sato）公报的签订而加强了。北京一直以来就担心日本在亚洲不断扩大的影响，尤其是在台湾，并且认为，此公报是日本在这个地区成为一个更加自信和坦率的角色的信号。北京的反应是引人注目的，它愤怒声讨，并感到非常不安，认为随着美国从亚洲撤离，日本将会从经济和军事上填补这个真空，并会承担起反对中国的领导者角色。让北京左右为难的还有，他们知道自己在日本的政治资产和手段已经明显减少,而且其形象也由于"文化大革命"中的极端事件而受损。

40. 尽管受到种种局限和过去的失败,北京似乎已经决定,继续采取对日本的国内事务进行有限干预的政策。北京还发起了强大的宣传攻势,以激起(人们)对一个重新武装的帝国主义日本的恐惧,这一对外政策是为了煽起亚洲惯有的恐惧,并削弱日本的影响力。而且,中国人正试图树立一个反对美国、苏联和日本暗中勾结的典型,这也是为了增强北京在亚洲争夺势力范围的手腕。到目前为止,这种方法已经成功地帮助中国增进了同北朝鲜的关系,但对北京的非共产主义邻居还没有产生有效的影响。此外,这一攻势也没有对中日之间快速发展的贸易产生实质性影响,而根据预测这(贸易)将在今年再次达到新的纪录。

41. 台湾。台湾的国民党政权仍然存在,实质上还相当繁荣昌盛,台湾仍旧是中国对外政策的一个中心问题。即使20多年过去了,这个革命未竟的象征仍然会是一个让人情绪激动的问题。北京的领导阶层普遍沮丧,因为明白他们无法通过武力夺取台湾,也不能这样久拖不决。拥有独立想法的台湾人力量的增长会减弱北京对该岛的主权要求,并使这件事长久地不确定化。国民党政权继续得到世界上许多国家的承认,它在联合国和其他国际组织中的存在,都妨碍了北京全面参与国际事务,且始终是对中共领导权的一个重大刺激。最后,台湾问题是中共同美国和日本关系中的一个棘手问题,并最终严重限制北京操纵国际事务的自由。

42. 由于朝鲜半岛的战略位置,中、苏、美、日在这一地区的争夺,以及南北朝鲜之间不稳定的关系,朝鲜继续吸引着中国的注意力。为重获其在平壤的影响力,北京辛勤努力,并成功地恢复了(与北朝鲜)之间的温暖友谊。在试图限制美国、苏联、日本作用的同时,北京也会寻求限制北朝鲜的冒险主义。这一想法就是,对金日成的宣传攻势提供坚定政治支持,但同时暗中限制其军事上的失度,以期避免再次卷入这个半岛上的军事冲突。

(五) 中国和世界组织

43. 在那些不直接涉及北京的安全利益的地方,在过去的一年中,相对于直接面对美国和苏联而言,中国的外交活动融入了更多战术上的灵活性。中国给世界的印象再次与"文化大革命"之前极为相似,这是一种精心树立的通情达理的形象,但是对长远目标很少或几乎不做改变。中苏关系的考虑是这种外交平衡的部分原因,在某些情况下,特别是在东欧,(中苏关系)甚至支配着中国的方针。

44. 东欧成为北京的一个极有吸引力的目标,因为苏联在那一地区面临的问题似乎转移了苏联对中国的注意力。除了与阿尔巴尼亚之间的密切联系外,北京积极培养与罗马尼亚人的关系,而且近期在搁置意识形态分歧,发展同南斯拉夫长期的冷淡关系方面也表现出真正的灵活性。(中国)使节们回到了匈牙利、波兰和东德。很显然,北京正在准备长期同苏联竞争,且仅为此就可能更加注意东欧。当然,很大程度上,(这一目的)取决于北京政策的技巧。但显而易见的是,目前中国人认为这个机会值得一试。在这种努力中,和其他正在进行的外交努力一样,北京可能会恢复在"文化大革命"中丢失的地盘,而且,如果能够坚持其新的实用外交，还能取得一些新的进展。

45. 在世界的其他地方，在消耗较少和机会诱人的情况下，北京对培养（与这些地区的）的良好关系再度表现出兴趣。但这并不排斥对革命活动的支持，就如在近东所显示出来的那样。与苏联人对阿拉伯世界的巨大军事援助形成对照的是，中国人显然希望通过集中援助阿拉伯突击队队员来改变阿拉伯人的看法。这可能主要是对"人民战争"的宣传，加之一些训练和少量的军事帮助。这也有助于保持局势动荡并使苏联人分心。但在公开指责停火是美国鼓动的慕尼黑阴谋，并宣称在约旦危机中坚决支持阿拉伯突击队队员的同时，中国人小心谨慎地不对参与其中的阿拉伯政府的进行攻击，这显然是不愿意危及未来与这个地区国家间的关系。

46. 在非洲，中国人可能会考虑恢复近几年在这一地区输给国民党政权的影响力。这要求更加有经验的外交，且更少地改变（这个地区的）宗教信仰。事实上，中国的外交部看来已经接受了从毛泽东思想的传播工作中退出。在绝大多数地区，援助计划很可能保持适中，但会采取一些特别的努力让其非常实用和显眼。修建耗资4亿美元的坦赞铁路就是中国旨在恢复其在非洲声望的形象工程，很显然中国人也希望，通过提供军事援助把坦桑尼亚变成（中国）在非洲的桥头堡。

47. 在努力让北京重返世界舞台，成为世界聚焦点的同时，中国人也对联合国席位表现了空前的兴趣。在早些年，北京对其成员资格附加了一些国际组织显然不可能接受的先决条件。最近，中国官员已经放弃了他们的极端要求，并在联合国内派出一批寻求支持的谨慎的试探者。显然中国外交官们先前对这类支持不屑一顾，但现在他们不厌其烦地表示欣赏这类做法。尽管有以上这些行动，但北京对任何"两个中国"模式的反对并未放松，而且仍然明确表示，在北京接受联合国席位之前，国民党政府的代表必须撤离或者被驱逐出联合国。（外界）对北京更加广泛的外交承认，例如加拿大和意大利对中国的承认，会不断地增加它加入联合国的机会，这一结果看起来在未来几年中就会实现。

48. 总体上讲，在排除苏联军事进攻的意外情况下，中国未来的国际姿态可能更多地取决于中国的国内发展而不是国际因素。如果国内政治和经济问题累积起来，那么这种压力会使中共把解决国内问题放在更优先地位，随之而来的是放松对外利益。毛泽东仍是国内的关键变数。只要他在领导层内维持着主宰地位，毛会试图改变目前相对温和的趋势。在过去一段时间内，当他为中国设想的目标由于经济现实和人的不顺从本性而受挫时，他变得更加没有耐性。他退却和趋向强硬的能力仍是明显的，但让人怀疑的是，他的年龄和健康状况是否允许他再次向着不切实际的目标前进。不管在什么情况下，即使深深担忧与苏联人的意识形态冲突，毛的注意力很可能仍然主要在中国内部的发展上。他不可能会放弃其谨慎立场，也不可能通过挑衅美国或苏联而使中国冒被毁灭之险。

49. 如果毛在评估时间段内逝世的话，可能会造成一系列问题，这些问题会成为北京一段时期内在国际舞台上表现低调的理由。几乎所有可以预见到的继任者们，甚至最坚定的毛泽东主义者、指定继承人林彪，在一段时间内，都很可能会忙于稳固他们的地位，并加强国力以应对可能的挑战。从更长远来看,就像那些追随毛的人勇于正视中国的需要一样,他们会从毛泽东思想的意识形态极端转变为一种更现实的针对中国面临的困难和机遇的调整。事实上,如果继任者们坚持目前更加灵活和实用的行动,在扩大中国的海外政治影响方面,他们很可能取得比毛更大的成功。长远来看,中国传统的民族优越感会助长一种自信的、具潜在进攻性的民族主义。

50. 推测起来,他们将会继续使其对外政策集中于公开的外交和秘密的颠覆与策划暴动的层面。这可能包括"代理人的战争",破坏美国同其亚洲盟友的关系,并利用这些国家的国内紧张局势。当然,我们不能确定,未来的领导者们会如何看待他们所面临的形势,而且他们可能会准备用一种更为挑衅的方式来利用中国不断增长的力量。但是,现在看起来,公开地和挑衅性地利用武力仍会继续被认为是不必要的冒险,甚至可能适得其反。即便是战术性的战略武器系统的发展也可能会使中国更加谨慎,而不是刺激(其采取)一种更不计后果的政策。尽管毋庸置疑的是,一旦遭到侵略或者直接的侵略威胁,中国会进行顽强的抵抗,但我们找不到驱使北京走向扩张主义,哪怕更冒险的政策的动因。即便它口头上高喊敌意和暗地里进行一些挑衅行动,但不论是现任领导还是未来的领导者都不可能把对外冒险看成是中国问题的解决办法。

National Intelligence Council, *Tracking the Dragon: National Intelligence Estimates on China During the Era of Mao*, 1948 - 1976, October 2004, pp. 581 - 599.

夏秀芬译,徐友珍校